徐世虹 主编

赵晶 执行编辑

中国古代法律文献研究

中国政法大学法律古籍整理研究所 编

第十一辑

社会科学文献出版社

SOCIAL SCIENCES ACADEMIC PRESS (CHINA)

编辑委员会

目　录

·书　评·

《中国古代法律文献研究》第十一辑

2017 年，第 001~062 页

睡虎地秦简法律文书集释（六）：
《秦律杂抄》[*]

中国政法大学中国法制史基础史料研读会

摘　要：本文对《秦律杂抄》予以集释，就一些字句提出理解：1 简中的"上造以上"是对被任命为"守啬夫""假佐"之人的特别要求，除吏律条文规范"不从令"而被"赀二甲"的对象是具有除吏权之人。4 简的"不避席立"可解作"不避席位"，即不离开席位，亦可读为"不避席、立"，在听命书时不离开座席或者站立都是不恭敬的违法行为。5 简"卒岁，责之"，是指向被赀一甲者进行追缴的期限为一年；又"削籍"是指帮助故秦人出境的犯罪行为，而"上造以上为鬼薪，公士以下刑为城旦"，

---

* 本文研读的主持人为徐世虹教授，参与者有（以姓氏笔画为序）：山珊、支强、王林、王泽宇、王梦光、王聪聪、付宁馨、朱潇、朱仕金、庄小霞、齐伟玲、闫振宇、刘自稳、刘鸣、孙晓丹、张以静、沈成宝、张传玺、张寒、张京凯、陈鸣、陈迪、李萌、李梦阳、汪蓉蓉、宋磊、孟楷越、钟昊、段俊清、袁航、聂雯、舒哲岚。本文初稿统稿：徐世虹、陈迪、齐伟玲、闫振宇、黄山杉；二稿统稿：徐世虹；三稿讨论：徐世虹、张传玺、陈迪、齐伟玲、闫振宇、黄山杉。支强、朱潇、陈鸣参与了连线讨论。终稿定稿：徐世虹、陈迪、齐伟玲。本文所引张家山汉简皆出自张家山汉墓竹简整理小组《张家山汉墓竹简［二四七号墓］》（文物出版社，2001）；所引龙岗秦简皆出自中国文物研究所等编《龙岗秦简》（中华书局，2001）；所引居延汉简则出自谢桂华、李均明、朱国炤《居延汉简释文合校》（文物出版社，1987），甘肃省文物考古研究所、中国社会科学院历史研究所《居延新简——甲渠候官》（中华书局，1994）。为避文烦，文中不再逐一出注。只是对其中的部分原文，参酌既有成果而做了标点。

是针对非法削籍的犯罪者具有不同爵位时所做的特别规定。6 简中的"当除弟子籍不得"，或可以"当除弟子籍"为主语，"不得"为谓语，意为没有做到在簿籍上登记任用弟子；或可读为"当除弟子，籍不得"，解释为"有人应当被任命为弟子，人口登记却不允许这么做"。10 简的"粼从军者"，应指挑选适合作战的军马而非从军之骑士。11 简的"负从马"是承担运载的随从马匹，其为公家所有而非属私人。13 ~ 14 简的"戍一岁"与"一盾"，应是承前"赀戍某岁"或"赀某甲"而省略了"赀"字。15 ~ 16 简"弃劳"，是指因擅自增加劳绩天数的不法行为，故将本次申报的实际合法的劳绩天数取消，"弃劳"与因考核未达标而剥夺合法劳绩的"夺劳"有所不同。17 简中的"丞"或为工师之丞，从连带责任看，工师被赀一甲，则工师的副手被赀一盾也比较合理。21 ~ 22 简"采山重殿"的"重"是轻重之"重"，是指比"殿而不负费"之"殿"更为严重的情况，因此要被赀。24 ~ 25 简前句的处罚对象是工匠，后句的处罚对象也是工匠，二者的处罚对象、行为、方式（赀）正相应。26 简的"·公车司马"与 27 简的"猎律·"，在格式上符合林清源先生对睡虎地秦简章题划分的第二、三样式，但连读后的格式也符合第一样式，即"·公车司马猎律·"。27 简的"赀二盾"虽是孤例，但也无法完全排除在本简中的序列作用。从 28 简"六匹以下到一匹，赀一盾"推测，"赀一盾"已是最低惩罚，其前还应有更高的处罚等级，故何四维先生漏抄或缺简的怀疑不无道理。29 简或可句读为"庸吏乘马，笃、掔（觭）及不会庸期，赀各一盾"。32 ~ 33 简的"敢为酢（诈）伪者"，是对"百姓不当老，至老时不用请"行为的法律判断；"皆迁之"适用于墨点后内容涉及的全部对象。34 简的"宿"，也有可能指一般性的驻地防守；"宿者已上守除，擅下"，或可读作"宿者已上，守除、擅下"，"守除"有擅离职守之意。35 ~ 36 简所载律条的立意在于惩罚论功行赏时弄虚作假的行为，故处耐刑的对象应是假报者。37 简"除伍人"之"除"为"无罪"或"不问罪"之意；"不死者归，以为隶臣"的意思是前述未死之人归来，由于其"不出"不是为骗取爵位，因此"以为隶臣"并不是刑罚；或说因其被推定死亡，权利义务丧失，归来后只能作为隶臣。

关键词：除吏　削籍　负从马　弃劳　重殿

【题解】

据整理小组介绍，《秦律杂抄》共有竹简 42 枚。简文各条，有的有律名，有的没有律名，内容比较庞杂。它大约是根据需要从秦律中摘录的一部分律文，有一些条在摘录时还可能对律文作了简括和删节，因而较难理解。根据整理小组统计，《秦律杂抄》中所见律名计有《除吏律》《游士律》《除弟子律》《中劳律》《藏律》《公车司马猎律》《牛羊课》《傅律》《敦表律》《捕盗律》《戍律》等十一种，反映了秦律种类的繁多。《秦律杂抄》之题是整理小组拟定的，原简的分条也有一定调整。其中如《傅律》见于《岳麓书院藏秦简（肆）》以及《二年律令》，《戍律》又见于《岳麓书院藏秦简（肆）》，当是当时的律篇名。

林清源先生曾辨析过《秦律杂抄》中章题书写位置与间隔符的关系，指出其有三种样式，第一种样式，当章题夹在同一简的上下两章内文中间时，则在章题两端必须各加一个提示界隔符；第二种样式，如果章题位于该简文字的末尾，由于章题之下已无其他内文，无须再顾虑章题与内文产生混淆的问题，此时章题下方的提示界隔符号多数会被省略；第三种样式，如果章题位于该简文字的开头处，章题之上并无其他内文，章题与内文不会产生混淆，此时章题上文的提示界隔符号会被省略。① 据此对《秦律杂抄》中所见的"律名"进行分类：第一种样式有 16 简的"·中劳律·"；第二种样式有 5 简的"·游士律"、16 简的"·藏律"、31 简的"·牛羊课"、33 简的"·傅律"、36 简的"·敦表律"；第三种样式有 4

---

① 林清源：《睡虎地秦简标题格式析论》，《中央研究院历史语言研究所集刊》第 73 本第 4 分，2002，第 779～780 页。收入氏著《简牍帛书标题格式研究》，艺文印书馆，2004，第 112～113 页。

简的"除吏律·"、7 简的"除弟子律·"。①

【简文】

任灋官者爲吏貲二甲·有興除守嗇夫叚佐居守者上造以上不從令貲二 1

甲·除士吏發弩嗇夫不如律及發弩射不中尉貲二甲·發弩嗇夫射不中 2

貲二甲免嗇夫任之·駕騶除四歲不能駕御貲教者一盾免賞四歲絲成 3

除吏律

【释文】

任法（廢）官者爲吏，貲二甲。·有興，除守嗇夫、叚（假）佐居守者，上造以上不從令，貲二 1 甲。[1] ·除士吏、發弩嗇夫不如律，及發弩射不中，尉貲二甲。·發弩嗇夫射不中 2，貲二甲，免，嗇夫任之。·駕騶除四歲，不能駕御，貲教者一盾；免，賞（償）四歲絲（繇）成 3。除吏律 [2]

【集释】

[1] 除守嗇夫、叚（假）佐居守者，上造以上不从令，貲二甲

整理小组：任命留守的代理嗇夫和佐，爵在上造以上的人不服从命令，罚二甲。（译）

中央大秦简讲读会：有兴，除守嗇夫、假佐居守者，上造以上。不从令，貲二甲。②

何四维：任命（有爵）上造以上（之人）为留守的嗇夫和暂时代理的佐，不遵从令的貲二甲。（译）③

朱绍侯：战争是非常时期，军令森严，不服从命令者，若不是有爵位在上造以上的人，当处以重刑。④

高恒：这一规定说明，战时任命上造以上有爵位的人，为代理行政长

---

① 依据林清源先生理解，简 26 ~ 27 的"公车司马猎律"性质较为特殊，不归属以上三种样式，说详见下文 26 ~ 27 简"公车司马猎律"集释。另有 38 简"捕盗律"以及 39 简"戍律"出现在内文中，而不是标题语，故并未归属以上三类。见林清源《睡虎地秦简标题格式析论》，第 791 页，注释 33。

② 〔日〕中央大学秦简讲读会：《〈雲夢睡虎地秦墓竹簡〉訳註初稿（承前）——秦律十八種（軍爵律、置吏律、效、伝食律、行書、内史雜、尉雜、屬邦）、效律、秦律雜抄》，中央大学大学院：《論究》（文学研究科篇）第 11 卷第 1 号，1979，第 120 页。

③ A. F. P. Hulsewé, *Remnants of Ch'in Law*, Leiden E. J. Brill, 1985, p. 102.

④ 朱绍侯：《军功爵制研究》，上海人民出版社，1990，第 186 页。

官，以至于佐史小吏，都必须绝对听命。①

【按】本条的理解焦点，在于"不从令"的主体。依整理小组的译文，似乎是"爵在上造以上的人"。按中央大秦简读简会、何四维先生的读法，上造以上是指被任命的守啬夫与假佐。这样就有两种理解：一是被任命的爵位在上造以上的守啬夫、假佐不服从（任命）命令，赀二甲；一是任命守啬夫、假佐必须要有上造以上的爵位，不执行这一规定的赀二甲。出于下述两点理由，应以后说为长。第一，按整理小组的译文，爵在上造以上的"不从令"要被赀二甲，如此，爵在上造以下者及无爵者又如何，为何不加规定呢？从行文看，所谓"爵在上造以上"还是对除吏的一种条件设定。第二，本条是除吏律中的一项规定。从除吏律的其他内容来看，都涉及对除吏违法行为的处罚，所见违法行为有任废官为吏、除士吏、发弩啬夫不如律，发弩、发弩啬夫、驾驺能力不足。因此本条的性质，也是对除吏违法行为的处罚规定。其违法行为是：任命守啬夫、假佐，不按必须是上造以上有爵者的规定。"不从令"而被"赀二甲"的违法主体是具有除吏权的人。

［2］除吏律

【按】"除吏律"三字本写于 4 简开头，整理小组将其缀于 3 简末尾。何四维先生指出"3 简还有两个字以上的空间，但是这里却留下了空白，根据上下文意，整理小组将第 4 简缀于此处是有道理的"。②

按墨点区分的条文看，除吏律的内容涉及对任用废官的行为的处罚；对不按规定任命守啬夫、假佐行为的处罚；在不依法任命士吏、发弩啬夫与发弩能力不达标的情况下，对尉的处罚；对发弩啬夫能力未达标的处罚以及人员的补充；在驾驺能力不达标的情况下，对责任人的处罚及徭戍的补偿。整理小组认为《除吏律》与《秦律十八种》中的《置吏律》名称相似。高恒先生认为"这两篇律文虽不完整，但可以看出是两篇任免不同部门官吏的法规。《置吏律》当是一篇任免行政、财务部门官吏的法规，《除吏律》是有关任免军事官吏的法规"。③ 张忠炜先生则对视"除吏律"

---

① 高恒：《秦汉简牍中法制文书辑考》，社会科学文献出版社，2008，第 32 页。
② A. F. P. Hulsewé, *Remnants of Ch'in Law*, p. 103.
③ 高恒：《秦汉简牍中法制文书辑考》，第 30 页。

为律篇名的观点存疑，认为需要更多的证据。① 又，按整理小组的下文体例，"除吏律"后应有句号。

【译文】

保举被撤职永不任用的人为吏，罚二甲。有军事征发，任命留守的守啬夫、假佐必须具有上造以上的身份，不遵从令者罚二甲。任命士吏、发弩啬夫不符合法律规定，以及发弩射不中（目标的），县尉罚二甲。发弩啬夫射不中（目标的），罚二甲，免职，县啬夫保举其他人。驾驺任用四年，不能驾车的，罚负责教练的人一盾，驾驺本人免职，并补服四年内应服的徭役。 除吏律

【简文】

·爲聽命書瀘弗行耐爲侯不辟席立貲二甲瀘

【释文】

·爲（偽）聽命書，法（廢）弗行，耐爲侯（候）；不辟（避）席立，[1] 貲二甲，法（廢）。

【集释】

[1] 不辟（避）席立

整理小组（1977 年）：避席，离开坐席以表示尊敬。一说席立读为席位。②

整理小组：古时坐于席上，下席站立是表示恭敬。

何四维：77 年本整理小组将"立"释为"位"是正确的，因为这时他并不站起来，而是继续下跪，以前额触地。然而，78 年本整理小组主张将"立"解释为"站立"，我认为这不符合古代习俗。但是整理小组认为在聆听朝廷命书时应保持恭敬姿势的看法是很值得推荐的。③

【按】"不避席立"可作两种理解。一读为"不避席、立"，即"不避席"和"站立"两种并列的行为。"避席"一词常见于传世文献，表示离开坐席以示恭敬惶恐。如《战国策·燕策三》："太子避席而请曰：'燕秦不两立，愿先生留意也。'"据传世文献，秦汉待人接物的礼仪包括"避席

---

① 张忠炜：《秦汉律令法系研究初编》，社会科学文献出版社，2012，第 105 ~ 106 页。
② 睡虎地秦墓竹简整理小组：《睡虎地秦墓竹简》，文物出版社，1977，第 86 页。
③ A. F. P. Hulsewé, *Remnants of Ch'in Law*, p. 103.

伏”“半膝席”与“膝席”，其中以“避席伏”恭敬程度最甚。而听受朝廷命书显然应当更加恭敬，宜适用与“避席伏”同等或更高规格的礼仪。因此，简文“不辟（避）席立”可能规定了两种听命书时的违规行为，即“不辟（避）席”与“立”。凡在听命书时出现不离开坐席或者站立的情形，均为不恭敬的行为，应被判处赀二甲之刑罚。一如 77 年整理小组一说、何四维先生的观点，“席立”读为“席位”。“立”通“位”，有“位次”之意，在睡虎地秦简中多见，如《法律答问》161 简："‘擅兴奇祠，赀二甲。’可（何）如为‘奇’？王室所当祠固有矣，擅有鬼立（位）殹（也），为‘奇’，它不为。”“席位”则可见于《礼记·文王世子》“遂设三老、五更、群老之席位焉”之例。“避席位”当为上说中的“避席”。以下译文采用前说。

【译文】

假装听从命书，（实际却）搁置不执行，耐为候；（听命书时）不离开席位或者站立，罚二甲，撤职永不叙用。

【简文】

游士在亡符居縣赀4

一甲卒歲責之·有爲故秦人出削籍上造以上爲鬼薪公士以下刑爲城旦·游士律5

【释文】

游士［1］在，亡符，居縣赀4一甲；卒歲，責之。［2］·有爲故秦人出，削籍，［3］上造以上爲鬼薪，公士以下刑爲城旦。·游士律5。［4］

【集释】

［1］游士

整理小组（1977）：散兵游勇。①

整理小组：专门从事游说的人。

何四维：77 年整理小组认为“游荡的武士”是某种非正规部队，78 年整理小组取了该词通常的“游荡的士人”之意，即周游列国来宣传自己政治理念的人……这两种解释看起来同等地不可接受，因为很难想象出游

---

① 睡虎地秦墓竹简整理小组：《睡虎地秦墓竹简》，文物出版社，1977，第86页。

荡乡间的非正规部队或者政治宣传者；不幸的是，我也给不出更好的解释。①

高敏：指没有固定住址的游食之士。②

裘锡圭：可以把"游士"解释为"外来的，没有固定户籍的人士"。③

【按】"游士"常见于秦汉传世文献，如《史记·孟尝君列传》："天下游士冯轼结靷东入齐者，无不欲强齐而弱秦者；冯轼结靷西入秦者，无不欲强秦而弱齐者。"又，《盐铁论·晁错》："日者，淮南、衡山修文学，招四方游士，山东儒墨咸聚于江淮之间，讲议集论，著书数十篇。"④ 据上述文例推测，秦统一以前的游士也包括别国之人，⑤ 又多为具备一定知识技能，游走于各地的说客或文人。不少学者进一步指出游士具有地域、职业与身份等级的"流动性"与不稳定性的特征。⑥ 游士在国内各地四处走动，始终处于某种不稳定的状态，这给社会管理带来了极大困难。本条游士律的立法意图即在于约束这些处于流动状态人员的行为，防止其脱离官府控制，扰乱社会秩序。

［2］卒岁，责之

整理小组：卒岁，居留满一年。（译）责，诛责，一种惩罚。

何四维：责，所居县或游士须支付罚金。⑦

---

① A. F. P. Hulsewé, *Remnants of Ch'in Law*, p. 104.
② 高敏：《秦汉的户籍制度》，《求索》1987 年第 1 期，第 74 页。
③ 裘锡圭：《读简帛文字资料札记》，载李学勤主编《简帛研究》第 1 辑，法律出版社，1993，第 27 页。
④ 王利器校注《盐铁论校注》，中华书局，1992，第 113 页。
⑤ 杨宽先生认为此处的"游士"特指别国游士，见杨宽《战国史》（增订本），上海人民出版社，1998，第 233 页。
⑥ 如杨柳先生以为游士是先秦时期在野的积极知识分子，即"以辩论或其他方式实现其政治主张的在野之知识分子也"，这种理解与整理小组"专门从事游说的人"的解释有相通之处。而阎步克先生进一步指出："'游士'之称，即表明了他们处于活跃的行业、地域和等级的流动之中。"这一观点强调了游士在地域、职业以及身份上的"流动性"特征。卜宪群先生则认为："'游士'从其本义说除了空间上游动的特点外，的确还有'游'于'行业''等级'等非空间特点，是其身份游动的反映。士通过游动，通过不同的人际交往，以求获得最大的个人利益。"参见杨柳《先秦游士》，当代中国出版社，1996，第 22 页；阎步克《士大夫政治演生史稿》，北京大学出版社，1996，第 127 页；卜宪群《秦汉社会势力及其官僚化问题研究之三——以游士宾客为中心的探讨》，载雷依群、徐卫民主编《秦汉研究》第 2 辑，三秦出版社，2008，第 107 页。
⑦ A. F. P. Hulsewé, *Remnants of Ch'in Law*, p. 104.

周群、陈长崎："责"有"责罚""追究"之义，并非指某一种具体的惩罚。①

陈君：责之，在这里做"督责"讲似乎更好一些……"责之"，应当理解为地方政府对游士的居留目的和行为加以督察和审核。②

戴世君：简中"卒岁"应指官府规定的受处罚者缴纳罚物的一年的履行期间而非"居留满一年"之意……简中"责"义为"索取，求取"，可意译为"收缴"……"卒岁，责之"的立法原意是，以一年为期，（居县）加以收缴。③

【按】戴世君先生的观点可从。《秦律十八种·金布律》133 简"有罪以赀赎及有责于公，以其令日问之，其弗能入赏（偿），以令日居之，日居八钱；公食者，日居六钱"，即说明法律规定了判罚赀、赎罪犯缴纳罚物、赎金及欠官府债者偿还债务的截止时间。戴世君先生认为，"令日"包含有"一年"的履行期间。④ 这样规定的目的，是在判决日期与执行日期之间设置恰当的缓冲期限，以确保受罚者募集到足够的罚金。另外，一年作为完整的财政周期对官吏的上计、考课等行政事务意义重大。里耶秦简 8 - 480"司空曹计录"有"赀责计"，说明赀责情形是官吏每年上计的重要内容。为保证官吏在每年上计时能够提供完整的赀债记录，要求受赀罚者在一年期限内完成缴纳也是可以理解的。再据岳麓书院藏秦简中的记载，一甲的价值是 1344 钱，⑤ 结合《金布律》133 简一日居作所获工钱之规定，若游士确实难以缴纳赀罚，通过居作偿还的时间也会长达数月之久，因而将一年作为履行赀罚的期限亦有合理之处。况且游士通常身份较为特殊，或具有特殊使命，因而即使在亡符的情形下亦不能暂时中止其活动。从这个角度看，为游士规定一年的赀罚履行期限也有一定的实际意义。

[3] 有为故秦人出，削籍

整理小组：有帮助秦人出境，或除去名籍的。（译）

---

① 周群、陈长崎：《秦简〈秦律杂抄〉译文商榷》，《史学月刊》2007 年第 1 期，第 129 页。

② 陈君：《从睡虎地秦简〈游士律〉说到汉初的游士》，载卜宪群、杨振红主编《简帛研究（二○○五）》，广西师范大学出版社，2008，第 63 页。

③ 戴世君：《云梦秦律新解（六则）》，《江汉考古》2008 年第 4 期，第 98 页。

④ 戴世君：《云梦秦律新解（六则）》，《江汉考古》2008 年第 4 期，第 98 页。

⑤ 详见于振波《秦律中的甲盾比价及相关问题》，《史学集刊》2010 年第 5 期，第 36 页。

中央大秦简讲读会：有为（伪）故秦人出，削籍。①

高敏：凡属秦国之逃亡出国境的，要削去其户籍上的名字，即不再承认其为秦国人。②

栗劲：实际是秦宣布不予以法律的保护，是"逐"的一种表现形式。③

何四维：不清楚此处提到的两个行为之间的关系。受到惩罚的人应该是那些企图离开秦国的人，但他们不可能把自己的姓名从簿籍上删除。78 年本整理小组认为是帮助他们离境的人也帮助他们删除籍册上的姓名。④

张金光：这种削籍系管理者所为，是非法的，造成户口脱漏于国版，是严重犯罪，故论处甚严重。⑤

周群、陈长崎：此处的"有为故秦人出"，乃是承接前文"游士在，无符"而来，针对的乃是无符的游士。其后的"削籍，上造以上为鬼薪，公士以下刑为城旦。"乃是对这种原为秦人的无符游士出境的惩罚。出境，在此不必一定理解成是出秦国现在的国境，因为本条简文颁布时正处于秦统一过程中，因此"出"也可以理解为出原秦国的国境。⑥

卜宪群：对于离开秦去它国的本国游说之士，秦不仅削其籍，而且要处以刑罚。⑦

陶安あんど："有为故秦人出削籍（有为了故秦人而出削籍的）。"⑧

【按】对于此句的理解，诸家存在较大的不同之处。整理小组较为合理地指出了"削籍"是一种法律禁止的犯罪行为，但在翻译和解读上存在个别不合理之处。正如陶安先生所指出，整理小组在译文中增加了"或"

① 〔日〕中央大学秦简講読会：《〈雲夢睡虎地秦墓竹簡〉訳註初稿（承前）——秦律十八種（軍爵律、置吏律、效、伝食律、行書、内史雑、尉雑、属邦）、效律、秦律雑抄》，第 121 页。
② 高敏：《云梦秦简初探》（增订本），河南人民出版社，1981，第 224～225 页。
③ 栗劲：《秦律通论》，山东人民出版社，1985，第 288 页。
④ A. F. P. Hulsewé, *Remnants of Ch'in Law*, p. 104.
⑤ 张金光：《秦制研究》，上海古籍出版社，2004，第 816 页。
⑥ 周群、陈长崎：《秦简〈秦律杂抄〉译文商榷》，《史学月刊》2007 年第 1 期，第 130 页。
⑦ 卜宪群：《秦汉社会势力及其官僚化问题研究之三——以游士宾客为中心的探讨》，第 109 页。
⑧ 〔德〕陶安あんど：《秦漢刑罰体系の研究》，東京外国語大学アジア・アフリカ言語文化研究所，2009，第 19 页。

字，这一读法使得"出国"与"削籍"之间的关系模糊不清。① 另外，还有一种见解认为"削籍"是一种法律规定的惩罚方式而非犯罪行为。对这一理解的疑问在于，作为特别惩罚手段的"削籍"与后文具体的刑罚"上造以上为鬼薪，公士以下刑为城旦"同时存在于一条律文中，是否有重复的必要？从"上造以上为鬼薪，公士以下刑为城旦"的结果来看，当罪犯的身份转变为刑徒，"削籍"作为处罚手段已无必要。又，陶安先生认为"出削"作为动词理解的观点，似略显曲折，同时亦无直接文例的支持。

综上，"有为故秦人出，削籍"可理解为：有为了故秦人出境而削籍的。"削籍"是律文所要惩罚的具体犯罪行为，惩罚对象是违法实施"削籍"的人。"上造以上鬼薪，公士以下刑为城旦"的刑罚，是针对非法削籍的犯罪者具有不同爵位时所做的特别规定。

［4］游士律

林清源：《游士律》是关于管理从事游说之人的法律。②

李均明：游士律是关于游士身份行为的限制性规定。③

张忠炜："游士律"、"除弟子律"及"臧（藏）律"，其共同特征是取律文前几字以为题……从其命名特征来看更像是律条名。④

【按】在出土文献中，游士律之名迄今只在睡虎地秦简中出现一次，且未见于传世文献。从"·为（伪）听命书……"到"·游士律"之前，律文涉及对"伪听命书""不避席立""游士在亡符""为故秦人出削籍"四类行为（或曰情节）的处罚，除"游士在亡符"，其余并未限定主体。因此"游士律"的内容归属还不好以一种标准判断。

【译文】

游士在本地居留而没有凭证，所在的县（向其）罚一甲，以一年为期追缴。有为了故秦人出境而削其籍的，上造以上为鬼薪，公士以下刑城

---

① 〔德〕陶安あんど：《秦漢刑罰体系の研究》，第406~407页。
② 林清源：《睡虎地秦简标题格式析论》，第790页，注释32。收入氏著《简牍帛书标题格式研究》，第125页，注释32。
③ 李均明：《秦汉简牍文书分类辑解》，文物出版社，2009，第190页。
④ 张忠炜：《秦汉律令法系研究初编》，第105页。

且。　游士律

【简文】

当除弟子籍不得置任不审皆耐爲侯使其弟子赢律及治之赀一甲决革二

　　甲6

除弟子律

【释文】

当［1］除弟子［2］籍不得，［3］置任不审，皆耐爲侯（候）。使其
弟子赢律，及治（笞）之，赀一甲；决革，二甲6。除弟子律。［4］

【集释】

［1］当

整理小组：当，通倘，如果。

何四维：我按"当"的字面意把它译为"应当"（to be warranted）。①

张金光："当"即"应当"。②

［2］弟子

林剑鸣："庶子"，就是依附于地主的农民，他们虽有自己的经济，却
受着地主的支配，类似地主家中的奴仆，因此又称为"弟子"……一为
"弟子"，便不得改籍，除有特殊原因外，只能世世代代当地主的依附农
民。他们实际就是农奴。③

黄留珠：从严格意义上讲，秦实行"以吏为师"，是从始皇三十四年
（前213）开始的，而秦简里抄录的律文，却全是始皇三十年（前217）
以前的，所以《除弟子律》中的弟子实应是法官法吏的弟子。这类弟子
很可能即《定分篇》所谓之"学读法令"者……此类弟子实为候补之法

① A. F. P. Hulsewé, *Remnants of Ch'in Law*, p. 105. 何四维先生在《汉律辑逸》一书中认为：
在《史记》和两汉史中"当"字出现数百次，其标准的表达是"某人犯罪，当处某项处
罚"。此处的"当"不是"应该（should）"的意思，而富有更多技术含义，即对犯罪处
以同等的或者相称的或者较重的处罚；在这种情况下，我通常将该词译成"应当（to be
warranted）"。参见 A. F. P. Hulsewé, *Remnants of Han Law*, Leiden E. J. Brill, 1955, p. 80.

② 张金光：《论秦汉的学吏制度》，《文史哲》1984年第1期，第31页。收入氏著《秦制研
究》，第711页。

③ 林剑鸣：《秦国封建社会各阶级分析——读〈睡虎地秦墓竹简〉札记》，《西北大学学报》
（哲学社会科学版）1980年第2期，第80页。

官法吏。①

裘锡圭：战国时代，国家常常把无力负担国家规定的赋役的贫家子弟以至一般贫民抑为徒役，让他们专门服各种劳役。在秦国，国家把一部分徒役配给有爵的私家使用，这种徒役也称为庶子或弟子。②

高敏：能将其子弟列入"弟子籍"的，只有县令、县尉以上的官吏；而且被列入"弟子籍"者，可以享有免役的特权……官吏弟子有被保举为官吏的权利，有不许杖责的法律保护。由此可见，"弟子籍"是关于官吏弟子的一种特殊户口册，是官吏享有特殊政治特权的表现之一……汉代有二千石以上官吏可以任其子弟一人为郎官的"任子"制，秦的除弟子之制及"弟子籍"，也许就是这种"任子"制的萌芽或前身。③

张金光：学室弟子是专立有名籍的……一旦成为学吏弟子，即可免除徭役，学成后可入仕途。④

何四维：我同意整理者将简文中的"弟子"认为是《商君书》里提到的"庶子"……据《商君书》记载，有爵者享有拥有一定数量的庶子，庶子每月为有爵者服役六日；有战事时随其作战。《淮南子》第十二章表明存在庶子的专门名籍。⑤

张良才：做吏员的学徒，当学吏弟子，是学吏教育的又一表现形式……学吏弟子的类型不一，既有学做法吏的法吏弟子，也有学驾驭的驾驭弟子。⑥

---

① 黄留珠：《略谈秦的法官法吏制》，《西北大学学报》（哲学社会科学版）1981 年第 1 期，第 76 页。也有学者认为《商君书·定分篇》"学读法令"者，估计当有吏之弟子（参见孙鸿燕《秦汉时期郡县属吏辟除问题研究》，载雷依群、徐卫民主编《秦汉研究》第 1 辑，三秦出版社，2007，第 230 页）。

② 裘锡圭：《战国时代社会性质试探》，载《社会科学战线》编辑部编《中国古史论集》，吉林人民出版社，1981，第 17 页。收入氏著《古代文史研究新探》，江苏古籍出版社，1992，第 404 页。

③ 高敏：《云梦秦简初探》（修订本），第 222 页。《说文·人部》："任，保也。"段注："保之本义，《尚书》所谓保抱。任之训保，则保引伸之义，如今言保举是也。"关于汉代"任子"最早记载，见于《汉书·哀帝纪》应劭注引《汉仪注》："吏二千石以，视事满三年，得任同产若子一人为郎。"栗劲先生也认为，汉的《任子令》很可能就是秦《除弟子律》的继承和发展。（参见栗劲《秦律通论》，第 349 页。）

④ 张金光：《论秦汉的学吏制度》，第 31 页，收入氏著《秦制研究》，第 711 页。

⑤ A. F. P. Hulsewé, *Remnants of Ch'in Law*, p. 105.

⑥ 张良才：《试论秦之"吏师"制度》，《齐鲁学刊》1998 年第 1 期，第 72 页。

【按】学界一般认为存在专门用于"弟子"登记的名籍，但对"弟子"的身份问题有三种看法：第一种主张弟子为法官法吏弟子，即候补之法官法吏；第二种主张弟子为学吏弟子，其类型多样（包括学室弟子、法吏弟子、博士弟子、驾驺弟子、县校弟子、人属弟子等），有专门名籍，并享有被举荐为吏等政治和法律上的特权；第三种看法主张弟子为徒役，身份较低，具有依附性，一旦成为"弟子"便不得改籍，专供有爵的私家使用，专门服各种劳役。关于弟子的保举任用，有学者认为应当是有资格的"师"或吏。①

[3] 当除弟子籍不得

整理小组：如有不恰当地将弟子除名。（译）

张金光：学吏成功，应该除去弟子籍，亦即毕业了，还不得除。②

何四维：在此处的上下文里，如果"除弟子"先是意为"将弟子除名"，但之后出现在律名中的同样文字的意思却是"任用弟子"，将会非常令人奇怪。③

【按】按照整理小组与张金光先生的理解，文义可通。不过如何四维先生所指出，其未安之处在于"除弟子籍"和"除弟子律"之"除"字的不同解释。"除"作任用解，文义亦通。"当除弟子籍不得"有两种理解：一是以"当除弟子籍"为主语，"不得"为谓语，意为没有做到在簿籍上登记任用弟子。一是何四维先生的理解。他的句读是"当除弟子，籍不得"，解释为"有人应当被任命为弟子，人口登记却不允许这么做"。④籍，登记，《秦律十八种·效律》168 简："入禾，万【石一积而】比黎之为户，籍之曰：'其廥禾若干石，仓啬夫某、佐某、史某、稟人某。'"此暂取前者理解。

[4] 除弟子律

整理小组：关于任用弟子的法律。按秦以吏为师，本条是关于吏的弟

---

① 孔庆明：《秦汉法律史》，陕西人民出版社，1992，第 91 页。

② 张金光：《论秦汉的学吏制度》，第 31 页，收入氏著《秦制研究》，第 771 页。晋文、曹旅宁也持相同观点，参见晋文《秦代学校浅说》，《山东师大学报》（哲学社会科学版）1985 年第 2 期，第 17 页；曹旅宁《张家山汉律研究》，中华书局，2005，第 180 页。

③ A. F. P. Hulsewé, *Remnants of Ch'in Law*, p. 105.

④ A. F. P. Hulsewé, *Remnants of Ch'in Law*, pp. 104–105.

子的规定。

张金光:秦专设有《除弟子律》,大略为有关如何对学吏弟子的管理、培养及任用等的立法。①

高敏:《除弟子律》,似为关于任用官吏子弟为官的法律。②

张忠炜:"游士律""除弟子律"及"臧(藏)律",其共同特征是取律文前几字以为题……从其命名特征来看更像是律条名。③

【按】律名结构与"除吏律"相似。"除弟子律"之名位于简首,下有墨点与下文区分,即"除弟子律·",属于林清源先生所总结的第三类章题样式。本条除弟子律的主要内容包括:任用弟子时簿籍登记与保举弟子的不法行为及其处罚规定,违规役使弟子造成伤害后果的处罚规定。

【译文】

应当在簿籍上登记任用弟子而没有做到,或者担保弟子不实的,都耐为候。超过法律规定标准役使弟子,及对其进行笞打,罚一甲;打破皮肤,罚二甲。　除弟子律

【简文】

·故夫=斩首者罨·分甲以為二甲蒐者耐·縣毋敢包卒爲弟子尉7

赀二甲免令二甲·輕車趜張引强中卒所載傅到軍縣勿奪=中卒傅令尉8

赀各二甲

【释文】

·故大夫[1]斩首者,罨(遷)。·分甲以爲二甲蒐者,耐。·縣毋敢包卒爲弟子,尉7赀二甲,[2]免;令,二甲。·輕車、趜張、引强、中卒所載傅〈傳〉到軍,[3]縣勿奪。奪中卒傅,令、尉8赀各二甲。

【集释】

[1]故大夫

【按】"故大夫"在原简中写作"故夫=","夫="应为"大夫"的合文。

[2]县毋敢包卒为弟子,尉赀二甲

---

① 张金光:《论秦汉的学吏制度》,第31页。收入氏著《秦制研究》,第711页。
② 高敏:《秦汉的户籍制度》,《求索》1987年第1期,第76页。
③ 张忠炜:《秦汉律令法系研究初编》,第105页。

【按】如按简文文意“县不准将卒藏为弟子，罚尉二甲”，似乎对被罚者尉缺少认定的犯罪行为。“毋（勿）敢”在出土秦汉简牍中，直接表示禁止性规范，其后多以复述该禁止行为或“不从令”“不从律”等方式接续违反规定的处置办法。如《秦律十八种·行书律》183简：“勿敢留。留者以律论之。”《岳麓书院藏秦简（肆）》1400（115）简：“黔首居田舍者毋敢醘〈醢（酤）〉酒，不从令者䙴（迁）之。”①《二年律令·具律》118简：“毋敢以投书者言毄（系）治人。不从律者，以鞫狱故不直论。”据此，“尉赀二甲”前或有“不从令”等相关内容的可能性。另外，从“尉”位于第7简末尾推测，简7与简8之间或有另文之简。以下译文暂从整理小组释文。

［3］轻车、趑张、引强、中卒所载傅〈传〉到军

整理小组：轻车、趑张、引强、中卒用传车运送到军的物资。

何四维：轻车、趑张、引强、中卒运送到军队的干肉（脯）。②

【按】整理小组认为此“中卒所载傅”中的“傅”为“传”的误书，并将其翻译为“传车”。今观图版，字形与后文“夺中卒传”之“传”确实不同。何四维先生则认为“傅”通“脯”或“膊”，均为干肉之义。孰者为是，尚难定谳。此暂从整理小组之说。

【译文】

本为大夫而在阵前斩首的，处迁刑。在大蒐时以一支军队分充两支，处耐刑。县不准将卒藏为弟子，县尉罚二甲，免职；县令罚二甲。轻车、趑张、引强、中卒用传车运送到军的物资，县不得截夺。夺取中卒使用的传车，县令、县尉各罚二甲。

【简文】

·驀=五尺八寸以上不勝任奔摯不如令縣司馬貲二甲令丞各一甲先9

賦驀=馬備乃粼從軍者到軍課之馬殿令丞二甲司馬貲二甲灋

【释文】

·驀馬［1］五尺八寸以上，不勝任，［2］奔摯（縶）不如令，［3］縣

① 陈松长主编《岳麓书院藏秦简（肆）》，上海辞书出版社，2015，第106页。

② A. F. P. Hulsewé, *Remnants of Ch'in Law*, p. 106.

司马赀二甲，令、丞各一甲。先9赋蓦马，马备，乃鄰从军者，[4] 到军课之，马殿，令、丞二甲；司马赀二甲，法（废）。

【集释】

[1] 蓦马

整理小组：合文，下同。供骑乘的军马。

何四维：供骑乘的马。①

戴世君：蓦马应仅指体高在五尺八寸以上的一般的骑乘马匹。②

[2] 不胜任

整理小组：不堪使用。

何四维：不胜任它们的工作。③

【按】整理小组在《司空》12 简中将"不胜任"翻译为"不堪负重"。这一解释也应适用于此处的"不胜任"。骑乘用马虽体高达标，但不能负重，说明其体质羸弱，不符合要求。这与下文的"奔挚"都可视为对马的较为具体的考核项目。如解释为一般意义的"不堪使用"，则与后文中的"奔挚不如令"意义重叠。

[3] 不如令

整理小组：不听指挥。

何四维：鉴于"不如律"或"不如令"频繁出现，此处亦必是此意，而不是整理小组翻译的"不听指挥"。④

【按】可参看研读会关于《仓律》58 简"犯令律"的相关按语，"犯令"，非指违反了一条具体的实体令，也有不遵守法律的含义。⑤"不如令"亦同"犯令"，不宜作违反某一具体法令理解，而应理解为不符合一般性的法律规定。

[4] 乃鄰从军者

---

① A. F. P. Hulsewé, *Remnants of Ch'in Law*，p. 107.

② 戴世君：《云梦秦律新解（六则）》，《江汉考古》2008 年第 4 期，第 99 页。

③ A. F. P. Hulsewé, *Remnants of Ch'in Law*，p. 107.

④ A. F. P. Hulsewé, *Remnants of Ch'in Law*，p. 107.

⑤ 中国政法大学中国法制史基础史料研读班：《睡虎地秦简法律文书集释（三）：〈秦律十八种〉（〈仓律〉）》，载中国政法大学法律古籍整理研究所编《中国古代法律文献研究》第 8 辑，社会科学文献出版社，2014，第 83～84 页。

整理小组：在从军人员中选任骑士。

何四维：然后挑选将要加入军队的马匹。（译）①

戴世君：从"菶马"中挑选军用马匹，而不是"在从军人员中选任骑士"。又从立法逻辑来看，"在从军人员中选用骑士"与后文的挑选与考核马匹内容太不相类。②

【按】何四维、戴世君先生的观点可从。

【译文】

菶马达到五尺八寸以上，但不堪负重，行止不符合规定要求的，县司马罚二甲，县令、丞各罚一甲。先行征集菶马，数量齐备后，从这些马匹中挑选可作军用的马匹，到达军队驻地后进行考核，如（所选）马匹被评为下等，县令、县丞罚二甲；司马罚二甲，革职永不叙用。

【简文】

吏自佐史 10

以上負從馬守書私卒令市取錢焉皆覂

【释文】

吏自佐、史 10 以上負從馬、［1］守書私卒，［2］令市取錢焉，皆覂（遷）。

【集释】

［1］負從馬

整理小组（1977）：一说负为动词。使之负载。③

整理小组：驮运行李的马。

中央大秦简讲读会：从金布律可知以一定的律发给养、见牛者、仆。负从马是指驮马，但本译解作照料乘马的养、仆。④

何四维：负是动词，把货物装到载重的马匹。⑤

---

① A. F. P. Hulsewé, *Remnants of Ch'in Law*, p. 106.
② 戴世君：《云梦秦律新解（六则）》，《江汉考古》2008 年第 4 期，第 99 页。
③ 睡虎地秦墓竹简整理小组：《睡虎地秦墓竹简》，文物出版社，1977，第 88 页。
④ 〔日〕中央大学秦简讲读会：《〈雲夢睡虎地秦墓竹簡〉訳註初稿（承前）——秦律十八种（軍爵律、置吏律、效、伝食律、行書、内史雜、尉雜、属邦）、效律、秦律雜抄》，第 122 页，注释 1。
⑤ A. F. P. Hulsewé, *Remnants of Ch'in Law*, p. 107.

张金光：可视作为吏所备之副马类，一可为军中备急之需，同时亦可供载衣装私物之用。①

【按】传世文献中与"负从马"结构相似的用语，又有"负私从马"与"负私从者"。点校本二十四史修订本《史记·匈奴列传》"负私从马"《校勘记》六七："王念孙《杂志·史记第六》：'当依《汉书》作"私负从马"。负从马者，负衣装以从之马也，非公家所发，故曰"私负从马"。'按：'"负私从马"不误。正义云"谓负担衣粮，私募从者，凡十四万匹"，是其证。本书卷一二三《大宛列传》："赦囚徒材官，益发恶少年及边骑，岁余而出敦煌者六万人，负私从者不与。"《汉书》卷六一《李广利传》"负私从者不与"，颜师古注："负私粮食及私从者，不在六万人数中也。""负私从马"与"负私从者"相对，一指马，一指人。'② 可知"负"为负担、承载，"私从"为私人随从之意。本简中的"负从马"，结构类似"负私从马"，意即承担运载的随从马匹，但其当属公家而非私人所有。

［2］守书私卒

整理小组：应为看守文书的随从士卒。

中央大秦简讲读会：可将其分成"守书"——文书的管理保存，"私卒"——随从两个部分理解。③

张金光：准备做文书事务的私从卒史，亦即学徒吏。④

【按】大通上孙家寨汉简多见"私卒"，如"私卒仆养数廿八""从马数使私卒卅六""私卒：六［百］石至三百石""将长及死不出营，营私卒将吏皆耐为鬼新（薪）"。⑤ 从中可以看出，私卒可能是军队中军官的私人兵卒。由于资料不足，尚不确定是否有"看守文书"的私卒。至于"守书"作为独立主语指代一种身份的观点，目前未见文例支持。此暂从整理小组的意见。

---

① 张金光：《秦制研究》，第 252 页。

② （汉）司马迁：《史记》（修订本），中华书局，2014，第 3535 页。

③ 〔日〕中央大学秦简讲读会：《〈云梦睡虎地秦墓竹简〉訳註初稿（承前）——秦律十八种（军爵律、置吏律、效、传食律、行书、内史杂、尉杂、属邦）、效律、秦律杂抄》，第 122 页，注释 2。

④ 张金光：《秦制研究》，第 713 页。

⑤ 大通上孙家寨汉简整理小组：《大通上孙家寨汉简释文》，《文物》1981 年第 2 期，第 22 ~ 23 页。

【译文】

佐、史以上的官吏利用承担运载的随从马匹和看守文书的私卒贸易牟利，均处迁刑。

【简文】

不當稟軍中而稟者皆貲二甲灋 11

非吏殹戍二歲徒食敦長僕射弗告貲戍一歲令尉士吏弗得貲一甲·軍人
買稟 = 12

所及過縣貲戍二歲同車食敦長僕射弗告戍一歲縣司 = 空 = 佐史士吏將
者弗得 13

貲一甲邦司空一盾·軍人稟所 = 過縣百姓買其稟貲二甲入粟公吏部弗
得及 14

令丞貲各一甲·稟卒兵不完善丞庫嗇夫吏貲二甲灋

【释文】

不當稟軍中而稟者，皆貲二甲，[1] 法（廢）11；非吏殹（也），戍二歲；徒食、敦（屯）長、僕射弗告，貲戍一歲；[2] 令、尉、士吏弗得，貲一甲。·軍人買（賣）稟稟 12 所及過縣，貲戍二歲；同車食、敦（屯）長、僕射弗告，戍一歲；縣司空、司空佐史、士吏將者弗得 13，貲一甲；邦司空 [3] 一盾。·軍人稟所、所過縣百姓買其稟，貲二甲，入粟公；吏部 [4] 弗得，及 14 令、丞貲各一甲。·稟卒兵，不完善（繕），丞、庫嗇夫、吏貲二甲，法（廢）。[5]

【集释】

[1] 不当稟军中而稟者，皆貲二甲

【按】稟，有领取、发放二义。《田律》11 简："乘马服牛稟，过二月弗稟、弗致者，皆止，勿稟、致。"整理小组注"稟"："简文作为动词有领取、发放两义，这里意思是领取。"《秦律十八种·效律》168 简："入禾，万【石一积而】比黎之为户，籍之曰：'其廥禾若干石，仓嗇夫某、佐某、史某、稟人某。'"所见稟人负责出稟，里耶秦简有例证，如 8－56 简："卅一年十月乙酉，仓守妃、佐富、稟人援出稟屯☒"① 关于"不当稟军中"，何

① 陈伟主编《里耶秦简牍校释》第 1 卷，武汉大学出版社，2012，第 42 页。

四维先生指出《秦律十八种·仓律》44～46 简是禁止重复发放的规定。①律文规定了相关公食者因公外出或休假时领取粮食的办法，以防止出现领取双份口粮的情况。"皆"，何四维先生认为其指代的是发放者与领取者。②

［2］赀戍一岁

整理小组：罚戍边一年。（译）

张铭新：就其性质而言，赀徭戍既然称之为"赀"，它就不同于有期徒刑，是一种以剥夺受罚者劳动力为目的的处罚……徭、戍大约也可用钱折抵。因此，赀罚徭戍可以视为变相的经济制裁方式。③

张伯元：赀戍一岁，就是罚抵戍边一年应交的钱……这表明"赀戍"的惩处用的是钱，而不是直接去守边。④

【按】《岳麓书院藏秦简（肆）》0634（379）简"·里人令军人得爵受赐者出钱酒肉歙（饮）食之，及予钱酒肉者，皆赀戍各一岁……"亦见"赀戍"处罚。⑤整理小组与张伯元先生之说，涉及对"赀戍"性质的认识。赀戍是直接戍边还是以钱折抵，尚待进一步探讨。关于本条简文混用"赀戍"与"戍"，何四维、张金光先生均据"赀戍"文例将"戍"补为"赀戍"。⑥"非吏殹（也），戍二岁"可能是承前"不当稟军中而稟者，赀二甲"而省略了"赀"字；后文"邦司空一盾"，也是承前文"赀一甲"而省略了"赀"字的用法。

［3］邦司空

整理小组：朝廷的司空。

于豪亮：邦司空，在古籍中称为国司空……西汉初，避刘邦的讳，古籍中的邦字多改为国字，邦司空就成为国司空了。⑦

---

① A. F. P. Hulsewé, *Remnants of Ch'in Law*, p. 108.

② A. F. P. Hulsewé, *Remnants of Ch'in Law*, p. 108.

③ 张铭新：《〈秦律〉中的经济制裁——兼谈秦的赎刑》，《武汉大学学报》（社会科学版）1982 年第 4 期，第 16 页。

④ 张伯元：《"爵戍"考》，《华东政法学院学报》2004 年第 1 期，第 72 页。收入氏著《出土法律文献研究》，商务印书馆，2005，第 94 页。

⑤ 陈松长主编《岳麓书院藏秦简（肆）》，第 220 页。

⑥ A. F. P. Hulsewé, *Remnants of Ch'in Law*, p. 108. 张金光：《秦制研究》，第 561 页。

⑦ 于豪亮：《云梦秦简所见职官述略》，载中华书局编辑部编《文史》第 8 辑，中华书局，1980，第 11 页。收入氏著《于豪亮学术文存》，中华书局，1985，第 96 页。

栗劲：秦对归属的或被其征服的少数民族政权称"臣邦"……在本条律文，邦司空与县司空并列，当为"臣邦"的司空，而不是朝廷的司空。①

杨振红："邦司空"是"县司空"同一系统的上级主管官吏，因此其地位应与郡大致相当。②

【按】里耶秦简 8 - 773 简"八十四人邦司空公白羽"可见"邦司空"，陈伟先生等认为其应即郡司空。③ 杨振红先生认为秦简中的"邦司空"即"国司空"，秦时的"邦"字义上通"国"，秦始皇统一中国更定名号前，狭义的"邦"不是指秦统治的全部疆域，而是指秦王畿，地位应当与郡大致相当。④ 本条律文规定"县司空……弗得，赀一甲；邦司空一盾"，从承担连带责任的规定来看，邦司空当是县司空的上一级主管机构。

［4］吏部

整理小组：疑为部吏误倒。部吏即乡部、亭部之吏。

何四维：此处如果"部"意为"派遣"，就没有必要假设律文中的"吏部"是抄手误写。⑤

陶安あんど：此处"部"作动词"管辖"之意，与"部"相似的概念还有"主"与"将"……"部"表示对一定的管辖范围负有责任。⑥

【按】《岳麓书院藏秦简（肆）》0994（280）简："·田律曰：黔首居田舍者毋敢醢〈醯（酤）〉酒，有不从令者罨（迁）之，田啬夫、士吏、吏部弗得，赀二甲。·第乙。"⑦ 可见"吏部"之语。张家山汉简《二年律令》也多见"吏部主"，如《盗律》74 简"盗出财物于边关徼，及吏部主智（知）而出者，皆与盗同法……"；《捕律》144～145 简"盗贼发……令、丞、尉能先觉智（知），求捕其盗贼，及自劾，论吏部主

① 栗劲：《〈睡虎地秦墓竹简〉译注斠补》，《吉林大学社会科学学报》1984 年第 5 期，第 93 页。
② 杨振红：《从秦"邦"、"内史"的演变看战国秦汉时期郡县制的发展》，《中国史研究》2013 年第 4 期，第 51 页。
③ 陈伟主编《里耶秦简牍校释》第 1 卷，第 224 页。
④ 杨振红：《从秦"邦"、"内史"的演变看战国秦汉时期郡县制的发展》，《中国史研究》2013 年第 4 期，第 49～55 页。
⑤ A. F. P. Hulsewé, *Remnants of Ch'in Law*, p. 109.
⑥ 〔德〕陶安あんど：《秦汉刑罚体系的研究》，第 493 页，注释 11。
⑦ 陈松长主编《岳麓书院所藏秦简（肆）》，第 161 页。

者……"整理小组注释"部主"为"该管其事"。三国时代出土文字资料研究班认为:"吏部主"是指部（所辖）、主（负责）的官吏。据"吏主者""吏部主者""部者""部主者"等用例,"吏部主"意为"吏所部（吏の部する）"与"吏所主（吏の主する）"。[1]

[5] 不当稟军中……丞、库啬夫、吏赀二甲,法（废）

【按】本条主要规定了非法领取、发放、售卖、购买军粮犯罪的情节、主体及其处罚,另还有对发放兵器不合格的责任认定与处罚。从立法意图而言,主要在于严格规范重要军事物资的用途,防止其被用于非军事目的;同时落实了兵器的保管责任。本条内容可归纳如表1。

表1　11～15简所见犯罪行为与相应刑罚

犯罪情节	犯罪主体身份	犯罪处罚
非法领取、发放军粮	吏	赀二甲,废
非法领取、发放军粮	非吏	赀戍二岁
未告发非法领取、发放军粮	徒食、屯长、仆射	赀戍一岁
未察觉非法领取、发放军粮	令、尉、士吏	赀一甲
军人在领粮处与路经县非法售卖军粮	军人	赀戍二岁
未告发军人在领粮处与路经县非法售卖军粮	同车食、屯长、仆射	赀戍一岁
未察觉军人在领粮处与路经县非法售卖军粮	县司空、司空佐史、士吏将者	赀一甲
未察觉军人在领粮处与路经县非法售卖军粮	邦司空	赀一盾
在军人领粮处与路经县非法购买军粮	百姓	赀二甲,入粟公
未察觉在军人领粮处与路经县非法购买军粮	吏部、令、丞	赀一甲
发放的兵器质量不好	丞、库啬夫、吏	赀二甲,废

【译文】

不应向军中发放粮食而发放的,（发放者与领取者）都罚二甲,撤职永不叙用;如不是官吏,罚戍边二年;一起吃军粮的军人、屯长和仆射不报告,罚戍边一年;县令、县尉、士吏未察觉,罚一甲。军人在领粮地方和经过的县出卖军粮,罚戍边二年;同属一车一起吃军粮的军人、屯长和仆射不报告,罚戍边一年;县司空、司空佐史、士吏监率者没有察觉,罚

---

① 〔日〕冨谷至编《江陵張家山二四七號墓出土漢律令の研究　譯注篇》,朋友書店,2006,第53頁,注釋2。

一甲；邦司空罚一盾。军人领粮地方和所经过的县百姓购买军粮，罚二甲，粮食没收；主管的官吏没有察觉，和县令、丞各罚一甲。发给军卒兵器，质量不好，丞、库啬夫和吏均罚二甲，撤职永不叙用。

【简文】

·敢深益其勞歲數 15

者貲一甲棄勞·中勞律

【释文】

·敢深益其勞歲數 15 者，貲一甲，棄勞。[1] ·中勞律。[2]

【集释】

[1] 弃劳

【按】劳绩奖惩制度，有赐劳、增劳，与此相反，也有夺劳、弃劳。蒋非非先生认为夺劳即弃劳。① "夺劳"，《居延新简》EPT56.337 简："☑ ☑弩发矢十二，中彄矢六为程，过六若不彄六，矢赐、夺劳各十五日。"同书 EPS4T2.8B 简："……不中程车一里，夺吏主者劳各一日；二里、夺令、相各一日。"从简文中"夺劳"的原因及数目看，夺劳应指项目考核不合格时，按照考核标准，分别减少不同日数的劳绩处罚。"弃劳"，根据本简文意，应该是指因擅自增加劳绩天数的不法行为，故将本次申报的实际合法的劳绩天数取消。这种对劳绩申报、记录不实行为的处置与因考核未达标而剥夺合法劳绩的"夺劳"是有所不同的。

[2] 中劳律

整理小组：中劳律，应为关于从军劳绩的法律。

余振波："中"可训为"得"，有得到、获得之意……"中劳律"即关于获得劳绩的法律。②

蒋非非："中功"或"中劳"的"中"字为相符、相当、达到之意，这种用法在战国秦汉间使用得相当普遍。③

黄留珠："中"尚表示满、超过之意……"中劳"之"中"，亦当如

---

① 蒋非非：《汉代功次制度初探》，《中国史研究》1997 年第 1 期，第 65 页。

② 余振波：《汉简"中劳"、"中功"考》，《北京大学学报》（哲学社会科学版）1995 年第 6 期，第 117 页。

③ 蒋非非：《汉代功次制度初探》，《中国史研究》1997 年第 1 期，第 65 页。

之。"中劳律"则应是关于满（超过）劳绩的法律。而那种单言的"劳"，不过表示达到或接近的意思。[1]

朱红林：《中劳律》的存在，表明当时秦国的劳绩制度已经相当完善……劳绩制度不仅仅适用于军功，所以整理小组认为《中劳律》是"关于从军劳绩的法律"，未必合适。[2]

【按】朱绍侯先生认为"中劳"是专用名词，指劳日、劳绩。[3] 关于"中劳"之意，主要有四种意见：专用名词、获得劳绩、符合劳绩、达到并超过劳绩。其中，蒋非非先生的说法较为合理。《居延汉简》亦常见"中劳"文例，如 13.7 简："肩水候官并山隧长公乘司马成中劳二岁八月十四日……""中劳"字面意思即是符合劳绩，"中劳律"就是有关符合劳绩规定的法律。论者有以"中劳律"为篇名者，[4] 也有学者认为不应断言为篇名，[5] 何者为是，尚需更多材料予以检证。

【译文】

敢（擅自）增加劳绩年数的，罚一甲，取消劳绩。　　中劳律

【简文】

·臧皮革橐突赀啬夫一甲令丞一盾·臧律 16

【释文】

臧（藏）［1］皮革橐（蠹）突，赀啬夫一甲，令、丞一盾。·臧（藏）律 16。［2］

【集释】

［1］臧（藏）

【按】简文"臧"字前有墨点，整理小组未录，现据图版补录，释文仍按整理小组。

［2］臧（藏）律

---

① 黄留珠：《读云梦秦简札记三则》，载黄留珠主编《周秦汉唐研究》第 1 册，三秦出版社，1998，第 107 页。

② 朱红林：《张家山汉简〈二年律令〉研究》，黑龙江人民出版社，2008，第 242 页。

③ 朱绍侯：《军功爵制研究》，第 245 页。

④ 如高恒先生将"中劳律"列为《睡虎地秦墓竹简》所见三十余个秦律篇名之一，参见氏著《秦汉简牍中法制文书辑考》，第 132 页，注释 1。

⑤ 张忠炜：《秦汉律令法系研究初编》，第 106 页。

【按】"藏律"是关于府藏的法律，仅见本简一条律文，内容是对皮革保管不善的责任人的处罚。《效律》42 简"官府臧（藏）皮革……有蠹突者，赀官啬夫一甲"与本条律文内容一致。关于两律重复的部分，江村治树先生认为《藏律》早于《效律》存在，《效律》原样照搬了《藏律》这条关于物品管理的规定。①

【译文】

贮藏的皮革被虫咬坏，罚啬夫一甲，令、丞一盾。　藏律

【简文】

省殿赀工師一甲丞及曹長一盾徒絡組廿給省三歲比殿赀工師二甲丞曹
　　17

長一甲徒絡組五十給

【释文】

省殿，赀工師一甲，丞［1］及曹長一盾，徒絡組［2］廿給。［3］省三歲比殿，赀工師二甲，丞、曹 17 長一甲，徒絡組五十給。

【集释】

［1］丞

整理小组：这里应指工官的负责官员，如汉代钟官令有"火丞""钱丞"。

何四维：丞，"助手，副……"与多种头衔结合；此处指工师丞。②

【按】整理小组认为此处的"丞"指工官负责人，以 18～19 简见之，"县工"负责官吏当为啬夫。吴荣曾先生指出工师之下有丞，无论是中央还是地方，工官之长皆称工师，其副手皆称丞。③"四十年上郡守起戈"铭文："卌（四十）年，上郡守起，高工师猪、丞秦、（工）隶臣庚。东阳"，④ 从其排序可见丞位于工师之后。从官吏责任看，连带责任有监督责

① 〔日〕江村治樹：《雲夢睡虎地出土秦律の性格をめぐって》，《東洋史研究》第 40 卷第 1 号，1981 年，第 8 页。
② A. F. P. Hulsewé, *Remnants of Ch'in Law*, p. 110.
③ 吴荣曾：《秦的官府手工业》，载中华书局编辑部编《云梦秦简研究》，中华书局，1981，第 43 页。
④ 中国社会科学院考古研究所编《殷周金文集成》（修订增补本）第 7 册，中华书局，2007，第 6129 页。

任与事务辅佐性职务责任两种，① 其处罚往往较直接责任为轻。如果工师被赀一甲，则工师的副手被赀一盾也比较合理。不过与本简对丞所科处罚轻于工师一等不同，下条简文"非岁功及无命书"的情况下生产它器，对工师与丞的处罚相同。魏德胜先生认为"丞"也负有管理责任，但与工师有分工，如果是产品质量方面的问题，工师要负主要责任，如果是组织管理方面的问题，工师和丞负有同等责任。②

〔2〕络组

整理小组：络组即穿联甲札的绦带。

徐富昌：络组也是"赀"财物之一，和"赀甲""赀盾"是同一类型的刑罚。③

陶安あんど："络组"指联结头盔的纽带，虽可推测与甲、盾同样具有军事历史背景的因素，但可认为实际上与甲、盾同样换算为金钱进行财产征收。从现有史料判断，"络组"限定为对徒所科。④

〔3〕给

整理小组：给，疑读为缉，络组五十给，五十根绦带。

何四维：整理小组认为"络组"是穿联甲札的绦带无疑是正确的……"给"的意思肯定要么是"一套"绦带，要么是一个数量，表示"一段"这类绦带。⑤

魏德胜：从字形看，"给"字从"纟"，而简文中正是作丝织品的量词。⑥

吉仕梅：从字形看，"给"的本义应与绳索有关……"给"用以表绳索类物，由此引申以表绳索的单位。⑦

【按】如何四维先生所说，"给"应该指的是"络组"的一套，"络组

---

① 陶安先生总结了行政行为中的两种连带责任者，即监督责任者与承担事务辅佐职务者。参见〔德〕陶安あんど《秦汉刑罚体系の研究》，第 191 页。
② 魏德胜：《〈睡虎地秦墓竹简〉词汇研究》，华夏出版社，2003，第 180 页。
③ 徐富昌：《睡虎地秦简研究》，文史哲出版社，1993，第 329 页。
④ 〔德〕陶安あんど：《秦汉刑罚体系の研究》，第 501 页，注释 47。
⑤ A. F. P. Hulsewé, *Remnants of Ch'in Law*, p. 110.
⑥ 魏德胜：《〈睡虎地秦墓竹简〉语法研究》，首都师范大学出版社，2000，第 121 页。
⑦ 吉仕梅：《秦汉简帛语言研究》，巴蜀书社，2004，第 137 页。

廿给",应该是二十套,用来编联铠甲。

【译文】

考查时产品被评为下等,罚工师一甲,丞和曹长一盾,徒络组二十套。三年连续被评为下等,罚工师二甲,丞和曹长一甲,徒络组五十套。

【简文】

非歲紅及毋命書敢爲它器工師及丞貲各二甲縣工新 18

獻殿貲嗇夫一甲縣嗇夫丞吏曹長各一盾城旦爲工殿者治人百大車殿 19

貲司空嗇夫一盾徒治五十

【释文】

非歲紅(功)及毋(無)命書,敢爲它器,[1]工師及丞貲各二甲。縣工[2]新 18 獻,殿,貲嗇夫一甲,縣嗇夫、丞、吏、曹長各一盾。城旦爲工殿者,治(笞)人百。大車殿 19,貲司空嗇夫一盾,徒治(笞)五十。

【集释】

[1] 非岁红(功)及毋(无)命书,敢为它器

整理小组:不是本年度应生产的产品,又没有朝廷的命书,而擅敢制作其他器物的。(译)

陶安あんど:"非岁功",超出定额,"无命书",无制书,即无积极的法律根据,推测两者均着意于以营利为目的的商业生产活动。

[2] 县工

整理小组:县工,应指郡县的工官,工官即官营手工业机构。

何四维:在这些简文中"工"意为"工匠",不过此简简文为"县工"。因此我认为整理小组把县工理解为县的工作机构是正确的……考虑到对管理者所科重罚,我确信此处的工是机构而非单个工匠。①

陈治国、张卫星:"县工"应该是"县工室"的简称……由"县工新献"来看,似乎每个县都有工室。②

陶安あんど:整理小组、何四维等将"工"理解为机构,这里应与多数他例一样,也将"工"解释为从事手工业生产技术者即人,"新献"之

---

① 〔德〕陶安あんど:《秦漢刑罰体系の研究》,第 514 页,注释 153。

② 陈治国、张卫星:《秦工室小考》,载吴永琪主编《秦文化论丛》第 14 辑,三秦出版社,2007,第 64、62 页。

语才发生作用。即将"工"看作人的话，"新献"可以解释为新技术者初次献上产品。①

【按】罗开玉、陈治国、张卫星先生等认为"县工"是县工室。② 睡虎地秦简、岳麓书院藏秦简均有"工室"文例，如《秦律十八种·工律》100 简"县及工室听官为正衡石羸（纍）、斗用（桶）、升，毋过岁壶〈壹〉……"；《岳麓书院藏秦简（肆）》0587（329）简"泰上皇时内史言：西工室司寇、隐官、践更多贫不能自给種（粮）"。③ 从律文记载来看，工室应该是制造机构，其中有司寇、隐官、践更等人进行劳作。本条律文规定，县工新献评比居末，"赀啬夫一甲"，"啬夫"一般理解是官啬夫，即部门负责人。从这个意义上考虑，"县工新献，殿"有可能是对部门的考课结果。

【译文】

不是本年度应生产的产品，以及没有命书，而敢擅自制作其他器物的，罚工师和丞各二甲。各县工室新上交的产品被评为下等，罚啬夫一甲，罚县啬夫、丞、吏和曹长各一盾。城旦做工被评为下等，每人笞打一百。所造的大车被评为下等，罚司空啬夫一盾，徒各笞打五十。

【简文】

·鬃園殿赀啬夫一甲令丞及佐各一盾徒絡組各 20

廿給鬃園三歲比殿赀啬夫二甲而瀍令丞各一甲

【释文】

·鬃園殿，[1] 赀啬夫一甲，令、丞 [2] 及佐各一盾，徒絡組各 20 廿給。鬃園三歲比殿，赀啬夫二甲而法（廢），令、丞各一甲。

【集释】

[1] 漆园殿

崔大华："漆园"不能只是种植漆树的漆树园，而可能更主要的是制作漆器的作坊。④

---

① 〔德〕陶安あんど：《秦漢刑罰体系の研究》，第 511 页，注释 138。
② 罗开玉：《秦汉工室、工官初论》，载四川师范大学历史系编《秦汉史论丛》，巴蜀书社，1986，第 185 页。
③ 陈松长主编《岳麓书院藏秦简（肆）》，第 204 页。
④ 崔大华：《庄学研究》，文史哲出版社，1999，第 9 页。

廖群：该生产单位应该不只是种植管理漆树，还会包括制漆等项目，有质量、产量等指标，否则似不存在评估论等的问题。①

【按】里耶秦简 8 - 383 + 8 - 484 简"田课志"有"漆园课"、8 - 454 简"课上金布副"有"漆课"、8 - 488 简"户曹计录"还可见"漆计"，"漆"分别涉及田官、金布曹、户曹等各个机构。本条简文是关于"漆园"评比居末的处罚规定，但具体检验事项及检验方法未详。里耶秦简牍 10 - 1170 第六栏"女卅人与库佐午取桼"，② 有学者将"取桼"解释为收集漆树的汁液。③ 若然，对漆园的评比或涉漆树种植与生漆产量等项。

［2］令、丞

整理小组：漆园属于县，故此处令、丞应为县令、丞，参看《效律》"工橐漆它县"条。

何四维：令、丞非指县令、县丞，而指主司（令）与其助手。毕汉思在《汉代官僚制度》一书中列出了以令为首的包括苑和圃在内的若干政府机构。④

廖群：漆园令、漆园丞。⑤

【按】《效律》51 简："官啬夫赀二甲，令、丞赀一甲；官啬夫赀一甲，令、丞赀一盾。"以其所见，"啬夫——令、丞"是常见的表达，即部门负责人——县级负责长官。后者并非直接责任人，其承担的是监督责任，故处罚较轻。此处的令、丞应该是县令、丞。

【译文】

漆园被评为下等，罚漆园啬夫一甲，县令、丞及佐各一盾，徒络组各二十套，漆园三年连续被评为下等，罚漆园啬夫二甲，撤职永不叙用，县令、丞各罚一甲。

【简文】

采山重殿赀啬夫一甲 21

---

① 廖群：《先秦两汉文学考古研究》，学习出版社，2007，第 348 页。
② 简文见郑曙斌、张春龙、宋少华、黄朴华《湖南出土简牍选编》，岳麓书社，2013，第 118 页。
③ 〔加〕叶山：《解读里耶秦简——秦代地方行政制度》，载武汉大学简帛研究中心主办《简帛》第 8 辑，上海古籍出版社，2013，第 101 页。
④ A. F. P. Hulsewé, *Remnants of Ch'in Law*, p. 111.
⑤ 廖群：《先秦两汉文学考古研究》，第 348 页。

佐一盾三歲比殿貲嗇夫二甲而灋殿而不負費勿貲賦歲紅未取省而亡22

之及弗備貲其曹長一盾大官右府左府右采鐵左采鐵課殿貲嗇夫一盾23

【释文】

采山重殿，[1] 貲嗇夫一甲21，佐一盾；三歲比殿，貲嗇夫二甲而法（废）。殿而不負費，勿貲。賦歲紅（功），未取省而亡22之，及弗備，貲其曹長一盾。大（太）官、右府、左府、右采鐵、左採 [2] 鐵課殿，貲嗇夫一盾23。

【集释】

[1] 采山重殿

整理小组（1977）：重殿，再次评为下等。一说，采山重是开矿。①

整理小组：采山，即采矿，重殿，再次评为下等。

中央大秦简讲读会："采山重"的"重"字，通"童"，整体之意可理解为对矿山劳动者生产的考课。②

何四维：采矿所得的重量评为下等。（译）③

张世超、张玉春：当以线装本后一说为是。④

【按】"采山重殿"诸家有多种说法，整理小组（1990）及何四维先生的说法相对合理。不过也有另外一种理解，从下文"殿而不负费、勿貲"来看，推测"殿"似至少可分出"负费"与"不负费"。因而"重"也有可能是比"殿而不负费"之"殿"更为严重的情况，所以要貲。因此，"重"为"轻重"之"重"，是形容殿的，即程度更严重的殿。以下译文暂从整理小组之说。

[2] 採

【按】据图版当作"采"。

【译文】

---

① 睡虎地秦墓竹简整理小组：《睡虎地秦墓竹简》，文物出版社，1977，第91页。

② 〔日〕中央大学秦简讲读会：《〈雲夢睡虎地秦墓竹簡〉訳註初稿（承前）——秦律十八種（軍爵律、置吏律、效、伝食律、行書、内史雜、尉雜、属邦）、效律、秦律雜抄》，第123页。

③ A. F. P. Hulsewé, *Remnants of Ch'in Law*, p. 112.

④ 张世超、张玉春：《〈睡虎地秦墓竹简〉校注简记》，《古籍整理研究学刊》1985年第4期，第32页。

采矿两次被评为下等，罚啬夫一甲，佐一盾；三年连续评为下等，罚啬夫二甲，撤职永不叙用。评为下等而并无亏欠的，则不加责罚。收取每年规定的产品，在尚未验收时就丢失以及不足数的，罚曹长一盾。太官、右府、左府、右采铁、左采铁在考核中评为下等，均罚啬夫一盾。

【简文】

工擇輪＝可用而久以爲不可用貲二甲・工久輪曰不可用負久＝者＝謁
　用之而24

貲工曰不可者二甲

【释文】

工擇輪，輪可用而久以爲不可用，貲二甲。・工久輪曰不可用，負久
者，［1］久者謁用之，而24貲工曰不可者二甲。［2］

【集释】

［1］负久者

整理小组：负，亏欠。久，此处指装设夯墙用的模板。

中央大秦简讲读会："负久者"，有实施刻久作业职责者。①

何四维：负，不仅有"背负"之意，还有"背弃"，即"忽视、否定"之意；此处我将其译为"阻碍"。②

裘锡圭：久者当是事先在輪上做出可用或不可用的标记的人……秦简律文中的"负"字一般当赔偿讲……如果"负"的宾语指人，"负"就有"使……负担""使……赔偿"的意思……"负久者"之"负"，其意义应与"分负"之"负"相同。③

［2］工择輪……而赀工曰不可者二甲

【按】关于墨点前句，按整理小组的译文，似乎做标记的是工，被赀二甲的也是工。裘锡圭先生认为此句应解为：如果工人发现久者加上不可用标记的輪实际上可用，久者应罚二甲。按此理解，做标记和被赀二甲的

---

① 〔日〕中央大学秦简講読会：《〈雲夢睡虎地秦墓竹簡〉訳註初稿（承前）——秦律十八種（軍爵律、置吏律、效、伝食律、行書、内史雜、尉雜、属邦）、效律、秦律雜抄》，第123页。

② A. F. P. Hulsewé, *Remnants of Ch'in Law*, p. 112.

③ 裘锡圭：《读简帛文字资料札记》，第28～29页。

均为久者。关于墨点后句，整理小组译为："工匠在立木上标记认为不可使用，以致不敷装设者的需要，装设者经过报请仍使用了，应罚认为不可使用的工匠二甲。"裘锡圭先生认为，"工久榦"之"久"可能为"择"之误书。此句意为："工人认为久者加上可用标记的榦不可用（久者也有可能以不加标记表示榦可用。如果是这样，'加上可用标记'就应改为'未加不可用标记'），应让久者赔榦。但是如果久者能向上级证明原榦确实可用，认为不可用的工人就应罚二甲。"① 此条"文义不是很显豁"。② 若按整理小组的理解，文脉亦可通，但问题如裘先生所言，对"久"字做了两种截然不同的解释。按裘先生的理解，"工择榦曰不可用"的含义，就是"工匠在选择榦时，认为久者加上可用标记的榦不可用"。这样不必对"久"字做二解即可疏通文脉，相比之下较为合理。

参酌既有成果，本条律文或可作如下理解：前句"工择榦，榦可用久以为不可用，赀二甲"，是指工匠在久者已完成标记的情况下"择榦"。"择榦"时榦可用而标记为不可用，赀二甲，故被赀的对象是"择榦"的工匠。从下句"赀工曰不可者二甲"亦可推测，赀二甲应是对工在"择榦"时判断失误的处罚，处罚对象、行为、方式（赀）等正与前者相应。后句的"工久榦曰不可用，负久者"，是指在一般情况下，工匠有权对久者标记的榦再做遴选确认（"久"不改读亦可），如果工匠判断不可用，由久者承担赔偿责任。推测赔偿的理据是：由于久者标记错误，导致无榦可用，故需要赔偿新榦。"久者谒，用之，而赀工曰不可用者二甲"，则是在工匠判断失误的情况下，对工匠的处罚规定。即在久者上报（申诉）且榦亦可用的情况下，对判断失误的工匠赀二甲。

【译文】

工匠选择夯墙用的立木，立木本可使用而标记为不可使用，罚二甲。工匠标记立木为不可使用，应让原标记人赔偿，若原标记人经过报请该立木仍可使用，对称该立木不可使用的工匠罚二甲。

【简文】

---

① 裘锡圭：《读简帛文字资料札记》，第 28 ~ 29 页。

② 裘锡圭：《读简帛文字资料札记》，第 28 页。

·射虎車二乘爲曹虎未越泛薛從之虎環貲一甲 25

虎失不得車貲一甲虎欲犯徒出射之弗得貲一甲·豹旛不得貲一盾·公
車司馬 26

獵律

【释文】

·射虎車二乘爲曹。[1] 虎未越泛薛，[2] 從之，虎環（還），貲一
甲 25。虎失（佚），不得，車貲一甲。虎欲犯，徒出射之，弗得，貲一甲。
·豹旛（遂），不得，貲一盾。·公車司馬 26 獵律。[3]

【集释】

[1] 射虎车二乘为曹

整理小组：射虎车，一种有防御设备专用于猎射猛兽的车。

中央大秦简讲读会：射虎，车二乘为曹。①

何四维：狩猎老虎，两辆车构成一组。（译）②

[2] 越泛薛

整理小组：越，跑开……泛，疑读为夏，《广雅·释诂一》："弃也。"
薛，疑读为鲜，《淮南子·泰族》注："生肉。""越泛薛"意为弃掉作为
诱饵的生肉而跑开。一说，泛薛为联绵词，与蹁跹、盘姗、跰蹮等同。

裘锡圭：律文"虎未越泛薛"，疑是虎未远越而蹒跚旋行之意。③

陈伟武：简文"越"用常义，指跨越……（泛），实用翻覆义……秦
简"越"与"泛（夏）"近义连文，意即翻越、跨越。薛……读为栅，指
苑囿的篱落、栅栏。"虎未越泛薛"谓老虎未跨越栅栏。④

陈治国、于孟洲："泛"字可与"汜"相通，即盘曲之意……"薛"
极有可能读为"鲜"，就是小山的意思。而"泛薛"一词意思应该是山体

---

① 〔日〕中央大学秦简講読会：《〈雲夢睡虎地秦墓竹簡〉訳註初稿（承前）——秦律十八
種（軍爵律、置吏律、效、伝食律、行書、内史雜、尉雜、属邦）、效律、秦律雜抄》，
第 123 頁。

② A. F. P. Hulsewé, *Remnants of Ch'in Law*, p. 113.

③ 裘锡圭：《〈睡虎地秦墓竹简〉注释商榷（八则）》，收入氏著《裘锡圭学术文化随笔》，
中国青年出版社，1999，第 117 页。

④ 陈伟武：《睡虎地秦简核诂》，载张永山主编《胡厚宣先生纪念文集》，科学出版社，
1998，第 206 页。

盘曲、山脉较短的小山。在猎律律文中指的是狩猎所在区域的地形地势。①

【按】诸家解释主要集中在对"泛薜"的理解上。整理小组理解为丢弃生肉，裘锡圭先生认为是"蹒跚旋行"，陈伟武先生认为是"跨越栅栏"，而陈治国、于孟洲先生认为是"山体盘曲、山脉较短的小山"。诸说理解不一，而"泛薜"一语又为孤例，具体含义难以定谳。从律文的大意推测，大致是对以下行为的惩罚规定：在狩猎时，老虎未进入伏击区即开始追击，导致其返回或失去踪迹，赀一甲。

[3] 公车司马猎律

林剑鸣：对狩猎虎豹的方法和狩猎失误者的惩罚的规定。②

林清源："公车司马"一词，既不是一个文章的章题，也不是章题"公车司马猎律"的前半段，而是属于内文性质。③

陈治国、于孟洲：《猎律》的这条律文是专门对公车司马在田猎活动中的行为和职责做出的具体规定，同时也明确了因失误而承担的后果。④

曹旅宁：将"公车司马"与"猎律"分开，无法表明该律的正确含义及内容。因为该律的正确含义应是关于公车司马狩猎的纪律及义务，目的在于护卫天子，获取猎物，而非对各种狩猎活动的限制性规范。⑤

【按】《二年律令·秩律》449 简中列有"公车司马"之职，其与太仓治粟、太仓中麻、未央麻、外乐等九卿属官并列，秩八百石。据《汉书·百官公卿表》，公车司马是卫尉的属官。颜师古注引《汉官仪》曰："公车司马掌殿司马门，夜徼宫中，天下上事及阙下凡所徵召皆总领之，令秩六百石。"另据栗劲先生概括，本条律文规定了射虎车队的编成，猎虎规则与罚则，是公车司马卫队参加田猎的法律规定。⑥

关于"公车司马猎律"是否连读，诸家意见不一。林清源先生认为

① 陈治国、于孟洲：《睡虎地秦简中"泛薜"及公车司马猎律新解》，《中国历史文物》2006 年第 5 期，第 64 页。
② 林剑鸣、吴永琪主编《秦汉文化史大辞典》，汉语大词典出版社，2002，第 128 页。
③ 林清源：《睡虎地秦简标题格式析论》，第 793 页。收入氏著《简牍帛书标题格式研究》，第 128 页。
④ 陈治国、于孟洲：《睡虎地秦简中"泛薜"及公车司马猎律新解》，第 63 页。
⑤ 曹旅宁：《睡虎地秦简〈公车司马猎律〉的律名问题》，《考古》2011 年第 5 期，第 79 页。
⑥ 栗劲：《秦律通论》，第 381 页。

"公车司马"在简文中的功能属性有三种假设,其一,与"猎律"连读为律名章题;其二,本身构成一个章题;其三,属于内文性质。"公车司马猎律"与秦律律名结构和语意不合,而"公车司马"作为章题,又与其内文25~26简找不出内在联系,因此"公车司马"性质应属内文。以此为据,他又推测:第一,"公车司马"前界隔符号表示该词与前文不能连读;第二,"公车司马"是名词,应有后文;第三,位于26简简尾的"公车司马"不能与位于27简简首的"猎律"连读,则两简之间应有脱简;第四,简26和简27固然极有可能属于同一章,但也无法完全排除分属两章的可能性。①

"公车司马"是否与"猎律"连读,一时难断。据书写位置,"·公车司马"位于26简简末,"猎律·"位于27简简首,格式上符合林清源先生对睡虎地秦简章题划分的第二、三样式,但连读后的格式也符合第一样式,即"·公车司马猎律·"。就此而言,二者也有连读可能。

【译文】

狩猎虎,以两辆车为一组。虎未进入伏击区即开始追击,导致虎返回,罚一甲。虎逃走,没有猎获,每车罚一甲。虎要进犯,出车徒步射虎,没有猎获,罚一甲。豹逃走,没有猎获,罚一盾。 公车司马猎律

【简文】

·傷乘輿馬夬革一寸貲一盾二寸貲二盾過二寸貲一甲·課馱騩卒歲 27

六匹以下到一匹貲一盾·志馬舍乘車馬後毋敢炊飤犯令貲一盾已馳馬

不去車 28

貲一盾

【释文】

傷乘輿馬,[1] 夬(決)革一寸,貲一盾;二寸,貲二盾;[2] 過二寸,貲一甲。·課馱騩,卒歲 27 六匹以下到一匹,貲一盾。[3] ·志馬 [4] 舍乘車馬後,毋(勿)敢炊飤,[5] 犯令,貲一盾。已馳馬不去車 28,貲一盾。

① 林清源:《睡虎地秦简标题格式析论》,第790~793页。收入氏著《简牍帛书标题格式研究》,第125~129页。

【集释】

[1] 乘舆马

整理小组：乘舆马，帝王驾车的马，《汉书·昭帝纪》注："乘舆马，谓天子所自乘以驾车舆者。"

【按】简文"伤"字前有墨点，整理小组未录，现据图版补录，释文仍按整理小组。关于"乘舆马"，里耶秦简 8 - 461 更名方有"王马曰乘舆马"，其与"王游曰皇帝游""王猎曰皇帝猎""王犬曰皇帝犬"等并列。①龙岗秦简 59 简"骑作乘舆御，骑马于它驰道，若吏【徒】，☐"，据整理者解释，"骑作乘舆御"指把用于骑的马拿来用于给皇帝驾车，②应该是一种违法行为。《史记·吕太后本纪》"滕公乃召乘舆车载少帝出"，《集解》蔡邕曰："律曰'敢盗乘舆服御物'。天子至尊，不敢渫渎言之，故托于乘舆也。乘犹载也，舆犹车也。天子以天下为家，不以京师宫室为常处，则当乘车舆以行天下，故群臣托乘舆以言之也，故或谓之'车驾'。"

[2] 赀二盾

若江贤三：赀二盾等于赀一甲，赀罪可分为三个等级。③

堀毅："赀二盾"的适用仅见于一例……除例 20（注：即本简）之外其他"赀一甲"减罪一等的刑罚，均为"赀一盾"……可以采取暂且承认"赀二盾"为原则上的刑名，但不排除商鞅之后被修改的可能性。④

冨谷至：赀二盾在睡虎地秦简中确只有一例，根据罪行的种类，也可以认为财产刑的适用等级有三种，但因此把赀二盾忽略掉的做法我不敢苟同。⑤

【按】"赀二盾"，仅见于本简，关于其是否属于赀刑序列，堀毅、冨谷至先生均持赀二甲、一甲、二盾、一盾四等级说。若江贤三先生则认为

---

① 陈伟主编《里耶秦简牍校释》第 1 卷，第 156~157 页。

② 中国文物研究所、湖北省文物考古研究所编《龙岗秦简》，中华书局，2001，第 96 页。

③ 〔日〕若江贤三：《秦律中的赎刑制度》（上）（下），《爱媛大学法学部论集》（18、19，1985、1986）。转引自〔日〕冨谷至《秦汉刑罚制度研究》，柴生芳、朱恒晔译，广西师范大学出版社，2006，第 33 页，注释 1。

④ 〔日〕堀毅：《秦汉法制史论考》，萧红燕等译，法律出版社，1988，第 261~262 页。

⑤ 〔日〕冨谷至：《秦汉刑罚制度研究》，第 33 页，注释 1。

赀二盾等于赀一甲。于振波先生据新出岳麓秦简 0957"赀一甲，直钱千三百卌四"等简文，算出赀一甲相当于 1344 钱，赀一盾相当于 384 钱，反对赀二盾等于赀一甲而支持四等级说。① 不过，即便赀一甲不等于赀二盾，也无法据此推出"赀二盾"是赀刑的一个等级。马怡先生指出一盾、二盾、一甲、二甲的比例关系 2:4:7:14 无法形成梯次结构，秦代的赀罚是以"盾""甲"为两个基本计算单位，用赀盾、甲之总价值的多少来划定赀罚之轻重。② 陶安先生从其他简文反映的赀刑加减等关系出发，认为赀刑分赀二甲、赀一甲、赀一盾三个等级，"赀二盾"恐怕是转写之误或属于特殊用例。③ 任仲爀先生认为赀二盾可能处于逐步消失的过程之中，形成了赀一盾、赀一甲、赀二甲三个等级且与《二年律令》的罚金一两、二两、四两比例关系相一致。④

从另一方面看，"赀二盾"虽仅见一例，但不能排除出现新例的可能性，且本条律文一寸对应一盾、二寸对应二盾、过二寸对应一甲，呈现出明显的等级关系，因此也无法完全排除"赀二盾"的序列作用。究竟如何，尚待新材料的出现。

[3] 课駜騠，卒岁六匹以下到一匹，赀一盾

【按】如整理小组所说，"此处课駜騠，应指对驯教駜騠的考核"。"卒岁六匹以下到一匹"是考核标准之一。何四维先生指出，27 简的"卒岁"后或者是抄写者漏抄了一部分文字，或者更可能的是一整支简缺失。⑤ 从"六匹以下到一匹，赀一盾"已经是最低惩罚推测，在 27 简后与 28 简简首之间，还应有高于"赀一盾"的处罚等级。因此何四维先生的怀疑有一定合理性。

[4] 志马

整理小组：志，疑读为特。特马是未经阉割不适于驾车的雄马。

---

① 于振波：《秦律中的甲盾比价及相关问题》，第 37～38 页。
② 马怡：《秦简所见赀钱与赎钱——以里耶秦简"阳陵卒"文书为中心》，载武汉大学简帛研究中心主办《简帛》第 8 辑，第 200～201 页。
③ 〔德〕陶安あんど：《秦汉刑罚体系の研究》，第 202 页。
④ 〔韩〕任仲爀：《秦汉律的罚金刑》，《湖南大学学报》（社会科学版）2008 年第 3 期，第 28 页。
⑤ A. F. P. Hulsewé, *Remnants of Ch'in Law*, p. 114.

中央大秦简讲读会：志，帜，"志马"或是马装饰也很美的马。①

何四维：志马之意很难理解，但几乎不可能是牡马（公马）的抄写错误。②

郭兴文：此处"志马"即是特马，未经阉割的牡马。秦兵马俑所发现的牡马都经过阉割正与秦律记载相符，可互相印证。③

朱湘蓉：我们认为这里的"志"就通作"特"……"志"为章母之部，"特"为定母职部……从音理上说，二字上古音近……"志"或从"志"得声的字可与从"寺"得声的字相通……可见"志"与"特"通假是有可能的。从意义上看，"特"指"雄兽"这一用法在战国时已很普遍了。④

［5］炊饬

整理小组：炊，疑读为箠。箠饬，对马鞭打。不准鞭打特马，是怕特马对别的马匹造成伤害。

中央大秦简讲读会："炊饬"的"炊"无法取炊事意。此又与前"志马"相关联，并且"饬"也有整治之义，因此可以理解为装扮马饰品之意。⑤

朱湘蓉：饬……并无鞭打之义。我们认为这里的"饬"应当读为"笞"。从语音上看，笞属透母之部，饬属透母职部；二字……符合通假的条件。从意义上看，笞就指鞭打……棰、笞经常连用。⑥

【译文】

伤害乘舆马，马皮破伤一寸，罚一盾；二寸，罚二盾；超过二寸，罚一甲。考核驺騠，满一年所驯教的（不合格）数量在六匹以下到一匹，罚

---

① 〔日〕中央大学秦简講読会：《〈雲夢睡虎地秦墓竹簡〉訳註初稿（承前）——秦律十八種（軍爵律、置吏律、效、伝食律、行書、内史雑、尉雑、属邦）、效律、秦律雑抄》，第 123 頁。

② A. F. P. Hulsewé, Remnants of Ch'in Law, p. 114.

③ 郭兴文：《论秦代养马技术（续）》，《农业考古》1985 年第 2 期，第 303 页。

④ 朱湘蓉：《〈睡虎地秦墓竹简〉通假辨析九则》，《语言科学》2008 年第 2 期，第 209 页。

⑤ 〔日〕中央大学秦简講読会：《〈雲夢睡虎地秦墓竹簡〉訳註初稿（承前）——秦律十八種（軍爵律、置吏律、效、伝食律、行書、内史雑、尉雑、属邦）、效律、秦律雑抄》，第 123 頁。

⑥ 朱湘蓉：《〈睡虎地秦墓竹简〉通假辨析九则》，第 209 页。

一盾。特马应安置在驾车马的后面，不准加以鞭打，违反法令，罚一盾。已经驾车奔驰的马不及时卸套，罚一盾。

【简文】

·膚吏乘馬篤埶及不會膚期貲各一盾馬勞課殿貲廄嗇夫一甲 29

令丞佐史各一盾馬勞課殿貲皂嗇夫一盾 30

【释文】

膚［1］吏乘馬篤、埶（瘈），及不會膚期，貲各一盾。［2］馬勞課殿，貲廄嗇夫一甲 29，令、丞、佐、史各一盾。馬勞課殿，貲皂嗇夫一盾 30。［3］

【集释】

［1］膚

【按】简文"膚"字前有墨点，整理小组未录，现据图版补录，释文仍按整理小组。

［2］膚吏乘马笃、埶（瘈），及不会膚期，貲各一盾

何四维：膚吏乘马笃埶（瘈），及不会膚期，貲各一盾。①

【按】亦可读作："膚吏乘马，笃、埶（瘈）及不会膚期，貲各一盾。"即前句是评比内容，其后是评比结果，最后是处罚规定。"各貲一盾"的对象有笃（行动迟缓）、埶（瘠瘦）、不会膚期（不按时参加评比）。

［3］马劳课殿，貲厩啬夫一甲……马劳课殿，貲皂啬夫一盾

中央大秦简讲读会：29 简末尾有两字空白，29 简与 30 简的连接尚存疑问。②

【按】29 简载"马劳课殿，貲厩啬夫一甲"，30 简载"马劳课殿，貲皂啬夫一盾"，如果二简是一条律文，对不同主体设定相同的违法事项"马劳课殿"的处罚时，违法事项似无重复出现的必要。从承担连带责任方面看，厩啬夫貲一甲，令、丞各貲一盾是合理的，但 30 简"貲皂啬夫一盾"与"貲厩啬夫一甲"是何关系，尚不明。陶安先生指出"皂"除了

---

① A. F. P. Hulsewé, *Remnants of Ch'in Law*, p. 114.

② 〔日〕中央大学秦简講読会：《〈雲夢睡虎地秦墓竹簡〉訳註初稿（承前）——秦律十八種（軍爵律、置吏律、效、伝食律、行書、内史雜、尉雜、属邦）、效律、秦律雜抄》，第 124 页。

有马的饲养者之意外，"三乘"即马十二匹也可称为"皂"，因此厩、皂或有大小之差，"厩"指机构全体，"皂"指其中的饲养单位。① 如此，以机构大小有异解释承担责任的不同也是可能的。然而即便如此，"马劳课殿"的重复出现也令人生疑。或许，中央大秦简讲读会对 29 简与 30 简的接续怀疑也有一定的合理性。

【译文】

评比吏的乘马，行动迟缓、马体瘦瘦，以及不按时参加评比，各罚一盾。马服役的劳绩被评为下等，罚厩啬夫一甲，令、丞、佐、史各一盾。马服役的劳绩被评为下等，罚皂啬夫一盾。

【简文】

牛大牝十其六毋子贳啬夫佐各一盾·羊牝十其四毋子贳啬夫佐各一盾
　　·牛羊课31

【释文】

牛大牝十，其六毋（無）子，贳啬夫、佐各一盾。·羊牝十，其四毋（無）子，贳啬夫、佐各一盾。·牛羊课31。[1]

【集释】

[1] 牛羊课

整理小组：关于考核牛羊的畜养的法律。

何四维：在考核牛羊时……（译）我认为写有下文的简遗失了。最后三字前有一墨点，整理小组因而认为它们是题名，"关于考核牛羊的畜养的法律"，但这会是个奇怪的例外，因为其他所有标题里都有"律"字。（注）②

李均明：牛羊课律是关于考核牛羊畜养管理的法律，仅见一款。③

【按】本条内容是对未达到牛羊产子标准行为的处罚规定。在《秦律杂抄》所见的 11 种名称中，以"课"为名的只此一例，故何四维先生认为"是个奇怪的例外"。不过据考古发现成果，湖北云梦睡虎地 M77 号汉墓新出汉简有法律类，其中"W 组……有金布、户、田、工作课、祠、葬

---

① ［德］陶安あんど：《秦汉刑罚体系の研究》，第 513 页，注释 145。

② A. F. P. Hulsewé, *Remnants of Ch'in Law*, p. 115.

③ 李均明：《秦汉简牍文书分类辑解》，第 202 页。

律等 24 种律文"，① "工作课"与其他律同处一组，似乎是一种规范形式。但由于内容尚未公布，其与律令的关系，尚不得其详。

【译文】

成年母牛十头，其中六头不产牛犊，罚啬夫、佐各一盾。母羊十头，其中四头不产羊羔，罚啬夫、佐各一盾。　牛羊课

【简文】

匿敖童及占癃不审典老贖耐·百姓不当老至老时不用请敢爲酢偽者貲
32

二甲典老弗告貲各一甲伍人户一盾皆辠之·傅律 33

【释文】

匿敖童，[1] 及占癃（癃）不审，典、老贖耐，[2] ·百姓不当老，至老时不用请，敢爲酢（詐）偽者，貲 32 二甲；典、老弗告，貲各一甲；伍人，户一盾，皆辠（遷）之。[3] ·傅律 33。[4]

【集释】

[1] 敖童

整理小组：见《新书·春秋》："敖童不讴歌。"古时男子十五岁以上未冠者，称为成童。据《编年记》，秦当时十七岁傅籍，年龄还属于成童的范围。

马非百："敖"同傲、遨，有游荡之意；"童"指未成年之人，即指未达服徭役年龄者。②

张金光："敖"应训"豪"，有大、壮之意。"敖童"即为大童、壮童。③

蔡镜浩："敖童"应为秦代法律中的专门术语……指身高已达到服役标准的青少年。④

---

① 湖北省文物考古研究所、云梦县博物馆：《湖北云梦睡虎地 M77 发掘简报》，《江汉考古》2008 年第 4 期，第 35 页。

② 马非百：《云梦秦简中所见的历史新证举例》，《郑州大学学报》（哲学社会科学版）1978 年第 2 期，第 68 页。

③ 张金光：《秦自商鞅变法后的租赋徭役制度》，《文史哲》1983 年第 1 期，第 22 页。

④ 蔡镜浩：《〈睡虎地秦墓竹简〉注释补正（一）》，载中华书局编辑部编《文史》第 29 辑，中华书局，1988，第 130 页。

黄留珠："敖童"应是当时一种具有"奴"的身份的特殊人口……"敖童"实应为"豪童"，即指"童"中豪强有力者。①

陶安あんど：此条无疑是对隐匿未成年者、非法在户籍上登记残障儿以企图免除徭役等义务的不法行为进行规制……何四维将"敖"换读为"努"。《说文解字》中"努"训为"健"，"癃"训为"罢病"。如据此训诂解释，"敖"与"癃"作为对立的概念，分别指健康的未成年人与残障儿。②

夏利亚：敖字当解为高……敖童为身高达到傅籍年龄标准但实际年龄未到，但依秦法当傅籍的人。③

【按】本条简文对"匿敖童"行为规定了处罚，相关内容亦可见《法律答问》与岳麓书院藏秦简。《法律答问》165 简："可（何）谓'匿户'及'敖童弗傅'？匿户弗繇（徭）、使，弗令出户赋之谓殹（也）。"《岳麓书院藏秦简（肆）》2072（078）简："匿户弗事、匿敖童弗傅∟，匿者及所匿，皆赎耐。"④ 同书又见擅使"小敖童"，"乡啬夫吏主者，赀各二甲";⑤ "节载粟乃发敖童十五岁以上"⑥ 等涉及敖童的规定。

［2］典、老赎耐，

【按】"典、老赎耐"后的","1978 年本作"。"，此或为误植，应改为"。"。

［3］百姓不当老……皆䙴（迁）之

整理小组：本条所规定应流放的对象，从上下文义考察，疑应指犯罪的百姓及其同伍而言。

栗劲：这是对免老问题弄虚作假的行为适用连坐法，除了对里典、伍老、同伍人和本户分别情况给与处罚之外，还对他们一律适用迁刑。⑦

【按】栗劲先生说是。墨点后内容涉及的对象，都适用迁。这些对象

---

① 黄留珠：《秦简"敖童"解》，《历史研究》1997 年 5 期，第 178 页。

② 〔德〕陶安あんど：《秦汉刑罚体系の研究》，第 475～476 页，注释 2。

③ 夏利亚：《秦简文字集释》，华东师范大学博士学位论文，2011，第 267 页。

④ 陈松长主编《岳麓书院藏秦简（肆）》，第 64 页。

⑤ 陈松长主编《岳麓书院藏秦简（肆）》，第 116～117 页。

⑥ 陈松长主编《岳麓书院藏秦简（肆）》，第 120 页。

⑦ 栗劲：《秦律通论》，第 284～285 页。

是：在免老上采用欺诈手段的，赀二甲＋迁；欺诈者所在地的里典、伍老不告发，各赀一甲＋迁；同伍之人，每户赀一盾＋迁。不过从现有的文献记载来看，这种赀迁并举的处罚比较罕见。

另关于"百姓不当老，至老时不用请，敢为酤（诈）伪者，赀二甲"句，整理小组译为"百姓不应免老，或已应免老而不加申报、敢弄虚作假的，罚二甲"。对此还有疑惑：其一，"已应免老而不加申报"，意味着放弃免老应有的权利，有些情理窒碍。其二，"敢为酤（诈）伪者，赀二甲"究竟是对何种犯罪行为的处罚？按整理小组的译文，似乎是对两种行为即"不应免老"与"应免老而不加申报、敢弄虚作假"的处罚。然而不应免老而赀二甲，似乎缺少对应处罚的完整犯罪行为，读作"不当老，敢为酤（诈）伪"，方行为完整。池田温先生的理解是"百姓未及老年而以为老，或已老而不申报敢于作伪者，罚以缴纳铠甲二副"。[1] 臧知非先生的理解是"百姓不当免老而免老，虽然到了免老时间、不经过批准而擅自免老等弄虚作假者，当事人赀二甲"。[2] 参酌先行成果，此句或可作如下理解：百姓不当免老而免老（享受了免老的权益），到他符合免老时也未行申报（意味着继续享受免老的权益），若是出于诈伪者，罚二甲。即"百姓不当老，至老时不用请"是对某个行为的客观叙述，这个行为本身未必是犯罪行为（例如因政府工作失误而造成的"不当老"而"老"），而"敢为诈伪者"是对前述行为的法律判断，即如果是通过诈伪手段达到"不当老"而"老"的，就要受到处罚。

［4］傅律

【按】本条傅律的内容为：发生隐匿敖童不登记、申报残疾不实的违法行为时，对典老的处罚规定。整理小组对傅律的定义是"关于傅籍的法律"。傅律之名又见岳麓书院藏秦简与《二年律令》。岳麓书院藏秦简所见有：

> 1256（160）简·傅律曰：隶臣以庶人为妻，若群司寇、隶臣妻怀子，其夫免若冗以免、已拜免，子乃产，皆如其已

---

① 〔日〕池田温：《中国古代籍账研究》，龚泽铣译，中华书局，2007，第30页。

② 臧知非：《秦汉"傅籍"制度与社会结构的变迁——以张家山汉简〈二年律令〉为中心》，载氏著《土地、赋役与秦汉农民命运》，苏州大学出版社，2014，第101页。

1268（161）简　免吏（事）之子乚。女子怀夫子而有辠，耐隶
妾以上，狱已断而产子，子为隶臣妾，其狱未断而产子，子各

1275（162）简　如其夫吏（事）子。收人怀夫子以收，已赎为
庶人，后产子，子为庶人。①

内容为隶臣与司寇之妻、隶妾、收人所生之子的身份规定。《二年律令·
傅律》354～366 简的内容为：对不同身份的老人给米、授予王杖、免老及
皖老的年龄规定；对非嗣子傅籍时的爵位规定；继承父爵时的身份与顺位
规定；满足废疾条件的规定及对傅籍年龄的规定。研读者认为："傅，傅
籍。《傅律》是对成年人向政府登记名籍、给公家徭役和年老、残疾者减
免劳役年龄的规定。"②

【译文】

隐匿敖童及申报废疾不实，里典、伍老赎耐。百姓不当为老而老，到
符合老时又未行申报，若是出于诈伪，罚二甲；里典、伍老不告发，各罚
一甲；同伍之人每户罚一盾，都处迁刑。　傅律

【简文】

徒卒不上宿署君子敦长僕射不告赀各一盾宿者已上守除擅下人赀二甲
　34

【释文】

徒卒不上宿，署君子、[1] 敦（屯）長、僕射不告，赀各一盾。宿者
已上守除，擅下，人赀二甲34。[2]

【集释】

[1] 署君子

整理小组：防守岗位的负责人。

何四维：此处署君子指的是一队、一伍或一组士兵的长官。③

---

① 陈松长主编《岳麓书院藏秦简（肆）》，第 121 页。
② 彭浩、陈伟、〔日〕工藤元男主编《二年律令与奏谳书——张家山二四七号汉墓出土法律
文献释读》，上海古籍出版社，2007，第 230 页。
③ A. F. P. Hulsewé, *Remnants of Ch'in Law*, p. 116.

　　魏德胜："君子"就是官员的意思……"署君子"是某个岗位的官员。①

　　【按】据图版，"君"字上有一墨点。关于"君子"，诸家之说大致都释为官员。关于"署"的含义，可从动词和名词性两方面分析。作为动词的"署"，首先可以指被派遣从事某项工作，如《仓律》55 简"其守署及为它事者，参食之"。其次可以指"标记、记录"，如《居延汉简释文合校》6.5 简："……府书曰：候长、士吏、蓬隧长以令秋射、署功劳，长吏杂试枭□"；最后可以指"题署"，②《释名·释书契》："书文书检曰署。署，予也，题所予者官号也。"③《急就篇》："简札检署椠牍家。"其后注解释"署"为"题书其检上也"。④ 里耶秦简 8－197 简有"署主吏发"。⑤第二，作为名词的"署"，首先可以理解为官署。《广韵·御韵》"署，廨署"，《集韵·卦韵》"廨，公舍"，《史记·袁盎晁错列传》"及坐，郎署长布席"，《正义》苏林注"郎署，上林中直卫之署"。其次可以指"驻扎，驻地"。⑥《说文·网部》"署，部署也，各有所网属也"，⑦ 可以引申为署所。《墨子·备城门》"寇在城下，时换吏卒署"。⑧ 里耶秦简 9－3 简中有"不识戍洞庭郡，不智（知）何县署"⑨ 的记载。通过以上分析可知，本简中的"署"并无动词性"记录"和"揭发"的含义，也无何四维先生指出的军事意义上"分队"的含义，而署的名词性含义或可从其动

---

① 魏德胜：《〈睡虎地秦墓竹简〉词汇研究》，第 171 页。
② 马怡：《里耶秦简选校》（连载二），简帛网，2005 年 11 月，http：//www. bsm. org. cn/show_ article. php? id =95.
③ （东汉）刘熙撰，（清）毕沅疏证，王先谦补《释名疏证补》，中华书局，2008，第 208 页。
④ （汉）史游：《急救篇》，《四部丛刊》本。
⑤ 陈伟主编《里耶秦简牍校释》第 1 卷，第 109 页。
⑥ 马怡：《里耶秦简选校》（连载二）。李学勤先生《初读里耶秦简》说"署"指防地；张俊民《里耶秦简"卒署"辨》说"署"的含义是"署所"，具有工作场所、工作场地的意思，即今所谓工作岗位。参见李学勤《初读里耶秦简》，《文物》2003 年第 1 期，第 79 页。张俊民《里耶秦简"卒署"辨》，简帛研究网，2003 年 8 月，http：//www. jianbo. org/Wssf/2003/zhangjunmin02. htm
⑦ （汉）许慎撰，（清）段玉裁注《说文解字注》，上海古籍出版社，1981，第 356 页。
⑧ （清）孙诒让：《墨子间诂》，孙启治点校，中华书局，2001，第 527 页。
⑨ 里耶秦简博物馆、出土文献与中国古代文明研究协同创新中心中国人民大学中心编著《里耶秦简博物馆藏秦简》，中西书局，2016，第 177 页。

词性"派遣从事工作"的含义转换而来，由本简涉及宿卫，可知"署"当理解为驻地。又驻地自身也可看作一定规模的职能部门，《汉书·百官公卿表》"少府"条下有"诸仆射、署长、中黄门皆属焉"，"署长"的说法和"署君子"意义接近，故将"署"理解为部门亦可，本简中应专指驻守警宿的部门。

[2] 徒卒不上宿……人赀二甲

【按】整理小组认为本条是关于宫殿宿卫的规定，此种理解可能存在以下疑问：首先，"徒卒"的含义较为广泛，如果"徒"包含了刑徒，则刑徒可编入军中驻地防守，但无法进入宫殿防守；其次，本简提到了"署君子"、"屯长"和"仆射"等官职，这些职务所在机构并非隶属于宫廷；最后，即使如整理小组理解，将除释为"殿陛"，"除"也未必是宫殿内的台阶，《说文·自部》中"除"指"殿陛也"，而"殿"并非皆指宫殿，《汉书·循吏传》记载张敞言丞相黄霸让"有耕者让畔，男女异路，道不拾遗，及举孝子弟弟贞妇者为一辈，先上殿"，颜师古注"殿"为"丞相所坐屋也。古者屋之高严，通呼为殿，不必宫中也"。所以，"殿陛"未必都是宫廷内独有，较高房屋的台阶皆可称作殿陛。此处的宿卫地点并非一定在宫殿之内，也有可能是在一般性的驻地防守。

关于"宿者已上守除擅下"的句读，按前句"徒卒不上宿"，"宿者已上"或可断开，读作"宿者已上，守除、擅下"。《唐律·卫禁》"宿卫兵杖远身"条："诸宿卫者，兵杖不得远身，违者杖六十；若擅离职掌，加一等；别处宿者，又加一等。"[1] 比照唐律，本条中的"守除"，也有可能是擅离职守，即不按照排班次序上岗，或为别处宿卫，即未到本该值宿的岗位上岗之意。"擅下"，即未到下岗时间而私自下岗。以下译文采用此说。

【译文】

徒卒不到岗位值宿警卫，署君子、屯长、仆射不报告，各罚一盾。宿卫者不到应到的岗位上岗及擅自下岗，每人罚二甲。

【简文】

---

① （唐）长孙无忌等：《唐律疏议》，中华书局，1983，第167页。

冗募歸辭曰日已備致未來不如辭貲日四月居邊·軍新論攻城=陷尚有
樓35

未到戰所告曰戰圍以折亡叚者耐敦長什伍智弗告貲一甲伍二甲·敦表
律36

【释文】

冗募 [1] 歸，辭曰日已備，致未來，不如辭，[2] 貲日四月居邊。
[3] ·軍新論攻城，城陷，尚有樓35 [4] 未到戰所，告曰戰圍以折亡，
[5] 叚（假）者，耐；[6] 敦（屯）長、什伍 [7] 智（知）弗告，貲
一甲；稟 [8] 伍二甲。·敦（屯）表律36。[9]

【集释】

[1] 冗募

整理小组：冗募，意即众募，指募集的军士，《汉书·赵充国传》称
为"应募"。

何四维：那些受指派的被征发者。（译）"冗"，参见前《秦律十八
种·厩苑律》简14注6。① "募"，整理小组似乎是通过引用《汉书补注》，
该处出现了"应募"（响应志愿兵招募），来暗示"募"为"募集志愿兵"
之意，但"募"不会是此意。②

中央大秦简讲读会："冗募"，注释作"指募集的军士"，但由于一年
一定的任期结束，就与一般人并无不同，因此就成为任期结束后变得空闲
的士兵。③

陶安あんど：应将"募归"作为一个词解释。《秦律十八种》151 简
有"冗边五岁"表述，所谓"冗"，恐怕可推测指为了"冗边"而向边境
派进之戍卒。这样的话，所谓"募归"，应是"冗边"结束后，受理来自

① "我相信，秦代文献里的'冗'意为'受指派而在特定地点或为特定的人工作'。""这个
解释契合出现'冗'字的 12 处文例（参见'索引'中'冗'字）。"参见
A. F. P. Hulsewé, *Remnants of Ch'in Law*, pp. 26 – 27, Note 6 to A7。

② A. F. P. Hulsewé, *Remnants of Ch'in Law*, p. 116。

③ 〔日〕中央大学秦简講読会：《〈雲夢睡虎地秦墓竹簡〉訳註初稿（承前）——秦律十八
種（軍爵律、置吏律、效、伝食律、行書、内史雜、尉雜、属邦）、效律、秦律雜抄》，
第 123 页。

这些戍卒归乡申请的手续。①

孙言诚：冗、募指的是两种人，冗是冗边者，募是应募而从军戍的。②

彭浩：简文的"募"有征召之意。冗募，即为赎罪或赎身而到边地去戍守者，其服役期限长，如《司空律》151 简："百姓有母及同牲（生）为隶妾，非适（谪）罪殹（也）而欲为冗边五岁，毋赏（偿）兴日，以免一人为庶人。许之。"与按制度征发的戍卒有固定服役期限不同。③

【按】在新见的秦出土文献中，有"冗募群戍卒"之语。如里耶秦简 8－132＋8－334 简"☐冗募群戍卒百卌三人"，研读者认为，通过本简可知冗募者为戍卒。④《岳麓书院藏秦简（肆）》0914（278）简"·☐律曰：冗募群戍卒及居赀赎责（债）戍者及冗佐史、均人史，皆二岁壹归，取衣用，居家卅日"，⑤可见对冗募戍卒的待遇规定。关于冗募戍卒的来源，据诸家之说，应既有募集戍守者，也有以戍边而赎罪或赎身者。

［2］辞曰日已备，致未来，不如辞

整理小组：声称服役期限已满，但是证明其服役期满的文券未到，这种情况与本人所说不符。（译）

高恒：辞曰"日已备，致未来"，不如辞。⑥

何四维：陈述称："天（数）已满"，而文券尚未到达，（或）文券与其陈述不符。（译）"或"字是必需的，因为不能说文券尚未到达就是与其口头陈述不符。（注）⑦

【按】高恒先生的句读使文意更为清楚。所谓"辞曰……"是回乡戍卒的陈述，而"不如辞"是官府对其陈述的预设认定：如果事实与所述不合，则"赀日四月居边"。因此整理小组将此句译为"应募的军士回

---

① 〔德〕陶安あんど：《秦漢刑罰体系の研究》，第 492 页，注释 3。
② 孙言诚：《简牍中所见秦之边防》，载中国社会科学院研究生院编《中国社会科学院研究生院硕士论文选》，中国社会科学出版社，1985，第 141 页。
③ 陈伟主编，彭浩撰著《秦简牍合集》（释文注释修订本壹），武汉大学出版社，2016，第 174 页。
④ 陈伟主编《里耶秦简校释》第 1 卷，第 70 页。
⑤ 陈松长主编《岳麓书院藏秦简（肆）》，第 160 页。
⑥ 高恒：《秦律中的刑徒及其刑期问题》，《法学研究》1983 年第 6 期，第 74 页。
⑦ A. F. P. Hulsewé, *Remnants of Ch'in Law*, p. 116.

乡，声称服役期限已满，但是证明其服役期满的文券未到，这种情况与本人所说不符"，略有含混之感。宫宅洁先生将此句译为"'冗募'归乡，述道'已经服满应当勤务的天数，但证明书还没有到'，如果不是所说的那样，作为赀刑，科以每未足天数一天罚四个月戍边"，[①] 文脉较为清楚。

[3] 赀日四月居边

整理小组：罚居边服役四个月。（译）

何四维：整理小组的翻译中忽视了"日"字。[②]

蒋非非：逃役一日赀戍边四个月。[③]

宫宅洁：作为赀刑，科以每未足天数一天罚四个月戍边。[④]

【按】蒋非非、宫宅洁先生说是。

[4] 楼

整理小组：楼，读为迟。

陈伟武："楼"当训留而非训迟。"楼"本指鸟类歇息，引申泛指居住、停留。[⑤]

尹伟琴、戴世君：笔者认为应读"栖"字，指居留、停留……"尚有楼未到战所"意谓"士卒尚停留在家未奔赴战场"。[⑥]

夏利亚：士卒到与未到服役地，在徭役征发结束就会知道，不可能在论攻城之功时才知道某卒还在家没有奔赴战场……整理小组之说使上下文意能够保持一致，甚合逻辑。[⑦]

[5] 折亡

---

① 〔日〕宫宅洁：《汉代官僚组织的最下层："官"与"民"之间》，载中国政法大学法律古籍整理研究所编《中国古代法律文献研究》第 7 辑，社会科学文献出版社，2013，第 144 页。

② A. F. P. Hulsewé, *Remnants of Ch'in Law*, p. 116.

③ 蒋非非：《秦代谪戍、赘婿、闾左新考》，《北京大学学报》（哲学社会科学版）1995 年第 5 期，第 55 页。

④ 〔日〕宫宅洁：《汉代官僚组织的最下层："官"与"民"之间》，第 144 页。

⑤ 陈伟武：《睡虎地秦简核诂》，载张永山主编《胡厚宣先生纪念文集》，科学出版社，1998，第 206 页。

⑥ 尹伟琴、戴世君：《秦律三种辨正》，《浙江社会科学》2007 年第 2 期，第 161 页。

⑦ 夏利亚：《秦简文字集释》，第 273 页。

中央大秦简讲读会：折，防止，亡，逃亡，即"折亡"指防止逃亡的工作。①

何四维：突围并逃脱。（译）整理者读为"折"，意思为"断"，但我怀疑此字是"析"，意为"分"……意为此人"突围"。（注）②

［6］军新论攻城……叚（假）者，耐

【按】学界对此句尚存不同理解。如朱绍侯先生将本句译为"在攻陷敌城之后，指挥人员没有亲临战场，而叚（假）报敌人的伤亡数字者，处以耐刑"。③ 何四维先生则认为此句中的假报者即是迟到者本人，本句意为"当军队中刚已决定有关攻城（的奖赏），而城已被攻破之时，（但）仍有落伍士兵未抵达战场，（之后他们）报告说：'我在战斗中被包围，但我突围并逃脱。'若此为假，（他们将被判）处耐刑"。④ 于豪亮、李均明先生对此句的翻译则是"城已攻陷，尚有人迟迟未到。有人报告说'未到者在包围战争中死伤'，报告人后来被证明是说假话，因此应对他科以耐刑"。⑤ 韩树峰先生认为，被判耐刑的军人实际犯有两罪：一为城池已经攻陷，但尚未进入战场；二为谎称在围城作战中死亡。前者属破坏军纪，后者属弄虚作假……考虑到秦军纪的严格及秦律的苛酷，这样的罪犯只判耐刑，显然过轻。因此，此处之"耐"可能为"耐隶臣妾"或"耐鬼薪白粲"的省称。⑥

诸家之说皆有一定的合理性，只是"假报敌人的伤亡数字"，似乎与整条律文的律意不合。何四维先生将未到战场者与报告者视为一人，也就是将"战围以折亡"作为"未到战所"的解释理由，有一定的道理。即如果理由正当，则可成立；如果造假，则处耐刑。在此意义上，"未到战所"与"告"者应是同一人。但是其说将"折"释为"析"，略有未安。于豪

---

① 〔日〕中央大学秦简讲读会：《〈云梦睡虎地秦墓竹简〉訳註初稿（承前）——秦律十八种（军爵律、置吏律、效、传食律、行书、内史杂、尉杂、属邦）、效律、秦律杂抄》，第123页。

② A. F. P. Hulsewé, *Remnants of Ch'in Law*, p. 116.

③ 朱绍侯：《军功爵制考论》，商务印书馆，2008，第56页。

④ A. F. P. Hulsewé, *Remnants of Ch'in Law*, p. 116.

⑤ 于豪亮、李均明：《秦简所反映的军事制度》，载中华书局编辑部《云梦秦简研究》，第162页。

⑥ 韩树峰：《汉魏法律与社会》，社会科学文献出版社，2011，第13～14页。

亮、李均明先生将"折亡"理解为"死伤",则意味着"未到战所"与"告"者不是同一人。从本条的律意来看,惩罚的应是论功行赏时弄虚作假的行为,所以处耐刑的对象应是假报者。

[7] 什伍

整理小组:秦军中有什伍的编制,五人为伍,十人为什,《商君书·境内》:"其战也,五人束簿为伍……五人一屯长,百人一将。"

尹伟琴、戴世君:"什伍知弗告"中的"什伍"指军中的什伍编制与简文原意有悖,应指弄虚作假者家乡的什伍组织……本条"什伍"应是"典、老"的同义语。①

夏利亚:整理小组之说可从。因为连坐之法非但适用于军法,民法同样适用……无论是军中的什伍编制还是弄虚作假家乡的什伍组织,若有知情不报,处罚都同样严厉。故,"严格军法管制下的秦军士兵不太有人敢冒此大不韪",则"弄虚作假者家乡的什伍组织"同样也不敢"冒此大不韪"。故,以此为理由言"什伍"指"弄虚作假者家乡的什伍组织"不能成立。②

【按】整理小组之说可从。军中既然有什伍之制,亦适用连坐责任。律文明言"敦(屯)长、什伍智(知)弗告,赀一甲",是指假报者身边的人知情不告,获刑赀一甲。《秦律杂抄》11~13简:"不当稟军中而稟者,皆赀二甲,法(废);非吏殹(也),戍二岁;徒食、敦(屯)长、仆射弗告,赀戍一岁;令、尉、士吏弗得,赀一甲。·军人买(卖)稟稟所及过县,赀戍二岁;同车食、敦(屯)长、仆射弗告,戍一岁……"整理小组注屯长为队长,其所承担的连带责任同此。还有,本条既然是屯表律律文,什伍作为军中组织更为恰当。

[8] 稟

魏德胜:整理小组的释文中多加了"稟"字,而原简中并无该字。③

[9] 屯表律

整理小组:屯,屯防。表,疑指烽表。屯表律,关于边防的法律。

---

① 尹伟琴、戴世君:《秦律三种辨正》,《浙江社会科学》2007年第2期,第161~162页。
② 夏利亚:《秦简文字集释》,第273页。
③ 魏德胜:《〈睡虎地秦墓竹简〉词汇研究》,第241页。

何四维："屯"似乎是五人军士小组的另一个称谓……但"表"在上下文中的意思不太清楚。在军事组织中，"表"是指有条纹的帆状旗，用于在瞭望塔上发信号。①

【按】史党社先生指出："参汉简情况，表多以缯布为之。城守诸篇之'表'或又称邮、烽，三者所指相近。"他认为《号令》《杂守》中的相关记载，可以补秦简《屯表律》之不足。② 关于屯表律中应包含的内容，栗劲先生指出"《秦律杂抄》的'徒卒不上宿'条也应属《屯表律》"。③ 关于此律文的年代，黄盛璋先生指出"此律文应是秦对六国战争攻城甚多时所制定，最适合昭王时代，秦统一六国后就不需要了"。④

本条屯表律涉及的处罚行为有：回乡戍卒不如实陈述，论功时军士造假及相关人知情不报。屯表律之名未见于后世。

【译文】

应募的军士回乡，声称"服役期限已满，但是证明服役期满的文券还未到"，如果实际情况与本人所说不符，逃役一日罚居边服役四个月。军中就最近攻城的功绩论赏，如有城陷时迟到没有进入战场，报告说在围城作战中死亡而弄虚作假的，处耐刑；屯长、同什的人知情不报，罚一甲；同伍的人，罚二甲。　屯表律

【简文】

戰死事不出論其後有後察不死奪後爵除伍人不死者歸以爲隸臣 37

【释文】

戰死事［1］不出，［2］論其後。有（又）後察不死，奪後爵，除伍人；［3］不死者歸，以爲隸臣 37。［4］

【集释】

［1］死事

整理小组：死事，死于战事。

---

① A. F. P. Hulsewé, *Remnants of Ch'in Law*, p. 117.
② 史党社：《秦简与〈墨子·城守〉诸篇相关内容比较》，载甘肃省文物考古研究所、西北师范大学文学院历史系编《简牍学研究》第 3 辑，甘肃人民出版社，2002，第 92 ~ 93 页。
③ 栗劲：《秦律通论》，第 351 页。
④ 黄盛璋：《云梦秦简辨正》，《考古学报》1979 年第 1 期，第 3 页。

何四维："死事"，死于为统治者或国家服役，或为服役而死。①

【按】张家山汉简《二年律令·置后律》369 简："□□□□为县官有为也，以其故死若伤二旬中死，皆为死事者。"可知"死事"具有因公、因职务而死的性质。本条"死事"前已有"战"字，"战死事"或可理解为"战争时，因公事而死"。

[2] 出

整理小组：当读为屈。

何四维：简文作"出"，整理小组认为"当读为屈"。这种通假是未经证实的，它可能仅仅是一个抄写错误。②

周群、陈长琦："出"用的是其最普遍的意义，释为"出现"为佳。后文"有（又）后察不死"，所言正是与"不出"相反的情况。③

陶安あんど：整理小组认为"出"为"屈"的通假字，何四维认为"出"为"屈"的误写。不过，我觉得理解为"尸体没有被发现"更合理。④

【按】"出"当为其本意，作"出现"解，"不出"意为未见尸体。如周群、陈长琦先生所言，"战死事不出，论其后"与"有（又）后察不死，夺后爵"正是互为相反的情况。前者是一般规定：若军士阵亡且尸体不知下落，就按规定为他的继承人授爵行赏；后者则是特殊情况：在已经宣告死亡的人又发觉未死的情况下，剥夺已授予其继承人的爵赏。故周群、陈长琦先生之说可从。

[3] 除伍人

整理小组：除有惩办的意义。

何四维：其同伍之人免除（刑罚）。（译）整理小组想将"除"解释为"惩治"，但这种意思尚无其他例证；"除"的基本含义是去除。（注）⑤

中央大秦简讲读会：除，作为征召入伍人（军队组织）之意，即后条

---

① A. F. P. Hulsewé, *Remnants of Ch'in Law*, p. 117.

② A. F. P. Hulsewé, *Remnants of Ch'in Law*, p. 117.

③ 周群、陈长琦：《秦简〈秦律杂抄〉译文商榷》，《史学月刊》2007 年第 1 期，第 131 页。

④ 〔德〕陶安あんど：《秦汉刑罚体系の研究》，第 466 页，注释 110。

⑤ A. F. P. Hulsewé, *Remnants of Ch'in Law*, p. 117.

戍律的并行。本条解释为停止后人承袭作为家长伍人的劳役之意。①

陶安あんど：这里的"除"，不如说是像"除吏"一样授予一定的（不利的）地位。即不死者的后人被剥夺爵位后，作为替代伪造战死者的士卒，编入"什伍"组织而成为"伍人"。②

周群、陈长琦："除伍人"之"除"释为"免"为佳。③

【按】诸家对"除"有惩办、免除、授予等不同说法。惩办之意似乎有些不妥。理由是律文只规定"处罚伍人"而不规定具体的惩罚内容，与秦律的一般表述不合。周群、陈长琦译为"免为士伍"，若非误植，则士伍与伍人非一事。对授予说的疑问在于，伍人恐怕无须授予、任命。

在此提出另一种理解。本简"除"当为"无罪"或"不问罪"之意。《二年律令·捕律》152 简"捕盗贼、罪人，及以劾逮捕人，所捕格斗而杀伤之，及穷之而自杀也，杀伤者除。其当购赏者，半购赏之"，研读者将其释为"无罪"。④ 又据《二年律令·置后律》390 简"尝有罪耐以上，不得为人爵后。诸当拜爵后者，令典若正、伍、里人毋下五人任占"，可知在一般情形下，拜爵后者需要伍人、里人的担保。但在本简的情形中，伍人显然不可能知晓战争前线的实况，对于死事者是否真的死事并不知情，无预见可能性，他们出具担保，只是出于国家规定的义务。因而一旦出现拜爵后者不当拜的情况，作为担保的伍人不当等同于知而不告，故可以不承担连带责任。睡虎地秦简《效律》43 简："器职（识）耳不当籍者，大者赀官啬夫一盾，小者除。"《效律》58 简："计脱实及出实多于律程，及不当出而出之，直其贾，不盈廿二钱，除。"两处文例中，除均作"无罪责"之意。此处当同。陶安先生也考虑到了"伍人"免罪说，但他认为秦律一般作"伍人除"，故未取此说。从睡虎地秦简"除"字的用例来看，"除吏"之"除"的用法确实较多，但是在秦及汉初律中，以"除

---

① 〔日〕中央大学秦简讲读会：《〈云梦睡虎地秦墓竹简〉訳註初稿（承前）——秦律十八種（軍爵律、置吏律、效、伝食律、行書、内史雜、尉雜、属邦）、效律、秦律雜抄》，第 123 页。

② 〔德〕陶安あんど：《秦漢刑罰体系の研究》，第 466 页，注释 111。

③ 周群、陈长琦：《秦简〈秦律杂抄〉译文商榷》，《史学月刊》2007 年第 1 期，第 131 页。

④ 彭浩、陈伟、〔日〕工藤元男主编《二年律令与奏谳书——张家山二四七号墓出土法律文献释读》，第 152 页。

某"表示不问罪的句法亦非无例。如《岳麓书院藏秦简 叁》094（1330）简"·吏议曰：除多"，① 即是不向多问罪。当然，此说还有一个薄弱之处：授爵的担保既然有典、正、伍、里，这里为何只涉及伍人。这点目前还不好解释，也许对典、正的处理不同于伍人。"伍人无责"，只是在前贤诸说的基础上提出的另一种理解。

［4］不死者归，以为隶臣

整理小组：那个不死的人回来，作为隶臣。

陶安あんど：对归还的逃兵不加"耐"而直接作为隶臣，编入社会底层。②

【按】"不死者"，从整理小组之说，指前文的"不出""不死"者。秦代行军功爵制，授爵以彰显国家的权威与恩德。对于死事者的后嗣进行授爵，目的也是为了激励士卒在战场上忘死奋战。因而授爵的权威性受法律保护。不死者在未归前，国家已经按授爵制度向他的继承人授爵；后发现其未死，即夺其后爵。至此，不死者已经破坏了国家的授爵制度，贬损了爵制的权威，故回来后要承担责任。但由于他并非使用欺诈手段使后嗣获得爵位，因而也不至于被黥为城旦，③ 只是作为隶臣入官服役。

一说，不死者在先前已成为法律上的死人，其法律权利和义务已丧失，因此归乡后只能作为隶臣，隶臣并不是对他的处刑。从"耐为隶臣"与"以为隶臣"来看，二者有所区别。耐为隶臣是处刑，以为隶臣则是身份的改变，如"寇降，以为隶臣"。

【译文】

在战争中因公死去而没有发现尸体，将其所应授之爵授予其后嗣，如果后来察觉该人并未死事，应褫夺其后嗣的爵位，但不问罪伍人；该人归来，让他作为隶臣。

【简文】

---

① 朱汉民、陈松长主编《岳麓书院藏秦简（叁）》，上海辞书出版社，2013，第143页。

② 〔德〕陶安あんど：《秦漢刑罰体系の研究》，第76页。

③ 《二年律令·爵律》394简："诸诈伪自爵、爵免、免人者，皆黥为城旦舂。吏智（知）而行者，与同罪。"

寇降以爲隸臣

【释文】

寇降，以爲隸臣。

【译文】

敌寇投降后，作为隶臣。

【简文】

·捕盜律曰捕人相移以受爵者耐·求盜勿令＝送＝逆＝爲＝它＝38

事者貲二甲

【释文】

·捕盜律［1］曰：捕人相移以受爵者，［2］耐。［3］·求盜勿令送逆爲它，［4］令送逆爲它事38［5］者，貲二甲。

【集释】

［1］捕盜律

整理小组：据《晋书·刑法志》及《唐六典》注，李悝、商鞅所制定的法律中都有"捕法"，此处《捕盜律》可能与之有关。

籾山明：有关"捕"的条项应属《捕盜律（捕律）》，有关"执"的条项应属《囚律》。①

张伯元："捕盜律"也就是"捕律"；以盗窃犯作为"捕"的主要对象……我们可以说秦律中就有"捕盜律"一目，以往都只说六律中有"捕律"一目，而不知"捕律"也有称作"捕盜律"的，从《秦律杂抄》上这两条秦律律文可以看出它的客观存在，明确捕的对象，与"捕亡"相区别。②

【按】从六律到《二年律令》、云梦睡虎地 M77 号汉简，③ 皆有"捕律"之篇，而"捕盜律"仅此一见。另从内容来看，本律禁止"捕人相

---

① 〔日〕籾山明著《秦代审判制度复原》，载刘俊文主编《日本中青年学者论中国史·上古秦汉卷》，上海古籍出版社，1995，第 254 页。

② 张伯元：《〈汉律摭遗〉与〈二年律令〉比勘记》，载"沈家本与中国法律文化国际学术研讨会"编委会编《沈家本与中国法律文化国际学术研讨会论文集》，中国法制出版社，2005，第 721 页。

③ 湖北省文物考古研究所、云梦县博物馆：《湖北云梦睡虎地 M77 发掘简报》，《江汉考古》2008 年第 4 期，第 35 页。

移"，亦见于《二年律令·捕律》155简，即"捕罪人弗当，以得购赏而移予他人，及诈伪，皆以取购赏者坐臧（赃）为盗"，且《岳麓书院藏秦简　叁》案例一、二中所涉捕人相关律文，亦见于汉《捕律》，因此"捕盗律"之称，或如案例二"尸等捕盗疑购案"中"以捕群盗律购尸"之"捕群盗律"，①为抄写者针对特定律文的简称。《秦律杂抄》中的"某某律"，部分因新出土文献而得以坐实为篇名，如傅律、戍律。但仍有尚难求证者，如公车司马猎律、屯表律等。这些看似规范具体的律名，是秦律某一发展阶段的反映，还是抄录时人为所致，只能留待新史料的发掘与探讨。

［2］捕人相移以受爵者

整理小组：把所捕的人转交他人，借以骗取爵位的。（译）

何四维：那些将被捕之人转交他人以获取爵位的人。（译）（Those who transfer arrested persons to another in order to receive aristocratic rank...）这与通过授爵来奖赏俘敌行为的做法必定有所不同。（注）②

闫晓君：推详上下文义，这条法律应是针对"求盗"之类的应捕人将捕获的罪犯转交给非应捕人这种情形而言。③

【按】陶安先生指出，秦及汉初以爵位奖励逮捕犯人的行为，但爵位的授予有限制，还存在逮捕者或有缺乏授予资格的情况，因而在这种情况下就以赏金代替拜爵。但另一方面，仍有逮捕者移交犯人以使他人获爵的不正当行为。④《岳麓书院藏秦简（叁）》"癸、琐相移谋购案"的性质是将捕获的罪犯移交他人以获取奖赏，可参。

［3］耐

整理小组：参看《法律答问》"有秩吏捕阑亡者"条。

何四维：此处并未说明其所必需的劳役刑为何。在《法律答问》"有秩吏捕阑亡者"条中，有秩吏及其同伙犯此罪，被罚二甲。⑤

朱继平：有秩吏和乙分购被处以赀二甲，而该条中捕人却要处以耐

---

① 朱汉民、陈松长主编《岳麓书院藏秦简（叁）》，第115页。
② A. F. P. Hulsewé, *Remnants of Ch'in Law*, p. 118.
③ 闫晓君：《秦汉时期的捕律》，《华东政法大学学报》2009年第2期，第56页。
④ 〔德〕陶安あんど：《秦漢刑罰体系の研究》，第16～17页。
⑤ A. F. P. Hulsewé, *Remnants of Ch'in Law*, p. 118.

刑……说明当时对爵位的管理是很严格的。①

韩树峰：本简"捕人相移"帮助他人骗取爵位者，判为"耐隶臣"更为恰当。②

陶安あんど：这个"耐"，无疑是表示罪或刑罚轻重的刑名。③

邬勖：耐罪……伴以身份或劳役刑，此处应论耐为司寇或候。④

连宏：以睡虎地简为例，单独出现耐的地方有十处……耐刑的轻重相当于耐为隶臣妾，很可能"耐"就是耐为隶臣妾的省略语，因为二者适用于相同的犯罪行为。⑤

【按】本律规定的受耐刑者是"逮捕者"。《二年律令·具律》90 简："有罪当耐，其法不名耐者，庶人以上耐为司寇，司寇耐为隶臣妾。隶臣妾及收人有耐罪，毄（系）城旦舂六岁。"如果依此规定理解 39 简，就是捕人如果是庶人以上，就耐为司寇；如果是司寇，就耐为隶臣妾；如果是隶臣，就系城旦舂六岁。

［4］令送逆为它

整理小组：送逆，即送迎。当时接待往来官员是亭长的职责。

何四维：受命（充当亭长去）送迎（重要来客）或执行其他（任务）。（译）前五字均已标注重文号，而"事"字位于新简起首，抄写者漏注其重文号。（注）⑥

【按】睡虎地秦简中"为它事"七见，"为它器"一见，"为它"一见（本简），故何四维先生之说可从。此句当读为"求盗勿令送逆为它事，令送逆为它事者，赀二甲"。

［5］事 38

【按】据图版，"事"字应位于 39 简简首而非 38 简简末，释文仍按整

---

① 朱继平：《汉初捕律探研——张家山汉简〈二年律令·捕律〉研读拾零》，《江汉考古》2007 年第 3 期，第 95 页，注释 18。
② 韩树峰：《秦汉律令中的完刑》，《中国史研究》2003 年第 4 期，第 50 页。
③ 〔德〕陶安あんど：《秦汉刑罚体系の研究》，第 17 页。
④ 邬勖：《〈岳麓简（三）〉"癸、琐相移谋购案"中的法律适用》，《华东政法大学学报》2014 年第 2 期，第 20 页。
⑤ 连宏：《秦汉髡、耐、完刑考》，《古代文明》2012 年第 2 期，第 69 ~ 71 页。
⑥ A. F. P. Hulsewé, *Remnants of Ch'in Law*, p. 118.

理小组。

【译文】

捕盗律：将所捕之人移交他人以使其获取爵位的，处耐刑。不得命令求盗送迎或做其他事务，有命求盗送迎或做其他事务的，罚二甲。

【简文】

·戍律曰同居毋垃行縣嗇夫尉及士吏行戍不以律貲二甲 39

【释文】

·戍律［1］曰：同居毋並行，［2］縣嗇夫、尉及士吏行戍不以律，貲二甲 39。

【集释】

［1］戍律

整理小组：戍律，关于行戍的法律。

李均明：戍律是关于边塞屯戍的法律，涉及屯戍人员的征集及具体勤务的规定。①

【按】本条《戍律》所涉及的内容是：征发的具体限制，对不依法征发者的处罚。有关戍律的定义，诸家之说并没有太大的分歧，一般认为是有关边塞屯戍、城防建设的法律。

传世文献中并无《戍律》之名。出土秦汉简牍文献可见《戍律》之名者，除本条外，亦见于《岳麓书院藏秦简（肆）》。其所载戍律有 3 条，竹简 11 枚。律文内容涉及：代役的等级和资质的要求以及申请程序；除戍、遣戍及遣归葬的规定；维修城墙的人力配备及其申报规定。② 秦时的《戍律》《徭律》《兴律》（见于《岳麓书院藏秦简（肆）》），内容或有交错。目前在汉代律名中未见《戍律》，其相关内容也许分流至《徭律》与《兴律》之中。杨振红先生认为，《秦律杂抄》的戍律是萧何制《兴律》的源泉。③

---

① 李均明：《秦汉简牍文书分类辑解》，第 191 页。
② 陈松长主编《岳麓书院藏秦简（肆）》，第 128～131 页。附录一，释文连读本中显示 182 简与 183 简之间缺简。
③ 杨振红：《秦汉律篇二级分类说——论〈二年律令〉二十七种律均属九章》，《历史研究》2005 年第 6 期，第 87～90 页。

[2] 并行

整理小组：共同征发。（译）

尹伟琴、戴世君：此处"并行"应与《墨子》中的"并行"同义，是在特定空间上对特定人员的活动做出间隔。①

【按】整理小组的见解可从。《岳麓书院藏秦简（肆）》所见《戍律》条文，部分内容与本条一致。1299（184）、1238（185）简："·戍律曰：戍者月更。君子守官四旬以上为除戍一更┗。遣戍，同居毋并行。不从律，赀二甲。戍在署，父母、妻死，1299 遣归葬。告县，县令拾日┗。縣（徭）发，亲父母、妻、子死，遣归葬。已葬，辄聶（躡）以平其縣（徭）。1238"② 39 简中无"遣戍"二字，故"同居毋并行"易引起歧义。岳麓书院藏秦简有"遣戍"二字，"同居毋并行"是征发戍役的禁止性规定就比较清楚了。另从对"行戍不以律"的县啬夫、尉及士吏的惩罚来看，也可推断是对不依法征发戍役的规定。

【译文】

戍律曰：同居者不要同时征发行戍，县啬夫、县尉和士吏如不依法征发行戍，罚二甲。

【简文】

戍者城及補城令姑堵一歲所城有壞者縣司空署君子將者赀各一甲縣司
空 40

佐主將者赀一盾令戍者勉補繕城署勿令爲它事已補乃令增塞坦塞縣 41

尉時循視其攻及所爲敢令爲它事使者赀二甲 42

【释文】

戍者城及補城，令姑（嫥）堵一歲，所城有壞者，縣司空署君子將者，赀各一甲；縣司空 40 佐主將者，赀一盾。令戍者勉補繕城，署勿令爲它事；已補，乃令增塞坦塞。縣 41 尉時循視其攻（功）及所爲，敢令爲它事，使者赀二甲 42。

【译文】

---

① 尹伟琴、戴世君：《秦律三种辨正》，《浙江社会科学》2007 年第 2 期，第 162 页。
② 陈松长主编《岳麓书院藏秦简（肆）》，第 129 页。

戍者筑城和修城，都要担保城垣一年，所筑如有毁坏，率领戍者的县司空署君子各罚一甲；主管率领的县司空佐罚一盾。要让戍者全力修城，所属地段不得让他们做其他事务；城已修好，就让他们加高加厚要害处。县尉应该经常巡视工程和他们的所作所为，有敢让他们做其他事务的，役使他们的人罚二甲。

《中国古代法律文献研究》第十一辑

2017 年，第 063～090 页

《岳麓书院藏秦简（肆）》补注（三）[*]

朱红林^{**}

摘　要： 本文主要对《岳麓书院藏秦简（肆）》^① 中简 106 至简 120^② 进行了补充注释，对其中一些难以明确的地方，提出了个人的推测，以供学界讨论批评。简 106 中的 "田律曰" 是岳麓简律令抄录的一种典型的表述方式，岳麓简中凡是有明确律名的，一般都在起始简的简首标明 "某某律曰"，这与睡虎地秦简有所不同，睡简中只有两处 "某某律曰"，其余均在律文末尾标注律名。张家山汉简《二年律令》律名的标注位置与睡简相同。岳麓简律名标注位置的不同，究竟是律文原始文本的问题，还是抄手习惯的问题，是值得探讨的。简 115 "田啬夫、吏、吏部" 中的 "吏"，在简 280 作 "士吏"，士吏是一种武职，因此简 115 及简 280 所记载的农田耕种的管理模式，或许是一种军

---

　* 国家社科基金重大项目 "简帛学大辞典"（项目编号：14ZDB027）阶段性成果；国家社科基金项目 "《周礼》注所见汉代史料辑证"（项目编号：14BZS098）阶段性成果。

** 吉林大学古籍研究所、出土文献与中国古代文明研究协同创新中心教授。

① 陈松长主编《岳麓书院藏秦简（肆）》，上海辞书出版社，2015。

② 本文所注岳麓简同时标注了原始编号与根据复原排序编排的序号，每组简的简首标注的是原始编号，按照复原排序编排的序号之以下角标的格式，标注在相应简文的末尾。为叙述方便，摘要中所使用的简号都是按复原排序编排的序号。

事组织的管理模式，这就涉及律文所涉及的"田"的性质。简116规定亡失县官器者，价值在百廿钱及以上者，要"狱治"，即交由司法机关处理；不足百廿钱者"其官自治"，也就是说由各级行政部门自行处理。这种规定及表达方式与《周礼》中的相关规定很相似。《周礼》屡次提及"附于刑者归于士"。也就是说，触犯刑律的（"附于刑者"）移交司法机关处理（"归于士"），没有触犯刑律的，则由各级行政机关自行处理，称为"官刑"。这对于研究《周礼》的成书年代及历史价值都是很有帮助的。

关键词：田律曰 县官 《周礼》 金布律 户赋

一

1278 正 + 1282 正 + 1283 正：

·田律曰【1】：租禾稼、顷刍稾【2】，尽一岁【3】不觽（毕）入及诸貣它县官者【4】，书【5】到其县官，盈卅日弗入及有逋不106正入者【6】，赀其人及官啬夫、吏主者各一甲∟，丞、令、令史各一盾【7】。逋其入而死、亡有辠毋（无）后不可得者【8】，有（又）令官啬107正夫、吏代偿【9】。108正

【1】田律曰

【补注】

岳麓简有明确律名的简文，律名都在简文的开头，以"某某律曰"的形式出现，如"田律曰""金布律曰""尉卒律曰""䌛（徭）律曰""傅律曰""仓律曰""司空律曰""内史杂律曰""奔敬（警）律曰""戍律曰""行书律曰""置吏律曰""置后律曰""贼律曰""具律曰""狱校律曰""兴律曰""杂律曰""关市律曰""□（索）律曰"等。这与睡虎地秦简的律文抄写格式有所不同。睡简有明确律名的简文，大部分律名都在简文的末尾。如《秦律十八种》简1~3："雨为澍〈澍〉，及诱（秀）粟，辄以书言澍〈澍〉稼、诱（秀）粟及豤（垦）田畼毋（无）

稼者顷数。稼已生后而雨，亦辄言雨少多，所利顷数。早〈旱〉及暴风雨、水潦、蚤（虫）□、群它物伤稼者，亦辄言其顷数。近县令轻足行其书，远县令邮行之，尽八月□□之。田律。"① 仅有两条律文有"某某律曰"。《秦律杂抄》简38~39："·捕盗律曰：捕人相移以受爵者，耐。·求盗勿令送逆为它，令送逆为它事者，赀二甲。·戍律曰：同居毋并行，县啬夫、尉及士吏行戍不以律，赀二甲。"② 这种情况的出现，可能是因为不是同一批颁布的法律，因而律文的书写形式不统一，有的律名写在律文的开头，有的写在律文的末尾；也有可能是法律在从上到下的传抄过程中，不同抄手的抄写习惯不一样，有的把律名写在开头，有的把律名写在结尾。

根据睡虎地秦简的记载，地方县道的各级机关每年都要派人到各县道指定的地方去核对本机关所使用的律令条文，包括对新颁发律文的抄录。《秦律十八种·内史杂》简186："县各告都官在其县者，写其官之用律。"③ 不同抄手对律文的理解不同，抄录时往往不是严格抄录原文，而是或多或少对律文进行了更改。国家要求定期核对法律，其实就是对这种情况的修正。

【2】租禾稼、顷刍稾

【整理小组注】

租禾稼、顷刍稾：按禾稼、刍稾各自的税率收取的禾稼和刍稾。刍稾税一般按顷征收，所以叫顷刍稾，《睡虎地秦简·田律》："入顷刍稾，以其受田之数，无垦不垦，顷入刍三石、稾二石……"④

【补注】

租禾稼，指的是交纳粮食。张家山汉简《二年律令·户律》有"田租籍"，就是记录每户交纳田租情况的簿籍，田租即指禾稼而言。

【3】尽一岁

尽一岁，意思是偿还债务的时间期限为一年。睡虎地秦简《金布律》

① 睡虎地秦墓竹简整理小组：《睡虎地秦墓竹简》，文物出版社，1990，第19页。
② 睡虎地秦墓竹简整理小组：《睡虎地秦墓竹简》，第89页。
③ 睡虎地秦墓竹简整理小组：《睡虎地秦墓竹简》，第61页。
④ 陈松长主编《岳麓书院藏秦简（肆）》，第163页。

中的记载可与此相印证。《金布律》简 77～79："百姓叚（假）公器及有责（债）未赏（偿），其日蹴以收责之，而弗收责，其人死亡；及隶臣妾有亡公器、畜生者，以其日月减其衣食，毋过三分取一，其所亡众，计之，终岁衣食不蹴以稍赏（偿），令居之，其弗令居之，其人【死】亡，令其官啬夫及吏主者代赏（偿）之。"① 简 80～81："县、都官坐效、计以负赏（偿）者，已论，啬夫即以其直（值）钱分负其官长及冗吏，而人与叁辨券，以效少内，少内以收责之。其入赢者，亦官与辨券，入之。其责（债）毋敢隃（逾）岁，隃（逾）岁而弗入及不如令者，皆以律论之。"②《释文修订本》："戴世君（2008E）：是官府规定的赀赎罚罪犯缴纳罚物、赎金及欠官府债者偿还债务的截止时间。从《金布律》简 77～79、81 偿债规定所透露出来的信息，可以推知'令日'包含有'一年'的履行期间。秦对处赀、赎罚的罪犯缴纳罚物、赎金及欠官府债务者偿债有时间要求。"③

【4】诸貣它县官

【补注】

"诸貣它县官"，一种情况是途经它县，向所经县借贷。睡虎地秦简《仓律》简 44："宦者、都官吏、都官人有事上为将，令县貣（贷）之，辄移其稟县，稟县以减其粟。已稟者，移居县责之。"④ "令县貣之"，就是说为上办事的宦者、都官吏、都官人，根据相关规定，由沿途所经县道贷给口粮。"辄移其稟县"则是说同时移书到出差人员所隶属单位，扣去其本月应发的口粮。如果此人既在出差途中向所经县道借领了口粮，又接受了本单位所发当月口粮，必须向本单位退还，否则将受到处罚。需要注意的是，并不是所有的因公出差人员都可以向沿途县道借贷口粮。睡虎地秦简《仓律》简 45："有事军及下县者，赍食，毋以传貣（贷）县。"⑤ 这是说"有事军及下县"这类出差者，他们需要随身携带口粮，不得凭传向所

① 睡虎地秦墓竹简整理小组：《睡虎地秦墓竹简》，第 38 页。
② 睡虎地秦墓竹简整理小组：《睡虎地秦墓竹简》，第 39 页。
③ 陈伟主编，彭浩、刘乐贤等撰著《秦简牍合集：释文注释修订本（壹）》，武汉大学出版社，2016，第 113 页。
④ 睡虎地秦墓竹简整理小组：《睡虎地秦墓竹简》，第 30 页。
⑤ 睡虎地秦墓竹简整理小组：《睡虎地秦墓竹简》，第 31 页。

过县借贷。张家山汉简《二年律令·置吏律》简 216："诸使而传不名取卒、甲兵、禾稼志者，勿敢擅予。"① 《二年律令》这条史料则是说如果使者所持有的传上没有写明可以向沿途县道"取卒、甲兵、禾稼"，那么沿途县道可以拒绝此类索取要求。

"诸贳它县官"还有一种情况，即在一个县借贷后移居到另一个县去居住，债权县移书债务人所在县进行追讨。睡虎地秦简《秦律十八种·金布律》简 76："有责（债）于公及赀、赎者居它县，辄移居县责之。公有责（债）百姓未赏（偿），亦移其县，县赏（偿）。"②

【5】书

【补注】

书，追缴债务的文书。睡虎地秦简《司空律》："有罪以赀赎及有责（债）于公，以其令日问之，其弗能入及赏（偿），以令日居之，日居八钱；公食者，日居六钱。"整理小组注："令日，判决所规定的日期。问，讯问。"③ 现在看来，睡简所谓的"以其令日问之"，当如岳麓简所记载，是有文书作为法律凭据的。

【6】有逋不入者

【补注】

这里的处罚针对三种情况：一是"租禾稼、顷刍稾，尽一岁不膚（毕）入"者，也就是一年之内不缴纳田租和刍稿税者；二是"诸贳它县官者，书到其县官，盈卅日弗入"者，也就是不能如期偿还县官债务者；三是针对以上两种情况"有逋不入者"者，也就是逃避租税及其他县官债务者。

【7】赀其人及官啬夫、吏主者各一甲，丞、令、令史各一盾

【补注】

这条材料有几点值得注意。

一是这条律令规定的处罚包括对黔首不按时缴纳田租的情况。已发现

---

① 张家山二四七号汉墓竹简整理小组：《张家山汉墓竹简〔二四七号墓〕》（释文修订本），文物出版社，2006，第 37～38 页。

② 睡虎地秦墓竹简整理小组：《睡虎地秦墓竹简》，第 38 页。

③ 睡虎地秦墓竹简整理小组：《睡虎地秦墓竹简》，第 51 页。

的睡虎地秦简《田律》和张家山汉简《田律》记载的只是如何缴纳田租和刍稾税的规定，而未发现对违犯规定者的处罚措施，岳麓简《田律》的这条规定可以说是一项新补充，丰富了我们对秦汉律《田律》租税缴纳的认识。另外，此处规定黔首如不按时交田租，国家的处罚是赀甲盾。张家山汉简《二年律令·市律》有一条商贩不交市租进行处罚的规定，要求交罚金。《市律》简260~261："市贩匿不自占租，坐所匿租臧（赃）为盗，没入其所贩卖及贾钱县官，夺之列。列长、伍人弗告，罚金各一斤。啬夫、吏主者弗得，罚金各二两。"① 两者虽然一是针对农民，一是针对商人，对象有所不同，但都是对不缴纳租税者的经济处罚，在这点上是有共通之处的。

二是长官连坐的处罚。农民不交租或不按时交租，当事人及主管官吏赀一甲，令、丞及令史这些上级主管受连坐赀一盾。这种长官连坐处罚的等差，亦见于睡虎地秦简《效律》简51~53："官啬夫赀二甲，令、丞赀一甲；官啬夫赀一甲，令、丞赀一盾。其吏主者坐以赀、谇如官啬夫。其他冗吏、令史掾计者，及都仓、库、田、亭啬夫坐其离官属于乡者，如令、丞。"②

三是长官连坐时，令史与令、丞并列，这是值得注意的。这里的"令史"当是"令史主者"的省称，也就是负责此事的令史。睡虎地秦简《效律》中的"令史掾计"，整理小组把"令史掾"解释为一种官吏，陈长琦曾指出其非，认为"掾"为动词，乃"参与"之义，《效律》的意思是上计出错，参与此事的令史与令、丞处罚相同，皆赀一盾。③ 《岳麓书院藏秦简（肆）》此处令、丞与令史的连坐处罚相同，再次证明陈长琦的论断是有道理的。秦代县级政府中，令史是一类很重要的职位，县廷诸曹都设令史值守。④

---

① 张家山二四七号汉墓竹简整理小组：《张家山汉墓竹简〔二四七号墓〕》（释文修订本），第44页。

② 睡虎地秦墓竹简整理小组：《睡虎地秦墓竹简》，第75页。

③ 陈长琦：《〈睡虎地秦墓竹简〉译文商榷（二则）》，《史学月刊》2004年第11期。

④ 孙闻博：《秦县的列曹与诸官——从〈洪范五行传〉一则佚文说起》，载武汉大学简帛研究中心主办《简帛》第11辑，上海古籍出版社，2015，第86页。黎明钊、唐俊峰：《里耶秦简所见秦代县官、曹组织的职能分野与行政互动——以计、课为中心》，武汉大学简帛研究中心主办，载《简帛》第13辑，上海古籍出版社，2016，第131页。

岳麓简此处的令史与田租有关，里耶秦简 8 - 488 "户曹计录" 下有 "租质计"，① 因此岳麓简此处的 "令史" 多半就是户曹的负责人 "户曹令史"，里耶秦简 8 - 487 + 8 - 2004 有 "户曹令史離"。② 这里的处罚人员分为两类，一类是当事人及诸官类，即 "其人及官啬夫、吏主者"，另一类是县廷及诸曹，即 "丞、令及令史"。黎明钊、唐俊峰的研究也证明了，县级区域内的行政考课，"令、丞、令史、官啬夫、吏" 都是负有责任的，可与此相互印证。③

四是 "丞、令、令史" 的表述顺序。一般来说，按照律令文书的等级特点，职务的排列一般是先高后低，但在《岳麓书院藏秦简（肆）》公布的这批律令简中，凡是令、丞、令史三者并列时，顺序均为 "丞、令、令史"，"丞" 在 "令" 前，无一例外。只有令、丞时，则 "令" 在 "丞" 先，如简 2057 "赀乡部啬夫一甲，令丞谇"④ 简 1285 "先为钱及券，鈢以令、丞印封，令、令史、赋主各挟一辨，月尽发鈢令、丞前"，⑤ 简 1399 正 "以令若丞印封鈢而入"，⑥ 1398 正 "马齿盈四以上当服轝车、狼（垦）田、就（僦）载者，令厩啬夫丈齿令、丞前"，⑦ J54 正 "诸当叚（假）官器者，必令令、丞致乃叚（假）"，⑧ 等等。而在睡虎地秦简所见材料中，因为令、丞、令史未见到同时出现的情况，而在令、丞同时出现时，一般是 "令" 在 "丞" 前，仅有两处 "丞" 在 "令" 前。如：睡虎地秦简《金布律》："官府受钱者，千钱一畚，以丞、令印印。不盈千者，亦封印之。钱善不善，杂实之。出钱，献封丞、令，乃发用之。"⑨ 秦简中这种 "丞" 在 "令" 前的表述方式，究竟是有特定的原因，还是无意为之，有待于进一步研究。

---

① 陈伟主编《里耶秦简牍校释》第 1 卷，武汉大学出版社，2012，第 167 页。
② 陈伟主编《里耶秦简牍校释》第 1 卷，第 166 页。
③ 黎明钊、唐俊峰：《里耶秦简所见秦代县官、曹组织的职能分野与行政互动——以计、课为中心》，第 157 页。
④ 陈松长主编《岳麓书院藏秦简（肆）》，第 57 页。
⑤ 陈松长主编《岳麓书院藏秦简（肆）》，第 105 页。
⑥ 陈松长主编《岳麓书院藏秦简（肆）》，第 108 页。
⑦ 陈松长主编《岳麓书院藏秦简（肆）》，第 111 页。
⑧ 陈松长主编《岳麓书院藏秦简（肆）》，第 148 页。
⑨ 睡虎地秦墓竹简整理小组：《睡虎地秦墓竹简》，第 35 页。

【8】亡有辠毋（无）后不可得者

【整理小组注】

亡有辠毋（无）后：指有罪逃亡而无后代之人。①

【补注】

"亡有辠毋（无）后不可得者"，有罪而且无后的人逃亡，且无法抓获者。"亡"字所修饰的对象是"有辠毋（无）后"者，就是说"有辠毋（无）后"者逃亡，而且一时还无法抓获，有关官吏要受到连坐的处罚。岳麓简以"亡"字所修饰来表示逃亡对象的用法，在律令中常见，如：简1965"亡收、隶臣妾"，②即逃亡的收人、隶臣妾；简2086正"亡已命"，③即已被论命（通缉）逃亡者；简1978正"亡不仁邑里、官"，④即说不出所在邑里、（属）官的逃亡者；简0170正"亡盈三月以上而得及自出"，⑤即逃亡三个月以上而被抓获或自首者，等等。张家山汉简《二年律令》中把各种逃亡之人统称为"诸亡"。如《二年律令·亡律》简166："诸亡自出，减之；毋名者，皆减其罪一等。"⑥

【9】有（又）令官啬夫、吏代偿

【补注】

此处的"吏"，即指前文的"吏主者"而言。

秦律规定，官府有关部门在债务收缴方面因不能及时采取措施而导致相关财产不能及时上缴，或无法上缴，从而给国家造成损失者，相关部门的长官（即啬夫）及直接负责人（吏主者）有负责赔偿的责任。睡虎地秦简《金布律》："百姓叚（假）公器及有责（债）未赏（偿），其日蹙以收责之，而弗收责，其人死亡；及隶臣妾有亡公器、畜生者，以其日月减其衣食，毋过三分取一，其所亡众，计之，终岁衣食不蹙以稍赏（偿），令居之，其弗令居之，其人【死】亡，令其官啬夫及吏主者代

---

① 陈松长主编《岳麓书院藏秦简（肆）》，第163页。
② 陈松长主编《岳麓书院藏秦简（肆）》，第39页。
③ 陈松长主编《岳麓书院藏秦简（肆）》，第43页。
④ 陈松长主编《岳麓书院藏秦简（肆）》，第46页。
⑤ 陈松长主编《岳麓书院藏秦简（肆）》，第50页。
⑥ 张家山二四七号汉墓竹简整理小组：《张家山汉墓竹简〔二四七号墓〕》（释文修订本），第31页。

赏（偿）之。"岳麓简此处"吏代偿"的"吏"，与前面受赀罚者一样，也是"吏主者"。

二

1277 正 + 1401 正：

·田律曰：侍【1】蒸邮、门，期足【2】以给乘传晦行求烛者，邮具二席【3】及斧、斤、凿、锥、刀、瓮、䉛，置梗（绠）井旁∟【4】，吏有 109 正 县官事使而无仆者，邮为饬，有仆，段（假）之器【5】，勿为饬，皆给水酱（浆）。110 正

【1】侍

【补注】

侍，通"峙"。《尚书·费誓》"峙乃糗粮"，孙星衍疏："峙从止，俗误从山，《释诂》云：'峙，具也。'"① 刘起釪引段玉裁《撰异》云："玉裁按，'峙'，从止，寺声，转写者易止为山耳。《尔雅·释诂》：'峙，具也。'亦同其义。即《说文》之偫字也。（按《说文》"偫，待也"）。孔云'储，峙'，即'储，待也'。"②

【2】期足

【整理小组注】

期足：足够，多指数量上而言。《睡虎地秦简·秦律十八种·仓律》："用犬者，畜犬期足。"③

【补注】

亦见于岳麓简 1383 正："老弱癃（癃）病不足以守∟，豫遣重卒期足以益守。"④ 睡虎地秦简《仓律》简 63："用犬者，畜犬期足。"整理小组注："期足，以足够为度。马王堆汉墓帛书《五十二病方》：'煮秫米期足。'"⑤

---

① 孙星衍：《尚书今古文注疏》，中华书局，1986，第 514 页。
② 顾颉刚、刘起釪：《尚书校释译论》，中华书局，2005，第 4 分册，第 2150 页。
③ 陈松长主编《岳麓书院藏秦简（肆）》，第 163 页。
④ 陈松长主编《岳麓书院藏秦简（肆）》，第 127 页。
⑤ 睡虎地秦墓竹简整理小组：《睡虎地秦墓竹简》，第 35 页。

【3】邮具二席

【补注】

"邮具二席"之后的类似内容，又见于张家山汉简《二年律令·行书律》简267："邮各具席，设井磨。吏有县官事而无仆者，邮为炊；有仆者，叚（假）器，皆给水浆。"[①] 就内容而言，岳麓简的这些内容归于《行书律》可以理解，但何以却归到《田律》中，还待于进一步研究。《周礼·地官·遗人》："凡宾客、会同、师役，掌其道路之委积。凡国野之道，十里有庐，庐有饮食；三十里有宿，宿有路室，路室有委；五十里有市，市有候馆，候馆有积。"孙诒让正义云：

> 云"凡国野之道，十里有庐，庐有饮食"者，此野谓城郭外，自近郊至五百里畿，凡道路所出皆有此制，与上文野鄙专指甸稍异。庐即野庐氏所巡行宿息之等。云"三十里有宿，宿有路室，路室有委"者，《吕氏春秋·不广篇》云："军行三十里为一舍，故三十里有宿。"路室储偫多于庐，故有委。《管子·大匡篇》云："三十里置遽委焉，有司职之。从诸侯欲通，吏从行者，令一人为负以车。若宿者，令人养其马，食以委积。"注云："遽，今之邮驿也。委谓当有储，拟以供过者。"此与三十里路室有委合。又据《管子》，则路室似兼为传遽之舍。《续汉·舆服志》云："驿马三十里一置。"周法或与汉同。云"五十里有市，市有候馆，候馆有积"者，《荀子·大略篇》云"吉行五十里"，故五十里有市，候馆储偫尤多，故有积。《大戴礼记·王言篇》云："五十里而封，百里而有都邑，乃为蓄积衣裘焉，使处者恤行者，有与亡。"此与五十里候馆有积合。[②]

由此可见，战国时期的邮驿系统，已经可以为官府的使者及往来行旅提供较为充足的保障措施。岳麓秦简所记载的驿站为行旅所提供的住宿及生活用具，是对当时保障措施的具体反映。

---

① 张家山二四七号汉墓竹简整理小组：《张家山汉墓竹简〔二四七号墓〕》（释文修订本），第45页。

② 孙诒让：《周礼正义》，中华书局，1987，第4分册，第990页。

【4】置绠井旁

【补注】

《中华大字典》："本作綆。《说文》：'綆，汲井绠也。'《段注》：'汲者引水于井也。绠者汲水索也。'"井共饮水，为驿站必备之设施。《周礼·秋官·野卢氏》"比国郊及野之道路、宿息、井、树"，郑玄注："比犹校也。宿息，庐之属，宾客所宿及昼止者也。井共饮食，树为藩蔽。"①

【5】叚（假）之器

【补注】

驿站把相关的用器借给使者，在这种情况下，如果使者出现意外情况，使者所带的随从要承担赔偿责任。睡虎地秦简《秦律十八种·工律》："邦中之繇（徭）及公事官（馆）舍，其叚（假）公，叚（假）而有死亡者，亦令其徒、舍人任其叚（假），如从兴戍然。"整理小组注："舍人，《汉书·高帝纪》注：'亲近左右之通称也，后遂以为私属官号。'此处指有官府事务者的随从。"②

三

1284 正 + 1285 正 + 1281 正：

·田律曰：吏归休【1】，有县官吏乘乘马及县官乘马【2】过县，欲貣臽稟、禾、粟、米及买菽者【3】，县以朔日 111 正 平贾（价）【4】受钱乚，先为钱及券，鈋以令、丞印封【5】，令、令史、赋主各挟一辨【6】，月尽发鈋令、丞前【7】，以中辨券案 112 正 雠（雠）钱【8】，钱辄输少内，皆相与靡（磨）除封印，中辨臧（藏）县廷【9】。113 正

【1】归休

【补注】

归休，归家休假。睡虎地秦简《仓律》："月食者已致稟而公使有传食，及告归尽月不来者，止其后朔食，而以其来日致其食；有秩吏不止。"

---

① 孙诒让：《周礼正义》第 12 分册，第 2894 页。
② 睡虎地秦墓竹简整理小组：《睡虎地秦墓竹简》，第 44 页。

整理小组注："告归,《后汉书·樊准传》注:'谓休假归也。'"① 张家山汉简《二年律令·置吏律》:"吏及宦皇帝者、中从骑,岁予告六十日;它内官,卅日。吏官去家二千里以上者,二岁壹归,予告八十日。"整理小组注:"予告,《汉书·高帝纪》注引孟康曰:'古者名吏休假曰告……予告者,在官有功最,法所当得也。'"②

【2】乘马

【补注】

前一个"乘马"为名词,后一个"乘马",可以理解为名词,也可以理解为动词,还有待于研究。理解为名词,"县官乘马过县",强调的是马,说的是官府的乘马从驿站经过,语法虽通,语义难解;如果理解为动词,"县官乘马过县",指的是县官骑着马从驿站经过,秦汉简牍中,"县官"多指官府而言,很少作为"官吏"意解,而且前面说"县官吏乘乘马",后面说"县官乘马",语义重复。我们怀疑,"及县官乘马"五字或为衍文。

睡虎地秦简提到的"乘马"多指官府用马。《田律》简10:"乘马服牛稟,过二月弗稟、弗致者,皆止,勿稟、致。"③ 整理小组注:"乘马服牛,驾车的牛马。《易·系辞下》:'服牛乘马,引重致远。'"④《司空律》简128:"官长及吏以公交车牛稟其月食及公牛乘马之稟,可殹(也)。"⑤《秦律杂抄》简30:"肤吏乘马笃、掔(觺),及不会肤期,赀各一盾。"⑥《法律答问》简175:"以其乘车载女子,可(何)论?赀二甲。以乘马驾私车而乘之,毋论。"⑦"乘车"与"私车"相对,"乘车"属于官方车辆,所以法律不允许私载女人,但用"乘马"驾私车可以搭载女子。睡虎地秦简中还提到"乘舆马""乘车马",《秦律杂抄》简27~29:"伤乘舆马,

---

① 睡虎地秦墓竹简整理小组:《睡虎地秦墓竹简》,第31页。
② 张家山二四七号汉墓竹简整理小组:《张家山汉墓竹简〔二四七号墓〕》(释文修订本),第38页。
③ 睡虎地秦墓竹简整理小组:《睡虎地秦墓竹简》,文物出版社,1990,第22页。
④ 睡虎地秦墓竹简整理小组:《睡虎地秦墓竹简》,第22页。
⑤ 睡虎地秦墓竹简整理小组:《睡虎地秦墓竹简》,第50页。
⑥ 睡虎地秦墓竹简整理小组:《睡虎地秦墓竹简》,第86页。
⑦ 睡虎地秦墓竹简整理小组:《睡虎地秦墓竹简》,第134页。

夬（决）革一寸，赀一盾；二寸，赀二盾；过二寸，赀一甲。课驶驲，卒岁六匹以下到一匹，赀一盾。・志马舍乘车马后，毋（勿）敢炊伤，犯令，赀一盾。已驰马不去车，赀一盾。"① 乘舆马、乘车马都属于乘马。

【3】欲貣槀、禾、粟、米及买菽者

【补注】

貣，即暂借。吏归休假，当持有有关部门发给的传，可以凭传向沿途所经县道借贷粮食、刍槀等生活物资。睡虎地秦简中有以传借贷的记载。《仓律》简44："宦者、都官吏、都官人有事上为将，令县貣（贷）之，辄移其禀县，禀县以减其粟。已禀者，移居县责之。"② 简45："有事军及下县者，赍食，毋以传貣（贷）县。"③ 张家山汉简中也有驿站为沿途官吏及归休者提供饮食、住宿及刍槀的规定。《二年律令・传食律》简237："诸吏乘车以上及宦皇帝者，归休若罢官而有传者，县舍食人、马如令。"④

【4】朔日平贾

【补注】

"平贾"，亦见于岳麓简1301正+1351正"皇帝其买奴卑（婢）、马，以县官马牛羊贸黔首马牛羊及买，以为义者，以平贾（价）买之，辄予其主钱"，⑤ 简0990正"黔首其为大隃取义，亦先以平贾（价）直之"。⑥ 朔日平价，或即后来汉代的月平，指的是每月朔日县治所在地市场上的官方价格。《周礼・天官・小宰》："听卖买以质剂。"郑司农注："质剂，谓市中平价，今时月平是也。"孙诒让曰："孔广森云：'《汉书・沟洫志》注："律，平价一月，得钱二千，所谓月平也。"《杨子法言》曰："一閈之市，必立之平。"盖市价以时贵贱，故每月更平之。《景武功臣表》："梁期侯任当千，坐卖马一匹贾钱十五万，过平，臧五百以上，免。"'案：孔说是也。月平者，汉时市价，盖每月评定贵贱，若今时朔望为长落也。《汉

---

① 睡虎地秦墓竹简整理小组：《睡虎地秦墓竹简》，第86页。
② 睡虎地秦墓竹简整理小组：《睡虎地秦墓竹简》，第30页。
③ 睡虎地秦墓竹简整理小组：《睡虎地秦墓竹简》，第31页。
④ 张家山二四七号汉墓竹简整理小组：《张家山汉墓竹简〔二四七号墓〕》（释文修订本），第40页。
⑤ 陈松长主编《岳麓书院藏秦简（肆）》，第134页。
⑥ 陈松长主编《岳麓书院藏秦简（肆）》，第135页。

书·食货志》载王莽令诸司市，当以四时中月，实定所掌，为物上中下之贾，各自用为其市平。即此月平也。"① 刘善泽曰："《唐六典》二十李林甫注云：'汉大司农属官有平准令丞。'并引韦昭《辨释名》云：'平准主平物价，使相依准。'盖汉时市贾以时氏印，每月必更番平定其直，故曰月平。又曰：'又案《汉书·沟洫志》："治河卒非受平贾者，为著外繇六月。"注：苏林曰："平贾以钱取人作卒，顾其时庸之平贾也。"如淳曰："律说，平贾一月得钱二千。"《吴王濞传》："卒践更，辄予平贾。"注：服虔曰："顾其庸随时月与平贾也。"'则汉时不仅市物有月平，雇佣亦然。"② 张家山汉简《二年律令·金布律》简 427 ~ 428："有罚、赎、责（债），当入金，欲以平贾（价）入钱，及当受购、偿而毋金，及当出金、钱县官而欲以除其罚、赎、责（债），及为人除者，皆许之。各以其二千石官治所县十月金平贾（价）予钱，为除。"③ 十月金平价，就是十月朔日郡治颁布的市场黄金价格。邢义田："所谓平价，固然须依市场状况，因涉及罚金、赎金和发放购赏等官方行为，这个平价必得为官方所认可或公布。如此，说它是'法定的'也未尝不可。"④

【5】缿以令、丞印封

【补注】

县道官机构的金钱收藏于缿，封泥上要加盖令、丞之印。"缿"，当属前读，作"先为钱及券缿，以令、丞印封"。睡虎地秦简《金布律》简 64 ~ 65："官府受钱者，千钱一畚，以丞、令印印。不盈千者，亦封印之。"⑤ 张家山汉简《二年律令·金布律》简 429："官为作务、市及受租、质钱，皆为缿，封以令、丞印而入。"⑥ 相比之下可以看出，岳麓简"以令、丞印封"，睡简作"以丞、令印印"，张家山简作"封以令、丞印"，

---

① 孙诒让：《周礼正义》第 1 分册，第 173 页。
② 刘善泽：《三礼注汉制疏证》，岳麓书社，1997，第 16 页。
③ 张家山二四七号汉墓竹简整理小组：《张家山汉墓竹简〔二四七号墓〕》（释文修订本），第 67 页。
④ 邢义田：《张家山〈二年律令〉行钱行金补证》，简帛网 2005 年 11 月 14 日。后收入邢义田著《地不爱宝：汉代的简牍》，中华书局，2011，第 165 页。
⑤ 睡虎地秦墓竹简整理小组：《睡虎地秦墓竹简》，第 35 页。
⑥ 张家山二四七号汉墓竹简整理小组：《张家山汉墓竹简〔二四七号墓〕》（释文修订本），第 67 页。

可以看出，含义相同，只是文字略有变化。岳麓简的这部分内容，应当属于《金布律》的范畴。何以归入《田律》之中？有两种可能。一种可能是原简抄手抄写错误，错把《金布律》的内容抄到了《田律》下面，或者把"金布律"三字误写为"田律"。另一种可能是没错，这确是《田律》的内容，只不过因为涉及货币的储藏和管理，因此《田律》中就挪用了《金布律》的相关内容。因为睡虎地秦简《金布律》和张家山汉简《金布律》都是在先提到"官为作务、市"云云，然后才提到货币的储藏和管理，而岳麓简此处则是提到驿站服务收取费用，然后才提到货币收入及管理，两者还是有点区别的。

【6】令、令史、赋主各挟一辨

【补注】

令史所执辨券，当为中辨券。令史之所以执券，或许由于他是交易的见证人。里耶秦简中提到官府粮仓调拨粮食时，往往由令史视平。如：简8－764："径膚粟米一石九斗少半斗。卅一年正月甲寅朔丙辰，田官守敬、佐壬、稟人显出稟赀貲士五（伍）巫中陵免将。令史扁视平。壬手。"① 简8－1540："粟米五斗。卅一年五月癸酉，仓是、史感、稟人堂出稟隶妾婴儿揄。令史尚视平。感手。"② 简8－2247："粟米三石七斗少半斗。卅二年八月乙巳朔壬戌，贰春乡守福、佐敢、稟人枛出，以稟隶臣周十月、六月廿六日食。令史兼视平。敢手。"③ 《里耶秦简牍校释》（第1卷）注："视平，或省作'视'（8－880），或省作'平'（8－217），同样场合有时也用'监'字（8－760），疑'视'或'视平'与'监'含义类似，指督看，以保证公平。"④ 因为令史是见证人，所执中辨券，所以到月底在令、丞面前打开钱鉖验看现金时，"以中辨券案锥（锥）钱"。当然，也有可能这个令史还是负责管理金钱储藏的负责人。

赋主，就是买主，出钱的一方。《汉书·元帝纪》"赀不满千钱者赋贷

---

① 陈伟主编《里耶秦简牍校释》第1卷，第219页。
② 陈伟主编《里耶秦简牍校释》第1卷，第353页。
③ 陈伟主编《里耶秦简牍校释》第1卷，第451页。
④ 陈伟主编《里耶秦简牍校释》第1卷，第40页。

种、食"，颜师古注："赋，给与之也。"① 睡虎地秦简《关市律》："为作务及官府市，受钱必辄入其钱缿中，令市者见其入，不从令者赀一甲。"② 岳麓简的"赋主"与睡虎地秦简的"市者"含义相类似。

【7】月尽发缿令、丞前

【补注】

发，打开。钱缿封存时，加盖了令、丞的印信，打开时同样需要令、丞验看。睡虎地秦简《金布律》："出钱，献封丞、令，乃发用之。"③

【8】以中辨券案雠（雠）钱

【补注】

雠，校验、核对之义。睡虎地秦简《仓律》简37："县上食者籍及它费大（太）仓，与计偕。都官以计时雠食者籍。"整理小组注："雠，校对。"④《尉杂》简99："岁雠辟律于御史。"⑤ 即每年到御史那里去核对法律条文。

【9】中辨臧（藏）县廷

【补注】

相应的制度亦见于张家山汉简《二年律令·金布律》："官为作务、市及受租、质钱，皆为缿，封以令、丞印而入，与参辨券之，辄入钱缿中，上中辨其廷。"⑥ 岳麓简此处规定记载，钱藏少内，券藏县廷，这里的"县廷"，当指少内所对应的县廷诸曹中的金布曹。⑦

四

1276 正：

·田律曰：有皋，田宇已入县官【1】，若已行，以赏予人而有勿

---

① 班固：《汉书》，中华书局，1962，第279页。
② 睡虎地秦墓竹简整理小组：《睡虎地秦墓竹简》，第42页。
③ 睡虎地秦墓竹简整理小组：《睡虎地秦墓竹简》，第35页。
④ 睡虎地秦墓竹简整理小组：《睡虎地秦墓竹简》，第29页。
⑤ 睡虎地秦墓竹简整理小组：《睡虎地秦墓竹简》，第64页。
⑥ 张家山二四七号汉墓竹简整理小组：《张家山汉墓竹简〔二四七号墓〕》（释文修订本），第67页。
⑦ 于洪涛：《里耶秦简文书简分类整理与研究》，吉林大学博士学位论文，2017，第145页。

（物）故【2】，复（覆）治，田宇不当入县官，复畀之其故田宇【3】。
114 正

【1】有辠，田宇已入县官

【整理小组注】

田宇，即田宅。①

【补注】

田宇，准确地说，指田和宇，田指农田，宇指宅基地。里耶秦简 8 - 307："庚申，颍阴相来行田宇。"《里耶秦简牍校释》（第 1 卷）注："田宇，犹田宅。《为吏之道》记魏户律云：'自今以来，叚（假）门逆吕（旅），赘婿后父，勿令为户，勿鼠（予）田宇。'又《日书》乙种《失火》云：'午失火，田宇多。'岳麓书院秦简《数》书 0884 云：'宇方百步，三人居之，巷广五步，问宇几可（何）？'可见宇指宅地。"② 只有立户，国家才授予农田和宅地。张家山汉简《二年律令·户律》中田与宅有明确的区分，不同身份的人授予农田和宅地的数额各不相同。

睡虎地秦简记载了官府查封有罪之人家室的经过，其中提到了住宅的查封。《封诊式·封守》简 8 - 12："乡某爰书：以某县丞某书，封有鞫者某里士五（伍）甲家室、妻、子、臣妾、衣器、畜产。·甲室、人：一宇二内，各有户，内室皆瓦盖，木大具，门桑十木。·妻曰某，亡，不会封。·子大女子某，未有夫。·子小男子某，高六尺五寸。·臣某，妾小女子某。·牡犬一。·几讯典某某、甲伍公士某某：'甲党（倘）有【它】当封守而某等脱弗占书，且有罪。'某等皆言曰：'甲封具此，毋（无）它当封者。'即以甲封付某等，与里人更守之，侍（待）令。"③ 这里查封的内容中只提到了宅，没有提到所拥有的田，有的学者据此认为当时是授田制，农民所耕种农田属于国有，因此不存在没收田的事。实际上即使是授田制，百姓犯罪，国家也需要收回其土地的使用权。至于《封诊式》中为何没有提到此事，可另行讨论，未必一定与土地的国有还是私有有关。岳麓秦简此处的规定，就说明百姓犯罪，农田和住宅都是有可能被没收的。

---

① 陈松长主编《岳麓书院藏秦简（肆）》，第 163 页。
② 陈伟主编《里耶秦简牍校释》第 1 卷，第 98 页。
③ 睡虎地秦墓竹简整理小组：《睡虎地秦墓竹简》，第 149 页。

张家山汉简《二年律令·收律》简 174："罪人完城旦舂、鬼薪以上，及坐奸府（腐）者，皆收其妻、子、财、田宅。"①《收律》所谓的"田宅"与岳麓简《田律》的"田宇"含义相同，包括农田和住宅。《二年律令·户律》也提到了几种没收田宅的情况，简 319："田宅当入县官而詐（诈）代其户者，令赎城旦，没入田宅。"② 简 323 ~ 324："诸不为户，有田宅，附令人名，及为人名田宅者，皆令以卒戍边二岁，没入田宅县官。为人名田宅，能先告，除其罪，有（又）畀之所名田宅，它如律令。"③

【2】以赏予人而有勿（物）故

【整理小组注】

勿（物）故：亡故。《汉书·苏武传》："前以降及物故，凡随武还者九人。"颜师古注："物故谓死也，言其同于鬼物而故也。"④

【补注】

"以赏予人而有勿（物）故"，当断句作"以赏予人，而有勿（物）故"。"物故"，还见于岳麓简 2072 正 +2017 正："匿户弗事、匿敖童弗傅∟，匿者及所匿，皆赎耐。通傅，赀一甲。其有物故，不得会傅，078 正为匿之。079 正"⑤ 0691 正 +0016 正 +0316 正："丞相议：吏归治病及有它物故，免，不复之官者，令其吏舍人、仆［庸］行⊠318 正如故事已者，辄罢归，以书致其县官，它官当用者，亦皆用之。319 正∣内史郡二千石官共令 第己 320 正"⑥

物故，整理小组注引《汉书》颜师古注，以为是亡故之义，理解起来有困难。就《汉书·苏武传》本意而言，当是"以前投降在匈奴以及其他原因留在匈奴的人，这次跟随苏武返回汉朝的共有九人"，但如果把"物故"理解为"亡故"，整个句子就变成"以前降在匈奴及亡故的人，这次

---

① 张家山二四七号汉墓竹简整理小组：《张家山汉墓竹简〔二四七号墓〕》（释文修订本），第 32 页。
② 张家山二四七号汉墓竹简整理小组：《张家山汉墓竹简〔二四七号墓〕》（释文修订本），第 53 页。
③ 张家山二四七号汉墓竹简整理小组：《张家山汉墓竹简〔二四七号墓〕》（释文修订本），第 53 页。
④ 陈松长主编《岳麓书院藏秦简（肆）》，第 163 页。
⑤ 陈松长主编《岳麓书院藏秦简（肆）》，第 64 ~ 65 页。
⑥ 陈松长主编《岳麓书院藏秦简（肆）》，第 200 ~ 201 页。

跟随苏武返回汉朝的共有九人"，文意让人难以理解。放在岳麓简中同样如此。就拿简1276正的记载而言，如果把"物故"解释为"某种原因"，文意就很好理解了，意思是说："黔首有罪，他的田宇被官府没收，赏给了别人，但后来由于某种原因（发现案情有误），进行重审，认为不当没收他的田宇，所以要把他原来的田宇（赎回来）还给他。"

简2072正+2017正与简0691正+0016正+0316正中的两处"物故"亦当理解为"某种原因"。简2072正+2017正中"其有物故，不得会傅，为匿之"，意思是说，黔首如果由于某种原因，没能按规定前去傅籍，按照隐匿人口处理。相反，如果应当傅籍者由于突然死亡而没能前往傅籍，法律怎么能按照隐匿人口处理呢？简0691正+0016正+0316正中"吏归治病及有它物故，免，不复之官者，令其吏舍人、仆〔庸〕行☑"，说的是，官吏回家治病以及其他原因，被免职，不能再回原官府者云云。如果说官吏因死亡而被免职，也会使文意突兀，难以理解。

【3】复（覆）治，田宇不当入县官，复畀之其故田宇

【补注】

案件重审，发现原来没收罪犯田宇是不合适的，要返还被没收的田宇。张家山汉简《奏谳书》"讲不盗牛乞鞫"案中，讲一度被诬陷盗牛，并遭到严刑逼供而被迫认罪，后案件重审，讲被改判无罪，"其除讲以为隐官，令自常（尚），畀其于于。妻子已卖者者，县官为赎。它收已卖，以贾（价）畀之。及除坐者赀，赀已入环（还）之"。① 官府对错案的处理原则与岳麓简所载相同。

五

1400正：

黔首【1】居田舍者【2】毋敢酤醢（酤））酒，不从令者罨（迁）之，田啬夫、吏、吏部【3】弗得，赀各二甲，丞、令、令史各一甲。115正

---

① 张家山二四七号汉墓竹简整理小组：《张家山汉墓竹简〔二四七号墓〕》（释文修订本），第101～102页。

【1】黔首

【补注】

岳麓简 0994 正："·田律曰：黔首居田舍者毋敢醖〈醖（酤）〉酒，有不从令者罨（迁）之，田啬夫、士吏、吏部弗得，赀二甲。·第乙 280 正"① 与简 1400 正相比，显然简 0994 正抄写得很不认真。先是"田啬夫、士吏、吏部弗得"之后，"赀各二甲"少抄一"各"字，接着还少抄了"丞、令、令史各一甲"一句。不过，简 0994 正的记载，又提示我们简 1400 正"田啬夫、吏、吏部"中，"田啬夫"之后的"吏"为"士吏"。而"士吏"是县尉的僚属，那么这里的"田"当为军事组织的屯田。周海锋认为："二者字体存在差异，应出自不同书手。以上迹象表明，抄手誊录两支简时所依据的法律文本是存在差异的。若所有的岳麓秦简为某一个人的陪葬物，墓主人很可能在秦始皇二十六年至秦二世三年之间多次请人抄录编纂其时通行律令以备行政所需。因为律令是行政所本而秦法律文本不断被修订，故墓主人不得不及时雇人抄录最新的律条并重新编联成册。或许正是由于这个原因，今日所见岳麓秦简律令，或内容完全一致，或同中有异。"②

睡虎地秦简《田律》也有内容与之基本相同的律文："百姓居田舍者毋敢醖（酤）酉（酒），田啬夫、部佐谨禁御之，有不从令者有罪。"③ 陈松长指出："其中一说'黔首'，一说'百姓'。这多少也这两条律文的抄写年代有先后的差异。一般来说，黔首是秦始皇统一六国后对百姓的一种专称，如果此说可以参照的话，那么岳麓书院藏秦简中律文摘抄的时间或许在睡虎地简之后，所以才有后出转精的律文细化，才有对'醖酒'者怎样处罚的具体界定。"④ 中国政法大学中国法制史基础史料研读会："比较二律，其中'百姓'与'黔首'的称谓反映了律文的历史变化，'有罪'与'迁之'的罪刑表述的不同又反映了律文流布

① 陈松长主编《岳麓书院藏秦简（肆）》，第 280 页。
② 周海锋：《岳麓书院藏秦简〈田律〉研究》，武汉大学简帛研究中心主办《简帛》第 11 辑，上海古籍出版社，2015，第 103 页。
③ 睡虎地秦墓竹简整理小组：《睡虎地秦墓竹简》，第 22 页。
④ 陈松长：《岳麓书院藏秦简综述》，《文物》2009 年第 3 期。

间的差异。"① 研读会所谓"律文流布间的差异"，就是说他们认为"有罪"与"迁之"的罪行表述差异，不是法律修订的结果，而是不同地区抄写不同而造成的。周海锋则认为这种表述差异，是律文修订的结果。② 随着简牍数据的不断出现，同类内容不同表述版本也时有所见，我们应该慎重对待类似表述差异产生的原因，也就是说，有的差异究竟确是制度变革使然，还是律文抄手在抄写的过程中根据己意而对律文所做的改变，都需要进一步分析。也许睡简时代的律文此处对于违反《田律》的黔首和官吏已有具体的处罚规定，但抄手在抄写时加以省略，以"有不从令者有罪"一笔带过。

【2】田舍

【补注】

《秦简牍合集》（壹）引诸家说："田舍，整理者：农村中的居舍。高敏（1981A，333 页）：'居田舍'的百姓，很可能是耕种国家授田于民的国有土地的农民。刘兴林（2009）：是田间的小茅棚，供身份较低的庸耕者或看护庄稼者居住。居田舍事关农事，在农官田啬夫职管范围内。刘欣宁（2012）分析居延汉简资料指出，'田舍'一词应指城邑外之居民，与'邑中舍'为对称。"③ 这几种说法中，刘兴林的说法比较接近事实。

笔者对此问题曾做过探讨，摘录至此："田舍，解释为'农村中的居舍'恐怕不准确。当如金景芳先生所说，是农忙季节农民在田间搭建的临时居舍。《诗·小雅·信南山》：'中田有庐，疆场有瓜。'郑玄笺：'中田，田中也。农人作庐焉以便其田事。'孔颖达疏：'古者宅在都邑，田于野外，农时则出而就田，须有庐舍，故言中田，谓农人于田中作庐，以便其农事。'《汉书·食货志》说：'在野曰庐，在邑曰里……春令民毕出在野，冬则毕入于邑。其《诗》曰："四之日举趾，同我妇子，馌彼南亩。"又曰："十月蟋蟀入我床下，嗟我妇子，聿为改岁，入此室处。"'所以顺阴

---

① 中国政法大学中国法制史基础史料研究会：《睡虎地秦简法律文书集释（二）：〈秦律十八种〉（〈田律〉〈厩苑律〉）》，中国政法大学法律古籍整理研究所编《中国古代法律文献研究》第 7 辑，社会科学文献出版社，2013，第 93 页。

② 周海锋：《岳麓书院藏秦简〈田律〉研究》，第 102 页。

③ 陈伟主编，彭浩、刘乐贤等撰著《秦简牍合集：释文注释修订本（壹）》，第 47~48 页。

阳，备寇贼，习礼文也。'《说文·广部》说：'庐，寄也，秋冬去，春夏居。''中田有庐'，指的就是田舍。"① 因此，秦简中的田舍，恐怕不是随意或偶然建筑的居住场所，而是具有普遍性的，是建在田间供农忙时使用的。正因为田舍主要用于农忙时节，秦律所说的百姓居田舍多半处于这个阶段，所以制度上禁止买酒，以免喝酒耽误农事。《封诊式·贼死》简60~61说："男子死（尸）所到某亭百步，到某里士五（伍）丙田舍二百步。"②《岳麓书院藏秦简（叁）》"同、显盗杀人"案简0320："弃妇毋忧缚死其田舍，衣襦亡。"③ 这表明，秦时的田舍在当时可能经常有人居住。

【3】吏部

【补注】

吏部，当为"吏部主者"的省称。睡虎地秦简《秦律杂抄》："军人稟所、所过县百姓买其稟，赀二甲，入粟公；吏部弗得，及令、丞赀各一甲。"④ 整理小组注："吏部，疑为部吏误倒。部吏即乡部、亭部之吏，如《汉书·王莽传》：'盗贼始发，其原甚微，非部吏伍人所能禽也。'《后汉书·王符传》：'乡亭部吏亦有任决断者。'"⑤《释文修订本》："张金光（1997）：此'吏部'之'部'即为乡部。史党社（2002）：《云梦龙岗秦简》简185有'乡部稗官'。《墨子·号令》：'分里以为四部，部一长，以苛往来。''其正（里正）及父老有守此巷中者部吏，皆得救之。'此为里部之部吏。今按：'吏部'亦见于岳麓书院秦简0993（陈松长2009B）。'部'有统辖义。'吏部'似犹'吏主'。"⑥

按，"吏部"和"部吏"不存在睡虎地秦简整理小组注所谓误倒的关系，"吏部"强调的管辖范围，"部吏"强调的是负责官吏，是两回事。岳麓简此处"吏部"实为"吏部主者"的省称。"吏部主者"见于张家山汉简《二年律令·捕律》简144~145："盗贼发，士吏、求盗部者，及令、

---

① 朱红林：《岳麓简〈为吏治官及黔首〉分类研究（一）》，载王沛主编《出土文献与法律史研究》第1辑，上海人民出版社，2012，第88页。
② 睡虎地秦墓竹简整理小组：《睡虎地秦墓竹简》，第157页。
③ 朱汉民、陈松长主编《岳麓书院藏秦简（叁）》，上海辞书出版社，2013，第179页。
④ 睡虎地秦墓竹简整理小组：《睡虎地秦墓竹简》，第82页。
⑤ 睡虎地秦墓竹简整理小组：《睡虎地秦墓竹简》，第83页。
⑥ 陈伟主编，彭浩、刘乐贤等撰著《秦简牍合集：释文注释修订本（壹）》，第164页。

丞、尉弗觉智（知），士吏、求盗皆以卒戍边二岁，令、丞、尉罚金各四两。令、丞、尉能先觉智（知），求捕其盗贼，及自劾，论吏部主者，除令、丞、尉罚。"① "□□□□发及斗杀人而不得，官啬夫、士吏、吏部主者，罚金各二两，尉、尉史各一两。"② "吏部主者"有时又作"吏部主"。张家山汉简《二年律令·盗律》："盗出财物于边关徼，及吏部主智（知）而出者，皆与盗同法；弗智（知），罚金四两。使者所以出，必有符致，毋符致，吏智（知）而出之，亦与盗同法。"整理小组注："部主，该管其事。《晋书·刑法志》：'张汤、赵禹始作监临、部主、见知、故纵之例。'"③

睡虎地秦简《田律》"田啬夫、部佐谨禁御之"，其中所谓的"部佐"，或许就是岳麓简《田律》的"吏、吏部"另一个版本的表达。也就是说，在睡简的时代，《田律》这条内容有可能就是"（士）吏、吏部"，而抄手抄写时据己意而擅自抄作"部佐"。睡简整理小组曾认为"部佐"是乡佐一类的官吏，但现在岳麓简的数据表明，这里的"吏"指的是"士吏"，那么"吏部"显然也不属于乡佐这种性质的机构了。

六

1402 正：

金布律曰：诸亡县官器者【1】，必狱治【2】，臧（赃）不盈百廿钱，其官自治【3】，勿狱。116 正

【1】诸亡县官器者

"县管器"，睡虎地秦简作"公器"。《金布律》简 77～79："百姓叚（假）公器及有责（债）未赏（偿），其日蹊以收责之，而弗收责，其人死亡；及隶臣妾有亡公器、畜生者，以其日月减其衣食，毋过三分取一，

---

① 张家山二四七号汉墓竹简整理小组：《张家山汉墓竹简〔二四七号墓〕》（释文修订本），第 28 页。

② 张家山二四七号汉墓竹简整理小组：《张家山汉墓竹简〔二四七号墓〕》（释文修订本），第 29 页。

③ 张家山二四七号汉墓竹简整理小组：《张家山汉墓竹简〔二四七号墓〕》（释文修订本），第 19 页。

其所亡众，计之，终岁衣食不赆以稍赏（偿），令居之，其弗令居之，其人【死】亡，令其官啬夫及吏主者代赏（偿）之。"① 睡简《金布律》的记载似乎表明，当时丢失公家器物，以经济处罚为主。而岳麓简对于超过百廿钱公器亡失者交由司法机关处理，则似乎已进入刑事处罚范围。但张家山汉简《二年律令·金布律》的记载表明，汉初亡失县官财物，仍是以经济处罚为主。《二年律令》简 434："亡、毁、伤县官器财物，令以平贾（价）偿。入毁伤县官，贾（价）以减偿。"② 因此，对于岳麓简的记载，我们还应进一步理解其真正的含义。

【2】狱治

【整理小组注】

狱治，以掌治狱的官署治其罪，异于下文"其官自治"的处理方式。《汉书·贾谊传》："人有告勃谋反，逮系长安狱治。"③

【补注】

岳麓秦简的这条律令意思是说，丢失县官器者，价值在百二十钱以下的，由相关部门自行处理，实际上相当于接受本部门内部的行政处罚；价值在百二十钱及以上者，将受到刑事处罚。这是值得注意的，它与《周礼》中的处罚方式有点相似。《周礼》中经常说"附于刑者归于士"，就是说，如果不触犯刑律，则由各级行政部门处理，一旦触犯刑律，则移交司法机关处理。比如说，《周礼·地官·大司徒》："凡万民之不服教而有狱讼者，与有地治者听而断之；其附于刑者，归于士。"④ 就是说万民发生纠纷的，一般情况下由地方各级行政机关处理，如果触犯刑律，即"附于刑"，那就要移交司法机关处理，即"归于士"了。又如《周礼·地官·媒氏》："凡男女之阴讼，听之于胜国之社；其附于刑者，归之于士。"⑤ 男女婚姻方面的纠纷，一般情况下由媒氏在胜国之社处理，但如触犯了刑律，则交给士处理。又比如说《周礼·地官·司市》："市刑，小刑宪罚，

---

① 睡虎地秦墓竹简整理小组：《睡虎地秦墓竹简》，第 38 页。
② 张家山二四七号汉墓竹简整理小组：《张家山汉墓竹简〔二四七号墓〕》（释文修订本），第 68 页。
③ 陈松长主编《岳麓书院藏秦简（肆）》，第 163 页。
④ 孙诒让：《周礼正义》第 3 分册，第 762 页。
⑤ 孙诒让：《周礼正义》第 4 分册，第 1051 页。

中刑徇罚，大刑扑罚，其附于刑者，归于士。"① 违反市场管理制度的，司市可根据情节处以宪罚、徇罚或者扑罚，这都是市场管理部门有权做出的行政处罚，一旦触犯刑律，也要归于士，由司法部门处理。

岳麓秦简的这条材料不见于睡虎地秦简，其表达的处罚原则与睡虎地秦简似乎也有所不同。睡虎地秦简中丢失公器，多以按价赔偿或居作偿还，并未提到追究刑事责任的事。睡虎地秦简《金布律》简77～79："百姓叚（假）公器及有责（债）未赏（偿），其日蹍以收责之，而弗收责，其人死亡；及隶臣妾有亡公器、畜生者，以其日月减其衣食，毋过三分取一，其所亡众，计之，终岁衣食不以蹍稍赏（偿），令居之，其弗令居之，其人【死】亡，令其官啬夫及吏主者代赏（偿）之。"② 《司空律》简148～149："城旦舂毁折瓦器、铁器、木器，为大车折辇（轊），辄治（笞）之。直（值）一钱，治（笞）十，直（值）廿钱以上，孰（熟）治（笞）之，出其器。弗辄治（笞），吏主者负其半。"③

从语言表达方式上看，岳麓简《金布律》与张家山汉简《二年律令·金布律》的表达方式相近，但后者的处罚原则与睡虎地秦简相同："亡、毁、伤县官器财物，令以平贾（价）偿。入毁伤县官，贾（价）以减偿。"④

【3】其官自治

其官自治，各级行政机关所用的职权范围内的行政处罚职责和权力。这在《周礼》中称为"官刑"。《周礼·天官·宰夫》："凡失财用、物辟名者，以官刑诏冢宰而诛之。"说的是在工作中出现问题的，要动用官刑进行处罚。郑玄注："官刑，在《司寇》五刑第四者。"⑤ 这里的"《司寇》五刑"指的是野刑、军刑、乡刑、官刑、国刑，其中官刑的作用是"上能纠职"，是一种行政处罚，针对的就是行政工作中的错误或失误。

---

① 孙诒让：《周礼正义》第4分册，第1072页。
② 睡虎地秦墓竹简整理小组：《睡虎地秦墓竹简》，第38页。
③ 睡虎地秦墓竹简整理小组：《睡虎地秦墓竹简》，第53～54页。
④ 张家山二四七号汉墓竹简整理小组：《张家山汉墓竹简〔二四七号墓〕》（释文修订本），第68页。
⑤ 孙诒让：《周礼正义》第1分册，第197页。

七

1287 正 + 1230 正 + 1280 正:

·金布律曰:出户赋者【1】,自泰庶长以下,十月户出刍一石十五斤;五月户出十六钱,其欲出布者,许118正之【2】。十月户赋,以十二月朔日入之,五月户赋,以六月望日入之,岁输泰守。十月户赋不入刍而入钱119正者【3】,入十六钱。吏先为?印,敛,毋令典、老挟户赋钱【4】。120正

【1】户赋

【补注】

睡虎地秦简《法律答问》简165:"可(何)谓'匿户'及'敖童弗傅'? 匿户弗繇(徭)、使,弗令出户赋之谓殹(也)。"① 里耶秦简8 - 518:"卅四年,启陵乡见户、当出户赋者志:□见户廿八户,当出茧十斤八两。□"② 张家山汉简《二年律令·田律》简255:"卿以下,五月户出赋十六钱,十月户出刍一石,足其县用,余以入顷刍律入钱。"③《金布律》简429~430:"租、质、户赋、园池入钱县道官,勿敢擅用,三月壹上见金、钱数二千石官,二千石官上丞相、御史。"④ 高敏认为,户赋是把按人头征收的口钱、算赋的赋税改为按户出税,把按顷亩入刍的刍税改为按户征收。⑤ 张荣强则认为,汉代的户赋指一般庶民缴纳的丁口之赋或其他杂赋,实际上就是一户内所纳诸赋的集合。⑥ 户赋缴纳时间、内容及数量,岳麓简的规定与张家山汉简比较接近,都是分五月、十月两次缴纳,其中五月户出赋十六钱,秦汉相同;十月秦出刍一石十五斤,汉出刍一石,略

---

① 睡虎地秦墓竹简整理小组:《睡虎地秦墓竹简》,第132页。
② 陈伟主编《里耶秦简牍校释》第1卷,第172页。
③ 张家山二四七号汉墓竹简整理小组:《张家山汉墓竹简〔二四七号墓〕》(释文修订本),第43页。
④ 张家山二四七号汉墓竹简整理小组:《张家山汉墓竹简〔二四七号墓〕》(释文修订本),第67页。
⑤ 高敏:《关于汉代有"户赋""质钱"及各种矿产税的新证——读〈张家山汉墓竹简〉》,《史学月刊》2003年第4期。
⑥ 张荣强:《吴简中的"户品"问题》,《吴简研究》第1辑,崇文书局,2004。

有差异。但实际上赋税缴纳时，会比较灵活，从律令的规定可以互相折合，就可以看出来缴纳金钱更受欢迎，里耶秦简"廿八户当出茧十斤八两"当也是一种变通。

【2】其欲出布者，许之

【补注】

这一点表明，岳麓肆的时代与睡虎地秦简相近，仍保留着钱、布并行的货币制度。睡虎地秦简《金布律》简66："布袤八尺，福（幅）广二尺五寸。布恶，其广袤不如式者，不行。"① 简67："钱十一当一布，其出入钱以当金、布，以律。"② 简68："贾市居列者及官府之吏，毋敢择行钱、布，择行钱、布者，列伍长弗告，吏循之不谨，皆有罪。"③ 从岳麓秦简的表述来看，户赋的缴纳也是以金钱缴纳为主了，所以把户赋又称为"户赋钱"。在户赋由县里缴到郡的时间上，岳麓简规定"岁输泰守"，④ 而张家山汉简规定"三月壹上见金、钱数二千石官"，⑤ 二者还是有点区别的。

【3】户赋不入刍而入钱

【补注】

每年刍稿税的实物征收达到一定数量后，官府会要求后缴的百姓改为货币缴纳。张家山汉简《二年律令·田律》简240~241："收入刍稾，县各度一岁用刍稾，足其县用，其余令顷入五十五钱以当刍稾。刍一石当十五钱，稾一石当五钱。"⑥ 可参考。

【4】毋令典、老挟户赋钱

【补注】

典、老作为最基层地域组织的行政负责人，也是国家征发赋税徭役的最直接的组织者。户赋钱的征收都是经他们的手而上交到乡或者县里的。

① 睡虎地秦墓竹简整理小组：《睡虎地秦墓竹简》，第36页。
② 睡虎地秦墓竹简整理小组：《睡虎地秦墓竹简》，第36页。
③ 睡虎地秦墓竹简整理小组：《睡虎地秦墓竹简》，第36页。
④ 陈松长主编《岳麓书院藏秦简（肆）》，第107页。
⑤ 张家山二四七号汉墓竹简整理小组：《张家山汉墓竹简〔二四七号墓〕》（释文修订本），第67页。
⑥ 张家山二四七号汉墓竹简整理小组：《张家山汉墓竹简〔二四七号墓〕》（释文修订本），第41页。

不过赋税的征收有一个过程，不可能一下子全部收齐。法律要求典、老把收到的户赋钱及时上缴到上级（乡或者县），不在自己手里保存。《居延汉简释文合校》45·1A："荥阳秋赋钱五千。东利里父老夏圣等教数。西乡守有秩志臣、佐顺、临。□□亲具。"[1] 526·1B："秋赋钱五千。□□里父老□□正安释□□乡啬夫京、佐吉□。"[2] 可参看。所谓"十月户赋，以十二月朔日入之，五月户赋，以六月望日入之"，十二月朔日、六月望日可能是黔首上缴户赋的最后期限，或者由乡统一上缴到县或由县统一上缴到郡的日子。

① 谢桂华、李均明、朱国炤：《居延汉简释文合校》，文物出版社，1987，第77页。
② 谢桂华、李均明、朱国炤：《居延汉简释文合校》，第644页。

《中国古代法律文献研究》 第十一辑

2017 年，第 091~119 页

张家山汉简《奏谳书》与岳麓书院藏 秦简《为狱等状四种》之形成过程[*]

〔日〕 水间大辅[**]

摘　要： 张家山汉简《奏谳书》与岳麓书院藏秦简《为狱等状四种》皆以刑事审判记录为内容，其中有些案例没有记载最终判决。另外，《奏谳书》案例 1 至 5 及 14 至 16，《为狱等状四种》案例 1 至 7 及 8 至 11，分别按年代顺序由近及远排列。本文以以上两个问题为线索，试图弄清《奏谳书》与《为狱等状四种》的形成过程。本文明确了以下两点。

其一，在《奏谳书》《为狱等状四种》中由南郡审理的案例是，南郡官吏按照实务需要制作的文书，而与南郡无关的案例，是为了提供司法实务的参考，由国家向全国分发的。

其二，《为狱等状四种》第 1 类（案例 1 至 7）、第 2 类（案例 8 至 13）分别以结尾之简为中心卷起来，每次出现新案例，将其附加于册书开头。这是因为司法实务上参照新案例的机会较多，排列于开头在阅读时就比较方便。相对于此，《奏谳书》本来由第 1 群（案例 1 至 5）、第 2 群（案例 6 至 13）及其他数卷

---

[*] 本文基于 2015 年 10 月 14 日在中央学院大学第 9 次法学部研究发表会所做报告。

[**] 日本中央学院大学法学部副教授。

册书构成，第 1 群以结尾之简为中心卷起来，每次出现新案例，将其附加于册书开头。然而，被葬者（可以推定为南郡官吏）退休后或死去后，他在工作期间使用的数卷册书被编缀成一卷，或遗属等人抄写了其他官吏所持的数卷册书，将其编缀成一卷。其时《奏谳书》以开头之简为中心卷起来，这是因为以后不再需要以此作为司法实务的参考。

关键词： 张家山汉简　岳麓书院藏秦简　奏谳书　为狱等状四种　司法

众所周知，张家山汉简是 1983 至 1984 年自湖北省荆州市荆州区张家山第 247 号墓出土的一批竹简，含有《历谱》《二年律令》《奏谳书》《脉书》《算数书》《盖庐》《引书》等文书。张家山第 247 号墓的被葬者于西汉初期吕后二年（前 186）或其后不久死亡并埋葬。据这些文书的内容与随葬品等，被葬者被认为是生前做下级官吏的人物。①

岳麓书院藏秦简是近年发现的秦竹简、木简。由于近年遭盗掘而流失于香港的古玩市场，2007 年由湖南大学岳麓书院收购，2008 年香港一收藏家又将其所购藏的竹简捐赠给了岳麓书院。其中含有《质日》《为吏治官及黔首》《占梦书》《数》《为狱等状四种》《秦律令》等文书。因是盗掘，故出土的地点、情况与经过等情况一切不明，但学界一般据文书的内容推测是出土于墓葬的。但是，是否其所有的文书均出土于同一个墓葬，尚不明。②

在张家山汉简、岳麓书院藏秦简所含的文书中，本文以《奏谳书》与《为狱等状四种》为探讨对象。《奏谳书》是春秋时期的卫国、鲁国及秦王政时期至西汉高祖时期的刑事审判记录，共有 22 件案例。据图版，书写《奏谳书》的竹简的上、中、下三部分别有编绳痕迹。出土时，由于受到淤泥及其他随葬品的挤压，竹简已经稍微散乱，但据《张家山汉墓竹简

---

① 张家山二四七号汉墓竹简整理小组编《张家山汉墓竹简〔二四七号墓〕》，文物出版社，2001，《前言》等。

② 陈松长：《岳麓书院所藏秦简综述》，《文物》2009 年第 3 期。

〔二四七号墓〕》卷末的《竹简出土位置示意图》，出土时的状态近乎于卷成一卷册书。可见至迟在随葬时，自案例1至22的所有竹简似乎编缀成为一卷册书。看《竹简出土位置示意图》就可知，《奏谳书》以案例1的开头之简为中心卷起来，案例22的结尾之简位于册书的最外侧。案例22结尾之简的背面写有"奏瀸（谳）书"的标题。

《为狱等状四种》是秦王政时期、始皇帝时期的刑事审判记录，共有15件案例。从简的材质、书体体裁等方面可以分为第1类（案例1至7）、第2类（案例8至13）、第3类（案例14）与第4类（案例15）四种。① 在岳麓书院藏秦简中，2007年由岳麓书院收购的简用塑料薄膜包成八捆，② 属于《为狱等状四种》的简发现于其中七捆中。③ 整理者根据文章内容、"反印文"及包裹内部的堆积状态进行原状复原，④ 各类似乎本来就分别编缀成一卷册书。第3类与《奏谳书》一样，以开头之简为中心卷起来，结尾之简位于册书的最外侧，而第1类、第2类、第4类与此相反，均以结尾之简为中心卷起来，开头之简位于最外侧。⑤ 另，这四卷册书是否均出土于同一个墓葬，尚不明。

《奏谳书》是否属于编纂物或书籍，学界意见分歧。籾山明先生认为，《奏谳书》是为了提供司法实务的参考，由中央廷尉整理为编纂物、书籍

---

① 朱汉民、陈松长主编《岳麓书院藏秦简（叁）》，上海辞书出版社，2013，"前言"。
② 陈松长：《岳麓书院所藏秦简综述》。
③ 朱汉民、陈松长主编《岳麓书院藏秦简（叁）》，第337~343页。
④ 《为狱等状四种》中有些简背面有左右翻转的文字，《岳麓书院藏秦简（叁）》将这些文字称为"反印文"。据孙沛阳先生之见，这些文字并不是位于各简背面的简上文字在埋葬中浸染形成的，而是出土后将相互胶着的简揭剥时，简表面的纤维与墨迹留在其他简背面上的。参见陶安《岳麓秦简复原研究》，上海古籍出版社，2016，第6页。
⑤ 据《岳麓书院藏秦简（叁）》第357~358页的《卷册复原示意图》可知，第1类、第2类皆以结尾之简为中心卷起来。相对于此，该书中没有第3类、第4类的《卷册复原示意图》，但据该书第344~355页的《卷册结构表》及陶安《岳麓秦简复原研究》第356页的《第四类卷册结构表》，在第3类中，比起简号较后之简来，简号较前之简排列于册书内侧，而第4类中与此相反。由此可知第3类以开头之简为中心卷起来，第4类以结尾之简为中心卷起来。另，《岳麓书院藏秦简（叁）》出版后，陶安《岳麓秦简复原研究》又出版，其中修订了《为狱等状四种》的简号、排列与释文等。因此，《卷册结构表》《卷册复原示意图》所示简之排列也有一些需要修订之处。对于了解第1类至第3类是分别从开头卷起来，还是从结尾卷起来这种收卷方式，这些修订部分均无影响，但对第4类结尾之简的排列有大幅度的修订，故对于第4类可参见《岳麓秦简复原研究》中的《第四类卷册结构表》。

而向全国分发的。① 广濑薰雄先生认为，《奏谳书》是在由廷尉府编纂的《廷尉故事》传达到各地后，在南郡又编入本郡案例（南郡故事）而制作的书籍。② 虽然两说之间有所差异，但在将《奏谳书》视为编纂物或书籍这一点上是共同的。

相对于此，冨谷至先生认为，《奏谳书》属于"档案简"，其性质与编纂物、书籍不同。他就秦汉时期的册书说：册书有"书籍简"与"档案简"两种，书籍属于前者，账簿等属于后者。书籍简以册书结尾之简为中心，以写有文章之面为内侧卷起来，册书开头之简的背面写有标题。也就是说，阅读时从开头之简依次展开。与此相反，档案简以册书开头之简为中心卷起来，册书结尾之简的背面写有标题，这是因为这样可以顺次附加简。档案简属于未整理的笔记，只不过是为了整理上的方便而编缀的，处于编辑成书籍以前的阶段。他在以上观点的基础上，据《奏谳书》亦在结尾之简的背面写有标题，认为其属于档案简。③ 他发表此观点时，《奏谳书》的收卷方式未公布，后来由于《张家山汉墓竹简〔二四七号墓〕》出版，才得知《奏谳书》亦确实以开头之简为中心卷起来。

如上所述，《奏谳书》是否属于编纂物或书籍，学界意见分歧。但对于双方意见，分别有如下疑问。

其一，《奏谳书》所含的有些案例，怎么也不能认为是编辑为编纂物的。如下一章所述，案例2中，江陵县（今湖北省荆州市）上"谳"于南郡，南郡又上谳于廷尉，但没有记载廷尉对此做出何种批复。谳是向上级机关请示。按当时制度规定，治狱时在不能做出何种判断的情况下，县、道必须上谳于郡，郡上谳于廷尉。在廷尉亦不能做出判断的情况下，必须上奏皇帝请示。既然没有记载对谳的批复，就等于不可知最终做出何种判决。没有记载判决的案例，只得说作为司法实务的参考时，其利用价值很低。特地编纂并分发这么不完全的案例，这是可能有的事吗？

其二，冨谷先生认为，《奏谳书》属于档案简，档案简以开头之简为

---

① 籾山明：《中國古代訴訟制度の研究》，京都大学学术出版会，2006，第278页。
② 广濑薰雄：《秦漢律令研究》，汲古书院，2010，第245～246页。
③ 冨谷至：《秦漢刑罰制度の研究》，同朋舍，1998，第5～16页。

中心卷起来，是为了依次附加简。然而，这种观点至少不适合《奏谳书》。从案例 1 到 22，《奏谳书》按案例号排列，但如后所述，案例 1 至 5 及 14 至 16 却按年代顺序由近及远排列。按冨谷先生的理解，新案例应该依次附加于册书结尾，故《奏谳书》亦应该由旧案例至新案例排列，但其实不然。

那么，以上两个问题应该如何解释？这不仅是《奏谳书》，而且《为狱等状四种》也有与此一样的问题。笔者认为，这些问题就是弄清《奏谳书》《为狱等状四种》的形成过程的线索。故本文在以上疑问的基础上，拟探讨《奏谳书》《为狱等状四种》的形成过程。

一　《奏谳书》《为狱等状四种》的不完全性与制作过程

本章拟探讨在《奏谳书》《为狱等状四种》中，一部分案例没有记载判决的意义。

（一）《奏谳书》中的判决

笔者在序言说，《奏谳书》案例 2 中没有记载判决，那么其他案例如何？本节拟分析《奏谳书》各个案例中如何记载判决。

在进入分析前，有一个需要确认的问题。如前所述，《奏谳书》所含 22 件案例的内容，可一言以蔽之为刑事审判记录。但是它的文书性质或格式并不一样。小嶋茂稔先生以各个案例的格式为据，将 22 件案例分类为第 1 群至第 3 群。[1] 以下拟按小嶋先生的分类进行探讨。

1. 第 1 群

第 1 群是皆以"谳"为内容的案例，[2] 案例 1 至 5 均属于此。如下所述，所有案例的文书格式几乎相同。

---

[1] 小嶋茂稔：《讀江陵張家山出土〈奏讞書〉劄記》，《アジア・アフリカ歴史社會研究》第 2 号，1997。

[2] 小嶋先生认为，第 1 群的内容是"南郡属县（夷道、江陵、胡）对中央廷尉的奏谳"。但是，胡不是南郡的属县，而是内史的属县。

案例 1：案例 1 的开头云：①

> 十一年八月甲申朔己丑，夷道狝、丞嘉敢谳（谳）之。（第 1 号简）

高祖十一年（前 196）八月六日，夷道（今湖北省宜都市西）令狝、丞嘉上谳。案例 1 以此记载开始，以下载有夷道在上谳之前审理本案的结果，然后结尾载：

> 敢谳（谳）之。谒报，署狱史曹发。·吏当：毋忧当要（腰）斩。或曰：不当论。·廷报：当要（腰）斩。（第 6～7 号简）

结尾的"廷报：当要（腰）斩"是对谳的批复，表明"廷"即廷尉批复说本案嫌疑人当处以腰斩。②"报"是批复之意。这样乍一看来，夷道似乎直接上谳于廷尉，其实不然。当时制度规定，县、道必须上谳于郡。因为夷道隶属于南郡，所以在本案中应当上谳于南郡，南郡又上谳于廷尉。在本案例中，"南郡"一词连一例都没有，上引第 6～7 号简的记载亦然。汪桂海先生认为，本案例中省略了南郡守向廷尉府呈报时的上行之辞，只存留下"谒报"二字。③ 按，到"敢谳（谳）之"是由夷道所写，"谒报，署狱史曹发。·吏当：毋忧当要（腰）斩。或曰：不当论"是由南郡所写。"谒报，署狱史曹发"是由南郡所写，又从以下例子可以证明。在《奏谳书》《为狱等状四种》的有些案例中，县、道上谳于郡而且郡不上谳于廷尉；又有些案例中，隶属于内史的县直接上谳于廷尉（后文有述），这些案例中皆在"敢谳（谳）之"之后没有"谒报，署××发"的语句（《奏谳书》案例 3、4 及《为狱等状四种》案例 1 至 7、14）。相对于此，有些案例中内史以外的县、道上谳，廷尉批复，这些案例皆在"敢谳

---

① 《奏谳书》的简号、释文根据彭浩、陈伟、工藤元男主编《二年律令与奏谳书》，上海古籍出版社，2007。
② 关于《奏谳书》所见"廷报""廷以闻"的"廷"是指什么，诸家说法不一，但蔡万进先生的观点似乎最有说服力，即"廷"是指廷尉。参见《张家山汉简〈奏谳书〉研究》，广西师范大学出版社，2006，第 152～153 页。
③ 汪桂海：《汉代官文书制度》，广西教育出版社，1999，第 88 页。

（谳）之”之后有“谒报，署××发”的语句（《奏谳书》案例1、5）。

里耶秦简云：①

> 四月己酉，阳陵守丞厨敢言之，写上谒报，报署金布发。敢言
> 之。（9－4正面）

对于“谒报，署××发”，《二年律令与奏谳书》据此记载认为“署××发”是“报署××发”之省（第336页）。其说可从。“谒报，〔报〕署××发”的意思可以认为是“请求批复。〔对此文书的回信中〕请写为‘必须由××启封’”。也就是说，“〔报〕署××发”是发送文书的部门指定回信时的收信部门的语句。

“吏当”的“当”为判决意见之意。“吏当：毋忧当要（腰）斩。或曰：不当论”的意思是，南郡中有个吏主张嫌疑人毋忧的行为应判处“腰斩”（截断腰部的刑罚），又有个吏主张不应论处。这条记载表明南郡对本案有意见分歧。但是，本案原来由夷道审理，故这两个判决意见可能原来是由夷道提出的，南郡亦不能判断哪个判决意见是适当的。据“廷报：当要（腰）斩”的记载，可知廷尉采用了前者的判决意见。

对谳的批复可以说是事实上的判决。如后所述，案例21中，杜县上谳于廷尉，廷尉对杜县的批复（因为杜县隶属于内史，所以直接上谳于廷尉。后文有述）有：

> 告杜论甲。（第188号简）

即廷尉府将批复告知杜县，让杜县“论”嫌疑人甲。“论”是一个广义概念，指刑事案件的全体处理，既指今天所说的判决，又指刑罚执行。②此

---

① 该木牍的简号、释文根据湖南省文物考古研究所编《里耶发掘报告》，岳麓书社，2007，第187页。

② 陶安：《试探“断狱”、“听讼”与“诉讼”之别——以汉代文书资料为中心》，载张中秋编《理性与智慧：中国法律传统再探讨——中国法律史学会二〇〇七年国际学术研讨会文集》，中国政法大学出版社，2008。

处所说的"论",具体使用何种意义尚不明,但至少应包含刑罚执行。无论如何,上级机关的批复可以说是近乎于命令的,所以可以认为如无特别事项,受到批复的机关必须按批复执行刑罚。

但是案例 1 中,还不明确廷尉的批复是否事实上的判决。因为据《二年律令》,在嫌疑人所犯之罪为死罪或过失杀人、戏杀人的情况下,县、道无权做出判决,必须向郡呈报,由郡复审。① 其目的应是,对于县、道审理所获得的案件事实,郡再次进行判断,以谨慎地做出判决。但本案中夷道已上谳于南郡,假使夷道在廷尉批复后必须又向南郡呈报,要费两道手续。在这种情况下,郡是否必须履行两道手续而再次审理,尚不明。但至少据今天所知的"谳"案件,上谳于上级机关是因为不能确定应当适用何种律令规定,而不是因为不能确定审理所获得的事实关系的真实性。也就是说,受理谳的上级机关仅审议对律令的解释,事实关系的真实性可能不是其审议的对象。因此,也不能否定郡再次审理的可能性。

案例 2:案例 2 的开头云:

十一年八月甲申朔丙戌,江陵丞骜敢谳(谳)之。(第 8 号简)

高祖十一年八月三日江陵县丞骜上谳,案例 2 以此记载开始,以下载有由江陵县审理的结果,结尾云:

敢谳(谳)之。谒报,署中覃发。·吏当:黥媚颜頯,畀祿。或曰:当为庶人。(第 15~16 号简)

与案例 1 比较起来,可知这条记载的格式与案例 1 完全相同,但没有记载"廷报"以下,即廷尉的批复。与案例 1 一样,也没有记载江陵县上谳于哪个机关,但因为江陵县是南郡的属县,所以应当上谳于南郡。从表面上看,"谒报"以下亦似乎是由江陵县所写的,其实不然。从上引记载的格

---

① 《二年律令·兴律》云:"县道官所治死罪及过失、戏而杀人,狱已具,勿庸论,上狱属所二千石官。二千石官令毋害都吏复案,问(闻)二千石官。二千石官丞谨掾,当论,乃告县道官以从事。"(第 396~397 号简)

式与案例 1 完全相同来看，"谒报"以下仍是由南郡所写的，表明南郡又上谳于廷尉，"吏当"以下的两个判决意见亦应该认为是南郡提出的（当然也有这样的可能性，即这原来是江陵县提出的判决意见）。本案例的记载结束于南郡所提出的两个判决意见，没有记载廷尉对谳做出何种批复。

案例 1、4、5 均在举出县或郡所做出的判决意见后，继续记载对谳的批复，不换简。然而，案例 3 中列出两个判决意见后，换简记载批复。案例 2 的结尾列出两个判决意见后，仅有空白。也许存在这种情况，案例 2 亦与案例 3 一样，本来是换简记载对谳的批复的，但该简后来腐朽消失。但如下一节所述，《为狱等状四种》有些案例也没有记载对谳的批复。因此，似乎并不是案例 2 中只有记载批复的简偶然腐朽消失了，该简不存在应有其他原因。

案例 3：案例 3 中胡县（今河南省灵宝市西）上谳。与案例 1、2 比较起来，除了没有"谒报，署××发"的记载这一点以外，到列出两个判决意见，其格式与案例 1、2 相同，但其后换简云：

> 十年八月庚申朔癸亥，大（太）仆不害行廷尉事，谓胡啬夫，谳（谳）狱史阑，谳（谳）固有审。廷以闻，阑当黥为城旦。它如律令。（第 26～27 号简）

案例 3 的记载结束于此。本案例中亦没有记载胡县上谳于哪个机关，但胡县是隶属于内史的县。据当时制度，隶属于内史的县必须直接上谳于廷尉。[1] 因此，胡县应直接上谳于廷尉，两个判决意见亦均是胡县提出的。

上引记载是对谳的批复，其记载比案例 1 详细。据此，太仆公上不害代行廷尉职务，[2] 向胡县批复。此时由于廷尉缺额等某种原因，廷尉大概无法批复。此处的问题是，对胡县的批复中有"廷以闻，阑当黥为城旦。它如律令"的记载。按文字翻译的话，意思就是"廷尉上奏皇帝说：阑

---

① 森谷一树：《〈二年律令〉にみえる内史について》，载冨谷至编《江陵張家山二四七號墓出土漢律令の研究 論考篇》，朋友书店，2006。

② 此处所说的"不害"是指"公上不害"，参见彭浩《谈〈奏谳书〉中的西汉案例》，《文物》1993 年第 8 期。

（嫌疑人之名）之罪当黥城旦，对其他的人要按律令处理"。那么，为何廷尉府要将本案上奏皇帝？在胡县提出的两个判决意见中，廷尉府已经采用其中一个，而且其批复中也已做出"灖（谳）固有审"的判断。此语句是指上谳请示的内容在法律上有明确规定，本来无须上谳。① 因此，廷尉府将本案上奏皇帝，也许不是因为不能做出何种判决，而是本案由于某种原因，廷尉府亦没有做出最终判决的权限，故需要请求皇帝批示吧？②

廷尉府请求皇帝批示后，皇帝是否实际做了批示，案例 3 中没有记载。不过虽然皇帝批示没有下达，廷尉府却特意向胡县告知本案已上奏皇帝，这种情况是难以想象的。因此，上引上奏应该已经通过批准，于是公上不害将它传达给胡县。也就是说，这就是事实上的判决。

案例 4：案例 4 中胡县上谳，廷尉批复。格式与案例 1 几乎相同。

案例 5：案例 5 中江陵县上谳。记载格式与案例 1 几乎相同，但非记为"廷报"而是记为"廷以闻"。本案例中亦没有明确记载江陵县上谳于哪个机关，但与案例 1、2 一样有"谒报，署××发"的语句，并且有"廷以闻"，故可以认为是江陵县上谳于南郡，南郡上谳于廷尉，廷尉又上奏皇帝请求批示。

本案例的结尾云：

· 廷以闻，武当黥为城旦，除视。（第 47～48 号简）

廷尉上奏皇帝说：武（人名）所犯之罪当黥城旦，视（人名）免罪。本案例记载结束于此，没有明确记载皇帝是否批准廷尉的判决意见。然而，考虑到案例 3 也是这种情况，则是不是可以认为本案例的"廷以闻"以下，

---

① 朱汉民、陈松长主编《岳麓书院藏秦简 叁》，第 111 页。

② 除了本案例以外，《奏谳书》案例 5、14 中亦上奏皇帝，并且如后所述，案例 15 中亦有上奏皇帝的可能性。这些案例之间有一个共同点，即嫌疑人中有官吏。汉初审理官吏所犯之罪时，廷尉府或者没有做出判决的权限，必须请求皇帝批示。但案例 9、13 中，对于官吏所犯之罪，郡守上谳于廷尉，廷尉仅批复，没有关于上奏皇帝的记载。因此，并不是审理所有的官吏犯罪时都必须请求皇帝批示，可能是出于某种原因时才必须请求皇帝批示。

事实上记载的是由皇帝批示的内容呢?①

2. 第2群

案例6至13均属于第2群。第2群亦皆以谳为内容,其文书格式相同。作为典型之例,以下举出案例6的全文:

> ··汉中守谳(谳):公大夫昌苔(答)奴相如,以辜死。先自告:相如故民,当免。作少府,昌与相如约,弗免已。狱治,不当为昌错告不孝,疑罪。·廷报:错告,当治。(第49~50号简)

第2群亦以谳为内容,在这一点上与第1群相同,但有以下差异。

其一,文章较短。第1群的各个案例分别书写于7至13支竹简,而第2群的各个案例分别书写于1至2支竹简。

其二,未必使用第1群所见的定型语句。在第1群的各个案例中,谳之内容结束于"敢谳(谳)之",其次有些案例中有"谒报,署××发"的语句,然后在"吏当"或"吏议"以下列出两个判决意见,最后在"廷报"或"廷以闻"以下表示廷尉的批复。然而,第2群中只不过载有"廷报"以下。

其三,第2群中所有案例的开头均有"··××守谳(谳)",位于郡守上谳之首。

按,据当时制度,犯罪案件原则上必须先由县、道审理。第2群中的案例皆开始于郡守上谳,并不意味着该案件先由郡审理,而应是虽然该郡的属县、道先行审理,但因不能做出判断,故上谳于郡。也就是说,与第1群不一样,第2群中省略了县、道上谳之事以及县、道审理的结果。并且,各个案例的文章较第1群为短,还有未必使用第1群的定型语句,均令人窥见其中有不少省略。

---

① 池田雄一先生等将"廷以闻"以下翻译为"·廷尉上闻于皇帝之后,判决决定为'……'"学习院大学汉简研究会翻译为"廷向天子请示,其批复是'……'",似乎仍均认为记载的是由皇帝批示的。参见池田雄一编《奏讞書——中國古代の裁判記録——》,刀水書房,2006,第69页;学习院大学汉简研究会:《漢初地方事件九编——江陵張家山漢简〈奏讞書〉を讀む——》,《中國出土資料研究》第6号,2002。

综上，第 2 群中也有与第 1 群不同的地方，但各个案例中皆记为"廷报"，即廷尉对谳的批复。

3. 第 3 群

第 3 群含有各种各样的文书，有些文书与"谳"没有关系。小嶋先生进一步将其分类为甲至丁四群。

（1）甲群

案例 14 至 18 均属于此。小嶋先生认为，甲群是抄录一般审判事例的文书类。那么，这些案例中如何记载判决？

案例 14：案例 14 中，安陆县（今湖北省云梦县）丞忠"劾"该县狱史平隐匿男子种。忠劾于南郡，南郡审理狱史平的罪状，拟定判决意见，请求某个机关或官吏将审理结果与判决意见上奏皇帝。[①] 当时安陆县是南郡属县。劾是官吏实施某种程度的侦查后，向以治狱为职责之一的机关告知其结果。[②] 一般来说，犯罪案件发生后，最初由县、道审理。本案中对于男子种，安陆县审理而做出判决，但对于狱史平，安陆县仅劾，而由南郡审理。其原因不明。

南郡审理后，向某个机关或官吏请求将其结果与判决意见上奏皇帝，但与第 1 群、第 2 群不一样，本案例中不见"谳"与"疑罪"等表达。并且，"当"以下仅举出一个判决意见，而不是列出两个判决意见。因此，请求上奏的原因似乎并不在于不能判断做出何种判决，仍可认为与案例 3 等一样，是由于某种原因，南郡没有做出最终判决的权限，因而必须请求皇帝批示。本案例的结尾云：

> 八年四月甲辰朔乙巳，南郡守强敢言之，上奏七牒，谒以闻。种县论。敢言之。（第 68 号简）

---

① 《奏谳书》案例 14 云："南郡守强敢言之，上奏七牒，谒以闻。"（第 68 号简）据此，南郡向某个机关或官吏送达文书，请求将其上奏皇帝，并不是直接上奏皇帝。此上奏以司法为内容，故或可认为是南郡向廷尉府送达文书，请求将其上奏皇帝。然而，如后所述，本案中南郡并不向某个机关、官吏请求对谳的批复或复审，而不过是请求上奏皇帝。在这种情况下也必须通过廷尉府上奏吗？值得怀疑。

② 宫宅洁：《"劾"をめぐって——中國古代訴訟制度の展開——》，载氏著《中國古代刑制史の研究》，京都大学学术出版会，2011（初刊于 2001）。

此记载的意旨是南郡请求上奏皇帝，本案例记载结束于此，没有记载皇帝是否批准。

案例15：案例15中，江陵县令忠陈述醴阳县令恢盗官米。忠陈述于南郡，南郡审理之，拟定判决意见。醴阳县不见于《汉书·地理志》等传世文献，今属何地亦未详，但先前的研究皆认为是隶属于南郡的县。① 本案亦非由县而由郡审理，但与案例14不一样，结尾仅有以下记载，而不见请求上奏皇帝的记载：

南郡守强、守丞吉、卒史建舍治。（第74号简）

然而，本案例的格式与案例14几乎相同，案例14亦在上引第68号简（请求上奏皇帝的记载）之前有以下记载：

南郡守强、守丞吉、卒史建舍治。（第67号简）

因此，也可以认为，案例15中省略上奏语句，或者案例15是在未书写上奏语句时所写的文书。

案例16：案例16的内容大致如下：淮阳郡守偃劾，新郪县（今安徽省太和县西北）的狱史武去向不明，有被杀死的可能性，新郪县却不认真侦查；新郪县令甲、丞乙、狱史丙新到任后，再次审理本案，查明前新郪县令信、掌长苍、公粱亭校长丙、发弩赘均是本案的罪犯，确定他们的罪名与处罚，拟定判决意见后，将其送到某个上级机关，请求批复。本案例中亦不见"谳""疑罪"等词句，也未出两个判决意见。仍可以认为是由于某种原因，需要委托上级机关做出最终判断。据判决意见，新郪县令信等四个嫌疑人所犯之罪皆当死刑，故无论如何，新郪县无权做出最终判决，必须上报于郡。新郪县将判决意见送到上级机关，或者是这种制度使然。若然，新郪县送达判决意见的上级机关就是淮阳郡。但本案例的结尾仅云：

① 彭浩、陈伟、工藤元男主编《二年律令与奏谳书》，第353页。

为奉〈奏〉当十五牒上诣，请诣报。敢言之。（第 98 号简）

本案例记载结束于此，即这是新郪县请求上级机关批复的语句，没有记载上级机关做出何种批复。

案例 17：案例 17 的内容是：秦王政二年（前 245）汧县（今陕西省陇县东南）的城旦讲"乞鞠"即请求复审，廷尉审理，将讲判断为无罪，并告知了汧县。本案例中没有记载讲乞鞠于哪个机关。但据《二年律令》，乞鞠是已经受到判决的人向在所县、道提出的，① 故讲应该是乞鞠于汧县。又据《二年律令》，县、道听取乞鞠的内容，将其写为文书，呈报于郡，郡命都吏办理复审。但是，汧县隶属于内史，故与谳的情况一样，应不是由郡都吏办理复审，而是廷尉府直接收受汧县的呈报，办理复审。②

案例 18：案例 18 中，对于苍梧郡攸县（今湖南省攸县东北）发生的案件，御史命令南郡复审。南郡派卒史盖庐等人去攸县审理，盖庐等拟定了一个判决意见，即将攸县守令媱、丞魁均处以"赀二甲"，狱史氏处以"赀一甲"，攸县令？处以"耐鬼薪"。其后实施何种程序，案例 18 中没有记载，大概可以认为是南郡守等长吏基于盖庐等人的意见做出判断。③

（2）乙群

案例 19 与 20 均属于此。19 与 20 分别记载了春秋时期卫国与鲁国发生的案件及其处理。这些是否史实均值得怀疑，可以说是以刑事案件及其处理为内容的故事，性质与其他案例不一样。尽管如此，两者也皆有相当于判决的记载。案例 19 中，卫君听从史猷的意见，将两个嫌疑人裁断为无罪。案例 20 中，柳下季审理一个案件，陈述判决意见，被鲁君采用。

（3）丙群

案例 21 属于此。如后所述，本案似乎是上谳，但格式与第 1 群、第 2 群不同，而且大半内容是廷尉府关于法律解释的意见，这也是一个特点。

---

① 《二年律令·具律》云："罪人狱已决，自以罪不当，欲气（乞）鞠者，许之……气（乞）鞠者各辞在所县道。县道官令、长、丞谨听，书其气（乞）鞠，上狱属所二千石官，二千石官令都吏覆之。"（第 114～116 号简）
② 拙稿《秦汉时期承担覆狱的机关与官吏》，载武汉大学简帛研究中心编《简帛》第 7 辑，上海古籍出版社，2012。
③ 拙稿《秦汉时期承担覆狱的机关与官吏》。

在本案中，廷尉府先对一个案件做出判决，后来廷史申指出本案中的法律条文解释存在不当，廷尉府对此承认。虽然本案中没有使用谳一词，但事实上应该是上谳。案件发生于杜县（今陕西省西安市东南），逮捕嫌疑人甲的官署说"疑甲罪"（第184号简），而廷尉府确定嫌疑人的罪名与处罚后"告杜论甲"（第188号简），即向杜县告知其内容。虽然此处没有使用"报"一词，但"告杜论甲"显然是廷尉的批复。杜县亦隶属于内史，故应直接上谳于廷尉。

本案中，虽然廷尉承认误判，但没有记载是否实施改判的程序。

（4）丁群

案例22属于此。狱史举𨽻在一个案件的侦查中做出贡献，本案例是咸阳县丞推荐他任命为卒史的文书。该文书的趣旨在于推荐官吏，但其中明确记载了对罪犯具体做出何种判决。①

（二）《为狱等状四种》中的判决

其次，《为狱等状四种》各个案例是如何记载判决的？以下按类进行探讨。

1. 第1类

第1类皆以谳为内容，其记载格式与《奏谳书》第1群几乎相同。例如，案例1开头云：②

    ·廿 五年 六月丙辰朔癸未，州陵守绾、丞越敢谳（谳）之（第1号简正）。

秦王政二十五年（前222）六月二十八日，州陵县（今湖北省洪湖市东北）守令绾、丞越上谳。案例1以此记载开始，以下载有州陵县在上谳之前审理本案的结果，然后又云：

---

① "已论，孔完为城旦。"（第224号简）"孔"是本案罪犯之名。
② 《为狱等状四种》的简号、释文根据《岳麓书院藏秦简（叁）》。

敢瀡（谳）之。（第 23 号简正）

·吏议曰：癸、琐等论当殹（也）。沛、绾等不当论。或曰：癸、琐等当耐为侯（候），令琐等环（还）癸等钱。绾等【……】。（第 24 号简、缺第 3 号简）

州陵县审理的结果以"敢瀡（谳）之"结束，"吏议曰"以下列出州陵县所提出的两个判决意见。最后是南郡的批复，如：

廿五年七月丙戌朔乙未，南郡叚（假）守贾报州陵守绾、丞越……癸等，其审请琐等。所出购，以死罪购，备鼠（予）琐等，有券。受人货材（财）以枉律令，其所枉当赀以上，受者、货者皆坐臧（赃）为盗，有律，不当瀡（谳）。获手。其赀绾、越、获各一盾。它有律令。（第 25 ~ 30 号简）

但是，有些案例的格式与案例 1 有一些差异。例如，案例 3 开头云：

·廿三年四月，江陵丞文敢瀡（谳）之。（第 44 号简正）

此处省略上谳之日。至于案例 4 至 7，开头皆仅载有"敢瀡（谳）之"，[①] 省略了上谳的日期、机关、官职与人名。

然而，最值得关注的是，案例 3 至 7 中没有记载对谳的批复。案例 5、7 均与《奏谳书》案例 2 一样，其记载结束于县提出的两个判决意见之处。案例 6 的记载结束于县提出的一个判决意见之处。至于案例 3、4，其记载均结束于"敢瀡（谳）之"，连县提出的判决意见也没有记载。

---

① 据《岳麓书院藏秦简（叁）》，案例 6 的开头之简原缺，据第 104 号简背面的反印文，可以复原为"……暨自言曰：鞠（？）……□□□……□□……暨（？）□……□□……"。然而，后来明确了 J15 就是此缺简。J15 载："·敢瀡（谳）之：□暨自言曰：邦尉下（？）□更（？）戍令（？），□误（？）弗传邦候。女子蓄马一匹，买（卖）。卿（乡）遣"（开头的圈点由笔者补充）。参见陶安《岳麓秦简复原研究》，第 335 ~ 337 页。

2. 第 2 类

第 2 类与《奏谳书》第 3 群一样，含有各种各样的文书。

案例 8：因为案例 8 仅由 5 支竹简构成，而且全都是断简，所以案例的全貌难以掌握。其中云：

· 九月丙寅，丞相、史如论令妘赎舂。（第 140 号简）

这条记载表明丞相（"相"是人名）与史如共同做出判决。丞、史可以推测为是县、道或郡的吏。但是，还不明确这是否是最终判决。

案例 9、10：案例 9、10 与《奏谳书》案例 22 一样，分别是推荐在一个侦查案件中做出贡献的狱史任命为卒史的文书。9、10 皆明确载有对罪犯具体做出的何种判决。① 在这两个案件中，罪犯均被处以"磔"这一死刑，但没有记载是由何种机关做出的判决。假使秦亦与汉初一样，县、道没有做出死刑判决的权限，则可推断这两件案件均由郡做出判决。但是，案例 10 似是发生于栎阳县（今陕西省西安市临潼区北），栎阳县属于内史，② 故也许是廷尉府做出的判决。

案例 11、12：案例 11、12 皆以乞鞫的复审为内容。

案例 11 中，当阳县（今湖北省荆门市西南）以强奸罪判处名为得之的人耐隶臣。得之后来逃亡而又被逮捕，因逃亡之罪而又被判处系城旦六岁。秦王政元年（前 246），得之不服原审判决而乞鞫。复审本案的廷尉府驳回得之的主张，③ 同时又判定得之在乞鞫及复审时作虚假证词，因此判处系城旦六岁。得之再次乞鞫，但再次复审的机关亦判定得之作虚假证词，判处系城旦六岁。

---

① 案例 9 云："巳（已）论磔同、显。"（第 147 号简正）；10 云："巳（已）论磔甄。"（第 166 号简正）

② "……人，日夜谦（廉）求栎阳及它县。"（第 156 号简正）据此，从事侦查的人在栎阳及其他县寻找罪犯。因此，案件的发生地似是栎阳县。

③ 本案由"廷""廷史"复审并做出判决。《为狱等状四种（叁）》第 202 页对此处所说的"廷"举出两种可能性，其一是指"廷尉"，其二是指"县廷"。然而，根据乞鞫的复审必须由郡或廷尉办理的规定，难以想象"廷"是指县廷。并且，"廷史"又见于《奏谳书》案例 21，其中的廷史是廷尉府的属吏。因此，应该认为本案例所说的"廷"是指廷尉。

本案例中没有记载受理两次乞鞫的机关及办理第二次复审的机关。然而，因为第一次复审由廷尉府办理，所以可以认为受理第一次乞鞫的机关不是做出原审判决的当阳县，而是隶属于内史的某个县。当阳县不隶属于内史，而隶属于南郡。如前所述，乞鞫的复审，原则上由受理乞鞫的县、道所属郡办理，但隶属于内史的县受理乞鞫时，由廷尉府复审。也就是说，得之在当阳县被判处耐隶臣后逃亡，在隶属于内史的县被逮捕，因逃亡之罪被判处系城旦六岁后，向其县乞鞫。相对于此，对于第二次乞鞫，因为办理第二次复审的机关将审理结果告知了当阳县，① 所以可以认为是当阳县受理了第二次乞鞫。第一次复审的判决确定后，得之为了服刑于当阳县，被遣返到当阳县，② 故再次向当阳县乞鞫。当阳县隶属于南郡，故可以认为第二次复审由南郡办理。

其次，在案例 12 中，隶臣田在夏阳县（今陕西省韩城市南）被判处有罪后乞鞫。办理复审的机关驳回其主张，同时又判定田作虚伪的申述，因此裁断应当处以系城旦十二岁，但因赦令而免除，以此告知魏县。田向哪个机关乞鞫，由哪个机关复审，均没有记载。然而，与案例 11 一样，办理复审的机关将审理结果告知魏县，并且田服刑于魏县，③ 据此可以认为田向魏县乞鞫。复审亦应由魏县所属的郡办理，但此处所说的魏县不详是指哪个地方，其隶属于哪个郡亦未详。④

案例 13：案例 13 仅由两支断简构成，其内容不明。

3. 第 3 类

案例 14 属于此。案例 14 以谳为内容，记载格式与第 1 类几乎相同。

---

① "·谓当阳啬夫……其鼗（系）得之城旦六岁，备前十二岁鼗（系）日。"（第 186～188 号简）
② 得之被遣返到当阳县，可以认为是因为服刑于当阳县。《奏谳书》案例 17 亦然，汧县的乐人讲在雍县判处黥城旦后，服刑于汧县。当时刑徒或者原则上服刑于原住地。讲在逮捕之前居住在汧县。得之在逮捕之前，亦应居住在当阳县。
③ "·谓魏（魏）啬夫……田鼗（系）子县。"（第 206 号简）
④ 汉代所说的"魏县"位于今河北省大名县西南。战国时期，此地稍微靠西的邺与邯郸，分别在魏国与赵国的统治之下，但秦王政十一年（前 236）及十九年为秦国所占领。因此，此地亦应在几乎相同的时期归入秦国的统治之下。案例 12 中没有记载纪年，但如后所述，第 2 类中似乎是由新案例至旧案例排列。案例 11 是秦王政元年的案例，故可以推测排列于下一例的案例 12 是其以前的案例，但当时此地未在秦国的统治之下。因此，此处所说的魏县是否指与汉代不相同的地方呢？

开头有秦王政二十二年八月九日胡阳县（今河南省唐河县湖阳镇）丞唐上谳的语句，以下载有胡阳县在上谳之前审理本案的结果，以"敢灟（谳）之"结束，然后列出胡阳县所提出的两个判决意见，最后在"灟（谳）报"以下载有批复。批复机关没有记载，但胡阳县属于南阳郡，故可认为批复机关是南阳郡。

4. 第 4 类

案例 15 属于此。案例 15 中断简较多，内容多有不明之处。但是，其中有"它县论"（第 245 号简正）的表达。这是散见于《奏谳书》与《为狱等状四种》中的语句，意思是县上谳时，县对于其他事项已经做出判决。因此，虽然本案例不见"谳"一词，但似是以某个县上谳为内容的文书。并且以其后"臣信（？）"提出判决意见，皇帝批准来看，[①] 大概可以认为，本案由县上谳于郡，郡上谳于廷尉，廷尉上奏皇帝请求批示。若此处所说的县属于内史，则县应上谳于廷尉，廷尉上奏皇帝请求批示。

（三）《奏谳书》与《为狱等状四种》的制作地

综合以上探讨的结果，则可以梳理为以下表格（表 1、表 2）。"判决"栏中的符号分别表示以下意思。"〇"：该案例中载有对谳的批复等事实上的最终判决。"△"：该案例中虽然限定了一个判决意见，但没有记载最终判决。"×"：该案例中仅列出两个判决意见，或一个也没有举出。"－"：由于断简、缺简较多，不能判断该案例中是否载有判决。

那么，《奏谳书》《为狱等状四种》中为何有载有最终判决的案例与不载有最终判决的案例？

---

① 《为狱等状四种　叁》的释文中，案例 15 的记载结束于"【……】□□觳（系）。它县论。【……】"（第 245 号简正），但陶安《岳麓秦简复原研究》第 349～356 页认为此后继续有"☑□臣信（？）请，取得（？）☑……皆致法焉。有（又）取卒畏奠□（最）先去、先者次（？）十二人，完以为城旦、鬼薪。有（又）取其次（？）十四人，耐以为隶臣。其余皆夺爵以为士五（伍）。其故上造以上，有（又）令戍四岁，公士六岁，公卒以下八岁。□……臣昧死请。·制曰：可"（第 243－3 号简、第 244 号简、第 244－2 号简、第 244－3 号简）的记载。其说可从。

表1 《奏谳书》

群	案例	年月日	审理机关	判决
1	1	高祖十一年八月六日（谳、夷道）	夷道→南郡→廷尉	○？[1]
	2	高祖十年八月三日（谳、江陵县）	江陵县→南郡→廷尉	×
	3	高祖十年八月四日（报、廷尉府）	胡县→廷尉→皇帝	○
	4	高祖十年十二月九日（告、胡县）	胡县→廷尉	○
	5	高祖十年七月二十四日（谳、江陵县）	江陵县→南郡→廷尉→皇帝	○
2	6		？→汉中郡→廷尉	○
	7		？→北地郡→廷尉	○
	8		？→北地郡→廷尉	○
	9		？→蜀郡→廷尉	○
	10		？→蜀郡→廷尉	○
	11		？→蜀郡→廷尉	○
	12		？→河东郡→廷尉	○
	13		？→河东郡→廷尉	○
3	14	高祖八年四月二日（谒以闻、南郡）	南郡→皇帝	△
	15	高祖七年八月十二日（言、江陵县）	南郡→皇帝	△
	16	高祖六年七月二十一日（劾、淮阳郡）	新郪县→淮阳郡？	△
	17	秦王政二年十月六日（复审的判决、廷尉）	雍县[2]→廷尉	○
	18	秦始皇二十八年九月甲午[3]（复审的结束、南郡）	攸县→南郡	△
	19	春秋卫	史猷→卫君	○
	20	春秋鲁	柳下季→鲁君	○
	21	高祖时期	杜县→廷尉	○？[4]
	22	秦王政六年八月十七日（咸阳、推荐）	咸阳县	○

注：

[1] 因为嫌疑人之罪当死罪，所以其判决也有非最终判决的可能性。

[2] 乞鞫之前的原判决由雍县做出。

[3] 有些观点认为，"九月"是"后九月"或"十月""八月"之误。参见《二年律令与奏谳书》第366页。

[4] 对于廷尉府的批复，后来廷史申指出不妥，但没有记载是否据此改变判决。

表2 《为狱等状四种》

类	案例	年月日	审理机关	判决
1	1	秦王政二十五年七月十日（报、南郡）	州陵县→南郡	○
	2	秦王政二十五年六月二十日（报、南郡）	州陵县→南郡	○
	3	秦王政二十三年四月（谳、江陵县）	江陵县→南郡[5]	×
	4	秦王政二十二年二月二十六日（令、南郡）	江陵县→南郡[5]	×
	5	秦王政二十二年十二月十三日（告？、？县）	？县→南郡？[6]	×
	6	秦王政二十二年十月二十九日（劾、江陵县）	江陵县？→南郡？[5][7]	△
	7	秦王政十八年八月二十一日（告、？县）	？县→？	×

续表

类	案例	年月日	审理机关	判决
2	8	始皇二十八年九月二十九日(论、? 县)	?	○?
	9		? →?	○
	10	秦王政二十年十一月一日(告、栎阳县?)	栎阳县? →廷尉?	○
	11	秦王政元年四月(乞鞫、当阳县)	当阳县→廷尉? →?	○○
	12		夏阳县→廷尉	○
	13		?	—
3	14	秦王政二十二年八月九日(谳、胡阳县)	胡阳县→南阳郡	○
4	15	始皇二十六年九月(?)	? 县→廷尉? →皇帝	○

注:

[5] 虽然案例中没有记为"南郡",但江陵县隶属于南郡,故应上谳于南郡。

[6] 案例5中没有记载上谳的机关、受理谳的机关。然而,其中有"它县论"的语句,故无疑是由某个县上谳。本案中,名为多的人曾从秦国逃亡到楚国,后来在秦国攻略楚国"庐谿"时被逮捕,他当何罪成为问题。据岳麓书院藏秦简《二十七年质日》,某人于始皇二十七年(前220)四月二十八日从江陵出发,三日后的五月二日住宿于庐谿,其四日后的五月六日到达州陵。因为江陵与州陵均是隶属于南郡的县,所以可以推测位于两者之间的庐谿亦在南郡境内。上谳的县亦应是隶属于南郡的县之一。琴载元先生认为州陵县的可能性很大(参见氏著《秦代南郡编户民的秦、楚身份认同问题》,载杨振红、邬文玲主编《简帛研究二〇一五》秋冬卷,广西师范大学出版社,2015)。但或者可以认为当时有名为"庐谿"的县,由此县上谳。

[7] 本案中,名为暨的人被问罪,由于他的请求而上谳。《岳麓书院藏秦简(叁)》第149页推测,暨与案例3的"江陵丞暨"、案例4的"丞暨"为同一人。因为暨在本案中连坐于各种官吏所犯之罪,所以其地位确实适合于县丞。当时,县丞等长吏应当连坐于属下所犯之罪。本案例中载有"它县论"(第106号简),可见上谳之前的原审无疑是由县办理,但该县是否江陵县尚不明。县丞本来以治狱为职责之一,审理县内发觉的案件,但本案的嫌疑人暨似是县丞本人,按理不应自己审理自己。江陵县令与史等或者共同审理,但也不能否定由其他县审理的可能性。

1. ×:该案例中仅列出两个判决意见,或一个也没有举出

这两种情况皆仅见于以谳为内容的案例。首先,《奏谳书》案例2、《为狱等状四种》案例5、7的记载,均结束于列出郡或县所提出的两个判决意见之处,没有记载对谳的批复。假使《奏谳书》《为狱等状四种》均是编纂为书籍的,并且是分发给以司法为职责的机关、官吏的,则官吏在以此作为司法实务的参考时应感到困惑,因为这些案例中均没有表示应当采用哪个判决意见。并且,如《为狱等状四种》案例3、4那样,姑且不说对谳的批复,就连两个判决意见都没有记载,像这种案例,作为实务的参考应更不起作用。因此,特地将这种案例采录、编纂为书籍并分发给全国,是难以想象的。

没有记载对谳的批复的案例，只能认为是书写于批复未做出之时。没有记载批复的文书，上谳一方与受理谳的一方均应有之。例如，郡不能判断应当做出何种判决时，就上谳于廷尉，其时郡向廷尉呈送记载谳之内容的文书。这些文书当然不会载有廷尉的批复。并且，郡中亦应制作呈送给廷尉的文书的副本，在收到廷尉的批复之前，对这些副本记载廷尉的批复当然是不可能的事。

《奏谳书》案例 2 中，江陵县上谳于南郡，南郡上谳于廷尉。如案例 2 那样，其记载结束于南郡所提出的两个判决意见，并没有记载廷尉的批复，这种文书应仅能够存在于南郡或廷尉。然而，张家山汉简出土于湖北省荆州市，即当时的江陵县，故案例 2 非由廷尉而是在南郡中制作的可能性极大。当时，南郡治所置于江陵县。南郡将记有谳内容的文书上谳于廷尉，同时为了发送以后亦确认谳的内容，还应制作副本。并且可以认为，郡内的各个相关部门或官吏亦抄写送到廷尉之前的正本或副本，或制作其要旨，以待从廷尉送来的批复。《奏谳书》是墓的随葬品，因此将案例 2 看成是南郡府正式制作的副本或要旨的原件，是难以想象的，它应是以某种方式参与案例 2 的南郡官吏按照实务需要制作的，或者又经他人之手转抄。

在《为狱等状四种》中，案例 7 中上谳的机关、受理谳的机关皆不明，但案例 3、4 中江陵县上谳于南郡，案例 5 中亦可以推测隶属于南郡的某县上谳于南郡。在这些情况下，没有记载对谳批复的文书，应仅能够存在于南郡或江陵县及某县（案例 5），但案例 3 至 5 均可以认为不是分别制作于这些县，而是制作于南郡的。理由是虽然属于第 1 类的各个案例中上谳的县分别不相同，但除了案例 7 以外，皆由南郡审理是其共同点所在，或可推定由南郡审理。由南郡审理的案例如此集中于此，应该不是偶然的。由此可以认为，第 1 类的制作基础，是南郡收到的属县的谳文书正本或副本以及要旨，或是送达属县的批复的正本、副本及要旨，或是上述文书的抄本。

曹旅宁先生根据岳麓书院藏秦简所含文书的内容相似于睡虎地第 11 号墓、第 77 号墓，张家山第 247 号墓、33 号墓等出土的文书，以及岳麓书院藏秦简中有为郡守府所应用的律令，推测随葬岳麓书院藏秦简的墓主是

在南郡郡守府服务的小吏。① 他推测的前提似是岳麓书院藏秦简的所有文
书皆出土于同一个墓葬,但如前所述,这些简是否出土于同一个墓葬尚不
明。然而,岳麓书院藏秦简中还可窥见被葬者是南郡官吏的记载。《三十
四年质日》中列出始皇三十四年(前 213)全年日干支,各个干支之下简
洁记载该日涉及书写者个人或相关人的事情。虽然内容几乎属于官吏职责
的事项,但可以认为不是官方文书,而是某个官吏私自记录的各日事情。②
其中云:③

〔四月〕壬寅。公子死。(第 7 号简正)
〔四月〕庚申。江陵公归。(第 25 号简正)
〔五月〕辛巳。监公亡。(第 46 号简正)

"江陵公"应是指江陵县令,④ "监公"是指监御史。⑤ 监御史是主掌郡监
察的官吏,置于各郡。"江陵公"冠以"江陵"这一地名,而"监公"与
"公"均没有冠以地名。从"公"与置于郡的监公一样没有冠以地名来看,
"公"亦应属于郡吏。并且,从江陵县令称为江陵公来看,"公"亦可认为
是指郡中的最高负责人,即郡守。

监公与公均没有冠以地名,原因是对文书的记录者来说,他们均是本
人所属行政机关的监公、公,身份不言自明。由此可见,《三十四年质日》
的记录者与监公、公同郡。相对于此,江陵县令称为"江陵公",冠以县
名,这表明《三十四年质日》的记录者本人不是属于江陵县的吏。而且,
《三十四年质日》记载江陵公"归",故可知记录者平常在江陵县。江陵县
隶属于南郡,而且南郡治所置于此。如此说来,记录者应当是南郡官吏。
因此,若《三十四年质日》与《为狱等状四种》第 1 类均出土于同一个墓

---

① 曹旅宁:《秦汉魏晋法制探微》,人民出版社,2013,第 99 页。
② 苏俊林:《岳麓秦简〈质日〉篇的研究》,载陈松长等《岳麓书院藏秦简的整理与研究》,
   中西书局,2014。
③ 《三十四年质日》的简号、释文根据朱汉民、陈松长主编《岳麓书院藏秦简(壹)》,上
   海辞书出版社,2010。
④ 朱汉民、陈松长主编《岳麓书院藏秦简(壹)》,第 75 页。
⑤ 朱汉民、陈松长主编《岳麓书院藏秦简(壹)》,第 83 页。

葬，则第 1 类的依据很可能是存在于南郡的文书。岳麓书院藏秦简的出土地点不明，但可以推测《为狱等状四种》第 1 类出土于当时南郡治所所在地江陵县，即与张家山汉简一样的今湖北省荆州市。

2. △：该案例中虽然限定了一个判决意见，但没有记载最终判决

这些案例亦与×一样，所依据的是最终判决尚未产生时制作的文书。例如，《奏谳书》案例 18 中，南郡卒史提出一个判决意见，但案例 18 中没有记载最终做出何种判决。案例 18 所依据的应是由卒史制作的文书的正本或副本、要旨等。

但是，△将意见限定为一个，在这一点上与×不同。虽然作为文书确实不完全，但与×不同的是，在司法实务上可以作为某种程度的参考。例如，如前所述，《奏谳书》案例 16 中新郪县进行审理后拟定一个判决意见，将其送到上级机关，请求批复。虽然没有记载上级机关的批复，但新郪县至少还是做出了一个判断，这对其他机关、官吏来说无疑也是可以有所参考。因此，△是为了提供司法实务的参考而由国家分发，这种可能性也不能否定。尤其在案例 16 的情况下，如果其后新郪县的意见被直接批准，不添写上级机关的批复而直接分发的可能性也是存在的。

由此可以认为，这些案例的来源有两种可能。其一，与×一样，是官吏按照实务需要制作的，或是别人转而抄写的。其二，作为提供司法实务的参考，是由国家分发的。

△的案例中，是否既有属于前者，也有属于后者的呢？属于△的案例，有《奏谳书》案例 14 至 16、18 与《为狱等状四种》案例 6，除了《奏谳书》案例 16 以外，全都由南郡审理。如前所述，如案例 2 那样，《奏谳书》中含有只有南郡或廷尉方可接到的文书，而且《奏谳书》出土于当时所说的南郡。《为狱等状四种》第 1 类制作于南郡的可能性也很大，而且也有出土于南郡的可能性。由此可以推测，《奏谳书》案例 14、15、18 与《为狱等状四种》案例 6 与×一样，均是南郡官吏按照实务需要制作的，或是转而抄写的。

相对于此，在《奏谳书》案例 16 中，新郪县审理案件后将判决意见送到上级机关（淮阳郡？），与《奏谳书》的出土地南郡根本没有关系，因而难以想象南郡官吏会以某种方式参与本案，获得接到在本案实务中制作文书的机会。因此，案例 16 是否不是由南郡官吏按照实务需要制作的，而是基于提供司法实务参考的需要，由国家分发的呢？

3. ○：该案例中载有对谳的批复等事实上的最终判决

载有最终判决的案例可以作为司法实务的参考。由此也可以认为，这些均是为了提供司法实务的参考而向全国分发的。尤其是《奏谳书》第 2 群（案例 6 至 13）比其他案例简略，而且记载格式几乎相同。这令人可窥其经过某些编辑。这或是廷尉向全国分发时编辑的痕迹。

然而在另一方面，与△一样，○中又有由南郡审理的案例。从《奏谳书》及《为狱等状四种》第 1 类皆似乎制作于南郡来看，可以推测○中由南郡审理的案例，不是廷尉向全国分发的，而是南郡官吏按照实务需要制作的，或是转而抄写的。例如，《奏谳书》案例 1 中夷道上谳于南郡，南郡又上谳于廷尉，其中载有廷尉的批复。案例 1 可以认为是在南郡收到廷尉批复后书写的，或是批复未做出时先记载批复以外的部分，批复做出后仅添写批复。

另，在《奏谳书》第 2 群中，南郡的案例连一个都没有。这一点亦表明第 2 群不是产生于南郡实务。

但是在○中，并不是除南郡审理的外全都是为了提供司法实务的参考而分发的。《奏谳书》案例 19、20 均是春秋时期的案例，但如第一节所述，这些均属于故事，不是可以直接作为司法实务的参考。可以认为这些均不是由国家分发，而是某人根据个人兴趣抄写了当时流传的故事，并与其他案例编缀在一起。

另外，如前所述，《奏谳书》案例 22 及《为狱等状四种》案例 9、10，分别是推荐在一个案件侦查做出贡献的狱史为卒史的文书。《为狱等状四种》案例 9 中由哪个机关审理不明，但其他皆由南郡以外审理。虽然这些案例均明确记载了对罪犯具体做出何种判决，但其内容以狱史经过何种侦查活动解决疑难案件为中心，因此其性质不属于判决例。大概可以认为，这些均是国家为了奖励官吏的侦查活动，且提供侦查活动的参考而分发的。

以上虽然推测的部分较多，但是大致可知《奏谳书》《为狱等状四种》的案例来源有以下三种文书：①由朝廷分发的；②在南郡中制作的；③根据个人兴趣抄写的。也就是说，《奏谳书》及《为狱等状四种》至少在第2类中，以不同来源的数种文书缀合成一卷册书。如此，下一章拟探讨《奏谳书》《为狱等状四种》编缀的问题。

二 《奏谳书》与《为狱等状四种》的编缀过程

上一章表 1、2 的"年月日"栏中，所载是各个案例中一个或几个年月日中最新的。年月日的右边括号内，表示是在此年月日实施的程序。据此可知，《奏谳书》案例 1 至 5 及案例 14 至 16、《为狱等状四种》案例 1 至 7 及案例 8 至 11，除了没有记载年月日的《为狱等状四种》案例 9 以外，大都是按年月日顺序由近及远排列的〔另，因为当时以十月为岁首，所以如《为狱等状四种》案例 5（十二月）早于案例 4（二月）〕。

但是，《奏谳书》案例 4、16 及《为狱等状四种》案例 4、5、8 本来仅载有月日，如"十二月壬申"，没有明确记载属于哪一年。这些案例的年代均是根据其前后的案例按年月日顺序由近及远排列及干支推定的。①

另，《奏谳书》案例 4 与 5 皆是高祖十年的案例，但案例 4 是十二月九日，案例 5 是七月二十四日，后者较近（因为是十月岁首）。然而，案例 5 的七月二十四日是上谳之日，而案例 4 的十二月九日是案件的告发之日。因此，也不能否定这样的可能性，即案例 4 的上谳之日晚于七月二十四日。不论如何，《奏谳书》案例 1 至 5 及案例 14 至 16、《为狱等状四种》案例 1 至 7 及案例 8 至 11，大致是按年代顺序由近及远排列的没有改变。

那么，为何由近至远排列？先看《为狱等状四种》，案例 1 至 7 全部是第 1 类，可见整个第 1 类大致由近及远排列。相对于此，案例 8 至 11 均属于第 2 类。第 2 类中还有案例 12、13，这些案例的年代不明，但从案例 8 至 11 由近及远排列来看，这些案例或亦如此。若然，则第 2 类亦与第 1 类一样，整体由近及远排列。

《为狱等状四种》第 1 类、第 2 类皆以结尾之简为中心，以写有文字

---

① 李学勤：《〈奏谳书〉初论》，载氏著《简帛佚籍与学术史》，江西教育出版社，2001（初刊于 1993）；《岳麓书院藏秦简（叁）》，第 138 页、第 143 页、第 177 页。

的一面为内侧卷起来。也就是说，阅读时从开头之简展开。第 1 类将最新的案例排列于开头，故可以从最新的案例开始阅读。第 2 类亦或如此。这也许是因为司法实务需要较多的参照新案例，将它排列于开头即方便阅读吧？与此相反，假使从最旧的案例开始排列，为了看最新案例，就非得将册书展开到最后不可，不太方便。

但是，即使将最新案例排列于结尾，如果是从开头之简卷起来，从结尾展开就可以立刻阅读。然而，这种方式有一个不便之处，即比起从开头展开的方式来，从结尾展开的方式找案例较难。《为狱等状四种》各个案例的开头大致均标有墨点，这些墨点均标在简的上端，位置比其他简首字高一字。阅读时可以以此为目标找案例。而且，开头之简在其墨点之下载有上谳的年月日与机关、官吏等作为案例最基本的信息。为了查找这些信息，比起从结尾开始阅读，从开头开始阅读比较方便。

如前所述，富谷至先生认为，档案简以开头之简为中心卷起来，依次将新的简附加于册书的结尾，《奏谳书》亦属于这种档案简。然而，据以上可以推测，至少在《为狱等状四种》第 1 类、第 2 类的情况下，每次出现新案例不是将它附加于册书的结尾，反而是附加于开头。例如，第 1 类最初仅有秦王政十八年的案例 7。在这种情况下，案例 7 当然在册书的开头，但其后秦王政二十一年出现了案例 6，被附加于案例 7 的右边，由此案例 6 成为开头。以后至秦王政二十五年，逐渐附加到案例 1。

其次，查看《奏谳书》，虽然案例 1 至 5 大致按年代顺序由近及远排列，但案例 6 至 13 均没有记载年月日。案例 14 至 16 又出现年月日，由近及远排列，但案例 17 以后排列没有一定之规，即秦王政二年、始皇二十八年、春秋卫、春秋鲁、高祖时期、秦王政六年。

又，《奏谳书》与《为狱等状四种》第 1 类、第 2 类不同，如前所述，它是以开头之简为中心卷起来的。通过结尾简的背面写有"奏瀛（谳）书"可以明确，这并不是收卷方式的错误。以开头之简为中心卷起来，则结尾之简的背面位于册书的最外侧，显现出"奏谳书"的标题。然而，在这种收卷方式的情况下，阅读时只能从结尾展开。为了阅读最新的案例，非展开到开头不可，不便于查找案例。

那么，以上两个问题应该如何理解？其实《奏谳书》是否亦与《为狱等状四种》一样，本来是由数卷册书构成，后来缀合成一卷册书的呢？若然，则可以推测第 1 群（案例 1 至 5）与第 2 群（案例 6 至 13）本来就分别是一卷册书。理由是如前所述，第 1 群与第 2 群的格式各自是统一的。这些册书与《为狱等状四种》一样，为了阅读的方便，分别以结尾之简为中心卷起来。第 3 群（案例 14 以后）的格式与内容均是各种各样的，故第 3 群可能是本来就被编为若干卷册书，或者所有的案例分别被编为一卷一卷的册书。虽然案例 1 至 5 按年代顺序排列，但案例 6 至 13 没有记载年代，而案例 14 至 16 又按年代顺序排列，但案例 17 以后未必按年代顺序排列，是不是由于上述情况呢？

《为狱等状四种》一共由四卷册书构成。《奏谳书》是不是将如《为狱等状四种》那样的几卷册书缀合成一卷了呢？若然，则《为狱等状四种》反而保留着缀合成一卷之前的形态。

另，如前所述，在《为狱等状四种》中，只有第 3 类以开头之简为中心卷起来。但第 3 类中仅有案例 14，为了阅读它而应该展开全部。因此，不论开头或者结尾，从何处卷起来都应当没有问题。

每次出现新案例，就依次附加到册书上去，从这种理解来看，在对谳的批复等最终判决未做出时，即已经对册书附加案例的场合下，即使此后做出最终判决，对册书添写最终判决，将新写的简插入到册书之中，也是相当费事的，原因是解开编缀简的绳子后又重新编缀。《奏谳书》《为狱等状四种》有些案例没有记载最终判决，《奏谳书》《为狱等状四种》的这种形成过程或是原因之一。

《奏谳书》是不是在已经不再需要追加新案例时，被编缀成一卷册书的呢？据随葬于张家山第 247 号墓的《历谱》记载，被葬者于惠帝元年（前 194）六月因病退休（第 10 号简）。假使《奏谳书》是被葬者生前使用的，则可以理解如下：他任南郡官吏时，《奏谳书》本来是在司法实务中现实使用的，其时由数卷册书构成，如第 1 群、第 2 群及第 3 群以下；然而他退休后不再需要追加新案例，故将这些编缀成一卷册书，作为纪念保留下来。实际上，《奏谳书》所含的案例也限于他退休的惠帝元年以前。他退休后已不需要再从事实务，不需要优先阅读最新案例。因此，将《奏谳书》编缀成一卷册书时，从开头卷起来亦没有问题，不正是如此吗？

当然，还有其他各种各样的可能性。例如，被葬者死亡后，其遗属等人随葬他生前使用的数卷册书时，将其编为一卷册书。还有这样的可能性，即《奏谳书》不是由被葬者使用的，而是由遗属等人作为随葬品制作的。在此情况下，可以认为是遗属等人抄写了被葬者以外的官吏所持有的文书，但其原本可能是已经编缀成一卷册书，或者遗属等人抄写数卷册书后，编缀成一卷册书。如此，假使《奏谳书》是作为随葬品编缀的，则从头尾哪个方向展开更不应成为问题。

结　语

如上所述，《奏谳书》《为狱等状四种》有些案例没有记载最终判决。例如，在《为狱等状四种》第1类中，最新的案例是秦王政二十五年的案例1、2，其时秦王政十八年至二十三年的案例3至7的批复均应当已经做出。然而案例3至7中却没有批复的记载。也就是说，至少对于这些案例而言，虽然批复已经做出，结果却是不添写，搁置一边。

可以认为，没有记载批复的案例不是国家为了提供司法实务的参考而分发的，而是官吏按照实务需要制作的。然而作为文书的性质，它不正是既非保管于官署中的记录，亦非为多个官吏所阅读，而是属于个人的备忘录吗？正因为如此，即使不添写对谳的批复也没有问题吧。并且，例如《奏谳书》第1群中，按照实务需要制作的与为了提供司法实务的参考而分发的，均混合在一起。这种混合的原因，亦可以认为在于第1群这一册书具有官吏私人物品的性质。《奏谳书》《为狱等状四种》是由被葬者生前使用的，还是由遗属等人抄写别的官吏所持有的册书而作为随葬品的，尚不明确，但即使是前者，由于《奏谳书》《为狱等状四种》具有官吏私人物品的性质，所以也可以随葬于墓中。

（译自《張家山漢簡〈奏讞書〉と嶽麓書院藏秦簡〈爲獄等状四種〉の形成過程》，《東洋史研究》第75卷第4号，2017）

《中国古代法律文献研究》第十一辑
2017 年，第 120～130 页

"失期当斩"再探

——兼论秦律与三代以来法律传统的渊源

庄小霞*

摘　要： 本文考辨传世文献相关记载，结合出土秦汉简牍资料，认为"失期当斩"来自三代以来的军法规定，如果仅以"失期当斩"的法律规定而认定秦法严苛，未免有失偏颇，引发陈胜吴广起义的直接原因"失期当斩"，不能成为秦法严苛的一个直接证据，并以此为契机考辨秦律与三代以来法律传统的渊源。

关键词： 秦律　三代　失期当斩　法律传统

一　有关"失期当斩"的解释

《史记·陈涉世家》载："会天大雨，道不通，度已失期。失期，法皆斩。"讨论陈胜吴广大泽乡起义，总会涉及"失期当斩"的理解，妥当与否，则会直接影响对此事件的了解。自睡虎地秦墓竹简出土以来，一些学者就已尝试用简牍材料对"失期当斩"进行解释。于敬民曾撰文否定"失期当斩"为秦朝的法律内容，认为"它与'鱼腹丹书'、'篝火狐鸣'、

---

* 中国社会科学院历史研究所助理研究员。

'诈称扶苏项燕'等一样,只是一种发动起义的策略手段"。其主要根据睡虎地秦墓竹简《徭律》,认为秦征发徭役时"对于或失期者,或不报到者,处罚都是微不足道的。这与《史记》记载对于'失期'者,全部杀头的处罚相差甚远。相比之下,后者难以令人置信"。① 曹旅宁认为"失期只是一个藉口"。② 还有学者认为秦代法律中"失期"不可能是"斩","失期,法皆斩"只是陈胜、吴广发动戍卒起义的一种策略手段而并不是秦律的原文。③ 陈伟武认为陈胜等戍卒所犯为"后戍法",即内地戍卒应征戍边不按期抵达目的地就要定罪服刑。④ 张志坚参照《睡虎地秦墓竹简》"乏徭"的处罚,认为"很难相信陈胜、吴广等的失期'乏徭'会被斩首",并对曹旅宁的观点进行了质疑,张志坚提到"从陈胜、吴广这批人要'適戍渔阳'来看,陈胜等所服为兵役,并非一般意义的徭役,这点我们必须要清楚的,但由于所出土文献有限,我们尚不能看到完整的秦律"。⑤ 惜其并未展开进一步说明。以上即此前诸家的主要看法。

笔者以为陈胜等戍卒所犯是"失期"之罪,秦汉时代军法之中就有"失期,法皆斩"的规定。美国学者韩森根据睡虎地秦简,认为陈胜等戍卒乃是服劳役者,因为"遇雨误了工期而决定反叛"。显然,仅仅只是因为"误了工期"就要"失期当斩",这确实是令人难以理解的严苛的法律规定,所以韩森怀疑是汉朝人夸大了秦法的严苛。韩森意识到必须谨慎对待描述秦朝残暴历史的史料,⑥ 然其以睡虎地秦简法律文书中《徭律》的规定来说明《史记》所载陈胜等人"失期当斩"的起义原因,也不合适。《徭律》规定:

> 御中发征,乏弗行,赀二甲。失期三日到五日,谇;六日到旬,

---

① 于敬民:《"失期,法皆斩"质疑》,《中国史研究》1989年第1期,第162、161页。

② 曹旅宁:《陈胜吴广起义原因"失期"辨析——秦汉法律简牍中关于"不可抗力"规定》,武汉大学简帛网,2007年6月17日。

③ 金菲菲:《〈史记·陈涉世家〉"失期"考》,《首都师范大学学报》(社会科学版)2011年增刊,第37页。

④ 陈伟武:《简帛所见军法辑证》,《简帛研究》第2辑,法律出版社,1996,第99页。

⑤ 张志坚:《陈胜、吴广起义原因辨析》,复旦大学古文字中心网站,2010年12月29日。

⑥ 〔美〕芮乐伟·韩森:《开放的帝国:1600年前的中国历史》,梁侃、邹劲风译,江苏人民出版社,2007,第93、94页。

赀一盾；过旬，赀一甲。其得毁（也），及诣。水雨，除兴。①

汉代人确实存在夸大秦政暴虐的言论，但是"失期当斩"却是客观陈述，并无任何夸大。《徭律》的规定并不适用于陈胜吴广等戍卒，事实上他们"失期，法皆斩"，与普通服劳役性质不同，"军法有时只泛称为'法'或'制'"，②这里所谓的"法皆斩"之"法"不是指普通的法，而是来源于军法规定，"失期当斩"是军法，而且其历史悠久。

二 三代以来的"失期当斩"

不可否认秦法确实有严苛一面，但如果我们考究"失期当斩"的历史，可以发现"失期当斩"实际上并非秦所创立、为秦所独有的规定，此条规定乃是延续三代以来的军法，有着极其悠久的历史传统。《史记·周本纪》载武王伐纣时：

> 师尚父号曰："总尔众庶，与尔舟楫，后至者斩。"

《史记集解》引郑玄曰："号令之军法重者。""后至者斩"与"失期当斩"的表述实际上是一致的，这则材料是"失期当斩"为古军法遗存重要证据。先秦文献中还有"失期当斩"的例子，春秋时齐国司马穰苴斩庄贾：

> 穰苴既辞，与庄贾约曰："旦日日中会于军门。"穰苴先驰至军，立表下漏待贾。贾素骄贵，以为将己之军而己为监，不甚急。亲戚左右送之，留饮。日中而贾不至。穰苴则仆表决漏，入，行军勒兵，申明约束。约束既定，夕时，庄贾乃至。穰苴曰："何后期为？"贾谢曰："不佞大夫亲戚送之，故留。"穰苴曰："将受命之日则忘其家，

---

① 睡虎地秦墓竹简整理小组：《秦律十八种·徭律》，《睡虎地秦墓竹简》，文物出版社，1978，第76页。
② 陈伟武：《简帛所见军法辑证》，第99页。

临军约束则忘其亲，援桴鼓之急则忘其身。今敌国深侵，邦内骚动，士卒暴露于境，君寝不安席，食不甘味，百姓之命皆悬于君，何谓相送乎。"召军正问曰："军法期而后至者云何？"对曰："当斩。"庄贾惧，使人驰报景公，请救。既往，未及反，于是遂斩庄贾以徇三军。三军之士皆振栗。①

齐景公以司马穰苴为将军，并派自己的宠臣庄贾监军，司马穰苴与庄贾相约"旦日日中会于军门"，庄贾因故迟到，司马穰苴斩庄贾以树立军威。由司马穰苴与军中执法的军正对话可知，司马穰苴斩庄贾的依据即为"'军法期而后至者云何？'对曰：'当斩。'"明确指出"失期当斩"出自军法规定。就此而言，此前学者将大泽乡起义的原因归结为秦朝严苛的法令，而将"失期当斩"作为秦朝法令严苛的最直接证据，这个说法就未必准确：一则"失期当斩"历史悠久，不独为秦朝所独有；二则其并非一般法律规定，而属于比较严苛的军法。

"失期当斩"的历史不仅一直可以追溯到三代和先秦时期，甚至在中国古史传说时代也隐约可寻踪迹，比如古史传说的大禹斩防风氏事。所谓"传说时代"是指迄今为止尚无文字可征的历史时期，中国的"传说时代"通常认为是夏以前的历史。20世纪20年代以来以顾颉刚为代表的疑古学派提出夏以前的历史为"层累地造成的中国古史"，② 史学界对殷商以前的文献记载多持谨慎保守态度，但如马小红所指出："近来的考古发掘却又屡屡证实了后人对夏之前历史的追述有许多可信成分，甚至神话传说中也有着一些真实的历史印记。"从法制史研究角度讲，"这一时期是中国古文明之源，诸多的习俗、制度、观念发轫于此，这一时期也是传统法的起源时期"。③

大禹斩防风氏事传世文献中最早记载于《国语·鲁语》，《史记·孔子世家》中也有记载："禹致群神于会稽山，防风氏后至，禹杀而戮之。"④

① 《史记》卷六四《司马穰苴列传》，中华书局，1959，第2157～2158页。
② 参见顾颉刚《与钱玄同先生论古史书》，《古史辨》第1册，上海古籍出版社，1982。
③ 马小红：《礼与法：法的历史连接》，北京大学出版社，2004，第94页。
④ 《史记》卷四七《孔子世家》，第1912～1913页。

相传大禹治水召集各地诸侯会于会稽山,防风氏后至而被大禹斩杀。笔者以为此事可与中国早期军法传统联系考察。大禹斩杀防风氏应是现在所知最早的"失期当斩"例子,所谓"防风氏后至,禹杀而戮之",明确指出了防风氏被杀的直接原因在于违法军法失期当斩。大禹诛防风氏之事是流传极广的古史传说,然而后世失察不了解,如以军法来解释,那么这则古史传说所隐含的真实历史即可豁然开朗。可以说,这则古史传说是当时历史的一个反映,也是"失期当斩"为早期军法规定的一个明证。

秦之后的汉朝以及之后的朝代依然存此规定,程树德曾言:"《陈胜传》度已失期,失期法斩,汉盖沿秦制也。"[1] 秦汉时期"失期当斩"的军法规定也深入民心,并得到实际应用。《史记·魏豹彭越列传》载:

> 与期旦日日出会,后期者斩。旦日日出,十余人后,后者至日中。于是越谢曰:"臣老,诸君彊以为长。今期而多后,不可尽诛,诛最后者一人。"令校长斩之。皆笑曰:"何至是?请后不敢。"于是越乃引一人斩之,设坛祭,乃令徒属。徒属皆大惊,畏越,莫敢仰视。乃行略地,收诸侯散卒,得千余人。[2]

细辨上文彭越起事时斩杀迟到者的事迹,实际彭越所行就是以军法约束众少年。在战争时期军事活动中军法规定有助树立威信、严明纪律,果然彭越斩杀一人后,"徒属皆大惊,畏越,莫敢仰视。乃行略地,收诸侯散卒,得千余人"。可见成效明显。

汉代军事活动中失期的例子不少,西汉时的记载如武帝时候公孙敖"以将军出北地,后票骑,失期"。[3] 此外,东汉时也有数例:

> (吴)汉躬被甲拔戟,令诸部将曰:"闻雷鼓声,皆大呼俱进,后

---

① 程树德:《九朝律考》,中华书局,2003,第125页。
② 《史记》卷九〇《魏豹彭越列传》,第2591页。
③ 《史记》卷一一一《卫将军骠骑列传》,第2942页。

至者斩。"遂鼓而进之。①

元初元年，（庞参）迁护羌校尉，畔羌怀其恩信……参于道为羌所败。既已失期，乃称病引兵还，坐以诈疾征下狱。②

中平元年，黄巾贼起，故武威太守酒泉黄隽被征，失期。③

以上所举，可知"失期当斩"这一军法规定在两汉也流行。"失期当斩"对于促进军纪军规有卓有成效的作用。秦汉以后的历史中，仍然保留了"失期当斩"的制度，如隋与宋分别都有相关记载。

隋制，大射祭射侯于射所，用少牢。军人每年孟秋阅戎具，仲冬教战法……鸣鼓，后至者斩。④

初议五路入讨，会于灵州，李宪由熙河入，辄不赴灵州，乃自开兰、会，欲以弭责。（孙）固曰："兵法期而后至者斩。今诸路皆进，而宪独不行，虽得兰、会，罪不可赦。"⑤

上举例子实际上说的都是"失期当斩"，而其渊源一直可以追溯到秦汉及其以前的历史。李玉福在论著中也曾提到秦汉时代的"失期罪"，其中也举了陈胜起义的例子，李玉福指出"失期罪，史书又称'后期'、'不至质'等，三者实指一事。后期者斩，是一条非常古老的军法"。⑥ 诚然如此。

三　"失期当斩"与军法的关系

出土张家山汉墓竹简《奏谳书》中记载一件汉初案例，主要内容是被征发的戍卒逃亡被处以腰斩之刑。这件案件提到的戍卒逃亡被判腰斩与陈

---

① 《后汉书》卷一八《吴盖陈臧列传》引《续汉书》，中华书局，1965，第679页。
② 《后汉书》卷五一《李陈庞陈桥列传》，第1689页。
③ 《后汉书》卷五八《虞傅盖臧列传》引《续汉书》，第1879页。
④ 《隋书》卷八《礼仪志》，中华书局，1973，第167～168页。
⑤ 《宋史》卷三四一《孙固传》，中华书局，1977，第10876页。
⑥ 李玉福：《秦汉制度史论》，山东大学出版社，2002，第66页。

胜等戍卒"失期当斩"的情况相似,张家山汉简《奏谳书》载:

> 十一年八月甲申朔己丑,夷道飢、丞嘉敢谳(谳)之。六月戊子发弩九诣男子毋忧,告为都尉屯,已受致书,行未到,去亡。·毋忧曰:蛮(蛮)夷大男子岁出五十六钱以当繇(徭)赋,不当为屯,尉窋遣毋忧为屯,行未到,去亡,它如九。·窋曰:南郡尉发屯有令,蛮(蛮)夷律不曰毋令为屯,即遣之,不智(知)亡故,它如毋忧。·诘毋忧,律蛮(蛮)男子岁出賨钱,以当繇(徭)赋,非曰勿令为屯也,及虽不当为屯,窋已遣,毋忧即屯卒,已去亡,何解?毋忧曰:有君长,岁出賨钱,以当繇(徭)赋,即复也,存吏,毋解。·问,如辤(辞)。·鞫之:毋忧蛮(蛮)夷大男子,岁出賨钱,以当繇(徭)赋,窋遣为屯,去亡,得,皆审。·疑毋忧罪,它县论,敢谳(谳)之,谒报。署狱史曹发。·吏当:毋忧当要(腰)斩,或曰不当论。廷报:当要(腰)斩。①

这是汉高祖十一年(前196)的案件,简文中提到的蛮夷大男子"毋忧"为受征发的戍卒,身份与陈胜等被征发屯渔阳的戍卒相同。毋忧受征发,但"行未到,去亡",没有到达戍所就逃跑了,最后判处腰斩。至于为什么这一案件成为疑难案件上报朝廷,是因为此案件中的"毋忧"认为自己只是不服徭役,罪不致死。但是从最终判决来看,最后判处腰斩,是因为毋忧违犯的是军法,应当依照军法规定处置。② 以上反映的是汉初的情况,正如"商鞅虽死,秦法未败"③ 一样,虽然秦朝灭亡,然而秦之法仍存,

---

① 张家山二四七号汉墓竹简整理小组:《张家山汉墓竹简 [二四七号墓]》(释文修订本),文物出版社,2006,第91页。

② 张伯元将此案例认为是一则逃避徭役的案例,因此对审判的结果也颇质疑:"对毋忧处断是严酷的。尽管当时就有不同的意见,但是,廷尉最后终审,维持原判,处以腰斩。今人看来很有点冤。如果承认《蛮夷律》上有'岁出钱,以当徭赋'的规定,而且毋忧有蛮夷君长可以证明,那么南郡尉窋的审判就无视法律规定,无视罪犯证词,有强词夺理之嫌。"(参见张伯元《秦汉律典考述》,王立民主编《中国法律与社会》,北京大学出版社,2006,第110页)按照本文对"失期当斩"的解释,毋忧处以斩刑看似判罚严重,但以军法而言,判决合理。

③ 《韩非子·定法》。

汉承秦律，而且不只秦律，其军法也继承了秦的军法。汉代的军法主要渊源于汉初韩信整理确定的军法：

> 于是汉兴，萧何次律令，韩信申军法，张苍为章程，叔孙通定礼仪，则文学彬彬稍进，《诗》《书》往往间出矣。①

萧何整理律令，叔孙通制定礼仪都是依秦制，至于"韩信申军法"，更多也是继承秦的军法。李开元解释其中"申"之意："申，《荀子》富国篇：'爵服庆赏，以申重之。'杨倞注：'申，亦重也，再令曰申。'可见，申为再令，即再次发令之意。"李开元认为："'韩信申军法'时，对于秦的军法，可能根据汉的实际情况作相应的修改，但其据以再令的原本及其基本内容，皆是来源于秦法的。"② 秦"失期当斩"的军法规定应当就是如此被汉代所继承保存。

《左传》成公十三年载："国之大事，在祀与戎。"③ 军事战争关系国家生死存亡，军法也要比一般刑法更严酷，"与一般刑法相比，军法尤其是有关战地活动的军事律令更突出矛盾的严重性和临时性"。④ 比如，"军法极重军事行动的时间因素，失期者斩，严惩不贷"。⑤ 必须要有严格的纪律来保证战争的胜利，战争紧急状态下也要求必须用比较酷烈的惩罚，"战争时事态紧急、群情激昂的环境，很容易造成不用放逐刑、而动用五刑这样的直接制裁手段的机会（受刑对象除了敌俘，也包括己方的军纪违反者）"。⑥ 陈伟武辑选简帛所见军法资料，发现军法规定中有不少是处以斩刑的律令，并得出结论说："若是罪由不跟军事性质相关联，量刑当不至如此严重。"⑦《银雀山汉墓竹简（壹）》

---

① 《史记》卷一三〇《太史公自序》，第3319页。
② 李开元：《汉帝国的建立与刘邦集团——军功受益阶层研究》，三联书店，2000，第42、43页。
③ 杨伯峻：《春秋左传注》（修订本）》第2册，中华书局，1995，第861页。
④ 陈伟武：《简帛所见军法辑证》，第100页。
⑤ 陈伟武：《简帛所见军法辑证》，第100页。
⑥ 〔日〕滋贺秀三：《中国上古刑罚考——以盟誓为线索》，刘俊文主编《日本学者研究中国史论著选译》第8卷，中华书局，1992，第22页。
⑦ 陈伟武：《简帛所见军法辑证》，第90页。

载：

之勿令得行，行者吏与□□当尽斩之。千……去其署者身斩，父母妻子罪……①

诸官府房屋壮（墙）垣及家人室屋器戒（械）可以给城守者尽用之，不听令者斩。②

先后□□……之恒令，前失后斩。③

战而失其将吏，及将吏战而死，卒独北而环（还），其法当尽斩之。④

军大战，大将死，□□五百以上不能死適（敌）者皆当斩，及大将左右近卒在□□者皆当斩。⑤

上述简文中的规定动辄"斩""当斩""当尽斩"，这正是由于军事战争的特殊性，使得军法较一般法令严苛。为了树立军威，也必须严格强调遵守军事规定，从以下所举事例，"失期当斩"的作用可一窥究竟：

中平三年，遣司空张温行车骑将军，西讨（边）章等。温表请（孙）坚与参军事，屯长安。温以诏书召（董）卓，卓良久乃诣温。温责让卓，卓应对不顺。坚时在坐，前耳语谓温曰："卓不怖罪而鸱张大语，宜以召不时至，陈军法斩之。"温曰："卓素著威名于陇蜀之间，今日杀之，西行无依。"坚曰："明公亲率王兵，威震天下，何赖于卓？观卓所言，不假明公，轻上无礼，一罪也。章、（韩）遂跋扈

---

① 银雀山汉墓竹简整理小组：《守法守令等十三篇·守法》，《银雀山汉墓竹简（壹）》，文物出版社，1985，第128页。

② 银雀山汉墓竹简整理小组：《守法守令等十三篇·守法》，《银雀山汉墓竹简（壹）》，第129页。

③ 银雀山汉墓竹简整理小组：《守法守令等十三篇·兵令》，《银雀山汉墓竹简（壹）》，第149页。

④ 银雀山汉墓竹简整理小组：《守法守令等十三篇·兵令》，《银雀山汉墓竹简（壹）》，第149~150页。

⑤ 银雀山汉墓竹简整理小组：《守法守令等十三篇·兵令》，《银雀山汉墓竹简（壹）》，第150页。

经年，当以时进讨，而卓云未可，沮军疑众，二罪也。卓受任无功，应召稽留，而轩昂自高，三罪也。古之名将，仗钺临众，未有不断斩以示威者也，是以穰苴斩庄贾，魏绛戮杨干。今明公垂意于卓，不即加诛，亏损威刑，于是在矣。"①

东汉末中平三年（186），孙坚建议张温诛董卓，其中一个原因就是"古之名将，仗钺临众，未有不断斩以示威者也"。孙坚所举的"穰苴斩庄贾"即上文中已经提到的司马穰苴斩庄贾事。再如《银雀山汉墓竹简》所记载：

将前不能明其□□□□□其严，则败军死将禽（擒）卒也。②

军事战争期间为了强调将领的权威性，必须严格法令，才能树立威信，而如果不能确立将领的威信，则不利作战，会"败军死将禽（擒）卒也"，后果非常严重。日本学者籾山明曾讨论上文所引的《史记》卷四《周本纪》"后至者斩"这段史料，认为"'后至者斩'无疑是对军纪紊乱者的处罚"。虽然籾山明的文章不是以讨论军法为中心，但是因为中国早期历史存在"兵刑不分"的特点，所以他文章中也涉及了本文所讨论的关于"失期当斩"的一些材料。籾山明对军法的性质特点也作了一些有见地的分析，比如其认为"在战争这种关系到军队全体生命的、进一步说关系到社稷命运的行动中，秩序紊乱是最该严加惩处的行为。"③ 军法传统一向重视战时纪律，"失期当斩"之严苛应是根源与此。

四　结论

以上主要考论《史记·陈涉世家》所载"失期当斩"这条法律规定，

① 《三国志》卷四六《吴书·孙坚传》，中华书局，1959，第1095页。
② 银雀山汉墓竹简整理小组：《守法守令等十三篇·兵令》，《银雀山汉墓竹简（壹）》，第149页。
③ 〔日〕籾山明：《法家以前——春秋时期的刑与秩序》，张中秋编《中国法律形象的一面：外国人眼中的中国法》，法律出版社，2002，第157、169页。

笔者认为"失期当斩"是秦的军法规定，其渊源自三代以来的军法规定。"失期当斩"这项军法规定历史悠久，甚至可以追溯到中国古史传说时代，秦继承了此一历史悠久的军法传统，而汉代又延续了此法律规定，并一直保存到秦汉以后的朝代。"失期当斩"的军法规定在秦汉以后一直存在，所以由此亦可知如果将秦朝灭亡的直接原因归结于秦"失期当斩"的法令过于严苛而引发起义，并引申为秦朝法律严苛导致秦朝灭亡，这种看法恐怕也需要再商榷。

通过详细考察秦汉时期"失期当斩"的法律渊源，我们不仅可以对秦汉时期陈胜、吴广起义之"失期当斩"这段历史有一个比较全新和全面的认识，而秦律与三代以来法律传统的渊源也可以藉此清晰地展现在世人眼前，即秦律对三代以来法律传统的传承。"失期当斩"的特殊性在于延续了三代以来的法律传统、可以说是未作任何删改变化的一个规定，通过讨论"失期当斩"，进而可以一窥秦律与三代以来法律传统之间的关系，我们甚至可将"失期当斩"作为秦法继承三代以来法律传统的一个直接证据。

最后，必须指出"失期当斩"的例子虽然比较特殊，但并不是唯一，除了"失期当斩"，秦律中仍遗存一些三代以来、先秦时期的法律规定，这些法律规定或有删改、变化，但还是可以从中看到三代以来、先秦时期法律传统的延续，在此暂不做讨论。

附记：本文初稿曾以《陈胜吴广起义之"失期当斩"新探》为题于2009 年秦汉史年会上报告。文章修订过程中曾得到徐世虹老师惠示意见，匿名评审老师亦提出宝贵意见，在此一并致谢。

《中国古代法律文献研究》第十一辑

2017 年，第 131～159 页

秦汉劾文书格式演变初探

唐俊峰[*]

摘　要： 本文尝试透过纵向对比，考察秦统一后至东汉中期劾文书格式和内容的内在变化。综合而言，秦至汉初的劾文书仅包括被劾者的罪名，结构为"劾＋某劾＋某敢言之：上劾……"内容相对简略。西汉中期，劾文书的格式和内容开始繁化：首先，文书会以"案"开始，之后开始详细叙述案件的调查经过、结果。同时原先两重呈文的结构亦融合为"年月日＋某劾、敢言之＋被劾者讯息＋写移，谒某县某狱以律令从事"。此后劾文书篇幅的膨胀愈加严重，至迟在西汉末发展出"劾状"格式；呈文的书写也出现变化，西汉中期以来二合为一的呈文再次分离，回归近似秦至汉初的双重呈文格式。至东汉中期，劾文书的冗赘似得到改善，其格式以"案"开始、没有"状"的部分，呈文的写作方式与西汉中期同类文书几近完全相同，似有一种复古倾向。总而言之，各时期的劾文书皆存在独特的形态，研究时应独立看待，不宜简单地将"劾状"的格式和内容特点类推到其他时期的劾文书。

关键词： 劾　劾状　秦汉　文书格式　式

---

[*] 德国海德堡大学汉学系博士候选人。

　　秦汉诉讼中，"劾"和"告"皆属起始阶段的程序，对此学界已有详细讨论，基本同意"劾"属于官员、"告"则为平民提出的起诉，两者的最大差异在于起诉的行为主体。出土秦汉简牍显示作为法律文书的"劾"，实依循某些固定的格式制作。以往学界对于劾文书格式和内容的理解，主要根据西北出土的汉代行政文书，特别是二十世纪七十年代于甲渠候官遗址第 68 号探方出土的八份东汉建武初年劾状。可以毫不夸张地说，这八份劾状是绝大多数汉代劾制研究的基点。① 然而，随着长沙五一广场东汉简的陆续发表，此情况似有所改变。虽然这批材料现在只公布了不到二十分之一，但已发表的材料包括两件相对完整的劾文书，纪年分别为和帝永元十六年（104）及安帝永初三年（109），与甲渠候官出土的劾状相差约 80 年，无论年代、地域皆存在显著差异。学界围绕这两份新见资料，也有一些研究探讨它们的文书格式和当时劾的程序。②

---

① 针对这批劾状和秦汉劾制的研究甚多，不胜枚举。部分研究有李均明《居延汉简诉讼文书二种》，载《法律史研究》编委会编《中国法律史国际学术讨论会论文集》，陕西人民出版社，1990，第 166~173 页；徐世虹《汉劾制管窥》，载李学勤主编《简帛研究》第 2 辑（1996），第 312~323 页；高恒《汉简牍中所见举、劾、案验文书辑释》，载氏著《秦汉简牍中法制文书辑考》，社会科学文献出版社，2008，第 302~312 页；〔日〕鹰取祐司《居延汉简劾状册书的复原》，宫长为译，载李学勤、谢桂华主编《简帛研究 2001》下册，法律出版社，2001，第 731~747 页，《汉代の裁判手续き "劾" について：居延汉简"劾状"の分析から》，《中国出土资料研究》7 号，中国出土资料学会，2003，第 58~81 页；〔日〕宫宅洁《"劾" をめぐって—中国古代诉讼制度の展开—はじめに》，《中国古代刑制史の研究》，京都大学学术出版会，2011，第 283~307 页；唐俊峰《甲渠候官第 68 号探方出土劾状简册的复原与研究》，载西北师范大学历史文化学院、甘肃简牍博物馆编《简牍学研究》第 5 辑，甘肃人民出版社，2014，第 38~58 页；刘庆：《秦汉告、劾制度辨析》，《中国史研究》2016 年第 4 期，第 45~60 页。

② 如李均明《长沙五一广场出土东汉木牍 "直符" 文书解析》，《齐鲁学刊》2013 年第 4 期，第 35~37 页；《长沙五一广场东汉简牍考证八则》，载柳立言编《史料与法史学》，中研院历史语言研究所，2016，第 103~133 页；杨小亮《略论东汉 "直符" 及其举劾犯罪的司法流程》，载中国政法大学法律古籍整理研究所编《中国古代法律文献研究》第 9 辑，社会科学文献出版社，2015，第 176~186 页；吴雪飞《长沙五一广场东汉木牍相关法律用语探析》，载中国政法大学法律古籍整理研究所编《中国古代法律文献研究》第 9 辑，第 187~199 页；孙兆华《五一广场东汉简牍直符户曹史盛举劾文书释文订正》，武汉大学简帛研究中心简帛网，http://www.bsm.org.cn/show_article.php?id=2647，2016 年 10 月 19 日；马力《长沙五一广场东汉简牍举劾文书初读》，《出土文献》第 8 辑，中西书局，2016，第 211~220 页；姚远《长沙五一广场东汉简牍释译》，载王沛主编《出土文献与法律史研究》第 4 辑，上海人民出版社，2015，第 260~340 页；《东汉内郡县法官法吏复原研究——以长沙五一广场东汉简牍为核心》，《华东政法大学学报》2016 年第 4 期，第 55~65 页；马增荣《汉代地方行政中的直符制度》，未刊稿。

唯综观现有的研究，大多预设秦汉劾文书的格式皆像甲渠候官劾状，以"劾+状+呈文"三大部分构成，但从常理而言，实难以想象劾文书在秦帝国成立后至东汉中期三百余年间竟沿用同一格式。相反，只要对比秦汉行政文书中的劾文书，可知不同时期的文书，无论格式还是内容皆存在巨大差异，无一完全相同。按秦汉官文书需依循官方颁布的文书格式，[①] 因此劾文书格式的变易，不啻说明劾文书的"式"随时间推移产生了变化。事实上，如不细致分析不同时空下"劾"文书格式的差异，而径论其所反映的诉讼程序，恐难得出一站得住脚的结论。有鉴于此，笔者在此不揣浅陋，希望透过梳理散见于秦汉行政文书中"劾"的实例，揭示这种文书内部的发展过程，以此作为将来更深入研究的基础。

一 秦至汉初的"劾"

出土秦代法律文书中，与"劾"相关的资料可谓不少，但可确定为"劾"原件的文书，管见所及仅有里耶秦简以下两简：

> 启陵津船人高里士五（伍）启封当践十二月更，逋【廿九日】不
> ▨

---

① 按"式"不单纯指文书范本和格式，如高恒曾归纳秦汉出土文献所见"式"为三类，分别是：1. 规定各类文书的格式。2. 规定实施律令、政策应遵循的要点。3. 确定行政、司法活动的程序（见《汉简牍中所见的"式"》，载氏著《秦汉简牍中法制文书辑考》，第217页）。邢义田研究汉代文书范本后，同样指出此点（见《从简牍看汉代的行政文书范本——"式"》，载氏著《治国安邦：法制、行政与军事》，中华书局，2011，第469~470页）。李安敦（Anthony J. Barbieri-Low）同样研究了汉代的文书"式"。他比较汉简所见的病卒名籍和劾状的格式和实例后，指出虽然文书实例往往对"式"所规定的某些格式有所省略，次序也常有改易，但基本上忠实跟随"式"所规定的格式。参"Model Legal and Administrative Forms from the Qin, Han, and Tang and Their Role in the Facilitation of Bureaucracy and Literacy," *Oriens Extremus* 50 (2011), pp. 134 – 35。南玉泉则将"式"分类为品物之式、文书范式和程序之式三种，并认为"只有那些以国家名义颁布的，以国家强制力作为后盾的式，才属于法律形式"。相反，如一些文书样式，违反后只是受到相关部门内部的处罚，自然就不是法律形式（见氏著《秦汉式的种类与性质》，载中国政法大学法律古籍整理研究所编《中国古代法律文献研究》第6辑，社会科学文献出版社，2012，第206页）。

正月壬申，启陵乡守绕劾。

卅三年正月壬申朔朔日，启陵乡守绕敢言之：上劾一牒。▨8 -
651

正月庚辰旦，隶妾咎以來ノ覆发▨8 - 651 背

▨校长援，丙子尽丙戌十一日，不肄□▨

▨□丁亥朔戊子，尉守建、尉史午劾▨8 - 671 + 8 - 721 + 8 - 2163

▨朔戊子，尉守建敢言之：写上。谒▨8 - 671 背 68 - 721 背 + 8 -
2163 背①

此二简皆有残缺，检图版，原简应长约当时的一尺。8 - 651 相对较完整，属启陵乡发至迁陵县廷，针对士伍启封逃避践更的举劾。简背"正月庚辰旦，隶妾咎以來ノ覆发"笔迹与正面有异，应为文书送至迁陵县廷时加上，可推想此简即启陵乡传送之"劾"的原件。又启陵乡守绕于呈文中称"上劾一牒"，按里耶秦简常见"上（某文书）一（或复数）牒"的呈文，有些时候所上文书内容会跟呈文写于同一枚牒，如 8 - 1069 + 8 - 1434 + 8 -1520 的作徒簿：

卅二年五月丙子朔庚子库武作徒薄（簿）。受司空城旦九人、鬼薪一人、春三人。受仓隶臣二人。·凡十五人。

其十二人为莫：奖、庆忌、勉、勉、船、何、冣、交、颉、徐、娃、聚。

一人絾：窜。

二人捕羽：亥、罗。8 - 1069 + 8 - 1434 + 8 - 1520

卅二年五月丙子朔庚子，库武敢言之：疏书作徒日薄（簿）一牒。敢言之。横手

---

① 本文征引之里耶秦简简文，如无特别注明，皆参照陈伟主编，何有祖、鲁家亮、凡国栋著《里耶秦简牍校释（壹）》，武汉大学出版社，2012，不赘。按"遝【廿九日】不"，《校释》作"□【廿九日】□"，此处从何有祖的补释，参《读里耶秦简札记（三）》，武汉大学简帛研究中心简帛网，http://www.bsm.org.cn/show_article.php?id=2267，2015 年 7 月 1 日。

    五月庚子日中时，佐横以来/圉   发 8 - 1069 背 + 8 - 1434 背 + 8 -

1520 背

此简正面为一份完整的作徒簿，背面则为库武之呈文，其中"疏书作徒日
薄一牒"所指无疑即正面的内容，在这种情况下，这枚牒即属"单独
简"。① 如果呈文不包括文书内容，记述方式也不太一样，如 8 - 768 载：

    卅三年六月庚子朔丁未，迁陵守丞有敢言之：守府下：四时献者
    上。吏缺式，曰：放（仿）式上。今牒书应书者一牒上。敢言之。
    8 - 768 正
    六月乙巳旦，守府即行   履手 8 - 768 背

此简虽明言"牒书应书者一牒上"，并在前文简单交代了上牒的原因是回
复太守府的要求，却没有于呈文提及牒的内容，而是将之作为附件，与呈
文编联在一起。② 因此，上引 8 - 651 既然包含了与呈文无关的内容，似表
明 8 - 651 文书的第一行"启陵津船人高里士五启封当践十二月更，逋
【廿九日】不"，就是启陵乡举劾的全部内容，篇幅相当简短。

    而 8 - 671 + 8 - 721 + 8 - 2163 残泐较严重，从仅余的内容推断，应有
关县守尉建、尉史午举劾校长援"不肄"。虽然上述两份秦代"劾"文书
并非完璧，但还是能归纳出它们三个特点：（一）"劾"的部分甚短，单纯
点明被劾者所犯的罪行，没有涉及案情的调查。（二）有"劾"无"状"，

---

① 关于"单独简"，角谷常子定义为"一枚内容已经写完、不需编缀成册的简牍"。她并归
纳里耶秦简所见单独简的记载要素为以下四点：一、上行文书："年月日 + 发送者 + 敢言
之 + 本文 + 敢言之"；下行文书："年月日 + 发送者 + 谓 + 收件者 + 本文 + 如律令、以律
令从事等等"；平行文书："年月日 + 发送者 + 敢告 + 收件者"。二、"某手"。三、"某
发"或"某半"。四、收件记录"月日时某以来"或发送记录"月日时某行"。参氏著
《论里耶秦简的单独简》，载武汉大学简帛研究中心编《简帛》第 8 辑，上海古籍出版社，
2013，第 161 ~ 178 页。

② 对于秦汉代官文书中，作为书写工具的牒、牍之物质形态、概念差异，以及两者指涉范
围的演变，史达（Thies Staack）已有详论，参 Thies Staack，"Single-and Multi-Piece
Manuscripts in Early Imperial China: On the Conceptual Distinction Behind two Terms for Writing
Support," unpublished manuscripts。

与甲渠候官发现的同类文书具备劾、状两大部分不同，故恐怕不能称此类文书为"劾状"，只能称之为"劾"。①（三）格式方面，"劾"部分后接举劾官吏有关"劾"和其后传送予相关机关的两段呈文，两者连续书写，笔迹相同。

明了秦代"劾"的特点后，我们不妨把目光转向秦、汉初奏谳文书中引用的"劾"。以往一直认为这些文书引用的劾、鞫等案卷皆经过编辑删节，不复文书的原貌，此说十分正确，因为它们缺乏呈文之类文书正件，但这些被引用的"劾"，内容又是否经过删节呢？我们不妨看看以下几个例子：

·视狱：十一月己丑，丞暨劾曰：闻主市曹 064/1216 臣史，隶臣更不当受列，受棺列，买（卖）。问论。065/1315（岳麓书院藏秦简《为狱等状四种·芮盗卖公列地案》）②

十月己酉，劾曰：女子尊择不取行钱。问：辞（辞）如劾。鞫，审。·己未，益阳守起、丞章、史完论刑䞦尊市，即弃死市，盈十日，令徒徙弃冢间（益阳兔子山秦简 J9③：2）。③

刻（劾）曰：临菑（淄）狱史阑令女子南冠缴（缟）冠，详（佯）病卧车中，袭大夫虞传，以阑出关（张家山汉简《奏谳书》案例三）。④

---

① 此点亦见拙文《甲渠候官第 68 号探方出土劾状简册的复原与研究》，第 3~4 页。
② 朱汉民、陈松长主编《岳麓书院藏秦简（叁）》，上海辞书出版社，2013，第 129~130 页。
③ 此简之释文和照片均著录于湖南省文物考古研究所、益阳市文物处《湖南益阳兔子山遗址九号井发掘简报》，《文物》2016 年第 5 期，第 42~44 页。据发掘简报提供的信息，此简为两行木简，长 46.2、宽 2.5 厘米，和同井出土的秦二世即位诏书处于同一层位，时代应相当接近。按此简描述了女子尊择不取行钱一案的梗概，引述了案件的劾文，再依次讲述问、鞫和论等后续程序，编排和秦汉墓葬发现的奏谳书类文书十分接近，应俱撷取原始案卷而成，两者是否存在沿袭关系，值得将来进一步探究。又此条材料承张忠炜、鲁家亮先生提示，谨致谢忱。
④ 本文征引的《奏谳书》释文，皆据彭浩、陈伟、工藤元男主编《二年律令与奏谳书：张家山二四七号汉墓出土法律文献释读》，上海古籍出版社，2007，不赘。原整理者断为"丞暨劾曰：闻主市曹臣史，隶臣更不当受列"。劳武利（Ulrich Lau）和史达将"臣史"和"隶臣"视为并列关系，翻译成 "I heard that Geng, unfree clerk at the department of the market superintendent and a bond servant, was by law not entitled to take over a market stall," 可从。参 Ulrich Lau and Thies Staack, *Legal Practice in the Formative Stages of the Chinese Empire* (Leiden, Boston: Brill, 2016), pp. 152-153。

‥‥八年十月己未，安陆丞忠刻（劾）狱史平舍匿无名数大男子种一月（张家山汉简《奏谳书》案例十四）。

七月甲辰淮阳守偃刻（劾）曰："武出备盗贼而不反（返），其从（踪）迹类或杀之，狱告出入廿日弗穷讯，吏莫追求，坐以毄（系）者毋毄（系）牒，疑有奸诈（诈）。其谦（廉）求捕其贼，复（覆）其奸诈（诈），及智（知）纵不捕贼者，必尽得，以法论。"（张家山汉简《奏谳书》案例十六）

上举五例，首四例所引用的"劾"皆甚短，但由上所举秦代劾文书的实例，这类文书当时仅包括被劾者的罪名，内容相对简略，不像之后的劾状般详细记录案情。考虑到上引五段"劾"的时代，笔者倾向它们属于直接迻录自"劾"原件，没有大的删改，基本维持了原来的面貌。①

秦至汉初"劾"文书看似惜字如金的背后，似乎反映了当时的举劾程序与汉中期以后略有不同。按前贤据甲渠候官出土东汉初劾状指出，官吏必先对犯人罪行、犯案过程做出调查，了解案情的梗概后，才能正式举劾犯人，②然而，正如前文提到，秦至汉初的"劾"，内容不涉案情的调查。此可能因为举劾时根本还没有展开调查、验问的程序。如前引《芮盗卖公列地案》中，丞暨之"劾"在点明隶臣更的罪行后，辄言"问论"，可见在举劾的当下，仍没有对被劾者进行讯问。③兔子山秦简 J9③：2 显示的

---

① 按籾山明先生曾指出《奏谳书》是利用比较接近原型的官文书说明疑案判断的书籍，此处的结论或可作为籾山论断的脚注。参〔日〕籾山明《中国古代诉讼制度研究》，上海古籍出版社，2009，第 243～244 页。

② 参徐世虹《汉劾制管窥》，第 318～319 页；〔日〕宫宅洁《"劾"をめぐって—中国古代诉讼制度の展开—はじめに》，第 290 页。

③ 承史达提示，原整理者将"问论"语译成"问判决（如何）？"〔见朱汉民、陈松长主编《岳麓书院藏秦简（叁）》，第 290 页〕；而奏谳文书中，"问"往往指调查性的询问，目的在于核实案件提出的证据确实无误，对犯人的讯问一般表述为"讯"。〔详参 Anthony J. Barbieri-low and Robin D. S. Yates, *Law, State, and Society in Early Imperial China: A Study with Critical Edition and Translation of the Legal Texts from Zhangjiashan Tomb no. 247* (Leiden, Boston: Brill, 2015), p. 160.〕然而，从《张家山汉简·奏谳书》案例 22 所见，除单独的"问"和运用的"诊问"外，还存在以下两种"问"：1. "讯问"（讯问女子唅，曰："病卧内中，不见出人者。"）2. "谲问"（"举疑孔盗伤婢，即谲问黔首：有受孔衣器、钱财，弗诣吏，有罪。"）按"讯问"之"讯"不似和"问"断开，因为"讯"本身就带有"问"的意味。换句话说，"讯问"应该等同"讯"。又"谲问"之"谲"，意指隐密

情况也与此接近，简文先引述女子尊的劾，后接"问：辞（辞）如劾"，似乎在发出劾的当下仍没有讯问尊。虽然上举 1~4 则劾，除第一则为县丞收到他人的报告，另外三则皆属当场发觉、事实明显的案件，可能正因如此，举劾者即使不需验问，也能在劾里点明被劾者的罪名。

唯这并不说明只有情节相对简单的案件，才会在不验问的情况下举劾。对此，《奏谳书》案例 16 的记载更清晰。此案情节复杂，是牵涉多名高爵者和官吏的大案。案情记述淮阳守偃行县录狱时，收到新郪县长官信的爰书，讲述求盗甲报告从狱史武失踪，以及校长丙被扣押，但没有"系牒"，对之也没有"穷讯"。而淮阳守偃的劾，引述新郪信此前爰书的内容后，乃云"疑有奸诈"，并要求严加调查，"谦（廉）求捕其贼，复（覆）其奸諆（诈），及智（知）纵不捕贼者，必尽得，以法论"。此足以反映在淮阳守偃制作劾的时间点，只是感觉狱史武失踪良久，新郪县却消极对待，怀疑武已被杀、新郪方面有奸诈，但并未正式开始侦查的工作。综上所论，秦到汉初时，只有在"劾"发出后，案件的调查工作才会正式展开，和后来先案验、后举劾程序上颇有不同。

二 变化的征兆：西汉中期的劾文书

从上文的讨论，可知秦、汉初的"劾"和东汉初年的"劾状"，无论在文书格式还是内容皆出现很大的变化。若非文书正件的呈文仍有"某劾"的套语，我们甚至很难说它们属同一类文书。显而易见，这些变化绝非一蹴而就，必经历有西汉一代的逐步修改而来，唯囿于资料，此过程学界仍欠了解。所幸以下两条走马楼西汉简似对解决此疑问颇有裨益：

其事。案例 22 有"谞求证左，弗得"。《二年律令·金布律》亦曰："不幸流，或能产拯一人，购金二两；拯死者，购一两。不智（知）何人，狸而谞之。"又《急就篇》曰："乏兴猥狼逮谛谞求。"颜师古注："隐语也，谓侦伺官府利害，隐密其事，有所追求也。"从上所见，"谞"若用在法律相关的情况，似乎本身便有"隐密地询问"的意思，"谞问"的"问"似乎和"讯问"的"问"一样，属互文。又"诊"，《说文》曰："视也。"段玉裁注称："《仓公传》诊脉，视脉也。从言者，医家先问而后切也。"如段注是，则"诊"本身也有"问"的意味。也就是说，无论讯问还是"谞问"本身都是"问"的一种，加上考虑到"问论"后即接更、材、芮等涉案者的供辞，此处"问论"似应断读，代表讯问、论决两个步骤。

案：传舍、二千石舍西南向马厩二所，并衰丈五尺、广八尺。杜（牡）杫（牝）瓦各十九枚，竹马仰四，并鹿车一具，不见，磨败坏（简4①）

（……其余 11 牒……）

牒书传舍屋檐、垣坏败，门内户、扇、瓦、竹不见者十三牒。吏主者不智（知）数遁行，稍缮治，使坏败物不见，毋辩护，不胜任。

五年七月癸卯朔癸巳，令史援劾、敢言之：谨案：佐它主。它，鄹佐，前以诏遣故长沙军司马贾死烝阳。敢写移，谒移鄹，以律令从事。敢（简3②）

从简 3 "令史援劾"之语，可知此简属于"劾"文书的其中一简。前文既述，胡平生、宋少华提到简 3 "连同未刊的 12 枚简构成一个完整的关于传舍建筑及构件调查报告的文件"，"有的是屋墙或院墙垮塌，有的是屋瓦缺损，有的是大门、小门的门扇不见了，有的是水井的辘轳坏了，有的是磨粮食的磨坏了，有的是竹制的距马不知去向"。③ 虽然胡、宋二先生并未于文中列举其余 12 枚简，但据他们的描述，可判定简 4 与简 3 属同一简册。检图版，简 3 长二尺，为典型两行简，第一行写有 44 字、第二行 49 字。虽然现时尚未见简 4 的图版，但此简写有 43 字，应亦长两尺，假设宋少华先生征引的简文完整，此简当为单行。虽然如此，似不可因此说它们不属同一简册。相反，据一些编绳尚存的简册实例，单行札可跟两行编联，札作为附件在前，作为正件的呈文则以两行书写，接于其后，悬泉汉简《传车亶舉簿》《建昭三年付悬泉厩矨麦簿》等编绳尚存的简册，形

---

① 转引自宋少华《长沙出土的简牍及相关考察》，《简帛研究（2006）》，广西师范大学出版社，2008，第 257 页。按所谓"简 4"仅为宋文引述时所用的编号，说明此简是征引的第四枚走马楼西汉简，并非出土/整理编号。

② 此简照片著录于郑曙斌等编《湖南出土简牍选编》，岳麓书社，2013，第 271 页。同"简 4"，简 3 也只说明此简乃书中征引的第三枚走马楼西汉简，与出土/整理编号无关。又此简释文、句读版本甚多，此处参照了邬文玲的读法。参《秦汉简牍中两则简文的读法》，载中国文化遗产研究院《出土文献研究》第 15 辑，中西书局，2016，第 6～9 页。

③ 胡平生、宋少华：《走马楼汉简"牒书传舍屋墙垣坏败"考释》，载黎明钊编《汉帝国的制度与社会秩序》，Hong Kong：Oxford University Press，2012，第 430 页。

制皆如此。① 笔者怀疑这份简册亦如是，简 4 在内的 12 枚单行札，描述了传舍、二千石舍种种问题的调查详情，后接记述案情总结、举劾者案语、简册呈文的简 3。据胡平生、宋少华考述，"五年七月癸卯朔癸巳"应系长沙顷王附朐五年，即汉武帝太始元年（前 96 年），② 与上部所列秦、汉初文书年代相差百余年，可知此简册反映了西汉中期劾文书的实态。

此外，从简 4 在"案"后描述"传舍、二千石舍西南向马庑二所，并衺丈五尺广八尺"，显然是为之后的各项陈述提供背景，很可能是简册首简。换言之，简 4、简 3 极可能分属简册的首、尾二简。虽然劾文书内容尚未完全公布，但此二简使我们能大致窥见文书的格式。简 4 显示，汉中期的劾以"案"开始，结合胡、宋二先生的转述，以及简 3 "牒书传舍屋橧垣坏败，门内户扇瓦竹不见者十三牒"的总结，"案"之后的内容应涉及传舍、二千石舍"屋橧垣坏败，门内户扇瓦竹不见"的具体项目，这无疑是实地案验后的结果，似表明当时的举劾已由秦、汉初的先举劾、后案验一变为先案验、后举劾。虽然前引走马楼西汉简劾文书尚未公布完整释文，暂不能得知它是否已像甲渠候官发现的东汉初同类文书般，出现前劾后状的结构（关于此结构可参下节），但由公布材料可见，走马楼劾文书在点明被劾者所犯罪行前，先花费绝大部分篇幅详述其具体内容，可见劾文书的重点已由单纯指出被劾者的罪行，转变到案情的调查过程。

其次，走马楼劾文书的呈文格式也较秦、汉初有所变化：

里耶秦简：

正月壬申，启陵乡守绕劾。

卅三年正月壬申朔朔日，启陵乡守绕敢言之：上劾一牒。☑8 - 651

走马楼西汉简

---

① 侯旭东早已指出此特点，参《西北所出汉代簿籍册书简的排列与复原——从东汉永元兵物簿说起》，《史学集刊》2014 年第 1 期，第 62~63 页。又张忠炜复原居延新简"购偿科别"简册后，也发现复原的册书以两行简书写呈文、以牒的形式书写关于购赏的具体规定，可并参［见《〈居延新简〉所见"购偿科别"册书复原及相关问题之研究（修订本）》，载氏著《秦汉律令法系研究初编》，社会科学文献出版社，2012，第 230 页］。

② 胡平生、宋少华：《走马楼汉简"牒书传舍屋墙垣坏败"考释》，第 427 页。

　　五年七月癸卯朔癸巳，令史援劾、敢言之：谨案：佐它主。它，鄟佐，前以诏遣故长沙军司马赍死烝阳。敢写移，谒移鄟以律令从事（简3）。

稍一对比，不难发现简3呈文中的"令史援劾、敢言之"，实际融合了8-651"某劾＋某敢言之"两段呈文，形成一个主语、两个动作（"劾"和"敢言之"）的并列句式，[1] 即便把眼光放宽至全体秦汉官文书，类似句式的套语也极其罕见，[2] 可谓汉中期劾文书独特的语言特征。按出土劾文书显示，举劾者往往跟将文书上呈者身份相同，如前引两条里耶秦简，8-651举劾者和上呈者皆启陵乡守绕，8-671＋8-721＋8-2163的举劾者为尉守建、尉史午，上呈者为尉守建；甚至举劾、上呈文书也是同一天，如8-651皆正月壬申，8-671＋8-721＋8-2163皆戊子日。如剔除这些重复内容，自然就能得到"某劾，敢言之"的句式。换句话说，新的句式只是原本两段呈文高度浓缩的版本。笔者怀疑，省略的主要目的，应为减省文书的制作时间，从而提高写作效率。值得注意的是，除开首的"案"，走马楼劾尚有第二个"案"，即简4呈文的"谨案：佐它主。它，鄟佐，前以诏遣故长沙军司马赍死烝阳"。主要目的为补充主要权责者的身份（名字、职位）和最新动向等信息，用意亦非概括被告之罪行。事实上，劾文书呈文的格式变易并不局限于长沙地区，同时代西北地区的汉简也出现了类似改变。按居延汉简有以下两简：

　　始元年十月甲辰朔戊辰，第二亭长舒劾、敢言之：捕275.10
　　得常有、程生。写移居延狱，谒以律令从事。275.13

这两枚简出土于A10瓦因托尼，一般相信为通泽第二亭所在。两简笔迹相同，鹰取祐司已指出应属一份劾文书的呈文。[3] 呈文的纪年为昭帝始元元

---

[1] 这种格式改变的前设就是举劾者和呈交文书者相同。从现有秦汉劾文书的例子，举劾者一般就是呈交文书的人，无一别外，因此才让这种变易成为可能。
[2] 管见所及，较接近的句式仅"敢告某某、告某"和"敢告某某、谓某"。前者见里耶秦简16-5背"三月丙辰，迁陵丞欧敢告尉，告乡、司空、仓主"，后者见悬泉汉简I0309③：222："十月己卯，敦煌太守快、丞汉敢告部都尉卒人、谓县"，但仍与劾文书有差异。
[3] 〔日〕鹰取祐司：《居延汉简劾状册书的复原》，宫长为译，第736页。

年（前 86 年），晚走马楼之刻刚好十年，皆属西汉中期的产物。比较之下，两段呈文制作地点虽一北一南，结构却惊人一致，皆为"年月日+某刻、敢言之+被刻者讯息+写移，谒某狱以律令从事"。此除反映文书"式"效力的无远弗届，走马楼的个案并非孤例，① 也不啻表明最迟至汉武帝时，刻文书的格式和内容已较汉初分别甚大。

呈文格式改变的确切时间暂不可考，但走马楼西汉简下简值得注意：

四年五月甲子朔庚寅，案事长沙相史驾、武陵守卒史纵、辰阳令史野刻。

六月丙申，案事长沙相史驾、武陵守卒史纵移辰阳：以律令从事，言央（决）② 相府。/相史驾、卒③史纵（简 1④）

① 按悬泉汉简 IT0114④：278 为刻文书呈文的格式简："亭长某敢言之：谨刻（刻）。写移，将致甲丙某狱，以律令从事。敢言之"（张俊民：《悬泉汉简所见文书格式简》，《简帛研究 2009》，广西师范大学出版社，2011，第 131 页）。此简记载的格式与上引走马楼西汉简、甲渠候官所见的呈文格式略有不同，先以惯用的"敢言之"套语起首，再于内文提出"谨刻"。按此简属第四层堆积，虽无纪年，但悬泉汉简整理者提到："第四层为西汉宣帝至昭帝后段堆积……出土简牍有元平、本始、地节、元康、神爵、五凤、甘露等纪年。"（胡平生、张德芳编《敦煌悬泉汉简释粹》，上海古籍出版社，2001，"前言"，第 2 页）是以它的年代应较前引走马楼西汉简、甲渠候官稍晚。按秦汉官文书的格式简修改自实际文书，IT0114④：278 是否代表刻呈文出现变化，又或表现了文书格式的地域差异，现时尚不能断言。事实上，马增荣比较甲渠候官出土的直符书后，也指出它们的格式虽大致相同，但直符书之间仍有小异（参《汉代地方行政中的直符制度》，第 5 页）。因此似乎同类文书间格式存在微少差异是被允许的。

② 宋文所引释文释"史"。按此简虽不见图版，但"史""央"于隶书容易混淆（其字形之分别详可参陈伟《里耶秦简中的"央"》，武汉大学简帛研究中心简帛网，http://www.bsm.org.cn/show_article.php?id=1916，2013 年 9 月 26 日）。所谓"言决"即"上报判决内容"之意，于秦汉出土文书常见，如里耶秦简 8-61+8-293+8-2012 即云："六月丙午，洞庭守礼谓迁陵啬夫：□署，迁陵丞论，言央（决）。署中曹发"；8-1516："廿六年十二月癸丑朔庚申，迁陵守禄敢言之：沮守瘳言：课廿四年畜息子牛钱殿，沮守周主为新地吏，令县论，言央（决）。"此简的举刻者为案事长沙相史驾、武陵守卒史纵、辰阳令史野刻，从"案事"之语推想，似乎长沙相史驾受命调查某案，但举刻后史驾、守卒史纵不直接审理案件，而是交由辰阳县执行余下的诉讼程序，之后再把判决结果通报长沙相府，故此处"史"改"央（决）"似较合适。

③ 宋文所引释文释"率"。按此处应系长沙相史驾和武陵守卒史纵的署名，参考其他行政文书，署名体例多作"职位+名"，"率史纵"不合文理，应"卒"之误。

④ 转引自宋少华《长沙出土的简牍及相关考察》，第 257 页。"简 1"仅为宋文引述时所用的编号，说明此简是征引的第一枚走马楼西汉简，并非出土/整理编号。

检历谱，西汉五月为甲子朔的年份计有汉武帝元朔四年、征和四年，宣帝神爵四年，平帝元始五年等。唯走马楼西汉简的年代普遍较早，且其他纪年简存在"五年八月丁亥朔戊申"、①"五年九月丙辰朔"②等干支，密合武帝元朔五年历谱，前者更提到"便侯相嘉"，考虑到便侯国在武帝元鼎五年（前112）被削，③可肯定前两处"五年"纪年必在元鼎五年前，最有可能是武帝元朔五年（前125）。如此类推，此简中的"四年"最有可能为元朔四年（前126），应即长沙戴王刘庸四年。④按此简尚保留秦至汉初劾文书呈文"某劾+某敢言之"的旧格式，可知旧格式直到元朔四年还通用于长沙国。也就是说，前文所言呈文的变化应发生于该年至太始元年这三十年间。

综上所论，根据已公布的资料，西汉中期的劾格式上大致可分成三部分：一、案验详情（案：……）。二、总结调查结果，概括被告所犯罪行（牒书……不胜任）。三、呈文（年月日+某劾、敢言之+被劾者讯息+写移，谒某县某狱以律令从事）。相比秦、汉初同类文书，这段时间的劾出现了两大变化：首先，早期的劾仅包括被劾者罪名，至汉中期时新增了案验部分，详细叙述案件的调查经过，导引出被劾者的罪名，似暗示当时的举劾已由秦、汉初的先举劾、后案验变为先案验、后举劾。同时为避免重复，西汉中期劾文书的呈文也较早期简化，把原本两句的呈文浓缩成一句。

三 "劾状"的出现：西汉末至东汉初的劾文书

从上节所论，可知西汉中期的劾文书，较之秦、西汉初已出现相当大

---

① 转引自宋少华《长沙出土的简牍及相关考察》，第 257 页。全简释文作："五年八月丁亥朔戊申便侯相嘉移临湘少府大仆江陵临诅（按：沮？）□□□夷道案赎罪。"

② 《湖南出土简牍选编》著录之走马楼西汉简中的简 7 和简 10 皆拥有此纪年，分别见郑曙斌等编《湖南出土简牍选编》，第 273～274 页。

③ （汉）班固撰，（唐）颜师古注《汉书·高惠高后文功臣表》，中华书局，1962，第 618 页。

④ 按《汉书·诸侯王表》记刘庸于元朔二年即位，四年应合元朔五年，唯同传记刘庸父刘发于"孝景前二年（前 155 年）立"，二十八年薨（《汉书》，第 2426～2427 页），折合正为元朔元年，颇疑刘庸于父死当年便即位改元，方出现元朔四年等长沙戴王刘庸四年的结果。

的变化。然而，劾文书格式的变化并未就此停止，随时间推移，劾文书的篇幅进一步膨胀，至迟在西汉末发展出先劾后状的"劾状"格式，其典型例子即甲渠候官第68号探方出土的八份东汉光武帝建武五、六年（公元29~30年）的劾状。值得注意的是，当时河西虽奉光武年号，但实际仍处于窦融控制之下，^① 因此严格来讲这批劾状不属东汉政府的产物。事实上，居延汉简25.4记"居摄三年（公元8年）十月甲戌朔庚子，累虏隧长彭敢言之：谨移劾状一编。敢言之"。格式用语和甲渠候官68号探方的劾状完全相同，可见甲渠候官的劾状，主要反映了西汉末至新莽时代劾文书的面貌。前文既述，学界此前对于劾文书的识知，大多建基于这批劾状，研究甚夥，笔者在此亦不想赘述过往研究，仅欲讨论部分尚有争议的论点，以及透过比较劾状和西汉中期劾文书，探讨两者的格式变迁。为讨论之便，兹先以其中一份"令史立劾状"简述当时劾状的格式（见表1）。

表1　"令史立劾状"

正/附件	构件	释文[1]
附件	劾	乃九月庚辰，甲渠第四守候长居延市阳里上造原宪，与主官24……人，谭与宪争斗。宪以剑击伤谭匈一所，骑马南去。候实时与令史25立等逐捕。到宪治所不能及。验问隧长王长，辞曰：宪带剑，持官弩一、箭十一枚、大 26A 革囊一，盛糒三斗、米五斗，骑马阑越隧南塞天田出。案：宪斗伤☑盗官兵、持禁物、阑越于边关徼亡，逐捕未得，它案验未竟。23
	状	状 辞 曰：上造，居延累山里，年卅八岁，姓周氏。建武五年八月中，除为甲 16 渠官斗食令史，备寇虏盗贼为职。至今月八日，客民不审 17 ☑……让持酒来往候，饮。第四守候长原宪诣官。候赐宪、主官谭等酒，酒尽，让欲去☑ 18 候复持酒出，之堂煌上饮，再行酒，尽，皆起。让与候史候□☑ 19……夏侯谭争言斗。宪以所带剑刃击伤谭，匈一所广二寸20，长六寸，深至骨。宪带剑，持官六石具弩一、棨矢铜镞十一枚，持大 21 革囊一，盛糒三斗，米五斗，骑马阑越隧南塞天田，出西南去。以此知而27 劾，无长吏教使劾者，状具此。28

---

① 李均明：《居延汉简编年——居延编》，新文丰出版股份有限公司，2004，第217页。关于东汉初年河西的局势，详见张忠炜《〈居延新简〉所见"购偿科别"册书复原及相关问题之研究（修订本）》，第232~241页；又钟良灿亦指出窦融政权于建武三年正月（公元27年）开始采用建武年号。参《两汉之际河西所奉正朔考——以居延汉简年号简为中心》，《内蒙古大学学报》（哲学社会科学版）第49卷（2017年3月），第66页。

正/附件	构件	释文[1]
正件	文书 B	建武五年九月癸酉朔壬午,甲渠令史立劾。移居延 14 狱,以律令从事。15
	呈文 A	建武五年九月癸酉朔壬午,令史立敢言之。谨移劾劾状☐ 13
	中转文书 C	九月壬午,甲渠候☐移居延:写移。书到,如律令。/令史立 79

注:[1] 简册排序参拙文《甲渠候官第 68 号探方出土劾状简册的复原与研究》,第 53 页。

正如笔者指出,甲渠候官第 68 号探方的劾状,大致可分成 1. 劾,2. 状,3. 呈文(依次为文书 B、呈文 A、中转文书 C)三大部分,前两者为附件,呈文属正件。格式方面,"劾"部分以叙述案情开始,夹杂初步的调查成果,如证人的供辞,最终以概括被劾者罪行的"案"结束。"状"部分格式较明确,一般以"状辞曰"/"劾状辞曰"/"状曰"开始,后接举劾者的身份等个人信息,用"以此知而劾,无长吏教使劾者,状具此"的套语结束,中间主要描述"劾"部分未曾提到的案件细节,劾、状内容虽雷同,但侧重点还是有点不同。①

现时学界就劾状呈文 A、文书 B、中转文书 C 的排列位置、次序,尚存争议。以往学界一般将三段呈文分置于劾、状前后,笔者曾分析劾、状、三段呈文笔迹,认为劾、状应连读,三段呈文应以文书 B、呈文 A、中转文书 C 的次序,列于状后。唯刘庆反对此方案,认为"以笔迹来判'劾'、'状'部份与呈文的关系存在一定风险",且"秦汉出土文书以'呈文(常见'敢言之'之语)+主体内容+呈文'形态呈现的事例甚多",最终采用"呈文 1 + 劾 + 状 + 呈文 2 + 转呈文 3"的排列方式。② 诚然,笔迹分析存在主观性,不能作为简册复原的唯一根据,但正如笔者曾

---

① 笔者曾指出"劾"的重心不在案情叙述的精确性,而是以案件侦查过程的记录,得出对被告罪行判断的"案"。而状的重点在精确地叙述、补充"劾"未曾提到的案件细节,而不在侦查验问的过程。(参拙文《甲渠候官第 68 号探方出劾状简册的复原与研究》,第 56~57 页。)刘欣宁则沿着佐原康夫和鹰取祐司的思路,将状部中的"辞曰"联系口头发言,认为劾部以书面提出,状则是举劾者的口头叙述,由其他官吏书写录下。劾和状"内容多数相同,少数却有较大出入,反映同一举劾者的文字与口述可以完全相同,也可以详略或重点有别。"(参氏著《秦汉诉讼中的言辞与书面证据》,载李宗焜主编《古文字与古代史》第 5 辑,中研院历史语言研究所,2017,第 347~348 页)

② 刘庆:《也论秦汉司法中的"状"文书》,《国学学刊》2015 年第 4 期,第 117 页;《秦汉告、劾制度辨析》,第 55~56 页。

指出，第 68 号探方出土这批劾状，簿书和三则呈文之间的笔迹差异相当明显，加上刘先生似未举出"呈文（常见'敢言之'之语）＋主体内容＋呈文"的具体用例，斟酌之下，其说似稍欠说服力。事实上，侯旭东在全面分析出土汉代行政文书中编绳尚存的简册后，发现"无论是定期文书与不定期文书，均是先列簿书，最后是文书"；① 而这种格式亦符合秦代行政文书的常态，反映了秦汉官文书制度的承袭关系。② 侯先生的观察恰可佐证劾状简册中，三段呈文应置于劾状后的方案，值得重视，故本文仍沿用之前的复原方案。

比照走马楼的劾和甲渠候官劾状，不难发现两者格式的差异。两者最关键的不同，便为"案"的位置。正如学者指出，劾状的"案"即"举劾者在初步侦查后，概括被告所犯罪行的句子"。③ 唯此认识主要根据甲渠候官出土的劾状，现在看来，未必适用于其他时代的"劾"文书。以前述走马楼"劾"为例，"案"写于文书的起首，涵盖所有调查过程的叙述，和甲渠候官"案"的作用不可同日而语。事实上，若将"案"定义为对被告所犯罪行的概括，走马楼劾文书唯一符合此定义的，只有"吏主者不智（知）数通行，稍缮治，使坏败物不见，毋辩护，不胜任"一句。可以说，甲渠候官的"案"，指涉范围较西汉中期的劾文书狭窄。

除"案"指涉范围的差异，甲渠候官劾状交代被劾者身份的位置，也较西汉中期劾状有所改变。上节提到，西汉中期的劾，有关被劾者的身份资料附记于呈文内，如走马楼西汉简的"谨案：佐它主。它，鄙佐，前以诏遣故长沙军司马贲死烝阳"、居延汉简"捕得常有、程生"皆是。唯甲渠候官劾状显示，这类资料被移至劾部分的最开始，如上文所列的劾，首句便言"乃九月庚辰，甲渠第四守候长居延市阳里上造原宪"；如被劾者不止一人，也会一一交代，如 EPT68：59～60 劾提到"乃今月三日壬寅，居延常安亭长王阂、阂子男同、攻房亭长赵常、及客民赵阂、范翁一等五

---

① 侯旭东：《西北所出汉代簿籍册书简的排列与复原——从东汉永元兵物簿说起》，第 67 页。
② 侯旭东：《西北所出汉代簿籍册书简的排列与复原——从东汉永元兵物簿说起》，第 69～71 页。
③ 参拙文《甲渠候官第 68 号探方出土劾状简册的复原与研究》，第 55 页。

人俱亡"。这种改动强调了被劾者的身份，交代的资料也较前细致，涵盖被劾者的官职、籍贯、姓名、爵位、年岁等事项，如EPT68：4劾记"甲渠塞百石士吏，居延安国里公乘冯匡，年卅二岁"。这是否代表正式举劾前的案验，较西汉中期更加细密，掌握的资料也更多？囿于史料，暂未能解答此疑问，聊记于此。

最后，甲渠候官和西汉中期劾文书于呈文上亦有差异。上文提到，西汉中期劾文的呈文，将秦至汉初的两段呈文省略为"年月日＋某劾、敢言之＋被劾者讯息＋写移，谒某县某狱，以律令从事"的结构。唯从甲渠候官劾状所见，西汉末至东汉初之劾文书，呈文却再度出现变化。按第68号探方较完整的呈文样式如下：

> 建武五年五月乙亥朔丁丑，主官令史谭劾：移居延狱，以律令从事。EPT68：1
> 建武五年五月乙亥朔丁丑，主官令史谭敢言之：｜谨移劾状一编。敢言之。EPT68：7
> 五月丁丑，甲渠守候博移居延：写移，如律令。／掾谭 EPT68：3

显然易见，上引呈文的头两则（文书B、呈文A）实分离西汉中期劾呈文而来，使劾状呈文回到近似秦至汉初的格式。当然，这不代表劾状呈文全然复古；相反，新式呈文保留了西汉中期新增的"移某狱，以律令从事"套语，反映两者的承袭关系。这种新式呈文的出现时间暂不可考，但正如前文所言，孺子婴居摄三年的劾状呈文，格式已与建武初年无别，而肩水金关简73EJF3：340亦存在"始建国五年九月壬午朔辛亥，候长劾。移昭武狱：以律□十？"样式的呈文，可见这种格式最迟在王莽摄政时已通行于西北边区，并获之后的新莽政府袭用。这种改变的缘由，传世、出土文献均未言及。从实用角度推测，"某劾、敢言之"的呈文虽精简，类近套语却极其少见，可能造成官吏理解的不便，最终中央政府乃决定改回原来的样式。

事实上，劾文书这种膨胀化似也符合西汉中期以来律令的发展。《汉书·刑法志》对此有一段著名的记述：

　　及至孝武即位，外事四夷之功，内盛耳目之好，征发烦数，百姓
贫耗，穷民犯法，酷吏击断，奸轨不胜。于是招进张汤、赵禹之属，
条定法令，作见知故纵、监临部主之法，缓深故之罪，急纵出之诛。
其后奸猾巧法，转相比况，禁罔寖密。律令凡三百五十九章，大辟四
百九条，千八百八十二事，死罪决事比万三千四百七十二事。文书盈
于几阁，典者不能遍睹。①

　　针对律令条文的冗赘，元、成二帝皆曾下诏要求整理减省，"议减死刑及
可蠲除约省者"，惜收效甚微，"徒钩撧微细，毛举数事，以塞诏而已"。②
正如韩树峰指出，两汉律令条文冗赘的问题一直未能解决，直至魏晋重订
新律才达成清约化。③ 由此看来，劾文书的篇幅自秦、汉初以来便不断膨
胀，至西汉末更发展出劾状这种内容重复的格式，把精简的呈文改回重复
度较高的版本，似也暗合西汉中期以来律令膨胀化的发展趋势。诚然，劾
文书和律令性质殊异，两者的发展未必存在必然关系，但无论是律令还是
劾之类的法律文书，都产生于同一文化背景，由同一批人（皇帝、官僚）
制定、运用，因此是否律令篇幅的日益繁杂，也会影响到劾文书的内容？
当然，这不过是一己想象而已。

四　"复古"的劾：东汉中期的劾文书

　　"劾状"的出现，标志着劾文书膨胀化的极致。虽然理论上劾、状两
部分各有功能，可两相参照，生互见之效，但从甲渠候官出土的劾状看
来，劾和状分别甚少，后者甚至往往全盘迻录前者的内容，唯一不同仅在
"状"部分会于前后加上独有套语和举劾者的个人信息。换言之，在实际

---

① 《汉书·刑法志》，第 1101 页。
② 《汉书·刑法志》，第 1103 页。
③ 对于汉晋法律的繁琐和魏晋间逐渐清约化过程，详参韩树峰《汉晋法律的清约化之路》，
《中央研究院历史语言研究所集刊》第 86 本第 2 分（2015 年 6 月），第 271～315 页。又
徐世虹先生亦指出律令这种繁杂的局面，"提示所谓当朝律令是一个由若干单篇律或令构
成的体系，其外在并无一个具有稳定长远意义的总括定名"，见《文献解读与秦汉律本体
认识》，《中央研究院历史语言研究所集刊》第 86 本第 2 分，第 238 页。

操作上，"劾状"并不能发挥应有的作用，反而造成劾文书内容极其重复，徒添冗赘。

然而，新公布五一广场东汉简中所包括的两枚东汉中期的劾文书，这种情况似有所改变。兹先以表格形式将两牍释文依据文书结构分列如下（见表2）：

表 2　五一广场东汉简牍 CWJ1③：201-1 和 J1③：281-5A 劾文书内容、结构对照表

文书结构	J1③:281-5A[1]	J1③:71-26[2]
被劾者[3]居住地	案（?）：都乡利里大男张雄，南乡匠里舒俊、逢门里朱循、东门里乐竟，中乡泉阳里熊赵，皆坐。	·案：都乡溇阳里大男马胡、南乡不处里区冯，皆坐。
被劾者身份	雄，贼曹掾；俊、循，史；竟，骖驾；赵，驿曹史；驿卒李崇，当为届甫证。	冯，生不占书。胡，西市亭长。
案情	二年十二月廿一日，被府都部书逐召崇，不得。	今年六月……胡、冯及泛所从□☑汝曹护我。胡、冯、亥、建可即俱之老舍门。泛令亥、建、冯入老舍，得一男子，将□□以将老出门。泛以……以□持矛刺老，□□□☑建，辜二旬内，其时立物故。
调查结果	雄、俊、循、竟、赵典主者掾史，知崇当为甫要证，被书召崇，皆不以征遝（逮）为意，不承用诏书，发觉得。	泛、胡、建、冯、亥谋共贼杀人，已杀。泛本造计谋，皆行。胡……名数……冯□建格，物故。亥、建及泛等别劾……☑
呈文	永初三年正月壬辰朔十二日壬寅，直符户曹史盛劾、敢言之：谨移狱，谒以律令从事，敢言之。	永元十六年七月戊午朔十九日丙子，曲平亭长昭劾、敢言之：临湘狱以律令从事。敢言之。

注：

[1] 此木牍图版见长沙市文物考古研究所《湖南长沙五一广场东汉简牍发掘简报》，《文物》2013 年第 6 期，图十五，第 14 页；释文见同文第 21 页。此处释文参考了第 132 页注 2 所引孙兆华论文。

[2] 长沙市文物考古研究所、清华大学出土文献研究与保护中心、中国文化遗产研究院、湖南大学岳麓书院编《长沙五一广场东汉简牍选释》，中西书局，2015，第 122 页。此处释文参考了马力《长沙五一广场东汉简牍举劾文书初读》，第 212 页。

[3] 按被劾者不完全等同涉案者，如 J1③：71-26 言"泛、胡、建、冯、亥谋共贼杀人"，但此文书只举劾了马胡、区冯二人，"亥、建及泛等别劾"，可知后者指涉范围较前者广。

据表2，两件劾文书约可分为五大部分，结构大致相同：它们皆由"案"开始，再列举涉案人士的个人资料，然后叙述案情，导致出被劾者的罪名，最后以举劾者的呈文结束。① 现时针对五一广场出土劾文书的研究，皆因文书以"案"开始，认为它们属于劾状之"劾"的后半部分，缺少"状"的部分，并不完整。② 正如本文开首提到，学界对于劾文书的认知，大多建立于甲渠候官出土东汉初的劾状，以上观点也不例外，同样假设劾文书必存在"状"。

然而，考虑到两件劾状的形制和内容特点，笔者认为它们就是完整的劾文书，没有残缺。据《选释》，J1③：71-26 残长 35.5 厘米，宽 7 厘米，从残存文字推断，木牍缺失的文字不少，笔者相信它原本应长二汉尺，约合今 47 厘米。现时尚未见二尺长木牍与他简编联的例子。更重要的是，《选释》提到木牍无编痕，书手抄写时也没有预留空间予编绳，由此观之，此木牍是否真连接其他简/牍，颇值怀疑。事实上，从形制推断，J1③：71-26 的劾文书属"单独简"的可能性甚高。

另一份编号 J1③：281-5A 的劾文书情况有点特殊：检图版，此牍第一行"匠"和"里"，"东"和"门"；第二行"部"和"书"，"俊"和"循"之间皆留有空间，骤眼看似应与其他牍/牒编联。唯细观全牍，此两处留空均位于木牍的前三份一，此下再看不到有留空，这意味着一旦木牍被加上编绳，反而可能因受力不均而容易断裂。此外，文书呈文一行虽也在"朔""十"间留有空间，且与第一、二行所留空间相连，但"东"和"门"，"俊"和"循"处却径书一"史"字，没有留空。换言之，如果加上编绳，呈文的"史"字将遭掩盖。事实上，和 J1③：281-5A 密切相关的 J1③：201-30 鞫（详见下文），也存在同样现象，而且两枚木牍留空的位置颇为一致。这可能表示它们虽然没有被编联，但可能以某种方式捆绑在一起。又或预留空间给编绳是该书手抄写其他文书时养成的习惯，后

---

① 马力亦曾据 J1③：71-26 研究五一广场劾的结构，参《长沙五一广场东汉简牍举劾文书初读》，第 213 页。

② 此说首先由简牍整理者于发掘简报提出，就笔者所见，其后研究者皆沿用此观点。参长沙市文物考古研究所《湖南长沙五一广场东汉简牍发掘简报》，第 21 页。李均明：《长沙五一广场出土东汉木牍"直符"文书解析》，第 36 页；《长沙五一广场东汉简牍考证八则》，第 109 页；杨小亮《略论东汉"直符"及其举劾犯罪的司法流程》，第 183 页。吴雪飞：《长沙五一广场东汉木牍相关法律用语探析》，第 191 页；姚远《长沙五一广场东汉简牍释译》，第 277 页；马力《长沙五一广场东汉简牍举劾文书初读》，第 213 页。刘庆：《秦汉告、劾制度辨析》，第 54 页。

来他意识到 J1③：281 – 5A 实不需编联，便不再预留位置；又或这些空间根本不是给编绳预留。不论如何，J1③：281 – 5A 的形制和 J1③：71 – 26 完全相同，本身应也属"单独简"。

若分析五一广场劾文书的内容特征，也可知它属完整文书。马力曾指出东汉初劾状劾文的主要部分，在 J1③：71 – 26 里皆被放进了"'案'，顺序也作了调整，比较显著的是被举劾案犯的个人情况被提前，紧接在'案'的提示语之后"。① 马力指出五一广场劾文书"案"的位置有异于甲渠候官劾状，甚有见地，可惜他仅将其归因为亭长昭的举劾方式，未察觉这种改变背后的意义所在。事实上，从前文的论述，可知西汉中期的劾文书亦以"案"开始，正与五一广场劾文书相同。此外，前文提到，西汉中期劾文书之呈文格式乃"年月日 + 某劾、敢言之 + 被劾者讯息 + 写移，谒某狱以律令从事"，无独有偶，此和五一广场简之呈文完全一致，异于甲渠候官出土的东汉初劾状。② 由此看来，与其断言五一广场出土的两份东汉中期劾文书缺少了"状"的部分，不如说它们更贴近西汉中期的劾文书的格式，出现一种复古倾向。

当然，五一广场的劾文书也非单纯复古。分析两件劾文书的内容，可发现它们和东汉初劾状的承袭关系仍然明显。如五一广场劾中，被劾者的身份资料并不如西汉中期劾般，附记在呈文，而是像东汉初劾状般在一开始交代。虽然如此，五一广场的劾文书也跟东汉初劾有一点不同：五一广场劾对被劾者的个人资料有更细致的分类。按文书在"案"后，即先列举被劾者的居住地（乡、里）、性别和姓名，之后才逐一复述他们的身份，如 J1③：71 – 26 先言"都乡滼阳里大男马胡、南乡不处里区冯，皆坐"，之后再说"冯，生不占书。胡，西市亭长"，此与甲渠候官劾状以较传统的"名、爵、县、里、年、姓"方式，连续书写被劾者身份略有不同。可

---

① 马力：《长沙五一广场东汉简牍举劾文书初读》，第 218 页。
② 顺带一提，马力以五一广场劾文书的呈文为例，认为甲渠候官出土劾状，"发文 A 应该不附在文书 B 之后"，并举出两点理由："第一，文书 B 所在的书写空间足以容纳下发文 A，但相应位置只有文书 B；第二，木牍的出土地点位于古长沙的中心位置，应是东汉临湘县狱和县廷的所在地。木牍发现于此，说明整件文书最初就是以'文书 A + 文书 B'的形式撰写并移送到县狱的。"（见《长沙五一广场东汉简牍举劾文书初读》，第 220 页）然而，从本文所论，可知五一广场出土劾的呈文融合了甲渠候官呈文中的发文 A 和文书 B，因此马先生所提的问题似不成立。

以说，五一广场劾文书除省略了举劾者的个人资料，所包含的信息基本等同东汉初的劾状，篇幅却少了前者近一半。

值得注意的是，五一广场东汉简显示，当时劾与鞫内容密切相关，如编号 CWJ1③：201－1 的一件鞫文书：

> 鞫：雄、俊、循、竟、赵，大男，皆坐。雄，贼曹掾；俊、循，史；竟，骖驾；赵，驿曹史；驿卒李崇，当为屈甫证。二年十二月廿一日，被府都部书逐召崇，不得。雄、俊、循、竟、赵典主者掾史，知崇当为甫要证，被书召崇，皆不以征逯（逮）为意，不承用诏书，发觉得。直符户曹史盛劾。辞如劾。案：辟都、南、中乡，未言。雄、俊、循、竟、赵辞皆有名数，爵公士以上。癸酉赦令后以来，无它犯坐罪耐以上，不当请。
>
> 永初三年正月十四日乙巳，临湘令丹、守丞晧、掾商、狱助史护，以劾律爵咸（减）论，雄、俊、循、竟、赵耐为司寇，衣服如法。司空作，计其年。
>
> CWJ1③：201－1B
>
> 得平

显然易见，CWJ1③：201－1 鞫的内容和 J1③：281－5A 之劾密切相关：鞫文书一开始"雄……当为屈甫证"，实摹写自劾开首一段交代被劾者、居住地身份的部分。其后"二年十二月……发觉得"，甚至直接抄自劾，文字完全相同。在交代劾者身份（直符户曹史盛）后，更说"辞如劾"，即被劾者之后的供辞与劾所记载完全相同，没有改动、补充。此部分后，即转至以"案"的形式补充被劾者某些背景资料（名数之有无、爵位、赦令后有否干犯/被连坐耐罪以上罪行），以及记载对被劾者的论罪两部分。不难发现，鞫大部分内容皆沿袭劾，没有对举劾前的调查作任何补充、修改。这种雷同现象可能因为"鞫亦可指所审案件"，因此文书也"包含了劾鞫论基本要件"，可视作"对已发生的司法程序的概括、提要"。①

---

① 此承徐世虹先生提示，十分感谢。

当然，由狱史负责的一般讯问和鞫中的讯问性质迥异，前者是预审，后者由县令、丞等有权做出判决的长官主宰，是"司法程序中最核心的审理程序"，因此即使鞫中说"辞如前"，不代表没有再次讯问犯人。① 不论如何，此案鞫文书显示，案件的调查在举劾前已完成，之后主要是核实供辞，完成诉讼程序。这固然可能因此案所涉只是官吏的渎职，性质比谋杀、伤人等案件轻微，验问过程中被劾者推翻之前口供的机会较低，调查因而较简单，但也不啻说明劾在当时诉讼程序中的重要性。

此外，CWJ1③：201－1 和 J1③：281－5A 两件文书的字迹也相当值得注意。比较两件文书的文字，可见它们应抄自一人之手。兹分别撷取了内文"被府都部书逐召崇不得"和呈文"永初三年正月"两组文句，逐字比较其字形（见表3、表4）。

表3　CWJ1③：201－1 和 J1③：281－5A "被府都部书逐召崇不得"字形对比表

简号	被	府	都	部	书
CWJ1③:201－1A					
J1③:281－5A					
	逐	召	崇	不	得
CWJ1③:201－1A					
J1③:281－5A					

表4　CWJ1③：201－1 和 J1③：281－5A "永初三年正月"字形对比表

简号	永	初	三	年	正	月
J1③:201－1A						
J1③:281－5A						

① 分见朱汉民、陈松长主编《岳麓书院藏秦简（叁）》，第110页、注39；〔日〕籾山明《简牍文书学与法制史——以里耶秦简为例》，收入柳立言编《史料与法史学》，中研院历史语言研究所，2016，第62~63页。

比较两组字形，不难发现它们实出自一人之手，特别是"都部书逐召""永初三年正月"，不论字体构型还是用笔习惯皆接近完全相同，应为同一书手于短期内抄写。事实上，劾、鞫的书手还应负责抄写另一份与本案相关的J1③：201－30木牍，三者字迹的对比参表5。

表5　CWJ1③：201－1、J1③：281－5A和J1③：201－30字形对比表

简号	雄	俊	循	竟	赵
J1③:201－1A					
J1③:281－5A					
J1③:201－30					

虽然图片质素参差，但由表5所见，J1③：201－30笔迹和前引两木牍十分接近，尤其"竟"字下部左撇的角度相当特别，应该为书手的个人习惯，反映三件文书应由同一人抄写。按李均明认为J1③：201－30A乃J1③：281－5A的附件，其见获杨小亮赞同。[1] 杨先生并认为："本案之系狱似乎是发生在举劾文书上报之前。即发现犯罪，拘系疑犯，上报举劾文书。这可能是'直符史'的职责所致，并不具有普遍性。"[2] 首先，两块木牍无疑涉及同一案件，但说前者是后者的附件，却未必然：从J1③：201－30A记录J1③：281－5A中被劾者为"耐罪某"看来，J1③：201－30A的制作时间应在案件已读鞫论决后，不会早于该案鞫文书的日期，即永初三年正月十四日乙巳（见J1③：201－1A），似没可能作劾的附件上交临湘县廷。所谓"发觉得"的"得"也有可能指"捕得""获得"，不一定等同"拘系"。事实上，"系"于秦汉时似特指拘系于狱，属劾之后的程序，[3] 因

---

① 李均明：《长沙五一广场出土东汉木牍"直符"文书解析》，第36页。
② 杨小亮：《略论东汉"直符"及其举劾犯罪的司法流程》，第183页。
③ 〔日〕宫宅洁：《"劾"をめぐって—中国古代诉讼制度の展开—はじめに》，第293页。事实上，即使J1③：201－1A的系只是拘押的泛称，如被劾者在提交劾前已遭拘押，举劾者也会在呈文以"将某诣某狱"之类套语说明（参前引宫宅洁文第291页），不会像J1③：201－1A般仅提到"谨移狱"。

此较合理的程序应该是：1. 正月十二日，直符史盛向县廷提交劾。2. 劾文书当天被送达，被举劾的张雄等五人于同日遭拘系。3. 正月十四日，县廷审结本案，制作鞫文书。4. 于正月十四日当天或稍后制作 J1③：201 - 30A。

　　论述至此，不由派生一问题：既然 J1③：281 - 5A、J1③：201 - 30、J1③：201 - 1A 三件文书是在诉讼的不同阶段制作，写作时间、作用各异，为什么它们竟由同一书手抄写？就劾、鞫两份文书而言，劾上所载日期为"永初三年正月壬辰朔十二日壬寅"，鞫则为"永初三年正月十四日"，相差仅两天，而且举劾者为户曹史，本身也在县廷工作，因此不能排除它们都是正本，由同一位书手经手纯属巧合。然而考虑到两份文书皆没有收、发文记录，如果这还可能是因为举劾、判决的官吏都在县廷，可直接把文书交给收件人，不需特意转发，那前引另一件 J1③：71 - 26 劾的举劾人为曲平亭长昭，发送地不在县廷，但其上还是没有相关收文记录，就怎样也说不过去，应表明它并非曲平亭发来的正本。此外，以直符形式进行的举劾，其文书很可能由直符史制作，于 J1③：281 - 5A 应即直符户曹史盛，但盛却未见于鞫，因此鞫未必由他抄写。如以上推论尚属合理，则 J1③：281 - 5A 之劾和 CWJ1③：201 - 1 之鞫可能均属之后制作的新抄本，笔迹的雷同更像是后来统一抄写的结果。①

　　关于重抄劾、鞫的原因，最直观的解释就是它们乃存档的副本，供官府日后查验之用。唯正如前贤指出，副本往往以草书写于单行札上，较草率。② 诚然，此印象主要根据居延等边区出土的西汉行政文书，未必适用于东汉中期的临湘县。然而，前引三件文书皆书于二尺木牍，其上的隶书亦甚为规整，若说县廷会用较正常高昂的成本，制作如斯精美的副本，未免有点匪夷所思，这也是上文以"新抄本"而非副本形容它们的原因。

---

① 史达与笔者讨论 J1③：281 - 5A 劾部分文字的留空现象时，也怀疑它们可能抄自一份写于一尺长的两行简册，因为原简存在编绳，书手将文字转写至木牍时，不自觉地沿袭了原来的样式，给编绳预留了空间，后来他意识到自己的错误，便不再留空。如此猜想属实，或可作为劾属后来转抄的旁证。

② 〔日〕角谷常子：《秦汉时代的简牍研究》，《东洋史研究》第 55 卷第 1 号（1996），第 220 页；邢义田：《汉代公文书的正本、副本、草稿和签署问题》，《中央研究院历史语言研究所集刊》第 82 本第 4 分（2011 年 12 月），第 610 页。

退一步说，即使它们真是副本，县廷制作这类副本的原因，本身就值得关注。

按富谷至曾提出"视觉简牍"的概念，认为檄文书一类长形多面体、露布传送，旨在公之于众的简牍，有着宣明文书的权威性和命令的彻底性，以及震慑、督励等效果。① 当然，劾和鞠之类诉讼文书，似乎欠缺这种公之于众的意味，但简牍客观的物质形态所赋予官文书行政和文化层面的意义，仍未可忽视。② 事实上，劾和鞠作为诉讼的开始和结束，在程序中似占有特殊地位，如居延新简 EPT59：149 便提到"状吏劾、鞠、论、没入年月日"。可能正因如此，才需要在案件审结后，特意将劾、鞠的文档重新誊录在大木牍之上。③ 当然，此猜想现阶段尚缺乏坚实证据，在此只是尝试提出一个可能、一种思路。

总而言之，笔者认为五一广场两份被学界视作不完整的劾文书，不论形制还是内容皆符合"单独简"的特征，实应完整。从两份劾文书显示，东汉中期的劾文书较西汉末至东汉初又出现变化，在格式上，它如西汉中期的同类文书般以"案"开始，甚至呈文写作方式也几近完全相同，似有一种复古倾向。内容上，东汉中期的劾文书没有"状"的部分，对被劾者个人资料的分类，也较东汉初劾状更细致，但除此之外，两时期劾文书的内容相当类近，可看出它们之间的承袭关系。可以说，东汉中期的劾文书基本减省了劾状的重复部分，篇幅远没西汉末至东汉初臃肿，很可能是东

---

① 〔日〕富谷至：《文书行政的汉帝国》，刘恒武、孔李波译，江苏人民出版社，2013，第88 页。
② 籾山明先生便猜想"鞠"在东汉被仪式化：因为鞠需要被宣读，所以才需要 J1③：201 - 30 之类大木牍，并认为"秦代的'鞠'是一种非常普通的手续，但到了东汉，是司法程序最后也最重要的仪式"。按籾山先生之想法源自兔子山西汉简编号 J3⑤：1 的鞠文书，其纪年为汉平帝元始二年（公元 2 年），大小跟本文提到的 J1③：201 - 1A 相同，皆属长约两汉尺的大木牍（见苏俊林、陈弘音录音整理，游逸飞文字校对《访谈：追寻籾山明——在简牍学、古文书学、法制史与秦汉史之间》，澎湃网，http://www.thepaper.cn/newsDetail_ forward_ 1588380，2017 年 2 月 3 日）。诚然，正如籾山先生本人所言，仪式化不过他个人猜想，尚无确切证据，其针对的也只是鞠，甚至劾本身也不需被宣读，但他点出文书物质形态和功能的可能关系，却相当具启示。依循此思路，虽然劾不需被阅读，但会否因为它也是诉讼程序其中一环，故成为仪式的一部分？
③ 此外也不能排除三件文书是作为上呈郡府的"具狱"文书，因此需重制一抄本。唯如是，它们应被上呈至郡府，不太可能在临湘县廷被发现。又承刘欣宁先生提示，法律文书的性质跟行政文书不同，重抄文书可能和案卷本身的编辑有关，未必和礼仪化有关。

汉政府因应劾状极端冗赘所做的变革。此外，比较 J1③：281－5A 的劾和 CWJ1③：201－1 的鞫，可见后者实大量沿袭前者内容。不但如此，J1③：281－5A 和 CWJ1③：201－1 虽然属于不同诉讼程序制作的独立文书，但两者笔迹相同，应属后来统一抄写的结果。

结　语

正如引言所述，以往学界对秦汉劾文书的理解，主要根据西北边塞甲渠候官出土的东汉建武初年劾状，本文则尝试扩大考察的范围，探究秦统一后至东汉中期劾文书格式和内容的演变，发现各时期的劾文书皆存在独特的形态，研究时应独立看待，不宜简单地将"劾状"的格式和内容特点类推到其他时期的劾文书，而应透过纵向对比，揭示劾文书的内在变化。事实上，从本文所论即可知，一些尚未完整公布的秦汉出土文书（如走马楼西汉简、五一广场东汉简等），当中皆有不少内容跟劾相关，对弄清劾文书变化的脉络甚具裨益。毋庸讳言，本文使用的材料大多只公布了极少部分，待这些资料完整公布后，本文不少细节肯定需要随之修正、补完，现在或非撰写此类通论性论文的最佳时机。唯正如本文题名所示，笔者仅想就此议题作一些初步研究，尝试揭示劾文书的发展趋势，其轮廓大致如下：秦汉四百余年间，劾文书的格式实不停改变，内容也趋向繁化；这种趋势至西汉末、东汉初达至顶峰，其后略为简化。本文的讨论虽仅以劾文书为例，但其他法律文书是否亦存在类似现象，值得留意。①

总括而言，秦至汉初的劾文书，应仅包括被劾者的罪名，内容相对简略，大致结构为"劾＋某劾＋某敢言之：上劾……"从劾的内容推断，当

---

① 籾山明先生归纳《奏谳书》鞫狱部分的书式特征为，"开头写'鞫'或'鞫之'，其次叙述主要罪行，最后以'审'即'认定'结束"，其中并指出里耶秦简的鞫文书，"正、背两面都有记载，背面书式和《奏谳书》相同，正面记录的是令和守丞讯问的结果"〔〔日〕籾山明：《简牍文书学与法制史——以里耶秦简为例》，第62页〕。其后又比较兔子山鞫文书，指出两者"内容基本相近，但是兔子山'鞫'文书的某些内容不见于里耶秦简里关于'鞫'的木简"（见苏俊林、陈弘音录音整理，游逸飞文字校对《访谈：追寻籾山明——在简牍学、古文书学、法制史与秦汉史之间》）。如此，繁化现象在鞫文书亦似有出现。

时案件的调查工作会待发出劾后才正式展开。值得注意的是，秦至汉初劾文书仍似没有出现"状"的部分，严格来说不可称之为"劾状"。至西汉中期，劾文书的格式和内容开始繁化：首先，文书会以"案"开始，之后开始详细叙述案件的调查经过、结果。在内容繁化的同时，呈文部分却出现简化：原先两重呈文的结构二合为一，融合为"年月日＋某劾、敢言之＋被劾者讯息＋写移，谒某县某狱以律令从事"。此转变同时见于长沙国和西北边塞地区时代接近的劾文书，可知其非受地域性因素影响。现有资料显示，此变化应发生于汉武帝元朔四年（前125）至太始元年（前96年）这三十年间。

随时间推移，劾文书篇幅的膨胀愈加严重，至迟在西汉末发展出先劾后状的"劾状"格式。理论上劾、状的侧重点有异，内容可互相发明，但实际上，劾状的作者很多时候只是将"劾"部分誊写一次，再加上首尾的特定格式当成"状"，内容重复冗赘。与此同时，呈文的书写也出现变化，西汉中期以来二合为一的呈文又再分离，回到近似秦至汉初的两重呈文格式。唯新式呈文大致保留了西汉中期新增的"移某狱，以律令从事"套语，并非全然复古。可以说，西汉末至东汉初的劾状标志着劾文书膨胀化的顶峰。而此似亦符合西汉中期以来整体法律日益冗赘的发展趋势。

至东汉中期，劾文书格式的冗赘似得到改善。笔者认为五一广场两份被学界视作不完整的劾文书，应俱属"单独简"，内容没有缺失。两份劾文书显示，东汉中期劾文书的格式一如西汉中期的同类文书，以"案"开始，没有"状"的部分，甚至呈文的写作方式也几近完全相同，似有一种复古倾向。此外，东汉中期的劾对被劾者个人资料的分类也较东汉初劾状细致。总而言之，东汉中期的劾文书篇幅远没西汉末至东汉初臃肿，很可能是东汉政府因应劾状雷同冗赘所做的变革。比较J1③：281-5A的劾和CWJ1③：201-1的鞫，可见后者实大量沿袭前者内容。不但如此，J1③：281-5A和CWJ1③：201-1虽然属于不同诉讼程序制作的独立文书，但两者笔迹相同，应属后来统一抄写的结果。此或许是东汉的劾出现仪式化倾向的结果。

附识：本文修订过程中，承徐世虹教授、好友史达博士和学兄马增荣提供大量宝贵意见；又论文草成后，曾于 2017 年 8 月 9 日在中国人民大学、出土文献与中国古代文明研究协同创新中心主办的"出土文献的世界：第六届出土文献青年学者论坛"上宣读，会上承张忠炜、朱腾、刘欣宁、鲁家亮等先生指教。上面提到的师友或指正错谬，或提供资料使本文避免不少错误，在此一并致谢！唯文中所有错误皆由笔者自负。

2017 年 3 月 29 日初稿

5 月 10 日一订

5 月 22 日再订

8 月 13 日三订

《中国古代法律文献研究》第十一辑
2017 年，第 160 ~ 175 页

释"张杜律"

邓长春[*]

摘　要：张斐和杜预各自为《晋律》作注，二家律注被后人合称为"张杜律"。但起初，杜预律注被官方宣布具有法律效力，而张斐律注却并未有此待遇。"张杜律"只是后世追认的概念，并非实指二者在西晋初年即皆具有正式效力。在表现形态上，"张杜律"并未与律文融合，而是独立成书。张、杜律注在后世成为权威的法律解释，但二者之间在内容、风格等方面的显著分歧却带来司法上的难题，从而引发南齐永明年间的系统整合运动。通过史书对"永明定律"的记载，亦可窥探"张杜律"的总体规模。

关键词：张斐　杜预　律注　张杜律

西晋律学成就极高，其中尤以张斐、杜预二家律注最为代表。《晋律》修成之后，张、杜分别为其做注，被后人合为一书，在两晋南朝形成巨大影响。《南齐书·孔稚珪传》称："江左相承用晋世张杜律二十卷。""张杜

---

[*] 邓长春，洛阳师范学院法学与社会学院副教授，法学博士。

律"之称谓自此载于史籍,传之后世。向来学者对张、杜二人之法律思想、律学主张虽有不少论述,却少有人对"张杜律"这一法律史概念加以考证梳理。① 笔者拟于此题略申己意,以求教于有识君子。

一 张、杜律注之地位差异

杜预是魏晋间的著名人物。他不仅是魏晋禅代的见证者,更是参与者。司马代曹之前,杜预受晋王司马昭之命与贾充等人为新朝制定律令。自魏咸熙元年(264)秋七月至晋泰始四年(268)春正月,历时三年半完成以《晋律》《晋令》《晋故事》三大法典为代表的律令法制文本系统。在此期间,他的官职由曹魏之镇西长史变为西晋之守河南尹,而其律学造诣更结出了引人瞩目的硕果。

《晋书·杜预传》载:"既成,预为之(晋律)注解……诏班于天下。"杜预为《晋律》所做的律注被晋武帝颁行天下,作为官方正式法律解释而在司法中获得与律并行之法律效力。当时,杜预为守河南尹,掌管京畿重地,同时又是晋武帝的姑父,政治地位极其尊隆。他以此显赫的身份,加之以精擅律学,则其律注享受颁行天下的高规格待遇亦在情理之中。

与杜预相比,张斐则属当时籍籍无名之小人物。《晋书·刑法志》记载为"明法掾张裴",《隋书·经籍志二》记载为"僮长张斐"。"斐""裴"当为形近误写。而后世史料如《南齐书·孔稚珪传》《太平御览》卷639《刑法五》等都作"张斐"。故当以"斐"为正,以"裴"为讹。除前述史料之外,张斐之名不仅正史无传,且亦不曾在同时代的他人纪传

---

① 例如何勤华教授主编的《律学考》(商务印书馆,2004)一书。所收九篇文章中,就有《论张斐的法律思想——兼及魏晋律学与玄学的关系》《张斐的〈律注要略〉及其法律思想》《张斐法律思想述评》三篇专门围绕张斐律注展开论述,并未涉及"张杜律"概念问题。此外又如张俊民的《玉门花海出土〈晋律注〉》[《简帛研究(2002~2003)》,广西师范大学出版社,2005]、《玉门花海出土〈晋律注〉概述》(《考古与文物》2010年第4期),以及张俊民、曹旅宁合著的《毕家滩〈晋律注〉相关问题研究》(《考古与文物》2010年第6期)、《玉门花海所出〈晋律注〉初步研究》(《法学研究》2010年第4期)。以上四篇文章又专以出土晋律注残本作文本分析,亦未涉及"张杜律"概念问题。

中出现。① 其身世来历、官职升迁及律学传承，后人均无从知晓。这似可从侧面反映出其地位卑微，在当时并无广泛关注度。

史载张斐为"明法掾""僮长"。考《晋书·职官志》无"明法掾"一职的记载，此或由于其职位卑微，不足提及。然而在《晋书·舆服志》中却有相关记载。按照礼仪规定，在盛大活动中出行的皇帝大驾卤簿的队伍里，廷尉明法掾与五官掾、功曹史在前，廷尉主簿、主记在后，将廷尉卿拥簇在中间，组成一个单元小组。可见，明法掾是以廷尉属员身份参与到卤簿当中去的，其自身并无独立地位，甚至没有资格列身于《职官志》。另据《晋书·刘颂传》载，廷尉刘颂曾就子女婚姻是否合乎礼律一事询问明法掾陈默、蔡畿。可知，明法掾当为廷尉卿下属低级司法吏员，作为技术性辅助人员存在，以备长官垂询之用。

张斐所曾担任的"僮长"究为何职，史无明载。"僮"字本意为未成年人，在魏晋时则特指仆人，想来"僮长"亦应属低级小吏。当时国家取仕采用"九品官人法"，选官多重家世门第，"贵仕素资，皆由门庆"。②出身望族则平流进取，坐至公卿，出身寒门则仕进艰难，流于下品。以此推之，张斐当出身于寒门小族，而非名门望族，故而职位卑微，难于显达。在强调士庶之别、注重门第品级的魏晋时代，由于个人出身寒门、职位卑微，张斐律学纵然逻辑严密、新意迭出，仍不能打动官家而得到朝廷明示尊奉，亦属事之常理。《晋书·刑法志》载张斐在《晋律》颁布之后曾做律注并上表皇帝。但与杜预律注上奏之后"诏班于天下"的待遇不同，张斐律注上奏之后却未见下文。因此可以推测，张斐律注在当时并未被明确宣布为官方法律解释，故不具有正式的法律效力。③ 因此可以推断，其律注作品更多局限于私人著述的性质。

此外值得一提的是，杜预律学渊源久远，根基深厚，对其律学风格之

---

① 《晋书·张轨传》曾提及西晋末年，将军张斐奉张轨之命率军营救洛阳，而后被俘。但以常理推之，此人恐非律家晋初廷尉小吏明法掾张斐。

② 《南齐书·褚渊王俭传》"史臣曰"。

③ 以政治身份左右学术潮流，以官方名义确定正统学说，在晋代并不罕见。晋武帝司马炎的外公王肃，便是借着晋室的政治权威而超越郑玄成为一代经学权威。王学借助皇室支持而压过郑学一头，成为当时官方认可的正统学说，从而引起一场迁延日久、议论纷纭的郑王之争。

形成与政治学术地位之高拔亦有很大影响。杜预祖父杜畿为河东太守,政绩"常为天下最"。① 父杜恕位至御史中丞,著有《体论》八篇。② 而杜氏律学渊源更可上溯至西汉著名律家杜周、杜延年。③ 杜预律学在当时亦颇有声望,因而有"陈杜律"④ 之说。如曹旅宁教授所说:"杜预《晋律注》在当时是颁行全国的官方文本,影响应是比较大的。"⑤ 与之相比,张斐律学既无正统传承脉络可循,亦无名贯当时的称号,故其律学在当时的影响较之杜预律学则逊色不少。

《晋书·刑法志》载有张斐律注的内容,学者们有"律注表""律表""律注要略"⑥ 等不同称谓。然以笔者之见当以"律序"称之为宜。《太平御览》卷六三九《刑法五》载:"张斐《律序》曰:'情者,心也。心戚则动情,动于中而形于言。畅于四支,发于事业。是故奸人则心愧而面赤,内怖而色夺。'"此正与《晋志》所载张斐律注内容相合。据此可以推断,张斐此律注文本正式名称应为《律序》,而《晋志》所载仅为其全文的要略摘录而已。

纵观中古法学史,为律典撰写《律序》并非张斐独创,乃是时代风尚。曹魏时,陈群、刘劭⑦主持制定曹魏"新律",刘劭就曾撰有《律序》,阐发"新律"主旨大义。《晋律》修成之后,杜预也曾撰有《律序》。⑧ 其

---

① 《三国志·魏书·杜畿传》。

② 《群书治要》载有六千余言,包括《君》《臣》《行》《政》《法》《听察》六篇内容,其余《言》篇、《用兵》篇略见《太平御览·六帖》。

③ 《三国志·魏书·杜畿传》注引《傅子》曰:"畿,汉御史大夫杜延年之后。延年父周,自南阳徙茂陵,延年徙杜陵,子孙世居焉。"

④ 《晋书·儒林传·续咸》载:"续咸……好学,师事京兆杜预,专《春秋》《郑氏易》、教授常数十人,博览群言,高才善文论。又修陈杜律,明达刑书。永嘉中,历延尉平、东安太守。刘琨承制于并州,以为从事中郎。后遂没石勒,勒以为理曹参军。持法平详,当时称其清裕,比之于公。"此"陈杜律"之"陈"当指沛国陈氏,而"杜"即为杜延年、杜预一系。

⑤ 曹旅宁、张俊民:《玉门花海所出〈晋律注〉初步研究》,《法学研究》2010年第4期。

⑥ 高恒:《张斐的〈律注要略〉及其法律思想》,《中国法学》1984年第3期。

⑦ 刘劭之名,《三国志》本传载为"劭",《荀彧传》载为"邵",而《晋书·刑法志》载为"邵",其余文献转述迭相混淆,斟酌参详,不胜其扰。今据宋庠《〈人物志〉后记》考证当为"劭",所辨精核。《四库总目》卷一一七《杂家类》、李慈铭《桃华圣解盦日记·甲集》第六七、卢弼《三国志集解》卷二一皆持其说,故笔者从之。

⑧ 《北堂书钞》卷四五《刑法部下》:"杜预《律序》云:律者八正罪名,令八序事制,二者相须为用也。"《太平御览》卷六三八《刑法四》:"杜预《律序》曰:律以正罪名,令以存事制。"

后，北魏崔浩亦曾撰写《汉律序》,[①] 南齐武帝亦曾向皇太子传示《律序》。[②]

《晋律》修成之后，张、杜二人皆撰有《律序》。然而一为官方《律序》，一为私人《律序》。观曹魏时刘邵以立法核心成员身份撰写《律序》之事可知，律典制成之后，包括《律序》在内的注释只会尽可能统一意见，不大可能允许百家争鸣式的各种《律序》文本同时具备法律效力。又据南齐皇帝向皇太子传示《律序》可知，《律序》必定极受官方重视，因而才会出现皇帝下达与臣子酬谢的正式礼仪活动。此又为《律序》唯一官方性质的地位提供新的佐证。据此可以推知，《晋律》修成之后亦当只有一个正式《律序》。

《隋书·经籍志二》载张斐撰有《汉晋律序注》一卷，当为"并汉晋律而序注之"。[③]《太平御览》引其《律序》曰："张汤制《越官律》，赵禹作《朝会正见律》。"[④] 疑此《律序》当即指《汉晋律序注》。据此可见，张斐《律序》通论汉晋，而非仅限于西晋，故而贯通古今的私撰学理意味更浓。相比之下，杜预《律序》显系唯一的官方《律序》。张、杜《律序》的性质差异，可以作为张、杜二家律注地位差异的一个缩影。

然而疑问亦随之而来。既然杜预律学在当时影响更大，杜预律注地位更为正统，但史书中却为何往往将其排序在后，称"陈杜律""张杜律"，而不称"杜陈律""杜张律"？换句话说，并称于世的律家名号排序先后是另有深意抑或习惯使然，约定俗成？《世说新语·排调》有一条记载十分有趣，似乎可以帮助解决这一困惑。其云：

> 诸葛令、王丞相共争姓族先后，王曰："何不言葛、王，而云王、葛？"令曰："譬言驴马，不言马驴，驴宁胜马邪？"

---

① 《史记索隐·孝文本纪》："崔浩《汉律序》云：'文帝除肉刑而宫不易。'"
② 《艺文类聚》卷五四《刑法部》载有南梁任昉《为王金紫谢齐武帝示皇太子律序启》一文。
③ 沈家本：《历代刑法考》，中华书局，1985，第880页。
④ 《太平御览》卷六三八《刑法部四》。

"葛王" 抑或 "王葛"？依据何在？诸葛令借用 "驴马" 做出的解释调侃揶揄成分更多，理据自然不足为凭。对此，余嘉锡先生疏解道："凡以二名同言者，如其字平仄不同，而非有一定之先后，如夏商、孔颜之类。则必以平声居先，仄声居后，此乃顺乎声音之自然，在未有四声之前，固已如此。故言王、葛驴马，不言葛、王马驴，本不以先后为胜负也。如公谷、苏李、嵇阮、潘陆、邢魏、徐庾、燕许、王孟、韩柳、元白、温李之属皆然。"① 余先生从古代语言习惯和规律角度对此现象加以解释，至少在张杜、陈杜问题上能够解释得通。故可聊备一说，以供参考。若按其意，"张杜律" 中张先杜后的顺序并不等于宣称张胜于杜，而仅为时人语言习惯使然。

综合上述，可以得出一个初步推测：张斐律注起初并未获得法律效力，当时官方认可的晋律唯一法定解释是杜预的律注；"张杜律" 之说在当时或许并非普遍公认，更有可能是由后人追认而成。支撑这一推测成立的理由，除了张、杜二人身份地位相差悬殊的客观事实之外，还有张、杜律注之间存在诸多差异、分歧乃至冲突的基本情况。

二 张、杜律注之内容差异

《晋律》简约，有时需要依赖律注解释方能施行。然而张、杜二家律注，具体解释内容却存在大量分歧。如南齐尚书删定郎王植所说："臣寻《晋律》，文简辞约，旨通大纲，事之所质，取断难释。张斐、杜预同注一章，而生杀永殊。"② 如果二者同时被官方宣布为正式解释，则必须同时规定适用的先后次序，否则必定会在司法中出现彼此打架、自相矛盾的现象。如无明确援引规则的话，法官断狱过程中必会滋生大量随意出入人罪的司法黑暗。即便是有此援引规则，在当时新朝初立、国基未稳的情况下，这样做只能给法律贯彻执行平添困扰，使司法环境更为混乱复杂。况且目前史料尚无此类记载。

---

① 余嘉锡：《世说新语笺疏》，中华书局，1983，第 791~792 页。
② 《南齐书·孔稚珪传》。

　　故依常理论之，站在官方的立场而言，最简便易行的办法就是，张、杜律注二取其一，绝不可能宣示效力。杜预地位更为显要，其律学渊源更为深厚，社会影响更大，自身又无显著缺陷，则其被选中作为官方正式法律解释，当无疑义。既然杜预律注成为官方正统，则与之分歧显著、不能兼容的张斐律注自然屈居其下，流为私人律学著述而已。

　　然而，南齐王植又说张杜律注"自晋泰始以来，唯斟酌参用"。① 其意似乎是，张、杜二家律注在当时都是官方认可的法律解释，同时又由于二者内容分歧太过明显，则在司法之中全由法官自由裁量、斟酌采用。如果王说为真，则不免让人心生疑惑，西晋官方何以做出如此自相矛盾的决策？故以笔者之见，其所谓"斟酌参用"当非官方要求如此，而是法官个别行为，是现象描述而非法定制度。亦即是说，尽管杜预律注被官方宣示有效，然而却不能保证处处精当，句句合理，当这些律注运用到具体案件之中出现问题时，就会产生明显不合理的司法效果。此时，有些法官便会在经过审慎思虑之后舍杜注而取张注，即摒弃官方之说而采用私著之说。杜注凭借官定身份而占主流，张注则凭借某些律注的显著合理而被法官自觉采纳，用以补充杜注，此即所谓"斟酌参用"。因此王植的这句话，不能作为张、杜二家律注在西晋泰始年间同时具有正式法律效力的依据，而只能说明，张注尽管未被官方明确赋予法律效力，但对当时司法实务却存在着重要影响。以张斐身处中央司法机关廷尉的背景来看，其在法官群体中会有如此影响也有合理性线索可寻。

　　站在司法官角度而言，张斐的律学主张确有自成一系的独到见解。他说：

　　　　夫理者，精玄之妙，不可以一方行也；律者，幽理之奥，不可以一体守也……公私废避之宜，除削重轻之变，皆所以临时观衅，使用法执诠者幽于未制之中，采其根牙之微，致之于机格之上，称轻重于豪铢，考辈类于参伍，然后乃可以理直刑正。②

----

　　① 《南齐书·孔稚珪传》。
　　② 《晋书·刑法志》。

他认为，律典深邃的法理不可为外在形式所拘束，司法者应透过律法条文，仔细揣摩其内在逻辑，既要尊重法律条文又要深入背后体味其初心本意，既要恪守律文规定又要遵循常理人情，结合特定时间的特定情势做出最优裁决。既要追求"理直刑正"，那么赋予法官较大自由裁量权，允许其在特定情况下突破律文限制，根据具体情形随机处断，便成为一个必然的选择。总之，他既强调以立法手段解决立法问题，[①] 同时也重视以司法手段解决立法问题。

与张斐主张有所不同，杜预自称其律注以"网罗法意，格之以名分"[②]为宗旨，意在明确把握律文本意，严格区分不同条文的内涵差异。他认为，罪名内涵确定，彼此界分清晰，则司法官自可按部就班，从容援引，不会产生疑问，因而也就不需要斟酌推究，左右为难。易言之，他主张应该通过律注使律文含义更加直白简要，清晰明确，而后要求司法官严格照章执行。

张、杜两位律家在对律注的注释宗旨和功能定位，存在较为显著的分歧。究其原因，恐怕与二者之间的身份地位与立场之别不无关系。

杜预是身居高位的立法者，把贯彻律令的着力点放在立法和制度设计层面，认为只要律文及其解释严格、明确，便足以令法官对立法本意心领神会，毫无疑义地认真贯彻执行。他相信立法理性，却对司法理性不很信任。在他那里，为免舞文弄法、私藏奸情，法官权断是被禁止的。汉代路温舒指出"治狱之吏"是尚存的秦政弊端。[③] 杜预同样对此抱有高度警惕。他说："古之刑书，铭之钟鼎，铸之金石，所以远塞异端，使无淫巧也。"[④]要避免或解决此类问题，他认为只有通过严谨论证与合理设计，制定周密的法典来彻底消除法官擅断提供口实和机会。如果律令条文存在瑕疵，则可以通过律注进行修补和完善。他认为律文与律注双剑合璧，完全可以"使用之者执名例以审趣舍，伸绳墨之直，去析薪之理"，[⑤] 避免法官过度

---

① 张斐曰："《刑名》所以经略罪法之轻重，正加减之等差，明发众篇之多义，补其章条之
不足，较举上下纲领。"（《晋书·刑法志》）

② 《晋书·杜预传》。

③ 《汉书·路温舒传》。

④ 《晋书·杜预传》。

⑤ 《晋书·杜预传》。

自由裁量，随意解释法律。很显然，单线条的思维方式束缚了杜预的视野，身居高位的经历弱化了他对司法实践的体会。

张斐与杜预不同。他任职廷尉，是最接近具体技术问题的低级法吏。在长期操办各种司法案件的过程中，司法小吏对具体案件复杂多变的案情有更深刻的体会和感受，对如何灵活变通地运用法律技术手段，以求得个案裁决最大限度接近公平颇具心得，但同时对办案过程中深受律令条文框架限制的状况又十分不满。正由于此，张斐才会提出众多类似的法律情节、刑法罪名进行细致入微的甄别，才能对情、理、律、刑的运转逻辑做出形象准确的比喻和阐释，才会强烈地感慨道："诸如此类，自非至精不能极其理也。"[①]

尽管他也曾对二十个律名做出言简意赅、严谨周密的精彩注释，但在其法律理想图景中，仅仅依靠律文和律注不足以解决所有问题，要实现立法的初心本意，法官自由裁量权是不可动摇的基石。相比于僵死的律文或者注释，他更信赖的是灵活处断的人而不是僵死机械的律条。尽管由于人微言轻，且立场与上层不合，他的律注并未得到高层的重视，但很显然他的主张在中下层司法领域内引起了巨大的共鸣，故而才有张斐律学地位在后世的逆势高扬。

综合起来，杜预、张斐在律学内容和主张上的分歧，反映的正是法律从制定到运行的系统性问题。只不过他们各自侧重关注法律运行系统的两端而已。杜预的主张立场有其实践依据，然而一味依赖立法却也有其过度理想化的地方。张斐对司法官员灵活运用法律精神的极度推崇，实际上也给司法官群体提出了脱离实际的过高标准和要求。这个两难问题该最终在唐律中得到完美体现，还结出罪刑法定与非法定原则"和合为一"的理论结晶，成为中国人在世界法律史上的独特贡献。[②]沿波讨源，张杜之争在这个问题上也做出过他们的理论贡献。

---

① 《晋书·刑法志》。
② 俞荣根：《罪刑法定与非法定的和合——中华法系的一个特点》，《中西法律传统》第3卷，中国政法大学出版社，2003，第1~44页。

三　张、杜律注之风格差异

玄学是魏晋时期最为风靡的学术潮流，对当时社会、政治、法律产生了广泛而深刻的影响，"玄学是一种高级的理论形态"，[①] 当时律学辨名析理、循名责实、追求简约等思维方法、思辨原则与风格倾向，可以说都是深受玄学影响的产物。张、杜律注的行文风格都深受玄学影响，然而二人在吸收玄学因素的时候却有显著不同的风格取向。

张斐律注的玄化风格集中体现在文字表述和论理方式等方面，以追求深奥精微的逻辑推理和内涵提炼见长。这在其所撰《律序》中有充分的展示。在语言方面，张斐的言辞表述追求抽象精当。他运用简练的文字精准概括出二十个基本法律术语的内涵，追求语言文字表达的准确性和凝练性，落笔千钧，一针见血，展现出极其高超的注释水准。而在内容上，他还常套用乃至附会三玄（即《易经》《老子》《庄子》）典籍中的语句缘饰律文，阐释法理，反映出玄学思维方式和语言习惯在魏晋律学理论发展中留下的深刻烙印。

例如，他以"王政布于上，诸侯奉于下，礼乐抚于中"的"三才之义"比附律典篇章结构，借用"近取诸身，远取诸物"代指观察行为人情绪的原则，还用《周易》"有变通之体""通天下之志"等语解释五刑等的设置。他所说的"理者，精玄之妙"，显然是化用《老子》第一章"玄之又玄众妙之门"一语。而"刑而上者谓之道，刑而下者谓之器，化而裁之谓之格"，则是脱胎于《易经·系辞》"形而上者谓之道，形而下者谓之器，化而裁之谓之变"一语。

此外，他还热衷于灵活运用玄学的发散性思维方式和逻辑辨析方法，注重论证的逻辑层次和原理上的圆通性，综合分析阐释律典的内在主旨。例如，他对法典中的律条、制度、原则、概念进行横纵比较，由某一项具体内容往往能够引申出很多论理内容。又如，在《律序》的行文中，有大量排比和比喻，力图以生动形象的方式阐述各自复杂的关系。他说："告

---

① 刘振东：《中国儒学史·魏晋南北朝卷》，广东教育出版社，1998，第103页。

讯为之心舌，捕系为之手足。"又说："刑杀者是冬震曜之象，髡罪者似秋雕落之变，赎失者是春阳悔吝之疵之。"此外，他还喜欢分析律典各篇章的逻辑关系、刑名系统的内部构造等。这些也都得有很强的玄学风格。

总之，张斐的律学"无论概念的使用，还是论述问题的方式和思路，采用的都是玄学家的方法"。① 这表明他深受魏晋玄学之风影响，或是发自内心迷恋玄学，或是追随潮流附庸时尚。这同时也反映出其律学素乏根祇，家学渊源不深，故而容易为时尚潮流所左右，律学风格展现出明显的趋新倾向。

与之相对应的是，由于杜预律学的家学传统悠久深厚，律学风格仍然自觉承袭一定汉魏之风，因而其律注吸纳的玄学风格并不如同张斐那般显著。与张注大量转引借用玄学语言表达方式和逻辑论证方法相比，杜预律注只是选择性接收了玄学追求简约的风格主张，更显出严谨、质朴的气质。

时人认为："要辞达而理举，故无取乎冗长。"② 这种主张颇为杜预所认同。他说："法者，盖绳墨之断例，非穷理尽性之书也。故文约而例直，听省而禁简。例直易见，禁简难犯。易见则人知所避，难犯则几于刑厝。刑之本在于简直，故必审名分。审名分者，必忍小理。"③ 他认为，注律不能脱离律文，做无限引申阐释。因为律令并非探究本源、穷理尽性之书，而是人们据以规范自己行为之书，因而必须严谨、简易、明了，不必追根溯源，过分探究学理。他提出律注当以"文约""例直"为形式要求，而以"审名分"为内容要求。要确定名分就应该简单明了，避免讨论所可能引起的分歧和争议，因此律注便不宜过分探究玄理，以免读者认知混乱，歧义迭出。而且特别值得一提的是，杜预的这种治学风格不仅体现在律注

① 韩树峰：《汉魏法律与社会——以简牍、文书为中心的考察》，社会科学文献出版社，2011，第90页。
② 陆机著，张少康集释《文赋集释》，人民文学出版社，2002，第99页。
③ 《晋书·杜预传》。对杜预所提倡的律注风格，当时另一位著名律家刘颂表示支持。他说："夫法者，固以尽理为法，而上求尽善，则诸下牵文就意，以赴主之所许，是以法不得全。"（《晋书·刑法志》）亦即是说，刘颂也不赞成阐释律文时过度理论化、自由化，尤其是在司法实践中更不宜允许司法官随意引申律文，否则只会带来司法混乱，从而违背立法初衷。

上，还体现在其左传学的研究上。例如其所著《春秋经传集解》便被时人评为"文义质直"。①

《隋书·经籍志二》记载，张斐有《杂律解》二十一卷，杜预有《杂律》七卷。② 通过比较可以发现，同解"杂律"，二著篇幅竟有如此大的差别。二著所解的"杂律"，既可能是指律典中的《杂律》篇，也可能是指对整部律典的"杂解"。无论属于哪种情况，一个只有七卷，另一个却多达二十一卷，必有文约例直之与穷理尽性之异。两相比较之下，似可略窥张、杜律注文风之差异。③

总之，张斐律学著作学理性与私人著述意味更足，而杜预律学著作则旨在贯彻律典精神，辅助律文施行，因而并不过多涉及学理。然而由于张斐律注确实学理精湛，在技术环节更加符合基层司法状况，故在司法层面产生深远影响。而后西晋覆亡，时代变换，张、杜二人在身世地位与官方认可方面之差距日益淡化，于是后人开始将当时官方最为认可之杜预律注与私下颇为流行之张斐律注合称"张杜律"。故此称呼属后人追加，而非当时官方认定。

四 "张杜律"之存在形态

前已述及，"张杜律"为后世追认之律学概念，其所指应为张斐、杜预二人分别为《晋律》所作之注释，并不包括律典正文在内。此正与汉代大杜律、小杜律以及西晋的陈杜律同出一辙。将某家律学或者律注径直称呼为"某律"，或即当时通行的语言习惯。

然而，某家律注可以单独成书，亦可与律文逐一对应，合并颁行。张杜律的存在形态究为何种呢？尤其是，杜预律注因官方认可颁行而获得法律效力。则其是单独颁行抑或与律文合并颁行？笔者以为前一种情况可能

---

① 《晋书·杜预传》。
② 《隋书·经籍志二》载："《杂律解》二十一卷，张斐撰。案：梁有《杜预杂律》七卷，亡。"
③ 当然，《隋志》史料亦非毫无破绽。如果杜预《杂律》原本亦有二十一卷甚至更多，而至梁时仅剩七卷，则又另当别论。然而此又有赖于新材料的发现，方可粗为定谳。在目前材料前提之下，张繁杜简的推论称为言出有据似亦无不可。

性更大。

汉魏晋时期，律学在形式上深受主流学术风尚影响。汉代经学以章句解说经典，汉代律学也以律章句解说律令。当时经、传并不合编，而是各自书写在简牍之上，"大者为经，小者为传记"。① 魏晋时代，经学衰微，玄学大兴，名理律学亦随之蓬勃而起。在注释传统典籍时，玄学在注释形式与体裁上锐意革新，经传合并之新形式成为时尚潮流。曹魏王弼注《易》，将原本单行之经、传、注文本加以拆分，打破各自体系，糅合在一起，最终建立起以经文为纲，传、注都分散编在对应经文之后的全新体裁。这股学术风气渐而为众多学者所广泛接受，杜预在作《春秋经传集解》时即采用此法。他在《春秋序》中说："分经之年，与传之年相附，比其义类，各随而解之。"② 亦即是说，他将《春秋》经文、左氏传文与后人注释三者合并一处，以经文体例为纲，将传文和注文插入到对应经文之后，最后编为一书。可见，经、传、注合并编写的新体例到杜预时已较为成熟。那么，他是否会采取同样体例将律文与律注合并一处来编写成书，加以颁行呢？笔者以为不会。

首先，这是尽快实施新律的需要。

西晋政权初定，律典新成，既是一个新生王朝稳固统治的关键节点，也是秦汉以来律典编纂的空前事业。在此背景下，新朝如何以最迅捷的方式宣传、普及新律，实属西晋朝廷工作的重中之重。围绕着这个主导思想，以《晋律》内容的宣传、普及、贯彻为核心，官方采取了一系列措施。例如，晋武帝亲自召开公卿大会并主持临讲，由散骑侍郎、尚书郎裴楷执读，逐条宣讲律文内容。

西晋时书写工具的革新尚未完全展开，纸张尚未普及，简牍仍是正式法律文件不二的书写载体。二万七千余言的《晋律》要书写在简牍之上，仍会给各级官府的传抄工作带来不小的负担，对《晋律》内容的普及和宣传仍是不小的挑战。有鉴于此，侍中卢珽、中书侍郎张华即上表武帝："抄新律诸死罪条目，悬之亭传，以示兆庶。"③ 意即先挑律文中的重要内

---

① 王充：《论衡·量知》。
② 杜预注，孔颖达疏：《春秋左传正义》，中华书局，1980 年影印版，第 1707 页。
③ 《晋书·刑法志》。此处所谓"新律"即指晋《泰始律》。

容优先进行重点宣传。这同样仍是限于书写方式和信息传播技术而不得已做出的选择。

宣传面前，效率优先。《晋律》原本就以完备、简约著称，但为宣传之需还要皇帝亲自出马主持宣讲大会，还要再做律文节抄以便兆民遵行。由此可见当政者推行新律的急切心态。在此大环境下，将原本亟须加以宣传普及的律典正文附加上律注，作为一书颁行，只会增加文书传抄和新律普及的难度，影响律文贯彻施行的效率。因此，西晋朝廷断不会仅仅由于当时学术风尚如此便给国家法制运行平添障碍，自找麻烦。故杜预律注之所谓"诏班于天下"，更有可能只是以单行本方式，传示各级司法机关，要求法官群体断案时作为辅助律典的法定解释。

其次，这是由律学在杜预心中地位决定的。

尽管《春秋经传集解》与《晋律》律注同出于杜预之手，但在杜预心目中经学与律学定位却有不同。在他看来，经学以探索义理、申明大义为宗旨，律学则以服务司法实务、辅助律令施行为使命。他因而主张，解说律令不宜过于沉迷于阐发义理，而应以明白简要为基本追求，"伸绳墨之直，去析薪之理"。① 以此看来，他不大可能效法《春秋经传集解》而将其律注对应编入律典正文之后。另外，从《晋书·杜预传》中"诏班于天下"的表述，也丝毫解读不出其中有将律注对应穿插进入律文之意。

另一方面，杜预律注没有编入律典，而是与律典各自独立存在，也给张斐律注在司法中扩大影响提供了机会。正是由于律典与杜注并不融为一体，才有张斐以卑贱微末之政治身份，而著成思辨精深、合乎潮流的律注作品盛传于世。由此观之，则张斐律注亦极有可能独立成书，而不与律文合并。于是，南朝时始有"张杜律"之说。

五 "张杜律"之条文规模

伴随着张、杜二家律注并行局面之形成，张、杜律注之差异与分歧亦开始日益显现，并给司法断案带来极大困扰。于是出现整合张、杜律注的

---

① 《晋书·杜预传》。

立法活动，此即南齐"永明定律"。

南齐永明年间，齐武帝"留心法令，数讯囚徒"，① 在亲自参与司法过程中发现张、杜二家律注之间的分歧已经引起严重后果。专门负责编订律令的尚书删定郎王植对此概括道："是则吏挟威福之势，民怀不对之怨，所以温舒献辞于失政，绛侯忧慨而兴叹。"② 于是武帝下诏命王植重新整理、删定张、杜律注。

其整理、删定方式可分为三种情形：其一，对张、杜律注对同一内容解释一致之条文加以合并整合，名义上则以张、杜并提，此类律注条文有103 条；其二，对张、杜二家律注对同一内容解释不同然而各有道理且不存在显著冲突之条文，则二家律注都予保留，此类律注条文有107 条；其三，对张、杜二家律注对同一内容的解释彼此冲突、难以调和之条文，又或者同一条文，而张、杜二注此有彼无，则必能取舍得一，此类律注总数目并不详知。略可推断者，则知取张注 521 条，取杜注 581 条。③ 最后，经过删减取舍工作，取张注 731 条，取杜注 791 条，合 1522 条。④ 这种集定删减方式，恰足以佐证前文中张、杜律注作为文本既彼此独立存在，又与律典正文彼此独立存在之判断。

---

① 《南齐书·孔稚珪传》。

② 《南齐书·孔稚珪传》。

③ 据《南齐书·孔稚珪传》所载，最终所取张注 731 条、杜注 791 条中当各自包含 "于义乃备者"之 107 条、"其注相同者"之 103 条，则在二家律注彼此冲突而不得不加以取舍情况下，取张注 521 条，取杜注 581 条。

④ 关于这个条文数目，史书中存在多种说法，但经过综合考察则应该是 1522 条为确。《南齐书》卷四八《孔稚珪传》载："取张注七百三十一条，杜注七百九十一条。或二家两释，于义乃备者，又取一百七条。其注相同者，取一百三条。集为一书。凡一千五百三十二条，为二十卷。"取张注 731 条，杜注 791 条，又取 "二家两释，于义乃备者"107 条，取 "注相同者"103 条，如四项累加起来应该是 1732 条，如不算后面两项则应是 1522 条，然而史载却是 1532 条。中华书局本《南齐书》卷四八《校勘记》七对此也有疑问："凡一千五百三十二条。周星诒《校勘记》云：当作 '凡一千七百三十二条'，方与上列之数符合。"然而仍循旧本，未敢轻改。《南史》各传世版本也都记为 1532 条，而在校勘《南齐书》三年后的 1975 年，中华书局校勘《南史》时却又大胆改为 1732 条。《南史》卷四九《校勘记》三："凡一千七百三十二条，'七'各本作 '五'，据上所举条数核之，'五'为 '七'之误，今改正。"据笔者考证，正确的条文数目应该是 1522 条。详见拙作《程树德〈九朝律考〉补遗一则——南齐"永明定律"考》，《西南政法大学学报》2013 年第 4 期。

又据史籍所载，《晋律》律文数当为 620 或 630 条。① 则张、杜之中任一家律注条目数都已超出律文条数目。这说明张、杜二人在对晋律做注时，并非以律文为单位按条进行注释。或许一条律文有多条律注，也会有多条律文而无一条律注。亦即是说，张、杜律注条目与律典正文之间并非一一对应。但是，出于查阅对勘方便的考虑，各律注仍可能按照律典各篇体例次序汇编而成，因而有包括《律序》一卷在内的"二十一卷"之称。

2002 年 6 月，甘肃玉门花海毕家滩十六国墓葬群出土《晋律注》残卷上有"文五万二千卅言"字样，曹旅宁教授推测此即杜预律注之全文字数。② 如果此说成立，杜预律注 52040 字大体上相当于《晋律》27657 字之二倍，这与汉唐律注规模形成了较强的对比效应。汉代律注以"律章句"形式出现。据《晋书·刑法志》称："叔孙宣、郭令卿、马融、郑玄诸儒章句十有余家，家数十万言。凡断罪所当由用者，合二万六千二百七十二条，七百七十三万二千二百余言，言数益繁，览者益难。"后来天子下诏"但用郑氏章句，不得杂用余家"。③ 即便如此，郑氏律章句一家律注，其字数也应有数十万言。而唐代律注以"律疏"为主要形式，围绕解释唐律正文而成的《永徽律疏》，其总字数虽无确切记载，然而据今传版本所见，亦应在二十万字左右。杜预律注与汉唐律注比较而言，其字数显然更少，可见其语言更为精练，更为简明扼要。这也与杜预本人所标榜的"简直"主张正相契合。

---

① 关于《晋律》条文数目，有两种较为靠谱的说法。《晋书·刑法志》曰"六百二十条"，《通典》卷一六三《刑法一》、《文献通考》卷一六四《刑考三》则记载为"六百三十条"。此两种记载究竟孰为正解，则难以遽断，故兼而录之。
② 曹旅宁、张俊民：《玉门花海所出〈晋律注〉初步研究》，《法学研究》2010 年第 4 期。
③ 《晋书·刑法志》。

《中国古代法律文献研究》第十一辑
2017 年，第 176~189 页

出土唐代墓志与法律资料

黄正建[*]

摘　要：出土墓志作为石刻资料一种，包含丰富的与法律相关的资料，具有重要史料价值。受体裁影响，这些法律资料多与墓主的生平纠结在一起，与其任官经历紧密相连，因此有关法官种类、职掌的资料比较多，涉及具体案件、司法制度、法典条文的比较少。本文辑录了四类法律资料，即有关法律知识的获得、法官的种类与升迁、法官的职掌、法官的个人性格与法律实施的环境等，以为例证。

关键词：唐代墓志　法律资料　法律知识　法官

最近几十年，出土的唐代墓志急剧增多。据统计，全部出土唐代墓志在一万方以上。有关图录、录文也频频出版，其中大型图书就有《唐代墓志汇编》《唐代墓志汇编续集》《隋唐五代墓志汇编》《全唐文补遗》《新中国出土墓志》《西安碑林博物馆新藏墓志汇编》《大唐西市博物馆藏墓志》等。这些出土唐代墓志中含有一些法律资料，值得研究唐代法制史的

＊ 中国社会科学院历史研究所研究员。

学者高度重视。以下所论，得自我对部分墓志的研读查阅，因此披露的资料或许对研究唐代法制史的学者会有一定价值。

首先交代一下本文使用的墓志资料出处：主要采用了三秦出版社所出吴钢主编的《全唐文补遗》（以下简称为《补遗》），各辑的出版时间分别是：第 1 辑（1994）、第 2 辑（1995）、第 3 辑（1996）、第 4 辑（1997）、第 5 辑（1998）、第 6 辑（1999）、第 7 辑（2000）、第 8 辑（2005）、《千唐志斋新藏专辑》（2006）、第 9 辑（2007）。此外使用的其他墓志资料，随文注出。

其次交代一下本文所谓"法律资料"何指。"法律资料"，范围不一，本文所谓"法律资料"采取最广泛的含义，即指与"法律"有关的一切资料。

一　出土墓志资料的特点

出土墓志资料的特点是什么？这似乎是个常识问题。简单说来，出土墓志的特点主要在于其资料的"原始性"，即它从写作完成后没有经过后人改动，原样保留了唐朝当时的格式、文字、内容。出土墓志资料的价值主要就体现在这里。当然，作为一种文体，它也是有特点的，比如有许多套话，有"谀墓"之嫌，等等。但它并非出土墓志资料的显著特点，而是所有墓志资料的特点。

为什么这样说呢？这也就是本文在"墓志资料"之前特意加上"出土"二字的原因。因为唐代墓志，除出土资料外，还有非出土者，即大量著录于唐人文集和其他一些文选中的墓志。我们读韩愈、权德舆、白居易、柳宗元等人文集，其中一类就是碑志，也有径称"墓志铭"类的（如《白居易集笺校》[①]）。不仅如此，这类碑志还多放在"文"类的前面，甚至放在"中书制诰""翰林制诏"前面（如《白居易集笺校》）。说明当时文人十分看重墓志铭的写作，把它们视为自己文笔优劣与否的重要文章。拿这些收入文集的墓志与出土墓志比较，二者基本相同，不同处只在于前

---

① 朱金城笺校《白居易集笺校》，上海古籍出版社，1988。

者往往将墓主名字省略，卒日葬日也多所空缺。此外当然还有个别字词的异同。

这样看来，出土墓志资料其实与收入文集中的墓志资料在性质上是基本相同的。虽然由于文集在传抄过程中，受主观或客观影响，文字会出现一些差异，但就总体而言，二者差别不大：唐人撰写墓志，写好刻在石头上，埋在墓里，千年后发掘出来，就成了我们所说的出土墓志资料；写好后收入自己文集，传抄到后世，就成了我们所说的传世文献。由此看来，就墓志资料而言，传世文献与出土资料其实是相同的。我们在重视出土墓志资料的同时，也不能夸大其价值，应该将传世文献中的墓志文字也作同一类资料考虑。

当然，如果我们在研究过程中需要考虑墓志资料的格式，特别是平阙状况，就只能求助于出土资料了。因为文集中的墓志文字，一般是将墓志格式变为文章格式，删去了平阙。① 只有在这种场合，才能体现出土墓志的独特价值。②

由于本文并不着重研究墓志的格式，因此虽然处理的是出土墓志资料，但使用的是《拾遗》的录文。

以上所论是出土墓志特点的第一点，主要是想说明本文为何要强调"出土墓志"的用意，即区别于传世文献中的墓志资料。因为若仅说唐代墓志，就必须包括文集中收入的大量墓志。由于我们通常所说的"石刻资料"往往只指出土石刻资料，因此我想在这里强调一下。其实就墓志而言，传世文献中的石刻资料也同样重要。当然，本文处理的只是出土墓志资料。

第二，出土墓志资料的特点，若从内容来看，可以说是个人传记的集成。所谓墓志，就是墓主生平的记录，这与纪传体正史中的列传实际是一样的。因此，墓志反映出来的历史，是通过个人生平来反映的。其史料价值的高低，与墓主在历史上的地位高低、作用大小成正比。这一点，是我

① 目前出版的墓志录文，除少数如《新中国出土墓志》外，都删去了平阙。即使《新中国出土墓志》，在平阙处理上，也没有完全严格按照出土墓志原样著录。
② 参见黄正建《平阙与唐代社会政治》，载《穿史卜麟锡教授还历纪念唐史论丛》，韩国，1995，后收入《走进日常：唐代社会生活考论》，中西书局，2016。

们利用墓志资料时必须充分注意到的。因此，若研究个人在历史中的作用，墓志资料是绝顶的好资料，但若研究各项制度或各种文书原文，显然从墓志中很难找到相关资料。这也就是墓志资料本身所具有的局限所在。

二　出土唐代墓志中的法律资料

以上所说墓志资料的特点，决定了墓志资料中有关法律的资料也具有这一特点。这个特点就是：那些有关法律的资料淹没在墓主个人的生平中。它与个人经历相关，与个人与法律的交涉多少、关联大小成正比，而缺乏关于法律制度、法典条文的资料。

以下我们就依据墓志的这一特点，追踪墓主个人生平，就其中涉及的法律资料略举一些例子。

（一）法律知识的获得

墓志资料记载了一些墓主获得法律知识的途径。从史籍看，获得法律知识主要有两种：一种是在国子监接受正规的"律学"教育；一种是在家庭自学。两种人都有可能最后参加"明法"科考试，从而成为法官或其他官员。关于在国子监获得法律知识的资料，在墓志中还没有找到确切例子，但在家庭自学法律知识，倒是有一些例子。例如：

1. 房夷吾：父为隋青州法曹参军。夷吾"以家世能官，宗多循吏，数闻疑谳，常经缮写。是以心闲法令，手善书刀"。①

这是因为家中有会判案的法官，耳濡目染，自学了法令。

2. 张泚："以为经者训人之本，或僻左丘明之传；法者理道之先，故精志萧何之律。弱冠举法高嗣第，公独道优等夷，褒为众首……起家拜南海郡参军。"②

这是自学法律，似参加了明法科考试的一例。

3. 王植："字文端……特好九章之书，尤精五听之术。历代沿革，因

① 《补遗》第7辑《房夷吾墓志》，第241页。以下墓志题目，均采用简式，即人名+墓志铭的方式。

② 《补遗》第2辑《张公墓志铭》，第539~540页。

时轻重，若视诸掌，悉究其源。年廿三，雍州贡明法，省试擢第，授大理寺录事。"①

这也是自学法律，参加了明法考试，及第后做了法官。

4. 李正本："读书至哀敬折狱，因叹曰：我先祖皋陶为尧理官，岂可不明刑以求仕？乃明法举，及第，解褐慈州昌宁县主簿。"②

这是怀着学法律以做官的想法自学法律的，也参加了明法考试，但及第后未做法官。

5. 杨峄："七岁读书，究典坟之奥旨，习诸律令，得刑法之微文……大理之长有闻，特状奏为大理狱丞。官不称才，怏然惭耻。司刑固请，礼难推辞。及其任也，尽诸五听，恭守三章。次授金州司仓参军……元和十四年（殁）。"③

这是从小自学律令的。墓志中明确说学习"律令"，这是少有的一例。墓主生活在唐后期，可见后期仍有在家自觉学习法律者。

6. 薛颖：乾封中为齐州祝阿县令，"部内奴犯十恶，主以他故匿之。颖念清介之名，不可私身为利，因举正其犯，谢病去官。然家道素贫，颇营计校，养羊酤酪，灌园鬻蔬，八九年中，遂至丰赡。内顾既足，无复进仕之心。先妣劝诱不行，因泣而垂责曰：'汝父临亡，特以经史法律付汝，汝今但殖货利，亦何殊于商农邪？'"④

这是父亲在家庭内将"经史法律"书籍传给儿子的一例。其父是否法官，墓志未明言，但其姥爷张抱一，则为瀛洲司法参军。

以上几例，对了解当时人为何学习法律以及如何自学法律略有帮助。它说明：法律知识往往是家传的。家中若祖、父有做法官的，家中必存有法典或法律书籍，加之目睹长辈的判案过程或记录，可能会引发自己兴趣，从而学习法律。或者认识到法律是"理道之先"，即认识到法律的重要，从而自觉去学习法律。或者就是特别喜好"九章之书"，然后去钻研

---

① 《补遗》第 3 《王君墓志铭》，第 379 页。
② 《补遗》第 4 辑《李府君墓志铭》，第 15 页。
③ 《补遗》第 2 辑《杨府君夫人梁氏合祔墓志铭》，第 43 页。
④ 《河东薛府君夫人张氏墓志铭》，载赵君平、赵文成编《秦晋豫新出墓志蒐佚》，国家图书馆出版社，2012，第 320 页。

法律。或者只是为了入仕，以为学法律也是入仕的一个途径，因此去学习法律。学习法律的出路，看来只能是参加"明法"① 考试一途。

（二）法官种类与升迁

由于墓志记录的是个人生平，因此任官经历是其中重要内容。从出土墓志资料中可以看到几乎所有的法官种类，包括中央的刑部官员、大理寺官员、御史台官员，以及地方的司法法曹参军②、覆囚使、幕府推官等。县尉虽不能说是法官，但却是县里参与断案的主要官员。以下结合升迁略举几例（只限于法官迁转，其他官职视情况而定，或列或否，详见墓志本文）。

1. 袁公瑜："时以寺狱未清，因授君大理司直……寻迁大理寺丞。宰剧有声，恤刑无讼，人赖厥训，朝廷嘉焉。迁都官员外郎……迁司刑少常伯。"③

这是从大理寺司直做起，一直做到司刑少常伯。当然，期间还当过县令、兵部员外郎、中书舍人等，其后也做过西州长史，直至安西副都护。唐代法官，一直在法官系统升迁的很少，往往是中央各部门以及中央和地方互相迁转。像袁公瑜这样，已经算是任职法官比较长的一例了。这种法官迁转方式，是唐代法官制度的一个特点。以下所谓在法官系统迁转云云，一般都省略了其他任职，特请注意。

2. 皇甫文备："弱冠以明法擢第，拜登仕郎……授君宣德郎、守中书、加骑都尉……文明元年（684）加朝散大夫、授右玉钤卫长史……旋奉中旨，迁司刑正……载初元年（689），迁秋官郎中……寻丁内忧……长寿二年（693）七月，墨制以卿久掌邦宪，谙练刑书，夺礼苦庭，昇荣棘署……起复司刑少卿……九月，又加正议大夫、检校秋官侍郎。十月奉

---

① 关于"明法"，特别是利用墓志研究"明法"制度，有许多成果，例如有彭炳金《论唐代明法考试制度的几个问题》，载《政法论坛》2002 年第 2 期，等等。不过随着墓志的不断出土，我们又发现了更多"明法"出身的例子，有关研究还可以继续进行。

② 关于唐代司法法曹参军，参见拙文《唐代司法参军的若干问题——以墓志资料为主》，载柳立言主编《第四届国际汉学会议论文集：近世中国之变与不变》，台北：中研院，2013。

③ 《补遗》第 1 辑《袁府君墓志铭》，第 80～81 页。

制……重守司刑卿。"①

这是明法出身，后进入法官系统，从司刑正到秋官郎中、司刑少卿、秋官侍郎，一直当到司刑卿的一例。

3. 尔朱杲："以公卿弟子为挽郎，解褐兖州都督府参军、鲁王府参军、转汾州司法参军、扬州大都督府法曹参军、司刑丞、沧州清池县令……制除都官员外……丁太夫人忧，起服膳部郎中，转秋官郎中……改司农少卿、司刑少卿、秋官侍郎、司刑卿，寻有制除秋官尚书。"②

这是初任官非法官，然后从司法参军、法曹参军一直做到秋官尚书的一例。如前所述，唐朝法官完全在法官系列迁转的很少，像尔朱杲这样，基本已经算是一生在做法官了。

4. 李孟德："弱冠辇脚出身，解褐补苏州司功参军，转贝州司法参军，充江东道覆囚使，以功授沧州乐陵县令。属越王以皇子之重谋反……郡县已扰，系公以安，敕书慰劳，迁北都清源县令……除宁州诸军事宁州刺史……长安四年（704）九月十九日终于宁州官舍。"③

这是以司法参军身份充任覆囚使的一例，且以"道"为单位。"江东道"一般认为是成立开元十五道时设置的，④ 现在看来武则天时期就已经非正规地存在了。⑤

5. 乔梦松："以明法高第，补瀛州河间尉，调同州冯翊尉，迁京兆三原主簿……（开元）十一年（723）……敕公摄监察御史，勾剑南租税、仍覆囚使。使终，正除监察御史里行。更一年，除监察御史，更一年，除殿中侍御史。更一年，除侍御史……后迁大理正，执国之宪，惟刑是恤。十六年（728）……摄鸿胪少卿，出车于安西。"⑥

这是明法出身，从县尉为监察御史，充任覆囚使的一例。后来他正式进入御史台，从监察御史经殿中侍御史到侍御史，再到大理寺为大理正。

---

① 《补遗》第2辑《皇甫君墓志》，第387~388页。
② 《补遗》第7辑《尔朱府君志石文》，第337页。
③ 《李府君墓铭》，载《秦晋豫新出墓志蒐佚》，第638页。
④ 《新唐书》卷三七《地理志一》，中华书局，1975，第960页。
⑤ 当然还有一种可能，即此墓志是夫妇合志，其中记李孟德夫人死于开元二十一年，或许撰写墓志时使用了开元时候的行政区划，因此写了"江东道"。
⑥ 《补遗》第7辑《乔府君墓志铭》，第44页。

再后来则脱离了法官系统。

6. 崔秤："弱冠，治鲁春秋与虞夏商周之书。荐于有司，经明上第。释褐参陕州大都督府军事。时则相国于公……一见，异公之材，引为府推官。小大之狱，重轻之典，操刀必割，迎刃斯解。大革冤滞，默销烦苛……诏授权知怀州录事参军……元和十二年（817）……终于怀州之官舍。"①

这是幕府推官一例。唐代后期，藩镇幕府设有推官，承担了州府司法、法曹参军的职任，或开宋以后推官判案的先例。

从以上例子可知，如果进入中央法官系统，在法官系统升迁是比较正常的，但在州府司法、法曹参军任上，能进入中央法官系统的并不太多。②除正式法官外，唐代还有如覆囚使这样的临时法官，后期还有推官等幕府官员从事司法事务。至于其他行政官员，也多有参与判案的事例。这是由于唐代与其他朝代一样，法官与行政官员没有彻底分开。但是即便如此，法官的升迁、职掌还是有其独特性的。

（三）法官的职掌

法官的职掌主要是判案断狱，同时也负责保管寻查法典、参与法典的修撰等。由于墓志体裁的限制，关于判案断狱，主要是用一些套话予以赞扬，涉及具体案件的极少。这也就是墓志资料的局限了。举几个例子。

1. 魏体玄："明经擢第，解褐授楚州司法参军。江淮设险，狡猾成风。□狱无才，狴牢有滞。公之任也，朝诲之以修德，夜泣之以受辜。黎庶感恩，囹圄空敞。转豫州西平县令。"③

这是司法参军的职掌，依靠"修德"和"受辜"，使得当州监狱"空敞"，可谓"治狱有才"。

2. 徐浚："十七明经高第……一命宣州参军，再迁陈州司法。时太康县有小盗剽劫，逮捕飞奔，廉使急宣。州佐巧抵非辜，伏法十有余人。府君利刃铜锋，刚肠正色，决纲不问，释累勿疑。余活者盈庭，颂叹者织

---

① 《补遗》第7辑《崔府君与夫人郑氏合袝墓志铭》，第91~92页。
② 参见前述拙文《唐代司法参军的若干问题——以墓志资料为主》。
③ 《补遗》第5辑《魏□君墓志铭》，第298页。

路……选授绛郡录事参军。"①

这是司法参军判案的一例。

3. 孙方绍："大中十一年（857），授大理寺丞。在法官二载，断决冤疑，实为大理。岁满，迁拜本寺正。除书云：'详丹书之典，必务平返；念赭衣之徒，不忘哀敬。'在正批断精覈，卿长知重，遂较殊考。正授代后……拜东牟太守。"②

这是大理寺官员断狱一例，也是套话，但引用了"除书"，比较珍贵。

4. 杨汉公："就吏部选判，考入第四等……授秘书省校书郎。裴大夫守华州，以试协律署镇国军判官。裴大夫移镇荆南，以节度掌书记请之……又选授鄠县尉。京兆尹始见公，谓之曰：'闻名久矣，何相见之晚也。'且曰：'邑中有滞狱，假公之平心高见，为我鞫之。'到县领狱，则邑民煞妻事。初邑民之妻以岁首归省其父母，逾期不返，邑民疑之。及归，醉而杀之。夜奔告于里尹，曰：'妻风恚，自以刃断其喉死矣。'里尹执之诣县，桎梏而鞫焉。讯问百瑞，妻自刑无疑者。而妻之父母冤之，哭诉不已。四年狱不决。公既领事，即时客系，而去其械。间数日，引问曰：'死者首何指？'曰：'东。'又数日，引问曰：'自刑者刃之靶何向？'曰：'南。'又数日，引问曰：'死者仰耶？覆耶？'曰：'仰。'又数日，引问曰：'死者所用之手，左耶？右耶？'曰：'右。'即诘之曰：'是则果非自刑也。如尔之说，即刃之靶当在北矣。'民叩头曰：'死罪，实某煞之，不敢隐。'遂以具狱，正其刑名焉。"③

这是一条很有名的墓志资料，是县尉断狱的一例。像这样描写有案件详情的墓志资料极其罕见。

5. 黄君："又应八科举及第，迁司直，寻家朝散大夫，拜司刑丞，迁司刑少卿……服阕，除常州司马。不踰年，有制以公早历刑官，深闲宪典，除□□□□□□官郎中，寻迁司刑少卿。周礼六卿，廷尉评海内之狱；文昌八座，秋官议天下之刑……天授二年（691）□□□□之□□□随时。或废在宽弛，或失之淫滥，乃命公为详审使，兼命刊定隋唐已来律

① 《补遗》第8辑《徐府君墓志铭》，第62页。
② 《补遗》第4辑《孙府君墓志铭》，第242页。
③ 《补遗》第6辑《杨公墓志铭》，第179页。

文。公远撅□□□□□□□□□之轻重，□□□之废兴，括囊数百年，笔削千余道……损益咸中，朝廷评能。"① 后为刺史。其少子黄昉行相州司法参军事。

这是法官被任命为"（律令）详审使"，而参加刊定律文的一例。从此例可知武则天建立武周后，曾有刊定隋唐律文的举措。这是墓志资料中极珍贵的一条与法律相关的资料。

6. 王植（字文端）："特好九章之书，尤精五听之术。历代沿革，因时轻重，若视诸掌，悉究其源。年廿三，雍州贡明法，省试擢第，授大理寺录事，丹笔无冤，黄沙绝滞。迁长安县尉，目览耳听，片言折狱。堆几之案云撤，盈庭之讼雾收。应诏举，迁魏州武阳县令，仍在京删定律令。讫，赐帛五十匹，授尚书省都事……迁太府寺丞……诏以干能可纪，授司农寺丞。推逆人房遗爱等处事平反，诏以明习典宪，授大理寺丞……授泾州长史……授宗正寺丞，奉使越州推事。以龙朔二年（662）二月十日，寝疾卒于会稽郡，时年六十。"②

这条墓志前半部分上面引过。上面是说他的法学知识获得，这里是说他作为法官的职掌，其中包括做"大理寺录事"时的"丹笔无冤，黄沙绝滞"；作县尉时的断狱迅捷；做县令时在京城参与删定律令；此外还充使到各处推事。王植死于龙朔二年（662），60 岁，则生于隋仁寿二年（602）。23 岁时当武德八年（625）明法及第，故为县令"在京删定律令"，所修可能是贞观律令。《旧唐书·刑法志》记参与撰定永徽律令格式的人员中的"太府丞王文端"③ 即王植。因此王植可能不仅参加了贞观律令，也参加了永徽律令的撰定。此条墓志资料是研究贞观、永徽律令编纂的重要补充史料。

（四）法官的个人性格以及法律实施的环境等

作为记录墓主生平的墓志，往往会涉及墓主个人的性格秉性。这些资料虽然不多，却对于了解当时的法官大有裨益。此外，在记录法官职掌时，往往也会记录其所处时代或地区的法律环境，这对于了解当时法律实

---

① 《补遗》第 7 辑《黄君墓志》，第 339~340 页。墓主名因墓志漫漶而不明。
② 《补遗》第 3 辑《王君墓志铭》，第 379 页。
③ 《旧唐书》卷五〇《刑法志》，中华书局，1975，第 2141 页。

施的背景状况也是十分有益的。例如：

1. 豆卢望："拜太府卿。帝以公久在枢衡，任遇斯重，春秋高矣，不宜婆娑九列，乃迁刑部尚书。公坐镇雅俗，动必依仁。名法之书，非其志也，□累固辞。"①

这位高级法官不喜法律书籍，自然也不愿当法官。唐朝的刑部尚书，常常并非法官出身，许多出自儒家，因此往往有不喜刑名的现象出现。

2. 李从易："初选，受左金吾卫骑曹参军……大将军李公试以吏事，应机立断，罔不中理……再选，受京兆府三原县尉……三选，受大理寺主簿。刑名之书，公幼不视，遇事论法，出人意表。虽有素习，曷若生知？遂守此官，三考秩满。"②

这位法官也是不读刑名之书，却能胜任断狱，恐怕"生知"是假，还是有所"素习"的。

3. "今上（宣宗）以慈恕母天下，尤注意于三尺法。遂擢（孙瑝）为御史中丞……公□于历试，虔操国章，事简法严。吏不鬻情，狱无滥系。上每坐便殿，必亲阅刑书。欲桎梏不加，宪纲疏略。"③

这是说唐后期宣宗很注重法制建设，常常亲自阅读法律书籍。此点重要。因为在中国古代，皇帝的喜好直接关系到政治的实施和政策偏重。因此我们看到，在宣宗朝，法律的编纂确实是比较多的。④

4. 吴士平："改大理□事，稍迁司直。上（宪宗）即位五年，天鸡四鸣，奸人希恩，小吏舞文，天下刑狱岁系大理寺者千数。君每受事，廷尉与直，指御史秋官郎杂理是非。不巧法，不传罪，不避强，不阿容。人无隐情，事得其中。"⑤

从这个墓志可知唐宪宗时的法制环境：由于"小吏舞文"，到达大理寺的案件多达千件。这一数字，对我们了解唐后期大理寺法官的工作量，会有很直观的认识。

---

① 《补遗》第 7 辑，第 31 页。
② 《大唐西市博物馆藏墓志》，北京大学出版社，2012，第 871 页。
③ 《补遗》第 5 辑《孙公墓志铭》，第 46 页。
④ 例如奉敕修撰了《大中刑法总要格后敕》六十卷；以及《大中刑法统类》十二卷等。参《旧唐书·刑法志》。
⑤ 《补遗》第 7 辑《吴君墓志铭》，第 83 页。

5. 王基："弱冠明经擢第，补岗州司法参军。南海遐鄙，中典罕及。评刑断狱，多阙矜慎。持法作吏，屡闻峭刻。我君莅之，树德斯在。改任泉州录事参军。"①

岗州在何处，暂未查到，或为"冈州"之误。冈州，在今广东省开平市西边。这条资料是讲唐前期（墓主葬于开元三年即715年）岭南道的一些州执法比较"峭刻"，因此需要以"德"来纠正。可知唐朝各地区法律环境是不同的。

6. 吕让："授海州刺史……东海远皇都三千余里，承平不轨之后，人多不知法制。州无律令，无紫极宫。公下车则命备写而创置之，揭以碑铭，连境知教。"②

这是讲唐宪宗宣宗之间海州（治所在今连云港市附近）地方甚至没有律令，导致民众不知法制。海州虽远临东海，但不比蛮荒之处的南海，但依然"州无律令"，可见法律的普及、法典的保存，因时因地有很大不同。另外通过墓志可知，要想让民众知晓法律，必须"揭以碑铭"，即将律令刻在石碑上。此点对了解法律的宣示方式非常重要。

通过以上几例，我们看到了法官中不仅有喜爱法律、热衷学习法典者，也有不读刑名之书，不喜欢法典，甚至不想当法官者。法官的生存环境以及法律的实施，因时因地有所不同。在皇帝重视法律的情形下，法律的编纂实施相对容易。到偏远地区赴任，法典匮乏，州府长官或法官首先要做的就是"备写"法典，让民众知晓法制。

三　小结

以上我们列举了出土墓志中与法律有关的一些资料。由于墓志具有个人传记性质，因此与法律相关的资料，就混杂在墓主个人的生平中。依据其生平，有关法律资料主要体现在这样几个方面。

1. 法律知识的获得。墓志中看到的主要是自学，特别是主要来自家庭

---

① 《补遗》第2辑《王府君墓志铭》，第419页。
② 《补遗》第4辑《吕府君墓志铭》，第201页。

传承。

2. 法官的种类与升迁。由于墓志对个人历官记录最为详细，因此这一方面的资料最多。根据这些资料，可以详细研究各类法官，包括刑部、大理寺、御史台的各级官员，州府司法、法曹参军，县尉，乃至详审使、覆囚使、推官等使职的出身、迁转、官与职的关系，等等，是墓志资料所能提供的最大宗的史料。

3. 法官的职掌。这里主要指墓志在记录各类法官任职时的作为。其中虽然大量是用典和套话，但也有涉及具体判案断狱者。还有就是揭示了一些法官参与修撰律令的事实，其中包括参与修撰贞观、永徽律令的王文端，以及唐后期的狄兼谟。

4. 法官的个人性格与法律实施的环境。由于墓志具有个人传记性质，涉及墓主时，多少会描写其个性，因此我们可以从中看到墓主担任法官时的种种想法和独特做法，比如有的法官就不喜刑名，不看刑名之书，但判案却没有问题。有的法官威严，有的法官仁恕，这在墓志中都有记载。法官所处环境也因时因地有所不同：有的地方没有律令，需要从基本的法律知识普及开始做起；有的地方法律严苛，特别是后期各藩镇的法律宽严不同，致使法官的执法也有所不同。此外如皇帝的爱好、法寺案件的多少，都影响着法律的实施。这些资料在墓志中不多，但时有发现，对我们认识唐代法律的实际执行有重要意义。

前面讲过，出土墓志资料其实与传世墓志资料性质基本相同，因此在关注出土墓志资料的同时，也不要忘了传世的碑志资料。我们随便举一例：

（颜元孙）解褐鼓城主簿，历登封尉……相代为长安尉……前是老吏好以婚田之不决者试新上官。君悉垛阶上，研墨汁数（原本阙），操割凡百馀道，不终夕而毕。县令陇西李绾，才学士也。睹（原本阙）骇，命小吏分手写之，而通不给，朝廷耸叹。迁洛阳丞、著作佐郎、太子舍人。时元（玄）宗监国，独掌令诰，当时以为纶言之最。①

---

① 颜真卿：《秘书监颜君神道碑铭》，载《全唐文》卷三四一，中华书局，1983，第3457页。颜元孙是颜杲卿之父，颜真卿的伯父。

这里讲的是一个县尉断案的故事，可知新官上任，老吏会拿些婚、田等民事纠纷的案子考验新官。这对了解县级法律案件的处理很有直观意义。文章与出土墓志性质一样，但文字因为传抄和避讳就有所不同，比如"玄宗"变成了"元宗"等。这也是传世石刻资料与出土石刻资料不同的地方，需要引起注意。

总之，出土墓志资料作为石刻资料之一种，其中包含了丰富的与法律相关的资料，具有重要史料价值，值得我们去认真发掘、利用。受体裁影响，出土墓志资料中的法律资料多与墓主的生平纠结在一起，与墓主的任官经历紧密相连，因此其中有关法官种类、职掌的资料比较多，涉及具体案件、司法制度、法典条文的比较少。这是出土墓志资料中法律史料的特点。此外，出土墓志资料与传世文献中的墓志资料在性质上是一致的。只要不是专门研究墓志格式，或通过墓志格式研究当时的礼仪、等级、文书制度等，我们应该将出土墓志与传世墓志一视同仁，看作一类资料，即都是按照墓主个人生平顺序表现出来的法律史料。它们是零散的、片段的，同时伴有各种典故和套语。不过即使如此，墓志资料中仍有许多其他类型史料中没有的珍贵资料，值得我们予以充分重视，并运用到我们的法律史研究中来。

《中国古代法律文献研究》第十一辑

2017 年，第 190～215 页

有关唐代平阙式的一个考察（上）[*]

——以对敦煌写本《唐天宝职官表》的检讨为中心

〔日〕冈野诚著　赵　晶译[**]

摘　要： 公私文书所用"平出、阙字、抬头"合称"平阙"。关于唐代"平阙式"（有关平阙的规范），本文以《唐天宝职官表》（p. 2504）为中心，与《唐六典》卷四以及郑余庆《大唐新定吉凶书仪》（s. 6537v）等进行相对比较。通过严密的比较、检证，首先校勘"平阙式"的文字。在此基础上，从同时代的史料中，探究了各个平阙用语的含义，然后阐释与皇家相关的称谓及其范围，进而对日本《令义解》《令集解》的《公式令》"平出"条再行检讨。由此可知，当时通过"平阙式"来拥护、尊重的实际上是皇帝的权威，而非国家的权威，从中亦可窥见中国历史上王权与国家关系特殊性之一斑。

关键词： 平阙　平阙式　唐天宝职官表　唐六典　书仪　皇帝　皇家　国家像

---

* 本文分为上、下两篇，下篇日文版刊于《法律論叢》第 89 卷第 1 号（2016 年 7 月），《中国古代法律文献研究》第 12 辑将刊出该篇中译文。

** 冈野诚，日本明治大学法学部教授；赵晶，中国政法大学法律古籍整理研究所副教授。

　　在以近代之前的中国为对象的古文书学、文献学中，初学者首先应当习得的知识是"避讳"和"平阙"。若不知"避讳"，即无法校勘史料；若没有"平阙"的知识，则难以给文章分段。现在，关于"避讳"，已有专门之书与辞典出版，研究指南类的文章也不在少数。[①] 另外，有关"平阙"，虽然已有若干研究出现，但专门之书和辞典依然没有。

　　所谓"平阙"，是指在文章中出现一定用语时，在书面格式上表现为"平出、阙字、抬头"（后述）。这在一开始见于公文书，随即就扩大到私文书上。所谓"平阙式"，是指关于"平阙"的"式"，是表示书面格式、规则、范本等意思的语词，主要表现为法令与书仪。

　　本文的目的是检讨唐代的"平阙式"。在用于讨论唐代平阙式的史料中，伯希和（Paul Pelliot）带走的敦煌文献之一 p. 2504《唐天宝职官表》（拟题，研究者所拟名称各有若干差异）占据了核心位置。由于没有类似的文献，所以这一史料就显得极为珍贵，也因如此，它的存在广为人知。

　　理应与这一史料合并检讨的，还有《唐六典》所收的平阙式，以及由书信入门发展起来的综合性礼仪书的一种"书仪"——郑余庆撰《大唐新定吉凶书仪》（S. 6537v）——所收"公私平阙式"。[②]《唐天宝职官表》及《唐六典》所收平阙式可以说是规则，与此相对，《大唐新定吉凶书仪》中的平阙式则相当于范本。[③]

　　正如"公私平阙式"这一标题所示，在"书仪"中，"平阙式"与公文书、私文书两者都有关系。只不过，就笔者目前的关心而言，本文此处只限于讨论与公文书相关的"平阙式"。关于私文书中的"平阙式"，我想

---

　　① 关于避讳，有若干相关的文献。在这一研究领域，陈垣《史讳举例》（中华书局，1963）着其先鞭。近年的有用之作为王彦坤《历代避讳字汇典》（中州古籍出版社，1997）。作为针对初学者的避讳指南，井波陵一《不适用的字——讳与汉籍》（武田时昌等《汉籍是有趣的》，研文出版，2008）、坂出祥伸《开始阅读中国古典的第一步》（集广舍，2008，第 55~68 页）。

　　② 在研究平阙式的时候，相关的敦煌本书仪不止一种。本文在比较之后选择其中信息最为丰富的《大唐新定吉凶书仪》。此外，这一史料的文书序号一直以来都被标为"S. 6537v14"，近年来有删除小序号的趋势，本文则从之。

　　③ 与礼典不同的"吉凶书仪"，并非是政府公认的礼仪规范，这点可参见张文昌著，土口史记译，远藤隆俊补正《中国中古的书仪发展与〈温公书仪〉——〈朱子家礼〉的前奏》，《高知大学学术研究报告》第 58 卷，2009，第 29 页。

今后有机会时再行讨论。

本文专门研究"平阙式"这种关于"平阙"的一种规范（书面格式、规则、范本）。在现实社会中，越过这种规范或是违反这种规范的实例不在少数。这种调查与检讨也很重要，只不过检讨对象的数量过于庞大，所以对于"平阙"实例的讨论有待于他日。

通过以上作业，若是能够部分地阐明唐代"平阙式"的内容、变迁及其背后的历史，诚然是笔者之幸。

一　唐代平阙式的研究情况

最先想要搞清楚的是有关唐代平阙式的研究情况。

首先，《唐六典》是著名的职官书，相关论文为数众多，但未见重点讨论"平阙式"的文章。如后文介绍的那样，唐令复原研究[①]与《唐六典》点校本（活字印刷本）、现代中文译本等都有部分言及于此。[②] 而且在"书仪"的研究中，《唐六典》作为比较史料之一，也有被讨论到。

其次，关于《唐天宝职官表》的照片、录文以及研究史，已有下述文献加以介绍（在以下的文献标示中，"："之上是本文引用时的略称）。

[池田、冈野 1978]：池田温、冈野诚《敦煌吐鲁番发现唐代法制文献》，《法制史研究》第 27 号，1978 年，第 200～201、217～218 页。

Legal Texts（*A*）（*B*）：T. Yamamoto, O. Ikeda & M. Okano co-ed（山本达郎、池田温、冈野诚共编），*Tun-huang and Turfan Documents Concerning Social and Economic History*, I, *Legal Texts*（*A*）（*B*）, The Toyo Bunko, 1980, 1978。照片在（B）第 87～91 页，录文在（A）第 45～48 页（逆页），研究史则在（A）第 50～52 页。

---

① 唐令复原研究的代表成果，是后引《唐令拾遗》与《唐令拾遗补》，还有就是近年的研究如中村裕一《唐令的基础性研究》（汲古书院，2012）。
② 陈仲夫点校《唐六典》（中华书局，1992）就是活字印刷本，在研究上相当有用（以下略称为《陈校六典》）。至于《唐六典》的现代中文译本则有袁文兴、潘寅生主编《唐六典全译》（甘肃人民出版社，1997，以下略称《六典全译》）以及朱永嘉、萧木注译《新译六典》（全四册，三民书局，2002，以下依然称为《新译六典》）。

上述 Legal Texts 和其补遗篇①所载文献，以及其后发表的相关文献则有如下研究成果。

〔日文〕

[大谷胜真 1933]：《敦煌遗文所见录（一）——有关唐代国忌诸令式职官表》，《青丘学丛》第 13 号，青丘学会，第 171～177 页。平阙，仅在第 174 页简单涉及；录文则在第 177 页的大型一览表中。

《拾遗》：仁井田陞《唐令拾遗》，东京大学出版会，1964 年，初版于1933 年，第 85～87、569～574 页。

《拾遗补》：仁井田陞著，池田温编集代表《唐令拾遗补》，东京大学出版会，1997 年，第 716～717、1276～1278 页。

〔中文〕

[金毓黻 1943]：《敦煌写本唐天宝官品令考释》，《说文月刊》第 3 卷第 10 号，第 107～117 页。

[刘俊文 1989]：《天宝令式表残卷》，《敦煌吐鲁番唐代法制文书考释》，中华书局（初出为《天宝令式表与天宝法制》，1986），第 355～403页。录文在第 356～371 页，考证、校补、笺释则在第 371～403 页。

[唐、陆 1990]：唐耕耦、陆宏基编《敦煌社会经济文献真迹释录》第 2辑，全国图书馆文献缩微复制中心、古佚小说会。录文在第 587～595 页。

[黄正建 1995]：《平阙与唐代社会政治》，《春史卞麟锡教授还历纪念唐史论丛》，韩国大邱图书出版成进，第 141～154 页。

[池田温 1998]：《唐官品令管窥》，《中国古代社会研究——庆祝韩国磐先生八十华诞纪念论文集》，厦门大学出版社，第 12～26 页。关于《职官表》，在第 13～14 页。

[戴建国 2001]：《唐〈天宝律令式〉说献疑》，《法律史论集》第 3卷，第 517～533 页。

在这些研究中，[黄正建 1995] 是关于平阙的专论，《拾遗》《拾遗补》在唐令复原研究中也使用了《唐天宝职官表》。至于 [刘俊文 1989]

---

① T. Yamamoto et al. co-ed, *Tun-huang and Turfan Documents Concerning Social and Economic History*, *Supplement* (*A*) (*B*), The Toyo Bunko, 2011.

对平阙式进行了局部性校订。[戴建国 2001] 是对 [刘俊文 1989] 之初出论文（1986）进行批判的论文。其他的大部分研究都将重点置于《职官表》的整体录文、官制、制作年代等解明上，言及平阙式者不多。

再次，《大唐新定吉凶书仪》的照片在后引《英敦》第 4 卷中。关于其研究，则有如下文献。

［日文］

[周一良 1992]：《唐代书仪的类型》，池田温编《敦煌汉文文献》（讲座敦煌三），大东出版社。本文以下所引为中文论文《敦煌写本书仪考（之二）》，《敦煌吐鲁番文献研究论集》第 4 辑，北京大学出版社，1987年。与郑余庆书仪相关的内容在第 698～699 页。

[丸山裕美子 2004]：《敦煌写本书仪所见唐代法制史料》，国学院大学日本文化研究所编《律令法及其周边》，汲古书院，初版 1997 年，第264～271 页。与平阙式相关者，在第 269 页。

［中文］

《英敦》：中国社会科学院历史研究所等编《英藏敦煌文献（汉文佛经以外部分）》第 4 卷，四川人民出版社，1991。《大唐新定吉凶书仪》（S. 6537v8－13）的照片在第 99～104 页。在《英敦》中，每一幅照片旁都标记文书序号的小序号，它们与此前的文书序号不同。

[赵和平 1993]：《敦煌写本书仪研究》，台北：新文丰出版公司。《大唐新定吉凶书仪》的录文在第 480～503 页，题解、校记则在第 504～517 页。

[赵和平 1995]：《敦煌写本郑余庆〈大唐新定吉凶书仪〉残卷研究》，周一良、赵和平《唐五代书仪研究》，中国社会科学出版社，初出为 1990年，第 146～178 页。录文在第 179～190 页。

[张小艳 2007]：《敦煌书仪语言研究》，商务印书馆。关于平阙，在第 137 页；关于敬空符，在 224～226 页。

[赵和平 2011]：《赵和平敦煌书仪研究》，上海古籍出版社，第 163～194 页。

[吴丽娱 2013]：《敦煌书仪与礼法》，甘肃教育出版社。关于平阙，在第 184～189 页。

有关这一史料的定位，[周一良 1992] 颇具参考价值；其录文参见 [赵和平 1993］［赵和平 1995］，研究则有［赵和平 1995］（［赵和平 2011］再次收录）。［丸山裕美子 2004］也论及书仪和平阙式，［张小艳 2007］［吴丽娱 2013］则分别从专门的立场出发对平阙式进行了简洁的解说。

以下本文以《唐天宝职官表》所收"平阙式"为中心，将它与在时代性上在前的《唐六典》中的"平阙式"以及唐后半期的《大唐新定吉凶书仪》中的"公私平阙式"进行比较、检讨，并加以讨论（以下将这三种"平阙式"并称为"唐平阙式"）。

二　《唐天宝职官表》中"新平阙令"的特征

本稿处理的《唐天宝职官表》（p. 2504，拟题）卷首在上、卷尾在下，各栏都是自上而下书写，宽 27cm × 长 185cm，全卷分为 36 格，各标题用朱笔书写，官名中的清官以朱点加于字头，至于其内容，则包括国忌、田令、禄令、平阙式、不阙式、新平阙令、旧平阙式、装束式、假宁令、公式令、文部式、官品令（文武正一品至从九品下）。

［池田 1998］检讨了先行研究，据此可知，包含在这一《职官表》中的唐令有开元七年令、开元二十五年令以及部分改订的天宝时期的令，也就是说，以开元二十五年令为基础，插入天宝新制（第 14 页）。因此，这个《职官表》赖以为据的官方钞本应该制成于八世纪后半期。这一《职官表》是对其原本的一种缩写，转写时发生了栏位错乱和误字，所以可以推测是官员为个人使用而抄写的。① 如前所述，这个《职官表》的照片、录文和研究史则可参照山本达郎、池田温、冈野诚共同编集的 Legal Texts（A）（B）之 XXII。

这里研究的平阙式，是为唐代公文书（如前所述，"平阙"并不仅限于公文书，还见于私文书，但本文仅限于检讨公文书）制作时，从书面格式上对政治性权力和宗教性权威表达敬意而规定的规则。

"平阙式"为何，《唐天宝职官表》就举出了具体性的史料。

图 1 是从《唐天宝职官表》第三、四段中原封不动地切出来的与"平

---

① 参见［池田、冈野 1978］，第 217～218 页。

图1　《唐天宝职官表》中的"开元、天宝平阙式"

a 新平阙令			
中书门下牒礼部。			
1 大道	2 至道	3 玄道	4 道本
5 道源	6 道宗	7 昊天	8 旻天
9 苍天	10 上天	11 皇天	12 穹苍
13 上帝	14 五方帝	15 九天	16 天神
17 乾道	18 乾象	19 乾符	20 地祇
21 后土	22 皇地	23 坤道	24 坤地
25 坤珍	26 坤灵	27 坤仪	
牒奉			
教，以前语涉重，宜令平阙其条			
况说议类者，并皆阙文，诸字			
虽同，非涉尊敬者，不须悬阙。			
如或不可，永无隐焉。牒至准			
教。故牒。			
天宝元载六月十二日牒。			

b 旧平阙式			
28 天帝	29 皇祖	30 皇祖妣	31 先帝
32 先名（后）	33 皇帝	34 天子	35 陛下
36 至尊	37 太皇	38 太后	39 皇太后
40 皇后	41 皇太子	42 庙号	43 皇桃
44 皇考			
右已上字，并须依平阙。			

c 45 况论古典，不在此限。

第3段

d 平阙式		
46 宗庙	47 社稷	48 陵号
49 乘舆	50 诏书	51 昭（明）诏
52 天恩	53 敕旨	54 圣化
55 朝命	56 中宫	57 御（）车驾
右已上字，并须平阙文。		

e 不阙式		
58 宗庙中	59 陵中	60 行陵
61 陵中树木	62 待制	63 车中驾
64 皇太子	65 舍人	

f 66 陵庙召（名）为官，总不阙。

天宝元年，根据玄宗的指示，为开元二十五年平阙式（b~f）追加了新的平阙令（a）。本图呈现"L"字形。此外，波浪线部分原为朱笔，a、b、c 等标记以及序号则为引用者所加。

阙式"相关的部分表格。与这个"平阙式"相关的各个部分（暂且称之为
"节"）用 a~f 为标记进行区分。《职官表》本身是自上而下排列的，而从
平阙式相关的史料来看，a、b（c 是 b 的附则）比 d、e（f 是 e 的附则）更
重要，而且 a、d 分别优先于 b、e，所以图 1 就按照 a~f 的顺序进行标记。

《职官表》本身是自上而下排列的，为何 d、e、f 部分先写，而 a、b、
c 部分置于后呢？笔者猜测，这恐怕是因为转写者在第三段抄入"田令"
与"禄令"后，考虑到余下的空白部分难以抄入 a、b、c，而 d、e、f 分
量较小，恰好适合。

其次想对 a、b、d、e 各节标题的差异略加思考。a"新平阙令"对应
于 b"旧平阙式"，这由新、旧之语便可明了。只不过，这里的"令"
"式"并不是法典意义上的律令格式之令、式。如后文所述，a 是天宝元年
（742）颁布的王命，因此标记为"令"。与此相对，b（以及 d、e）被名
为"式"，以此为例，类似者还有《公式令》中名为"制书式""牒式"
"过所式"等的公文书格式。也就是说，这里的"式"表示的是书面格式、
规则的含义。①

此外，a 作为"新平阙令"颁布之后，b 的"旧平阙式"是否因此被
废而失效？从两者内容（平阙用语）并不重复可知，a 是对 b（以及 c、d、
e、f）的追加内容而已。关于 b 的"旧平阙式"，仁井田陞曾推测"这一
旧平阙式与《唐六典》存在差异，也许是依据开元二十五年令而来"
（《拾遗》，第 571 页）。笔者认为，从各节内容可见，不仅是 b，包括 c、
d、e、f 在内，它们的根据都是开元二十五年《公式令》。由此可知，"令"
"式"的含义并不具有法典之别。

如上所述可知，在《唐天宝职官表》中，与平阙式相关的史料（a~
f）有根据开元二十五年令做成的"平阙式"（b~f），与此相对，还追加
了天宝元年与平阙式相关的新的王命（a）。因此，以下将 a~f 统括称为
"开元、天宝平阙式"，略称为"开天平阙式"。在天宝元年这个时间，a~

---

① 丸山裕美子认为，"平阙式"究竟是规定于《公式令》还是《礼部式》并不明确（［丸山
2004］，第 269 页）。只是，"平阙式"之"式"没有必要非得认为是法典，或许只是唐
《公式令》的一个条文吧（当然，如丸山氏所论，我们无法否定相关规定可能载诸作为法
典的式中）。

f 应是全体有效的法律。①

以下录出 a "新平阙令"（本文第三节以下的④相当于 a）。

> 新平阙令
> 中书门下　牒礼部。
> 大道、至道、玄道、道本、
> 道源、道宗、昊天、旻天、
> 苍天、上天、皇天、穹苍、
> 上帝、五方帝、九天、天神、
> 乾道、乾象、乾符、地祇、
> 后土、皇地、坤道、坤德、
> 坤琼、坤灵、坤仪。
> 牒。奉
> 敕，以前语涉重，宜令平阙。其余
> 汎说议类者，并皆阙文。诸字
> 虽同，非涉尊敬者，不须悬阙。②
> 如或不可，永无隐焉。牒至，准
> 敕。故牒。
> 　天宝元载六月十二日　牒。

该文书据唐代公文书格式之一的"敕牒式"做成，仁井田陞在前引《拾遗》（第 571 页）、中村裕一在《唐代制敕研究》等著作中皆已指出。③这确实是由中书门下下发给礼部的公文书，而从"牒。奉/敕"（以/表示

---

① ［刘俊文 1989］认为："……此卷之传写当在天宝之时，所录令式皆为天宝行用之制。综上所考，故名之曰《天宝令式表残卷》。"（第 374 页）我认为这是妥当的意见。不过，在初出（1986）时，刘俊文主张存在"天宝律令格式"之说，［戴建国 2001］对此进行了批判。戴建国主张并不存在作为法典编纂的"天宝律令格式"，这是合理的。

② "悬阙"一词可理解为"平阙"的另一种说法。作为例子，则有"第一，目录（其沿革篇所纂前代典实，应指尊极，不同《开元礼》，故不悬阙矣……）"（《通典》卷四一《礼一·沿革一·礼序》）。

③ 中村裕一：《唐代制敕研究》，汲古书院，1991，第 531～532 页；《唐代公文书研究》，汲古书院，1996，第 92～93 页；《隋唐王言研究》，汲古书院，2003，第 152～153 页。

原文的换行）、"牒至，准/敕。故牒"等用语以及日期之后所附"牒"字等可见，"敕牒式"的判断是正确的。换言之，这是中书门下在接受皇帝的指示后，向礼部传达的文书。据中村氏所论，之所以没有作为发出者的宰相们的署名，那是因为"新平阙令"在引用敕牒时把它们省略了。

这一敕牒的发出日期是"天宝元载六月十二日"，但唐代改"年"为"载"，是在天宝三载（744）正月至至德三载（758）三月间。因此，"载"字是"年"字之误。因此，本文书记作"天宝元载"也可以说明，这一《唐天宝职官表》做成或抄写（更倾向于"抄写"）于天宝三载以后。进一步附加说明的是，在"国忌"栏中，应该记作"太宗"之处则误写为"玄宗"（同表第一段）。作为庙号的"玄宗"，是在玄宗亡故的宝应元年（762）所追赠的，所以《唐天宝职官表》做成或抄写（更倾向于"抄写"）的时间很可能在宝应元年以后。

其次，根据这一日期，觅得以下三则相关史料：

> 《唐会要》卷五〇《尊崇道教》天宝元年六月敕。[1]
> 《册府元龟》卷五四《帝王部·尚黄老二》天宝元年六月制。[2]
> 《全唐文新编》卷二四玄宗"令道教及天地乾坤字须半(平)阙制"。[3]

三则史料的内容可以说基本相同（《全唐文新编》所收的这则史料是对《册府元龟》的再录）。以下引自《唐会要》（上册第1015页，与《册府元龟》[简称为"册"]进行对校，标点为引用者所加）：

> 其年（2字，《册》无）六月敕（敕，《册》作"制曰"），大道先于两仪，天地生于万物，是以圣哲之后，咸竭其诚。今后应缘国家制（制，《册》作"致"）命、表疏、簿书及所试制策文章，一事已上，语指道教之事（事，《册》作"词"）及天地乾坤之字者，并一切平（平，《册》作"半"）阙，宜宣示中外。

---

① 王溥：《唐会要》全2册，上海古籍出版社，1991，上册第1015页。
② 王钦若、杨亿等：《册府元龟》，中华书局，1994（1960初版），第1册第598页。
③ 周绍良主编《全唐文新编》全22册，吉林文史出版社，2000，第1册第309页。

要言之，这一敕文的主旨，在于撰写制命、表疏、簿书以及科举时的制策等文字时，对于指涉道教与天地乾坤的语词应该予以平阙，从颁布的日期（天宝元年六月）来看，它与之前"开天平阙式"的"敕牒"有很深的关系。只不过，从文字来看，两者似乎是正好于同一时间颁布的、两份各自有别的敕文。这个问题该如何解释呢？笔者目前做以下推测：《唐会要》卷五〇的这一敕文要求的是对道教及天地乾坤等用语进行平阙，与此相对，"开天平阙式"的敕牒则具体性地列举了平阙的事例及其范围，并且要求严格加以执行。图 1a "新平阙令"所载的全部 27 例用语可分为五组，"1 大道 ~ 6 道宗"与道教相关，"7 昊天 ~ 16 天神"与天相关，"17 乾道 ~ 19 乾符"与乾相关，"20 地祇 ~ 22 皇地"与地相关，接下来的"23 坤道 ~ 27 坤仪"与坤相关。由此可知，确实如《唐会要》等所载，这些用语与道教、天地乾坤（实际上是按照天乾地坤的顺序）相关。由此可以判断，两者（《唐会要》所载史料与"开天平阙式"中的 a "新平阙令"）各自都是同一敕牒中的一部分。

三 对与平阙式相关的史料的检讨

为了对唐代的平阙式进行分析，笔者使用以下各种史料（①~⑥对应后文表 1 的史料序号）。

①《大宝令》（仁井田陞著，池田温编集代表，前引《拾遗补》）。

②《养老令》（《律·令义解》［新订增补国史大系二二］，吉川弘文馆，2000，初版于 1939。井上光贞等校注《律令》［日本思想大系三］，岩波书店，1977，初版于 1976）。

③广池千九郎训点，内田智雄补订《大唐六典》，广池学园事业部，1973。

④山本达郎、池田温、冈野诚共编，前引 *Legal Text*（A）（B）。

⑤郑余庆《大唐新定吉凶书仪》（S.6537v）［赵和平 1993］。

⑥《（静嘉堂文库藏）庆元条法事类》，古典研究会，1968。

以下将这些史料的原文依次列出：

①《大宝令》业已亡佚，所以无法列出其原文，只能从《令集解》等中推测出若干语句的存在。此处对于平阙用语的推定，参考前引《拾遗补》第 1276 ~ 1278 页。

②《养老令》卷八《公式令》"平出条""阙字条""汎说古事条"（前引《律·令义解》第250~252页；前引《律令》，第389~392页。标点为引用者所加）。

　　a：［平出条］

　　1 皇祖/2 皇祖妣/3 皇考/4 皇妣/5 先帝/6 天子/7 天皇/8 皇帝/9 陛下/10 至尊/11 太上天皇/12 天皇谥/13 太皇太后（太皇太妃、太皇太夫人同）/14 皇太后（皇太妃、皇太夫人同）/15 皇后

　　右皆平出。

　　b：［阙字条］

　　16 大社、17 陵号、18 乘舆、19 车驾、20 诏书、21 敕旨、22 明诏、23 圣化、24 天恩、25 慈旨、26 中宫、27 御（谓斥至尊）、28 阙庭、29 朝庭、30 东宫、31 皇太子、32 殿下

　　右如此之类，并阙字。

　　c：［汎说古事条］

　　凡33 汎说古事，言及平阙之名，非指说者，皆不平阙。

　　③《大唐六典》卷四"礼部郎中员外郎"条（第88页，标点为引用者所加①）。

---

① 以下以平阙用语为讨论对象，检讨该史料的先行录文。此时重要的事情是对语句的认识（分段之法。符号"、"与","的区别现在暂时忽略）。首先从《唐六典》的录文来看：（1）8~10"［皇］桃、皇祖、［皇祖］妣"：《新译六典》第391页录文同此；［黄正建1995］第142页作"桃、皇祖、妣"；《拾遗》第570页、［刘俊文1989］第395页作"桃、皇祖妣"；《陈校六典》第113页、《六典全译》第130页作"桃皇祖、妣"；［赵和平1995］第173页、［赵和平2011］第189页作"桃皇、祖妣"；［吴丽娱2013］第184页作"桃皇祖妣"。（2）42~44"宗庙中、陵中、行陵"：《陈校六典》同页（意思是，在同一文献的场合，与前引处于同一页，以下同）、《六典全译》同页、《新译六典》同页、［刘俊文1989］同页、［黄正建1995］第143页、［吴丽娱2013］同页录文皆同此；《拾遗》第572页作"宗庙中陵、中行陵"；［赵和平1995］同页、［赵和平2011］同页作"宗庙、中陵、中行陵"。（3）47"乘舆车中马"：《陈校六典》同页、［吴丽娱2013］同页录文皆同此；《六典全译》同页作"乘舆车中事（马）"；《新译六典》同页作"乘舆车中事"；《拾遗》第572页、［刘俊文1989］同页、［赵和平2011］同页作"乘舆、车中马"；［赵和平1995］同页作"乘舆、车中、马舆"；［黄正建1995］第143页注九认为"乘舆"是衍文。正如本文所录，笔者并未采用其中的异说。

凡上表、疏、笺、启及判、策文章，如平阙之式。

（a：谓 1 昊天、2 后土、3 天神、4 地祇（祇）、5 上帝、6 天帝、7 庙號、8 ［皇］祧、9 皇祖、10 ［皇祖］妣、11 皇考、12 皇妣、13 先帝、14 先后、15 皇帝、16 天子、17 陛下、18 至尊、19 太皇太后、20 皇太后、21 皇后、22 皇太子，皆平出。b：23 宗庙、24 社稷、25 太社、26 太稷、27 神主、28 山陵、29 陵號、30 乘舆、31 车驾、32 制书、33 敕旨、34 明制、35 圣化、36 天恩、37 慈旨、38 中宫、39 御前、40 阙廷、41 朝廷之类，并阙字。c：42 宗庙中、43 陵中、44 行陵、45 陵中树木、46 待制、47 乘舆车中马、48 举陵庙名为官，如此之类，皆不阙字。若 d：49 泛说古典延及天地、不指说平阙之名者，亦不平出。若 e：50 写经史群书及 51 撰录旧事，其文有犯国讳者，皆为字不成。）

④《唐天宝职官表》：本史料中的"开天平阙式"全文已录于图 1。其中，④a 已再录于第二节，所以此处仅再录出剩下的④b～f（标点为引用者所加）。

b：旧平阙式

天帝、皇祖、皇祖妣、先帝、/先名（后）、皇帝、天子、陛下、/至尊、太皇、太后、皇太后、/皇后、皇太子、庙号、皇祧、/皇考

右已上字，并须依平阙。

c：汎论古典，不在此限。

d：平阙式

宗庙、社稷、陵号、/乘舆、诏书、昭（明）诏、/天恩、敕旨、圣化、/朝命、中宫、御（、）车驾

右已上字，并须平阙文。

e：不阙式

宗庙中、陵中、行陵、/陵中树木、待制、车中驾、/皇太子、舍人

f：陵庙召（名）为官，总不阙。

⑤郑余庆《大唐新定吉凶书仪》（S.6537v）：根据史料的照片，对［赵和平 1993］第 489～490 页的录文有若干修正（标点为引用者所加①）。

公移（私）平阙式第三

a：1 大道、2 至道、3 玄道、4 道本、5 道源、6 道宗、7 昊（昊）天、8 上天、9 天神、10 后土、11 地祇、/12 上帝、13 皇祖、14 皇孝（考）、15 神（坤）灵、16 皇帝、17 天子、18 ［皇］姚、19 穹苍、20 五方帝、21 九天、22 乾/象、23 乾符、24 坤道、25 坤纱（珍）、26 坤德、27 坤仪、28 天皇、29 天帝、30 太皇、31 太后、32 皇后、/33 皇帝、34 天子、35 陛下、36 我太子、37 至尊、38 皇祧（祧）、39 庙号、40 我国家、41 我后。/右已前件，公中表奏，准式并平阙。② b：42 宗庙、43 社稷、44 陵号、/45 乘舆、46 制书、47 敕旨、48 明制、49 制诏、50 圣化、51 睿哲、52 丝纶、/53 涣汗、54 天恩、55 阙庭、56 国家、57 玄造、58 玄化、59 神至（主）、60 太社、61 昌运、62 昌朝、/63 待制、64 令、65 仙禁、66 禁苑、67 休明、68 朝庭、69 震（宸）极、70 玺诰、71 慈旨、72 圣鉴、/73 圣体、74 天睠（眷）、75 中旨、76 上苑、77 林期、78 诏书。右已前件，公中表奏，准式阙二字。

（下略）

⑥《庆元条法事类》卷一六《文书门一·文书》"敕令式"（第 233 页。标点为引用者所加）。

式/文书式

---

① 在《大唐新定吉凶书仪》的录文中，⑤30～31 "太皇、太后"，［张小艳 2007］第 224 页录文同此；［赵和平 1993］第 489 页、［赵和平 1995］第 183 页作 "太皇太后"。在原文书的照片中，"太皇" 与 "太后" 并未连写，还是留有一些空白部分。因此录文只能作 "太皇、太后"。不过，如本文所述，校订为 "太皇太后" 是正确的。
② 据笔者理解，史料⑤本行 "准式并平阙" 以及末行 "准式阙二字" 的 "式"，并不是作为法典的式，而是指 "平阙式" 的 "式"。

平阙

a：1 天神/2 地祇（祇）/3 陵庙/4 社稷/5 帝后/6 朝廷/7 制敕/8 圣德/9 乘舆/10 服御/11 宫阙/12 行幸/13 皇太子

如此之类，皆平阙。

b：14 陵庙中林木/15 举陵庙号为官名/16 待制

如此之类，皆不阙字。

以上六种史料中，①《大宝令》（701 年制定）与②《养老令》（718 年编纂，757 年施行）都是日本古代的法典，③《唐六典》是唐开元二十六年（738）年成书的官制书。④已如第一节所述，是八世纪后半期做成的《唐天宝职官表》的转写本。其与平阙式相关的史料，由开元二十五年的平阙式（④b～f）与天宝元年的追加法（④a 敕牒）组成。而与这些相对，⑤《大唐新定吉凶书仪》（811～812 年编纂①）完全只是书仪而已，并没有像法典那样的强制力。最后的⑥是南宋法典（1202 年编纂，1203 年施行）。因此，在这些史料中，只有⑤的史料性质与其他有异。

四　平阙用语的比较

用前一节检讨的六种史料做成表 1，能从中体会出什么东西呢？

首先，要对表 1 的构成予以若干说明。表 1 以前述的"开天平阙式"（④，参见图 1）为基准（为了表示这一点，在表 1 中使用粗体字）。与图 1 所示相同，表 1 也按照 a、b、c、d、e、f 的顺序排列，各节中的用语在原则上也按照史料中的顺序排列，但如果是与④相同的语句，则与④对应排列（各个用语的序号是根据出现顺序排列的连续编号）。为了与④《唐天宝职官表》中的"开天平阙式"相比较，笔者也着眼于③《唐六典》与⑤《大唐新定吉凶书仪》各自所载的平阙式，并逐一列出它们的内容。不

---

① ［黄正建 1995］第 141～142 页批判了关于⑤成书年代的通说（周一良、赵和平说），因为其平阙式反映了文宗大和年间的制度，所以主张"大和平阙式"说。对于这一新说，［吴丽娱 2013］第 186 页注 1 加以批判，认为书仪的钞本在原作的基础上作了部分增加，不可能进行全部变更，因此支持通说的元和式。笔者也支持通说。

过需要注意的是，③⑤（以及后述的①②⑥）的 a、b、c、d、e，只是表示每种史料内部的分节及其顺序（连续编号）而已，与作为基准的④的 a、b、c 等记号，并没有内容上的一一对应。

表 1　关于平阙式的诸史料一览表

①大宝令	②养老令	③唐六典	④唐天宝职官表	⑤大唐新定吉凶书仪	⑥庆元条法事类	备考
*（皆平出）	a(皆平出) 1～15	a(皆平出) 1～22	**a 新平阙令** **(1～27)**	a(并平阙) 1～41	a(皆平阙) 1～13	
			1 大道	1 大道		① * 只能确认一部分平出的项目
			2 至道	2 至道		
			3 玄道	3 玄道		
			4 道本	4 道本		
			5 道源	5 道源		
			6 道宗	6 道宗		
		1 昊天	**7 昊天**	7 吴(昊)天		⑤7 吴天→昊天
			8 旻天			
			9 苍天			
			10 上天	8 上天		
			11 皇天			
			12 穹苍	19 穹苍		
		5 上帝	**13 上帝**	12 上帝		
			14 五方帝	20 五方帝		
			15 九天	21 九天		
		3 天神	**16 天神**	9 天神	1 天神	
			17 乾道			
			18 乾象	22 乾象		
			19 乾符	23 乾符		
		4 地祇(衹) 2 后土	**20 地祇** **21 后土**	11 地祇 10 后土	2 地祇(衹)	③4、⑥2 地祇→地祇
			22 皇地			
			23 坤道	24 坤道		
			24 坤德	26 坤德		
			25 坤珍	25 坤紾(珍)		
			26 坤灵	15 神（坤）灵		⑤15 神灵为坤灵之误？
			27 坤仪	27 坤仪		
（续前表）	（续前表）	（续前表）	b 旧平阙式 (28～44)	（续前表）	（续前表）	

续表

①大宝令	②养老令	③唐六典	④唐天宝职官表	⑤大唐新定吉凶书仪	⑥庆元条法事类	备考
皇祖	1 皇祖 2 皇祖妣	6 天帝 9 皇祖 10〔皇祖〕妣	**28 天帝** **29 皇祖** **30 皇祖妣**	29 天帝 13 皇祖		①无皇祖妣
先帝	5 先帝	13 先帝 14 先后	**31 先帝** **32 先名(后)**			④32 先名→先后
	8 皇帝 6 天子 9 陛下 10 至尊 13 太皇太后（太皇太妃、太皇太夫人同）	15 皇帝 16 天子 17 陛下 18 至尊 19 太皇太后	**33 皇帝** **34 天子** **35 陛下** **36 至尊** **37 太皇** **38 太后**	16、33 皇帝 17、34 天子 35 陛下 37 至尊 30 太皇 31 太后	(5 帝后是 a)	⑥5 帝后是帝、后之意 ④37、38、⑤30、31 皆应是太皇太后
存"皇太夫人"	14 皇太后（皇太妃、皇太夫人同）	20 皇太后	**39 皇太后**			
	15 皇后 31 皇太子 b	21 皇后 22 皇太子 7 庙號 8〔皇〕祧 11 皇考	**40 皇后** **41 皇太子** **42 庙号** **43 皇祧** **44 皇考**	32 皇后 39 庙号 38 皇祧(祧) 14 皇孝(考)	(5 帝后是 a) 13 皇太子 a (3 陵庙 a)	⑥5 帝后是帝、后之意 ⑤38 皇祧→皇祧 ⑤14 皇孝→皇考
皇考	3 皇考					
	7 天皇			28 天皇 36 我太子 40 我国家 41 我后		
皇妣	4 皇妣	12 皇妣		18〔皇〕妣		④脱漏"皇妣"
		26 太稷 b 28 山陵 b 39 御前 b				
	11 太上天皇					
天皇谥	12 天皇谥					
（皆不平阙）	c（皆不平阙） 33	d（亦不平出） 49	**c(不平阙)** **45**			

续表

①大宝令	②养老令	③唐六典	④唐天宝职官表	⑤大唐新定吉凶书仪	⑥庆元条法事类	备考
汎说古事……	33 汎说古事……	49 泛说古典……	45 汎论古典……			
（并阙字）	b（并阙字）16～32	b（并阙字）23～41	d 平阙式（46～57）	b（阙二字）42～78	（续前表）	
		23 宗庙 24 社稷 29 陵號	46 宗庙 47 社稷 48 陵号	42 宗庙 43 社稷 44 陵号	4 社稷 a （3 陵庙 a）	①《大宝令》中也有阙字的规定，但内容不明 ⑥3 陵庙是陵、庙之意
17 陵号 18 乘舆 20 诏书		30 乘舆 32 制书	49 乘舆 50 诏书	45 乘舆 46 制书 78 诏书	9 乘舆 a （7 制敕 a）	⑥7 制敕是制、敕之意
22 明诏		34 明制	51 昭（明）诏	48 明制 49 制诏		④51 昭诏→明诏
24 天恩 21 敕旨 23 圣化		36 天恩 33 敕旨 35 圣化	52 天恩 53 敕旨 54 圣化 55 朝命	54 天恩 47 敕旨 50 圣化	（7 制敕 a）	⑥7 制敕是制、敕之意 参考②19、27、④57 御车驾应是御、车驾
26 中宫 19 车驾 27 御（谓斥至尊） 30 东宫 32 殿下		38 中宫 31 车驾	56 中宫 57 御（、）车驾			
	（续前表）	c（皆不阙字）42～48	e 不阙式（58～65）	（续前表）	b（皆不阙字）14～16	
		42 宗庙中 43 陵中 44 行陵 45 陵中树木	58 宗庙中 59 陵中 60 行陵 61 陵中树木		14 陵庙中林木	
		46 待制 47 乘舆车中马	62 待制 63 车中驾 64 皇太子 65 舍人	63 待制 b	16 待制	④64、65合起来是皇太子舍人，亦即太子舍人
	（续前表）	（续 b）		（续前表）	（续 a）	

续表

①大宝令	②养老令	③唐六典	④唐天宝职官表	⑤大唐新定吉凶书仪	⑥庆元条法事类	备考
	28 阙庭 b	40 阙廷 b		51 睿哲 b 52 丝纶 b 53 涣汗 b 55 阙庭 b 56 国家 b 57 玄造 b 58 玄化 b		阙庭、阙廷通用
		27 神主 b		59 神至(主) b		⑤59 神至→神主
	16 大社 b	25 太社 b		60 太社 b 61 昌运 b 62 昌朝 b 64 令 b 65 仙禁 b 66 禁苑 b 67 休明 b		
	29 朝庭 b	41 朝廷 b		68 朝庭 b 69 震(宸)极 b 70 玺诰 b	6 朝廷 a	朝庭、朝廷通用 ⑤69 震极→宸极
	25 慈旨 b	37 慈旨 b		71 慈旨 b 72 圣鉴 b 73 圣体 b 74 天睠(眷) b 75 中旨 b 76 上苑 b 77 林期 b		⑤74 天睠→天眷
					8 圣德 a 10 服御 a 11 宫阙 a 12 行幸 a	
		(续 c)	f(不阙)66		(续 b)	
		48 举陵庙名为官 c	66 陵庙召(名)为官		15 举陵庙号为官名 b	
		e(皆为字不成)50、51				
		50 写经史群书				

①大宝令	②养老令	③唐六典	④唐天宝职官表	⑤大唐新定吉凶书仪	⑥庆元条法事类	备考
		51 撰录旧事				

注：

· ①~⑥各个史料的出处与原文，皆在正文中予以说明。

· 本表以④为基准制成。主要着眼于③④⑤所谓的"唐平阙式"的比较，①②与⑥为参考。

· ②~⑥的 a~f 的区分，表示各个史料的分节，这些符号并不意味着各个史料相互之间具有内容上的必然对应关系。

· 平阙用语所附序号，在每个史料中都是连续编号的，如此设置，易于比较同一语词。

· 备考主要是说明校勘结果。

　　①《大宝令》与②《养老令》分别都是日本古代的法典（只是①已亡佚，所示信息并不完全），是为了参考而附加于此。《大宝令》《养老令》都以唐《永徽令》（651）为蓝本，其编纂先于③《唐六典》，所以①②置于前列。而⑥《庆元条法事类》完全是因为参考所用而被列入，因其为南宋法典，所以被置于⑤之后。如前所述，本表以④的各节以及节内平阙用语的序号为基准，除此之外的①②③⑤⑥中的 a、b、c 等分节以及平阙用语的顺序，则因此发生了大幅度的颠倒错乱。

　　在进入对表 1 内容的检讨之前，还有另外一件应予确认之事。已如前述，④被区分为如下六部分：

　　　　a "新平阙令"　　b "旧平阙式"　　c……不在此限　　d "平阙式"
e "不阙式"　　f……总不阙

　　　　（a、b、d、e 都是标题，c、f 是各节末句）

a、b、d 使用"平阙"一词，这里的"平阙"具体所指为何？

　　如此，笔者试着考察②③⑤中各个史料的分段之法，以为参考。只不过，这些史料中并无 a、b、c 等各节标题，只有后述的几个平阙用语，本文研究的是这些用语是如何被运用的。

②a……右皆平出　b……并阙字　c……皆不平阙

③a……皆平出　b……并阙字　c……皆不阙字　d……亦不平出

e……皆为字不成（有缺笔、缺画）

⑤a……并平阙　b……阙二字

由②之a、b与③之a、b可知，在唐初（以及日本养老年间），平阙式主要分为"平出"与"阙字"，二者合称"平阙"。根据《令义解》卷七《公式令》可知，"平出"是指"平头抄出"（与行首齐平抄写。也就是说，到了应该平出的语词，就直接换行，在下一行的行首抄入该语词）。至于"阙字"，则并非改行，而是将该语词的前一个字（或前二、三字）改为空格（另外，"抬头"更加强调"平出"，是指其行首要比其他各行高出几个字的书写格式）。从这一理解可知，如前述④标题"平阙"之语，所指究竟是平出还是阙字，是不明确的。

由此重新来看图1"开天平阙式"中a~f各节的结句：

④a……宜令平阙……并皆阙文……不须悬阙（后两例的条件不同，因此这里不作为讨论对象）　b……并须依平阙　c……不在此限

d……并须平阙文①　e……（无）　f……总不阙

④a的重点当然是在一开始的"平阙"。不过，此处"平阙"之语的含义，与表1③a（以及②a）相比便可知，实际上是指"平出"。同样地，与③a（以及②a）相比较可知，④b的"平阙"其实就是指"平出"。与此相对，与③b（以及②b）相比较可知，④d的"平阙文"实际上是指"阙字"（在史料中，"阙字"也被记作"阙文"）。

④所用"平阙"之语有些难懂，不过现在可知，它将"平出"记为"平阙"，把"阙字"写作"平阙文"（保留了宾语"文"字）。所以⑤a的"平阙"也是"平出"之意，而⑤b的"阙二字"当然就是指

---

① ［黄正建1995］第144页推测，④d"须平阙文"中的"平"字为衍文。这确有可能，但证据不明。

"阙字"（不过，②c的"不平阙"，指的是既不"平出"，也不"阙字"）。

若对上述内容再做确认的话，④的平阙式实际上是指采用以下这些方法：

④a 平出　b 平出　c 不须平出　d 阙文　e 不须阙文（根据标题"不阙式"）　f 不须阙文

在表1的唐代史料（③④⑤合称为"唐平阙式"）中，③为现存的《唐六典》，因有刊本，所以文字识读相对容易。而④⑤皆为钞本，特别是⑤《大唐新定吉凶书仪》中的异体字、误字俯拾即是。与⑤相关，已有赵和平等人所做的先行录文，进行了一定程度的校勘。部分成果已反映在表1中。迄今为止所用的校勘方法，无非就是用相关史料中的其他相同、类似的用语进行推定，或者是根据其字形、字音、字义进行理校。这些方法在一定程度上当然是有效的，不过笔者在表1中还运用了如下方法。

第一种方法是，先在"唐平阙式"（③④⑤）之间进行比较，然后加入②⑥进行检讨，这可以说是沿着时间轴进行比较。例如，⑤15有"神灵"一语，作为一个语词，它原本并无不妥之处，但与时代在前的④相比，就可能是④26"坤灵"的误笔。

第二种方法是，着眼于各个史料的节段内根据平阙用语的顺序所划分出来的语词组（group）。同样是④26的"坤灵"，从其前后可见，④23～27都是"坤○"，以"坤"字起首。所以④26的"坤灵"是正确的，而在其影响下来考虑⑤15的"神灵"，"神灵"为"坤灵"之误的可能性就增大了（不过，⑤之24、25、26、27是"坤○"组，15"神灵"之所以脱离其位，是因为在⑤制作之时将"坤灵"误作"神灵"已经常态化了吧）。①

---

① ［黄正建1995］第144页认为④26"坤灵"与⑤15"神灵"有别。关于⑤15，［赵和平1993］第489页、［张小艳2007］第224页都作"神灵"。

以下合并使用笔者所提倡的方法与向来的校订方法，对几个平阙用语的校勘进行检讨。

地祇 ④20、⑤11 都作"地祇"，而③4、⑥2 都误为"地祇"。"祇"是土地神的意思，而"祇"是恭敬的意思，二者只是字形相近而已，完全是不同的两个字。

坤灵、神灵 关于④26"坤灵"、⑤15"神灵"，与校订方法论相关，已如前述。

皇祖、皇祖妣 ④29"皇祖"、30"皇祖妣"表示的是皇帝的祖父母。但在《唐六典》中，③10 仅记为"妣"。此时如果关联起③9 的"皇祖"，那么③9、10 究竟该读为"皇祖"与"妣"，还是"皇祖妣"，是难以确定的。但将③9 的"皇祖"与前后时代的史料（②1、④29、⑤13）相比较，"皇祖"应是准确的。而且，从③的 11"皇考"和 12"皇妣"（皇帝的亡父、母）的组合来看，很难认为③10 有"［皇祖］妣"以外的可能性，又从②2 以及④30 的"皇祖妣"可见，③10 应当就是"［皇祖］妣"。[1]

皇妣 另一方面，⑤18 的"妣"置于 17 的"天子"之后。而且⑤14 为"皇考（孝）"，却没有②4、③12 的"皇妣"。综合考虑这些之后，⑤18 应当理解为"［皇］妣"（其结果是⑤漏掉了［皇祖］妣）。[2]

太皇太后 ④37"太皇"和 38"太后"、⑤30"太皇"和 31"太后"，把它们与②13 以及③19 的"太皇太后"相比较，进而考虑它们位于"皇太后""皇后"之前，由此就可推知应将二词合并为"太皇太后"[3]（若然如此，⑤漏掉了"皇太后"）。

庙号、陵号 关于④42"庙号"，③7 作"庙號"，⑤39 与④42 一样作"庙号"。又，关于④48"陵号"，③29 作"陵號"，⑤44 与④48 一样作"陵号"。众所周知，为避李唐太祖李虎之讳，唐代的"虎"字

---

[1] 参考第 201 页注①。

[2] 关于⑤18，[赵和平 1993] 第 489 页作"［皇？］妣"，[张小艳 2007] 第 224 页作"［皇］妣"。

[3] 关于④37、38，[刘俊文 1989] 第 377 页亦作如此校勘，但根据不明。关于⑤30、31，[赵和平 1993] 第 489 页作"太皇太后"。参考第 203 页注①。

或缺末笔，或被替换为"武"字等其他文字。关于"號"字，虽然存在缺笔的例子，但是否也作"号"字，很难一概而论。《唐六典》的南宋版缺卷四，无法进行直接比较，但在南宋版卷一中，"号"字作"號"（《宋本大唐六典》，中华书局，1991，第4页第三行 b "尊號"等）。①

皇桃　与④43"皇桃"相对应的是⑤38"皇旀（桃）"。从这两例来看，③8为"［皇］桃"的可能性也很大。这三例还有一个共同点：或前或后都是"庙號"（或"庙号"）。②

天皇　②7的"天皇"与⑤28的"天皇"在文字上是一样的，但在②《养老令》中表示"てんのう"，而在⑤28中表示"てんこう"，即"天帝"之意（后述）。③　与此相关的②11"太上天皇"、12"天皇谥"都是日本特有的语词。

泛论古典　④45"汎论古典"，③49作"泛说古典"，②33作"汎说古事"（推定①也如此）。"汎论""泛说""汎说"都可通用，但"古典""古事"却必然不会同义。"典"与"事"在字形上相似可能导致②（以及①）的误字，但也可能是日本特意选择了"古事"而非"古典"。

诏书、明诏　④50"诏书"、51"昭（明）诏"是表示王言的语词。②22是"明诏"，③34、⑤48是"明制"，所以④51"昭诏"是"明诏"之误。只不过，"诏"字与则天武后之讳"照"字同音，所以载初元年（689）改为"制"字。中宗复位（神龙元年，705）以后，回归永淳以前故事，但则天时代的各种制度也没有完全被禁止，依然有被适用的情况。由于则天以前使用的"诏"字同时恢复使用，所以此后两字混用是较为普

---

① 在王彦坤《历代避讳字汇典》中，对于各个以"虎"为偏旁的避讳字，举出"號"缺末笔的字形作为例子（第182页）。又，在窦怀永《敦煌文献避讳研究》（甘肃教育出版社，2013）中，关于李虎的避讳，虽然也举出了与"號"字相似的字形，但很有可能是俗字（第222页）。只不过，其中未见言及"号"字。

② 参考第201页注①。

③ 关于日本的"天皇"号，也有学说指出与神话、古代思想相关。有关"天皇"号的研究状况，参见大津透《天皇号的成立》（《古代的天皇制》，岩波书店，1999）。

遍的。①

表1的②《养老令》有20"诏书"、22"明诏"，由于它是以唐《永徽令》为母法，所以依然使用"诏"字。与此相对，③有32"制书"、34"明制"，就已改为"制"字了。《唐六典》的制作年代是玄宗的开元年间，当时"诏"字应该就已经恢复使用了，为何还是保持"制"字？而到了④"开天平阙式"，50、51使用"诏"字；之后的⑤46"制书"、78"诏书"、48"明制"、49"制诏"，则可以看到"制"字与"诏"字并用（或混乱使用）。

御、车驾　接下来要考察的是④57"御（、）车驾"。"车驾"是指皇帝、天皇乘坐的交通工具，也被用作间接指称皇帝、天皇。④57将"御车驾"作为一个语词，若与②19"车驾"、27"御"进行比较，就可以知道，原本"御"和"车驾"应该是有区别的两个语词。②

宗庙中、陵中、行陵　与④58、59、60相比对，③42、43、44的划分则是可能的。先行研究尝试了各种可能的划分方法，应以④为基准进行点断。③

车中驾　④63"车中驾"，在③47是"乘舆车中马"。③30已有"乘舆"，所以47"乘舆"就不作为独立的语词了。只不过，④63与③47何者准确，暂不判断。④

皇太子舍人　④64"皇太子"、65"舍人"两个语词并列，但事实上"皇太子"在④41、③22、②31种已经出现。因此④64并非"皇太子"，而是应该与65合为"皇太子舍人"一个语词。⑤

神主　与③27"神主"相比较，⑤59"神至"应校为"神至（主）"。

---

① 参见中村裕一《诏与制》（前引《唐代制敕研究》，第35～45页）。
② 关于④57"御、车驾"，[刘俊文1989]第376页以③31"车驾"为据，推定"御"为衍字；[黄正建1995]第142页则录为"御车驾"。两种观点都很难认同。
③ 参考第201页注①。
④ 关于④63"车中驾"，[刘俊文1989]第376页以③47"乘舆车中马"为据，改为"车中马"。参见第201页注①。
⑤ 关于④64、65，[刘俊文1989]第376页亦作如此校勘，但根据不明。[黄正建1995]第142页注6、143页注11认为④41、64重复出现"皇太子"，这是不对的。也就是说，前者是"皇太子"，后者应是"皇太子舍人"。

随后的⑤60 是"太社"，也可补强这一校勘理由。①

　　使用如上这种方法，可以更为准确地校勘各个语词。

（日文版载《法律論叢》第 87 卷第 4、5 合并号，2015 年 2 月）

---

① 关于⑤59"神至（主）"，［赵和平 1993］第 490 页作"神至（主?）"，［黄正建 1995］第 142 页作"神主"。只不过以图版所见而言，赵氏的"至"字还是录作"至"字较好。

《中国古代法律文献研究》第十一辑

2017 年，第 216～237 页

日本书籍中的唐代法制

——以唐令复原研究为视角

〔日〕吉永匡史著　王　博译*

摘　要：本文以古代日本的汉籍目录《日本国见在书目录》为主要素材，论述了日本书籍中所涉唐代法制相关问题。具体来说，首先大致介绍奈良时期在制作目录时发生的变化，明确了《日本国见在书目录·刑法家》的性质。在此基础上，讨论了该目录中《唐令私记》的逸文，论证它是日本人所做唐令注释书，并指出探讨《唐令私记》逸文对唐令复原研究的积极作用。

关键词：《日本国见在书目录》　《唐令私记》　唐令复原研究　天圣令

序

本文拟探讨古代日本书籍中所见唐代法律制度及日本官员对此所

---

* 吉永匡史，日本金泽大学历史语言文化学系准教授；王博，中国社会科学院历史研究所助理研究员。

持法律意识。众所周知，唐代的法制典籍除《开元二十五年律疏》外，① 现绝大多数已散逸，仅能看到小部分令、格、式及引于诸典籍中的逸文。虽然根据《天圣令》残本中的不行唐令可知《开元二十五年令》条文的诸多内容，② 但其充其量也不过只占令篇目整体的三分之一，因此，通过诸史料中所留逸文内容尝试复原唐令条文的重要性依旧存在。

在复原唐代律令格式时，能够作为依据的不仅限于唐代的史料，还包括古代日本撰写的书籍中所引逸文。③ 这些日本书籍中所引用的唐代法制记录不仅对探讨已散逸的唐代法制具有积极意义，还直接涉及古代日本官员是如何利用唐代法制书籍，以及他们是怎样理解与认识这些书籍等日唐间的法律传承问题。

然而必须注意的是，日本书籍中的唐代法制记录是对法制书籍中相关内容的"引用"，而且事实上其引用方式也和该书籍自身的性质密切相关。由于出现了《天圣令》残本这样的新的法制史料，因此有必要对唐令复原时所依据的材料本身进行重新探讨，这一点在古代日本书籍上也一样。在此过程中，除需选取书中引用的逸文（以"唐令云"等形式被引用的内容）进行探讨外，还有必要将书籍本身的性质及撰写过程加以有机关联，以此推进唐令的复原工作。

带着这样的想法，我认为首先应该弄清楚古代的日本官员有怎样的法律意识及其与唐代法制间存在何种关联，所以对九世纪末完成的日本现存最早的书籍（汉籍）目录《日本国见在书目录》刑法家进行探讨。在此基

---

① 关于现存《故唐律疏议》为开元二十五年律疏，参见仁井田陞、牧野巽《故唐律疏议制作年代考》（上）（下），载律令研究会编《译注日本律令 1 首卷》，东京堂，1978，首次发表于 1931 年。

② 北宋《天圣令》残本全部内容至 2006 年公开。关于其于 1999 年被戴建国氏发现后的经纬，参见大津透《北宋天圣令の公刊とその意义——日唐律令比较研究の新段阶》，载《律令制研究入门》，名著刊行会，2011，首次发表于 2007 年。关于《天圣令》，天一阁博物馆、中国社会科学院历史研究所天圣令整理课题组校证《天一阁藏明钞本天圣令校证 附 唐令复原研究》上下册，中华书局，2006 中有校录文、清本及唐令复原方案。本文即依据该书下册清本。

③ 仁井田陞：《唐令拾遗》，东京大学出版会，1964，初版为东方文化学院，1933 年；仁井田陞著，池田温编集代表，《唐令拾遗补》，东京大学出版会，1997。

础上，为进一步深化唐令复原方法，对引用多种中国、日本书籍的《令集解》及《倭名类聚抄》中的唐代法制进行考察。

一 《日本国见在书目录》刑法家中的法律意识

(一) 奈良时代（八世纪）目录的使用与制作

在日本，对书籍（本文所谓书籍不包含佛典）、佛教经卷及物品制作目录至迟到八世纪便已进行。史料中能够确认的最早的目录是曾作为遣唐使入唐的吉备真备于天平七年（735）对舶来品制作的目录。他在归国时携带了作为书籍的《唐礼》（《显庆礼》？一百三十卷）、《太衍历经》（一卷），还有一种名为"铜律管"的调律器及"露面漆四节角弓"等武器，①并为它们制作了目录。《日本国见在书目录》正史家《东汉观记》的注文内容如下②：

> 右隋书经籍志所载数也。而件汉纪，吉备大臣所将来也。其目录注云，此书凡二本。一本百廿七卷，与集贤院见在书合。一本百册一卷，与见书不合。又，得零落四卷。又，与两本目录不合。真备在唐国多处营求、竟不得其具本。故且随写得如件。今本朝见在百册二卷。

---

① 《续日本纪》天平七年四月辛亥条。下文中所引史料的典据如下。
〔日本古代史史料〕
新订增补国史大系（吉川弘文馆）：《令集解》《类聚三代格》《日本三代实录》《尊卑分脉》
新日本古典文学大系（岩波书店）：《续日本纪》
日本思想大系（岩波书店）：养老令
《大日本古文书》（东京大学史料编纂所）：正仓院文书〔中国史史料〕
中华书局标点本：《唐六典》《隋书》《旧唐书》《新唐书》
中华书局影印本：《册府元龟》
上海古籍出版社标点本：《五代会要》
律令研究会编《译注日本律令 律本文篇》（东京堂出版）：《故唐律疏议》
② 《日本国见在书目录》正文依据《宫内厅书陵部所藏室生寺本 日本国见在书目录》，名著刊行会，1996。

该目录并未将物品简单进行罗列，而是注明了入手的经纬等情况。但因为是带回国的舶来品目录，其内容并不限于书籍，现已不存于世。现存最早的书籍目录在正仓院文书中，① 与佛典相混合。在天平二十年（748）六月十日造东大寺司写经所制作的《写章疏目录》中载有如下内容②：

更可请章疏等

杂集论一帙十六卷　　　　　　　世亲摄论二部二帙卅卷

……………

经典释文廿一卷一帙　　　　　　新修本草二帙廿卷

大宗文皇帝集卅卷　　　　　　　群英集廿一卷

许敬宗集十卷　　　　　　　　　天文要集十卷

职官要录卅卷　　　　　　　　　庚信集廿卷

政论六卷　　　　　　　　　　　明皇论一卷

帝历并史记目录一卷　　　　　　帝纪二卷日本书

……………

九宫二卷　　一推九宫法，一遁甲要

天平廿年六月十日，自平摄师手而转撰写取。

十九年十月一日、佐官僧临照、大僧都僧行

信，此二柱僧纲共知检定。

虽然其中佛典所占比例较大，但自《经典释文》起，仍能看到 43 部书籍。该目录记录了写经所今后须誊抄的佛经、书籍名。但这份目录并非全是写经所官员所作，而是从僧人平摄的笔记中誊抄而来，由此可知制作目录是僧侣的个人行为。

再看佛教经典，关于舶来的佛教经典目录，可以确认《开元释经

---

① 正仓院文书是位于奈良县奈良市的东大寺正仓院内部流传下来的逾一万件文书群。其内容是奈良时代（八世纪）东大寺（造东大寺司）写经所留下的文书、账簿。参见杉本一树《正仓院文书》，载《岩波讲座日本通史　第 4 卷　古代 3》，岩波书店，1994。

② 《大日本古文书》三卷，第 84~91 页。下文的文书名据《大日本古文书》。有关天平二十年的写经事业，参见野尻忠《正仓院文书写经机关关系文书编年目录——天平二十年》，载《东京大学日本史学研究室纪要》6 号，2002。

录》在天平胜宝三年（751）的造东大寺司写经所被使用过。在记载该
年正月至十月间经、疏、目录等的出借账簿《经疏出纳帐》中有如下
记载①：

开元目录十九卷黑帙二枚
　　右，依三论宗僧等状，令奉请。使僧懿德。
　　　三年二月廿八日知村山首万吕
「以六月八日返纳既讫　收生人　　　三嶋」

其中记载道，因三论宗僧侣提出了借用《开元释经录》的请求，二月二十
八日写经所官员为其办理出借手续（另外单独注明将于六月八日返还）。
在该账簿上还可以看到列记有大小乘经的《目录二卷》也时常被药师寺等
寺院借出。

　　写经所不仅参看《开元释经录》等由唐朝僧侣制作的目录，出于工作
需要还曾独立制作过经卷目录。自天平十二年（740）起，写经所负责完
成了为光明皇后发愿的五月一日经（一切经）的誊抄工作，②天平十五年
以后，《开元释经录》中未收录的章、疏等也成为了誊抄对象。因此，天
平圣宝三年的情况是，制作尚未誊抄的经卷目录、确定其所有人、完成出
借后即开始誊抄。③如《应写书本勘定目录》就属于罗列了应誊抄章、疏
等内容的目录，其中列举了计67部佛教经典。④在目录的开头云：

花严疏一部　　廿卷宗壹师述　在兴福寺荣俊师所　八十卷经者

在记载了疏的标题和部数后，同时注明著者及现本的所在与卷数，其中集

---

① 《大日本古文书》三卷，第542～558页。括号内表示另外单独注明的内容。
② 关于五月一日经，参见皆川完一《光明皇后愿经五月一日经の书写について》，载《正仓
　院文书と古代中世史料の研究》，吉川弘文馆，2012，首次发表于1962年。
③ 关于天平胜宝三年写经事业及写经所的相关文书，参见吉永匡史《正仓院文书写经机关
　关系文书编年目录——天平胜宝三年》，载《东京大学日本史学研究室纪要》13号，
　2009。
④ 《大日本古文书》十二卷（追加6），第12～16页。

合了写经所需要的相关情况，显然当时的官员阶层已具备了工作所需的必要的制作书籍（佛典）目录的经验和技术。

负责制作官方书籍目录的机构很有可能是中务省直属的图书寮。① 图书寮长官（图书头）的职掌，被规定为"掌，经籍图书、修撰国史、内典、佛像、宫内礼佛、校写、装潢、功程、给纸笔墨事"，② 其管理对象主要为经籍（五经六籍）、图书（河图、洛书等）、内典、佛像等。③ 本规定为养老令，难以确定在大宝令中是如何规定的。但据神龟五年（728）圣武天皇所下敕云"佛像及内外典籍、书法、屏风、障子并杂图绘等类"，④ 似乎其管理对象基本相同。特别是内典，由于经卷会被随时入藏于图书寮中，其分量必然日益增多。在下面的神护景云二年（768）文书中可以看到，目录主要是按照收藏的经纬及保管场所制作的。⑤

　　　　造东大寺司牒　奉写一切经司

　　　　合目录玖简卷

　　　　　一卷内堂经录　　　　二卷寮一切经录上下

　　　　　四卷图书寮经录之中一卷论疏之

　　　　　一卷水主内亲王经录　一卷审详师经录

　　　牒、件目录等，依今月五日牒旨，附回使田辺广吉。令请如件。

故牒。

　　　　　　　　神护景云二年十月九日主典正六位上建部广足

　　　　　　　　　少判官正六位上志斐连"麻吕"

　　　　…………

---

①　下文中，关于奈良、平安时代的目录与文库，参见田岛公《典籍の传来と文库——古代、中世の天皇家ゆかりの文库、宝藏を中心に》，载石上英一编《日本の时代史30　历史と素材》，吉川弘文馆，2004。

②　养老职员令6图书寮条。

③　关于《经籍图书》的具体情况，参见《令集解》该条的诸注释。

④　《类聚三代格》卷一九"神龟五年九月六日勅"。关于本勅的意义，参见龟田隆之《神龟五年九月六日勅》，载《奈良时代の政治と制度》，吉川弘文馆，2001，首次发表于1996年。

⑤　《大日本古文书》十七卷，第116~117页。

目前可知图书寮所藏佛典至少有两种目录（《寮一切经录》和《图书寮经录》），① 即使不具有僧侣身份的在家居士也曾制作有藏书目录（《水主内亲王经录》）。特别是《寮一切经》（图书寮一切经），是以右大臣藤原丰成于天平圣宝九年（757）献给天皇的一切经为底本组成的，而藤原丰成在天平十五年时，已对所藏的一切经制作了目录（《兵部卿尊御所一切经目录》②）。③

在思考内典的管理情况时，虽然缺乏明确证据，但据此很容易想见外典也同样制作了目录并接受管理。本章的探讨对象《日本国见在书目录》并非是在九世纪末突然制作的，而是在八世纪内典、外典目录制作的丰富经验扩延的基础上完成的。

（二）《日本国见在书目录》的完成

《日本国见在书目录》是藤原佐世于九世纪末所撰写的书籍目录。虽然它是以从中国舶来至日本的书籍（下文略作汉籍）为核心的目录，但前辈学者曾指出，④ 其中混杂有日本撰写的若干部书籍，这一点笔者也曾在拙稿中明确指出。⑤ 可以说，这是日本最早的体系化的汉籍目录，同时也是现存最早的目录。其分类由易家始，共 40 家，沿袭了《隋书·经籍志》的四部分类。⑥

---

① 关于图书寮所藏佛典，参见荣原永远男《图书寮一切经の变迁》，载《奈良时代の写经と内里》，塙书房，2000，首次发表于 1996 年及同作者《图书寮经の构成と展开》（收录于上揭著作，首次发表于 1997 年）。

② 可见于《大日本古文书》八卷，第 163～164 页《写一切经所解》中。

③ 参见荣原永远男《图书寮一切经の变迁》。

④ 参见和田英松《日本见在书目录に就いて》，载《国史说苑》，明治书院，1939，首次发表于 1930 年。关于《日本国见在书目录》，参见小长谷惠吉《日本国见在书目录解说稿附、同书目录、同书索引》，小宫山出版株式会社，1956；矢岛玄亮《日本国见在书目录の研究》，载《日本国见在书目录——集证と研究》，汲古书院，1984；孙猛《日本国见在书目录详考》上、中、下，上海古籍出版社，2015 等。

⑤ 吉永匡史《〈日本国见在书目录〉刑法家と〈律附释〉——律受容の一断面》，载榎本淳一编《古代中国、日本における学术と支配》，同成社，2013。后文的"拙稿"均指此文。

⑥ 和田英松：《日本见在书目录に就いて》；池田温：《关于〈日本国见在书目录〉刑法家》，载《法律史研究》编委会编《〈法律史研究〉丛书第 1 辑　中国法律史国际学术讨论会论文集》，陕西人民出版社，1990。

藤原佐世撰写的原本未能流传于世，目前仅存位于奈良县宇陀市的室生寺流传下来的写本（其誊抄的时代下限为平安时代末期，① 下文略作室生寺本）。在开头有如下记载：

日本国见在书目录
　　合冊家
　　正五位下行陆奥守兼上野权介藤原朝臣佐世
　　　　　　　　　　　　　　　　　　　奉　勅撰
　一易家　二尚书家　参诗家　四礼家　五乐家　六春秋家　七孝经家
…………

虽说是奉敕撰述，但请留意其中并没有序及上表文等内容，甚至连撰成年月日也未署明。从室生寺本中有"如本""私略之"的注记来看，这应该不是给天皇奏上的原本，而是经过某一阶段的省略后的写本。因此，有必要对省略和注记的时间点加以考证，目前这方面研究尚存不足。

作者藤原佐世生于承和十四年（847），是由文章得业生出身的文人官员。贞观十四年，他曾与巨势文雄一起在鸿胪馆款待渤海大使，② 元庆三年（879）又作为都讲为阳成天皇讲解《御注孝经》等，③ 可以说是当时颇具代表性的学者之一。而他把当时存世的汉籍尽数编入目录，形成《日本国见在书目录》的契机是，贞观十七年（875）冷泉院被烧毁，导致《秘阁收藏图书文书》化为灰烬，④ 以及元庆七年（883）图书寮的"一仓一屋"被烧毁，使得图书寮藏书面临危机。⑤

元庆八年（884），藤原佐世担任大学头（此时位阶为从五位上），⑥

---

① 山田孝雄《帝室博物馆御藏　日本国见在书目录　解说》（收录于《宫内厅书陵部所藏室生寺本　日本国见在书目录》，首次发表于 1925 年）。
② 《日本三代实录》贞观十四年五月二十三日壬辰条。
③ 《日本三代实录》元庆三年四月二十六日乙酉条。
④ 《日本三代实录》贞观十七年正月二十八日壬子条。
⑤ 《日本三代实录》元庆七年十一月二十九日壬辰晦条。但"一仓"是否指书库？如果是的话，是否是指图书寮书库整体？
⑥ 《日本三代实录》元庆八年三月九日庚午条。

与图书寮官员一起致力于图书馆的充实与维护。该目录就是在宇多天皇的主导下，由藤原佐世受命制作的当时日本国内现存汉籍的总目录。

其后，藤原佐世在仁和三年（887）发生的阿衡争论中作为实权派藤原基经的参谋发挥了重要作用。但在基经死后，他失去了政治后盾，于宽平三年（891）正月被左迁为陆奥国司（此时位阶为从四位下）。到了宽平九年（897），藤原佐世终于获许返京，但却不幸死于归途。①

据前文引用《日本国见在书目录》开头部分的记载，藤原佐世的位阶是正五位下行陆奥守。虽然他被赐予正五位下的时间不明，但在出任大学头的元庆八年以后的某个时期，令他撰述《日本国见在书目录》的敕命颁下，至于献上这一目录，应该是在他成为陆奥守的宽平三年正月以后。但如前所述，问题是室生寺本是否就是该献上本的正确写本。

（三）《日本国见在书目录·刑法家》中的法律意识

《日本国见在书目录·刑法家》中记载了计 41 部法制书，将其进行分类如表 1。虽然如此，其开头作"十九　刑法家　目录五百八十卷，私略之"已明确表示出这并非献上本原本，而是省略过的写本。室生寺本有523 卷，因此有计 57 卷被省略了。事实上，在与《日本国见在书目录》同时代的九世纪中叶编纂的《令集解》中，② 存在着可以推定为唐人所做的法制注释书（"宋云""张云"），③ 而在《刑法家》中则无法确认。问题

---

① 据三善清行撰《天台宗延历寺座主圆珍传》（收入《大日本佛教全书　智证大师全集第四》）。此外，矢岛玄亮在《日本国见在书目录の研究》中依据《大日本史》等，认为藤原佐世死去时年龄为 71 岁，而孙猛《日本国见在书目录详考》则认为不明确。宽平四年（892），在藤原时平为赴任陆奥国的藤原佐世召开的宴会上，菅原道真咏叹了汉诗《左金吾相公，于宣风坊临水亭，饯别奥州刺史，同赋亲字》（《菅家文草》357 号），其中有"星霜四十六廻人"，据此可以确认此时他应为 46 岁。参见后藤昭雄《藤原佐世》，载《平安朝汉文学论考》，樱枫社，1981，首次发表于 1979 年。

② 《令集解》是贞观年间（859~877）前半期以前，明法博士惟宗直本编集的养老令的私撰注释书。其中不仅大量引用了《养老令》注释书，还引用了《大宝令》注释书——《古记》。关于《令集解》所引用的诸注释书，参见井上光贞《日本律令の成立とその注释书》，载《井上光贞著作集第 2 卷　日本古代思想史の研究》，岩波书店，1986，首次发表于 1976 年。

③ 试举一例，"宋云"引用了《户令》31 殴妻祖父母条所引《令释》与《迹记》，"张云"则引用了《仪制令》7 太阳亏条所引的《穴记》。参见泷川政次郎《令集解に见える唐の法律史料》，载《支那法制史研究》，有斐阁，1940，首次发表于 1931 年，第 121~122 页。

是，这一省略大约发生在何时？是誊抄室生寺本时省略的，还是誊抄室生寺本所依据的母本已然有所省略？关于这一问题，如拙稿所述，原本应在"十八仪注家"正下方的注文"目录百五十四卷。私略之"却出现在仪注家末尾"书竿（算）仪廿卷"的注文中，似乎是错页造成的，因此，应该不是室生寺本的誊抄者所略，很可能其母本便已是省略后的版本了。

接下来的问题是分类不统一这一点。特别是由于（5）之后大体是按照律令格式的顺序排列的，因此（1）~（4）性质明显有所不同。拙稿认为之所以如此，是因为藤原佐世是从（5）开始亲自撰述的，（1）~（4）是后人（其他人）在某一时间点加入的。这一判断也可由前面的探讨加以印证。也就是说，制作书籍、经卷目录的技术和经验是通过个人及官府层面，在奈良时代持续积累起来的。再加上随着《隋书·经籍志》的舶来，又获得了新的知识。而且，由于藤原佐世本人是精通汉籍的大学头、文章博士，有能力在理解书籍内容的基础上进行分类排列。因此，藤原佐世不大可能会做出不统一的分类排列，（1）~（4）只可能是别人在此后加入的。

表1　《日本国见在书目录·刑法家》的内容及其分类

分类	书　籍　名
律①	（1）大律六卷、（2）新律十卷
令①	（3）隋大业令卅卷
格	（4）唐贞观勅格十卷
律②	（5）唐永徽律十二卷、（6）唐永徽律疏卅卷〈伏无忌等撰〉、（7）大唐律十二卷
律注释书	（8）刑法抄一卷、（9）唐具注律十二卷、（10）律附释十卷
令②	（11）本令卅、（12）古令册卷、（13）新令十卷、（14）大业令参十卷、（15）唐永徽令册（卅）卷、（16）唐开元令卅卷
令注释书	（17）唐令私记卅卷、（18）金科类聚五卷
格、勅（格注释书）	（19）唐永徽格五卷、（20）垂拱格二卷、（21）垂拱后常行格十五卷、（22）垂拱留司格二卷、（23）开元格十卷 （24）开元格私记一卷 （25）开元新格五卷、（26）格后勅三十卷、（27）长行格七卷、（28）开元皇口勅一卷、（29）开元后格九卷、（30）散颁格七卷、（31）僧格一卷
式①	（32）唐永徽式廿卷、（33）唐开元式廿卷

续表

分类	书 籍 名
统类	（34）大中律统领（类）十二卷
判①	（35）判样十卷、（36）判轨一卷、（37）救急判罪一卷、（38）百节判一卷
勅	（39）贞观勅九卷
判②	（40）中台判集五卷〈牛凤及撰〉、（41）大唐判书一卷

注：

（15）据池田温、孙猛两氏指出，"永徽令卌卷"中的"卌"应作"卅"，为誊抄错误。

（34）同样据池田温等氏指出，"大中律统领十二卷"中的"统领"应作"统类"，因此笔者将之分类于"统类"中。

资料来源：转载拙稿《〈日本国见在书目录〉刑法家と〈律附释〉——律受容の一断面》。

那么，在思考《刑法家》的性质时必须注意到，其中不仅有中国王朝的法令（法制书），还含有日本撰著的法令（法制书）。具体来说，（1）"大律"为《大宝律》，（2）"新律"是指《养老律》，（10）"律附释"则是日本撰著的对唐律的注释书。① 因此，接下来笔者拟对前述拙稿中未及讨论的、具体情况不明的（11）"本令卅"、（12）"古令卌卷"、（13）"新令十卷"加以探讨。

这三部书籍均为《令集解》所引用。首先看（11）"本令"，坂上康俊指出它有可能是《贞观令》或《永徽令》。② 现阶段虽然无法确定具体为其中的哪一个，但至少可以确定为唐令无疑。

对于（12）"古令"，已有学者指出是日本《大宝令》。③ 其依据是《令集解·养老职员令》24 兵部省条"兵士以上名帐"所附《穴记》将地方军事组织的军团官员（主帐、校尉、旅帅、队正）的录用注释为"古令简用兵士中也。于今，亦国司简取也"。这可以理解为，据《穴记》记载，"古令"规定从士兵中录用军团下级官员，"今"（《穴记》完成的八世纪

---

① 参见拙稿《〈日本国见在书目录〉刑法家と〈律附释〉——律受容の一断面》，第 180~186 页。

② 参见坂上康俊《〈令集解〉に引用された唐の令について》，载《九州史学》85 号，1986，第 44~45 页。

③ 和田英松：《日本见在书目录に就いて》、池田温《关于〈日本国见在书目录〉刑法家》、孙猛《日本国见在书目录详考》等。

末到九世纪初）则由国司任用。① 由于"今"的现行法为《养老令》，"古令"则是较其更"古"的令，因此为《大宝令》。

（13）"新令"则被推断为日本《养老令》。《令集解·养老田令》21 六年一班条的注文"神田寺田不在此限"所附《私记》（唯宗直本的注记）直接印证了这一点。该《私记》云："古令，神田、寺田，别立条，似不称于此条。新令，省其条，可附此条。仍似事绪相类，附此条中也"，认为虽然"古令"（大宝令）中神田、寺田是独立条文，但"新令"予以删除，放入"此条"（田令 21 六年一班条）的注中。从《私记》内容来看，"新令"比"古令"更加新，也就是养老令。

通过上述探讨可知，在《日本国见在书目录·刑法家》中，至少（1）"大律"、（2）"新律"、（10）"律附释"、（12）"古令"、（13）"新令"为日本法令（法制书），它们被夹杂进隋唐法令（法制书）中。这在古代日本人的法律意识及古代日本观察唐代法律制度的观点中具有怎样的意义呢？

从上述被夹杂进去的日本书籍中，可以发现一个事实：它们都是律、令本文或其注释书（解说书），而没有格、式本文。在藤原佐世撰述《日本国见在书目录》时，日本已经编纂并施行了自己的格式——弘仁格式、贞观格式。② 由此可以看出，在当时，日本的学者、官员阶层深刻意识到日本的律、令承袭自中国律令（特别是唐律令），受到其极大影响，是与唐律令有一系列联系的法令。另外，这一事实也暗示着，他们认为格式是在熟悉文书行政及积累针对现实社会的政策的基础上形成的日本自己的法令集。可以说，虽然格式是来自中国王朝的法令形态，但日本至平安时代第一次通过编纂自己的格式，在法律意识层面实现了日本式律令体制的进一步深化。

那么，古代日本的官员具体是如何理解唐代法制并利用法制书的呢？关于这一问题，结合刑法家（17）《唐令私记》进行探讨。

---

① 《穴记》的作者应是穴太氏的明法博士。关于《穴记》，参见前引井上光贞《日本律令の成立とその注释书》；北条秀树《令集解"穴记"の成立》，载《日本古代国家の地方支配》，吉川弘文馆，2000，首次发表于 1978 年。

② 关于弘仁、贞观格式在法制史上的地位，参见大津透《格式の成立と摄关期の法》，载水林彪等编《新体系日本史 2 法社会史》，山川出版社，2001。

二 《唐令私记》的性质与唐代法制

（一）《唐令私记》的性质及其作者

首要问题便是，《唐令私记》这部书籍的基本性质与作者——究竟是唐人所作，还是出自日本人之手？从该书书名及在后文探讨的逸文内容来看，毫无疑问是唐令的私记（注释书）。① 其卷数为三十卷，与《大宝令》（十一卷）、《养老令》（十卷）不符，与表中（15）"唐永徽令卅卷"、（16）"唐开元令卅卷"一致。而且实在无法从《旧唐书·经籍志》及《新唐书·艺文志》得到确认，因此池田温、孙猛两氏认为有可能是日本人的著作。②

笔者认为，从《唐令私记》的书名着手，当可能把握住作者的身份。如果是唐人所作，会将本国令称作"唐令"吗？应该会像《永徽令》或《开元三年令》等那样在名称前冠以具体编纂年份的称呼吧。事实上，《旧唐书·经籍志》及《新唐书·艺文志》所记载的令被冠以编纂时的年号（参见前文表1）。也就是说，只有居住于唐朝统治领域之外的人才会将唐朝的令称作"唐令"。③

另外，"私记"这一称呼也值得探讨。在两《唐书》中，带有"私记"名称的只有《老子私记》（十卷，梁简文帝撰）④、《僧灌顶私记天台智者词旨》（一卷）⑤、《慧旻十诵私记》（十三卷）三例，⑥ 且均非法制书。《隋书·经籍志》中也没有属于法制书的"私记"事例。⑦

---

① 泷川政次郎《令集解に見える唐の法律史料》指出这一点（第119~120页）。
② 参见池田温《关于〈日本国见在书目录〉刑法家》，第222~223页；孙猛《日本国见在书目录详考》上册，第754~755页。
③ 《令集解》中引用了数次未冠以年号的"唐令"。关于《令集解》所引"唐令"的性格，参见坂上康俊《〈令集解〉に引用された唐の令について》，第37~42页。
④ 《旧唐书》卷四七、志二七《经籍下》。《新唐书》卷五九、志四九《艺文三》。
⑤ 《新唐书》卷五九、志四九《艺文三》。
⑥ 《新唐书》卷五九、志四九《艺文三》。
⑦ 《隋书·经籍志》所见"私记"事例为：《周易私记》（二十卷）、《私记制旨中庸义》（五卷）、《孝经私记》（四卷，无名先生撰）、《孝经私记》（二卷，周弘正撰）、《老子私记》（十卷，梁简文帝撰）、《老子义疏》（五卷，孟智周私记），共6例。

　　然而在日本的《令集解》中却可以看到许多作为令的注释书的"私记"事例。例如："迹私记"（迹记）、① "古私记"（仅有穴记引用）、② "私记"（大宝令的注释书古记加以引用）、③ "律私记"及"新令私记"。④ 特别需要注意的是最后的"新令私记"，其与"唐令私记"在名称上类似。早川庄八氏认为"新令私记"是比延历十年（791）前后完成的令释更早的注释书，是在养老令的官方讲解中记载最终解释的书籍。在《令集解》中有11例，应该是在编纂《令集解》之际，唯宗直本本人将其所持"新令私记"的记载转抄进去的。⑤ 也就是说，它是九世纪后半叶实际存在的书籍。因此日本曾多次编写带有"私记"之名的法制注释书，其中不乏如"新令私记"这样的权威书籍。

　　因此，《唐令私记》极有可能是日本人的著作。接下来拟对逸文作具体探讨。

（二）对《唐令私记》逸文的探讨

　　《令集解》与《倭名类聚抄》中分别引用了两次《唐令私记》。⑥ 虽然《令集解》《倭名类聚抄》的编纂时间相隔约70年，但所引《唐令私记》应出自同一作者，下面展开探讨。

　　首先，从《令集解》职员令所见事例开始探讨。作为神祇官的大史，其职掌为"受事上抄"，在令释对此的注释中可以确认《唐令私记》（逸文〔A〕）。

---

① 《令集解·户令》4 置坊令条所引《穴记》。
② 参见吉田孝《律令における杂徭の规定とその解释》，载坂本太郎博士还历纪念会编《日本古代史论集 下卷》，吉川弘文馆，1962，注（9）。
③ 《令集解·公式令》49 驿使在路条所引《古记》、《公式令》63 诉讼条所引《古记》。
④ 《令集解·厩牧令》8 死耗条所引穴记。
⑤ 参见早川庄八《新令私记、新令说、新令问答、新令释——天平宝字符年新令讲书について の觉えがき》，载《日本古代の文书と典籍》，吉川弘文馆，1997，首次发表于1981年。
⑥ 《倭名类聚抄》是源顺撰著的汉和词典、百科词典。承平年间（931～938）受醍醐天皇的皇女勤子内亲王委托所撰。写本有十卷本与二十卷本两个系统，两者先后关系不详。《倭名类聚抄》的正文依据京都大学文学部国语学国文学研究室编《诸本集成 倭名类聚抄本文篇》，临川书店，1968，十卷本。

〔A〕《令集解》养老职员令 1 神祇官条所引令释

释云，唐令私记云，① 都省令史，受来牒而付本头令史，付讫作抄目。谓之上抄。其样如左也。太常寺牒，为请差巡陵使事。右壹道。十九日。付吏部令史王庭。

从逸文〔A〕中"都省令史""吏部令史"的用语可以看出是对唐制的注释。由于令释（"释云"）对其作了引用，可知《唐令私记》在延历十年（791）左右便已经完成。

本条逸文的内容解释了"上抄"这一行为，同时介绍了"抄目"的具体事例。这原本是附于唐令某处的注释，但令释的作者为了解说神祇官大史的职务而对其加以引用。那么，原本附何处？很可能在尚书都省令史职掌中存在有"上抄"或"抄目"这样的文字。《唐令拾遗补》将尚书都省令史职掌复原作"掌分抄行署文书"，② 其依据是《唐六典》卷一《尚书都省》中的"其尚书都省令史、书令史，并分抄行署文书"。需要注意的是，《唐六典》的这一记载是对令史与书令史职务的整体解说。而且，《唐六典》并没有照搬令文，而是取其大意，因此，关于都省令史职掌的唐令条文仍有值得探讨的余地。

《令集解》的另一例可见于下面《考课令》1 内外官条所附注释中：

凡内外文武官初位以上，每年当司长官，考其属官。应考者，皆具录一年功过行能，并集对读。议其优劣，定九等第。八月三十日以

---

① 关于"唐令私记"部分，先行研究据新订增补国史大系本，将其看作"唐令私记"展开讨论。但在国史大系本的底本田中本及能与之相媲美的红叶山文库本中作"唐令私记"。国史大系本根据较上述两个写本更晚的萩野本与石川介校印本，将底本的字句进行了改动。因此，对于这一点该如何判断是个问题。"唐令私记"在《令集解》中仅见一例〔B〕，但在《日本国见在书目录》《倭名类聚抄》中也可见到，而"唐答私记"这一书籍则在《令集解》及其他史料中均无法得到确认。另外，"唐答"在《令集解》中有计 32 处。因此，国史大系本的校订者认为"唐答私记"为"唐令私记"的抄写错误，而遵从了萩野本印本吧。笔者虽认为将之校订为"唐令私记"略使人不安，但在此仍遵从国史大系本。

② 唐复旧《三师三公台省职员令》2 条。这是作为《开元七年令》及《开元二十五年令》进行的复原。尚书都省配属令史 18 人、书令史 36 人（《唐六典》）。

前校定。京官畿内，十月一日，考文申送太政官。外国，十一月一日，附朝集使申送。考后功过，并入来年。若本司考讫以后，省未校以前，犯罪断讫，准状合解及贬降者，仍即附校。有功应进者，亦准此。无长官次官考。

本条是有关制作及提交内外文武官员工作考核书的基本规定。其中附于"无长官次官考"的《讚说》（"讚云"）所引"或云"引用了《唐令私记》（下划线为笔者所加，下文同）。

　　〔B〕《令集解》养老考课令 1 内外官条所引讚说
　　讚云，无长官次官考。谓判官等不合考之……或云，依唐令私记，判官主典亦考。古答同之。为非。问，八省长官考及无所管诸司诸国长官考第，何人之所定。答，依下文……

其中，"判官主典亦考"是《唐令私记》的逸文（逸文〔B〕）。这个与《养老考课令》1 条相对应的唐令条文主要据《五代会要》卷一五《考功》及《册府元龟》卷六三六《诠选部考课二》所引后唐天成元年（926）十月三日"尚书考功条奏格例"中的"考课令"而复原（《唐令拾遗》唐复旧考课令 1 条）[1]：

　　诸内外文武官九品已上，每年当司长官，考其属官。应考者，皆具录一年功过行能，对众读。议其优劣，定九等考第。京官九月三十日已前校定。外官去京一千五百里内，八月三十日已前校定。三千里内，七月三十日已前校定。五千里内，五月三十日已前校定。七千里内，三月三十日已前校定。万里内，正月三十日已前校定。本州岛定讫，京官十月一日送簿。外官朝集使送簿。限十月二十五日已前到京。考后功过并入来年。若本司考讫以后，尚书省未校以前，犯罪断讫，准状合解及贬降者，仍即附校。有功应进者，亦准此。无长官次官考。县令已

---

① 除本条外，《唐六典》卷二《尚书吏部考功郎中》的记载也是一条依据。

下及关镇戍官岳渎令，并州考。津非隶监者，亦州考。

由于复旧唐令条文中有"无长官次官考"，因此逸文〔B〕极有可能是针对这一部分的注释。① 姑且不论注释对错，《唐令私记》的作者似乎认为判官、主典也要进行考核。

关于逸文〔B〕，其有助于唐令的复原。复旧条文的"无长官次官考"部分并非以有关唐代的记载作为依据，而是基于后唐的记载进行复原的。虽然可以推断天成二年十月三日记载中的"考课令"是同光元年（923）定州敕库献上的"唐朝格式律令"，即开元二十五年律令格式的《考课令》，② 但严格来说尚无确证。然而，由于逸文〔B〕不能解释"无长官次官考"规定不存在于唐令中，因而可以将逸文〔B〕看作是强化了"无长官次官考"的规定存在于某年唐令的史料。

接下来探讨《倭名类聚抄》中所见逸文。装束部腰带类的"绅"项目中有如下记载③：

〔C〕《倭名类聚抄》（十卷本）卷四、装束部十、腰带类四十七、绅

　　绅　　论语注云，绅，大带也。唐令私记云，大带，以缯为之。

《唐令拾遗》复旧唐《衣服令》1 条及该令 2 条中有"大带"，因而《倭名类聚抄》著者源顺才引用了对衣服令条文注释的一部分。最后一个逸文见于调度部称量具。

〔D〕《倭名类聚抄》（十卷本）卷六④、调度部下、称量具八十七、半石

---

① 《唐令拾遗》未将逸文〔B〕作为复原依据材料及参考材料。估计是仁井田氏虽然认识到逸文〔B〕，但因持谨慎态度，而选择了放弃吧。

② 《册府元龟》卷六一三、刑法部、定格令五。关于该记事的地位，参见戴建国《〈天圣令〉所附唐令为开元二十五年令考》，载《唐研究》第 14 卷，2008。

③ 孙猛《日本国见在书目录详考》作"革带玉钩"项（上册，第 754 页），但正确应为"绅"项。

④ 孙猛《日本国见在书目录详考》作卷五（上册，第 754 页），正确应为卷六。

> 半石　　唐令私记云，大仓署函斛。函者，受五斗。形如此间酒槽耳。

其中的"大仓署"应是"太仓署"的抄写错误。《唐六典》卷十九对太仓署职掌记载如下：

> 太仓署令，掌九谷禀藏之事。丞为之贰。凡凿窖、置屋，皆铭砖为庾斛之数，与其年月日，受领粟官吏姓名。又立牌如其铭焉……

太仓署的职务是管理收藏谷物的仓藏，而作为称量道具的函是其必需品。因此，前面说到的为"太仓署"之误的推测应该没有问题。

笔者曾指出，[1] 与本条有关的唐令是北宋《天圣仓库令》不行唐 5 条：

> 诸量函，所在官造。大者五斛、中者三斛、小者一斛。皆以铁为缘，勘平印署，然后给用。

按照规定，官司等使用的函分为大中小三种，由"所在官"制作。小函的容量为一斛。

问题是，《唐令私记》的文字具体到"半石"（半斛）解说中的哪部分为止？孙猛认为"大仓署函斛。函者，受五斗。形如此间酒槽耳"的解说，全文都是《唐令私记》逸文，[2] 笔者个人以为应该只有下划线部分。因为"半石"是一斛的一半，也就是装五斗的函，下划线部分紧接着有"函者、受五斗"正是"半石"的解说。《仓库令》中所规定函的规格是五斛、三斛、一斛，很难想象令文中会有"半石"（半斛）这样的规格。而且，从《倭名类聚抄》本身是为勤子内亲王学习而著述的成书经过来看，将"形如此间酒槽耳"的解说看作是以日本切身实例进行的说明更为稳妥。因此，笔者认为《唐令私记》的逸文只有"大仓署函斛"。

---

[1]　参见吉永匡史《律令关制度の构造と特质》，载《律令国家の军事构造》，同成社，2016，首次发表于 2009 年，表 7。

[2]　孙猛：《日本国见在书目录详考》上册，第 754 页。

这样一来，可以推测逸文〔D〕的"函斛"当为"函一斛"的意思。若非如此，也就没理由在"半石"的说明开头引用逸文〔D〕这样的《唐令私记》文字了。整条解释可以理解为：先指出太仓署的函为一斛之函，再解说"半石"为一斛之半，即可容五斗之函，其形如酒槽。

如果上述观点成立的话，逸文〔D〕就有可能是附于不行唐 5 条的"小者一斛"的一部分注释。虽然只是一个可能性，但仍有必要在此提出。

（三）据北宋《天圣令》进行的唐令复原及《唐令私记》

关于对逸文〔D〕的探讨，笔者指出了其与北宋《天圣令》附不行唐令的关系。在本文最后，拟提出一条在以北宋《天圣令》为基础复原唐令时，《唐令私记》逸文能作为参考依据的事例。选取北宋《天圣关市令》宋 3 条如下：

> 诸行人赍过所及乘递马出入关者，关司勘过所，案记。其过所、驿券、递牒并付行人自随。

宋 3 条是在持过所的行人或骑递马的官员过关时，关司勘检过所并作记录的规定。在以本条为蓝本复原唐令时，与下面的《养老关市令》4 行人赍过所条相一致的下划线部分，应可作为《开元二十五年令》复原。

> 凡行人赍过所及乘驿传马出入关者，关司勘过，录白案记。其正过所及驿铃传符，并付行人自随。仍驿铃传符，年终录目，申太政官总勘。

对于宋 3 条的唐令复原案，孟彦弘作如下复原①：

---

① 孟彦弘：《唐关市令复原研究》，载《天一阁藏明钞本天圣令校证 附 唐令复原研究》，第 529～530 页。

〔孟氏复原案〕

　　诸行人赍过所及乘驿、传马出入关者，关司勘过所、案记。其过所、符券、递牒并付行人自随。

据此，笔者对于上面复原案的两处进行再探讨。

首先，孟氏复原了"符券"。主要复原依据为下面这条《故唐律疏议·卫禁律》25 私度关条疏文：

　　……行人来往，皆有公文。谓驿使验符券，传送据递牒，军防丁夫有总历。自余各请过所而度……

在通关时，驿使与传送使分别出示作为通行证的"符券"和"递牒"。据《故唐律疏议·诈伪律》18 诈乘驿马条疏文，"符券"似与"纸券"同义，但《故唐律疏议·职制律》33 驿使稽程条疏文引用的《公式令》逸文记载如下：

　　疏议曰，依令，给驿者给铜龙传符，无传符处为纸券。量事缓急，注驿数于符契上。

其中将驿者的证明称作"传符"，将"纸券"作为铜制的"传符"的替代形式。另外，"符券"一词不见于《故唐律疏议》所引其他《公式令》逸文中，《唐六典》卷八门下省侍中作"若发驿遣使，则给其传符，以通天下之信"。[1]

荒川正晴氏认为，驿使的证明书在令这种法律规定中的正式名称是"传符"，"符券（纸券）"是对其实际形态的称呼。[2] 如前所述，需要注意其在公式令里也被称作"传符"。因此，孟氏虽然将其复原作"符券"，但

---

[1]　《故唐律疏议·职制律》41 用符节事讫条疏文、《擅兴律》3 不给发兵符条疏文、《贼盗律》27 盗宫殿门符条疏文也作"传符"。

[2]　荒川正晴：《唐代公用交通システムの构造》，《ユーラシアの交通、交易と唐帝国》，名古屋大学出版会，2010，首次发表于 2000 年，第 166～173 页。

正确应复原作"传符"。

第二是仅在《养老令》中才能看到的"仍驿铃传符，年终录目，申太政官惣勘"规定。在《养老令》中，"年终"向中央政府提交目录的规定仅出现于该条。而在唐代，虽然"录目"一词可见于《释道录目》、①《唐列圣实录目》（二十五卷，孙玉汝撰）这样的书籍名称里，② 但在现在复原的唐令或《天圣令》等律令条文中无法对其进行确认。在唐代用语中，关于制作文书的目录有"抄目"一词，除了关丞职掌中的"省署抄目"外，还可见于都督府、亲王府的录事参军、县主簿等的职掌中。③ 内藤乾吉氏认为文案的目录分为：本司发行的文书目录、记录处理由他司送付文书的目录及类似于从天山县发来的文书目录等等送来的文书目录三种。④

关于"抄目"的实际情况也存在问题，具体来看逸文〔A〕。据逸文〔A〕，在将"来牒"附于本头（在此处为吏部负责人）令史后，按照"太常寺牒为请差巡陵使事。右壹道。十九日。付吏部令史王庭"，须制作概括文书及其办理程序的"抄目"，这一行为即为"上抄"。所谓"抄目"，是指将文书内容清晰总结出来，形成目录，"上抄"则被看作是制作目录这一行为。

因此，关丞负责"省署抄目"这一职务，在唐令中也很可能存在与《养老令》同样的规定。然而，关于是否存在上申中央政府这一环节，则缺乏直接证据。因此，虽然无法复原具体的文字，但这一事例明确告诉我们，对于以《天圣令》复原唐令来说，引用在日本书籍中的唐令的注释书也有其价值。

结　语

本文通过《日本国见在书目录·刑法家》探讨了古代日本人的法律意

---

①　《旧唐书》卷四六、志二六《经籍上》。

②　《新唐书》卷五八、志四八《艺文二》目录类。

③　《唐六典》卷三〇《三府督护州县官吏》及《东宫诸府职员令》残卷。在日本《大宝令》制下，"抄目"一词似乎有诏敕目录之意，日唐间用法不同。参见《令集解·公式令》82案成条《古记》。

④　参见内藤乾吉《西域发见唐代官文书の研究》，载《中国法制史考证》，有斐阁，1963，首次发表于1960年，第317～320页。

识。从《日本国见在书目录》之前古代日本的目录制作谈到《日本国见在书目录》的性质，从而窥探出《刑法家》中的法律意识。从中可以看出，在当时日本官员的认知中，认为律令是承袭而来的意识较强，另一方面，格式则被看作是针对现实社会的政策积累而形成的日本自己的法令集，从法律意识层面体现出日本律令体制的进一步深化。

接下来，笔者将目光转移到《刑法家》中的《唐令私记》上，指出该书是日本人的著作，并具体探讨了日本法制书中对唐制注释书的灵活运用的情况，并认为它可以作为复原唐令的参考史料，也可以看出与北宋《天圣令》不行唐令间存在的关联性。此外，即使是在基于北宋《天圣令》宋令进行的唐令复原中，《唐令私记》也能发挥其作用。

随着北宋《天圣令》残本的公开，唐令复原研究及日唐律令的比较研究步入了一个新的发展阶段。然而，这并不意味着长期以来所使用的史料的重要性有任何降低，为了唐令复原研究的进一步深化，需要对复原所依据的材料本身进行更细致的研究。2016 年 5 月在东京召开的第 61 届国际东方学者会议中，赵晶围绕《大唐开元礼》作为唐令复原材料的性质进行了细致的探讨，① 而本文是对古代日本史料进行的探讨，在涉及中国唐宋史、日本古代史双方的唐令复原依据材料、参考材料上，期待对史料本身的性质进行更深入的研究。

【附记】

本文是以 2016 年 12 月 10、11 日在中国政法大学法律古籍整理研究所召开的国际研讨会"比较法史、域外之眼、全球史观：中国法律史研究新视野学术工作坊"所作研究报告为基础形成的（论旨无变化）。在此向邀请并赐予我这次宝贵报告机会的中国政法大学法律古籍整理研究所赵晶先生、承担会议论文翻译的中国社会科学院历史研究所王博先生，及对小文进行评议的北京联合大学应用文理学院张雨先生表达深深的谢意。

本文是 JSPS 科研经费（JP15K16813）研究成果的一部分。

---

① 赵晶：《唐令复原所据史料检证——以〈大唐开元礼〉为中心》，第 61 回国际东方学者会议，东方学会，于日本教育会馆，2016 年 5 月 20 日。参见《唐令复原における典据史料の检证—〈大唐开元礼〉を中心に—》，辻正博译，载《东方学》133 辑，2017。

《中国古代法律文献研究》 第十一辑

2017 年，第 238～249 页

《唐律疏议》 "同罪" 与 "罪同" 证补

唐 蕾[*]

摘 要：唐律中适用 "同罪" 条款大约有 47 条，适用 "罪同" 条款约有 32 条，均分布在各个篇章中。戴炎辉已指出二者的适用有很大区别，且《唐律疏议》中有六例混淆之处。只是这一观点并未被此后《唐律疏议》的各种点校、笺解、译注成果所吸收。本文通过对 "同罪" "罪同" 适用情况的归类总结，肯定戴氏之说并补出未被发现的另外三处混淆之例。

关键词：唐律疏议 同罪 罪同

一 引言

目前，对于 "同罪" 与 "罪同" 适用的辨析大多集中在明清法制研究中，因为明律对 "同罪" 的专条诠释内容有所改变，清承明律，又添加了

---

* 作者系中国政法大学法律史学专业硕士研究生。本文在业师赵晶副教授的指导下完成，又得到匿名审稿人的宝贵意见，谨此申谢。

"凡称同罪者至死减一等,称罪同者至死不减"小注,① "同罪"与"罪同"在适用时存在着生死之分,引起了一些学者的注意。② 然而"同罪"与"罪同"法律意义的确定、基本类型的形成以及二者适用的区别均定型于唐律,虽然戴炎辉先生在《唐律通论》《唐律各论》中已着先鞭,但仍有可以证补之处,因此笔者拟对唐律中"同罪"与"罪同"条款进行进一步探讨。

二 "同罪"与"罪同"辨析问题的提出

《大清律集解附例》(名例·称与同罪条)称:"'同罪'者,此之所犯,即照彼之罪名(刑法)科之,而犯罪之因则异也。'罪同'者,推其过恶,情与相类,权其轻重,实与相符,其罪既同,不必更论。"戴炎辉认为《清律集解》中对"同罪"与"罪同"的区分,可移作唐律之解释。③ 而以下唐律条文存在混淆"同罪"与"罪同"的情况:《唐律疏议·厩库》第210条、④《唐律疏议·杂律》第408条、⑤《唐律疏议·杂律》第409条、⑥《唐律疏议·杂律》第426条、⑦《唐律疏议·捕亡》第459条、⑧《唐律疏议·捕亡》第461条,⑨ 皆应予以勘正。

然而,刘俊文的《唐律疏议笺解》、⑩ 钱大群的《唐律疏义新注》⑪ 都没有吸收戴炎辉的上述观点。而在《译注日本律令》中,滋贺秀三甚至明确反对戴炎辉的观点,他认为"罪同"可理解为与"反坐"、与"与同

① 《大清律例》,田涛、郑秦点校,法律出版社,1998,第125页。
② 如钱大群、钱元凯《唐律论析》,南京大学出版社,1989,第93页。
③ 戴炎辉:《唐律通论》,元照出版社,2010,第466页。
④ 戴炎辉:《唐律各论》(上),台湾成文出版社,1988,第288页。
⑤ 戴炎辉:《唐律各论》(下),第659页。
⑥ 戴炎辉:《唐律各论》(下),第660页。
⑦ 戴炎辉:《唐律各论》(下),第692页。
⑧ 戴炎辉:《唐律各论》(下),第740页。
⑨ 戴炎辉:《唐律各论》(下),第745页。
⑩ 刘俊文:《唐律疏议笺解》,中华书局,1996,第1128、1831、1833、1884、1975、1981页。
⑪ 钱大群:《唐律疏义新注》,南京师范大学出版社,2007,第493、860、862、887、935、938页。

罪"相同之意。①

究竟是如戴炎辉所说，唐律的部分条文存在"同罪"与"罪同"的适用错误，还是二者并无区别，可以随意替换？笔者试图对此加以检证。

三 "同罪"与"罪同"条款的适用类型

（一）"同罪"条款的适用类型

1. 官司知情放任他人犯法，与犯者同罪

知情放任他人犯法，是指负有监督职责的官吏对犯罪行为故纵、知而听行或知情不禁等，则与犯罪者同罪。该类"同罪"行为实际上是一种不作为，也称片面共犯。② 如《唐律疏议·卫禁》第 74 条载：

【疏】议曰：车驾行幸，皆作队仗。若有人冲入队间者，徒一年；冲入仗间，徒二年。其仗卫主司依上例：故纵与同罪，不觉减二等。③

本条疏议针对的是冲入车驾队仗罪。仗卫主司若故纵他人冲入队仗间，其行为明显属于知情放任他人犯法的情形，因此与犯者同罪。

2. 凡人之共犯，与罪人同罪

知情配合违法活动，与犯罪者构成了共同犯罪，与犯者同罪。此类"同罪"行为又可分为必要共犯和事后共犯。④

（1）必要共犯的"同罪"行为。如《唐律疏议·户婚》第 159 条载：

【疏】议曰：杂户者，前代犯罪没官，散配诸司驱使，亦附州县户贯，赋役不同白丁。若有百姓养杂户男为子孙者，徒一年半；养女

---

① 〔日〕律令研究会编辑《譯註日本律令》五《唐律疏議譯註篇一》，東京堂出版社，1979，第 319 頁。

② 戴炎辉：《唐律通论》，第 476 页。

③ （唐）长孙无忌等撰《唐律疏議》，岳纯之点校，上海古籍出版社，2013，第 132 页。因本文不涉及对其他点校问题的分析，故而引用《唐律疏議》时皆准岳纯之点校本。

④ 戴炎辉：《唐律通论》，第 476 页。

者，杖一百。养官户者，各加一等。官户亦是配隶没官，唯属诸司，州县无贯。与者，各与养者同罪，故云"亦如之"。①

此条疏议针对的是良贱相养罪。养杂户或官户者为子孙，收养与被收养构成一种必要共犯，所以二者定罪量刑相同。

（2）事后共犯的"同罪"行为。如《唐律疏议·户婚》第185条载：

> 诸娶逃亡妇女为妻妾，知情者与同罪，至死者减一等。②

本条律文针对的是娶逃亡妇女罪，若当事人知道所娶对象是逃亡的妇女，则与该妇女构成事后的共同犯罪，娶者与嫁者同罪。

3. 其他"同罪"行为

（1）《唐律疏议·贼盗》第253条载：

> 【疏】议曰：注云"犯奸而奸人杀其夫"，谓妻妾与人奸通，而奸人杀其夫，谋而已杀、故杀、斗杀者，所奸妻妾虽不知情，与杀者同罪，谓所奸妻妾亦合绞。③

本条疏议针对的是通奸而奸杀女方丈夫的情形，即使与凶手通奸的妻妾不知杀害本夫之事，也与杀夫者同样处罚。

（2）《唐律疏议·诈伪》第378条载：

> 【疏】议曰：诸诈教诱人使人犯法，犯者不知而犯之。及和令人犯法，谓共知所犯有罪。即捕若告，谓即自捕、告，或令他人捕、告，欲求购赏，及有憎恶前人，教诱令其人入罪者，皆与身自犯法者同罪。④

---

① 《唐律疏议》，第200页。
② 《唐律疏议》，第221页。
③ 《唐律疏议》，第276页。
④ 《唐律疏议》，第403页。

此条疏议针对的是诈教诱人犯法，教唆者与被教唆者同样定罪处罚。

（3）《唐律疏议·诈伪》第387条载：

> 【疏】议曰：诸证不言情，及译人诈伪，致罪有出入者，证人减二等，译人与同罪。①

本条疏议针对的是证人不言实情和翻译人作虚假译传之犯罪。翻译人作假，致使当事人罪名或刑罚有出入的，翻译人按照所出入的罪罚处理。

（二）"罪同"条款的适用类型

1. 客观行为相似而"罪同"

该类"罪同"行为是指，前者实施了一个犯罪行为，以甲罪名科之。后者实施的另一个客观行为虽有别于前者，但实质定性相同，参照前者定罪量刑。如《唐律疏议·断狱》第481条载：

> 若违法移囚，即令当处受而推之，申所管属推劾。若囚至不受及受而不申者，亦与移囚罪同。②

本条律文针对的是违法移囚及囚至不受不申的犯罪。若违法移送囚犯，囚犯送达地的衙门应立即受理审问并向上申报。如囚犯送达后拒而不受或者受而不向上申报，其行为与违法移送囚犯实质一样，因此比照违法移送囚犯罪处罚。

2. 与特殊主体"罪同"

某罪的主体是特定的，若不是该类主体实施了这一犯罪行为，也比照该罪处罚，即与特殊主体"罪同"。如《唐律疏议·职制》第141条载：

> 诸官人因使，于使所受送遗及乞取者，与监临同。经过处取者，

---

① 《唐律疏议》，第407页。
② 《唐律疏议》，第473页。

减一等（纠弹之官不减）。即强乞取者，各与监临罪同。①

本条针对的是使者受财及乞取罪，该类行为与监临之官受财乞取罪性质相同，均属贪赃。监临之官为特殊主体，而本条行为中的主体为一般出使官员，身份虽不相同，但仍比照监临之官处罚。

3. 刑罚相等而"罪同"

此时的"罪同"意为相等。如《唐律疏议·斗讼》第311条载：

> 【疏】议曰：殿内忿争……谓殿内凡斗，相殴不伤，合徒一年半……假如殴缌麻兄姊，合杖一百，以在殿内，故加二等，合徒一年半，即与殿内凡斗罪同。②

本条疏议规定，在殿内殴打普通人没有造成伤害，需徒一年半；若殴打缌麻兄姊，合杖一百，又因在殿内殴打，需加二等，最终也是徒一年半，所以此处的"罪同"是相等的意思。

另外，戴炎辉认为唐律中的"同某法""亦同"与上述第一类的客观行为相似而"罪同"为一类，属于"甲行为与乙行为虽异，但论定型即相同，因而其处罚亦复相同"。③ 如《唐律疏议·擅兴》第243条载：

> 【疏】议曰：即得阑遗，过三十日不送官，谓得阑遗禁兵器以下，三十一日不送官者，同私有法。④

本条疏议针对的是私有禁兵器的犯罪行为。若拾得别人遗失的不许私有的兵器，三十一日不送官府的，其行为就与私有这些兵器具有同样的性质，因此与私有兵器之罪同罚。

---

① 《唐律疏议》，第185页。
② 《唐律疏议》，第339页。
③ 《唐律通论》，第465页。
④ 《唐律疏议》，第266页。

又如《唐律疏议·名例》第 17 条载：

> 【疏】议曰：私罪，谓不缘公事，私自犯者。虽缘公事，意涉阿曲，亦同私罪。①

本条疏议针对的是犯私罪以官职当徒刑的情形。私罪是指不执行公务，私自所犯之罪。所犯之罪虽与公务有关，但属于故意徇私不直的行为，那么就应与私罪作相同处理。

根据以上对"同罪"和"罪同"条款的分类阐述，笔者特此勒为表 1，将《唐律疏议》中出现"同罪"或"罪同"的条文进行分门别类的罗列，以便更为清晰地展现二者的适用情况。

表 1　唐律中"同罪"与"罪同"条款分类[1]

类别 篇目	同罪			罪同		
	知情放任他人犯法，与犯者同罪	凡人之共犯，与罪人同罪		其他"同罪"行为	客观行为相似而"罪同"	与特殊主体"罪同"	刑罚相等而"罪同"
		必要共犯的"同罪"行为	事后共犯的"同罪"				
《名例》							38
《卫禁》	58、62、65、74、83、86				81、88		
《职制》	92、127、146	135			92	141	
《户婚》	154、161、169、192	159	185		178	152	
《厩库》	210、217、221				206、208		
《擅兴》	228、235、236						
《贼盗》		293	257	253、267	273		
《斗讼》					340、356	358	311
《诈伪》	366、371、379、388			378、381、387			

---

① 《唐律疏议》，第 31 页。

类别 篇目	同罪			罪同		
	知情放任他人犯法,与犯者同罪	凡人之共犯,与罪人同罪		其他"同罪"行为	客观行为相似而"罪同"	与特殊主体"罪同"	刑罚相等而"罪同"
		必要共犯的"同罪"行为	事后共犯的"同罪"				
《杂律》	404、408、417、418、426						
《捕亡》	457、461、463、466		468		459	463、465	
《断狱》					481	470	

注:[1] 参见张田田《〈唐律疏议〉"与同罪"条款分析》,《学术研究》2014 年第 4 期,第 123~128 页。

四 "同罪"与"罪同"的区别

虽然"同罪"与"罪同"条款表面上看起来很相似,容易让人混淆,但从上述对其在唐律中的适用进行归类分析,就不难发现二者的区别所在,具体体现在以下几个方面。

(一) 犯罪行为的定性分类不同

如上述所言,"同罪"是指出现一个犯罪行为后,其他对该犯罪行为知情放任或配合犯法构成共同犯罪者,即按照前者的罪名定罪量刑,但二者的犯罪原因不同。而"罪同"是指某一客观行为与另一客观行为虽有不同,但实质定性却相同,即如《大清律集解附例》所言"推其过恶,情与相类,权其轻重,实与相符",因此将这一客观行为按照另一客观行为定罪处罚。

(二) 主体之间是否存在联系不同

"同罪"的行为主体与前罪的行为主体实施的犯罪行为,存在着某种客观联系,即"同罪"行为的主体对前罪的犯罪行为存在着不作为或者配合犯罪，而"罪同"的行为主体实施的犯罪行为与前罪实施的犯罪行为没有任何客观联系，是两个独立的犯罪行为。

（三）量刑限制不同

《名例》篇中的第53条，规定了"与……同罪"的科刑方式："与同罪""反坐""罪之"及"坐之"并称为"止坐其罪，不同真犯，死者止绞，并不在除名、免官、免所居官，亦无倍赃，又不在监主加罪及加役流之例"。具体来说就是，第一，真犯死罪当斩者，"同罪"者死罪止得至绞；第二，真犯当除、免、倍赃、监主加罪、加役流以及不合减者，"同罪"者不在其例；① 然而唐律对"罪同"的行为量刑并没有上述限制。从二者的量刑区别我们可以看出，"同罪"的行为与"真犯"在本质上（情节、主观过恶等）还是有区别的，因此在量刑时才予以限制，没有完全与"真犯"等同。而"罪同"的行为没有量刑限制，恰好说明其与另一犯罪行为本质相同，处罚量刑也需相同。

通过上述对唐律中"同罪"与"罪同"条款的分类阐述以及对二者区别的总结归纳，我们可以看到"同罪"与"罪同"确如戴炎辉所论有所区别，而唐律中也确如戴炎辉所说存在几处"同罪"与"罪同"混淆的情况，应予以勘正。如《唐律疏议·厩库》第210条载：

> 【疏】议曰：国家库藏，本委主司，若主司知情容盗，得罪重于盗者。名例律"与同罪者，不在加役流之例"，故于库藏条中特生此例：故纵赃四十九匹以下，与盗者罪同，不合除、免；满五十匹，加役流，除名、配流如法；一百匹，绞。②

戴炎辉认为"与盗者罪同"应作"与盗者同罪"。此处的"与盗者罪同"适用的情况是主司故纵盗窃赃物的行为，按照上述对"同罪"适用的说明，该行为显然属于"同罪"中知情放任他人犯法。此外，因为《名例

---

① 刘俊文：《唐律疏议笺解》，第508页。
② 《唐律疏议》，第112页。

律》规定"与同罪者，不在加役流之例"，而此条律文规定"故纵赃满五十匹加役流"，所以不能说"故纵赃满五十匹，与盗者同罪"，只能说"故纵赃四十九匹以下，与盗者同罪"，因为四十九匹以下不会判加役流。只有如此，此条才不会与"同罪"的量刑限制相矛盾。无论是从"同罪"的适用归类分析，还是从该条的上下文解释来看，此处的"与盗者罪同"都应是"与盗者同罪"。

五　唐律中其他几处混淆适用的情形

除了上述戴炎辉指出的六例"同罪"与"罪同"的混淆外，笔者还发现了另外三个可能存在错误适用的例子。

（一）《唐律疏议·户婚》第 192 条

即奴婢私嫁女与良人为妻妾者，准盗论；知情娶者，与同罪。各还正之。

【疏】议曰：奴婢既同资财，即合由主处分，辄将其女私嫁与人，须计婢赃，准盗论罪，五匹徒一年，五匹加一等。知情娶者，与奴婢罪同，不知情者不坐。①

本条律文规定的是，奴婢私嫁女与良人为妻，以盗论，知情而娶者，与奴婢同罪。此处所称的"同罪"行为属于上述分类中配合他人犯法，构成必要共犯。该行为适用"同罪"并无问题。但疏议却变更为"知情娶者，与奴婢罪同"，应予以正误。

（二）《唐律疏议·杂律》第 438 条

诸弃、毁制书及官文书者，准盗论；亡失及误毁者，各减二等

---

① 《唐律疏议》，第 227 页。

（毁，须失文字。若欲动事者，从诈增减法）。其误毁、失符、移、解、牒者，杖六十（谓未入所司而有本案者）。

【疏】议曰：关、刺，律虽无文，亦与符、移同罪。①

本条律文规定的是，弃、毁制书及官文书，以及毁、失符、移、解、牒的行为，犯弃毁制书官文书罪。而疏议中的关、刺虽未被律条列举，但与律条所举的符、移一样，一旦弃、毁，要被科以相同的处罚。这属于上述客观行为相似的"罪同"情况，如《贼盗律》第 273 条"盗制书者，犯盗制书罪。盗制敕及奏抄者，与盗制书罪同"。因此，笔者认为"与符、移同罪"应改为"与符、移罪同"。

（三）《唐律疏议·捕亡》第 457 条

诸征名已定及从军征讨亡而亡者，一日徒一年，一日加一等，十五日绞。临对寇贼而亡者，斩。主司故纵，与同罪。

【疏】议曰：主司故纵，与同罪，谓主司知情，容其亡避，各与亡者罪同，亡者合斩，主司合绞。②

律文规定的是，主司故纵从军征讨逃亡的人，与逃亡者同罪。此处主司的行为属于知情放任他人犯法而适用"同罪"的情况。因此疏议也应与律文统一，作"各与亡者同罪"，而不是"罪同"。

此外，因《名例律》第 53 条规定"与同罪，止坐其罪，不同真犯，死者止绞"，③ 也就是说真犯死罪当斩者，"同罪"者死罪止得至绞。而唐律对"罪同"却无如此量刑限制。此条疏议明确规定"亡者合斩，主司合绞"，完全符合第 53 条的量刑限制，亦可反推前文规定应是"同罪"。

总之，此条疏议的"与亡者罪同"应改为"与亡者同罪"。

---

① 《唐律疏议》，第 439 页。
② 《唐律疏议》，第 452 页。
③ 《唐律疏议》，第 111 页。

六 结语

笔者从戴炎辉对唐律六例混淆"同罪"与"罪同"的指摘出发，总结分析了唐律中所有的"同罪"与"罪同"条款，并进行定性分类，归纳出二者的适用区别，由此验证了戴炎辉认为可移作唐律之解释的《大清律集解附例》的观点："同罪"者，此之所犯，即照彼之罪名（刑法）科之，而犯罪之因则异也。"罪同"者，推其过恶，情与相类，权其轻重，实与相符，其罪既同，不必更论。

在对"罪同"与"同罪"进行归类分析时，笔者还在戴炎辉指出的六例混淆情况之外，发现了另外三例，分别是第 192 条、438 条和 457 条。应当说，在唐律律条中，二者的适用未曾出现混淆，凡需改正之处皆出现在疏议之中，这恐怕并非抄手之误，很可能是疏议的制作者未加注意之故吧。

《中国古代法律文献研究》 第十一辑

2017 年，第 250～272 页

唐判研读举隅（一）[*]

——以《文苑英华·判》"师学门""刑狱门""为政门"为例

杨晓宜[**]

摘　要： 本篇成果报告是唐律研读会近年来的研究心得，从《文苑英华》的"师学门""刑狱门""为政门"中各拣选一道唐判进行深入分析与讨论。其中，"师学门"之"聚徒教授判"，设置了唐代名师聚集学徒、教导行礼的案情，考验试判者对历史典故的掌握、对主观恶性的剖析以及对私学教习礼仪的态度；"刑狱门"之"犯徒加杖判"，围绕唐律"犯徒应役家无兼丁"条拟定考题，着重考察试判者对法律知识的运用；"为政门"之"教吏为鲶笱判"，以瓦解地方豪强势力与维持地方和睦关系为两难选择，致力于考验试判者的为政能力。唐判的这些内容同

---

[*] 本篇成果报告为台湾地区唐律研读会的研读成果之一。唐律研读会于 2015 至 2017 年获得台湾地区科技部人文社会科学研究中心"补助经典研读班"，计划主持人为台湾师范大学历史系陈登武教授。唐律研读会由台湾大学高明士名誉教授于 1994 年创办，高教授望重士林，持续受聘为本研读会之指导教授，并由陈登武教授担任本次研读会召集人，此具有学术精神传承与延续之意义，同时也是研读会二十年来所坚持的目标。唐律研读会可分为三阶段：第一阶段为 1994 至 2011 年研读《唐律疏议》；第二阶段伴随着《天一阁藏明钞本天圣令校证附唐令复原研究》的发现与出版，于 2007 至 2009 年研读《天圣令》；第三阶段以唐代判文为主，集结各单位研究者与学生，透过唐代判文的研读与细致分析，开启法制史的另一个研究面向。

[**] 台湾大学历史所博士。

时涉及文学、经学、史学、法学等多种特色，对它们加以研读，可以借此探讨试判者的写作风格、知识背景、礼法思想与治政经验。

关键词： 唐判　唐律　文苑英华　法律知识

一　前言

唐代选取官员的标准强调考生"身、言、书、判"的表现，优秀者可提拔为官或升迁更高的官职，如《通典·选举典》记载："其择人有四事：一曰身（取其体貌丰伟）。二曰言（取其词论辩正）。三曰书（取其楷法遒美）。四曰判（取其文理优长）。四事可取，则先乎德行；德均以才，才均以劳。"① 其中"考判"的目的即检视考生文采，因官员须善于处理各类公文，包含行政、司法判决文书等。因此，判的书写可看出此人是否适合任官，以及表现出他的法律知识与为政经验。唐代许多科目考试须"试判"，如进士科及第后，亦须到吏部进行"关试"；铨选制的平选常调、"科目考"中的书判拔萃科与平判科、流外入流，都要试判。因应此考试背景出现不少试判题库，如张鷟《龙筋凤髓判》和白居易"百道判"等，皆为当时拟判，作为备考之用。② 拟判是当时的模拟试题，透过模拟考题与判文写作，我们可以看到撰写者拥有的文采、经学基础、历史掌故、法律知识、推理能力等。唐代试判会假设两难情境的议题，应试者以判词论述，展现其对于维护礼教伦理和法律秩序的态度与看法。唐代科考大多着重在考生的文采表现，文章内容远胜于法律推理本身，判词的书写模式多呈现考生的文笔华美、学识涵养，因此判词的法律性略低于文学性。但不可否认的是，唐代判文仍具有法律逻辑推理的特色，依旧须具有基本的法律知识背景与相关实务的训练，才可顺利通过考试，成为朝廷选取的治政

---

① （唐）杜佑：《通典》卷一五《选举典》，王文锦等点校，中华书局，2012，第360页。
② 陈登武：《再论白居易"百道判"——以法律推理为中心》，台湾师范大学历史学系编《台湾师大历史学报》第45期，2011，第42～43页。关于书判拔萃科与平判科，参考吴宗国《唐代科举制度研究》，北京大学出版社，2010，第98～105页。

人才。

"唐律研读会"最近的进度是研读唐判,以《文苑英华·判》（中华书局，1966）所收判文作为基本研读资料，并参照《全唐文》（中华书局，1987）。两者字词若有差异，另以（　　）表示《全唐文》所载内容。拙稿以《文苑英华·判》之"师学门""刑狱门""为政门"各举一则试行解析，此三大门类也是唐律研读会近两年来研读唐判的主要门类。"师学门"阐述礼法的精神与运用；"刑狱门"结合唐代法典与狱讼的审理，展现唐代人拟判的法律知识与推理能力；"为政门"探讨唐代官员治政的处理方式，借此测验考生的行政应变能力。透过研读判文，可理解唐判性质及其礼法思想。

二　师学门之"聚徒教授判"①

（一）判文

判题：

> 甲聚徒教授，②每春秋享射，③以素木瓠叶为俎豆。

---

① （宋）李昉等奉敕编，（宋）彭叔夏辨证，（清）劳格拾遗《文苑英华》卷五〇九《判·师学门·聚徒教授判》，中华书局，1966，第 2606 页上、2606 页下。

② 聚徒教授：本判典故出自《后汉书·刘昆传》，刘昆字桓公，陈留东昏人，少习容礼。刘昆于王莽时期，教授弟子五百余人；每春秋飨射，常备列典仪，因诗曰："幡幡瓠叶，采之亨之；君子有酒，酌言尝之；有兔斯首，炮之燔之。"刘昆俱礼废，故以素木瓠叶为俎豆，桑弧蒿矢，射则歌菟首之诗。每有行礼，县宰皆率吏属观之，王莽以为刘昆聚徒私行大礼，有僭上之心，故缉之人狱，后因王莽败亡得免。刘昆在弘农太守任内，行仁化之治，致力教化，尊崇古礼。参考（刘宋）范晔《后汉书》卷七九上《刘昆传》，中华书局，1966，第 2549～2550 页。

③ 享射（飨射）：宴饮宾客并举行射箭之礼。《周礼·春官·司服》："享先公、飨射，则鷩冕。"郑玄注："飨射，飨食宾客与诸侯射也。"《重刊宋本周礼注疏附校勘记》卷二一《春官·司服》，收入（清）阮元审定，卢宣旬校《重刊宋本十三经注疏附校勘记》，艺文印书馆，1965，第 323 页下。又，本文所引《十三经》皆出自这一版本，以下不再重复标记出版信息，特此说明。

第一道判词：宋少真①

　　学以知道，行以成德。谓修己之不懈，则化人而有孚。② 甲括习诗书，佩服忠信。谈经不同于稷下，③ 请教其多；强学颇类于关西，④ 发蒙斯众。既闻讲道，亦见习仪。且享以训人（恭），⑤ 射则观德。⑥ 素木匏（瓠）叶，足表献酬之教；桑弧蒿矢，⑦ 方昭揖逊之容。学不习而则无（落），礼不行而斯坏。刑而诘致（致诘），⑧ 何迷邹鲁之风；习以

---

① 《全唐文》仅载"（唐代宗）大历朝官侍御史"。（清）董诰：《全唐文》卷四五八，中华书局，1987，第4679页上。

② 化人而有孚：教化他人使人信服。《左传·庄公十年》："小信未孚，神弗福也。"《重刊宋本左传注疏附校勘记》卷八《庄公十年》，第147页上。

③ 稷下：战国齐都城临淄西门、稷门附近地区。齐威王、齐宣王曾在此建学宫，广招文士讲学议论，成为各学派的活动中心。《史记·孟子荀卿传》："自邹衍与齐之稷下先生，如淳于髡、慎到、环渊、接子、田骈、邹奭之徒，各著书言治乱之事，以干世主。"（汉）司马迁：《史记》卷七四《孟子荀卿传》，中华书局，1981，第2346页。

④ 关西：关西孔子杨震。东汉杨震（公元54年～124）年少好学、博览群书，被时人誉为关西孔子。至年五十，承蒙邓骘提拔而成为秀才。《后汉书·杨震传》："杨震，字伯起，弘农华阴人也……震少好学，受欧阳尚书于太常桓郁，明经博览，无不穷究。诸儒为之语曰：关西孔子杨伯起。常客居于湖，不答州郡礼命数十年，众人谓之晚暮，而震志愈笃……年五十，乃始仕州郡。"《后汉书》卷五四《杨震传》，第1759～1767页。

⑤ 享以训人（恭）：《全唐文》记为"恭"字，可理解为行礼时遵行恭敬之道。《文苑英华》解为"人"字，即行礼时表现的态度可教诲他人。人与恭两字皆可通。

⑥ 射则观德：出典于《礼记·射义》："故射者，进退周还必中礼；内志正，外体直，然后持弓矢审固。持弓矢审固，然后可以言中，此可以观德行矣……故曰：射者，所以观盛德也。"古代透过射礼观察人内外的德行，借此选拔贤人。汉魏以后，国家为举行射礼曾设立观德殿或观德坊，历代士人文集中也常见"射以观德"之说。参考顾涛《中国的射礼》，南京大学出版社，2013，第6～10页。

⑦ 桑弧蒿矢：行桑弧蓬矢之礼以励志。蒿，蓬蒿。古时男子出生，以桑木作弓，蓬草为矢，射天地四方，象征男子有志于四方。后用以勉励人应有大志。《礼记·内则》："国君世子生，告于君，接以大牢，宰掌具，三日，卜士负之，吉者宿齐，朝服寝门外，诗负之，射人以桑弧蓬矢六，射天地四方。"郑玄注："桑弧蓬矢本大古也，天地四方男子所有事也。"《重刊宋本礼记注疏附校勘记》卷二八《内则》，第534页下。

⑧ 诘致：此处采用《全唐文》所载"致诘"，即究问、推究之意。《老子》："此三者不可致诘，故混而为一。"刑而致诘，乃指用刑罚治理四方、诸国。如《尚书·吕刑》："度作刑以诘四方"；《周礼·大宰》："五曰刑典以诘邦国。"参考朱谦之《老子校释·老子道经》第十四章，中华书局，1984，第53页；《重刊宋本尚书注疏附校勘记》卷一九《吕刑》，第296页上；《重刊宋本周礼注疏附校勘记》卷二《大宰》，第26页上。

见尤，其如城阙之刺。① 祭遵施之于军旅，② 尚不云非；刘昆列之于家廷（庭），且未言失。古则可据，今何以疑？所谓习不违经，学无废业。告人眛（昧）识，徒劾（效）西邻之责言。③ 在甲合仪，请遵东观之故事。④

第二道判词：胡运⑤

学以道尊，礼为教首。事克师古，人焉生惑？眷言彼甲，惟德润身。敦诗阅（说）礼，⑥ 奉守先王之训；博（博）闻强识，能为君子之儒。是以生徒酸（骏）奔，⑦ 负笈云集〔注：一作华〕。横经纷其满席，执礼烂其盈门。故能春秋匪懈，享祀不忒。教胄子之威仪，陈乡人之揖逊。登以素器（品），射从薄物。稽诸匏叶，有若蘩苹。⑧ 桑

---

① 城阙之刺：出典于《诗经·子衿》："青青子衿，悠悠我心。纵我不往，子宁不嗣音。青青子佩，悠悠我思。纵我不往，子宁不来。挑兮达兮，在城阙兮。一日不见，如三月兮。"引申为讽刺学校之废，时逢乱世则学校不修。春秋时期王室衰微，各诸侯国逐渐忽视教化，公学随之荒废。从《诗经·子衿》排列顺序而言，推测成诗于春秋中期，即公学荒废之后、私学兴起的这段时期，反思统治者应当要尊师重教、劝学、修建学校。《重刊宋本毛诗注疏附校勘记》卷四《子衿》，第 179 页上。

② 祭遵施之于军旅：出典于《论语·卫灵公》："卫灵公问陈于孔子。孔子对曰：俎豆之事，则尝闻之矣；军旅之事，未之学也。"本判词引用孔子之说，强调祭祀的神圣性，甚至不可与军旅相提并论，但后世祭礼之事可用在军事，皆不论其过，为何聚徒教授行祭祀之礼会有过失？此句带有反讽之意，借以支持甲聚徒教授、行礼属于合理行为。《重刊宋本论语注疏附校勘记》卷一五《卫灵公》，第 137 页上。

③ 西邻之责言：来自西邻的责备、问罪。原指秦国（在西）向晋国（在东）问罪，引申为来自他人的责备。出典于《左传·僖公十五年》："西邻责言，不可偿也。"《重刊宋本左传注疏附校勘记》卷一四《僖公十五年》，第 233 页上。

④ 东观之故事：东汉初刘昆故事，此典故也出自《东观汉记·刘昆传》，因而称为"东观故事"，宋少真与胡运皆提到刘昆的东观故事。参考（东汉）刘珍撰，吴树平校注《东观汉记校注》卷一八《刘昆传》，中州古籍出版社，1987，第 792 页。

⑤ 胡运：《全唐文》仅载"代宗时擢书判拔萃科"。《全唐文》卷四五九，第 4691 页上。

⑥ 敦诗阅礼：《全唐文》又作"敦诗说礼"，笔者认为"阅礼"较适合，在此可理解为勤励于诗、深阅于礼。

⑦ 骏奔：此处应采《全唐文》所载"骏"字，指各方有志者急速奔走，投归于甲之门下。

⑧ 蘩苹：苹和蘩。两种可供食用的水草，古代常用于祭祀。《左传·隐公三年》："苹蘩蕰藻之菜……可荐于鬼神，可羞于王公。"《诗经·召南》有《采苹》及《采蘩》篇。《诗·召南·采蘩》序曰："夫人不失职也。夫人可以奉祭祀，则不失职矣。"后以苹蘩指能遵祭祀之仪或妇职等。《重刊宋本左传注疏附校勘记》卷三《隐公三年》，第 52 页上；《重刊宋本毛诗注疏附校勘记》卷一《采蘩》，第 46 页下~47 页上。

弧不类于桃弧，① 兔首②岂齐于狸首？③ 同刘昆之故事，习俎豆于私室。异祭遵之前式，陈礼容于军旅。古则无议，今亦何伤？徒小有言，责其行礼。欲崇北海之术，④ 谨遵东观之词。

（二）内容解析

本判题出典于《后汉书·刘昆传》，主在说明为师者聚徒教授、行礼是否合乎规范。判题出现两个问题点：一、聚徒教授可能危害到国家对于基层的统治，尤以聚徒百人以上，可能产生地方性集团的崛起与混乱，站在国家统治面而言，私人不宜聚集百人以上的团体活动。二、聚集百人以上的团体若行礼，是否意味着有僭越之心？虽然行礼规格简朴，但仪式的展现与聚众可能威胁到统治者的政治地位。根据这两个问题点，本判题形成的双方为"甲聚徒行礼与否"，考验试判者支持哪种看法。

---

① 桑弧不类于桃弧：桑木作成的弓不同于桃木制成之弓。桃弧另有避邪之意，《左传·昭公四年》："其出之也，桃弧棘矢，以除其灾。"杜预注："桃弧棘箭，所以禳除凶邪。"《重刊宋本左传注疏附校勘记》卷四二《昭公四年》，第 729 页上。

② 兔首：兔之首。《诗经·小雅·瓠叶》："有兔斯首，炮之燔之。"笺："兔之小者也。炮之燔之者，将以为饮酒之羞也。"采刘昆之故事，射时，歌兔首之诗。《后汉书·刘昆传》："昆每春秋飨射，常备列典仪，以素木瓠叶为俎豆，桑弧蒿矢，以射菟首。"注："射则歌菟首之诗而为饰也。"《重刊宋本毛诗注疏附校勘记》卷一五《小雅·瓠叶》，第 522 页下 ~ 523 页上。《后汉书》卷七九上《刘昆传》，第 2550 页。

③ 狸首：逸诗篇名。上古行射礼时，诸侯歌《狸首》为发矢之节度。《周礼》："凡射，王以驺虞为节，诸侯以狸首为节，大夫以采苹为节，士以采蘩为节。"《韩非子·八说》："《狸首》射侯，不当强弩趋发。"陈奇猷集释引太田方曰："《狸首》射侯，古之射礼也。"此处写判者用兔首与狸首相对应、比较，用以展现甲虽聚徒行礼，但并没有僭越之意，因为射礼歌兔首次于歌狸首，仅呈现行礼的重要性。《重刊宋本仪礼注疏附校勘记》卷一二《乡射礼》，第 135 页上；《韩非子》卷一八《八说》，陈奇猷校注，中华书局，1959，第 974 页。

④ 北海之术：孔北海，即孔融（153 ~ 208），曾为北海相，称孔北海。《后汉书·孔融传》卷七〇："会董卓废立，融每因对答，辄有匡正之言。以忤卓旨，转为议郎。时黄巾寇数州，而北海最为贼冲，卓乃讽三府（太尉、司徒、司空）同举融为北海相……稍复鸠集吏民为黄巾所误者男女四万余人，更置城邑，立学校，表显儒术，荐举贤良郑玄、彭璆、邴原等。"孔融推崇儒术，到北海后召集士民，聚兵讲武，下发檄文，又亲写书札，与各州郡通声气，共同谋划。因讨伐黄巾军张饶战败，而转保朱虚县。他集结官吏、百姓四万多人，设置城邑，设立学校，表显儒术，荐举贤良郑玄、彭璆、邴原等。《后汉书》卷七〇《孔融传》，第 2263 页。

唐代试判大多根据经典回答，判词内容主要也是根据《后汉书·刘昆传》内容回复，①刘昆在王莽从政时期聚徒教授五百人，加上深怕礼废，以素木瓠叶为俎豆，桑弧蒿矢，射则歌菟首之诗。为避政治之嫌，刘昆简化行礼规格，仅在教导学生如何遵从礼与德的培养，并非有意挑战统治者。因刘昆相当重视礼仪规范，每有行礼，县宰皆率吏属共同观礼，作为教化之用。然当时统治者王莽以为刘昆聚徒私行大礼，有僭上之心，将其缉捕入狱，直至王莽败亡才得免。对照两道判词可知，试判者宋少真与胡运皆采用"《东观汉记》所载刘昆故事"作为回答依据，两者皆支持聚徒教授与行礼的合理行为，用以证明自身饱读经史与重视德礼的心态，最重要的是展现以经典作答的写判技巧。除了试判规范之外，我们也必须探讨宋少真与胡运为何支持"聚徒教授"？其理由依据为何？唐代在聚徒讲学的发展上有何转变？

首先，宋少真与胡运为何支持"聚徒教授"？宋少真提到：

> 祭遵施之于军旅，尚不云非；刘昆列之于家廷（庭），且未言失。古则可据，今何以疑？……在甲合仪，请遵东观之故事。

胡运认为：

> 同刘昆之故事，习俎豆于私室。异祭遵之前式，陈礼容于军旅。古则无议，今亦何伤？……欲崇北海之术，谨遵东观之词。

两道判词看法几乎相同，仅是叙述文字上的差异。两者论证皆说明祭祀行礼都可运用在军事上，为何不能用在私学教授？又言此番论证是根据古代典范，即刘昆故事而来，于情于理皆符合回答判题的意旨。刘昆当时虽因聚徒教授、行礼而入狱，然最后仍被释放，代表这样的行为没有违法，也没有僭越统治者，有凭有据又符合礼制。就如宋少真判词中提到："习不违经，学无废业"，聚徒教授在于教导学生德礼的重要与遵循古训，实际

---

① 《后汉书》卷七九上《刘昆传》，第2549～2550页。

操作演练是符合学习的需求，因此宋少真与胡运皆支持聚徒教授一事。他们还对提告此事者提出反驳，如宋少真言："告人昧识，徒効西邻之责言"；胡运言："徒小有言，责其行礼"，两者有意阐述甲聚徒教授的合理性，以及苛责小人随意举发他人之过。

其次，若从经典回答判题，可知宋少真与胡运具有相同的写判思维。除了他们拥有同样的知识背景外，还须考虑唐代私学风气的历史问题。两者皆认同聚徒教授一事，可能代表当时私学的发展与盛行。私家讲学的团体组织在中唐时期仍有相当的影响，虽然规模变小，但在教学、科举、授业、着录方面等，仍扮演着传授的功用。① 其中，师道与德礼教育之间的关联性是值得重视的一个话题，如宋少真在判词开头提到："学以知道，行以成德。谓修已之不懈，则化人而有孚……学不习而则无，礼不行而斯坏"；胡运也有相同想法，判词开头曰："学以道尊，礼为教首。事克师古，人焉生惑？眷言彼甲，惟德润身。敦诗阅礼，奉守先王之训；博闻强识，能为君子之儒。"两者皆重视教学与德礼传授的紧密结合，以此作为聚徒教授的合理依据。本判列为师学门，其重点在于尊师重道、德礼教育、勤励学习的态度与培养，这和唐代教育的发展背景相关，也呈现出题者与试判者的思维与学理背景，即浓厚的儒学气息与对礼教规范的尊崇之心。

再者，师者能够聚徒，即表明为师者具有令人仰慕的风范与德礼之行，诚如宋少真与胡运在判词所言，甲因重视德礼，吸引了众多学生向他学习、请教，这是慕名而来，并非刻意聚徒。宋少真提到："谈经不同于稷下，请教其多；强学颇类于关西，发蒙斯众。既闻讲道，亦见习仪。"又胡运曰："是以生徒骏奔，负笈云集。横经纷其满席，执礼烂其盈门。"判题所述的甲，我们并不清楚其身份特色，但根据宋少真与胡运判词可推测，此处将甲假设为汉代刘昆，因其讲学具有深度、教胄子之威仪、陈乡人之揖逊，致使学徒众多，这是师者个人风范与魅力的展现，而非有意聚徒抗衡国家统治者。宋少真与胡运在判词中表明甲授业的特质，借此作为"聚徒"的合理因素，也说明此举并无僭越、

---

① 高明士：《中国中古的教育与学礼》，台大出版中心，2005，第424~425页。

违法。

最后，甲在行礼方面并无僭越之举。判题一开始就提到："甲每春秋享射，以素木瓠叶为俎豆"，素木、瓠叶皆是简单、朴素的祭品与祭器，仅是教导学生如何践行礼的规范，已明确指出甲行为的合理性。对此，胡运判词更加详细说明甲行礼无僭越之举，判词曰："登以素器（品），射从薄物。稽诸匏叶，有若蘩苹。桑弧不类于桃弧，兔首岂齐于狸首？"此可明确看到两种对比之物，即桑弧对桃弧、兔首对狸首。此外，甲所使用的祭器与祭品都是简单之薄物，根本无意对抗统治者。为了避免产生僭越之举，刻意改成桑弧、歌兔首，皆以简单朴素取代奢华之礼，即不以微薄废礼，虽瓠叶、兔首犹与宾客享之。

（三）法礼问题

本判涉及聚徒、聚众的法律问题，根据判词设定的对象为汉代刘昆，我们暂且将本判状况假设为"聚徒百人以上"，徒乃指学徒。唐律并没有明列"徒"与"众"的差别，仅有称众者，即三人以上。依据唐律规定："七品以上，犯罪不拷，皆据众证定刑，必须三人以上始成众。"但称众者，皆准此文。① 判题假设的"聚徒百人以上"，早已超越三人的标准数值，甚至是一个颇具规模的组织团体。但此处须注意"徒"并非完全等同于"众"，在判题设定下乃指学徒，而非凝聚三人以上的"众"，两者仍存在差异。关于聚徒一事，甲门下学徒为数不少，对统治者而言具有危害秩序的可能，试判者引用刘昆故事说明统治者的担忧与处理方式。但此处"聚徒"是学徒投靠于师，而非刻意聚众抗衡官方，因将本判列为师学门，强调名师与众多学徒的现实状况，也是避开聚众的法律问题。

关于聚徒教授的课题，笔者列出几则相关实例，着重于聚徒人数多寡的讨论，时间集中于南北朝至隋唐时期。

如《宋书·雷次宗传》载：

---

① （唐）长孙无忌等：《唐律疏议》卷六《名例律》"称日年及众谋"条（总五五条），刘俊文点校，中华书局，1983，第141～142页。

雷次宗字仲伦（386~448），豫章南昌人也。少入庐山，事沙门释慧远，笃志好学，尤明三礼、毛诗。隐退不受征辟。元嘉十五年（438），征次宗至京师，开馆于鸡笼山，聚徒教授，置生百余人。会稽朱膺之、颍川庾蔚之并以儒学，监总诸生。①

《南齐书·刘瓛传》载：

> 刘瓛字子珪，沛郡相人，晋丹阳尹惔六世孙也……少笃学，博通五经。聚徒教授，常有数十人。②

《南史·贺玚传》载：

> 贺玚字德琏（452~510），会稽山阴人，晋司空循之玄孙也。世以儒术显……玚于乡里聚徒教授，四方受业者三千余人。③

《隋书·包恺传》载：

> 东海包恺，字和乐。其兄愉，明五经，恺悉传其业。又从王仲通受史记、汉书，尤称精究。大业中，为国子助教。于时汉书学者，以萧（该）、包二人为宗匠。聚徒教授，着录者数千人。④

《旧唐书·曹宪传》载：

> 曹宪（约541~645），扬州江都人也。仕隋为秘书学士。每聚徒教授，诸生数百人。当时公卿已下，亦多从之受业。宪又精诸家文字

① （梁）沈约：《宋书》卷九三《雷次宗传》，中华书局，1981，第2292~2294页。
② （梁）萧子显：《南齐书》卷三九《刘瓛传》，中华书局，1981，第677页。
③ （唐）李延寿：《南史》卷六二《贺玚传》，中华书局，1981，第1507~1509页。
④ （唐）魏征：《隋书》卷七五《包恺传》，中华书局，1981，第1716页。

之书，自汉代杜林、卫宏之后，古文泯绝，由宪此学复兴。①

《旧唐书·王义方传》载：

> 王义方（615~669），泗州涟水人也。少孤贫，事母甚谨，博通
> 五经，而謇傲独行……高宗以义方毁辱大臣，言词不逊，左迁莱州司
> 户参军。秩满，家于昌乐，聚徒教授。母卒，遂不复仕进。②

根据以上七例，除了南朝齐刘瓛（常有数十人）、唐代王义方之外，其他
人皆聚徒百人以上，为数不少，而本判题的试判者引用汉代刘昆之例，亦
是五百人。从上述几个例子看来，名师门下学徒众多是较为普遍的现象，
当时皆未发生"聚众"违法的法律问题。至于聚徒行礼僭越的问题，稍加
搜寻中研院汉籍电子数据库，仅有汉代刘昆之例，即"王莽以昆多聚徒
众，私行大礼，有僭上心，乃系昆及家属于外黄狱"。③ 因此，关于私学聚
徒行礼之举，无法确定在当时是否为合法行为。但笔者推测教导学徒行礼
应属于合理、合法的范围，中国中古时期有学徒百人的名师不少，行礼也
是教育的一部分，为避免统治者起疑心，可用简单之物取代，重点在于教
导行礼这件事。

综合而言，这些私家讲学者多具有深厚的学识背景，如博通五经、精
诸家学说、世以儒术显、笃志好学等特质，这些都代表为师者的个人风
范，因而吸引众多学徒闻名而来。其中也不乏本为仕宦者，如包恺、曹
宪、王义方皆曾任官，加上教徒众多，可看出聚徒教授之因在于师者的学
识背景与名声。这类名师的学徒众多，又有不少着录生，协助点校、编著
等工作。团体人数庞大确实为地方学派带来学术贡献，但聚徒数百甚至数
千，不论在学术、教育、科举或在政治与社会上，都可能出现势力庞大等
问题。

---

① （后晋）刘昫：《旧唐书》卷一八九上《曹宪传》，中华书局，1981，第4945页。
② 《旧唐书》卷一八七上《王义方传》，第4876页。
③ 《后汉书》卷七九上《刘昆传》，第2549~2550页。

三　刑狱门之"犯徒加杖判"①

（一）判文

判题：

乙犯徒，诉家无兼丁，② 县断加杖。人告其有妻，年二十一以上。③

判词：

丽刑务轻，罚惩非死，若肤受之讼，则哀敬难原。乙何人哉？有耻未格，④ 不化厥训，自贻伊咎，当从傅氏之策。⑤ 若赴骊山之徒，⑥

---

① 《文苑英华》卷五二二《判·刑狱门·犯徒加杖判》，第2673页上~2673页下。

② 兼丁：户籍内的其他丁口，包含男性成丁，以及年二十一岁以上的妇女。

③ 根据《唐律疏议·名例律》"犯徒应役家无兼丁"条："诸犯徒应役而家无兼丁者（注：妻年二十一以上，同兼丁之限。妇女家无男夫兼丁者，亦同），徒一年，加杖一百二十，不居作；一等加二十。若徒年限内无兼丁者，总计应役日及应加杖数，准折决放。盗及伤人者，不用此律。"《唐律疏议》卷三《名例律》"犯徒应役家无兼丁"条（总二七条），第72~74页。

④ 有耻未格：原出于《论语》："道之以德，齐之以礼，有耻且格。"指人有知耻之心，则能自我检点而归于正道。但判词乃指"有耻未格"，即乙这个人有知耻之心，但没有悔改、归服之心。《重刊宋本论语注疏附校勘记》卷二《为政》，第16页上~16页下。

⑤ 傅氏之策：应指傅说。傅说从政前为奴隶，在傅岩苦役，此为虞、虢两地交界之处，又是交通要道，因山涧流水常冲坏道路，就在此地版筑护路。傅说征服洪水泛滥，发明版筑法而闻名，后被殷商武丁重用。《史记·殷本纪第三》载："武丁夜梦得圣人，名曰说。以梦所见视群臣百吏，皆非也。于是乃使百工营求之野，得说于傅险中。是时说为胥靡，筑于傅险。见于武丁，武丁曰是也。得而与之语，果圣人，举以为相，殷国大治。故遂以傅险姓之，号曰傅说。"本判乃指乙犯徒刑，应当服苦役作为惩罚。《史记》卷三《殷本纪》，第102页。

⑥ 骊山之徒：秦始皇初即位（前246），开始兴建骊山陵。秦统一后，征用七十万以上劳动力施工。秦二世二年（前208），大赦骊山徒以击起义军止，前后历时近四十年之久，使用劳力达千百万人次。关于骊山徒，有一说认为刑徒，据《史记·秦始皇本纪·三十五年》："徒刑者七十余万人，乃分作阿房宫，或作丽山。"又三十七年载："始皇初即位，穿治郦山，及并天下，天下徒送诣七十余万人。"另一说认为除了刑徒之意，大部分可能是编户齐民体系之一般服役者。若按照本判所载状况，试判者应当是将骊山之徒作为刑徒之意，唯有如此才能符合上、下文意，即乙可能被判处流刑或徒刑。《史记》卷六《秦始皇本纪》，第256页。

谓无兼丁，则合加杖。① 而配有偶，应是克家。来讼无稽，② 未宜易法；③ 县且失律，岂曰能官？人之纠谬，斯谓不宜（直）。④

（二）内容解析与法律思想

本判题主要讨论乙犯徒刑，并告知官府家无兼丁，致使县令改判加杖、免居作。若乙所言为真，则唐代县级官府根据《唐律疏议·名例律》"犯徒应役家无兼丁"条断刑：

> 诸犯徒应役而家无兼丁者，（妻年二十一以上，同兼丁之限。妇女家无男夫兼丁者，亦同。）徒一年，加杖一百二十，不居作；一等加二十（流至配所应役者亦如之）。若徒年限内无兼丁者，总计应役日及应加杖数，准折决放。盗及伤人者，不用此律。（亲老疾合侍者，仍从加杖之法。）⑤

县令据唐律推断乙犯徒因家无兼丁可持家务，决断刑责为"加杖、免居作"，即原为徒一年而改杖一百二十，且不需服苦役，一等加杖二十，徒三年者罪止杖二百。由此可知，拟判题者应是根据《唐律疏议·名例律》之"犯徒应役家无兼丁"条设计此题，并加入其他可能存在的疑惑或困境，即本判的诉因在于此时有人举报乙有妻年二十一以上之事实，试问该如何处理？

试判者根据以上问题提出几点看法。首先，他提出"丽刑务轻"，即

---

① 《唐律疏议》卷三《名例律》"犯徒应役家无兼丁"条（总二七条），第72～74页。
② 来讼无稽：无从查考，没有根据。所谓来讼当指乙，无稽即乙虽有妻，却告知官府家无兼丁，而官府也没有查证事实。
③ 未宜易法：不宜更动断刑的结果。县令应按照唐律规定将乙断为犯徒，不该改为加杖、免居作。
④ 人之纠谬，斯谓不宜：另有作为"他人之纠谬谓不直"之说。《文苑英华》解为"不宜"乃指官府断刑失误造成他人纠举，这是不适宜的事情；《全唐文》解为"不直"，乃指他人纠举一事，显示官府断刑不正直的事实。不论是不宜或不直，两者之意相似，皆指官府失误的事实。
⑤ 《唐律疏议》卷三《名例律》"犯徒应役家无兼丁"条（总二七条），第72～73页。

司法官员重在减轻罪刑，并非加重其罪，务以宽减为标准。但随后笔锋一转，针对乙所犯的徒刑，他认为"罚惩非死，若肤受之讼，则哀敬难原"，意思是说，如果所受之罚非死刑，只是"肤受之讼"，就不应适用哀敬轻刑的原则。

其次，试判者也注意到乙的个人品行，如判词所言："有耻未格，不化厥训，自贻伊咎，当从传氏之策。"这句话仅针对乙犯徒刑而言，即乙"不化厥训"，罪有应得（自贻伊咎），应该去服刑，尚不涉及乙隐瞒成年之妻的品行问题。

接下来，判词针对判题所预设的一个情节展开，即有一位不知名的人士提出告诉，称"乙有年二十一岁之妻，而非家无兼丁"。我们无法确知此人所告是否属实，但有趣的是，针对乙是否拥有二十一岁以上的妻子，唐代县级官员为何无法查明？为何官府没有清查当地的户籍资料？判词并未明确涉及户籍管理的问题，但针对官府的失职之过则称："而配有偶，应是克家。来讼无稽，未宜易法；县且失律，岂曰能官？"即试判者认为乙说谎造成官府审断失误，官府必须承担失职之过。关于县衙应承担的法律责任，试判者以"失律"二字阐明官员之误。如此，县令该当何罪？

若乙说谎造成原断徒刑改判加杖、免居作，那么县令已犯"官司出入人罪"，根据《唐律疏议·断狱律》"官司出入人罪"条规定：

> 诸官司入人罪者，若入全罪，以全罪论；从轻入重，以所剩论；刑名易者：从笞入杖、从徒入流亦以所剩论，从笞杖入徒流、从徒流入死罪亦以全罪论。其出罪者，各如之。即断罪失于入者，各减三等；失于出者，各减五等……即别使推事，通状失情者，各又减二等；所司已承误断讫，即从失出入法。①

根据本判题情况，县令应当是失出入人罪，将乙之徒刑改判"加杖、免居作"，按照"官司出入人罪"条规定，属于"失于出者，各减五等"之类型，县令应处以减当事人五等之罪刑。

---

① 《唐律疏议》卷三〇《断狱律》"官司出入人罪"条（总四八七条），第562～566页。

最后，关于本判题提到"县断加杖"的判决，由此可想到的问题是：县衙所能审断、执行的刑责为何？根据唐令记载："诸有犯罪者，皆从所发州县推而断之。在京诸司，则徒以上送大理，杖以下当司断之。若金吾纠获，皆送大理"，至于京外诸州县的管辖，则为"诸犯罪者，杖罪以下，县决之；徒以上，县断定送州，覆审讫，徒罪及流应决杖、笞若应赎者，即决配征赎"。① 所谓"发"即案件发生地，从唐代审判管辖权而言，乃以发生地为主，杖罪以下由县或当司决断，徒罪以上须送州或大理寺。根据判题所述，犯徒应役家无兼丁，因而断以加杖，可推测原先刑责应当是徒刑以上，先由县衙断定刑责后，再由州衙进行审覆。因此，本判题拟定的时间点应是在县衙断刑后、州衙审覆前。

（三）实例探讨

本判题目前尚未找到相关实例，但判词所及"若赴骊山之徒，谓无兼丁，则合加杖"，与《唐律疏议·名例律》"犯徒应役家无兼丁"条直接相关，所以此处拟讨论该条的相关内容。"犯徒应役家无兼丁"设计了两种"家无兼丁"的可能状况。

第一，家虽有两丁，但一人犯徒刑居作，一人因其他因素不在家，此是否视为家无兼丁？《唐律疏议·名例律》载：

> 问曰：家内虽有二丁，俱犯徒坐，或一人先从征防，或任官，或逃走及被禁，并同兼丁以否？
>
> 答曰：家无兼丁，免徒加杖者，矜其粮饷乏绝，又恐家内困穷。一家二丁，俱在徒役，理同无丁之法，便须决放一人。征防之徒，远从戍役，及犯徒罪以上，狱成在禁，同无兼丁之例，据理亦是弘通。居官之人，虽非丁色，身既见居荣禄，不可同无兼丁。若兼丁逃走在未发之前，既不预知，得同无兼丁之限。如家人犯徒，事发后，兼丁然始

---

① 〔日〕仁井田陞：《唐令拾遗·狱官令》，栗劲等编译，长春出版社，1989，第 689 页；雷闻：《唐开元狱官令复原研究》，《天一阁藏明钞本天圣令校证 附唐令复原研究》，中华书局，2006，第 609~610 页。

逃亡，若其许同无丁，便是长其奸诈，即同有丁之限，依法役身。①

根据《律疏》讨论，本条律文设立的意义有二：一、为避免造成家破困穷，家内至少留有一丁维持家务，男丁或二十一岁以上、五十九岁以下之妻皆可视为"丁"。二、服徒役者需食私粮，据《狱官令》规定"囚去家悬远绝饷者，官给衣粮，家人至日，依数征纳"，②家无兼丁者无力供私粮，徒役亦无法执行。③对于"家有二丁"的情况，如果另一男丁符合《律疏》列出的以下四种，则犯罪者可适用"家无兼丁"之条：1. 犯徒刑且正在服苦役；2. 在远方征防者；3. 在本犯未发之前逃亡外地、下落不明；4. 被监禁者。如果另一男丁在外地任官或是在本犯已发之后逃走，则不能视为家无兼丁。

第二，家无兼丁乃因所有丁者皆犯徒刑，"二人俱徒，许决放一人。若三人俱犯徒坐，家内更无兼丁，若为决放"？

> 答曰：律称"家无兼丁"，本谓全无丁者。三人决放一人，即是家有丁在，足堪粮饷，不可更放一人。若一家四人徒役，决放二人，其徒有年月及尊卑不等者，先从见应役日少者决放；役日若停，即决放尊长。其夫妻并徒，更无兼丁者，决放其妇。④

第二种状况是指家内有男丁三人，皆犯徒刑居役，法律规定应决放一人回家持务（若是四人，则放二人）。至于在三人之中决放哪个，则有以下标准：1. 决放应役时间较短者；2. 决放尊长；3. 夫妻同为徒刑，则决放妻。这些参考标准和唐代身分法有关，如尊长卑幼关系，以及对于老弱妇女的另一种体恤表现。

总之，根据"犯徒应役家无兼丁"条的规定，决放应受徒刑者的前提在于家内是否有成丁可持家务，这是国家治民的环节之一，统治者只有先确保基层民生与生活存续，才能建立稳定的社会秩序。

---

① 《唐律疏议》卷三《名例律》"犯徒应役家无兼丁"条（总二七条），第72页。
② 《唐律疏议》卷二九《断狱律》"囚请给衣食医药而不给"条（总四七三条），第549页。
③ 刘俊文：《唐律疏议笺解》，第277～282页。
④ 《唐律疏议》卷三《名例律》"犯徒应役家无兼丁"条（总二七条），第72～73页。

四 为政门之"教吏为缿筒判"①

(一) 判文

判题:

　　景(丙)为守,教吏为缿筒。② 得其书,托子弟所言,③ 以相告讦。④ 采访使科其不能和睦于人。辞云:"以散其党"。

第一道判词:马贻⑤

　　闲邪存诚,御奸以德。彼训人者,为政先之。其有风俗未齐,泉薮为患;⑥ 共成党与,率相比周。作法于凉,⑦ 且从权而救弊;谁能

---

① 《文苑英华》卷五三三《判·为政门·教吏为缿筒判》,第 2726 页上～2726 页下。

② 教吏为缿筒:接受告密文书的器具,形像竹筒,可入而不可出。本判典故出自《汉书·赵广汉传》:"赵广汉字子都,涿郡蠡吾人也……颍川豪桀大姓相与为婚姻,吏俗朋党。广汉患之,厉使其中可用者受记,出有案问,既得罪名,行法罚之,广汉故漏泄其语,令相怨咎。又教吏为缿筒,及得投书,削其主名,而托以为豪桀大姓子弟所言。其后强宗大族家家结为仇雠,奸党散落,风俗大改。吏民相告讦,广汉得以为耳目,盗贼以故不发,发又辄得。壹切治理,威名流闻,及匈奴降者言匈奴中皆闻广汉。"颜师古注:"缿,若今之盛钱臧瓶,为小孔,可入而不可出。或缿或筒,皆以此制,而用受书,令投于其中也。"(汉)班固:《汉书》卷七六《赵广汉传》,鼎文书局,1981,第 3199～3201 页。

③ 得其书,托子弟所言:收到告密信简后,便削掉写信人的姓名,而假托豪强子弟所写。此后强宗大族结为仇人,奸党分崩离析,改变风俗。吏民互相检举揭发,得以利用作为自己的耳目,盗贼的案件因此不再发生,也能立即破获。

④ 相告讦:责人过失或揭人阴私;告发。《汉书·刑法志》:"及孝文即位……议务在宽厚,耻言人之过失。化行天下,告讦之俗易。"颜师古注:"讦,面相斥罪也。"《汉书》卷二三《刑法志》,第 1097 页。

⑤ 参考《全唐文》补上作者。史籍并无记载马贻事迹。

⑥ 泉薮:渊薮。唐代人避高祖李渊讳,改渊为泉。渊,鱼所居之处。薮,兽所聚之处。渊薮比喻人或物聚集的地方,即结党结派。

⑦ 作法于凉:创制法律、典章等。《左传·昭公四年》:"君子作法于凉,其弊犹贪;作法于贪,敝将若之何?姬在列者,蔡及曹滕,其先亡乎。偪而无礼,郑先卫亡。偪而无法,政不率法,而制于心,民各有心,何上之有?"《重刊宋本左传注疏附校勘记》卷四二《昭公四年》,第 732 页下。

执热,① 故逝濯以随时。② 惟景（丙）化俗临人，除患务本。散落奸党，在三辅而尤异；③ 纠诉豪族，为一切之权宜。同夫污衣致偷，问羊知马；④ 类钩（钩）距之能事，⑤ 物无隐情；俾抱（袍）鼓之稀鸣，⑥ 人皆惧法。既且违于从政，复何恤于人言。效广汉之铭（鲐）箭，聿闻操简；比国侨之刑鼎，⑦ 终见贻书。既度时而立功，亦反经而合义。如肯綮之投刃，⑧ 乃豪猾之云锄。何八使之纵劾，⑨ 在一画而斯蔽。

---

① 执热：手执灼热之物。《诗·大雅·桑柔》："谁能执热，逝不以濯。"毛传："濯所以救热也。"郑玄笺："当如手执热物之用濯。"又可解为苦热。《重刊宋本毛诗注疏附校勘记》卷一八《大雅·桑柔》，第654页下。

② 逝濯以随时：手中拿着热的东西，应先以冷水冲洗，以免太热烫手。乃指为政之道，应寻求最合理的解决办法。

③ 三辅：汉代治理京畿地区的三个职官，即京兆尹、左冯翊、右扶风。后亦指京师附近之地。

④ 问羊知马：从旁推究，弄清楚事情真相。据《汉书·赵广汉传》曰："钩距者，设欲知马贾，则先问狗，又问羊，又问牛，然后马，参伍其贾，以类相准，则知马之贵贱不失实矣。唯广汉至精能行之，它人效者莫能及也。"《汉书》卷七六《赵广汉传》，第3202页。

⑤ 钩距：旁敲侧击，辗转推问。据《汉书·赵广汉传》之苏林注："钩得其情，使不得去也。"又晋灼曰："钩，致；距，闭也。使对者无疑，若不问而自知，众莫觉所由以闭，其术为距也。"师古曰："晋说是也。"《汉书》卷七六《赵广汉传》，第3202页。

⑥ 抱鼓稀鸣：谓击鼓示警。此处指鼓槌击鼓的声音变少，比喻社会治安良好。汉宣帝时，长安治安乱，偷盗成风，皇帝派京兆尹张敞处理此事。张敞亲自到民间查问，召见责问几名贼盗，使其供出其他贼盗，借此自赎罪名。据《汉书·张敞传》曰："长安市偷盗尤多，百贾苦之。上以问敞，敞以为可禁。敞既视事，求问长安父老，偷盗酋长数人，居皆温厚，出从童骑，闾里以为长者。敞皆召见责问，因贳其罪，把其宿负，令致诸偷以自赎。偷长曰：今一旦召诣府，恐诸偷惊骇，愿一切受署。敞皆以为吏，遣归休。置酒，小偷悉来贺，且饮醉，偷长以赭污其衣裾。吏坐里闾阅出者，污赭辄收缚之，一日捕得数百人。穷治所犯，或一人百余发，尽行法罚。由是枹鼓稀鸣，市无偷盗，天子嘉之。"《汉书》卷七六《张敞传》，第3221页。

⑦ 国侨刑鼎：国侨指春秋郑国大夫公孙侨，即郑子产。郑国执政子产命令把郑国的法律条文铸到鼎上，公布于众，令国民周知国家常用法律。《左传·昭公六年》："三月，郑人铸刑书。"《重刊宋本左传注疏附校勘记》卷四三《昭公六年》，第749页下。

⑧ 肯綮投刃：处理事务得心应手。

⑨ 八使：采访使。八使为汉顺帝时周举、杜乔等八人同日拜使，巡行州郡。《后汉书·周举传》："时诏遣八使巡行风俗，皆选素有威名者，乃拜举为侍中，与侍中杜乔、守光禄大夫周栩、前青州刺史冯羡、尚书栾巴、侍御史张纲、兖州刺史郭遵、太尉长史刘班并守光禄大夫，分行天下……天下号曰八俊。"《后汉书》卷六一《周举传》，第2029页。

第二道判词：蒋谏①

　　学以入官，贞足干事。② 苟随时而制法，则助化之通方。施于在公，是亦为政。景（丙）忠而奉职，知无不为。置以缿筒，方兹水器。观书记而察过，托子弟以为言。冀乎擒奸固，黜党与。嗟尔人吏，胡为告讦？未能反身三省，而乃相怨一方。不俊（悛）厥心，③ 覆恶（怨）其上。使司急夫求瘼，④ 务彼澄清。察以不能，责其非当。斯则小人难养，⑤ 抑亦君子何情？顾礼义之不惬，奚纠举之能恤？

（二）内容解析

　　本判题出典于《汉书·赵广汉传》："教吏为缿筒，及得投书，削其主名，而托以为豪桀大姓子弟所言。其后强宗大族家家结为仇雠，奸党散落，风俗大改。吏民相告讦，广汉得以为耳目，盗贼以故不发，发又辄得。"⑥ 西汉赵广汉曾任守京兆尹、颍川郡太守、京兆尹。汉宣帝时期，赵广汉在颍川郡任太守期间，他不畏强权，精明强干，落实两件大事：其一，打击豪强势力，缓和彼此间的矛盾；其二，加强地方管理，移风易俗。在他治理期间，政治清明，当地官吏、百姓无不称赞。

　　所谓教吏为缿筒，即设立缿筒。赵广汉任颍川太守时，当地豪强结党营私，欺压百姓，对治政造成阻碍。为有效抑强惩恶，赵广汉设置缿筒，奖赏告密。赵广汉收到告密书信后，削掉写信人的姓名，再假托为豪强子

---

① 据《新唐书》记载，蒋谏于唐德宗时期曾担任御史中丞。（宋）欧阳修：《新唐书》卷二二五中《朱泚传》，中华书局，1981，第6444页。
② 贞足干事：指坚定的态度可办好事情。守持正道，坚定不移。《周易·乾》："元者善之长也，亨者嘉之会也，利者义之和也，贞者事之干也。君子体仁，足以长人，嘉会足以合礼，利物足以和义，贞固足以干事。君子行此四德者，故曰乾元亨利贞。"孔颖达疏："言君子能坚固贞正，令物得成，使事皆干济，此法天之贞也。"《重刊宋本周易注疏附校勘记》，第12页下。
③ 不悛厥心：《全唐文》作"俊"。根据判词内容推测，此处应"悛"，指这些吏民没有悔改之心，反而投书举发豪强，彼此相互告发，造成不和睦的人际关系。
④ 急夫求瘼：访求民间疾苦。
⑤ 小人难养：指仆隶、下人难相处，对他们太亲近则不听从调教，疏远则心生怨恨。
⑥ 《汉书》卷七六《赵广汉传》，第3200～3201页。

弟所写。此后豪强彼此结仇，奸党分崩离析。此外，赵广汉善于治理地方，如《汉书·赵广汉传》记载："广汉为人强力，天性精于吏职。见吏民，或夜不寝至旦。尤善为钩距，以得事情……郡中盗贼，闾里轻侠，其根株窟穴所在，及吏受取请求铢两之奸，皆知之"。① 赵广汉勤政并且善于打听，对颍川境内的盗贼和乡间不轨之人的状况都相当清楚，并借此消除颍川豪强与官府胥吏勾结，分化豪强权贵势力。第一道判词对此就有总结："散落奸党，在三辅而尤异；纠诉豪族，为一切之权宜。同夫污衣致偷，问羊知马；类钩距之能事，物无隐情。"由此可知试判者对历史掌故的了解。

本判题以西汉赵广汉为例，说明地方官教吏为鲑筩的治政问题。它设定两难情境，一为太守教吏为鲑筩，打击地方势力。另一方为采访使，认为此举造成地方人士与官府内部关系的紧张与不睦，有害于地方治政，并科罪于太守。但太守对此反驳理由为"以散其党"，借此瓦解当地派系的斗争与强大。双方说辞皆有道理，一是为了有效打击豪强势力，一是维护地方上的和睦关系。《文苑英华》收有两道判词，一为马赋所作，另一为蒋谏所作，两者想法相似，皆支持太守设立鲑筩的做法。

另外，告密可分为匿名与实名两种，判题典故来自赵广汉的例子，其中提到"削其主名"，此为实名告密，再假手转换为其他人告密的形式，借以分化、瓦解豪强势力。因为唐律仅规定匿名告密的状况，如《唐律疏议·斗讼律》"投匿名书告人罪"条（详细内容请参看下节讨论），所以本判题并不涉及这一法律问题，其重点只在于太守的做法是否合理，关注点则落在地方上的和睦关系。从这个层面上说，本判运用法律推理的程度较低，主要关注伦理道德与社会秩序方面。如对于地方官动用的权宜手段，马赋在判词中为他们做了解释："既度时而立功，亦反经而合义。如肯綮之投刃，乃豪猾之云锄。何八使之纵劾，在一画而斯蔽。"这是由结果来定性行为是否合理的论证思路。

（三）法礼问题

本判题涉及告发他人的法律问题，证诸唐律，所有诉讼都须属名提出

---

① 《汉书》卷七六《赵广汉传》，第3202页。

诉状,《唐律疏议·斗讼律》"告人罪须明注年月"条:"诸告人罪,皆须明注年月,指陈实事,不得称疑。违者,笞五十。"① 本判题虽不涉及匿名告罪问题,但设置鈚筩接收告诉,无疑有匿名相告的可能性。《唐律疏议·斗讼律》"投匿名书告人罪"条规定:

> 诸投匿名书告人罪者,流二千里。(谓绝匿姓名及假人姓名,以避己作者。弃置、悬之俱是。)得书者,皆即焚之,若将送官司者,徒一年。官司受而为理者,加二等。被告者,不坐。辄上闻者,徒三年。②

律文规定只要是投匿名书告人罪,须处以流二千里。《律疏》补充,若有人隐匿自己姓名,或假借他人姓字,潜投犯状,提告他人,不论情节轻重,投告者都须处流刑。此外,不论是弃之于街衢,或置之于衙府,或悬之于旌表之类,皆为投匿之坐。若提告对象是亲属或主仆关系,根据投告者与被告者的亲疏或尊卑关系,处刑上会有所增减:

> 【疏】议曰:……投匿告祖父母,科绞;告期亲卑幼,减凡人二等;大功,减一等;小功以下,以凡人论。匿名书告他人部曲、奴,依凡人法。是大功相犯,不合减一等、二等,他皆仿此。告缌麻以上亲部曲、奴,即依减法。③

为避免滥用法律管道诬告他人,唐律特别规范此类状况,藉此遏止匿名投书的乱象。除此之外,前引律条也涉及官府若加受理而须面对的刑责,对此《律疏》亦有阐释:

> 【疏】议曰:……官司既不合理,受而为理者,加二等,处徒二年……辄上闻者,合徒三年。若得告反逆之书,事或不测,理须闻

---

① 《唐律疏议》卷二四《斗讼律》"告人罪须明注年月"条(总三五五条),第444页。
② 《唐律疏议》卷二四《斗讼律》"投匿名书告人罪"条(总三五一条),第439~440页。
③ 《唐律疏议》卷二四《斗讼律》"投匿名书告人罪"条(总三五一条),第440页。

奏，不合烧除。①

官府收到匿名书状，绝不可受理，否则将被处以徒二年，罪责比一般人更重；如果将匿名书状奏闻皇帝，则将被处以徒三年，这都是强调为官者在处理政务时应谨慎，并须负担案件本身带来的后果与法律责任。当然，若所告为反逆大罪，须奏报调查，不可焚烧毁弃。此条规定主要目的在于"用塞诬告之源，以杜奸欺之路"。

（四） 实例探讨

本判题与投书告人有关，且所涉情形属于实名告诉，其取例于汉代赵广汉，"削其主名"就表示原来的告诉为实名。在唐代，法律上有匿名投书告人的禁条，亦有相关实例可参考，如《旧唐书·王锷传》：

> 锷明习簿领，善小数以持下，吏或有奸，锷毕究之。尝听理，有遗匿名书于前者，左右取以授锷，锷内之鞾中，鞾中先有他书以杂之。及吏退，锷探取他书焚之，人信其以所匿名者焚也。既归省所告者，异日乃以他微事连其所告者，固穷按验之以谲众，下吏以为神明。②

本案亦载于《折狱龟鉴·严明》"王锷焚书"。③ 王锷（730～815）官终唐宪宗之检校司空、同中书门下平章事。④ 他精通账簿，善用小权术对待部下，官吏若有奸诈，全要追究。他任淮南节度使时，有人把匿名信扔在衙

---

① 《唐律疏议》卷二四《斗讼律》"投匿名书告人罪"条（总三五一条），第270页。
② 《旧唐书》卷一五一《王锷传》，第4060页。
③ （宋）郑克编撰，刘俊文译注点校《折狱龟鉴译注》卷八《严明·王锷焚书》，上海古籍出版社，1988，第471～472页。
④ 王锷后期虽位至高官，却大肆搜刮民财，从一个精于治国能臣变成贪官。《新唐书·王锷传》："（唐宪宗）帝闻嘉之，即除检校司空、同中书门下平章事。锷自见居财多，且惧谤，纳钱二千万。李绛奏言：锷虽有劳，然金望不属，恐天下议以为宰相可市而取。帝曰：锷当太原残破后，成雄富之治。官爵所以待功，功之不图，何以为劝？王播所献数万万，亦可以平章政事乎？不听。卒赠太尉，谥曰魏。"《新唐书》卷一七〇《王锷传》，第5168～5171页。

前。王锷为查明真相，先将书信放入靴中，并以其他书信参杂，再拿其他书信焚毁，假装自己已正式处理此封匿名书信，消解身旁吏员的猜疑。而后根据匿名书信内容，借由其他小事牵连匿名信所告之人，将其拘捕审查。王锷此举可避免触法，即"官司受而为理者，加二等"（徒二年之罪），又可公允地办理案件，利用法律漏洞，处理棘手的诉讼，既能明哲保身，又能拘捕违法者，实为一举两得。

五　结语

汉唐之际，法律推理的水平有了长足的进步，尤其是对礼、法结合的强调，进而影响到了司法官员对于情、理的运用。由于汉唐史料有限，我们很难找到相应的判决实例来讨论"情理法"的课题。

因应中国法制史研究发展的多元性，"唐律研读会——唐判解读"近两年来致力于研读《文苑英华》所载唐代判文。"判"是唐代铨选等的考试项目之一，判题通常根据狱讼案件或经学、史籍所载概念或史事，设置两难情境的议题，要求应试者通过判词论述，表达他对于判题的态度与看法。唐代判文为当时士人所拟，带有儒家思想与教化目的，据此也可进一步理解唐人的法礼思想与写作风格，是相当重要的历史素材。

研读唐判的困难之处在于唐人大量引用典故铺陈，我们必须先掌握其文意，再厘清双方争辩的事由，最后分析试判者对于判题提出的解决之道，如此才能体会判文"文理优长"的特色。如师学门之"聚徒教授判"，两位作者关注聚徒的主观心态与教授礼仪的文化意义，体现了他们法礼融合的知识背景。

此外，研读唐判亦可开拓中国法制史的研究课题，如以司法审理与逻辑推理为研究视角，来审视刑狱门之"犯徒加杖判"，就可以发现当时的试判者具有相当专业的法律知识，谙熟法条，辨析法理，极为精彩。

总之，经由判文，唐代士人的知识结构、思维逻辑、文学修养等无不展现眼前，这是我们用以探索唐代历史的重要史料。

《中国古代法律文献研究》 第十一辑

2017 年，第 273～313 页

《天圣令·田令》译注稿*

中国社会科学院历史研究所《天圣令》读书班**

摘　要："田令"一词虽已见于《睡虎地秦墓竹简·语书》，但是否为令名，学界颇多争议。在《唐六典》所载《晋令》《梁令》《河清令》的篇目中，亦仅见"佃""公田公用仪迎""屯

＊　本稿为 2015 年度全国高等院校古籍整理研究工作委员会直接资助项目"天一阁藏明钞本《天圣令》补校与译注"（批准编号为：1511）的阶段性成果。本稿所引《天圣令》令文"唐×""宋×"，以《天一阁藏明钞本天圣令校证附唐令复原研究》（中华书局，2006，以下简称为"《天圣令校证》"）之清本为准。至于相关体例，敬请参见中国社会科学院历史研究所《天圣令》读书班《〈天圣令·赋役令〉译注稿》，徐世虹主编《中国古代法律文献研究》（第 6 辑），社会科学文献出版社，2012。又，在冯立君（中央民族大学）的协助下，读书班参考了金铎敏、河元洙主编《天圣令译注》（慧眼出版社，2013）的部分韩文译文。

＊＊　《田令》是读书班开班伊始（2009 年 10 月）研读的篇目，当时诸种体例未备，所以此次译注稿基本由执笔者新撰。当年讲解者的分工（所注单位仅体现当时情况）如下：宋 1～7，梁建国（中国社会科学院）；唐 1～7，韩棣尧（中国社会科学院）；唐 8～12，侯振兵（中国社会科学院）；唐 13～19，毛健（湖南省社会科学院）；唐 20～24，李永（北京师范大学）；唐 25～29，张跃飞（北京师范大学）；唐 30～32，徐少举（北京师范大学）；唐 33～37，商娜娜（北京师范大学）；唐 38～41，李文益（中国社会科学院）；唐 42～45，李少林（中国社会科学院）；唐 46～49，王莹（北京师范大学）。此次译注稿的执笔者分工如下：宋 1～7，侯振兵（西南大学）；唐 1～8，李凤艳（首都师范大学）；唐 9～18，冯立君（陕西师范大学）；唐 19～26，赵洋（首都师范大学）；唐 27～33，顾成瑞（西北大学）；唐 34～40，王怡然（北京大学）；唐 41～49，霍斌（山西师范大学）。本稿经吴丽娱、黄正建两位老师审读，由赵晶（中国政法大学）统稿而成。

田"之名,以"田"为独立篇名始见于隋《开皇令》,列于第 20 篇;《唐六典》所载《开元令》因袭之,列于第 18 篇。北宋《天圣令》残卷所存《田令》被标为第 21 卷,存有宋令 7 条、唐令 49 条。本稿以《天圣令·田令》为译注对象,注释字词、阐释制度、明晰流变、翻译文句,是继《〈天圣令·赋役令〉译注稿》《〈天圣令·仓库令〉译注稿》《〈天圣令·厩牧令〉译注稿》《〈天圣令·关市令〉译注稿》《〈天圣令·捕亡令〉译注稿》《〈天圣令·医疾令〉译注稿》《〈天圣令·假宁令〉译注稿》之后,中国社会科学院历史研究所《天圣令》读书班所推出的第八种集体研读成果。

关键词: 天圣令　田令　译注

宋 1　诸田广一步〔一〕、长二百四十步为亩〔二〕,亩百为顷。

【源流】

《唐六典》卷三《尚书户部》"户部郎中员外郎"条:"凡天下之田,五尺为步,二百有四十步为亩,亩百为顷。"①

《通典》卷二《食货二·田制下》:"大唐开元二十五年令:田广一步、长二百四十步为亩,百亩为顷。"②

【注释】

〔一〕步:一举足为跬(半步),两足各跨一次叫步。秦汉时,皆以六尺为一步,唐宋以五尺为一步,"自唐下讫民初,均已为定法"。③

〔二〕亩:土地面积计量单位。本条中的"亩"即宋代亩制,沿袭于

---

① (唐)李林甫等:《唐六典》,陈仲夫点校,中华书局,1992,第 74 页。按,戴建国认为此条宋令"沿用唐令原文而未加改动",但"亩百为顷"在近卫本《唐六典》中作"百亩为顷"。参见宋家钰《唐开元田令的复原研究》,《天圣令校证》下册,中华书局,2006,第 441 页。

② (唐)杜佑:《通典》,王文锦等点校,中华书局,1988,第 29 页。

③ 吴承洛:《中国度量衡史》上篇第 4 章"中国度量衡命名通考",上海书店,1984,第 94~95 页。

唐代。^① 1 唐亩约等于今 0.783 市亩，^② 即 521.94 平方米。

【翻译】

所有的田，［以］宽一步、长二百四十步为一亩，一百亩为一顷。

宋2 诸每年课种桑枣树木，以五等分户［一］，第一等一百根，第二等八十根，第三等六十根，第四等四十根，第五等二十根。各以桑枣杂木相半。乡土不宜者，任以所宜树充。内有孤老、残疾及女户［二］无男丁者，不在此限。其桑枣滋茂，仍不得非理斫伐。

【源流】

《唐律疏议》卷一三《户婚律》"给授田课农桑违法"条《疏》："依《田令》：'户内永业田，每亩课植桑五十根以上，榆、枣各十根以上。土地不宜者，任依乡法。'"^③

《通典》卷二《食货二·田制下》："每亩课种桑五十根以上，榆枣各十根以上，三年种毕。乡土不宜者，任以所宜树充。"^④

《宋史》卷一七三《食货上一·农田》："申明周显德三年之令：课民种树，定民籍为五等，第一等种杂树百，每等减二十为差，桑枣半之；男女十岁以上种韭一畦，阔一步，长十步；乏井者，邻伍为凿之；令、佐春秋巡视，书其数，秩满，第其课为殿最。又诏所在长吏谕民，有能广植桑枣、垦辟荒田者，止输旧租；县令、佐能招徕劝课，致户口增羡、野无旷土者，议赏。诸州各随风土所宜，量地广狭，土壤瘠埆不宜种艺者，不须责课。遇丰岁，则谕民谨盖岁，节费用，以备不虞。民伐桑枣为薪者罪之：剥桑三工以上，为首者死，从者流三千里；不满三工者减死配役，从者徒三年。"^⑤

---

① 吴承洛《中国度量衡史》认为："自秦制二百四十方步为一亩以后，经汉而下及清制，无有变更。"第 96 页。

② 参见胡戟《唐代度量衡与亩里制度》，《西北大学学报》（哲学社会科学版）1980 年第 4 期；杨际平《唐代尺步、亩制、亩产小议》，《中国社会经济史研究》1996 年第 2 期；华林甫《唐亩考》，《农业考古》1991 年第 3 期。

③ （唐）长孙无忌等：《唐律疏议》，中华书局，1983，第 249 页。

④ 《通典》，第 30 页。

⑤ （元）脱脱等：《宋史》卷一七三《食货上一》，中华书局，1977，第 4157~4158 页。

【注释】

［一］以五等分户：宋代，根据人户居住地的不同，有乡村户和坊郭户之别；根据有无田地等重要生产资料、有无房产等重要生活资料，又有主户和客户之别。对于乡村主户，按照其财产数量而非人丁数量，划分为五等户口。自北宋仁宗景祐年间普遍推广这种户籍制以后，乡村五等户制迄南宋末都在施行。① 在宋人文献中，五等户除了明确区别为一、二、三、四、五等户之外，也常区分为上户（一、二等）、中户（三等）和下户（四、五等），"户等的划分，成为科派差役的主要依据"，至"以募役法代替差役普遍推行之后，五等户制的实际作用已经明显下降"。②

［二］女户：户内没有成年男丁当家，而以女性为户主的民户。以女子为户头早在东汉就已存在，《后汉书》卷三《章帝纪》元和二年五月诏书："加赐河南女子百户牛酒。"李贤注："此女子百户，若是户头之妻，不得更称为户；此谓女户头，即今之女户也。"③《宋史》卷一七八《食货上六·役法下·振恤》："单丁、女户及孤幼户，并免差役。凡无夫无子，则为女户。"④ 所谓"无夫无子"，即没有丈夫、没有亲生儿子，但宋代女户家庭中依然可以有男性，因为女户的得名是以其户头为女性，而不是因为其家庭成员全是"专由女口组成的实体"。宋代的女户可以分为三种类型：与男子同居的两性户；无夫无子的纯女性及寡居户；经过乔装的诡名女户。⑤ 其中第一种的男性成员的身份可以是赘婿、嗣子、幼子、接脚夫、义男、户绝亲属等。⑥ 故令文所言"女户无男丁者"，即指第二种类型的女户。

【翻译】

每年要求种植［的］桑枣树木，按照五等分配给人户，第一等［户］种一百棵，第二等八十棵，第三等六十棵，第四等四十棵，第五等二十

---

① 参见王曾瑜《宋朝阶级结构》，河北教育出版社，1996，第 8 ~ 16 页。

② 参见郦家驹《宋代土地制度史》第 4 章"宋代的户等和赋役制度"，中国社会科学出版社，2015，第 127 ~ 128、134 页。

③ （南朝宋）范晔：《后汉书》，中华书局，1965，第 152 页。

④ 《宋史》，第 4334 页。

⑤ 穆朝庆：《两宋户籍制度与人口再探讨》，《中州学刊》1988 年第 6 期。

⑥ 李智萍：《宋代女户的特点》，《妇女研究论丛》2009 年第 6 期。

棵。[其中] 桑、枣树和其他树木各占一半。当地不适合 [种植桑、枣树] 的，听任以适宜的树木充替。[五等户] 中有孤老、残疾 [之家] 及女户没有男丁的，不在这个 [规定的] 限制内。[虽然] 桑、枣树生长茂盛，仍然不得无正当理由地 [随意] 砍伐。

宋 3　诸官人、百姓，并不得将田宅舍施及卖易与寺观。违者，钱物及田宅并没官。

【源流】

《唐令拾遗补·田令第二十二》"补二（开元二五）"条："诸官人、百姓，并不得将奴婢、田宅舍施典卖与寺观。违者，价钱没官，田宅、奴婢还主。"①

【翻译】

官人、百姓，都不得将田地、屋宅施舍或者出卖给寺观。违反的，钱物及田地、屋宅全都没收入官。

宋 4　诸田为水侵射 [一]，不依旧流，新出之地 [二]，先给被侵之家。若别县界新出亦准此。[1] 其两岸异管，从正流 [三] 为断。

【源流】

《宋刑统》卷一三《户婚律》"占盗侵夺公私田"条引《田令》："诸田为水侵射，不依旧流，新出之地，先给被侵之家。若别县界新出，依收授法。其两岸异管，从正流为断。若合隔越授田者，不取此令。"②

【校勘】

[1] "若别县界新出亦准此"，在《天圣令校证》"校录本"和"清本"中，均未断句；但宋家钰《唐开元田令的复原研究》将此句在"出"字后断开。本稿从后者。③

【新录文】

诸田为水侵射，不依旧流，新出之地，先给被侵之家。若别县界新

---

① 〔日〕仁井田陞著，池田温编集代表《唐令拾遗补》，東京大学出版會，1997，第755页。
② （宋）窦仪等：《宋刑统》，薛梅卿点校，法律出版社，1999，第230页。
③ 《天圣令校证》下册，第443页。

出，亦准此。其两岸异管，从正流为断。

【注释】

［一］侵射：侵损，"诸田为水侵射"指田地因河流沟渠改道、泛滥等原因而被淹没、破坏。

［二］新出之地：因水流变化，有的田地被损坏，有的原河床坦露于地表，后者为新出之地。

［三］正流："旧流"，指河道原来的走向。《庆元条法事类》卷四九作"中流"，含义更为精确，即"原河流的中心线"。①

【翻译】

田地被河流冲刷侵损，［河水］不再按照原来的流向，［由此而生的］新出田地，优先分配给田地被侵损的人家。如果是在别的县境内新出的［田地］，也依此［处理］。［河流］两岸［分属］不同管辖，以［原河道的］中心线来判断［归属］。

宋5 诸竞田，判得已耕种者，后虽改判，苗入种人；耕而未种者，酬其功力。未经断决，强耕种者，苗从地判。

【源流】

《宋刑统》卷一三《户婚律》"占盗侵夺公私田"条引《田令》："诸竞田，判得已耕种者，后虽改判，苗入种人；耕而未种者，酬其功力。未经断决，强耕者，苗从地判。"②

【翻译】

争夺田地，［依］判决获得［该田地并］已经耕种的，以后即便改变判决，［该地所产］作物归种植者［所有］；［只是］耕作而未种植的，［新的田地所有者要］按工值给付报酬。［如果田地纠纷］没有经过判决，［争议一方就］强行耕种的，［所产］作物随着田地［一起］判给［胜诉方］。

---

① 参见渡边信一郎《北宋天圣令による唐开元二十五年令田令の復原並びに訳注》，《京都府立大学学術報告（人文・社会）》第58號，2006，第76页。

② 《宋刑统》卷一三《户婚律》"占盗侵夺公私田"条，第230页。

宋6 诸职田［一］，三京［二］及大藩镇四十顷，藩镇三十五顷，防、团州三十顷，上、中州二十顷，下州［三］、军［四］、监［五］十五顷，边远小郡户少者一十顷，上、中、下县［六］十顷至七顷为三等给之。给外有剩者，均授。州县兵马监临之官［七］及上佐录事、司理参军、判司等，其给剩田之数，在州不得过幕职［八］，在县不得过簿、尉。

【源流】《唐六典》卷三《尚书户部》"户部郎中员外郎"条："凡天下诸州公廨田：大都督府四十顷，中都督府三十五顷，下都督、都护、上州各三十顷，中州二十顷，宫总监、下州各十五顷，上县十顷，中县八顷，中下县六顷，上牧监、上镇各五顷，下县及中牧、下牧、司竹监、中镇、诸军折冲府各四顷，诸冶监、诸仓监、下镇、上关各三顷，互市监、诸屯监、上戍、中关及津各二顷（津隶都水，则不别给），下关一顷五十亩，中戍、下戍、岳、渎各一顷。"①

《通典》卷三五《职官一七》"职田公廨田"条："在外诸司公廨田，亦各有差：大都督府，四十顷。中都督府，三十五顷。下都督、都护府、上州，各三十顷。中州，二十顷。宫总监、下州，各十五顷。上县，十顷。中县，八顷。下县，六顷。上牧监、上镇，各五顷。下县及中下牧、司竹监、中镇、诸军、折冲府，各四顷。诸冶监、诸仓监、下镇、上关，各三顷。互市监、诸屯监、上戍、中关及津，各二顷（其津隶都水使者，不给）。下关，一顷五十亩。中戍、下戍、岳、渎，各一顷。"②

《宋史》卷一七二《职官一二》"职田"条："唐制，内外官各给职田，五代以来遂废。咸平中，令馆阁检校故事，申定其制，以官庄及远年逃亡田充。悉免租税，佃户以浮客充，所得课租均分，如乡原例。州县长吏给十之五，自余差给。其两京、大藩府四十顷，次藩镇三十五顷，防御、团练州三十顷，中、上刺史州二十顷，下州及军、监十五顷，边远小州、上县十顷，中县八顷，下县七顷，转运使、副十顷，兵马都监押、砦主、厘务官、录事参军、判司等，比通判、幕职之数而均给之。"③

---

① 《唐六典》，第 75 页。
② 《通典》，第 970 页。
③ 《宋史》，第 4145 ~ 4146 页。

【校勘】

梁建国指出，"州县兵马监临之官"应为"州县兵马、监临之官"；"上佐录事、司理参军"应为"上佐、录事、司理参军"；"给外有剩者，均授。州县兵马……"应为"给外有剩者，均授州县兵马……"；钞本原文"其给剩田之数类"的"数类"二字均非衍文。[①] 读书班认为，州县"兵马"与"监临之官"似不必断开，其余从之。

【新录文】

诸职田，三京及大藩镇四十顷，藩镇三十五顷，防、团州三十顷，上、中州二十顷，下州、军、监十五顷，边远小郡户少者一十顷，上、中、下县十顷至七顷为三等给之。给外有剩者，均授州县兵马监临之官及上佐、录事、司理参军、判司等，其给剩田之数类，在州不得过幕职，在县不得过簿、尉。

【注释】

[一] 职田：宋代职田，唐代称为职分田，是唐宋官方按照职事官品配给在职官员一定数额的具有津贴性质的田地，构成官员俸禄的一部分。职田"不是官吏的私田，更代时需要交给继任的官吏"。[②] 关于唐代职田的规定，详见本令唐33、34条。五代宋初，职田被废，宋真宗咸平二年（999）七月正式恢复职田制度。但此时的职田是以官府为单位进行授田的，也就是本条令文所规定的情况，表面上类似于唐代的公廨田（参见本令唐32），实际仍与唐代职分田一脉相承。这种方式直到宋仁宗庆历三年（1043）得以改变，变成以职事官的职位为单位授田，延续了唐制，并相应提高了给田的数量。职田以官庄和远年逃亡田为来源，采取租佃形式，以地租收入作为官员俸禄的补充。

[二] 三京：宋初沿五代旧制，以开封府（今河南开封）为东京，河南府（今河南洛阳）为西京。宋真宗景德三年（1006）二月，升宋州（今河南商丘）为应天府；[③] 大中祥符七年（1014），又升应天府为南京。[④] 宋

---

① 梁建国：《〈天一阁藏明钞本天圣令校证〉标点勘误一则》，《中国史研究》2010年第3期，第175~176页。

② 韩国磐：《北朝隋唐的均田制度》，上海人民出版社，1984，第150页。

③ 《宋史》卷七《真宗纪二》，第130页。

④ 《宋史》卷八五《地理一》，第2104页。

仁宗庆历二年（1042），升大名府（今河北大名东北）为北京。① 故天圣年间的"三京"，指东京开封府，西京河南府，以及南京应天府。而庆历以后，文献中的三京则指东京以外的其他三京。如"（哲宗元祐）三年（1088）八月二十八日，录系囚，杂犯死罪已下递降一等，杖以下释之。开封府界及三京准此"。②

　　［三］大藩镇、藩镇、防、团州、上、中州、下州：宋承唐制，州的等级划分有两套标准。一套根据唐代后期政局演变的结果，将州分为六等，即都督州、节度州、观察州、防御州、团练州、军事州。各都督州设都督府，又分上都督府、中都督府、下都督府、都督府四个等级，宋初多命亲王为都督、大都督。节度州有大小及境外之分，迁转自境外始，从小镇、次镇渐至大镇，"以移镇为恩宠"。自太宗、真宗时文臣知州成为制度后，节度等州诸使逐渐不赴本任，这些州也相应变成武官迁转的凭借。另外，由于唐后期以来观察使多由节度使兼任，因而观察州使不存在的。所以，本令中的"大藩镇""藩镇"应对应于都督州、节度州中的高等、次等州而言，其等级均高于普通的刺史州。另，藩镇又称藩府，前引《宋史》卷一七二《职官一二》即称"大藩府""次藩镇"。防、团州即防御州、团练州之省称，分别由防御使、团练使掌管。另一套则循唐朝前期之制，将州分为辅、雄、望、紧、上、中、下数等，同时增加了中下州一等，成为八等之制。③

　　［四］军：宋代在地势冲要、户口少而不成州的地方设军，与州平级。军一级长吏称"军使"或"知军事"。④

　　［五］监：地方行政编制单位名。宋代沿袭前代制度，于矿冶、铸钱、煮盐之所置监。但不同于前代的是，宋代的监分为三等即同下州之监、隶州之监与隶县之监。其中，同下州之监使中级行政区。⑤ 监行政长官为知

---

① 《宋史》卷一一《仁宗纪三》，第 214 页。

② （清）徐松辑《宋会要辑稿》刑法五之二八，中华书局，1957，第 6683 页。

③ 参见周振鹤主编，李昌宪著《中国行政区划通史·宋西夏卷》，复旦大学出版社，2007，第 89~96 页。

④ 龚延明：《宋代官制辞典》，中华书局，1997，第 537 页。

⑤ 李昌宪：《中国行政区划通史·宋西夏卷》，第 103 页。

监事，同时又有监使之名。①

［六］上、中、下县：按照户口数划分出来的县的等级。宋代县级政区的等第，基本沿用唐制。其差别在于：其一，在赤、畿、望、紧、上、中、下等的基础上，增中下一等，共为八等；其二，较后周时划分的标准有所提高，每等递增千户，除赤、畿外，以"四千户以上为望，三千户以上为紧，二千户以上为上，千户以上为中，不满千户为中下，五百户以下为下"；其三，望县、紧县的划分也仅以户口多少为标准，而不再按照"地资美恶"。②

［七］州县兵马监临之官：州县兵马都监押，军职名。兵马都监是北宋派往各地统领分属三衙的禁兵的"帅臣"，"有路分，有州、府、军、监，有县、镇，有城、寨、关、堡"，③ 其中"州府以下都监，皆掌其本城屯驻、兵甲、训练、差使之事，资浅者为监押"。④ 此外，监押只是在职称上低于都监，而在事权上其实没有什么差别。⑤

［八］监临之官：《宋会要辑稿》职官五八之三作"监临文武职官"。⑥监临乃所管或管辖之意。盖特定机关内，分四等官（长官、通判官、判官、主典），地位高者监临地位较卑者。唐代监临官分为州（包括都督府）、县、镇、戍、折冲府及其他机关。此等机关系地方官署，直接与人民（百姓及征召之兵卒）接触，故其判官以上，不但对其部署，且对百姓亦常为监临。唯州、县，与镇、戍及折冲府又有区别，对被监临人之家口，限于犯奸及取财，始得为监临。反之，州、县则管一般百姓。⑦

［九］幕职：宋代的幕职官，源于唐朝藩镇节度使、观察使府自辟僚佐，如节度副使、行军司马、判官、掌书记、参谋、推官、衙推等，观察副使、支使、判官、掌书记、推官、巡官、衙推、随军、要籍、进奏官等。总称"幕府"或"职掌""职员""使府执事"。至宋，所存正员有职

---

① 龚延明：《宋代官制辞典》，第 538 页。
② 李昌宪：《中国行政区划通史·宋西夏卷》，第 104 页。
③ 《宋会要辑稿》职官四九之一，第 3530 页。
④ 《宋史》卷一六七《职官七》，第 3980 页。
⑤ 参见王曾瑜《宋朝军制初探（增订本）》，中华书局，2011，第 73～75 页。
⑥ 《宋会要辑稿》，第 3703 页。
⑦ 戴炎辉：《唐律通论》，台北："国立"编译馆，1970，第 490～491 页。

事幕职官为签判官，留守推判官，节、察推、判官，节度掌书记，观察支使及防御、团练、军事（刺史）、军、监判官，防御、团练、军事推官等，但已非诸使属官，"虽冒以节度推官、观察推官、判官、书记、支使等命，而实则郡僚耳"。①

【翻译】

职田［的配给标准是］，三京及大藩镇四十顷，藩镇三十五顷，防御州、团练州三十顷，上州、中州二十顷，下州、军、监十五顷，边远地区户口少的小郡十顷，上县、中县、下县［按］十顷至七顷三个等级配给。［如果］配给之外有剩余的，平均配授给州县掌管兵马的官员及上佐、录事参军、司理参军、判司②等。配授剩余土地的数量，在州［一级任职者］不得超过幕职官，在县［一级任职者］不得超过主簿、县尉。

宋7 诸职分陆田（桑柘、绵绢等目）限三月三十日，稻田限四月三十日。以前上者，并入后人；以后上者，入前人。其麦田以九月三十日为限。若前人自耕未种，后人酬其功直；已自种者，准租分法［一］。其限有月闰者，只以所附月为限，不得更理闰月。若非次移任，已施功力，交与见官者，见官亦酬功直，同官［二］均分如法。若罪犯不至、去官，［1］虽在禁，其田并同见任；去官者，同阙官例。或本官暂出即还者，其权署之人不在分给。

【源流】

《通典》卷二《食货二·田制下》："诸职分陆田限三月三十日，稻田限四月三十日，以前上者并入后人，以后上者入前人。其麦田以九月三十日为限。若前人自耕未种，后人酬其功直；已自种者，准租分法。其价六斗以下者，依旧定；以上者，不得过六斗。并取情愿，不得抑配。"③

---

① 龚延明：《宋代官制辞典》，第541页。
② 关于"判司"的解释，参见中国社会科学院历史研究所《天圣令》读书班《〈天圣令·赋役令〉译注稿》，徐世虹主编《中国古代法律文献研究》第6辑，社会科学文献出版社，2012，第354页。
③ 《通典》，第32页。

【校勘】

[1] 若罪犯不至、去官：这句令文涉及犯罪官员的职田收获该如何分配的两种情况，一是"其田并同见任"，一是"同阙官例"。后者针对的情况是"去官"，由此推测前者应指"不去官"的情况。如此，前句应断为"若罪犯不至去官，虽在禁"，意思是官员所犯之罪尚未达到需要免官的程度，此时"其田并同见任"。

【新录文】

诸职分陆田（桑柘、绵绢等目）限三月三十日，稻田限四月三十日。以前上者，并入后人；以后上者，入前人。其麦田以九月三十日为限。若前人自耕未种，后人酬其功直；已自种者，准租分法。其限有月闰者，只以所附月为限，不得更理闰月。若非次移任，已施功力，交与见官者，见官亦酬功直，同官均分如法。若罪犯不至去官，虽在禁，其田并同见任；去官者，同阙官例。或本官暂出即还者，其权署之人不在分给。

【注释】

[一] 租分法：佃农因耕种职田而须缴纳的农作物的数量标准，如"（开元）十九年四月敕：天下诸州县并府镇戍官等职田顷亩籍帐，仍依允租价对定，无过六斗；地不毛者，亩给二斗"。① 这是唐代的租分标准。按照上述《通典》的规定，后上者酬前人功直，是按照六斗以上和六斗以下的两种标准。

[二] 同官：同时任相同职务的官员。如《旧唐书》卷一九〇中《富嘉谟传》载："长安中，累转晋阳尉，与新安吴少微友善，同官"；② 《旧五代史》卷四七《豆卢革传》载："又革、（韦）说之子俱授拾遗，父子同官，为人所刺，遂改授员外郎"；③ 《宋史》卷二六三《窦偁传》载："偁在泾州，与丁颢同官。"④ 据前条令文，北宋此时的职田是以官府为单位授田，其中所设的岗位，很可能不是由一个人担任，而是出现"同官"的情况，所以这种职田，不一定是专给一个人的，故有"同官均分"

---

① （宋）王溥：《唐会要》卷九二《内外官职田》，上海古籍出版社，2006，第1980页。
② （后晋）刘昫等：《旧唐书》，中华书局，1975，第5013页。
③ （宋）薛居正：《旧五代史》，中华书局，1976，第883页。
④ 《宋史》，第9098页。

之说。

【翻译】

职分［田中的］陆田（［出产］桑柘、绵绢之类的作物和产品）限三月三十日［交接］，稻田限四月三十日［交接］。［在上述时限］以前上任的，［职田收入］都给后任官；以后上任的，给前任官。麦田以九月三十日为期限。如果前任官自己耕作［而］没有种植［作物］，后任官［就要］按工值给付前任官报酬；［如果前任官］已经自己种植［了作物］，［后任官就要］按照租分法［规定的比例进行补偿］。［如果交接］期限遇到闰月，只以［闰月］所附的月份为期限，不得再计算闰月。如果［前任官］是非正常调任，［以致现任官在规定时限以前上任］，［前任官］已花费精力［耕种职田］，［再］交给现任官的，现任官也要按工值给付报酬，［同时担任］相同官职［的官员］依［租分］法均分。如果［前任官］犯罪［但］不至免官，虽然在监禁［中］，［所享有的］职田都和在任相同；免官的，［就］与［处理］阙官的情况相同。如果本官暂时外出不久就回来的，代为署理的人不予配给。

右并因旧文，以新制参定。

【翻译】

以上令文均是在旧文基础上，参考新制度而修定。

唐 1 诸丁男［一］给永业田［二］二十亩，口分田［三］八十亩。其中男［四］年十八以上，亦依丁男给。老男［五］、笃疾、废疾［六］各给口分田四十亩，寡妻妾［七］各给口分田三十亩。先有永业者通充口分之数［八］。

【注释】

［一］丁男：已达到服役年龄的成年男子。在唐代，丁男既是均田制下的主要受田对象，也是租庸调制下租税劳役等的主要承担者。《通典》卷七《食货七·丁中》载：

大唐武德七年（624）定令，男女始生为黄，四岁为小，十六为中，二十一为丁，六十为老。

神龙元年（705），韦皇后求媚于人，上表，请天下百姓年二十二成丁，五十八免役，制从之。韦庶人诛后，复旧。

玄宗天宝三载（744）十二月制，自今以后，百姓宜以十八以上为中男，二十三以上成丁。

广德元年（763）制，天下"百姓二十五成丁，五十五入老。"①

可以看出，丁男年龄经历了 21~59 岁、22~57 岁、21~59 岁、23~57 岁、25~54 岁五个阶段，成丁年龄基本呈增加趋势，而丁的年限范围呈缩短趋势。建中元年（780）随着两税法的实行，丁中制不再受重视。

［二］永业田：受田者可以永久耕种并可世袭或变卖、不须还公的土地。按授予对象不同分为官员永业田和平民永业田两类。

［三］口分田：受田者仅可使用但不能世袭及变卖、死后须还公的土地。

［四］中男：未成丁的男子。唐代成中的年龄呈增长趋势，武德七年规定 16~20 岁为中男，神龙元年至景云元年为 16~21 岁，天宝三载为 18~22 岁，广德元年为 18~24 岁。

［五］老男：年老男性，不承担赋役差科。唐代入老年龄呈下降趋势，武德七年规定 60 岁以上为老男，神龙元年至景云元年为 58 岁以上，广德元年为 55 岁以上。

［六］笃疾、废疾：唐代按照身体损伤的严重程度分为残疾、废疾和笃疾三等，《白氏六帖事类集》卷九《三疾令》引《户令》载："诸一目盲、两耳聋、手无二指、足无大拇指、秃疮无发、久漏下重、大瘿肿之类，皆为残疾。痴症、侏儒、腰折、一枝废，如此之类，皆为废疾。癫

---

① 《通典》，第 155~156 页。"武德七年"，《册府元龟》卷四八六《邦计部·户籍》［（宋）王钦若等撰，中华书局，1960，第 5809 页］作"武德六年"；"请天下百姓年二十二成丁，五十八免役"，《册府元龟》卷四八六《邦计部·户籍》"八"作"九"（第 5810页），《旧唐书》卷五一《韦庶人传》（第 2172 页）、《新唐书》卷七六《韦皇后传》［（宋）欧阳修、宋祁撰，中华书局，1975，第 3487 页］、《通鉴》卷二○八"唐中宗神龙元年五月"［（宋）司马光撰，中华书局，1956，第 6593 页］"二"作"三"，"八"作"九"。

狂、两枝废、两目盲，如此之类，皆为笃疾。"①

［七］寡妻妾：丈夫死亡的妻妾。《通典》卷七《食货七》引开元二十五年《户令》载："无夫者为寡妻妾。"②

［八］先有永业者通充口分之数：此处的"口分"并非"口分田"，而是指一口应授之田，或户内各受田口应授之田。本户应授田口永业田不足额，则以继承的永业田充作永业田数；如永业田足额，剩余的部分则充作口分田数。③

【翻译】

丁男授给永业田二十亩，口分田八十亩。中男年纪［在］十八岁以上，也按照丁男［的标准］给［田］。老男、笃疾、废疾分别授给口分田四十亩，寡妻妾分别授给口分田三十亩。原本拥有永业田的，全部充抵为家口应授田的数目。

唐 2 诸黄、小［一］、中男女及老男、笃疾、废疾、寡妻妾当户者［二］，各给永业田二十亩、口分田三十亩。

【注释】

［一］黄、小：武德七年规定："男女始生为黄，四岁为小"，④ 1～3岁为黄，因中男起始年龄有 16 岁与 18 岁之分，故小的年龄也有 4～15 岁与 4～17 岁之分。

［二］当户者：黄、小、中男女当户者均给田，按道理丁女也应当给田。罗彤华指出敦煌籍中并无"丁女"一词，丁年女户主改以"中女"身份给田；吐鲁番籍虽然有"丁女"的称谓，但若作为户主，则与中女、寡等统以"大女"名义给田。从唐人法定婚龄低、鼓励婚嫁以及前期民间早婚的习俗看，21 岁以上的女性未婚且又当户的情形当非常罕见，不为例外立法，或许是政策制定者的原则。但在实际操作中，当地方政府一旦遇到

① （唐）白居易：《白氏六帖事类集》（帖册三），文物出版社，1987，第 38 页。
② 《通典》，第 155 页。
③ 参见宁可主编《中国经济通史·隋唐五代经济卷》，经济日报出版社，2000，第 209～210 页。
④ 《通典》卷七《食货七·丁中》，第 155 页。

丁年女户主时，只好采用各种变通手段，或鱼目混珠的方法，将丁年女性户主隐藏入中女户主或户主大女中，以维持当户者的公平权益。①

【翻译】

黄［男、黄女］、小［男、小女］、中男、［中］女以及老男、笃疾、废疾、寡妻妾作为户主的，分别授给永业田二十亩、口分田三十亩。

唐3 诸给田，宽乡并依前条，若狭乡［一］新受者，减宽乡口分之半。

【注释】

［一］宽乡、狭乡：根据各乡田地数能否足以配给每个受田者来界定宽乡与狭乡，如《天圣令·田令》唐13载："诸州县界内所部受田，悉足者为宽乡，不足者为狭乡。"

【翻译】

授给田地，［如果在］宽乡都依照前［两］条［的规定］，如果是狭乡的新受田人，减少宽乡口分田的一半。

唐4 诸给口分田者，易田［一］则倍给。（宽乡三易以上者，仍依乡法［二］易给。②）

【注释】

［一］易田：实行轮耕或休耕制的土地，以此种做法恢复地力。《周礼》卷一〇《大司徒》载："不易之地家百晦，一易之地家二百晦，再易之地家三百晦"，郑司农云："不易之地岁种之，地美，故家百晦。一易之地休一岁乃复种，地薄，故家二百晦。再易之地休二岁乃复种，故家三百晦。"③《汉书》卷二四上《食货志》载："民受田，上田夫百晦，中田夫

---

① 罗彤华：《丁女当户给田吗？——以唐〈田令〉"当户给田"条为中心》，刘后滨、荣新江主编《唐研究》第14卷，北京大学出版社，2008，第139~154页。

② "易给"，文义难解，王永兴据《魏书》卷一一〇《食货志》"三易之田再倍之"［（北齐）魏收撰，中华书局，1974，第2853页］认为应作"再倍给"，参见王永兴《唐田令研究——从田令和敦煌文书看唐代土地制度中几个问题》，《纪念陈垣诞辰百周年史学论文集》，北京师范大学出版社，1981，第177页。此处暂存疑。

③ 李学勤主编《周礼注疏》，北京大学出版社，1999，第257页。

二百晦,下田夫三百晦。岁耕种者为不易上田;休一岁者为一易中田;休二岁者为再易下田,三岁更耕之,自爰其处。"① 此条令文中的"易田"指两年一耕。《令集解》卷一二《田令》"口分"条注解:"谓:易田者,其地薄埆,隔岁耕种也。"②

[二] 乡法:各地根据本处风土而形成的习惯法。

【翻译】

授给口分田的,[如果是]易田则加倍授给。([如果在]宽乡有三年以上一轮耕的[口分田],仍然依照当地的习惯法授给。)

唐5 诸永业田,亲王一百顷,职事官正一品六十顷,郡王及职事官从一品各五十顷,国公若职事官正二品各四十顷,郡公若职事官从二品各三十五顷,县公若职事官正三品各二十五顷,职事官从三品二十顷,侯若职事官正四品各十四顷,伯若职事官从四品各十一顷,子若职事官正五品各八顷,男若职事官从五品各五顷,六品、七品各二顷五十亩,八品、九品各二顷。上柱国三十顷,柱国二十五顷,上护军二十顷,护军十五顷,上轻车都尉一十顷,轻车都尉七顷,上骑都尉六顷,骑都尉四顷,骁骑尉、飞骑尉各八十亩,云骑尉、武骑尉各六十亩。其散官五品以上同职事给。兼有官爵及勋俱应给者,唯从多,不并给。若当家口分之外,先有地[一]非狭乡者,并即回受,有剩追收,不足者更给。

【注释】

[一] 先有地:计口所受的永业田、口分田以及父祖永业田以外田地,即籍外剩田之类。③

【翻译】

永业田[的给授],亲王一百顷,职事官正一品六十顷,郡王以及职事官从一品各给五十顷,国公以及职事官正二品各给四十顷,郡公以及职事官从二品各给三十五顷,县公以及职事官正三品各给二十五顷,职事官从三品二十顷,县侯以及职事官正四品各给十四顷,县伯以及职事官从四

---

① (汉)班固撰,(唐)颜师古注《汉书》,中华书局,1964,第1119页。
② 〔日〕黑板勝美编辑《令集解》,吉川弘文馆,1981,第348页。
③ 汪篯:《唐田令试释》,氏著《汉唐史论稿》,北京大学出版社,1992,第161~162页。

品各给十一顷，县子以及职事官正五品各给八顷，县男以及职事官从五品各给五顷，[职事官] 六品、七品各给二顷五十亩，[职事官] 八品、九品各给二顷。上柱国三十顷，柱国二十五顷，上护军二十顷，护军十五顷，上轻车都尉一十顷，轻车都尉七顷，上骑都尉六顷，骑都尉四顷，骁骑尉、飞骑尉各给八十亩，云骑尉、武骑尉各给六十亩。散官五品以上等同 [同级] 职事官授给 [永业田]。兼有官品、爵位和勋位，都应授给 [永业田] 的，只是根据 [其中] 最多 [的一项标准] 授给，不是 [累加之后] 都给。如果该户在应授之田以外，原先所拥有的田地不在狭乡的，都转授 [给家内子孙充当永业田]，有剩余的 [由官府] 收回，不足的另外再给。

唐 6 诸永业田，皆传子孙，不在收授之限。即子孙犯除名 [一] 者，所承之地亦不追。

【注释】

[一] 除名：削除官员的在身官爵，恢复本来的出身，是对官员犯罪的一种惩罚方式。《唐令拾遗》卷一一《选举令》"官人犯除名限满叙法"条载："诸官人犯除名，限满应叙者，文武三品以上奏闻听敕，正四品于从七品下叙，从四品于正八品上叙，正五品于正八品下叙，从五品于从八品上叙，六品、七品并于从九品上叙，八品、九品并于从九品下叙。若有出身品高于此法者，仍从高（出身，谓藉荫及秀才、明经之类）。"① 又同书卷一六《军防令》"勋官除名限满应叙"条载："诸勋官犯除名，限满应叙者，二品于骁骑尉叙，三品于飞骑尉叙，四品于云骑尉叙，五品以下于武骑尉叙。"②

【翻译】

永业田都传给子孙，不在收回另授 [他人] 的范围之内。即使子孙 [因] 犯 [罪而] 除名的，所继承的土地也不追回。

唐 7 诸五品以上永业田，皆不得于狭乡受，任于宽乡隔越 [一] 射

---

① 〔日〕仁井田陞：《唐令拾遗》，東方文化學院東京研究所，1933，第 299～300 页。
② 〔日〕仁井田陞：《唐令拾遗》，第 377 页。

［二］无主荒地充。（即买荫赐田［三］充者，虽狭乡亦听。）其六品以下永业田，即听本乡取还公田充，愿于宽乡取者亦听。

【注释】

［一］隔越：跨境。《令集解》卷一二《田令》"从近便"条引《古记》载："不得隔越，谓此郡人给彼郡，彼郡人给此郡，不合也。"①

［二］射：指物而取。此条令文的射即请射，指定地段地点的请授。②

［三］荫赐田：包括荫田与赐田两种。《令集解》卷一二《田令》"赐田"条载："凡别敕赐人田者，名赐田。"③赐田是指明赐予某人的一类特殊土地，不在均田制规定的占田数额内。官人永业田、勋田、赐田等，俟应受人身死，为子孙所继承，即为荫田。④

【翻译】

五品以上［官员的］永业田，都不能在狭乡领受，听任［他们在］宽乡跨境请授没有主人的荒地来充当。（如果是买荫田、赐田来充当的，即使是［在］狭乡也允许。）六品以下［官员的］永业田，就听由本乡选取归还公家的田地充当，自愿在宽乡选取［田地］的也允许。

唐8 诸应赐人田，非指的处所者，不得于狭乡给。

【翻译】

应该赏赐给人的田地，［如果］不是指定明确处所的，不能在狭乡给［田］。

唐9 诸应给永业人，若官爵之内有解免者，从所解者追。（即解免不尽者，随所降品追。）其除名者，依口分例给，自外及有赐田者并追。若当家之内有官爵及少口分应受者，并听回给，有剩追收，不足更给。

---

① 〔日〕黑板胜美编辑《令集解》，第361页。
② 王永兴：《关于唐代均田制中给田问题的探讨——读大谷欠田、退田、给田文书札记》，参见氏著《陈门问学丛稿》，江西人民出版社，1993，第243页。
③ 〔日〕黑板胜美编辑《令集解》，第356页。
④ 参见汪篯《唐田令试释》，第163页。

【翻译】

应该授给［官品］永业田的人，如果官爵之内有被解任、免官的，依据解［免］的官职收回［永业田］。（如果没有被解或被免全部［官职］的，根据所降级的品阶收回。）被除名的，按照［一般百姓］应授份额给田，除此之外［的田地］以及赐田都要收回。如果本家之内［其他成员］拥有官爵或授田份额不足的［而］应该授给的，都允许［把上述收回的田地再次］回授给［这家人］，［假如］有剩余［就］收回，不足就再补给。

唐10 诸因官爵应得永业，未请及请未足而身亡者，子孙不合追请。

【翻译】

因为［有］官爵［而］应该获得永业田，尚未请授以及［已］请授［但］没有授足就死亡的，［他的］子孙不能追加请授。

唐11 诸袭爵者，唯得承父祖永业，不合别请。若父祖未请及请未足而身亡者，减始受封者之半给。

【翻译】

袭爵的人，只能继承父祖的永业田，不能另外请授［其他的永业田］。如果父祖没有请授以及［已］请授［但］没有授足就死亡的，减去最初受封爵的人［所应授田］的一半授给［袭爵的人］。

唐12 诸请永业者，并于本贯［一］陈牒，勘验告身，并检籍知欠。然后录牒管地州，检勘给讫，具录顷亩四至［二］，报本贯上籍，仍各申省计会附簿。其有先于宽乡借得无主荒地者，亦听回给。

【注释】

［一］本贯：原籍所在地。

［二］四至：耕地东西南北四周跟别的耕地划分的界限。①

---

① 参见中国社会科学院语言研究所词典编辑室编《现代汉语词典》（第6版），商务印书馆，2012，第1234页。

【翻译】

请授永业田的，都在原籍所在地申送牒文，核实查验告身，同时检查簿籍，了解［永业田］不足［的情况］，然后抄录到牒文上，送呈所在地的州，检查核实后给田，给田完毕，详细记录土地面积、四至，报送原籍所在地［官司］登记到户籍上，仍然分别申报尚书省核算、记入簿册。［如果］有先前在宽乡借得无主荒地的，也允许回充［应授的永业田］。

唐13 诸州县界内所部受田，悉足者为宽乡，不足者为狭乡。

【翻译】

州县境内所管辖的受田［数量］，完全充足的是宽乡，不足的是狭乡。

唐14 诸狭乡田不足者，听于宽乡遥授［一］。

【翻译】

狭乡田地不足的，允许从宽乡跨境授田。

唐15 诸流内九品以上口分田，虽老不在追收之限，听终其身。其非品官年六十以上，仍为官事驱使者，口分亦不追减，停私［一］之后，依例追收。

【注释】

［一］停私：官员去职后在家闲居。《新唐书》卷五五《食货志》载："流内九品以上口分田终其身，六十以上停私乃收。"[1]

【翻译】

流内九品以上［官员的］口分田，即使到老年也不在收回的范围，允许［保留到］本人去世。不在品级内的官吏，［虽然］年纪在六十岁以上，仍然因官府之事而被驱遣任用的，口分田也不收回或减少，停职闲居之后，按照规定收回。

唐16 诸应给园宅地者，良口三口以下给一亩，每三口加一亩；贱口

---

① 《新唐书》，第1394页。

［一］五口给一亩，每五口加一亩，并不入永业、口分之限。其京城及州县郭下园宅地，不在此例。

【注释】

［一］贱口：贱人人口，与良口相对。唐代从法律上严格区分良人和贱人。贱人指包括奴婢、部曲、杂户、官户等不具备人身自由、具有强烈人身依附特性的阶层，其身份具有世袭性。① 良人则指身份并非贱人、相对自由的平民百姓，良口即良人人口。

【翻译】

应该授给园宅地的，良人三口以下给一亩，每［增加］三口加给一亩；贱人五口给一亩，每［增加］五口加给一亩，［园宅地］全都不在永业田、口分田的范围内。京城及州县城郭下的园宅地，不适用这一规定。

唐17 诸庶人有身死家贫无以供葬者，听卖永业田。即流移者亦如之。[1]乐迁就宽乡者，并听卖口分田。（卖充住宅、邸店［一］、碾硙［二］者，虽非乐迁，亦听私卖。）

【注释】

［一］邸店：用作货仓、商铺、客舍等的商业设施。《唐律疏议》卷四《名例律》"平赃"条载："邸店者，居物之处为邸，沽卖之所为店。"②

［二］碾硙：利用水力的石磨加工作坊，也包括附属营利设施、场地等。《唐律疏议》中常将其与邸店、庄宅、车船等归为一类。③

【翻译】

庶民死亡［后因］家贫无法负担丧葬［费用］的，允许出卖永业田。服流刑、移乡的人也一样。自愿移居到宽乡的，都允许出卖口分田。（出卖

---

① 参见李天石《中国中古良贱身份制度研究》，南京师范大学出版社，2004。
② 《唐律疏议》，第92页。关于邸店的研究，可参见〔日〕日野開三郎《唐代邸店の研究》，九州大学文学部東洋史研究室刊，1968；〔日〕日野開三郎《続唐代邸店の研究》，九州大学文学部東洋史研究室刊，1970。
③ 《唐律疏议》，第226、242、286~287、367~368页。关于碾硙的研究，可参见〔日〕西嶋定生《碾硙寻踪——华北农业两年三作制的产生》，韩昇译，刘俊文主编《日本学者研究中国史论著选译》第四卷，中华书局，1992，第358~377页。

［口分田］充作住宅、邸店、碾硙的，即使不是自愿移居的，也允许自行出卖。）

唐18 诸买地者，不得过本制。虽居狭乡，亦听依宽乡制。其卖者不得更请。凡卖买皆须经所部官司申牒，年终彼此除附。若无文牒辄卖买者，财没不追，地还本主。

【翻译】

买地，不得超过原来授田的法定额度。虽然居住在狭乡，也允许按照宽乡的规定［执行］。卖地的人不得再次请授。卖买田地都必须通过所属官司申牒，年终时删除或登记［卖买］双方［的所有权记录］。如果没有文牒就卖买田地的，［买地者所付］财物不予追回，①［所买卖的土地］归还原来的主人。

唐19 诸以工商为业者［一］，永业、口分田各减半给之。在狭乡者并不给。

【注释】

［一］工商为业者：功作贸易和屠沽兴贩之人，指出售家庭手工产品和以商贸贩易为业的人。《唐六典》卷三《尚书户部》"户部郎中员外郎"条载："凡习学文武者为士，肆力耕桑者为农，功作贸易者为工，屠沽兴贩者为商。（工商皆谓家专其业以求利者；其织纴、组紃之类，非也。）工、商之家不得预于士，食禄之人不得夺下人之利。"②

【翻译】

以工、商为业的人，永业田、口分田分别减半给授。在狭乡的都不给。

唐20 诸因王事［一］没落外藩［二］不还，有亲属同居［三］者，其身分之地［四］六年乃追，身还之日随便先给。即身死王事者，其子孙

---

① 赵晶认为，"财没不追"是指买田的价金保留在卖方手中、不再返回给买方，参见氏著《唐代律令用语的规范内涵——以"财没不追，地还本主"为考察对象》，《政法论坛》2011年第6期，第37~50页。

② 《唐六典》，第74页。

虽未成丁，身分之地勿追。其因战伤入笃疾、废疾者，亦不追减，听终其身。

【注释】

[一] 王事：王命差遣的公事，如朝聘、会盟、征伐等王朝大事。渡边信一郎认为王事主要是指与王命相关的军事和战争，并引《春秋左氏传》"僖公四年"条："秋，伐陈，讨不忠也。许穆公卒于师，葬之以侯，礼也。凡诸侯薨于朝会，加一等，死王事，加二等，于是有以衮葬。"① 但王事的范围恐怕不应只指军事和战争，据《礼记·丧大记》载："君言王事，不言国事。"孙希旦对此集解云："愚谓王事，谓朝聘、会盟、征伐之事，施于境外，以藩辅天子者也。"②

[二] 没落外藩：遭遇抄掠与天灾等意外而流落外国。《令义解》卷二《户令》"没落外藩"条注载："谓没者，被抄掠也；落者，遭风波而流落也。"③

[三] 亲属同居：亲戚共同居住且共有财产。《唐律疏议》卷一六《擅兴律》"征人冒名相代"条载："称同居亲属者，谓同居共财者。"④

[四] 身分之地：口分田。张中秋、渡边信一郎都认为"身分之地"应当包含永业田和口分田。⑤ 但据《天圣令·田令》唐6载："诸永业田，皆传子孙，不在收授之限"；又据唐23所载，除非户内死绝，否则永业田是不会被退还的。⑥ 所以"身分之地"既然能够被追还，其中是否还包含永业田，暂且存疑。

【翻译】

由于王事而没落外藩不能回国，[但] 有亲属同居的，他的身分之地

---

① 〔日〕渡辺信一郎：《北宋天聖令による唐開元二十五年令田令の復原並びに訳注》，第65页。

② （清）孙希旦：《礼记集解》卷四四，沈啸寰、王星贤点校，中华书局，1989，第1171页。

③ 〔日〕黑板勝美编辑《令义解》，吉川弘文館，2000，第95页。

④ 《唐律疏议》，第303页。

⑤ 张中秋：《唐代经济民事法律述论》，法律出版社，2002，第141页；〔日〕渡辺信一郎：《北宋天聖令による唐開元二十五年令田令の復原並びに訳注》，第65页。

⑥ 有关《田令》唐23的理解问题，可参见戴建国《唐〈开元二十五年令·田令〉研究》，《历史研究》2000年第2期，第43~44页。

六年后才收回，本人回国时听其方便优先给授。假如死于王事的，他的子孙虽然没有成丁，身分之地［也］不用收回。由于战争受伤而成为笃疾、废疾的人，也不用收回或减少［他的身分之地］，允许他们终身拥有。

唐21 诸田不得贴赁［一］及质，违者财没不追，地还本主。若从远役外任，无人守业者，听贴赁及质。其官人永业田及赐田欲卖及贴赁、质者，不在禁限。

【注释】

［一］贴赁：出佃田地以获取财物。《玉篇》卷二五"贴，以物取钱"和"赁，借庸也"，渡边信一郎据此认为本令中"贴"是出借物品以获取财物，"赁"是给付财物来雇佣劳力，因此"贴赁"应该是指出借土地，让佃农耕种，从而获取财物。

【翻译】

田地不能出佃和抵押，违反的，财物不予追还，田地归还原来的主人。如果在远方服役、去外地赴任，没有人看守家业的，［田地］允许出佃和抵押。官员的永业田和赐田想要出卖和出佃、抵押的，不在禁止的范围内。

唐22 诸给口分田，务从便近，不得隔越［一］。若因州县改隶，地入他境，及犬牙相接者，听依旧受。其城居之人，本县无田者，听隔县受。

【翻译】

给口分田，务必依从便利邻近［的原则］，不能跨境［给授］。如果因为州县改换隶属，田地并入其他地界，以及有犬牙交错的情况，允许依照原来的情况领受［田地］。在城内居住的人，本县没有田地［可以给授］的，允许从邻近的县领受。

唐23 诸以身死应退永业、口分地者，若户头限二年追，户内口限一年追。如死在春季者，即以死年统入限内；死在夏季以后者，听计后年为始。其绝后无人供祭及女户［一］死者，皆当年追。

【翻译】

因为死亡而应该退还永业、口分地的，如果〔死者是〕户主〔则〕限定二年收回，〔如果是〕户内人口〔则〕限定一年收回。如果死在春季的，那就把死亡的年份统计入〔始收〕年限之内；死在夏季以后的，允许把下一年计为〔年限的〕开始。〔如果〕绝后没有人祭祀以及女户死亡的，〔田地〕都在当年收回。

唐24 诸应还公田，皆令主自量为一段退〔一〕，不得零叠割退。先有零者听。其应追者，皆待至收授时，然后追收。

【注释】

〔一〕为一段退：将一处完整的田地退还。《令集解》卷一二《田令》"还公田"条载："《古记》云，'为一段退'，谓一处令为一段。出彼此恶处，取集而为段退者，不合也。"渡边信一郎据此认为这是指退还原来就在同一区域范围内的田地。①

【翻译】

应该退还公家的田地，都要求户主自行丈量出一处〔田地〕退还，不能将田地零散叠加、分割〔之后〕退还。〔如果〕先前就是零散的，允许〔按原样退还〕。应该收回的〔田地〕，都要等到〔每年法定〕收授的时间，然后〔才能〕收回。

唐25 诸应收授之田，每年起十月一日，里正豫校勘造簿〔一〕。至十一月一日，县令总集应退应授之人，对共给授。十二月三十日内使讫。符下案记，不得辄自请射。其退田户内，有合进受者，虽不课役，先听自取，有余收授。乡有余，授比乡；县有余，申州给比县；州有余，附帐申省，量给比近之州。

【注释】

〔一〕校勘造簿：核对勘查相应的情况，并制作帐簿。西村元佑认为，

---

① 〔日〕渡辺信一郎：《北宋天聖令による唐開元二十五年令田令の復原並びに訳注》，第68页。

里正首先制作退田文书，接着再制作欠田文书，然后将退田文书的地段抄为给田文书，最后由县令批准，将所退土地授予受田者。①

【翻译】

应该收回和授给的田地，每年从十月一日起，里正预先核对勘查［相应的情况］、制作帐簿。到十一月一日，县令召集［所有］应该退还和应该授给［田地］的人，面对面地共同给授［田地］。十二月三十日以前完成［收授］，符文下达［后］登记备案，不能擅自请授指定［的田地］。在退还田地的户内，［如］有应领受［田地］的人，虽然不承担课役，［也］优先允许［他］自行取回［本户内所退的田地］，有剩余［则］收回再授［给他人］。乡有剩余［的田地］，授给邻近的乡；县有剩余［的田地］，申报州［后］授给邻近的县；州有剩余［的田地］，附记在帐簿上申报尚书省，根据情况拨给邻近的州。

唐 26 诸授田，先课役后不课役，先无后少，先贫后富。

【翻译】

给授田地，先［给］负担课役［的人］，后［给］不负担课役［的人］；先［给］没有［田地的人］，后［给之前］少［给田地的人］；先［给］贫穷［的人］，后［给］富裕［的人］。

唐 27 诸田有交错，两主求换者，诣本部申牒，判听［1］手实［一］，以次除附。

【校勘】

［1］"判听手实，以次除附"，应断句为"判听，手实以次除附"，理由参见本条注释一。

【新录文】

诸田有交错，两主求换者，诣本部申牒，判听，手实以次除附。

【注释】

<hr/>

① 〔日〕西村元佑：《唐代均田制下授田的实际情况：以大谷探险队携来唐代西州高昌县出土文书与欠田文书为中心》，中国敦煌吐鲁番学会主编《敦煌学译文集：敦煌吐鲁番出土社会经济文书研究》，甘肃人民出版社，1985，第565页。

[一] 手实：唐代民户向官府呈报本户家口、年纪、田地的文书，由里正收集，供官府编造户籍之用。① 户籍三年一造，期间有关丁口、田地变动的情况会登载于手实。因此，"以次除附"体现在手实上。

【翻译】

田地有交叉错杂［的情况］，两方地主要求调换的，到所属官司提呈牒文，［官司］判决允许，［在］手实［上］依次记入增删的情况。

唐 28 诸道士、女冠受老子道德经以上，道士给田三十亩，女冠二十亩。僧尼受具戒［一］者，各准此。身死及还俗，依法收授。若当观、寺有无地之人，先听自受。

【注释】

[一] 具戒：具足戒，梵文 Upasampanna 的意译，别称"大戒"，为佛教比丘和比丘尼所受的戒律。因与沙弥、沙弥尼所受"十戒"相比，戒品具足，故称。唐代僧尼都依《四分律》受戒，比丘戒二百五十条，比丘尼戒三百四十八条。出家人依戒法规定受持此戒，即取得正式僧尼资格。②

【翻译】

道士、女冠习学《道德经》以上，道士授给田地三十亩，女冠［授给］二十亩。僧尼接受具戒的，分别依照这个［亩数授田］。去世或是还俗［的］，依法收回、授予［相应的田地］。如果所在道观、寺院存在没有田地的人，允许优先自行领受。

唐 29 诸官户受田，随乡宽狭，各减百姓口分之半。其在牧［一］官户、奴，并于牧所各给田十亩。即配戍、镇［二］者，亦于配所准在牧官户、奴例。

【注释】

[一] 牧：指牧监，又称监牧，唐代官方养马官署，分布于陇右、关内、河东诸道。③

---

① 参见郑天挺等主编《中国历史大辞典》上卷，上海辞书出版社，2000，第494页。

② 参见任继愈主编《佛教大辞典》，江苏古籍出版社，2002，第757～758页。

③ 有关此官署的沿革情况，参见郑天挺等主编《中国历史大辞典》下卷，第1847页。

［二］戍、镇：唐代前期位于边州的负责军事防御的官署，由各都督府统管。相比于戍，镇的兵数更多，官吏配置规格更高。① 经过武周和开元时期，都督府镇戍体制全面转变为节度使军镇体制。②

【翻译】

·官户领受田地［的亩数］，根据当乡的宽、狭［情况］，分别减少百姓口分田的一半。在监牧的官户、官奴，都［由各自］所在监牧分别给予田地十亩。配置在戍、镇的［官户、官奴］，也在配所依照在监牧的官户、官奴的标准［受田］。

唐30 诸公私田荒废三年以上，有能借佃者，经官司申牒借之，虽隔越亦听。（易田于易限之内，不在倍［1］限。）私田三年还主，公田九年还官。其私田虽废三年，主欲自佃，先尽其主。限满之日，所借人口分未足者，官田即听充口分，（若当县受田悉足者，年限虽满，亦不在追限。应得永业者，听充永业。）私田不合。令其借而不耕，经二年者，任有力者借之。即不自加功转分与人者，其地即回借见佃之人。若佃人虽经熟讫，三年之外不能耕种，依式追收，改给。

【校勘】

［1］宋家钰据本篇令文唐4"易田则倍给"改。但是审之本条令文，其意在于在易限之内的易田不能作为荒田被借耕。"备"是充任之意，应无误。

【新录文】

诸公私田荒废三年以上，有能借佃者，经官司申牒借之，虽隔越亦听。（易田于易限之内，不在备限。）私田三年还主，公田九年还官。其私田虽废三年，主欲自佃，先尽其主。限满之日，所借人口分未足者，官田即听充口分，（若当县受田悉足者，年限虽满，亦不在追限。应得永业者，听充永业。）私田不合。令其借而不耕，经二年者，任有力者借之。即不自加功转分与人者，其地即回借见佃之人。若佃人虽经熟讫，三年之外不能耕种，依式

---

① 参见程喜霖《论唐代西州镇戍——以吐鲁番唐代镇戍文书为中心》，《西域研究》2013 年第 2 期，第 10 页。

② 参见孟宪实《唐前期军镇研究》，北京大学博士学位论文，2001，第 58 页。

追收，改给。

【翻译】

公、私田地荒废三年以上，［如果］有愿意借来耕作的，［可］向官府提呈牒文［申请］借用，即使跨境也可以。（易田在休耕期内，［就］不在充用的范围。）私田三年［后］归还田主，公田九年［后］归还官府。私田即使荒废三年，田主想要自行耕种，优先满足田主。期限届满之日，借耕者口分田不足的，［所借］公田就可以充作口分田，（如果该县受田完全充足，年限虽然届满，也不在被收回的范围。应该得到永业田［而不足］的，允许充作永业田。）私田则不适用［该规则］。如果借耕者借田却并不耕种，经过两年的，任由［其他］有能力［耕种］的人借耕。如果［借耕者］自己不耕种，转借分包给别人的，这块田地就转而借给现在耕种的人。耕种者即使已经耕熟，三年之后不能［继续］耕种，按照规定收回，改给［其他人］。

唐31 诸田有山岗、砂石、水卤、沟涧之类，不在给限。若人欲佃者听之。

【翻译】

田地［如果］有山岗、砂石、盐碱、沟涧之类［而不适合耕种的］，不在给授范围。如果有人想要借佃的，［可以］允许。

唐32 诸在京诸司公廨田［一］，司农寺给二十六顷，殿中省二十五顷，少府监二十二顷，太常寺二十顷，京兆、河南府各一十七顷，太府寺一十六顷，吏部、户部各一十五顷，兵部、内侍省各一十四顷，中书省、将作监各一十三顷，刑部、大理寺各一十二顷，尚书都省、门下省、太子左春坊各一十一顷，工部十顷，光禄寺、太仆寺、秘书省各九顷，礼部、鸿胪寺、都水监、太子詹事府各八顷，御史台、国子监、京县［一］各七顷，左右卫、太子家令寺各六顷，卫尉寺、左右骁卫、左右武卫、左右威卫、左右领军卫、左右金吾卫、左右监门卫、太子右春坊各五顷，太子左右卫率府、太史局各四顷，宗正寺、左右千牛卫、太子仆寺、左右司御率府、左右清道率府、左右监门率府各三顷，内坊、左右内率府、率更寺各二顷。

【注释】

[一] 公廨田：唐代以内外各级官府为授田对象的田地，由官府"课其营种，以供公私之费"。①

[二] 京县：唐代建置地位最高的县，"凡三都之县，在内曰京县，城外曰畿"，② 即长安、万年、河南、洛阳、太原、晋阳六县。

【翻译】

[配给] 在京各个机构的公廨田 [数额]，司农寺给二十六顷，殿中省 [给] 二十五顷，少府监 [给] 二十二顷，太常寺 [给] 二十顷，京兆、河南府分别 [给] 一十七顷，太府寺 [给] 一十六顷，吏部、户部分别 [给] 一十五顷，兵部、内侍省分别 [给] 一十四顷，中书省、将作监分别 [给] 一十三顷，刑部、大理寺分别 [给] 一十二顷，尚书都省、门下省、太子左春坊分别 [给] 一十一顷，工部 [给] 十顷，光禄寺、太仆寺、秘书省分别 [给] 九顷，礼部、鸿胪寺、都水监、太子詹事府分别 [给] 八顷，御史台、国子监、京县分别 [给] 七顷，左右卫、太子家令寺分别 [给] 六顷，卫尉寺、左右骁卫、左右武卫、左右威卫、左右领军卫、左右金吾卫、左右监门卫、太子右春坊分别 [给] 五顷，太子左右卫率府、太史局分别 [给] 四顷，宗正寺、左右千牛卫、太子仆寺、左右司御率府、左右清道率府、左右监门率府分别 [给] 三顷，内坊、左右内率府、率更寺分别 [给] 二顷。

唐33　诸京官文武职事职分田 [一]，一品一十二顷，二品一十顷，三品九顷，四品七顷，五品六顷，六品四顷，七品三顷五十亩，八品二顷五十亩，九品二顷，并去京城百里内给。其京兆、河南府及京县官人职分田亦准此。即百里内地少，欲于百里外给者亦听。

【注释】

[一] 职分田：又称"职田"，是唐代官方按照职事官品配给在职官员

---

① 《册府元龟》卷五〇五《邦计部·俸禄一》，第6066页。
② 《旧唐书》卷四三《职官二》，第1825页。

的具有津贴性质的田地，构成官员俸禄的一部分。它与魏晋时期的官员禄田有一定的渊源关系，唐末五代时职田制度衰亡，北宋真宗时参照唐公廨田重建，与此不同。本篇令文宋6已示。

【翻译】

在京文武职事官的职分田，一品［给］十二顷，二品［给］十顷，三品［给］九顷，四品［给］七顷，五品［给］六顷，六品［给］四顷，七品［给］三顷五十亩，八品［给］二顷五十亩，九品［给］二顷，都在距离京城百里之内［择地］给授。京兆府、河南府及京县官员的职分田也依此［处理］。如果百里之内田地不足，［官员］想要在百里之外给授的，也允许。

唐34 诸州及都护府、亲王府官人职分田，二品一十二顷，三品一十顷，四品八顷，五品七顷，六品五顷，（京畿县［一］亦准此。）七品四顷，八品三顷，九品二顷五十亩，镇、戍、关、津、岳、渎及在外监官［二］五品五顷，六品三顷五十亩，七品三顷，八品二顷，九品一顷五十亩。三卫中郎将、上府折冲都尉各六顷，中府五顷五十亩，下府及郎将各五顷。上府果毅都尉四顷，中府三顷五十亩，下府三顷。上府长史、别将各三顷，中府、下府各二顷五十亩。亲王府典军五顷五十亩，副典军四顷，千牛备身左右［三］、太子千牛备身各三顷。（亲王府文武官随府出藩者，于所在处给。）诸军上折冲府兵曹二顷，中府、下府各一顷五十亩。其外军校尉一顷二十亩，旅帅一顷，队正、队副各八十亩。皆于镇侧［1］州县界内给。其校尉以下，在本县及去家百里内镇者不给。

【校勘】

［1］镇侧：由于《通典》卷二《田制下》载"皆于领侧州县界内给"，① 所以许多学者认为"镇侧"为"领侧"之误。② 但读书班认为，"镇"用来指军府镇守之地，此句并无不通之处，可以不必改。下文"本县及去家百里内镇者"亦同。

---

① 《通典》，第31页；《通典》卷三五《职田公廨田》亦同（第971页）。
② 参见赵晶《〈天圣令〉与唐宋法典研究》，徐世虹主编《中国古代法律文献研究》第5辑，社会科学文献出版社，2011，第262~263页。

【注释】

[一] 京畿县：京县和畿县的合称。《旧唐书》卷四三《职官二》："凡三都之县，在内曰京县，城外曰畿。"① 三都，指长安、洛阳、太原。

[二] 在外监官：在京城之外的诸监的官员。② 在外通常与在京相对应，如《天圣令·厩牧令》唐28载："诸赃马、驴及杂畜，事未分决，在京者，付太仆寺，于随近牧放。（在外者，于推断之所，随近牧放。）断定之日，若合没官，在京者，送牧；在外者，准前条估。"③

[三] 千牛备身左右：即千牛备身与备身左右。唐代在千牛备身与备身左右连用时常常会省略一个"备身"，如《天圣令·假宁令》唐5条"其千牛、备身左右，给讫，仍申所司"；④ 相似的例子，还有《通典》卷二《田制下》："千牛备身左右、太子千牛备身各三顷"⑤；《旧唐书》卷四三《职官二》："凡千牛备身左右及太子千牛备身，皆取三品已上职事官子孙，四品清官子，仪容端正，武艺可称者充。"⑥

【翻译】

各州以及都护府、亲王府的官员的职分田，二品［给］十二顷，三品［给］十顷，四品［给］八顷，五品［给］七顷，六品［给］五顷，（京县和畿县［的官员］也依此［处理］。）七品［给］四顷，八品［给］三顷，九品［给］二顷五十亩。镇、戍、关、津、岳、渎［的官员］以及在外监官［的职分田］，五品［给］五顷，六品［给］三顷五十亩，七品［给］三顷，八品［给］二顷，九品［给］一顷五十亩。三卫中郎将、上府折冲都尉分别［给］六顷，中府［折冲都尉］［给］五顷五十亩，下府［折冲都尉］以及郎将分别［给］五顷。上府果毅都尉［给］四顷，中府［果毅都尉给］三顷五十亩，下府［果毅都尉给］三顷。上府长史、别将分别［给］三顷，中府、下府［长史、别将］分别［给］二顷五十亩。

---

① 《旧唐书》，第1825页。
② 关于唐代在外监官，可参见中国社会科学院历史研究所《天圣令》读书班《〈天圣令·赋役令〉译注稿》唐18"外监"条注释，第362页。
③ 《天圣令校证》，第402页。
④ 《天圣令校证》，第413页。
⑤ 《通典》，第31页。
⑥ 《旧唐书》，第1833页。

亲王府典军［给］五顷五十亩，副典军［给］四顷，千牛备身、备身左右、太子千牛备身分别［给］三顷。（亲王府的文武官员随［亲王］府到藩地的，在［藩地］所在处给［职分田］。）各军上折冲府兵曹［给］二顷，中府、下府［兵曹］分别［给］一顷五十亩。京城以外各军校尉［给］一顷二十亩，旅帅［给］一顷，队正、队副各［给］八十亩。都在驻地附近的州县境内给授［职分田］。校尉以下，驻地在本县以及离家百里以内的不给［职分田］。

唐35 诸驿封田［一］，皆随近给，每马一匹给地四十亩，驴一头给地二十亩。若驿侧有牧田处，疋别各减五亩。其传送马，每一匹给田二十亩。

【注释】

［一］驿封田：驿传马所配给之田。①

【翻译】

驿封田，都在［驿的］附近配给，马每一匹给田地四十亩，驴每一头给田二十亩。如果驿的附近有可供放牧的田地，每匹分别减少五亩。传送马，每一匹给田二十亩。

唐36 诸公廨、职分田等，并于宽闲及还公田内给。

【翻译】

公廨田、职分田等，都要在［土地］宽裕、空闲［的地方］以及退还的公田［范围］内配给。

唐37 诸内外官应给职田，无地可充，并别敕合给地子［一］者，率一亩给粟二斗。虽有地而不足者，准所欠给之。镇戍官去任处十里内无地可给，亦准此。王府官，若王不任外官在京者，其职田给粟，减京官之半。应给者，五月给半，九月给半。未给解代者，不却给。剑南、陇右、山南官人不在给限。

---

① 李锦绣：《唐代财政史稿》（上卷），北京大学出版社，1995，第695页。

【注释】

[一] 地子：相当于地租。陈国灿认为地子分为义仓地子、职田地子、屯田地子或营田地子三种。职田地子，又名职田苗子，都是指职田地租，即佃种职田所交纳的粮食。①

【翻译】

[京城]内外的官员应当配给职田，[但]没有田地可以充当[职田]，并且[依据]别敕应当支给地子的，每一亩支给粟二斗。虽然有职田但并不足额的，按照所缺的[数额]支给地子。镇、戍的官员在离任职的地方十里以内没有田地可以配给的，也依此[处理]。王府的官员，如果王没有就任外官[而]在京城的，他们的职田所支给的粟米，比京官减少一半。应当支给[地子]的，[每年]五月支给一半，九月支给一半。没有支给[地子][就已经]解除职务的，不再支给。剑南、陇右、山南的官员不在支给[地子的]范围。

唐38 诸屯隶司农寺者，每地三十顷以下、二十顷以上为一屯。隶州、镇诸军者，每五十顷为一屯。其屯应置者，皆从尚书省处分。

【翻译】

屯田隶属司农寺的，田地每三十顷以下、二十顷以上设为一屯。隶属州、镇、各军的，每五十顷设为一屯。应该设立屯田的，都要由尚书省决定。

唐39 诸屯田应用牛之处，山原川泽，土有硬软，至于耕垦，用力不同者。其土软之处，每地一顷五十亩配牛一头；强硬之处，一顷二十亩配牛一头。即当屯之内，有硬有软者，亦准此法。其地皆仰屯官明为图状，所管长官亲自问检，以为定簿，依此支配。其营稻田之所，每地八十亩配牛一头。若芟草种稻者不在此限。

【翻译】

屯田应当使用耕牛的地方，[由于]山地、平原、河流、沼泽[地形

---

① 陈国灿：《略论唐五代的各类"地子"及其演变》，郑学檬主编《中国古代社会研究——庆祝韩国磐先生八十华诞纪念论文集》，厦门大学出版社，1998，第165~168页。

不同]，土质有硬有软，以致于耕田开垦，耗费的劳力不同。土质较软的地方，每一顷五十亩地配给牛一头；[土质] 强硬的地方，[每] 一顷二十亩配给牛一头。即使同一屯内，[土质] 有硬有软的，也按照这个方法 [分配耕牛]。这些土地都依靠屯官清楚地制作地图文状，主管的官长亲自询问检查，依此制成帐簿，按照这个 [帐簿] 配给 [耕牛]。耕种稻田的地方，每八十亩地配给耕牛一头。如果是除草种稻的，[就] 不在这个 [分配耕牛的] 范围内。

唐 40 诸屯应役丁之处，每年所管官司与屯官司，准来年所种色目及顷亩多少，依式料功，申所司支配。其上役之日，所司仍准役月闲要，量事配遣。

【翻译】

屯田应当役使丁男的地方，每年主管官司与屯田官司，按照明年所需种植的种类名目以及田亩多少，依照规定估计 [所需] 人力，申报主管官司分配安排。[到了] 去服役的时候，主管官司仍然 [应该] 按照服役月份 [农事] 的清闲或繁忙，① 根据情况分配派遣 [役丁]。

唐 41 诸屯每年所收杂子 [一]，杂用之外，皆即随便贮纳。去京近者，送纳司农。三百里外者，纳随近州县。若行水路之处，亦纳司农。其送输斛斗及仓司领纳之数，并依限各申所司。

【注释】

[一] 杂子：各种子类粮食作物。唐代文献中很少见到"杂子"一词，宋代文献中则较为常见，如"凡租税有谷、帛、金铁、物产四类。谷之品七：一曰粟，二曰稻，三曰麦，四曰黍，五曰稌，六曰菽，七曰杂子"。② 《宋会要辑稿》对"杂子"有详细注解："谷之品有七：曰粟，曰稻，曰麦，曰黍，曰稷，曰菽，曰杂子……杂子之品九：曰芝麻子、麻子、稗子、

---

① 关于"闲要"的解释，参见中国社会科学院历史研究所《天圣令》读书班《〈天圣令·赋役令〉译注稿》，第 344 页。

② 《续资治通鉴长编》卷四二"太宗至道三年十二月"条，第 901～902 页；《宋史》卷一七四《食货志上二》，第 4202 页。

黄床子、苏子、苜蓿子、菜子、荏子、草子。"① 由此可知，宋代"杂子"有九种，至于唐代"杂子"的种类是否如此，还无法确定，但应属于同类。比如"荏子"，《唐新修本草》记载："荏子，味辛，温，无毒。主咳逆，下气，温中，补体……荏状如苏，高大白色，不甚香。子共研之，杂米作糜，甚肥美。"② 整理者尚志钧指出："子共"，在北宋唐慎微编撰的《证类本草》作"其子"，而"杂米作糜"一句来源于陶弘景的《本草经集注》，因此最晚从南朝梁开始直至北宋，荏子都是作为一种可吃的粮食。

渡边信一郎认为"杂子"等同于"杂种"，③ 可能未必准确。首先，从令文用词来看，除本条令文外，"杂子"还见于本令唐45，而"杂种"则见于本令唐44，可见《田令》唐41、44、45对二者已有区分；其次，从具体含义来看，根据《仓库令》唐4"仓出给，杂种准粟者，稻谷、糯谷一斗五升、大麦一斗二升、乔麦一斗四升、小豆九升、胡麻八升，各当粟一斗。黍谷、穄谷、秋谷、麦饭、小麦、青稞麦、大豆、麻子一斗，各当粟一斗"，④ 可知"杂种"至少包括稻谷、糯谷、大麦、乔麦、小豆、胡麻、黍谷、穄谷、秋谷、麦饭、小麦、青稞麦、大豆、麻子。其中"麻子"与宋代文献"黄麻子"相近，应当属于"杂子"，而《千金翼方》将"麻子"归入"米谷部"，其文载："麻子：味甘平，无毒。主补中益气，中风汗出，逐水，利小便……久服肥健，不老神仙。"⑤ 可见麻子可以长期服食。总之，"杂种"的范围可能大于"杂子"。

【翻译】

各屯每年收获的各种杂子作物，除［本屯］各项杂用［所需］以外，［其余］都［应］尽快随其便宜存贮收纳。离京师近的，运送到司农寺收纳。［离京师］三百里外的，收纳到附近州县。如果是走水路的地方，也

---

① 《宋会要辑稿》食货七〇之一《赋税杂录》，第6371页；（宋）马端临著《文献通考》卷四《田赋考》，中华书局，2011，第97页。"黄床子"在《文献通考》作"黄麻子"。

② （唐）苏敬等撰，尚志钧辑校《唐·新修本草》，安徽科学技术出版社，1981，第464页。

③ 〔日〕渡边信一郎：《北宋天聖令による唐開元二十五年令田令の復原並びに訳注》，第98页。

④ 《天圣令校证》，第396页。

⑤ （唐）孙思邈著，李景荣等校释《千金翼方校释》卷四，人民卫生出版社，1998，第73页。

收纳到司农寺。[各屯] 输送 [杂子] 的斛斗 [数量] 以及仓司领受纳入的数量，都要按照时限分别申报所属官司。

唐42 诸屯隶司农寺者，卿及少卿每至三月以后，分道巡历。有不如法者，监官、屯将，[一] 随事推罪。

【注释】

[一] 监官、屯将：负责屯田事务的诸屯监主要官员。据本令唐38可知，唐前期屯田主要分为隶属司农寺和隶属州、镇诸军两个系统。第一个系统的主管官员比较明确。《唐六典》卷一九《司农寺》"诸屯监"条记载：司农寺诸屯设"监一人，从七品下；丞二人，从八品下。诸屯监各掌其屯稼穑；丞为之贰。凡每年定课有差"。① 第二个系统的主管官员又分属州和属军两类。《唐六典》卷七《尚书工部》"屯田郎中员外郎"条记载："凡天下诸军、州管屯，总九百九十有二。"② 屯将主要管理的是士兵，具有军屯性质。但是据本条令文，司农寺也管辖地方上某些州的民屯和某些军的军屯，所以才能"分道巡历""随事推罪"。

【翻译】

各屯隶属司农寺的，司农卿和少卿每到三月以后，分下诸道巡行视察。有不按照规定 [办事] 的，[对于主管的] 监官、屯将，[要] 根据情况推究定罪。

唐43 诸屯每年所收藁草，饲牛、供屯杂用之外，别处依式贮积，具言去州、镇及驿路远近，附计帐申所司处分。

【翻译】

各屯每年所收藁草，除喂牛、供本屯各项使用以外，[剩余的部分] 按照规定 [送到] 其他地方贮藏囤积，详细写明距离州、镇和驿道的 [路程] 远近，附于计账，③ 申报所属官司处置。

---

① 《唐六典》，第530页。
② 《唐六典》，第223页。
③ 关于"计帐"的解释，参见中国社会科学院历史研究所《天圣令》读书班《〈天圣令·赋役令〉译注稿》，第352页。

唐44 诸屯收杂种须以车运纳者，将当处官物勘量市付。其扶车子力[1]，于营田及饲牛丁内均融取充。

【校勘】

[1] "扶车子力"，罗彤华认为是"扶车手力"之误，并言"唐代给内外官人或官府防阁、庶仆、白直、执衣等充当手力，承担色役，且可纳课代役。此处的'扶车子（手）力'，当是为运纳屯田收获物而征调的人力"。① 读书班认同这一观点。

【新录文】

诸屯收杂种须以车运纳者，将当处官物勘量市付。其扶车手力，于营田及饲牛丁内均融取充。

【翻译】

各屯田收获［的］杂种②需要用车运输收纳的，将当屯的官物勘验估价［后］出售［，以所得价金］支付［租车或买车的费用］。推车的劳力，在营田和饲养牛的役丁中均衡调配、选取充用。

唐45 诸屯纳杂子无稾之处，应须簊篨及供窖调度，并于营田丁内，随近有处，采取造充。

【翻译】

各屯收纳各种杂子作物［，但又处在］没有稾草的地方，应当需要簊篨③和供给仓窖的杂用物品，④ 都从营田役丁内［派人］，到就近有［相关材料的］地方，采集收取、制造充用。

唐46 诸屯之处，每收刈时，若有警急者，所管官司与州、镇及军府

---

① 高明士等：《评〈天一阁藏明钞本天圣令校证附唐令复原研究〉》，刘后滨、荣新江主编《唐研究》第14卷，第514页。

② 关于"杂种"的解释，参见中国社会科学院历史研究所《天圣令》读书班《〈天圣令·仓库令〉译注稿》，徐世虹主编《中国古代法律文献研究》第7辑，社会科学文献出版社，2013，第263页。

③ 关于"稾""簊篨"的解释，参见中国社会科学院历史研究所《天圣令》读书班《〈天圣令·仓库令〉译注稿》，第254页。

④ 关于"调度"的解释，参见中国社会科学院历史研究所《天圣令》读书班《〈天圣令·赋役令〉译注稿》，第353页。

相知，量差管内军人及夫。一千人以下，各役五日功，防援助收。

【翻译】

各屯所在的地方，每到收割的时候，如果有警急［情况发生］的，主管官司知会州、镇和军府，［后者］根据［情况］差遣管辖范围内的军人和民夫。一千人以下，各自服役五天，护卫①［并］帮助收割。

唐47 诸管屯处，百姓田有水陆上、次及上熟、次熟［一］，亩别收获多少，仰当界长官勘问，每年具状申上。考校屯官之日，量其虚实，据状褒贬。

【注释】

［一］上熟、次熟：此处指百姓农田有上熟、次熟两等之分，据其他文献，唐代屯田有上熟、中熟、下熟三等之分。《唐六典》卷七《尚书工部》"屯田郎中员外郎"条载："凡天下诸军、州管屯，总九百九十有二，大者五十顷，小者二十顷。凡当屯之中，地有良薄，岁有丰俭，各定为三等。"②《新唐书》卷五三《食货志三》载："诸屯以地良薄与岁之丰凶为三等，具民田岁获多少，取中熟为率。"③

【翻译】

管理屯田的地方，百姓的田地有水田、陆田，上等、次等，以及上熟、次熟［之分］，每亩收获多少，依靠当地长官查核询问，每年写明情况上报。考核屯官的时候，［根据上报的百姓田地的收获情况，］衡量［屯官所报的］虚实，依据具体情况［决定］奖惩。

唐48 诸屯官欠负，皆依本色本处征填［一］。

【翻译】

屯官亏欠④［杂子、稾草等］，都依照［所缺之物］原本的种类，

---

① 关于"防援"的解释，参见中国社会科学院历史研究所《天圣令》读书班《〈天圣令·关市令〉译注稿》，徐世虹主编《中国古代法律文献研究》第9辑，社会科学文献出版社，2015，第248页。

② 《唐六典》，第232页。

③ 《新唐书》，第1372页。

④ 有关"欠负"的解释，参见中国社会科学院历史研究所《天圣令》读书班《〈天圣令·仓库令〉译注稿》，第260页。

［在］本地征收填补。

唐 49　诸屯课帐，每年与计帐同限申尚书省。

【翻译】

各屯的课帐，① 每年与计帐在相同的时限内申报尚书省。

右令不行。

【翻译】

以上令文不再施行。

---

① 据《赋役令》可知，"课"主要是指租、调，不包括役（参见中国社会科学院历史研究所《天圣令》读书班《〈天圣令·赋役令〉译注稿》，第 351 页）。而此处的"课帐"或许是一种专门的帐簿，适用范围不明，大致应涵盖土地、收成、人工（牛工）等内容。

《中国古代法律文献研究》第十一辑

2017 年，第 314~337 页

蒙古诸王、道士、地方官员

——蒙古时代华北社会的命令文书
及其立碑意义探索*

〔日〕舩田善之 著　于 磊 译**

　　摘　要：本文通过分析蒙古时代宁海州（今山东省烟台以及威海）的石刻史料，探讨了蒙古诸王、道士、地方官员在地域社会的活动以及他们之间的互相关系。尤其关注蒙古诸王的令旨，并以此考察蒙古统治者的命令文及其刻石立碑的意义。蒙古统治者的命令文不仅是他们统治华北地域的重要手段，其刻石立碑也可看出当时华北地域社会对蒙古统治的反应。本文所利用的主要石刻史料为《马儿年哈鲁罕大王令旨碑》和《狗儿年宁海王亦思马因令旨碑》。哈鲁罕大王以及宁海王亦思马因均是成吉思汗叔父苍阿里台·斡惕赤斤的玄孙。其家族在宁海州有封地。首先，将两通石刻记载与其他石刻以及文献史料的记载相对照，分别确定其发布年次为 1294 年和 1310 年。其次，考证苍阿里台家族漢

---

　*　本文基于舩田善之《モンゴル时代华北地域社会における命令文とその刻石の意义——ダーリタイ家の活动とその投下领における全真教の事业》（《东洋史研究》第 73 卷第 1 号，2014）修改、翻译而成。
　**　舩田善之，日本广岛大学大学院文学研究科准教授；于磊，南京大学历史学院讲师。

北封地的所在地。因为哈鲁罕大王发布令旨于黑龙江，所以可认为他漠北封地在蒙古高原东北边疆，这与其汉地的宁海州封地存在对应关系。另外，虽然《史集》中记载荅阿里台被成吉思汗处死，但是《蒙古秘史》却叙述他被发配到成吉思汗父亲也速该的原地。可见，后者反映了忽必烈时代他家族的待遇和地位。其中的文本记载在忽必烈时代以后被重新编纂、改写。最后，探讨蒙古统治者的命令文发布及其刻石活动对地域社会的影响。值得注意的是，亦思马因令旨碑在唐四仙姑的迁葬过程中发挥了非常重要的作用。这一全真道的活动始于山东宣慰同知泰不花至神清宫的参拜。他亲眼看到该令旨碑并因此与道士以及地方官员商议迁葬之事。据此，我们可以看到石碑的"公开性"和"实用性"特征。

综上所述，本文明确了蒙古统治者的命令文发布及其刻石活动对地域社会产生了很大的影响。地域社会的宗教活动由宗教教团和地方官员承担，同时蒙古统治者的保护也是必不可少的因素。

关键词： 荅阿里台　令旨　烟霞洞　神清宫　元朝

序　言

本文旨在通过分析蒙古时代宁海州（今山东省烟台以及威海）的石刻史料，探讨蒙古诸王、道士、地方官员在地域社会的活动以及他们之间的互相关系。其中，尤其关注蒙古政权统治华北重要特征之一的蒙古诸王命令文书（令旨）问题，并以此考察蒙古统治者命令文书的发布及其于地方社会中刻石立碑的意义。

蒙古时代的征服地区及其权益，基本在成为蒙古帝国统治阶层的成吉思汗（Èinggis Qan）家族、姻亲及其功臣间加以分配。他们的领地统称为"投下领"。作为理解蒙古帝国基本构造的锁钥，这一问题向为学界所重视。① 作为源于汉语的史料用语，所谓"投下"，一般是指成吉思汗家族、姻亲、功臣等游牧领主自身及其麾下游牧集团的领地、属民。② 松田孝一在批判论证领主对汉地③投下领并无直接统治、课税的实权而仅可获取其中部分收入这一传统观点基础上认为，尽管赋役征派问题不能完全确定，但领主的统治权力绝非名义上的存在。④ 而杉山正明在坚持认为投下

---

① 关于该问题的研究史整理及其课题展望，参见舩田善之《モンゴル（Mongol）帝国（大元）の华北投下领研究》，《中国史学第 24 卷，2014 年。此前的先行研究介绍，并参见饭山知保《金元代华北社会研究の现状と展望》，《史滴》第 23 号，2001，第 57 ~ 58 页、第 68 ~ 69 页及注释 8。对投下领简明扼要的概说，可参见松田孝一《投下领》，冈本隆司编《中国经济史》，名古屋大学出版会，2013，第 173 页。其中，作为重要的研究成果，并参见李治安《元代分封制度研究》，天津古籍出版社，1992，增订本，中华书局，2007；松田孝一《モンゴルの汉地统治制度——分地分民制度を中心として》，《待兼山论从 史学篇》第 11 号，1978；杉山正明《八不沙大王の令旨碑より》，《东洋史研究》第 52 卷第 3 号，1993，后收入氏著《モンゴル帝国と大元ウルス》，京都大学学术出版会，2004 年等。

② 对投下加以充分解释并得其要者，参见杉山正明《八不沙大王の令旨碑より》，第 187 ~ 188 页，以及在此基础上进一步立论的森平雅彦《高丽王位下の基础の考察－大元ウルスの一分权势力としての高丽王家》，《朝鲜史研究会论文集》第 36 号，1998，后收入氏著《モンゴル霸权下の高丽——帝国秩序と王国の对应》，名古屋大学出版会，2013，第 60 ~ 61 页。投下内，其集团、领地、属民对应于蒙古语 ayimaγ（杉山正明：《八不沙大王の令旨碑より》，第 187 ~ 188 页）。村上正二亦曾对此作如下解释：ayimaγ 的汉字音写"爱马"仅指游牧领地，投下则统括游牧领地和食邑（汉地、江南等地的分地），而投下、爱马并称的情况下，前者指投下领主，后者则多指其领地及属民（村上正二：《元朝における投下の意义》，《蒙古学报》第 1 号，1940，后收入氏著《モンゴル帝国史研究》，风间书房，1993，第 29 ~ 33 页）。但是，史料有时并列爱马、投下，此际可理解前者即指一般投下领主，而后者乃指其领地、属民。也参见吉田顺一、齐木德道尔吉编《ハラホト出土モンゴル文书の研究》，雄山阁，2008，第 57 页。同时，对于诸王、驸马、公主、后妃等亦多称"位下"（森平雅彦：《高丽王位下の基础の考察》，第 61 页）。本文则统一总称作"投下"，其领地则称作"投下领"。亦参见松田孝一《投下领》，第 173 页，及舩田善之《モンゴル（Mongol）帝国（大元）の华北投下领研究》。此外，川本正知在探讨蒙古帝国的定住民支配问题时，亦曾对投下领等用语进行了特别解释。他认为，此为理解传统中原定住民政权的制度用语，易对蒙古帝国的支配体制产生误解，故不便使用（川本正知：《モンゴル帝国における战争：游牧民の部族・军队・国家とその定住民支配》，《アジア・アフリカ言语文化研究》第 80 号，2011 年；同氏：《モンゴル帝国の军队と战争》，山川出版社，2013。对此，笔者亦赞同，分封于蒙古统治阶层的当为住民，而非土地（即分民的意义远大于分地），这是理解蒙古分封制度的基础。但如果从定居地区人们的视角来看，付属于他们的土地其实也是作为领地而被分配的。这种理解或许也颇为值得重视。而事实证明，蒙古统治阶层也屡屡有效地利用了这一点。

③ 所谓汉地，主要是指中国本土中，其后中书省直辖的腹里地区，大致相当于现在的河北省、山东省、山西省以及河南省的黄河以北地区。

④ 松田孝一：《モンゴルの汉地统治制度》。

是"理解蒙古帝国于其东部地区支配之关键"的同时，并指出相关研究并未完全深化的原因之一为"尚未找到其具体论证的切入点"，故而，他以成吉思汗次弟搠只哈撒儿（Joèi Qasar）家族相关的令旨碑为基础，揭示出了蒙古诸王汉地投下领支配状况的一个侧面。① 继而，在杉山正明所倡导的"蒙古命令文书综合研究"潮流下，充分利用石刻史料对蒙古诸王投下领的研究逐次展开。②

笔者的研究亦可视作该潮流影响下的具体成果之一。本文在蒙古命令文书研究以及蒙古诸王投下领实际支配的剖析之外，同时考察其实际支配对投下领地方社会所产生之影响。而此前的研究则多侧重于蒙古帝国的上层构造以及诸王的实际支配等方面。当然，这对于考察蒙古帝国的国家构造及其支配方式等问题，理应重点注意。但是蒙古支配对其所统治社会到底产生了何等影响这一问题，在蒙古帝国史研究中毫无疑问也是极为重要的课题之一。同时，为多元且整体地理解蒙古支配的实质，以投下领地方社会为视角的重点研究亦当不可或缺。③

① 杉山正明：《八不沙大王の令旨碑より》。
② 其中代表性的研究参见高桥文治《モンゴル时代全真教文书の研究（一）、（二）》，《追手门学院大学文学部纪要》第 31 号，1995、第 32 号，1997；同氏《クビライの令旨二通——もう一つの"道佛论争"》，《アジア文化学科年报》第 2 号，1999；同氏：《阿识罕大王の令旨をめぐって》，浅见洋二编《テクストの读解と传承》，大阪大学大学院文学研究科广域文化表现论讲座共同研究成果报告书，2006；同氏《1258 年山西浮山县天圣宫给文二碑札记》，《内陆アジア言语の研究》25，2010；上述诸文皆收入氏著《モンゴル时代道教文书の研究》，汲古书院，2011；松田孝一《チャガタイ家千户の陕西南部驻屯军团（补遗）——阔王チュベイ家分地邠州关系铭文について》，《国际研究论丛》第 16 卷第 2 号，2003；村冈伦《モンゴル时代の右翼ウルスと山西地方》，松田孝一编《碑刻等史料の总合的分析によるモンゴル帝国・元朝の政治・经济システムの基盘の研究》，平成 12 ~ 13 年度科学研究费补助金基盘研究（B）（1）研究成果报告书，研究课题番号：12410096，2002；同氏《元代永宁王家の系谱とその投下领》，《东洋史苑》第 66 号，2006，初出：《13，14 世纪东アジア史料通信》第 3 号，2005；同氏《モンゴル时代の山西平阳地区と诸王の权益－圣姑庙《阿识罕大王令旨碑》より》，《龙谷大学论集》，第 474、475 号，2010，初出：《13，14 世纪东アジア史料通信》第 10 号，2009 等。
③ 井黑忍亦曾以尤赤（Joči）家族汉地投下领内の水利案为例，整体分析了政治权力同当事者所在地方社会的动向问题（井黑忍：《山西翼城乔泽庙金元水利碑考——以《大朝断定使水日时记》为中心》，《山西大学学报》2011 年第 3 期，第 92 ~ 97 页；同氏：《切り取られた一场面——モンゴルの分地支配に见る水の分配と管理》，《分水と支配：金・モンゴル时代华北の水利と农业》，早稻田大学出版部，2013），笔者的问题意识亦受此启发。

　　基于上述研究积累及笔者的问题意识,本文通过对蒙古时代宁海州石刻史料,特别是答阿里台斡惕赤斤(Daγaritai Odčigin)后裔诸王两通令旨碑的分析,来具体考察他们的活动及其对他们投下领宁海州社会所产生的影响。本文主要对下述五个方面展开论述:第一,此二通令旨碑发于何时?第二,通过此二通令旨碑的分析,可以得出关于答阿里台及其后裔诸王活动的何种新见解?这同答阿里台及其后裔对蒙古帝国的政治立场亦密切相关。第三,该令旨是在怎样的时代背景下发出的?第四,这些令旨的文书格式在蒙古命令文书体系中处于何等地位?第五,命令文书的发布及其刻石立碑在地方社会中具有何种意义?本文即在具体讨论这些问题的同时,试图逐步揭示出蒙古帝国华北支配的本质。

一　答阿里台家族后裔诸王的
两通令旨和投下领

　　本文所利用的基础史料为《马儿年哈鲁罕(Qalqan)大王令旨碑》和《狗儿年宁海王亦思马因(Ismā'īl)令旨碑》。其发布年代分别为马儿年7月4日和狗儿年7月17日。笔者此前已根据实地调查①所见石刻的现存状况(仅存残碑)简单介绍了二通石刻的基本信息和录文。② 基于此,首先,《马儿年哈鲁罕大王令旨碑》录文如下:

> 皇帝福荫里,
> 　　哈鲁罕大王令旨。宁海州达鲁花赤根底、管民官人每根底、管先生
> 　　底头目每根底。属咱们底城子宁海州地面里,大崑崳山东祖庭烟

---

① 齐鲁文化与昆嵛山道教国际学术研讨会(2008年10月9日～12日,于中国山东省烟台市牟平区)学术考察之际(10月11日),笔者得以于2008年4月再建的神圣观(蒙古时代的神清宫)亲见《马儿年哈鲁罕大王令旨》残碑。翌日,在刘学雷先生(山东牟平全真文化研究中心)的安排下,参观了神圣观隔壁的唐四仙姑祠堂遗迹,得以亲见《狗儿年宁海王亦思马因令旨》残碑。赵卫东先生(山东师范大学)和张广保先生(中国社会科学院历史研究所)亦同行,并在原碑前交换了意见。

② 舩田善之:《ハルハン大王と宁海王イスマーイールの令旨碑》,《13,14世纪东アジア史料通信》第15号,2011,第13～16页。

霞洞神清宫小名的观里住持的静渊明德大师、道正孙道衍小名的
先生，那观里修整圣像，兴盖殿宇。为这般勤上头，

令旨与了也。

皇帝、皇后、诸王根底祈福祝寿者。不拣是谁，他每根底休搔扰者，
休欺负者。属他每底宫观神清宫、清阳观石人埠、栲栳山、石门
口地土、庄子、山林，不拣甚磨，诸人休做主，休夺要者。则交
孙道衍管着者。

令旨俺的休得别了。别了的人每不怕那甚磨。

令旨俺的。

马儿年七月初四日，

黑龙江有时分，写来。①

其次，《狗儿年宁海王亦思马因令旨碑》录文如下：

皇帝福荫里，

宁海王亦思马因令旨。宁海州达鲁花赤、官人每根底、百姓每根底
省谕的

令旨。崑嵛山里有的烟霞洞神清宫里，在先丘神仙曾过来。唐四仙
姑有来。为他在前德行高的上头，他根底赠寓真资化顺道真人唐守明
的名字与来。这先生每根底

令旨与了也。教这随处宫观有德行委实的先生每，更别个宫观里有
的先生每，就烟霞洞与立石者。磨道，与了

令旨也。

狗儿年七月十七日，

上都有时分，写来。

哈鲁罕和亦思马因皆为成吉思汗叔父答阿里台玄孙。《南村辍耕录》

---

① 笔者前文《ハルハン大王と宁海王イスマーイールの令旨碑》中，有一字乱码未能正确
显示。《马儿年哈鲁罕大王令旨碑》第十五行第三字显示为"·"，其实当为"庄"（荘
的异体字），特于此订正之。

卷一《大元宗室世系》及《元史》卷一○七《宗室世系表·答里真位》所载"答里真",亦即答阿里台斡惕赤斤玄孙代四人中可见"哈鲁罕王"和"宁海王亦思蛮"之名。① 亦思蛮即亦思马因之汉字别记。② 据《元史》卷九五《食货三·岁赐》,答阿里台家族以"太祖叔答里真官人位"领有宁海州一万户投下领。③ 但《元史》卷二《太宗本纪》太宗八年七月④记载所谓"丙申年分封"时,也就是说,1236 年窝阔台(Ögedei)主导的汉地投下领分封时,并未言及答阿里台家族分封的情况。松田孝一认为即便 1236 年有所分赐也应当是极为有限的户数,而宁海州一万户的投下领数其实是忽必烈(Qubilai)时代才开始领有的。⑤ 本文亦以此为据。

亦如笔者前文⑥所介绍,这二通令旨碑已为民国二十五年(1936)序《牟平县志》卷一○《文献志四·杂志·轶事·元代令旨》全文移录。⑦但是,《石刻史料新编》⑧所收《牟平金石志》仅止于《牟平县志》卷九《文献志·金石》,而漏收该二通令旨碑。同时,其他金石志、地方志、各种资料集皆未及该二通令旨碑。故而,长期以来并未引起研究者的注意。

但是近年来,收录《牟平县志》中的二通令旨录文的王宗昱《金元全

① (元)陶宗仪:《南村辍耕录》,中华书局,1959,第 2 页;(明)宋濂:《元史》,中华书局,1976,第 2709~2710 页。
② 韩伯诗将亦思蛮构拟作 * Isman(Hambis, L. *Le Chapitre CVII du Yuan Che.* supplément au *T'oung Pao*, vol. XXXVIII, Leiden: E. J. Brill, 1945, p. 21, tt. 3 -4.)。该名汉字表记亦作"亦思麻殷"(《元史》卷 18《成宗本纪》至元三十一年十二月辛巳条,第 389 页),应当源自穆斯林名 Ismā 'īl。但从汉字表记推测,很可能蒙古语中音变为 * Ismayin ~ * Ismain – * Isman。
③ 《元史》,第 2412 页。
④ 《元史》,第 35 页。
⑤ 松田孝一:《窝阔台汗の"丙申年分拨"再考(1)——"答里真官人位"の宁海州分地について》,《西域历史语言研究集刊》第 4 辑,2010。
⑥ 舩田善之:《ハルハン大王と宁海王イスマーイールの令旨碑》,第 11~13 页。
⑦ 〔民国〕宋宪章修,于清泮纂,民国《牟平县志》,民国二十五年(1936)序刊本,《中国地方志集成·山东府县志辑》第 55 册,凤凰出版社,2004。
⑧ 新文丰出版社编辑部编《石刻史料新编》第 3 辑第 27 册,台北:新文丰出版社,1986。

真教石刻新编》出版后，该令旨方逐渐为学界所重视。① 张广保对该二通
令旨进行了初步研究，② 笔者也以此为基础将本文的主要内容在学会上进
行了报告。③ 在此对王宗昱先生的史料博辑深表敬意。张广保重点考察了
蒙古诸王对全真教的保护、信奉，并以此揭示出全真教东华宫同宁海王家
族间存在的密切关联。而本文则对张广保未曾阐释的令旨发布年代以及碑
刻、文书本身的相关问题加以论述，以期对该研究有所推进。④

二　二通令旨的发布年代

本节将对二通令旨的发布年代问题加以勘定。蒙古时代统治阶层的命令文书，⑤

①　王宗昱:《金元全真教石刻新编》，北京大学出版社，2005。同时，2008 年 9 月山东牟平
全真文化研究中心刘学雷先生将录文全文网络公开。唐四仙姑石龛令旨碑碑文:"山东牟
平全真文化论坛" http://www. muping. gov. cn/qz/onews. asp? id = 269 (2008 年 9 月 8 日
公开，后修订，2013 年 11 月 29 日最终确认);昆嵛山元代令旨碑碑文:"山东牟平全真
文化论坛" http://www. muping. gov. cn/qz/onews. asp? id = 279 (2008 年 9 月 16 日公开，
后修订，2013 年 11 月 29 日最终确认)。此后，网页又基于笔者在齐鲁文化与昆嵛山道教
国际学术研讨会报告中所示的录文与解释进行了修订。
②　张广保:《蒙元时期宗王、世侯对全真教的护持与崇奉》，氏著《金元全真教史新研究》，
青松出版社，2008，第 404 ~ 406 页;并收入赵卫东主编《门道昆嵛山—齐鲁文化与昆嵛
山道教国际学术研讨会论文集》，齐鲁书社，2009。
③　舩田善之:《两通宁海王令旨与蒙元时期的昆嵛山全真道》，齐鲁文化与昆嵛山道教国际
学术研讨会 (于中国山东省烟台市牟平区)，2008 (要旨:《齐鲁文化与昆嵛山道教国际
学术研讨会　会议手册》，第 240 ~ 241 页)。同氏:《モンゴル诸王・道士・地方官——
モンゴル时代宁海州の石刻史料の分析を通じて》，第 58 回东北中国学会大会 (于日本
东北大学)，2009 (要旨:《集刊东洋学》第 102 号，2009，第 110 ~ 111 页)。同氏:《ダ
ーリタイ后裔诸王とモンゴル时代宁海州の社会——令旨とその刻石の意义をめぐって》
2011 年度东洋史研究会大会 (于日本京都大学)，2011 (要旨:《东洋史研究》第 70 卷
第 3 号，2011，第 92 ~ 93 页)。
④　本文初稿写成后，方知悉徐庆康、冯培林两先生对 "马儿年哈鲁罕大王令旨碑" 的研究。他们
在移录并现代汉语翻译基础上，订正了《牟平县志》的解释，对其内容进行了简单介绍 [徐庆
康、冯培林:《烟台昆嵛山哈鲁罕大王令旨考》，《聊城大学学报》(社会科学版) 2011 年第 2
期]。同时，关于发布年代，他们推测为 1294 年、1306 年、1318 年三年中的某一年。
⑤　关于蒙古时代命令文书的体系和分类，参见杉山正明《元代蒙汉合璧命令文の研究
(一)》，《内陆アジア言语の研究》第 5 号，1990，后收入氏著《モンゴル帝国と大元ウ
ルス》;中村淳、松川节《新发现の蒙汉合璧少林寺圣旨碑》，《内陆アジア言语の研究》
第 8 号，1993;松川节《13 ~ 14 世纪モンゴル时代发令文の研究》，中西印刷株式会社，
2001。

以蒙古语发出，并以蒙文直译体①这一独特的文体加以翻译，其中不署大元年号而仅冠以十二生肖纪年者为多。所以，对于发布年代的勘定便成首要之务。

首先，当前史料所见关于哈鲁罕和亦思马因的基本史料大致如下：第一，他们都是答阿里台的玄孙，从成吉思汗算起，他们都属曾孙代（参照世系图）。编纂史料②所见该家族的同一代成员中，有哈鲁罕王、宁海王亦思蛮、宁海王拔都儿（Baãatur）、宁海王阿海（Aqai）兄弟四人。第二，《元史》中记载了答阿里台之孙、哈鲁罕和亦思马因祖父阔阔出（Kököèü）被派遣镇压中统三年（1262）李璮之乱等内容。③ 第三，关于答阿里台曾孙、哈鲁罕和亦思马因之父也里干（*Yergen），据《元史》本纪可确定他在至元二十年（1283）至大德元年（1297）（或大德六年，1302）间的活动。同时据此亦可知，他于元贞二年（1296）以后即已出镇蒙古高原中央部。④ 第四，

---

① 关于蒙文直译体的定义及其研究史整理，参见舩田善之《蒙文直译体の展开——〈灵岩寺圣旨碑〉の事例研究》，《内陆アジア史研究》第 22 号，2007 年，第 1～3 页；同氏《蒙文直译体の成立をめぐって——モンゴル政权における公文书翻译システムの端绪》，《语学教育フォーラム》第 13 号，2007，第 7～10 页；同氏《モンゴル语直译体の汉语への影响 - モンゴル帝国の言语政策と汉语世界 -》，《历史学研究》第 875 号，2011，第 3～5 页。

② 《史集》、《五族谱》的记载仅止于第二代大纳耶耶。赤坂恒明先生提供《五族谱》的相关信息，在此谨致谢意。

③ 《元史》卷一二〇《尤赤台传》，第 2963 页："李璮叛，帝遣哈必赤及兀里羊哈台、阔阔出往讨之，哈答与兀鲁纳儿台亦在行。璮平，与有功焉。"卷七《世祖四》至元九年（1272）八月己亥条，第 142 页："诸王阔阔出请以分地宁海、登、莱三州自为一路，与他王比，岁赋惟入宁海，无输益者，诏从之。"并参见松田孝一《窝阔台汗の"丙申年分拨"再考（1）》。

④ 《元史》卷一二《世祖本纪九》至元二十年（1283）正月己巳条："赐诸王也里干、塔纳合、奴木赤金各五十两、金衣襖一。"（第 250 页）《元史》卷一五《世祖本纪一二》至元二十五年（1288）十一月癸巳条："赐诸王也里干金五十两、银五千两、钞千锭、帛纱罗等二千匹。"（第 316 页）《元史》卷一九《成宗本纪二》元贞二年（1296）三月甲戌条："遣诸王亦只里、八不沙、亦邻真、也里悭、甕吉剌带并驻夏于晋王怯鲁剌之地。"（第 403 页）同卷大德元年（1297）六月甲午条："诸王也里干遣使乘驿祀五岳、四渎，命追其驿券，仍切责之。"（第 411 页）同丙辰条："赐诸王也里干等从者钞二万锭，鳍思麻一十三站贫民五千余锭。"（第 412 页）《元史》卷二〇《成宗本纪三》大德六年（1302）十一月庚戌条："禁和林军酿酒，惟安西王难答、诸王忽剌出、脱脱、八不沙、也只里、驸马蛮子台、弘吉列带、燕里干许酿。"（第 443 页）最后一条记载中，列举了数位驸马名，如果皆确为驸马的话，那么当非答阿里台家族の *Yergen。另外，尽管并非确证，但从 1296 年在蒙古高原怯鲁剌河（Kerülen）与亦只里（EJil）、八不沙（*Babša）等东道诸王（成吉思汗诸弟后裔诸王）的共同活动来看，1302 年同他们一起在哈拉和林活动的 *Yergen（也里悭、燕里干）为答阿里台家族 *Yergen 的可能性很大。

管见所及，关于哈鲁罕，仅见《南村辍耕录》卷一《大元宗室世系》、《元史》卷一〇七《宗室世系表·答里真位》及该二通令旨碑记载。第五，关于亦思马因，至元三十一年（1294）十二月曾受即位不久的成宗铁穆耳（Temür）赏赐。① 第六，被认为是亦思马因之弟的拔都儿延祐五年（1318）三月曾以宁海王身份受领金印。②

据上述分析，首先，亦思马因所发令旨的时期可大致锁定。亦即，他受大汗（Qaγan）赏赐的至元三十一年（1294）十二月为中心的前后时段。同时还可以基本确定在延祐五年（1318）三月其弟八都儿袭封宁海王之前的时期。进而，如果他以承袭答阿里台封地的继承者身份，或者以与之相应的负责、留守其封地的立场来发布令旨的话，那么就应该是也里干出镇蒙古高原中央部（1288 年至 1296 年间的某一个时期）之后的时期。③ 所以，综合来看，其命令文书的发布很可能是在这一时期的狗儿年 1298 年或者 1310 年的其中一个年份。

此外，从地方志中所收录的两则石刻石料中还可获得重要信息。第一是至治三年（1323）六月的《抱元真静清贫李真人道行记》：

> 大德己亥岁，钦蒙晋王令旨，封抱元真静清贫真人……至大己酉岁，益都路宣慰使资善王公庭宪捐己资，施白金一百两，添助工费。次年庚戌春三月，钦受圣旨，护持东华宫。当年秋七月，蒙宁海王位下总管忻都保举，敬受宁海王令旨，护持本宫。④

---

① 《元史》卷一八《成宗本纪一》至元三十一年（1294）十二月辛巳条："赐诸王亦思麻殷金五十两。"（第 389 页）

② 《元史》卷二六《仁宗本纪二》延祐五年（1318）三月己巳条："赐宁海王八都儿金印。"（第 582 页）另外，《元史》卷一〇八《诸王表·金印驼纽·宁海王》："亦思蛮。八都儿，延祐五年。"（第 2744 页）并见 HAMBIS, L. *Le Chapitre CVIII du Yuan Che. monographies du T'oung Pao*, vol. III, Leiden: E. J. Brill, 1954, p. 119.

③ 参见本页注①。很可能由于乃颜（Nayan）及其后的哈丹（Qadaγan）之乱被镇压的 1288 年，也里干才被派遣出镇蒙古高原中央部而远离了答阿里台本来的封地范围。

④ 〔清〕李祖年修，于霖逢纂光绪《增修文登县志》卷一二《释道·元·抱元真静清贫李真人道行碑》，民国二十二年（1933）铅印本，《中国地方志集成·山东府县志辑》第五十四册，凤凰出版社，2004。王宗昱《金元全真教石刻新编》亦收录该碑录文（第 47 ~ 49 页）。

第二则史料是泰定五年（1328）三月《寓真资化顺道真人唐四仙姑祠堂碑》：

> 泰定四年冬，山东宣慰①同知泰不花公按治到州。公爱民重道，忠厚人也。拈香于东华宫，因见石刻圣朝宁海王赠姑真人令旨，深加叹美。②

由此可明确两件史实。其一，1310 年 7 月宁海王发布了令旨。其二，给予唐四仙姑封号的宁海王令旨在 1327 年冬天仍以石刻形式立于东华宫。东华宫建于现山东省文登县，为崑嵛山道观，乃是与永乐纯阳万寿宫（山西省芮城县）齐名的全真教东祖庭。③

这些史料所言及的宁海王令旨碑和令旨，发布年月一致，内容也都是同唐四仙姑相关，故而毫无疑问，即是指《狗儿年亦思马因令旨碑》以及立石后的令旨。④ 所以，亦思马因所发令旨的狗儿年，即为庚戌年（至大己酉年翌年的至大三年），亦即 1310 年。

其次，管见所及，并未发现可以勘定哈鲁罕大王令旨发布年代的直接史料。但是，如果考虑到可以发布令旨的时期，那么或许可以认定是在 1288 年至 1296 年间某个时间之后，同时又早于其弟亦思马因出现在史料中的至元三十一年（1294）十二月。如此一来，可能性最大的马儿年，当即 1294 年，亦即至元三十一年（甲午年）。

---

① 光绪《增修登州府志》卷六五《金石上·寓真资化顺道真人唐四仙姑祠堂碑》，及王宗昱《金元全真教石刻新编》（第 53 页）中，"宣慰"皆作"宣尉"。
② 〔清〕舒孔安修，王厚階纂同治《重修宁海州志》卷二六《外书·唐四仙姑》，同治三年（1864）刊本，《中国地方志集成·山东府县志辑》第五十四册，凤凰出版社，2004；光绪《增修登州府志》卷六五《金石上·寓真资化顺道真人唐四仙姑祠堂碑》。王宗昱：《金元全真教石刻新编》亦收录该碑录文（第 53～54 页）。
③ 关于东华宫的沿革，详见张广保《蒙元时期宗王、世侯对全真教的护持与崇奉》。同时《马儿年哈鲁罕大王令旨碑》亦载有"大崑嵛山东祖庭烟霞洞神清宫"，可知，此时在崑嵛山的诸道观中，烟霞洞神清宫也被视作东祖庭。
④ 关于令旨碑所在地等相关问题，详见第四节。

三　答阿里台事迹的叙述及其后裔诸王的
蒙古高原封地

首先来看答阿里台的事迹。《史集》和《蒙古秘史》皆记载了他在成吉思汗确立蒙古高原霸业过程中背叛成吉思汗而相互敌对之事。但是，在成吉思汗确立蒙古高原霸业后，对答阿里台所受处罚，两者记载则互生龃龉。《蒙古秘史》卷一〇第二四二节记载如下：

> （成吉思汗）说"因答阿里台曾与克列亦惕（人）一起（勾结），在眼睛看不见的地方（除掉）"后，孛斡儿出（Bo'orču）、木合黎（Muqali）、失吉忽秃忽（Šigi Qutuqu）三人说："真像自己灭自己的火一般。真像自己毁掉自己的营帐一般。你贤明的父亲所留的，只剩下你的叔父一人。为什么要舍弃呢？他不明道理，你就不要计较他了。要叫你贤父幼年时牧地里同一族人一起冒出烟来。"（成吉思汗）被说得鼻子像炝了烟一般（发酸），就说："就依你们说的吧"，于是想着贤明的父亲，就依从了孛斡儿出、木合黎、失吉忽秃忽三人所言。①

成吉思汗意欲处决答阿里台之时，由于三位近臣的求情使得他最终获救。近臣们提议让答阿里台于成吉思汗之父（答阿里台长兄）也速该（Yesügei）幼年的游牧地（游牧移动圈）生活，成吉思汗从之。

而《史集·蒙古史·把儿坛把阿秃儿 Bartân Bahâdur（Mon. Bartan Baāatur）纪》则记载如下：

---

① 佚名：《元朝秘史》，四部丛刊本。笔者参照小泽重男《元朝秘史全释续攷（下）》（风间书房，1989，第126～138页）、村上正二《モンゴル秘史 3》（平凡社，1976，第105～110页）、De Rachewiltz, Igor *The Secret History of the Mongols: A Mongolian Epic Chronicle of the Thirteenth Century*（2 vols., Leiden and Boston: Brill, 2004, pp. 167, 865-868）的译文以及注释，自原文蒙古语译出。译者参照札奇斯钦《蒙古秘史新译并注释》（联经出版事业股份有限公司，1979，第362页）译成中文。

（把儿坛把阿秃儿）第四子为答阿里台斡惕赤斤（Dārītay Ūtchigīn）。由于屡屡与成吉思汗 Chīnggīz Khān 为敌，终致其一族（ūrūgh, Mon. uruɣ）沦为奴隶……而他与阿勒坛 Altān（Mon. Altan）、忽察儿 Qūchar（Mon. Qučar）一起被杀，其部民及一族 ūrūgh 也多被杀掉。他有一个儿子是他的继承者，名作大纳耶耶 Tāināl Yaya（Mon. *Tainal Yeye）。成吉思汗将他连同他的部属二百人，一并给了自己的侄儿额勒只带那颜 Īlchīdāy Nūyān（Mon. Alčidai ~ Elčidei ~ ElJigidei Noyan），他们是他的奴隶。直到现在（14 世纪初期），他的一族 ūrūgh 还同额勒只带那颜的一族 ūrūgh 在一起。①

据此可知，答阿里台连同敌对成吉思汗的阿勒坛、忽察儿②一并被杀，其子大纳耶耶和答阿里台家族部民都给了成吉思汗之弟合赤温（Qačiyun）的儿子额勒只带。

宇野伸浩曾对《蒙古秘史》和《史集》中成吉思汗相关记载仔细比对、研究，认为《史集》相较于忠实地记述史实，《蒙古秘史》的记载则更加倾向于美化成吉思汗的事迹。例如，对于帖卜腾格里（Teb Tenggeri）被杀事件，《蒙古秘史》尽可能地减少了成吉思汗的参与度。这便是力求避免成吉思汗形象受损的曲笔行为。③ 而两种史料对答阿里台处置记载的不同，从《蒙古秘史》有意隐晦成吉思汗处决其亲叔父的事实也可得以解释。实际上，与《史集》的直言不讳相反，《蒙古秘史》在运用极其令人费解的修辞的同时，对此事的隐晦极尽曲折之能事，难合符节。由此可知，关于答阿里台的处置，《史集》的记载是相对忠实于史实的。④ 成吉思汗在其父也速该死后聚集乞颜部（Qiyad~Kiyad）的过程中，其叔父答阿里

---

① Raushan, M. and Mūsawī, M. （ed.）, *Jāmi ' al-Tawārākh*. 4vols., Tehrān, 1373A. H. S. /1995. 同时适当参考伊斯坦布尔写本。

② 阿勒坛为也速该的堂兄弟，忽察儿为也速该的侄子。

③ 宇野伸浩：《チンギス·カン前半生研究のための〈元朝秘史〉と〈集史〉の比較考察》，《人间环境学研究》第 7 号，2009，第 64~68 页。

④ 松田孝一亦推测答阿里台获救的记载也是由于《蒙古秘史》的润色所致。参见松田孝一《窝阔台汗の"丙申年分拨"再考（1）》，第 125 页，注释 7。

台便是最大的竞争对手之一，这应当便是二人最终必然会走向对立的原因。① 其结果，答阿里台被处决，答阿里台之子大纳耶耶及其属民在较长时期内皆不许形成独立的集团（ulus），而只能隶属于成吉思汗之弟合赤温家族。这也是造成答阿里台后裔相关文献史料较为欠缺的重要原因。

对于受此处罚的答阿里台后裔子孙情况，松田孝一做了如下研究：第一，答阿里台家族作为隶属合赤温家族二百户之长，在窝阔台时代"丙申年分封"中汉地投下领分封之际，很可能也被再分配②了一部分本来分封给合赤温家族的投下领（其后成为济南路的滨州和棣州）。第二，答阿里台之子大纳耶耶及其孙阔阔出以忽必烈即位和镇压李璮之乱时所获功绩，确立了其千户长的地位。第三，其后，至至元九年（1272）八月，以宁海州作为投下领晋升至下位诸王之列。③ 第四，所分封的宁海州投下领一万户乃是忽必烈时代的才被确定的。作为由千户长晋升的诸王，这是以分封他所领有蒙古高原兵力十倍数量的投下领标准来实现的。

哈鲁罕大王令旨的发出地"黑龙江"，这一信息也是答阿里台及其后裔诸王事迹和投下领相关问题中极为值得注意的。如上所述，作为当时的历史编纂资料，《史集》记载了答阿里台子孙仍隶属合赤温家族的情况。如杉山正明所示，合赤温家族的封地在捕鱼儿海子（Buyur Naγur）以南，兀里灰（Ulqui）河、合兰真沙陀（Qala Qalǰid）一带，④ 位于绵延于兴安岭山麓的成吉思汗诸弟分封地的最南端，远离黑龙江。那么，是否存在因某种缘由哈鲁罕偶然到达北部的黑龙江这一可能性呢？对此，下面两点值

---

① 成吉思汗霸权确立后，乞颜氏内部最大的竞争对手便成了其弟搠只哈撒儿。二人间的矛盾纠葛亦可由《蒙古秘史》窥见一二。宇野伸浩亦曾考察过二人的对立问题。参见宇野伸浩《チンギス・カンとジョチ・カサル》，《人间环境学研究》第 11 号，2013。同时，笔者也推测搠只哈撒儿死后，作为成吉思汗竞争者出现的是其长子尤赤。对此，《蒙古秘史》续集卷一第二五四、二五五节所载成吉思汗继承人选定的传闻，以及《史集·蒙古史·尤赤汗纪》（Raushan, M. and Mūsawī, M.（ed.）, Jāmi' al-Tawārākh. 4 vols., Tehrān, 1373 A. H. S. /1995, pp. 732 - 733）中关于尤赤晚年二人对立的记载皆有所反映。
② 关于受封投下领的诸王、公主、驸马将部分投下领再分配给所属家族及武将的问题，参见松田孝一《オゴデイ・カンの"丙申年分拨"再考（2）—分拨记事考证—》，《立命馆文学》第 619 号，2010。
③ 参见第 321 页前注②史料及李治安《元代分封制度研究（增订本）》，第 99 页。
④ 杉山正明：《モンゴル帝国の原像——チンギス・カンの一族分封をめぐって》，《东洋史研究》第 37 卷第 1 号，1978，后收入氏著《モンゴル帝国と大元ウルス》。

得注意。

其一，答阿里台家族的汉地投下领宁海州位于山东半岛的最上方，在汉地中也处于最为东北的位置。其二，《蒙古秘史》亦有将答阿里台移往也速该故地的记载。亦如松田孝一所指出，在蒙古高原的封地同汉地投下领方面，部民数以及分封地的安排存在某种相互的关联。所以，这就会让人联想到汉地投下领位于最东北处，那么其蒙古高原分封地便会同样位于最东北方。尽管史料并未明言哈鲁罕大王令旨到底在黑龙江的具体哪个地方所发出，但是一般会自然想到应当在蒙古高原东北边疆的某个地方。也就是说，在1294年哈鲁罕发布令旨的时期，答阿里台家族在蒙古高原应当存在与其汉地投下领有着对应关系的封地。[1] 很可能，在答阿里台后裔作为诸王恢复王权之际，其地作为该家族在蒙古高原东北边疆的封地，连同汉地投下领宁海州一并被赐予。[2]

如果上述论点成立的话，《蒙古秘史》相关文本内容即反映了答阿里台后裔恢复诸王权力以后的状况。如所周知，关于《蒙古秘史》的成书年代，存在诸多假说。亦即将第二八二节中所出现的"鼠儿年"勘定为1228年、1240年、1252年、1264年、1324年等诸说之外，还存在为解决全书以成吉思汗和窝阔台汗为叙述对象，同时还包含后世信息的问题而提出的

---

[1] 答阿里台家族的活动同蒙古帝国在黑龙江地区的统治很可能亦相互关联，这一课题，需要今后进一步深入研究。目前相关研究，参见中村和之《〈北からの蒙古袭来〉小论——元朝のサハリン侵攻をめぐって》，《史朋》第25号，1992；同氏《十三～十六世纪の环日本海地域とアイヌ》，大隅和雄、村井章介编《中世后期における东アジアの国际关系》，山川出版社，1997；同氏《金·元·明朝の北东アジア政策と日本列岛》，天野哲也、臼杵勋、菊池俊彦编《北方世界の交流と变容－中世の北东アジアと日本列岛》，山川出版社，2006；同氏《金·元代のアムール川下流域における据点の形成》，臼杵勋编《文部科学省科学研究费补助金（特别研究促进费）北东アジア中世遗迹の考古学的研究总合研究会资料集》，札幌大学人文学部，2007；同氏《〈北からの蒙古袭来〉をめぐる诸问题》，菊池俊彦编《北东アジアの历史と文化》，北海道大学出版会，2010。

[2] 《史集》明确记载当时答阿里台后裔仍以奴隶的身份隶属合赤温家族，与之不符。在《史集》编纂，特别是记叙蒙古帝国东部情况之际，至元二十年（1283）孛罗（Bolod）作为重要的资料提供者被忽必烈派往伊朗[宫纪子：《〈农桑辑要〉からみた大元ウルスの劝农政策（上）》，《人文学报》第93号，2006，第71页]，而这时答阿里台后裔已恢复诸王的权力。尽管仍存在疑问，但其中一种可能性是，《史集》关于答阿里台后裔的记述是基于其诸王身份恢复之前的信息。另一种可能是，蒙古高原东北边境作为答阿里台后裔诸王的封地最终确立较晚。例如，乃颜、哈丹之乱被镇压后，在蒙古帝国东方的势力和权益被重新整合之时，其东北边境的封地才最终确定下来。或许这一可能性也值得考虑。

其编纂、成书经过了不同阶段的观点。① 本文对其成书年代问题不拟深究，但笔者赞同，《蒙古秘史》在成书过程中经历了数个阶段，即便在最初成书后，亦随着其后政治局势的变化而不断改订。上述答阿里台处置的相关记载，不仅仅是力求避免成吉思汗形象受损，其实也反映了其后裔诸王的政治立场问题。关于《蒙古秘史》的文本问题，今后有必要对具体事例详加分析，在考虑到其后世政治状况变化的基础上做进一步考察。

四 二通令旨的价值和特征

本节首先分析二通令旨的价值，并以此探讨其时代背景、碑刻的所在地以及令旨的文书格式等问题。

关于二通令旨的价值，可以总结为以下三点。

第一，该二通令旨的价值最重要者当是提供了关于哈鲁罕和亦思马因的新资料。如上所述，与成吉思汗诸子、诸弟后裔相比，他们地位绝不算高，同时答阿里台与成吉思汗又相互敌视，故而关于答阿里台后裔动向的史料原本就不充分。亦如第二节、第三节所考察，该二通令旨确是可以补充答阿里台后裔诸王的活动时期、场所及其相关具体内容的珍贵史料。

第二，通过向道士发布令旨，答阿里台后裔诸王对汉地投下领宁海州确实在发挥其影响力。从忽必烈皇统来看，这一相当小的并且是旁系的，甚至在蒙古帝国前期还属奴隶身份，之后才恢复王权的诸王，都较为深入地介入了华北社会内部之中。由此可知，蒙古诸王的权力其实已渗透至华

---

① 对于《蒙古秘史》成书问题的学术史整理，参见小泽重男《元朝秘史》，岩波书店，1994；De Rachewiltz, Igor *The Secret History of the Mongols: A Mongolian Epic Chronicle of the Thirteenth Century.* Leiden and Boston: Brill, 2004, vol. 1, pp. XXIX - XXXIV; 2013, vol. 3, pp. 1 - 2; Atwood, Christopher P. "The Date of the 'Secret History of the Mongols' Reconsidered." *Journal of Song Yuan Studies*, 37, 2007, pp. 1 - 4；山本明志《书评: I. de Rachewiltz, *The Secret History of the Mongols: A Mongolian Epic Chronicle of the Thirteenth Century. Translated with a historical and philological commentary.* 2 vols. (Brill's Inner Asian Library, vol. 7), Brill, Leiden/Boston, 2004》，《内陆アジア言语の研究》第 20 号，2005，第 127~128 页；吉田顺一《〈モンゴル秘史〉研究の新たな展开にむけて》，早稻田大学モンゴル研究所编《モンゴル史研究 - 现状と展望》，明石书店，2011，第 10~11 页；チョクト《〈元朝秘史〉の世界を理解するために——中国における《元朝秘史》研究の问题を中心に》，早稻田大学モンゴル研究所编《モンゴル史研究——现状と展望》，第 35~36 页。

北社会的每个角落,并以此实现对其投下领的支配。这已远超一般对蒙古诸王权力之于地方社会统治的认识。所以,这二通令旨也成为重新思考蒙古对华北统治印象的关键性材料。

换个角度看,这二通令旨碑之所以能够残存,也正是宁海州作为投下领完全为答阿里台后裔诸王所领有的结果。宁海州崑嵛山神清宫为全真教的东祖庭。而对全真教来说,烟霞洞又是王喆(重阳)教导马钰(丹阳)、丘处机(长春)等人的圣地。① 正因为如此,我们方可最终看到实力较小的答阿里台后裔诸王相关的较为集中的石刻史料。

第三,关于答阿里台后裔诸王的王号问题。松田孝一曾对《元史》点校本校勘记所谓《元史》卷一○七《宗室世系表·答里真位》中"宁王阔阔出"当为"宁海王阔阔出"之误的说法②表示怀疑。③ 在这二通令旨中,亦思马因冠有"宁海王"之号,而哈鲁罕则仍称"大王",并未有特定的名号。由此可见,答阿里台后裔诸王的"宁海王"号在哈鲁罕发布该令旨之时应当尚未赐予。也就是说,关于"宁海王"号,或是在哈鲁罕发布该令旨后领受,或是直至亦思马因时方首次领受。所以《元史》卷一○七《宗室世系表·答里真位》中"宁王阔阔出"的记载,应当是将其混同于忽必烈之子"宁王阔阔出"所致。《元史》点校本校勘记的说法应当修正。

其次,关于令旨发出的时代背景。由于资料所限,在此只能止于推论。哈鲁罕大王令旨于至元三十一年(1294)七月初四发布。正在同年正月忽必烈崩,四月成宗即位后不久。可以推测,伴随汗位更迭,道观方也有进一步确认他们同投下领主哈鲁罕大王关系的意味。④ 至元三十年(1293),搠只哈撒儿家族的八不沙大王亦于十一月十八日发布令旨给其汉地投下领般阳路淄川县的炳灵王庙庙主刘伯源。据杉山正明的研究,该令

① 高桥文治认为,位于山东半岛的莱州、登州、宁海州,实际上乃是全真教的真正发源地[《モンゴル时代全真教文书の研究(二)》,《モンゴル时代道教文书の研究》,第141页]。其重要性确实值得注意。
② 《元史》,第2731页,注释12。
③ 松田孝一:《窝阔台汗的"丙申年分拨"再考(1)》,第121页。
④ 如果同时考虑到也里干进驻蒙古高原的中央领地的事实,也可以说同时具有重新确认投下领主交替后相互间关系的意味。

旨正是在镇压动摇蒙古帝国的乃颜、哈丹之乱后所直接发出的。[①] 答阿里台家族亦为东道诸王，多同包括哈撒儿家族在内的东方三王家（成吉思汗诸弟的东道诸王家族）一起行动。[②] 八不沙大王和哈鲁罕大王令旨的发布，很可能同叛乱后大汗对东道诸王的处罚和重新整合有着某种关联。[③] 另外，宁海王亦思马因的令旨发布于至大三年（1310）七月十七日。尽管与哈鲁罕大王令旨存在着时间上的间隔，但该令旨亦与之相似，大德十一年（1307）武宗海山（Qaišan）即位后，道观方应当也有意同投下领主确认其相互关系。此前同年三月，即已钦受海山圣旨。[④] 可以认为，该圣旨与亦思马因令旨皆为道观方在同样的考量中请求发布的。亦思马因令旨发布于上都这点应该也意味着同大汗圣旨之间存在某种关联。

接下来必须对《狗儿年亦思马因令旨碑》的现存地问题加以讨论。亦如第二节所论，该令旨被持至东华宫，山东宣慰同知泰不花在东华宫亲见刻此之碑。但是，令旨碑的残碑却现存于设在神清观（神清宫）内的唐四仙姑祠堂遗址。民国《牟平县志》卷一〇《文献志四·杂志·轶事·元代令旨》亦记载当时存于唐四仙姑石龛内西壁。也就是说，1936 年前后确是存在于唐四仙姑祠堂的。很明显，该令旨碑本立于东华宫，而在唐四仙姑迁葬和祠堂创建之时被移存至隔壁新建的唐四仙姑祠堂内。[⑤] 当然，也有可能在迁葬和祠堂创建之时，基于东华宫令旨碑或者令旨原本对令旨进行重新刻石。

最后来讨论该二通令旨的文书格式及其内容构成问题。如所周知，蒙古时代的蒙古语、汉语命令文书的格式和汉语的翻译文体"蒙文直译体"在忽必烈即位后逐步确立，最终实现了其文书格式的统一和定型化。特别是发给

---

① 杉山正明：《八不沙大王の令旨碑より》，第 210 页。

② 参见第 321 页前注②。

③ 当前，关于乃颜之乱及其后诸问题，参见堀江雅明《テムゲ＝オッチギンとその子孙》，《东洋史苑》第 24、25 号，1985 年；同氏《ナヤンの反乱について（上）》，《东洋史苑》第 34、35 号，1990。

④ 参见第二节所引至治三年（1323）六月《抱元真静清贫李真人道行记》。

⑤ 嘉靖《宁海州志》（《天一阁藏明代地方志选刊续编》第五七册，上海书店，1990）、光绪《增修登州府志》、光绪《文登县志》、《山左金石志》皆著录、移录了东华宫石刻，但并未言及亦思马因令旨碑的情况。笔者 2006 年 11 月 19 日曾前往东华宫遗址调查，得以亲见重建不久的三清殿和刻有"紫府洞天之门""至大元年戊申仲冬十方道众打造"铭文的石门，其他蒙古时代的石刻并未确认。

佛教、道教的寺观、佛僧、道士确保免除其税役并施加保护的圣旨、令旨、懿旨等，不仅其文书格式方面，甚至内容上也基本实现了统一化。①

而另一方面，该二通令旨尽管分别发布于成宗铁穆耳、武宗海山时代，但其文书格式和内容并未完全定型、统一。当然，从蒙古命令文书的格式整体上分析其结构话，某种程度上也是遵循基本格式的，但是与定型后文书格式不甚一致的用语、内容也所在多见。例如，作为定型后的"权限规定"的令旨文书起始句，一般使用"（长生）天气力里，皇帝福荫里，××令旨"的形式，② 而该二通令旨中皆缺少第一句。同时，哈鲁罕大王令旨中，以"～～根底"来明确其"通知对象"，而在定型后的命令文中则应该采用"～～根底宣谕的令旨"这一表述。这却同"兔儿年（1339）脱帖木儿（Toã Temür）荆王令旨碑"和"猴儿年（1344）脱火赤（Toãaèi）荆王令旨碑"③ 在形式上有着共通之处。此外，在列举通知对象时也未及使臣、军官等，相较定型化后的内容简略。在"宣示正统性""背景说明"的部分，也并非列举既有的命令文书和所赋予特权的内容，而是具体叙述了与命令文书所应赋予该道观道士的特权和封号相对应的事迹。另外，亦思马因令旨中相当于"指令1"和"指令2"的部分则分别是授予封号和刻石立碑的命令内容。这与定型化、统一化之后，"指令1"中对发给对象授予特权和要求对皇族祈福内容，以及"指令2"中为实现

① 参见杉山正明《草堂寺阔端太子令旨碑の译注》，《史窗》第 47 号，1990，后收入氏著《モンゴル帝国と大元ウルス》，第 452～453 页；高桥文治《太宗オゴデイ癸巳年皇帝圣旨译注》，《追手门学院大学文学部纪要》第 25 号，1991，后收入氏著《モンゴル时代道教文书の研究》，第 22～27 页；中村淳、松川节《新发现の蒙汉合璧少林寺圣旨碑》，第 17～18 页；松川节《大元ウルス命令文の书式》，《待兼山论丛 史学篇》第 29 号，1995，第 36～38 页；同氏《13～14 世纪モンゴル时代发令文の研究》，第 172～202 页；宫纪子《モンゴルが遗した"翻译"言语——旧本〈老乞大〉の发见によせて》，《内陆アジア言语の研究》第 18、19 号，2003、2004 年，后收入氏著《モンゴル时代の出版文化》，名古屋大学出版会，第 198～200 页；舩田善之《蒙文直译体の展开——"灵岩寺圣旨碑"の事例研究》，《内陆アジア史研究》第 22 号，2007，第 2～3 页。
② 下文，关于定型后的文书格式和统一的文书内容解说，以松川节《大元ウルス命令文の书式》（第 39 页）和《13～14 世纪モンゴル时代发令文の研究》（第 152 页）二文所示的构造分析为据。
③ 参见陈垣编，陈智超、曾庆瑛校补《道家金石略》，文物出版社，1988，第 804～805 页。

对寺观的保护而对通知对象发出禁令等内容有着截然的区别。① 类似这种
与定型化、统一化之间的偏差，如杉山正明所指出，这与蛇儿年（1293）
八不沙大王令旨和至元十六年（1279）、至元十七年（1280）势都儿
（Šigtür）大王的二通令旨也存在共通的要素。② 对此，值得注意的是，它
们作为同属东道诸王的令旨，其中或许也存在某种近似性。

此外，从 1310 年亦思马因令旨可知，即便至海山时代，令旨的格式、
文体的定型化、统一化仍未完全实现。杉山正明通过对前述三通令旨的分
析认为，命令文书及其汉译的定型化、统一化，尽管忽必烈时代并未完全
限定语句使用的各个方面，但如果仅仅谈命令文的统一化的话，那么成宗
铁穆耳时代基本都遵循了中央的规制。③ 但是，如果具体到本文所涉及的令
旨格式、内容，可以认为，中央所规定的文书格式仅在大汗及其哈敦
（Qatun）、忽必烈诸子系统的诸王命令文书中实现了统一。而忽必烈系诸王
之外，在一定程度上遵循中央所规定文书格式的同时，实际上也发布了脱离
规定格式的命令文书。因此，从中也可以看出蒙古帝国分权式的构造，以及
诸王兀鲁思也存在的一定程度上的独立性。在此背景下，如果我们硬以统一
化、定型化之后的文书格式、文体表述来套用大汗、中央政府难以完全彻底
统一的诸王令旨的话，那么可以说，这一讨论本身就没有意义了。

五　令旨及其刻石立碑的功能在地方社会中的影响

如所周知，大部分中国本土的蒙古时代命令文书都以石刻形式存留至
今。对此，杉山正明和高桥文治称之为"碑刻的时代""多碑的时代"。④
发给宗教教团的蒙古命令文书内容，多是以服务大汗等皇族以及王朝

---

① 哈鲁罕大王令旨中，其"指令1""指令2"的内容，大致接近于定型化、统一化之后的
　命令文书格式。
② 杉山正明：《八不沙大王の令旨碑より》，第 201～203 页。对此二通势都儿令旨，高桥文
　治《モンゴル时代全真教文书の研究（二）》亦曾进行分析。
③ 杉山正明：《八不沙大王の令旨碑より》，第 202 页。
④ 杉山正明：《碑はたちあがり历史は苏る》，杉山正明、北川诚一：《大モンゴルの时代》，
　中央公论社，1997，第 184 页；高桥文治：《モンゴル时代全真教文书の研究（三）》，
　《追手门学院大学文学部纪要》第 33 号，1997，后收入氏著《モンゴル时代道教文书の
　研究》，第 165 页。

为条件来免除教团的税役并施加保护。所以，其刻石的目的无疑在于积极宣示宗教教团受到现政权的保护，以防止不逞之徒对其权利的侵害。杉山正明准确地概况其意图为，"喜好将明记其职任、特权、免税、免役的'特许证明'刻于碑石""意欲昭示其自身及集团的权益"。①

关于命令文的刻石立碑，亦思马因令旨中的一段话也颇为值得注意：

> 教这随处宫观有德行委实的先生每，更别个宫观里有的先生每，就烟霞洞与立石者。磨道，与了令旨也。

此即，令旨中明令刻石立碑。这是考察令旨功能的重要史料。这些命令文石刻往往强烈地反映出了文书接受方的意图。但是，亦如杉山正明、高桥文治所指出，蒙古诸王其实是较为偏爱这种纪念碑式的立碑行为的。② 宫纪子也论及大汗自身有意识地将其圣旨于全国各地刻石立碑的事例，③ 这种蒙古统治层的主导性特征也必须加以注意。该令旨也是直接反映诸王明令其令旨刻石立碑的重要史料。

进而，刻石后的令旨对地方社会的宗教活动和信仰也产生了很大的影响。该令旨是追赠唐四仙姑以道姑称号的文书。丘处机年轻时曾问道于唐四仙姑，并预言了王喆的到来同全真教诞生和丘处机出家相关的重要传承。同时，由祭祀唐四仙姑的祠堂石刻亦可窥见下述事件的来龙去脉。如第二节所述，泰定四年（1327）山东宣慰同知泰不花（ *Tayi Buq a）参拜东华宫时亲见该令旨碑，并绝赞之。泰定五年（1328）三月的《寓真资化顺道真人唐四仙姑祠堂碑》记载了其后事情的进一步发展。

> 本宫提点耿道清话及仙姑归真至今一百六十余年，未曾迁葬。公即回辔烟霞，叩坟瞻礼。顾谓本州监郡拜也及州判官蒋本敬曰："仙

---

① 杉山正明：《モンゴル帝国の兴亡〈下〉——世界经营の时代》，講談社，1996，第196页。

② 杉山正明：《碑はたちあがり历史は苏る》，第185页；高桥文治《モンゴル时代全真教文书の研究（三）》，后收入氏著《モンゴル时代道教文书の研究》，第165页。

③ 宫纪子：《大德十一年"加封孔子制诰"をめぐる诸问题》，《中国——社会と文化》第14号，1999，后收入氏著《モンゴル时代の出版文化》，第285～287页。

姑道行如此，其于葬事，可不为助理乎"。二侯欣然领略，首出己俸，暨诸司属施钞三十定付道清，同神清宫提举林道润共办其事。于是命工伐石修砌。迁瘗既毕，在上复立坚珉以纪姑德。道清等持姑行状踵门来谒，恳文于予。辞不获已，因论次之。

山东宣慰同知泰不花亲见亦思马因令旨碑后，从道士处听闻唐四仙姑的迁葬尚未完成，即向当地地方官员提议迁葬唐四仙姑。诸官员便布施己财，并以部分官费来襄办此事。因此，道士们得以完成唐四仙姑的迁葬。继而，甚至请人撰写了祠堂碑刻的碑文，树立了石碑。作为蒙古统治层命令文及其石刻在地方社会发挥实际功能的实例，该记载价值非凡。如果没有亦思马因所发令旨，同时该令旨如果未曾刻石立碑，那么唐四仙姑迁葬和祠堂创建的工程皆不能实现。很明显，诸王于其所领有的投下领内的活动，尤其是他们所发布的命令文书并对其刻石立碑本身，对该地方社会的宗教事业产生了极大的影响。综上，我们可以说，地方社会的宗教事业其实是由蒙古诸王、地方官员、道士三者互相协作而最终促成的。

结　语

本文通过分析《马儿年哈鲁罕大王令旨碑》和《狗儿年宁海王亦思马因令旨碑》二通石刻史料，考察了答阿里台家族的活动以及这些活动对其汉地投下领所产生的影响。首先通过对地方志所收相关石刻及各类文献史料相互比照、考证，将二通令旨的发布年代分别勘定为 1294 年和 1310 年。其次，根据令旨的发布地黑龙江，判断当时答阿里台家族的蒙古高原领地位于蒙古高原的东北边疆。同时揭示出这同位于最东北部的答阿里台家族汉地投下领宁海州呈现平行的配置关系。而关于《蒙古秘史》中对答阿里台处置的叙述，本文认为这其实是基于忽必烈时代后裔诸王的状况撰写，相关文本在忽必烈时代以后又被重新编纂、改变。

接下来，本文在总结该二通令旨价值和特征的基础上，讨论了蒙古统治层命令文书的发布及其刻石立碑对地方社会所产生的影响问题。具体来讲，通过分析该二通令旨及相关碑刻，详细考察了宣慰司官以巡察、道观参拜为契机干预唐四仙姑（金代道姑）迁葬的经过，注意到了令旨碑所发挥的重大作用。与此相关，井黑忍曾就水利碑的特性总结出"公开性""实用性""紧密联系当地性"等几点。① 本文相关实例也正是因石碑的"公开性"特征而发挥其"实用性"效果。

综上，蒙古统治层的命令文书及其石刻对地方社会产生了较大影响。而地方社会的宗教事业，尽管由宗教教团和地方官员所承担，但蒙古统治层的参与也是不可或缺的要素。本文即为此提供了蒙古统治下地方社会中诸王、道士、地方官员之间互动关系的具体实例。

今后，通过此等实例的综合研究，来进一步揭示蒙古统治同地方社会联动关系的研究便成为值得重视的重要课题。其结果，便可逐步构建出同目前看法相异的蒙古政权统治汉地乃至中国本土的实况。

致谢：笔者对本文所利用二通令旨碑实地调查之际，承蒙刘学雷先生及主办齐鲁文化与昆仑山道教国际学术研讨会的诸位先生关照，在此深表感谢。同时，本文的主干各部分在正式成稿前曾于各学会及研究会口头报告。在口头报告及成稿过程中，赤坂恒明、井黑忍、宇野伸浩、松田孝一、张广保等各位学者为笔者提供了宝贵意见和重要信息，在此亦谨致谢意。此外，本研究及其修改亦受科研经费 22251008、22720270、23320154、26370826、26580131、30288633 的资助。

---

① 井黑忍：《水利碑研究序说》，《早稻田大学高等研究所纪要》第 4 号，2012，后收入氏著《分水と支配：金・モンゴル时代华北の水利と农业》，2013，第 25～29 页。而关于"紧密联系当地性"，并参见舩田善之《石刻史料が拓くモンゴル帝国史研究——华北地域を中心として-》，早稻田大学モンゴル研究所编《モンゴル史研究——现状と展望》，第 69～73 页。

附图：

答阿里台家系

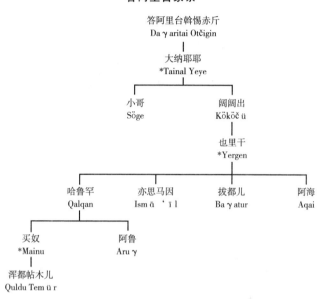

资源来源：本图基于 HAMBIS, L. Le Chapitre CVII du Yuan Che. supplément au T'oung Pao, vol. XXXVIII (Leiden：E. J. Brill, 1945, p. 21, tt. 3 - 4) 作成，罗马字音写作部分改变。原始史料参照《南村辍耕录》卷一《大元宗室世系》（中华书局，第 2 页）、《元史》卷一〇七《宗室世系表·答里真位》（中华书局，第 2709～2710 页）、《新元史》卷二七《宗室世表·烈祖弟答阿里台官人世表》（上海古籍出版社、上海书店编《元史二种》第 1 册，上海古籍出版社、上海书店，1989，第 97～98 页）、《蒙兀儿史记》卷一四八《宗室世系表一·成吉思可汗先代世系三》（《元史二种》第 2 册，第 887 页）。

《中国古代法律文献研究》第十一辑
2017 年，第 338～349 页

巨野金山寺元代榜文八思巴字蒙古文考释[*]

——兼论元朝榜文的双语形式

党宝海^{**}

摘　要：山东省巨野县金山大洞南壁上刻有元朝至元二十三年（1286）中书省户部颁给当地金山寺的榜文一通。除了提供榜文的新录文和释读榜文上的户部官印外，本文重点对榜文上用八思巴字书写的一行蒙古文进行了转写、翻译和讨论。结合现在已知的六种汉文、蒙古文合璧元朝榜文，对榜文的功能、元代官文书上八思巴字的警示防伪意义、权力象征意义做了探讨。

关键词：巨野金山寺　户部榜文　八思巴字蒙古文　警示防伪　权力象征性

一

　　山东省巨野县独山镇金山南麓的秦王避暑洞隧道（又称"金山大洞"）南壁上刻有元朝至元二十三年（1286）中书省户部颁给当地金山寺的榜文

---

　　* 本文是国家社科基金重大项目"《元典章》校释与研究"课题的阶段性成果，课题批准号12&ZD143。
　　** 北京大学历史学系副教授。

一通。

2014 年，任小行《元至元济宁路金山寺圣旨石刻相关问题略释》首次发表了石刻全文。① 值得注意的是，该文提到在汉字榜文的正文之后刻有蒙古文 1 行。不过，文章未刊发石刻原石或拓片的照片，也没有对蒙古文进行研究。

2016 年，中国政法大学法律古籍整理研究所李雪梅教授，在她图文并茂的个人微信中公布了金山寺户部榜文拓片的局部照片，其中恰好有八思巴字拼写的蒙古文部分。我对这行蒙古文写了初步的考释文章，并呈请李雪梅教授指正。李教授提示我参考孙明《菏泽市古石刻调查与研究》中的介绍和汉文录文。② 此后，拙文经李教授推荐，提交 2016 年在北京举行的"铭刻文献所见古代法律和社会"学术研讨会。2017 年，李教授为我提供了清晰的拓本照片，使我有机会进一步检核录文，纠谬补缺。现不揣浅陋，刊布释读意见，并就元朝榜文的双语形式略作讨论，就教于方家。

二

在释读八思巴字蒙古文之前，有必要把碑文的汉文部分先行录出，以备研讨。碑文主体为汉字正书，户部榜文部分纵 25 行，包括末尾的汉文大字 3 行和八思巴字蒙古文 1 行。满行 20 字。在榜文之后另有刻石时间、僧人题名、刻石匠人题名等 8 行。

上引任小行、孙明的录文均存在错字、漏字。本文依据李雪梅教授所藏完整拓片录文。用阿拉伯数字标明行数，原文所具有的提行等格式予以保留，铭文中的双行小字括于圆括号内，无法辨识的字用□表示。蒙古文所在的第 24 行用方括号括注，留待稍后探讨。在户部符文的汉字日期下方，约有押字图案七个，本文省略。录文如下：

① 任小行：《元至元济宁路金山寺圣旨石刻相关问题略释》，内蒙古大学蒙古学研究中心《蒙古学集刊》2014 年第 3 期。我仅见该文的网络版，网址：https://www.sinoss.net/qikan/2014/1212/13877.html。

② 孙明：《菏泽市古石刻调查与研究》，科学出版社，2015，第 416 ~ 417 页。

01 皇帝圣旨里中书户部

02 据济宁路金山寺僧庆吉祥状呈先为本路石匠

03 李泉等部众凶党强采金山寺地界内活石累次

04 告蒙中书户部符文行下济宁路禁治后因李泉

05 等不改又行再犯偷采庆吉祥思为金山形势龟

06 样东接卧龙之山其山古传天关地轴本寺洞壁

07 石碑名号神山师辈相传若损坏者令寺僧不安

08 等事近来又行告蒙总统所移关中书户部备细

09 行下济宁路总管府取问禁约外今来若不具呈

10 缘庆吉祥会验先钦奉

11 圣旨节文但属寺院的田地水土竹苇碾磨房园林

12 解典库浴室不拣甚么休强刁夺要者钦此奈前

13 项石匠李泉等五家累年强采本寺金山活石及

14 不遵依上司禁治有此凶顽更有一等不畏公法

15 之人不时采斫属寺树木侵占山界搔扰不安不

16 免具呈乞赐出牓禁治事得此又奉

17 都堂钧旨属金山寺地界内山里石头树木出牓

18 禁约休交人采打者奉此省部今出文牓禁治诸

19 人无得将属金山寺地界石头树木采打如有违

20 犯之人仰所在官司捉拿到官严行断罪的无虚

21 示须至出牓者

22 右牓付济宁路金山寺张

23 挂省谕诸人通知

24 ［蒙古文一行］

25 至元二十三年　　月　　日①

26 皆大元国至元二十六年岁次己丑中秋望日金山住持济宁路传

戒教读师累奉

---

① 上引任小行《元至元济宁路金山寺圣旨石刻相关问题略释》、孙明《菏泽市古石刻调查与研究》录文为"至元二十二年"。据李雪梅教授拓片，当为"至元二十三年"。

27 圣旨遴选诠勘藏经重蒙赐衣物等讲主佛德启教大师庆吉祥（又赐妙辨通义大师）立石

28　山门提夆妙音大师赟吉祥　寺门提点济州僧正大师琇吉祥提点兴福大师□吉祥

29　前监寺正行大师徽吉祥　监寺□□大师髻吉祥

30　副寺先吉祥　副寺贤善　维那贤音　典座贤宴

30　知客贤宁　直岁贤住　并贤荣贤旺等同立

31　匠人李信嫡孙修内司提控李瑛同姪济

32　宁路石匠都作头彬　并旺　刊

据上引刻石文字，至元二十三年纪年之前的部分为中书省户部榜文原文，后面的部分是至元二十六年镌刻榜文时相关僧俗的题名。榜文的内容包括以下层次：由于有人在金山非法采石、砍树，济宁路金山寺住持庆吉祥状呈中书省户部，请求出榜禁治。户部得到呈状后，取得中书省的批准意见，下达了禁约榜文。在庆吉祥的呈状中，提到了先前中书省户部向济宁路下符文禁止；金山寺通过释教总统所，移关中书省户部，下文济宁路总管府禁止等事。可见，金山一带的滥采乱伐现象长期屡禁不止。由于具体细节与本文内容关系不大，请参看任小行前引文，兹不赘。

在汉文大字日期的"年"和"日"字之间、"月"字的周围，摹刻了一方八思巴字官印的印文，据拓片，印文为两行四字，基本可以辨识，可转写为：1）γu beu 2）dži jin,[①] 音写的汉字为"户部之印"。这是榜文的颁发机构中书省户部的官印。摹刻颁发机构官印的元朝榜文，还有其他例子，如大德十年二月山东曲阜"衮国公庙禁约榜文"上刻有"中书礼部之印"。[②] 有时，颁发榜文政府机构的官印并不刻出印文，而是用方框代替。[③]值得注意的是，元朝官印上的"部"，为八思巴字拼写的 bu 或 pu。[④] 此处

---

① 本文八思巴文字母的换写方案据照那斯图、薛磊《元国书官印汇释》，辽宁民族出版社，2011，第 282~283 页。

② 参看上引照那斯图、薛磊《元国书官印汇释》，第 36~37 页。

③ 相关讨论参见照那斯图、胡鸿雁《新发现三份八思巴字碑刻资料》，《民族语文》2009 年第 6 期，第 39 页。

④ 参看照那斯图、薛磊《元国书官印汇释》，第 36、39、41 页。

的刻写有所不同，或为石匠摹刻之误。

在汉文大字之后、颁发榜文日期之前，刻有用八思巴字拼写的一行蒙古文（参见文末附图，版权属于李雪梅教授），拉丁字母换写（transliteration）如下：

ˈ·u l yi mo du nu k ʻi · ed de le me h r ni qo ri qu yin bŋ bi č ʻig

补足未写出的元音 a，蒙古文可以完整换写为：

ʼa·u la yi mo du nu k ʻi · ed de le me ha ra ni qo ri qu yin baŋ bi č ʻig

按照蒙古语的词汇和语法关系，整句文字的转写（transcription）和相应的汉意为：

aʼula-yi modun-u kiʼed deleme haran-i qoriqu-yin baŋ bičig

山　　　树木　　等　造次　人　　禁止　　榜　文

deleme 的词根是动词 dele-，在现代蒙古语中表示"横溢""泛滥"；[1]附加的 me，在古代蒙古语中是形动词附加成分，表示现在时。deleme 意为"造次""泛滥"，有"出格""越轨"之意。[2] 如果仅根据字面意思，这句话可以直译为："对山、林等造次之人加以禁约的榜文"，或是"禁约对山、林等有不法行为之人的榜文"。

不过，从语法上来看，这句蒙古文存在若干问题值得讨论。

首先，aʼula（山）后面不应当出现宾格助词 yi。句中出现了连词 kiʼed（与、和、连同），考虑到榜文中反复强调，"无得将属金山寺地界石头、树木采打"，禁止采石砍树，山石和树木是并列的两类，kiʼed 一定是用作连词的。aʼula 和 modun（树）为并列成分，yi 应当不是属格助

① 参见内蒙古大学蒙古学研究院蒙古语文研究所编《蒙汉词典》，内蒙古大学出版社，1999年增订版，第 1174 页。

② 照那斯图、哈斯额尔敦：《元朝宣政院颁给柏林寺的禁约榜》，《内蒙古社会科学》1999年第 9 期，第 45 页。国际知名的蒙古学家鲍培（Nicholas Poppe）将 deleme 视为名词，却释义为"idle, loafing, aimless, with no purpose（空闲的，无用的，游荡的，无目标的）"。见 Nicholas Poppe (trans. by John R. Krueger), *The Mongolian Monuments in Hp ʻags-pa Script*, Wiesbaden, 1957, pp. 57, 100 – 101. D. Tumurtogoo, *Mongolian Monuments in ʻPhags-pa Script：Introduction, Transliteration, Transcription and Bibliography*, Taipei: Institute of Linguistics, Academia Sinica, 2010, p. 183, 认为该词为形容词，释义做"idle, vain, useless"，沿袭了鲍培的看法。实际上，照那斯图、哈斯额尔敦的释义更为可取。

词 yin 的误写。那么，最好是将其理解为前置的宾格助词。然而，一般说来，句中由 ki'ed 连接的成分，需要把格助词加在 ki'ed 之后，而不是前置。①

第二，在 modun 的后面出现了属格助词 u，由于连词 ki'ed 不能用做实词，此处使用属格助词显得反常。如果理解为宾格助词 i 的误写，则同样出现上文提到的问题：句中由 ki'ed 连接的成分，需要把格助词加在 ki'ed 之后，而非前置。

第三，qoriqu 词根为动词 qori-，意为"禁止、制约、约束"。后加形动词现在时将来时词缀 -qu。该词本身就可以作为形容词使用，修饰后面的 baŋ bičig（榜文）。不过，在元朝其他榜文中，qori- 一词通常采用使动态形动词的现在时将来时形式 qori'ulqu，然后直接修饰后面的 baŋ bičig（例句详见本文第三节第 2、4、5、6 号榜文）。

另外，在金山寺蒙古文中，在 qoriqu 后面加上了属格助词 yin 来连接 baŋ bičig，似乎表达修饰、限定的意味更强些。我们在其他的元朝榜文中可以找到形动词之后、被修饰核心词之前这样使用属格助词 yin 的例子（详见本文第三节所列第 3 号榜文）。

榜文上的蒙古文存在上述值得注意的语法现象，不知是在哪一个环节造成的。从碑刻后附题名的郑重其事来分析，不太可能是石匠的误刻，或许中书省户部的翻译吏员（蒙古必阇赤）在译写此句时就出现了上述写法。

三

这篇户部榜文属于典型的元朝双语公文。我曾经在一篇旧作中把这种双语榜文归入双语公文单独的一类。这类公文以汉文为主体，蒙古文是对汉文内容的强调，同时明确公文的性质为"榜文"。因此，蒙古文部分具

---

① Nicholas Poppe, *Grammar of Written Mongolian*, Wiesbaden：Harrassowitz Verlag, 1954, p. 122；György Kara, *Dictionary of Sonom Gara's Erdeni-yin Sang：A Middle Mongol Version of the Tibetan Sa skya Legs bshad*, Leiden and Boston：Brill, 2009, pp. 153 – 154.

有两个基本特征：突出强调警告惩戒、写出文书的性质。①

就我管见所及，由元朝政府颁发，包含蒙汉双语的榜文共有六件，照那斯图先生对其均有研究。它们分别是：

1. 至元三十年（1293），宣政院颁给赵州（今河北赵县）柏林禅寺的禁约榜。八思巴字蒙古文可转写（transcription）为：deleme haran ülü könö'e'ulkü baŋ bičig，意为"造次之人不得侵害的榜文"。②

2. 大德四年（1300），中书省礼部颁给河南洛阳新安县烂柯山洞真观的禁约榜。八思巴字蒙古文可转写为：deleme haran-i qori'ulqu baŋ bičig，意为"禁约造次之人的榜文"。③

3. 大德五年（1301）五月，河南江北等处行中书省颁给烂柯山洞真观的禁约榜。④ 八思巴字蒙古文可转写为：tuŋ džin gon⑤-dur deleme haran⑥ülü könö'ulkü⑦-yin⑧baŋ bičig。意为："给付洞真观，造次之人不得侵害的榜文。"值得注意的是，除了八思巴字蒙古文、汉文外，该榜文在八思巴字之前有一行波斯文。

4. 大德六年（1302）九月，中书省礼部给山东曲阜兖国公陋巷故

---

① 党宝海：《蒙元时代蒙汉双语公文初探》，《西域历史语言研究集刊》第 4 辑，科学出版社，2010，第 142～143 页。

② 上引照那斯图、哈斯额尔敦《元朝宣政院颁给柏林寺的禁约榜》，第 45 页。使动态现在时将来时形动词 könö'e'ulkü 的动词词根 könö'e 意为"危害、伤害、损害、侵害、消灭、毁灭"。上引内蒙古大学蒙古学研究院蒙古语文研究所编《蒙汉词典》，第 692 页。本文对蒙古文铭文的汉译文有改动。

③ 上引照那斯图、胡鸿雁《新发现三份八思巴字碑刻资料》，第 37 页。原文转写有错误，在《民族语文》2010 年第 1 期，第 12 页登载了更正。本文对蒙古文铭文的汉译文有改动。

④ 上引照那斯图、胡鸿雁《新发现三份八思巴字碑刻资料》，第 37～38 页。

⑤ 上引照那斯图、胡鸿雁《新发现三份八思巴字碑刻资料》，第 37 页。gon 的首字 g 八思巴字录写有错误，在《民族语文》2010 年第 1 期，第 12 页登载了更正。

⑥ haran，上引照那斯图、胡鸿雁《新发现三份八思巴字碑刻资料》第 37 页 haran 后面有一个宾格助词 i，查八思巴字原文，并无此字母。

⑦ könö'ulkü，上引照那斯图、胡鸿雁《新发现三份八思巴字碑刻资料》第 37 页写为 könö'e'ulkü，查八思巴字原文，并无 'e 两个字母。

⑧ könö'e'ulkü yin，上引照那斯图、胡鸿雁《新发现三份八思巴字碑刻资料》第 37 页 könö'e'ulkü 后面的词错误转写为 'un，在《民族语文》2010 年第 1 期，第 12 页已登载了更正。

宅的禁约榜。① 八思巴字蒙古文可转写为：deleme haran②qori'ulqu baŋ bičig，意为"禁约造次之人的榜文"。③ 除了八思巴字蒙古文、汉文外，该榜文在八思巴字之前有波斯文一行。

5. 大德十年（1306）二月，中书省礼部给山东曲阜衍国公庙的禁约榜。八思巴字蒙古文为 deleme haran-i qori'ulqu baŋ bičig。④

6. 大德十一年（1307）十月，中书省给山东曲阜衍国公庙的禁约榜。八思巴字蒙古文同上大德十年禁约榜。⑤ 除了八思巴字蒙古文、汉文外，该榜文在八思巴字之前有波斯文两行。

金山寺户部榜文的颁发时间为至元二十三年，早于目前已知的六种榜文。从文字内容来看，该榜文蒙古文部分包含的信息比其他榜文丰富一些，但是蒙古语语法上存在若干疑问，可能是当时户部的蒙古必阇赤翻译时处理不当所致。

包括金山寺户部榜文在内的七件元朝蒙汉合璧政府榜文石刻，虽然不

---

① 拓片照片最早由法国学者沙畹（É. Chavannes）刊布，见 É. Chavannes， "Inscriptions et pièces de chancellerie chinoises de l'époque mongole"，*T'ong Pao*，sér. 2，9（1908），planche 4. 上引 Tumurtogoo，*Mongolian Monuments in 'Phags-pa Script: Introduction，Transliteration，Transcription and Bibliography*，第 111 页收录了关于曲阜衍国公庙三种榜文的详细研究目录，可看，兹不具录。

② 注意，此处 haran 后没有宾格助词 i。呼格吉勒图、萨如拉编著《八思巴字蒙古语文献汇编》，内蒙古教育出版社，2004，第 422 页禁约榜文部分未指出。

③ 上引照那斯图、哈斯额尔敦《元朝宣政院颁给柏林寺的禁约榜》，第 45 页。又见上引呼格吉勒图、萨如拉编著《八思巴字蒙古语文献汇编》，第 422 页。该书附有碑刻的清晰拓片，见图版 38 - 3。本文对蒙古文铭文的汉译文有改动。

④ 早期拓片照片见上引 É. Chavannes， "Inscriptions et pièces de chancellerie chinoises de l'époque mongole"，planche 2. 研究见上引 N. Poppe，*The Mongolian Monuments in Hp 'ags-pa Script*，pp. 57，100 - 101；照那斯图《八思巴字和蒙古语文献》Ⅱ《文献汇集》，东京外国语大学，1991，第 149~150 页；照那斯图、哈斯额尔敦《元朝宣政院颁给柏林寺的禁约榜》，第 45 页；呼格吉勒图、萨如拉编著《八思巴字蒙古语文献汇编》，第 422 页，图版 38 - 2。本文对蒙古文铭文的汉译文有改动。

⑤ 早期拓片照片见上引 É. Chavannes， "Inscriptions et pièces de chancellerie chinoises de l'époque mongole"，planche 3. 研究见上引 N. Poppe，*The Mongolian Monuments in Hp 'ags-pa Script*，pp. 57，100 - 101；照那斯图《八思巴字和蒙古语文献》Ⅱ《文献汇集》，第 148、150 页；照那斯图、哈斯额尔敦《元朝宣政院颁给柏林寺的禁约榜》，第 45 页。又见呼格吉勒图、萨如拉编著《八思巴字蒙古语文献汇编》，第 422 页，图版 38 - 1。本文对蒙古文铭文的汉译文有改动。

是纸本原件，但对我们了解元朝榜文的一般特征提供了难得的资料。

我们注意到，榜文的绝对主体是汉文部分，蒙古文部分只是对汉文内容的强调。在较早的金山寺榜文、洞真观榜文中，蒙文部分包含的信息稍多，到了大德后期，蒙古文的内容比较程式化、固定化，容纳的信息相对有限，只是强调汉文内容的性质为禁约不法之徒的榜文。如果阅读榜文的人只懂得蒙古文，那么仍无法了解汉文的内容究竟是什么。既然如此，为什么还要在汉文之后加上这样一行内容较为贫乏的八思巴字蒙古文呢？

首先，这种双语文体在大蒙古国时期就已经存在，最初写为畏兀字蒙古文，除了体现警示、说明文书性质之外，还意味着写有蒙古文的文书是真的，并非伪造。[①]

其次，也是更为重要的一点，八思巴字是一种具有高度政治象征意义的文字。这是元世祖忽必烈委托西藏高僧八思巴以藏文为基础创制的一套新文字，先被称为"蒙古新字"，后改称"国字""国书"，主要用来拼写各种政府官文书和符牌、官印等，可以将其视为政府权力的一种文字化符号。由于八思巴字与元朝政府的特殊关系，无论目见者是否懂得八思巴字，都会清楚地意识到碑刻文字的官方属性及其背后的国家权力。[②] 以榜文为例，虽然有的碑石上没有刻出官印，但上面的一行八思巴字已经足以说明，所刻文书是来自官府的真实公文，即使不懂其中的蒙古文或汉文，也知道这篇文字的政府权威性。

四

榜是中国常用的一种文书形式，指公开张贴的文书、告示，通常会张贴或悬挂在交通便利、人员聚集的场合，以告喻众人。本文所讨论的禁约榜或称禁榜，属于元朝政府的官文书，内容是直接针对各种违法行为，提出严厉的警告，因此具有法律文书的性质。从内容来看，它们和

---

① 上引党宝海《蒙元时代蒙汉双语公文初探》，第 142～143 页。
② 党宝海：《〈至元二十年永寿吴山寺执照碑〉考释——兼论元代八思巴字的象征意义》，*Quaestiones Mongolorum Disputatae*, no. 10, Sep, 2014, Tokyo, 第 69～73 页。

中国古代其他王朝的禁榜没有大的差异。① 最重要的不同在于，由于元朝的特殊性，禁榜上通常会使用多种文字，常见的是以汉文为主体，后加八思巴字蒙古文，还有的另加波斯文，从而构成了一种特殊的复合文体。

值得注意的是，中国明清、近现代地方志和金石文献中抄录了不少元代碑刻文字，其中包括政府的榜文，颇有研究价值。例如，《江苏省通志稿》中抄录了"光福寺免役文榜"，保留了榜文原有的格式，其内容如下：

01 皇帝圣旨里平江路达鲁花赤总管府据

02 　安供崇奉

03 　铜像观音大士祈晴祷雨道场去处□□□

04 　低瀁每年租米有额无收已前年分□□□

05 　一空累蒙祈祷感格优免杂泛等事见

06 　上司差官守御西湖剿除□□军卒人等□

07 　焚修即今五月以来雨水骤发恐伤稻秧□

08 　菩萨到城祈祷便划开霁据本寺元当□□

09 　照得僧普明所告优免里正事干赋役所司

10 　祈祷累沐于感格仰酬

11 　神贶赋役宜恤于僧徒除下吴县依上优免

12 　合行出榜晓谕须至榜者

13 　右榜晓谕

14 　　　印　榜印　　印　　　印

15 　国书不录

16 　至正十八年岁在戊戌②

---

① 关于中国古代榜文的概括论述，参见杨一凡《明代榜例考》，《上海师范大学学报》2008年第5期，第46～47页。

② 缪荃孙等纂《（民国）江苏省通志稿》艺文志三"金石二十四"，1927年影印本，后收入国家图书馆善本金石组编《辽金元石刻文献全编》，北京图书馆出版社，2003，第2册，第145页。我未见此碑的图像资料。

编修金石志的学者根据拓片录文，较好地保留了榜文的原有格式。从内容来看，这是至正十八年（1358）元朝地方政府平江路总管府颁发给下辖的吴县，免除光福寺僧徒杂役的榜文。在内容上，这篇榜文与上文讨论的禁约榜有所不同，更倾向于正面的公告性质，而不具有禁榜的警示性。我们试将其与下引赵州柏林寺禁约榜的内容相比较，差别即可一目了然：

01 皇帝圣旨里宣政院准

02 御史中丞柏林禅寺功德主咨照得真

03 定赵州柏林禅寺临济宗派赵州古佛

04 道场名高千古法传四方今有本寺住

05 持长老圆明普照大禅师朗公

06 德行精洁为

07 国焚修以此保咨宣政院

08 颁降护持

09 圣旨付本寺钦受外乞出榜仍照会合属钦

10 依施行咨请照验事准此使院除外合

11 行出榜晓谕诸人钦依本寺见奉

12 圣旨处分事意毋得搔扰科取差役如有违

13 犯之人严行断罪施行须议榜示者

14 右榜付柏林

15 寺晓谕通知

16 ［八思巴字蒙古文］

17 印 印 印 印押押押 押

18 至元三十年十月 日①

然而，我们需要留意的是"光福寺免役文榜"上的"国书不录"字样。这意味着到元朝末期，政府颁发榜文仍然使用蒙汉双语的形式，而且蒙古文

---

① 录文据柏林寺禁约榜原碑拓片照片。拓片现藏日本京都大学人文科学研究所，编号：中金－28。上引照那斯图、哈斯额尔敦《元朝宣政院颁给柏林寺的八思巴字禁约榜》，第44页也有录文，但没有保留碑文的格式，个别录文有误。

是使用"国书"即八思巴字来书写的。

至正十八年"光福寺免役文榜"为我们考察元朝后期榜文的语文特征、适用范围提供了有益的线索。

附图：

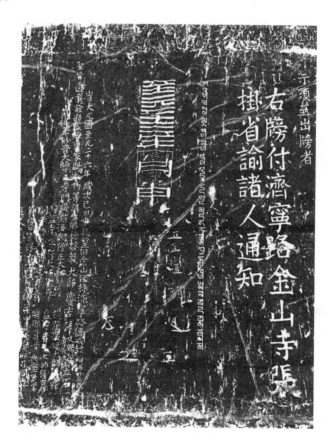

《中国古代法律文献研究》 第十一辑

2017 年，第 350～425 页

建筑与仪式：明清司法理念的 另一种表达[*]

徐忠明^{**}

摘　要：明清中国的司法空间（建筑、公堂等）与司法仪式（言辞、动作等），不仅涉及司法权力的建构和运作，而且包含了司法理念的修辞和象征。本文的旨趣在于，通过考察看得见的、具体的符号和仪式，来彰显看不见的、抽象的司法权力和司法理念；通过考察司法剧场中的演员——官员、诉讼两造、书吏及衙役的表演，来呈现司法过程的意义和特点。由研究视角和史料运用而言，对衙门建筑与司法仪式的考察和诠释，可以弥补既有研究成果的缺失或盲点，并且丰富乃至深化我们对明清时期司法理念的理解。

关键词：建筑　仪式　明清时期　司法理念　表达

帝制中国的政治理念与司法理念，不仅通过律令制度与权力架构来呈现，而且通过帝国官方的典籍史书与精英阶层的私人著述来阐释。尤

---

　* 国家社科基金重点项目"明清时期中国司法构造及运作原理研究"（10AFX005）阶段性成果。
　** 中山大学法学院教授。

为重要的是，经典文献（儒家和法家）以及精英著述，构成了制度设计和权力配置的理论基础。当然，还有不少来自政治实践与司法实践的经验，甚至不乏违背经典思想与精英意愿的东西。比如，出于强化皇权之意图而废除宰相制度、设置具有皇帝秘书性质的内阁和军机处，即是显著的例证。

单就司法理念而言，无论是宏观制度架构抑或是微观程序设计，均体现了"爱民"、"慎刑"以及"中罚"这样一些司法理念；最终，皆可以归结为实现司法的"仁道"精神与"正义"价值。与此同时，如何严格控制官僚，怎样惩治恶性罪犯，如何进行调处息讼，怎样维持和谐秩序，亦构成了明清中国的司法制度以及司法实践的核心意图。这意味着，司法制度的基本架构——审转程序与自理程序，[①] 以及"情法两尽"的裁判模式，[②] 都是基于上述理念和意图做出的制度安排与实践操作。进一步来看，设计这样的司法架构和裁判模式，同时也与巨型帝国和乡村社会的组织结构密切相关。或曰，通过审转程序，以维护巨型帝国的中央集权统治和《大清律例》的统一实施；经由自理程序，以照顾乡村社会的地域差异和

---

① 必须指出的是，除了审转程序与自理程序的分类，清朝还有内结程序与外结程序的划分。虽然这些司法程序分类存在交集之处，但它们所要解决的问题并不完全一样。也就是说，审转程序与自理程序的设计，更关注案件类型，即命盗案件和词讼案件的划分；与此不同，内结程序与外结程序则关注央地关系，即中央司法权和地方司法权的配置。凡是省级可以审结的案件，皆为外结案件，又同时包含了自理案件和审转案件；只有进入中央复审范围的案件，才是内结案件。当然，这一划分标准的背后，似乎仍存在着考虑待决案件轻重易难的因素。如果从这一角度来分析，那么我们就可以把清代司法程序分为三种类型：（1）州县自理的案件；（2）省级（督抚）可以审结的案件；（3）中央司法机构（包括皇帝）审结的案件。显然，这一分类与通常将清朝司法程序仅仅分为自理词讼与命盗案件有所不同。结合以上两种分类，我们可以发现，清代中国的司法程序，实际上是基于纵向（科层化）的权力结构，并且根据案件"大小"设计出来的一套诉讼程序，而非完全基于案件的性质做出的制度安排。而其划分标准，便是"抓大放小"的原则。据此，那种以西方或现代诉讼分类标准来思考明清时期的诉讼制度的做法，确实是背离了中国固有的诉讼理论，不太可取。故而，我们仅仅出于表述的方便，才会使用民事诉讼和刑事诉讼这样的概念。关于内结与外结的详尽讨论，参见徐忠明《内结与外结：清代司法场域的权力游戏》，《政法论坛》2014 年第 1 期。

② 关于"情法两尽"的裁判模式，学界已有不少论述，相关文献与研究，参见徐忠明《清代中国司法裁判的形式化与实质化——以〈病榻梦痕录〉为中心的考察》，《政法论坛》2007 年第 1 期。

个案特性。所谓"情法两尽"的要旨,除了维护帝国法律的统一适用,还回应了个案中的"情"和地域社会中的"情"。这样一来,统一帝国与乡村社会就得到了有效整合,中央(皇帝)集权与地方分权就实现了相对平衡,律例正义与个案正义亦能维持动态平衡。最终,我们就看到了这样一幅制度架构与制度实践的图像:稳定统一的帝国律例,与多元差异的乡村社会和千变万化的具体个案之间的平衡,即能通过上述制度机制与实践操作得到维持。正是这种原则与灵活的平衡结构,形成了一种颇具"审美意味"的秩序情态。

除了从律例典章、史书记载和精英著述切入来考察明清时期的司法理念,我们还可以从其他资料来解读此一问题。本文的问题意识在于,作为司法实践场域的衙门,以及作为司法实践运作的仪式,它们究竟意味着什么?或曰,它们到底表达了怎样的司法理念?

大致说来,明清中国的衙门建筑及其装饰,其所象征和意欲表达的核心观念包括:一是"亲民"或"爱民";二是"廉洁"与"明察";三是"无为"与"公正"。毋庸置疑,这些都是儒家民本思想和道德政治在司法场域中的体现,也是司法制度和司法实践所要实现的最终目标。反过来讲,作为政治治理一环的司法职能和司法实践,若能实现上述目标,那么其对皇权统治就做出了自己应有的贡献。正是通过诉讼实践,小民百姓才能感知皇权的存在和在场,才能形成对于皇权的认同。作为皇权"代理"的司法官员,能否实现上述目标,必将影响皇权的安危。所谓"官逼民反"云云,不外乎是由于横征暴敛与草芥人命引起的民众造反。其中的"草芥人命",乃是司法腐败导致的一种恶果。

明清时期的司法仪式,大致上表达了两层意思:一是公堂之"威"与两造之"畏"的辩证结合;二是司法官员之"支配"与诉讼两造之"屈服"的权力结构。如果"亲民"或"爱民"乃是"家国天下"政治的内在要求,那么它们还是儒家道德政治的基本要求,所谓"岂弟君子,民之父母",① 可谓绝佳表达。实际上,若要扮演好"父母官"的角色,那就必

---

① 引据周振甫《诗经译注·大雅·泂酌》,中华书局,2002,第438页。

须采取"爱"与"威"灵活并用的方法，其与"严父慈母"①的形象亦相吻合。在这种道德政治语境中，司法官员的支配与诉讼两造的屈服，事实上隐含了政治与道德的双重内涵。换句话说，司法官员手里操持的既是政治权力，也是道德权力（又可以称之为道德权威）和智识权威。此乃因为，经由科举考试出仕为官的精英，不但饱读诗书，而且还有智识禀赋，使其得以凌驾民众之上。因此，诉讼两造的屈服和心服，不仅仅是对于政治性权力的"臣服"，而且也是对于道德性权威和智识性权威的"诚服"。进一步讲，公堂之上的刑讯逼供也好，道德教化也罢，不外乎是两种权力的适时运用；诉讼两造对于教谕的"甘结"也好，对于裁判的"输服"也罢，则是他们对于两种权力的实践结果的不同反应（心服与屈服）而已。

上述司法理念，还可以置于"天理、人情、国法"的框架来把握。其一，皇帝是以"奉天承运"和"民为邦本"来证明其统治的正当性；其二，一旦出现"官逼民反"的事态，那么，民众同样是以"替天行道"和"吊民伐罪"来证明其造反的正当性。虽然"天理"是对于宇宙秩序的终极根源的抽象，但其现实根据仍在"民意"之中，所谓"天矜于民，民之所欲，天必从之"，②即是经典概括。至于"国法"，无非就是"天理"与"人情"的表达，或者说是它们的具体化、条理化以及法律化。③足见，三者既有差异又相贯通，共同建构了帝国统治的制度基础，并且维护了帝国统治的政治秩序和社会秩序。

---

① 所谓"严父慈母"，只是一个说法而已，另外也有"父严母义"和"父慈子孝"的说法。在明清时期的精英阶层中，固然不乏冷面威严的父亲，但同样亦有温煦蔼然的父亲（参见赵园《家人父子：由人伦探访明清之际士大夫的生活世界》，北京大学出版社，2015，第129～140页）。在礼法制度上，则是维护父母的权威（参见瞿同祖《中国法律与中国社会》，中华书局，2003，第5～28页）。就此而言，在礼法制度与日常生活中，父母的形象很是复杂，不可一概而言。在司法实践中，对于"民之父母"的官员来讲，既有扮演严父的官员，也有以慈父为榜样的官员。不过，在更多情况下，严慈之间经常是交互为用。

② 引据（清）王鸣盛《尚书后案》，顾宝田、刘连朋校点，北京大学出版社，2012，第762页。

③ 例如，乾隆在《御制大清律例序》中明确指出：律例乃是"揆诸天理，准诸人情，一本于至公，而归于至当"的产物（《大清律例》，田涛、郑秦点校，法律出版社，1999，第4页）。关于"天理、国法、人情"之间互动机制的讨论，参见徐忠明《清代法律的体系结构与形成机制》，收入《传统与现代：比较法视野下的中西法典编纂国际学术研讨会》，中南财经政法大学，2017年5月20日。

如果以上扼要提示尚有道理的话，那么通过解读衙门建筑以及司法仪式的文化意义，或许能够丰富乃至深化我们对于明清时期司法理念的理解。此外，如果从研究视角与史料运用来讲，对于衙门建筑和司法仪式的考察，还可以弥补既有研究成果的某种缺失。

一 文化语境与分析框架

谚曰："人靠衣装。"这意味着，作为符号的服饰具有强烈的表达功能和象征意义；也意味着，人们必须按照自己在社会场域中扮演的角色，来整饰自己的外表形象，使其符合社会表达（风俗和礼仪）的要求；奇装异服，便是对于社会秩序的扰乱。在传统中国这样一个特别强调身份差异的社会里，服饰不仅仅是一种具有文化意义的表达，更是一种礼法制度的规定。如果服饰逾制，将会受到惩罚。① 就此而言，作为符号的服饰，乃是文化秩序和社会秩序的象征，具有建构和维护社会秩序的功能。由于服饰具有视觉特点，也被当作一种规训装置，借此可以评判人们的言行是否符合礼法制度和社会表达的要求。另一方面，作为符号的服饰，尚有"障"与"彰"的双重功能。所谓"障"，乃是遮蔽身体的意思，与羞耻观念相关，可以作为一种惩罚措施；② 所谓"彰"，则有彰显身份的意思，与荣誉观念相连，可以作为一种表彰措施。③ 也就是说，服饰具有"赏善罚恶"的功能。由服饰的符号意义和象征意义，我们可以引出建筑的符号意义和象征意义的思考进路。

循着"符号"和"象征"的思路，我们可以追问：建筑是否也是一种符号？并且具有象征意义？在一定程度上，我们可以做出肯定的回答。美国学者卡斯滕·哈里斯指出：虽然有人主张建筑应该具有符号的功能，但他本人更愿意将建筑看作"象征"，而非"符号"。问题在于，象征与符号

---

① 参见瞿同祖《中国法律与中国社会》，第 152 ~ 160 页。
② 最为典型的例子，可能要算对女性犯奸采取的"去衣受刑"的惩罚方式。黄六鸿在解释"去衣受刑"的原因时写道："奸妇去衣受刑，以其不知耻而耻之也；娼妇留衣受刑，以其无耻而不屑耻之也。"［（清）黄六鸿：《福惠全书》卷 19"奸情"，收入《官箴书集成》第 3 册，黄山书社，1997 年影印本，第 429 页］
③ 这一方面，当以皇帝赐予有功之臣黄袍最为典型，可以说是一种特殊的表彰。

又是两个相互关联的概念。哈里斯说：符号与象征均代表了某种物品，故而皆可视为"标志"。譬如，许多符号即是象征。若要理解某种象征方式，必须弄清这些符号的含义，足见符号与象征之间存在密切的关联。不过，象征与其所代表的物品多少有些类似，而符号则不必如此。在具体分析时，哈里斯教授更多是在分析作为象征的建筑，即解读建筑的象征意义，而非作为符号的建筑。① 在日本学者柄谷行人看来，作为"隐喻"的建筑，还有更为深刻和广泛的哲学意义。② 依循此一思路，再来考察传统中国的建筑特色，或许可以帮助我们更好地理解司法（公堂）建筑所蕴含的文化意义。

符号也好，象征也罢，如果想要理解建筑的意义，那就必须将其置于文化语境之中，才能将其揭示出来。例如，若要理解欧洲教堂建筑的意义，必须首先了解它们的宗教语境。③ 英国学者迪耶·萨迪奇指出："建筑在文化领域占有一个复杂而微妙的地位。在所有文化形式中，它是文化价值与公民价值最直白的表现。"④ 李允鉌先生在《华夏意匠》中写道："建筑的发展基本上是文化史的一种发展。"⑤ 至于建筑的文化特性的呈现，则有赖于对中外建筑史的比较研究。与西方建筑相比，中国建筑的一个显著特点便是砖木结构。造成这一建筑特点的原因，既不是自然环境和地理因素，也不是经济条件和技术限制，而是宗教影响。具体来讲，中国文化强调"人本"，不避"暂时"；西方文化崇尚"神本"，追求"永恒"。在不同的价值观念影响下，自然就产生了不同的选择态度与建筑方法。李允鉌先生接着写道："事实上只有宗教的力量才可以驱使人们去完成那些精巧的石头的艺术巨构。西方如此，中国实在也一样。"换言之，西方不乏砖木结构的宏大建筑，中国亦有石头的宫殿建筑。不过在一部西方建筑史

---

① 参见〔美〕卡斯滕·哈里斯《建筑的伦理功能》，申嘉、陈朝晖译，华夏出版社，2001，第96~114页。
② 参见〔日〕柄谷行人《作为隐喻的建筑》，应杰译，中央编译出版社，2011。
③ 参见哈里斯《建筑的伦理功能》，第100~109页。
④ 〔英〕迪耶·萨迪奇：《权力与建筑》，王晓刚、张秀芳译，重庆出版社，2007，第234页。
⑤ 李允鉌：《华夏意匠——中国古典建筑设计原理分析》，天津大学出版社，2005，第17页。

中，宗教建筑占居据了耀眼的位置，石头乃是基本材料。① 虽然中国也有宗教建筑，但寺庙同样是砖木结构。那么，个中原因又是什么呢？笔者以为，中国宗教从来没有出现凌驾皇权之上的情形；恰恰相反，皇权始终掌控着宗教组织。② 在这种情况下，寺庙不可能自行创设，也就难以形成自成一格的建筑风格。然而这并不是说，中国的宗教建筑毫无自身的特色或格调。实际上，外来因素和宗教思想还是深刻地影响了寺庙的建筑风格。③ 准确地说，如果中国的宗教建筑形成了自己的风格，那也主要体现在外来的宗教建筑上，例如石窟和佛塔最为明显。只是，寺观庵院之类的主体建筑，仍然与中国本土建筑一脉相承。

除了上述价值观念的影响以外，④ 影响中国建筑设计的制度与思想，还包括了礼制和玄学。关于礼制的影响，包括两个层面：一是建筑的标准，先秦时代的君王、诸侯、大夫，帝制时代的皇宫、王府、公侯、品官的宅第，皆有规格、数量、样式、装饰方面的规定；二是根据性别、尊卑的差异，在宅第的结构和功能上必须做出区别。⑤ 至于玄学的影响，是指宇宙图式、阴阳五行乃至风水观念的象征意义，在建筑的位置、方位、数量以及颜色上均有不同程度的体现。毫无疑问，这是"天人感应"在建筑上的反映。⑥ 在这个意义上，我们可以说，建筑既是文化的组成部分，又是文化的一种表达方式。梁治平教授倡导"通过文化来解释法律，通过法

---

① 参见李允鉌《华夏意匠——中国古典建筑设计原理分析》，第 29 ~ 33 页。

② 远的姑且不说，仅以本章讨论的明清时期来看，宗教之受到皇权的控制，只要翻阅"私创庵院及私度僧道"律文，即可得到证明。律文曰："凡寺观庵院，除现在处所外，不许私自创建增置。违者，杖一百，还俗。僧道，发边远充军；尼僧女冠，入官为奴。若僧道不给度牒，私自簪剃者，杖八十。若由家长，家长当罪。寺观住持，及受业师私度者，与同罪，并还俗。"《大明律》，怀效锋点校，法律出版社，1999，第 46 ~ 47 页。清代不但沿袭了明代的这条律文，而且衍生了更为详细的例文（参见《大清律例》，田涛、郑秦点校，第 176 ~ 178 页）。

③ 参见李允鉌《华夏意匠——中国古典建筑设计原理分析》，第 106 ~ 113 页。

④ 关于"节俭"的思想，也影响了传统中国对于建筑材料的选择。换言之，之所以采用砖木作为建筑的基本材料，是因为受到了"节俭"思想的影响（参见李允鉌《华夏意匠——中国古典建筑设计原理分析》，第 35 ~ 38 页）。

⑤ 参见李允鉌《华夏意匠——中国古典建筑设计原理分析》，第 39 ~ 40 页；瞿同祖：《中国法律与中国社会》，第 161 ~ 165 页。

⑥ 参见李允鉌《华夏意匠——中国古典建筑设计原理分析》，第 40 ~ 43 页。

律来解释文化"① 的主张用在这里，可谓切合。

正是在礼制与思想的影响下，传统中国建筑形成了自己的性格。但问题是，这种独特的性格又是通过什么方式体现出来的呢？李允鉌先生做出以下概括：中国的各类建筑，并不完全是依靠房屋的布局或外形来表现性格，而更多是依靠房屋的各种装修、装饰和摆设来构成本身应有的"格调"，揭示建筑内容的精神。同时，中国又是一个善于用文字、文学来表达意念的国家，因此建筑中的"匾额"和"对联"常常就是表达建筑内容的手段，引导建筑的欣赏者进入一个"诗情"的世界。当然，使用者同样可以通过"匾额"和"楹联"表达自己的文化品位。② 此外，建筑的功能，往往通过特殊的标识得以展现，诸如酒店的酒旗、商店的幌子、寺庙的钟鼓、香炉、幢、幡、碑、碣等等。③ 实际上，作为政治建筑的帝国衙门，在建筑布局或外形上，与普通民居并无显著的差异，均为平面展开的布局。然而，通过不同的厅堂、房屋悬挂的"匾额"和"对联"，以及庭院树立的"碑铭"等装饰物，使用者既可以说明建筑的实际功能，也可以表达自己的政治理念；对旁观者来讲，则能够理解它们的功能和意义。通过建筑这一媒介，使用者与旁观者就形成了思想互动。明清时期司法建筑附属的匾额、楹联、碑铭，就是表达司法理念的常见符号。

谚云"世界大舞台，人生小天地"，意思是说人生在世，不过是演戏而已。但是，对于演戏来讲，特定的角色、场景、道具以及脚本或仪式，皆是不可或缺的要素。为了将人生这场戏演好，人们必须遵循一定的社会脚本；否则，就会把戏演砸。④ 无论是在模拟法庭抑或是真实法庭中，我们均能看到这样一种具有文化约束和制度脚本的表演。⑤ 因此，建构一个包括角色、场景、道具和仪式，并且能够表达司法特质的制度文本，均为

---

① 参见梁治平编《法律的文化解释》，三联书店，1994，第 1~72 页。
② 读过《红楼梦》的人，可能还会记得，在大观园落成之际，宝玉跟随乃父贾政边观赏园景、边琢磨匾额的那段描写。参见（清）曹雪芹《红楼梦》第 17 回，人民文学出版社，2005，第 217~231 页。
③ 参见李允鉌《华夏意匠——中国古典建筑设计原理分析》，第 79 页。
④ 参见〔美〕欧文·戈夫曼《日常生活中的自我呈现》，冯钢译，北京大学出版社，2008。
⑤ 关于"法庭即是剧场"的详尽分析，参见舒国滢《从司法的广场化到司法的剧场化——一个符号学的视角》，《政法论坛》1999 年第 3 期；孙惠柱《社会表演学》，商务印书馆，2009，第 193~224 页。

不可或缺的前提条件。就此而言，法庭即是演绎、彰显、实现正义的剧场。在这个剧场中，角色、场景、道具以及仪式，既有古今之不同，亦有中西之差异；其所呈现的文化意义和制度内涵，亦各不相同。如果法庭是剧场，那么除了演员，自然还有观众。① 所以，在法庭这个舞台上演出的剧目，不仅仅是由"法言法语"所构成的文本，同时还有社会表演的功能。这里的观众，不单单是法庭（官员）规训的对象，而且也是监督法庭（官员）的主体。②

如果演出一场人生的戏剧，需要舞台、道具和脚本，那么作为剧场的法庭，同样需要舞台、道具和脚本。孙惠柱教授的以下概括，多少能够揭示法庭的剧场意义。他说：在今天的戏曲舞台上，传统中国的很多社会生活场面看起来完全是在做戏；但在当时，它们仍有相当真实的依据。由于古代社会等级森严，经常出现在舞台上的很少是"缺乏教养"的穷人，绝大多数是"帝王将相、才子佳人"，所以不能像现代人一样率性而为。在人际交流中，他们的行为举止也存在仪式化的特点，戏曲舞台上流行的"公案戏"可以说是典型例子。在非战争时期，官员的日常工作乃是审判案件，因此诉讼俗称"官司"，即官员之司。舞台上亮相的官员，如果不是在为打仗运筹帷幄，就是在为案子升堂审讯。他们的办公地点就是朝南开着的衙门，即法庭。戏曲中的"公案戏"非常之多，一个重要原因在于，衙门的场景、调度以及审判过程都极像是戏剧：原告、被告之间肯定

---

① 在现代法庭剧场中，演员包括了民事诉讼的原被两造及其律师与法官、法警；在刑事诉讼中，演员则包括了提起公诉的检察官、被告及其律师与法官、法警。法庭剧场中的观众，则是旁听席上的民众；在英美国家，还包括了陪审员。在一定程度上，陪审员也是演员，只是他们的台词不多而已。

② 对于法庭观众的双重意义，清代的著名幕友汪辉祖早就发现了。他说："盖内衙简略，可以起止自如，大堂则终日危坐，非正衣冠、尊瞻视不可，且不可以中局而止，形劳势苦，诸多未便。不知内衙听讼，止能平两造之争，无以耸旁观之听，大堂则堂下伫立而观者不下数百人，止判一事，而事之相类者，为是为非，皆可引伸而旁达焉。未讼者可戒，已讼者可息。故挞一人，须反复开导，令晓然于受挞之故，则未受挞者潜感默化，纵所断之狱未必事事适恰人隐，亦既共见共闻，可无贝锦蝇玷之虞。且讼之为事，大概不离乎伦常日用，即断讼以申孝友睦姻之义，其为言易入，其为教易周。"［（清）汪辉祖：《学治臆说》卷上"亲民在听讼"，收入《官箴书集成》第 5 册，第 275 页］足见，大堂旁观听审的民众，既是官员教育的对象，又是监督官员的主体。对我们这些后来者而言，当时的公堂观众，其实也是演员。无论作为规训对象抑或监督主体，他们无疑是参与了听审，而我们则成了另一种时间维度上的观众。

一上来就会有冲突，就像元杂剧《窦娥冤》描写的张驴儿与窦娥。在通常情况下，冲突必须当场呈现，然后逐步展开，推向高潮——窦娥的屈打成招，即是这部戏曲的高潮。最后，才由司法官员（梼杌）决定结局。①

这一关于"公案戏"的描述和评论，可谓切中肯綮。如果据以衡量明清中国公堂问案的情形，也与事实相去不远。换言之，舞台上的表演，固然是在"做戏"，不无"虚构"的成分，但这种"模拟"法庭，无疑亦有"真实"的元素。不过，明清时期的日常听审，未必皆有那么多的冲突或惊心动魄的戏剧性。在帝制中国的官场上，并非除了战争，即是听审；而是除了征收赋税，便是听审。② 无论如何，听审断狱仍然是明清中国州县衙门最为吃重的一项日常工作。孙惠柱的分析告诉我们：不仅舞台演出的"公案戏"具有仪式化的特点，而且精英阶层日常生活中的行为举止也都存在仪式化的特点。这样看来，"仪式化"可以说是传统中国文化的一个特点。事实上，公堂听审同样是一个仪式化的过程。或者说，如果公堂是一个剧场，那么听审程序便是司法仪式的呈现过程。在这个意义上，考察明清中国的衙门建筑、公堂装饰以及诉讼仪式，乃是解读司法理念的一个绝佳视角。

经由上文的扼要讨论，我们可以明白一个道理，无论服饰抑或法庭乃至仪式，皆可以作为符号来看待，即可以从符号角度来解读。本文之所以用"建筑与仪式"作标题，是因为笔者把它们当作符号来看待，进而解读其中蕴含的司法意义。

明清中国的司法空间（建筑和公堂等）与司法仪式（言辞和动作等），不仅涉及司法权力的建构和运作，还包含了司法观念的修辞和象征。易言

---

① 参见孙惠柱《社会表演学》，第 193 ~ 195 页。

② 由于明清中国的州县牧令都是全能官员，所以其所承担的日常工作，可谓没有明确的边界。换言之，凡是辖区之内的事务皆得管理。不过，钱粮赋税、弭盗治安、听讼折狱、学校教化诸事，乃是基本的职责范围。其中，赋税和听审两项工作，最为重要，也是考核的基本内容。故而，州县牧令会将时间和精力用于赋税和听审。由于征收赋税是一项季节性很明显的工作，也因此，听审就成为州县官员的日常工作。乾隆时期的汪辉祖说得更加具体："再与绅约，月三旬，旬十日，以七日听讼，以二日校赋，以一日手办详稿。校赋之日，亦兼听讼。官固不敢怠也，尔等若遵明完课，则少费校赋之精力，即多留听讼之工夫。"（梁文生、李雅旺校注《病榻梦痕录·双节堂庸训·吴中判牍》，江西人民出版社，2012，第 63 页）

之，考察和解读明清中国的司法空间与司法仪式，乃是旨在诠释明清中国司法权力的特征与司法观念的意涵。这是因为看不见的、抽象的司法权力与司法理念，必须用看得见的、具体的载体（符号和仪式）来表达与彰显。当然，除了场景和脚本，还少不了演员——官员、两造、书吏以及衙役。

进一步讲，尽管权力和理念确实难以琢磨，既看不见也摸不着；但是，权力和理念又确确实实存在着，不仅渗透到各种社会关系的网络当中，而且影响着人们的日常生活与行为方式。有时，为了使人能够真正触摸、感知、理解看不见的、抽象的权力和理念，必须借助一些看得见的、具体的载体，借用时下的非常流行词汇来说，它们需要包装——符号、仪式以及人物。换言之，权力和理念需要修辞，以便得到表达，显示威力，从而迫使处于权力关系和思想观念之下的人们"屈服"或"悦服"。这种权力和观念的修辞学，使我们想到了著名的美国文化人类学家克利福德·格尔兹对尼加拉（Negara）国家权力的符号、仪式及其蕴含的观念所做的精彩解释，① 以及英国文化史学家彼得·伯克对法国国王路易十四（Louis XIV）所做的透彻解读。② 实际上，在传统中国社会，包装皇权的饰物（符号）很多，诸如帝皇的名号、宝座、国玺、服饰、仪仗、宗庙、宫殿、山陵等等；另外，尚有各种各样的皇权运作的仪式，诸如封禅、祭祖、朝觐等等，它们都是臣民可以感觉和触摸皇权的仪式。而其背后，则隐藏着独特的理念，既体现了皇帝在宇宙秩序中的位置，也彰显了"天·地·人"三者之间的权力关系与观念秩序。由此，我们才能理解，秦始皇在统一中国之后，为什么即刻就采取了"更定名号"以及巡视天下和刻石题辞的举措，它们蕴含的政治意义，绝对不可小视。③ 基于这一观察问题的视阈，我们也才能理解，恢宏壮丽的兵马俑意味着什么，万里长城除了军事功能之外，更有深刻的政治意义。实际上，它们是通过建构空间和凝固时

---

① 参见〔美〕克利福德·格尔兹《尼加拉：十九世纪巴厘剧场国家》，赵丙祥译，上海人民出版社，1999，特别是第四章"政治表述：辉煌与庆典"，第 116～144 页。
② 参见〔英〕彼得·伯克《制作路易十四》，许绶南译，麦田出版社，2005。
③ 参见〔美〕柯马丁《秦始皇石刻：早期中国的文本与仪式》，刘倩译，上海古籍出版社，2015。

间的方式，来显示一种新型皇权的诞生以及旨在维持这种皇权统治的永垂不朽。① 就此而言，皇权变成了一种可视的景观，同时也承载了空间与时间的意义。

确实，皇权需要用各种东西——特别是符号和仪式——来加以修饰，方能得到彰显，成为一种可视的存在，从而为臣民所感知、所认同。可见，符号和仪式对于建立皇权神圣与皇权认同，具有非常重要的政治意义。② 这意味着，皇权的维系和运作，不能全靠暴力。这种例证，在史书中颇有记载。例如《史记·高祖本纪》记有如下意味深长的故事：

> 萧丞相营作未央宫，立东阙、北阙、前殿、武库、大仓。高祖还，见宫阙壮甚，怒，谓萧何曰："天下匈匈苦战数岁，成败未可知，是何治宫室过度也？"萧何曰："天下方未定，故可因遂就宫室。且夫天子以四海为家，非壮丽无以重威，且无令后世有以加也。"高祖乃说。③

这段对话的政治寓意颇为丰富：（1）揭示了未央宫对于新政权的象征意义；也就是说，未央宫实际上充当了新政权的象征符号。（2）预示了文官集团在西汉政治场域中的崛起，也显示了他们的政治力量。④ （3）解释了

---

① 笔者以为，（1）秦始皇之"更定名号"，自称"始"皇帝以及采取"焚书坑儒"的举措，意味着要割断与过去的联系；同时还意味着时间或历史由他开始、由他创建。（2）秦始皇之巡视天下、刻石记功，不仅宣扬了"六合之内，皇帝之土"的事功，而且宣告了一种新的治国理念和法度纪律。（3）秦始皇之制作兵马俑，既是武力和集权的象征，又是组织和纪律的象征。（4）秦始皇之修建万里长城，不仅具有防御的军事功能，而且具有诺贝尔文学奖获得者阿根廷作家博尔赫斯在《长城与书》中所说的那样，使帝国统治坚如磐石、传之无穷的功能［参见〔阿根廷〕豪尔赫·路易斯·博尔赫斯《探讨别集》，王永年等译，上海译文出版社，2015，第3~4页］。关于秦始皇所作所为的相关记述，参见（汉）司马迁《史记·秦始皇本纪》，中华书局，1959，第223~294页。

② 关于政治仪式的讨论，参见〔美〕大卫·科泽《仪式、政治与权力》，王海洲译，江苏人民出版社，2015；王海洲《政治仪式——权力生产和再生产的政治文化分析》，江苏人民出版社，2016。

③ 司马迁：《史记·高祖本纪》，第385~386页；《汉书·高帝纪》类似记载，参见班固《汉书·高帝纪》，中华书局，1962，第63页。

④ 这两点是巫鸿的概括，参见氏著《中国古代艺术与建筑中的"纪念碑性"》，李清泉、郑岩等译，上海世纪出版集团、上海人民出版社，2009，第200页。

未央宫本身蕴含的政治意义，以期证明和彰显刘邦权力的至高无上与新生帝国的永垂不朽，所谓"四海为家""重威"以及"无令后世有以加也"即包含了这样的深意。①（4）凸显了劳民伤财与建构皇权之间的利弊权衡；但是在这种"利弊权衡"中，我们却看到了，在刘邦和萧何君臣的眼里，建构权力的政治意义远远大于爱惜民力。说得极端一点，民力存在的意义，就是能够为皇帝所利用。（5）说明了建筑"壮丽"的未央宫本身，也必须依托权力的支撑和操作；否则的话，建筑未央宫所需要的人力、物力和财力也就难以征集；而在"苦战数岁"和"成败未定"的时刻，建筑这样的大型宫殿，更是困难重重，但是未央宫却很快被修建完工了，倘若没有集中的强大权力，如何可能！据我看来，这是政治权力与建筑之关系的另一层面的问题。②

又据《史记·刘敬叔孙通列传》的记载：

汉七年，长乐宫成，诸侯群臣皆朝十月。仪：先平明，谒者治礼，引以次入殿门，廷中陈车骑步卒卫官，设兵张旗志。传曰"趋。"殿下郎中侠陛，陛数百人。功臣列侯诸将军军吏以次陈西方，东乡；文官丞相以下陈东方，西乡。大行设九宾，胪传。于是皇帝辇出房，百官执职传警，引诸侯王以下至吏六百石以次奉贺。自诸侯王以下莫不振恐肃敬。至礼毕，复置法酒。诸侍坐殿上皆伏抑首，以尊卑次起上寿。觞九行，谒者言"罢酒"。御史执法举不如仪者辄引去。竟朝

---

① 明清时期沿袭了这样的政治理念，关于北京的宫廷建筑和城市建筑的政治意义的详尽讨论，参见 Jianfei Zhu, *Chinese Spatial Strategies: Imperial Beijing 1420 - 1911*, Routledge Curzon, 2004.

② 关于这一方面的具体分析，参见萨迪奇《权力与建筑》。巫鸿先生在分析"礼器"时指出："中国古代的青铜礼器，包括珍贵的礼仪性玉、陶器，实际上都是在'浪费'（squander）和'吞并'（absorb）生产力。而正是因为这些人造的器物能够如此'浪费'和'吞并'生产力，它们才得以具有权力，才能获得它们的纪念碑性。"（巫鸿《中国古代艺术与建筑中的"纪念碑性"》，第87页）当然，在中国宫廷建筑思想史与实践史上，究竟是"崇宫室"抑或是"卑宫室"的问题，还是颇有争议的。在宫廷建筑史上，唐代以前颇有"崇宫室"的特点；宋代以后，则有"卑宫室"的特点（参见方拥《中国传统建筑五十讲》，北京大学出版社，2010，第81～113页）。关于中国建筑史上的"奢侈"和"节俭"的争论，参见李允鉌《华夏意匠——中国古典建筑设计原理分析》，第36～38页。

置酒，无敢讙哗失礼者。于是高帝曰："吾乃今日知为皇帝之贵也。"乃拜叔孙通为太常，赐金五百斤。①

从这一描述中，我们可以看出"朝觐仪式"对于张扬皇权的价值和意义，刘邦那句"吾乃今日知为皇帝之贵也"，可谓发自肺腑的感叹，已经将道理讲得一清二楚。其中，诸如"振恐肃敬"和"无敢讙哗失礼"的修辞，乃是群臣"臣服"皇权的心理反应；而"皆伏抑首"四字，则是臣服皇权的身体表现，并反衬出皇帝（刘邦）的高高在上和不可侵犯。正是通过这样的朝觐礼仪，建构了皇帝与群臣之间的支配与臣服的政治关系。所谓"御史执法举不如仪者辄引去"一句，更反映出支撑朝觐仪式运作的权力基础。

必须指出，这并不意味着，在实践朝觐仪式的过程中，唯有群臣的言行举止才受到了礼仪的约束和规训；实际上，皇帝同样也受到了约束和规训。可以说，这种仪式具有建构君臣秩序——使君主像君主，使臣子像臣子的双重效果，即各自扮演相应的角色。在举行仪式的过程中，不仅建构权力和身份的名号、位置、身体、动作以及语词构成了一种政治秩序，而且举行仪式的时间、空间（特定场所）以及仪式本身同样是一种政治秩序的表达。虽然仪式只是一套外在的行为规范，却有心理约束的内在功能。所谓的"敬"，即是"行礼"必须具备的心理状态，并且还有道德意味。因此，仪式活动有着特殊的意义结构。② 由"礼"分化出来的"礼意"和

① 司马迁：《史记·刘敬叔孙通列传》，第 2723 页；《汉书·高帝纪》的记载，参见班固《汉书·郦陆朱刘叔孙传》，第 2127 ~ 2128 页。另外，也有与此相反的情形，参见《史记·刘敬叔孙通列传》记载："汉五年，已并天下，诸侯共尊汉王为皇帝于定陶，叔孙通就其仪号。高帝悉去秦苛仪法，为简易。群臣饮酒争功，醉或妄呼，拔剑击柱，高帝患之。"（司马迁：《史记·刘敬叔孙通列传》，第 2722 页；《汉书·郦陆朱刘叔孙传》的记载，参见班固《汉书·郦陆朱刘叔孙传》，第 2126 页）。可见，废除了秦代的"仪法"之后，导致了君臣秩序的混乱，伤害了皇帝的威严，故而才有"高帝患之"的反应，也才有叔孙通修订朝仪的举措；最后，才出现了未央宫落成典礼上的"肃敬"场面。关于传统中国皇权礼仪的详尽介绍，参见周良宵《皇帝与皇权》，上海古籍出版社，1999，第 3 ~ 201 页。

② 美国学者司徒安在分析清代皇帝祭祀大典（祭天）时，对于祭天仪式的政治意义和文化意义进行了全方位的详尽解读。虽然祭祀与朝觐不同，但其揭示出来的政治意义，则有相通之处［参见〔美〕司徒安《身体与笔：18 世纪中国作为文本/表演的大祀》，李晋译，北京大学出版社，2014］。

"礼仪",就包含了这样两个层面。

不烦多言,上面扼要分析的两个例证,已经大致勾勒出本文的主题,也提供了考察衙门建筑与司法仪式的可资参考的分析框架。首先,我们把衙门建筑和司法仪式看作符号,揭示其符号功能和象征意义;其次,我们将公堂视为剧场,把听审看作仪式,解释其蕴含的司法理念。接下来的问题便是:(1)拿什么材料来研究;(2)用什么方法来研究。众所周知,可资解读明清中国司法理念的史料,可谓多种多样,法律典章、正史记载、官箴书籍、司法档案、小说戏曲、俗话成语以及楹联匾额,等等。至于研究方法,同样多种多样,思想史、观念史、文化史、符号学、文字学等等。但是,本文主要借鉴中国建筑史、仪式人类学与符号学的成果与方法,尝试解读明清中国的司法理念。

二 明清司法理念的建筑表达

进入正题之前,必须略加说明的是:第一,本文所谓"建筑",是指作为司法场域的物理空间及其装饰,或者说是专指用来进行司法活动的建筑空间,包括建筑物和装饰物。第二,在传统中国文化语境下,建筑的丰富内涵,不但要通过建筑本身来展现,而且要通过楹联、匾额之类的文字符号来表达;据此,本文还将考察和解释那些既有装饰功能,又有思想内涵的文字符号。第三,为了避免文章枝蔓,本文讨论的司法空间,将集中在州县衙门;或者说,本文仅仅将州县衙门作为考察明清中国建筑的具体样本,至于其他衙门的资料,暂时不拟涉及;即使有所征引,也仅仅是为了补充和丰富州县衙门不及的某些层面。

德国思想家尼采曾说:"建筑是一种权力的雄辩术。"① 英国建筑评论家迪耶·萨迪奇也指出了建筑与权力之间存在的千丝万缕的关系。他说:"几乎所有的政治领袖都发现他们对建筑的利用带有政治目的。"而且,无论民主体制抑或极权主义,皆有"可能利用建筑作为管理国家的工具"。但问题是,建筑与权力之间的指涉关系并非总是那么清晰明了。萨迪奇又

---

① 转见萨迪奇《权力与建筑》封面的题记。

说："赋予建筑精确的政治含意非常困难，建筑本身包含的政治含意也难以琢磨。"① 这句话颇有方法论的指导意义，值得我们记取。譬如，传统中国的建筑——从普通民居到官僚府邸，从州县衙署到皇家宫殿禁城，都是"君君臣臣"这种政治伦理的符号和象征，它们的目的都是彰显乃至强化这种伦理秩序，进而维持身份社会的政治统治与社会管理。② 倒过来讲，这种建筑的身份性与政治性，则受到了礼法的规范。或曰，在泛政治与礼制化的文化语境里，传统中国建筑的政治色彩显得格外引人瞩目。这样的联系与推论，看起来似乎一目了然，在宏观上好像也没有什么不妥。但是，当我们具体解读一座建筑的政治内涵时，就不那么显而易见了；换言之，传统中国建筑符号的"能指"（建筑和装饰）与"所指"（伦理观念、政治观念和司法观念）之间的指涉关系，难免出现某种模糊含混的情形。

意大利符号学家恩伯托·埃科指出："所有文化现象实际上都是符号系统，或者说，文化可以理解为交流。在这个前提下，如果符号学除了被公认是符号系统的科学之外，它还的确是把所有文化现象当作符号系统来研究的一门科学，若是果真如此的话，那么建筑学则毫无疑问是对符号学最具挑战的领域之一。"这意味着，建筑符号的"能指"与"所指"之间的关联不如其他符号来得清晰明了，而其根本原因在于，"建筑物的大多数是显然不传递什么意思（也不是为了交流设计的），它是为了满足功能"。③ 就此而言，通过解读建筑及其装饰来认识"并不具体存在"的思想观念，学术风险自然不可完全避免。

必须指出的是，这并不意味着我们就不可能通过建筑来寻找它的价值与意义。此乃因为，首先，建筑表达了"人类最崇高的思想热情、人性、信念和宗教"；并且，用种种手段使有形的能指，来清晰表达它的所指——生活方式、价值和功能。④ 其次，建筑受到了约定俗成的文化惯例

---

① 萨迪奇：《权力与建筑》，第9页。
② 参见秦红岭《儒家伦理文化对中国古代都城建设的影响》，载《华中建筑》第25卷，2007年12月。
③ 参见〔意〕恩伯托·埃科《功能与符号——建筑的符号学》，收入〔英〕G. 勃罗德彭特等《符号·象征与建筑》，乐民成等译，中国建筑工业出版社，1991，第5~6页。
④ 参见〔英〕查尔斯·詹克斯《建筑符号》，收入勃罗德彭特等《符号·象征与建筑》，第58~59页。

（语法）的控制，这使我们可以通过这些文化惯例来寻找建筑的语义，解读其所蕴含的思想观念和内在精神。最后，建筑暗示的含意，也使我们得以通过它的实际用途来把握。① 例如，对于"哥特风格＝笃信宗教"的解读，必须依赖欧洲的宗教文化语境。换句话说，从符号和象征的角度来看，人们可以认为，哥特式建筑与"强调垂直方向＝飞向上帝的灵魂"，或者与"从窗户射入的光束与大厅阴影的对比＝神秘主义"这些深刻的思想内涵有关。② 可以说，倘若我们缺乏对于欧洲的宗教文化语境与教堂的实际用途的通盘把握，哥特式建筑将会变得不可理解。总之，经由文化语法的编码，建筑就变成了一套具有内在意蕴的符号系统；进而，通过解读这套符号系统，我们就能领略其中的意义结构。③

　　接下来的问题是，面对传统中国建筑，我们又该如何解决这一难题呢？笔者以为，可资利用的策略或者方法有三：其一，把握建筑装饰。李允鉌写道：中国各类建筑，并不是完全依靠房屋本身的布局或者外形来达到"性格"的表现，而主要是依靠各种装修、装饰和摆饰来构成建筑本身的"格调"或者内在精神。④ 譬如，在传统中国民居中，师生居住的房间每每相隔十步，学生一边房屋的窗棂，装饰是"冰花"的样式。这是什么意思呢？似乎令人费解。但是，当我们想到"十年寒窗"这个成语时，其中蕴含的象征意义，就豁然显现出来了。再如，衙署建筑的暖阁，顶上涂了朱色，地上铺了篾席。何以如此呢？实际上，它来自"天诛地灭"这个成语的谐音；而其深意，乃是旨在警示官员不要做亏心事；否则的话，必将遭到报应。其二，利用文字符号。一般来讲，传统中国单座建筑的功能基本类似，因而它们的意义不甚明确。在这种情况下，借助建筑装饰与文字表达，就可以将建筑的内在意蕴揭示出来。对此，李允鉌先生指出：

---

① 参见恩伯托·埃科《功能与符号》，收入勃罗德彭特等《符号·象征与建筑》，第 10～18 页。

② 恩伯托·埃科：《功能与符号》，收入勃罗德彭特等《符号·象征与建筑》，第 21 页。

③ 关于建筑的象征与符号的研究，参见卡斯腾·哈里斯《建筑的伦理功能》，第 96～114 页。国内学者关于建筑符号学的研究成果很少，也都流于简单介绍；参见章迎尔《建筑符号学引论——关于建筑的符号性问题的讨论》，《新建筑》1995 年第 1 期；吴耀华《谈建筑符号学》，《山西建筑》2004 年第 12 期。

④ 李允鉌：《华夏意匠——中国古典建筑设计原理分析》，第 79 页。

"中国是一个善于用文字、文学来表达意念的国家，建筑物中的'匾额'和'对联'常常就是表达建筑内容的手段，引导建筑的欣赏者进入一个'诗情'的世界。"① 可以说，匾额和楹联的使用，既丰富了也拓展了建筑本身的表达功能，从而使建筑本身难以表达的意义得到了彰显。其三，把握文化语境。例如，伊东忠太原教授曾经指出："惟有中国，古往今来，宫室建筑本位一以贯之，不能不说是一大奇观。"② 据此，倘若我们意欲理解明清中国的北京城、紫禁城以及各种宫殿的规划与设计的思想和理念，那就必须将其置于整个中国文化语境当中予以全面考察，方能得到准确的理解。其中，包括儒家思想、道家思想、风水观念、中极观念、对称观念与数字观念等等，非常复杂。对此，学者已有详尽的研究。③ 如果意欲理解"明堂"这种礼制建筑的特殊意涵，那就必须懂得"上圆象征天，下方象征地，四门象征四季，八窗象征八风"④ 的政治意义与文化意义。笔者相信，在研究方法上，如果我们能够将传统中国建筑本身与上述三种研究进路结合起来，才有希望对于传统中国建筑（特别是衙署建筑）的政治意义给出一些相对合理的解释。

根据传统中国建筑的功能与特征，现代学者做出了相应的分类。例如著名建筑学家梁思成的概括如下：（1）民居和大建筑群；（2）宗教建筑；（3）园林及其附属建筑；（4）桥梁和水利工程；（5）陵墓；（6）防御工程；（7）市街点缀——钟楼、鼓楼和牌坊之类；（8）建筑的附属艺术——壁画、彩绘、雕刻、华表、狮子和石碑之类；（9）城市的整体布局。⑤ 再如，日本中国建筑史学者伊东忠太原的分类更为简洁：民居、宫殿、官

---

① 李允鉌：《华夏意匠——中国古典建筑设计原理分析》，第 79 页。
② 〔日〕伊东忠太原：《中国古建筑装饰》，刘云俊等译，中国建筑工业出版社，2006，第 18 页。
③ 具体讨论，参见 Jianfei Zhu, *Chinese Spatial Strategies: Imperial Beijing 1420 - 1911*；伊东忠太原《中国古建筑装饰》，第 18 ~ 22 页；李允鉌《华夏意匠——中国古典建筑设计原理分析》，第 90 ~ 99 页。关于传统中国建筑与风水的讨论，参见孙景浩、刘昌铭、李杰《周易与中国风水文化》，上海古籍出版社，2009。
④ 郑志明：《想象·图像·文字·数字·故事：中国神话与仪式》，贵州出版集团、贵州人民出版社，2010，第 148 页。
⑤ 参见梁思成《中国建筑的类型》，收入氏著《凝动的音乐》，百花文艺出版社，1998，第 49 ~ 52 页。

衙、陵墓、佛寺、道观、文庙和书院、武庙以及清真寺。① 又如，李允鉌
顺着伊东忠太原的思路，则做出了如下整理：住宅、宫殿和宫城、礼制建
筑、宗教建筑、商业建筑、科技和工业建筑。② 尽管表面看来三位学者的
概括似乎有些差异，但是，从伊东忠太原和李允鉌论著涵盖的内容来看，
实际上与梁思成并没有多大的区别。这里，笔者之所以引述他们的这些概
括，是为了帮助我们对于传统中国的建筑类型获得一个大致的印象。这也
是因为，其构成了我们据以讨论明清中国司法实践的建筑空间的一个知识
背景和前提条件。

　　值得进一步交代的是，虽然上述建筑的功能与特征各有差异，但是它
们与传统中国的政治权力和思想文化均有密切的关系，只是程度有所不同
而已。另外，梁思成在概括"民居和大建筑群"时指出，民居与象征政权
的宫殿、衙署和府邸，实际上属于同一类型的建筑，只有大小繁简之别。③
笔者以为，所谓"同一类型的建筑"，是指它们的实用功能与建筑结构上
的相似；而所谓"大小繁简之别"，则意味着礼法规制与政治地位上的差
异。换言之，普通民居之所以低矮简陋，是因为普通民众没有政治上的特
殊身份，故而建筑受到礼制上的严格规制。与此相反，宫廷建筑之所以崇
高宏大，是因为皇帝"富有四海"，并且具有"沟通天地"的神圣地位。
易言之，位居权力"北极"的皇帝，必须用建筑之势来表达与彰显，以期
达到"君临天下"之目的。可以这么说，它是建筑政治学的内在要求。再
者，宫廷建筑之所以气势宏伟，令人肃然起敬，尽管与单座建筑的体量高
大有关，然而基本上是来自同类建筑在物理空间上的组合和展开。对此，
我们只要观摩一下普通民居、州县衙门建筑的平面图与皇家宫殿的平面图
也就可见一斑。顺便一提，这是中西建筑之间的一个重要差异。西方建筑
是"量"的扩大，以致建筑的结构复杂，体量巨大；而传统中国建筑，则
是"数"的增加，实际上是单座建筑的不断组合，在空间上的持续开展，④
从而产生"侯门深似海"的空间效果和心理效果。根据这一基本判断，我

---

① 参见伊东忠太原《中国古建筑装饰》，第 21 页。
② 参见李允鉌《华夏意匠——中国古典建筑设计原理分析》，第 77~126 页。
③ 参见梁思成《凝动的音乐》，第 49 页。
④ 具体分析，参见李允鉌《华夏意匠——中国古典建筑设计原理分析》，第 129~133 页。

们可以得出以下结论：官僚府邸是普通民居的扩展版，而皇家宫殿则是州县衙署的扩展版——包括实用功能与政治意义；造成这种差异的根本原因乃是政治与礼制，在建筑材料和技术理念上并没有实质性的差异。

这可以说是学界的共识。譬如，楼庆西也说：中国古代的宫殿、寺庙、园林、住宅各类建筑的不同功能上的需求，不是依靠单体建筑的平面和体形，而是依靠由它们所组成的不同群体来适应和满足。如果西方古代建筑艺术主要体现在个体建筑的宏伟和壮丽上，那么中国古代建筑艺术表现在建筑群体的博大与壮观上。这种"四合院式的"建筑格局，在汉代墓砖上已经得到很好的体现，① 并且一直延续到了本文所要讨论的明清时期。

就中华帝国的权力结构而言，州县衙门可以说是整个国家权力的一个缩影，一个缩微版本。比如，皇帝掌握了整个帝国的政治权力，属于地地道道的"一人政府"；② 在州县辖区内，州县长官同样操控了全部权力，乃是"最小行政单元"的"一人政府"，③ 全面负责州县辖区的统治责任，没有丝毫分权的迹象。与此相关，从讨论传统中国的政治建筑或建筑的政治意义来讲，州县衙署也是中华帝国最高权力所在地紫禁城的一个缩微版本，可以用"麻雀虽小，五脏俱全"来概括。就此而言，仔细解剖这只具有典范意义的"麻雀"，对于我们深入理解传统中国的政治象征与政治实践，无疑有着极为重要的学术价值。

现在，我们回过头来检视明清中国州县衙门的司法权力的建筑问题。总体而言，国内对于这一课题的专门研究还是比较薄弱。④ 因此，本文也

① 参见楼庆西《中国古建筑二十讲》，三联书店，2004，第34页。
② 至少从商朝起，君王已经用"余一人"来称呼自己。其后虽然称谓不同，但寓意并无二致。相关讨论，参见胡厚宣《释"余一人"》，《历史研究》1957年第1期；李香平《重释"余一人"》，《考古与文物》2003年第1期；朱红《再释"余（予）一人"》，《渤海大学学报》（哲学社会科学版）2012年第3期。
③ 参见瞿同祖《清代地方政府》，范忠信、晏锋译，何鹏校，法律出版社，2003，第28页。
④ 参见舒国滢《从司法的广场化到司法的剧场化》，《政法论坛》1999年第3期；关于传统衙署建筑的权力空间与司法空间的研究，参见曹国媛、曾克明《中国古代衙署建筑中权力的空间运作》，《广州大学学报》（自然科学版）2006年第1期；Jianfei Zhu, *Chinese Spatial Strategies：Imperial Beijing 1420 – 1911*，pp. 97 – 193；黄晓平《古代衙门建筑与司法之价值追求——考察中国传统司法的一个特别视角》，《北方法学》2009年第6期。

只能算是一个初步尝试。

沿着英国边沁开辟的"全景敞视建筑"（panopticon）的构想，法国思想家米歇尔·福柯在《规训与惩罚》一书中，对于"权力与空间"问题进行了极具启发性的讨论。① 在稍后的访谈录《权力的地理学》中，福柯曾经作过如下概括性的表述：

> 人们常指责我迷恋于这些空间的概念，我确实对它们很迷恋。但是，我认为通过这些概念我确实找到了我所追寻的东西：权力与知识之间的关系。一旦知识能够用地区、领域、移植、移位、换位这样的术语来描述，我们就能够把握知识作为权力的一种形式和播撒权力的效应的过程。存在着对知识的管理，知识的政治，权力的关系，它们是穿越知识的途径，当人们对它们进行再现的时候，能够指引人们通过区域、地区和领土这样的概念来思考支配的形式。政治—战略的术语表明了军事和管理事实上把它们自己刻在话语的形态和材料上。②

福柯的这一"空间·知识与权力"的构想，其所强调的是，空间具有作为权力的运作基础与运作机制的独特意义；同时，也揭示了权力运作的策略与逻辑的地理学面向。③ 换言之，一旦建筑的空间知识转变成为权力运作的一种形式，权力运作的一个场域，那么建筑空间本身就获得了政治意义。福柯关于"权力与空间"学说的启示，就在于此。

在中国历史上，国家（政治）权力的"空间"观念，从一开始就形成

---

① 〔法〕米歇尔·福柯：《规训与惩罚》，刘北成、杨远婴译，三联书店，1999，第 219～256 页。用边沁和福柯的理论来检讨古今中国的"规训与惩罚"的论著，可以参见〔荷〕冯客《近代中国的犯罪、惩罚与监狱》，徐有威等译，凤凰传媒出版集团，江苏人民出版社，2008；〔澳〕迈克尔·R. 达顿《中国的规制与惩罚——从父权本位到人民本位》，郝方昉、崔洁译，清华大学出版社，2009。

② 〔法〕米歇尔·福柯：《权力的眼睛——福柯访谈录》，严锋译，上海人民出版社，1997，第 205 页。

③ 相关评论，参见何雪松《空间、权力与知识：福柯的地理学转向》，《学海》2005 年第 6 期；另见周和军《空间与权力——福柯空间观解析》，《江西社会科学》2007 年第 4 期。

了鲜明的特色。所谓"中国"两字，就是一个很好的例证；也就是说，"中国"的本来意涵，来自对于国家结构和国家权力的一种"空间"的表达。① 具体而言，中国乃是京师、国中、国都、王畿之类的名称，它们恰恰是指国家权力的"中心"区域。易言之，它们既是政治统治的中心，也是进行统治的装置和技术。如若我们根据《周礼·地官·司徒》记载的那套"惟王建国，辨方正位，体国经野，设官分职，以为民极"② 的政治逻辑来观察，那么，中国古代国家权力的空间结构，就像"百宝盒"或者"同心圆"那样，一层层一圈圈地铺展开来。其中，地理空间知识的形成与国家政治权力的组织之间，似乎有着特别密切的关联。③ 后来，尽管采取郡县体制，但这种国家权力结构的理想规划依然被承袭了下来。另外，不仅地方政府（省府州县）的设置有着地理空间上的考虑，由此建构权力的空间网络，而且衙署的建筑也有"形势"空间上的要求，借此占据"制胜"的空间位置；而其目的，不外乎是为了便于加强对于地方社会的政治控制。④ 这样一来，我们也就看到了一幅秩序井然的政治权力的图像：媒介天道与民意的皇帝——包括肉体和符号、皇宫和皇城、京师与地方（省府州县）等等，非常规整地铺展了开来，形成一个"众星捧月"的国家权力的结构图式，此乃孔子所谓"为政以德，譬如北辰居其所而众星共之"⑤ 的意思。由此，一个权力"金字塔式的"空间结构或网络组织就

---

① 参见胡阿祥《伟哉斯名——"中国"古今称谓研究》，湖北教育出版社，2000，第 253～261 页。王振复也有类似的概括："'国'之本义，首先是建筑文化意义上的一个空间概念。"氏著《中华建筑的文化历程——东方独特的大地文化》，上海人民出版社，2006，第 23 页。

② 引据（清）孙诒让《周礼正义》，中华书局，1987，第 641 页。

③ 在被学者视为中国古代最早的地理学著述《山海经》和《禹贡》中，对自然地理和物产的描述与政治空间的建构，即有非常密切的关联，以致学者认为"带有明显的政治动机"。详尽的分析，参见聂影《观念之城——建筑文化论集》，中国建筑工业出版社，2007，第 3～16 页。

④ 相关讨论，参见鲁西奇、马剑《空间与权力：中国古代城市形态与空间结构的政治文化内涵》，《江汉论坛》2009 年第 4 期。值得指出的是，作为统治据点的中国城市，它的"形势"基本上不是出于军事上的考虑，因为"在近代的大炮传入之前，中国的城墙几乎是坚不可摧的"，而是日常行政与经济交通上的考虑，故而城市往往选择地势低平，靠近河岸的地方〔参见章生道《城治的形态与结构研究》，收入〔美〕施坚雅主编《中华帝国晚期的城市》，叶光庭等译，中华书局，2000，第 84～111 页〕。

⑤ 引据杨伯峻《论语译注》，中华书局，1980，第 11 页。

形成了。① 诚如英国学者斯普林克尔所说：这一权力的"金字塔式的"空间结构，提供了一个在权力运作过程中彼此互通的连环，从中央一直延伸到最低的行政单位。② 总体而言，这样一幅国家统治权力的结构图式与运作原理，有着非常鲜明的建构理性色彩。③ 与此同时，也成为了中国古代法律编撰的蓝本，诸如《唐律疏议》以及明清律例与会典，都是如此。确保这一权力体制畅顺运作的技术装置有四：一是郡县制和官僚制；二是文字和语言的标准化；三是公文制度；四是驿传制度和传播制度。④ 顺便一提，鉴于皇帝拥有与"上帝"沟通的特权，从而将政治秩序嵌入宇宙秩序当中，所谓"奉天承运"，也就有了着落。与此相关，城市建筑和衙门建筑，皆有"宇宙论"的依据或影响。⑤

---

① 这幅权力空间的图像，还可以进一步延伸到基层社会的组织空间与居住空间（参见张宏、李益民《井田制度与中国古代城市住居的空间形态特征》，载《建筑师》2003 年第 1 期）。据说，井田不仅仅是一种土地制度，也是一种政治控制模式，因为井田当中还有居民的住宅；进而，由"宅"到"邑"，具有政治意义的组织关系得以建立。王振复甚至说："中国城市起源于井田。"具体而言，原先井田四周的篱棘、界石或其他什么围护物与标志物，现在演变成为王城四周的城垣、护城河之类；原先"八家共井"的耕作组织以及共养中央公田的赋税制度，如今演变成为王城中央的宫城。其结果是，"在礼制上，宫城居中象征帝王的绝对权威"（参见王振复《中华建筑的文化历程》，第 27 ~ 28 页）。

② 参见〔英〕S. 斯普林克尔《清代法制导论——从社会学角度加以分析》，张守东译，中国政法大学出版社，2000，第 50 页。另外，也可参见第 60 页的"官府结构图"。

③ 在西方学术语境中，建筑本身即是建构的隐喻。参见柄谷行人《作为隐喻的建筑》，第 3 ~ 11 页。

④ 事实上，春秋战国的变法改革，已经囊括了这四个方面。特别值得一提的是，秦始皇统一中国之后的两项首要举措，就是"书同文，车同轨"。在我看来，这是实现帝国管理的不可或缺的两项技术装置。只有通过这些装置，皇帝才能有效地把幅员辽阔的帝国组织起来。秦汉时代的文字改革，就是出于帝国管理的需要。章太炎先生指出："借观秦世，程邈之造隶书，本为吏事作也。"（参见氏著《官制索隐》，陈平原编校《中国现代学术经典·章太炎卷》，河北教育出版社，1996，第 530 页。也见聂影《观念之城——建筑文化论集》，第 149 ~ 169 页）关于驿传制度，也有学者指出：邮驿乃是历代政府实现有效统治的工具之一，是高度集权政治的产物。在平时，邮驿是传达政令，沟通中央与地方联系的纽带；在战时，邮驿是飞传军情和指挥作战的有力工具〔参见刘广生、赵梅庄《中国古代邮驿史》（修订版），人民邮电出版社，1999，第 5 页〕。关于信息传播，参见朱传誉《先秦唐宋明清传播事业论集》，台湾商务印书馆，1988。

⑤ 参见〔美〕芮沃寿《中国城市的宇宙论》，收入施坚雅《中华帝国晚期的城市》，第 37 ~ 83 页。在《明史·刑法二》中，即有这样一段有趣的记载：洪武"十七年建三法司于太平门外钟山之阴，命之曰贯城。下敕言：'贯索七星如贯珠，环而成象名天牢。中虚则刑平，官无邪私，故狱无囚人；贯内空中有星或数枚者即刑繁，刑官非其人；有星而明，为贵人无罪而狱。今法天道置法司，尔诸司其各慎乃事，法天道行之，令贯索中虚，庶不负朕肇建之意。'"（《历代刑法志》，群众出版社，1988，第 530 页）对于这段文字意义的解释，参见方潇《天学与法律——天学视域下中国古代法律"则天"之本源路径及其意义探究》，北京大学出版社，2014，第 114 ~ 115 页。

由行政建制来看，明清时期有所谓"皇权不下县"之说，亦即国家权力止于州县，其下没有任何类型的正式政府机构。① 因此，州县衙门可谓直接面对百姓的基层政府。作为直接沟通"官"与"民"关系的权力场域，全国的州县衙门共有一千多个。② 因为州县直接面对民众，所以州县长官也被称为"亲民官"或"父母官"。③ 无论词讼抑或命盗案件的诉讼，他们都是百姓与牧令接触的关键渠道，也是牧令扮演"父母官"角色的主要场合。虽然明代曾经把词讼和普通刑事案件的审理权力授予里老人，只有在不服里老人的处断或里老人处断不公时，才能诉诸州县衙门；不过，命盗（如十恶、强盗、杀人等）案件仍须直接诉诸州县衙门。④ 到了明代中期以后，随着里甲制度的衰败，里老人和用于听审的场所（申明亭）也废弛了，词讼案件直接诉诸州县衙门的事例就多

---

① 这是中国政治史学界的通说。参见何朝晖《明代县政研究》，北京大学出版社，2006，第11页；瞿同祖《清代地方政府》，第5页。对此，也有学者提出反对意见。参见胡恒《皇权不下县？清代县辖政区与基层社会治理》，北京师范大学出版社，2015。由国家建制来看，州县出现"分防治理"的现象，似不足以证明皇权已经下县。此乃因为，这些"分防"辖区，并不意味着它们已经变成了州县政府的下级机构；换言之，它们仅有州县"派出"机构的性质，其本身仍属于州县衙门，一如我国最高的巡回法庭和县级法院的派出法庭，虽然也有分区管辖和审理案件的职能，但不构成一级法院。

② 据何朝晖统计，明代州县共有1403个；其中，与县平级的属州235个，县1168个，而没有将与府平级的直隶州（共20个）计算在内（参见何朝晖《明代县政研究》，第11~13页）。据瞿同祖先生统计，清代州县共计1448个；其中，散州145个，县1303个（参见瞿同祖《清代地方政府》，第9~10页）。

③ 将统治者和官员称为"父母官"，在中国历史上的起源很早。例如《诗经》已有"民之父母"的说法，诸如"泂酌彼行潦，挹彼注兹，可以餴饎。岂弟君子，民之父母。"（周振甫：《诗经译注·大雅·泂酌》，第438页）又有"南山有杞，北山有李。乐只君子，民之父母。乐只君子，德音不已。"（周振甫：《诗经译注·小雅·南山有台》，第254页）对此问题的具体讨论，参见张丰乾《"家""国"之间——"民之父母"说的社会基础与思想渊源》［载《中山大学学报》（社会科学版）2008年第3期］。到了汉代，又出现了"前有召父，后有杜母"这样的谚语，参见《汉书·循吏传》与《后汉书·杜诗传》的记载。根据清代著名学者钱大昕的考证，"父母官"称谓的正式流行，始于宋代（参见氏著《十驾斋养新录》卷16，陈文和、孙显军校点，江苏古籍出版社，2000，第347页）。

④ 明代里老人听审范围的规定，见于《教民榜文》，收入杨一凡点校《皇明制书》第2册，社会科学文献出版社，2013，第723~733页。对其扼要的整理，参见韩秀桃《明清徽州的民间纠纷及其解决》，安徽大学出版社，2004，第27~28页；另见〔日〕中岛乐章《明代乡村纠纷与秩序——以徽州文书为中心》，高飞译，江苏人民出版社，2012，第75~76页。

了起来。① 及至清代，无论词讼案件还是命盗案件，均直接至州县衙门告状，民间纠纷解决组织已非必经程序。② 据此，州县衙门就成为了司法机构，公堂听审也可谓是一个司法剧场。既然州县衙门乃是京师，甚至整个中华帝国的权力结构的一个缩影，那么，州县建筑（作为司法剧场）的空间结构又有什么特点呢？下面，本文从司法角度来透视一下州县权力的空间意义。③

《中国古代建筑史》写道："和中国封建社会历代皇宫一样，明清故宫的设计思想也是体现帝王权力的，它的总体规划和建筑形制用于体现封建宗法礼制和象征帝王权威的精神感染作用，要比实际使用功能更为重要。"④ 作为帝国缩影的州县衙门，同样是帝国政治的符号与象征，它的建筑结构也体现了这一理念。从宏观布局来看，在中国古人心目中，正北面南无疑具有"君临天下"或者"面南而治"的意涵。故而，皇宫往往建于京城的正北方位的中轴线上，无疑是"中"或"正"的象征。如果皇宫具有"王者居于中土"的象征意义，那么"从皇宫到皇城，从皇城到都城这一系列重重向外伸延的整体观念可以说是来自三千年前的周代或者更早的

---

① 针对"老人制在明代中期开始衰退，已趋于形式化"的论点，中岛乐章提出了不同的看法。他说，明代中期以后，里老人的司法功能一直存在。该书《结语》写道：根据本书的考察可知，15 世纪前半期的实际情况乃是，里老人在受理纠纷当事人"投状"之后，在向地方官起诉之前进行纠纷处理。15 世纪后半期则是，老人、里长除了受理"投状"处理纠纷以外，还通过调解和取证、重审官府下发的诉讼案件，来参与纠纷解决。16 世纪以降，里长和乡约、保甲以及亲族、中见人等的调解功能并存（参见中岛乐章《明代乡村纠纷与秩序》，第 53 页，第 87 页，第 259～260 页）。笔者想要指出两点：一是总体而言，里老人的司法功能确实是在不断下降；二是徽州的情形是否可以证明其他地区，也是一个有待证实的问题。

② 参见《清史稿·刑法三》，收入《历代刑法志》，第 583 页。

③ 本节关于明清时期州县衙门建筑的叙述，主要参考了以下研究成果。参见陶希圣《清代州县衙门刑事审判制度及程序》，食货出版社有限公司，1972，第 4～6 页；张光明《霍州署》，山西经济出版社，1998；郭建《帝国缩影——中国历史上的衙门》，学林出版社，1999；吴逢辰主编《江南第一衙：浮梁县署》，江西人民出版社，2002；柏桦《明代州县政治体制研究》，中国社会科学出版社，2003，第 99～121 页；刘鹏九主编《内乡县衙与衙门文化》（增订版），中州古籍出版社，2004；李志荣《元明清华北华中地方衙署个案研究》，北京大学 2004 年博士学位论文；完颜绍元《天下衙门——公门里的日常世界与隐秘生活》，中国档案出版社，2004；吴逢辰主编《千年县衙：浮梁县署及衙门文化趣谈》，江西人民出版社，2006；何朝晖《明代县政研究》，第 19～25 页；姚柯楠《说不尽的府衙往事：南阳知府衙门考》，中州古籍出版社，2008。

④ 刘敦桢主编《中国古代建筑史》，中国建筑工业出版社，1984，第 296 页。

时候。"① 只是，与皇宫稍有不同，一是地方衙门建筑规模较小，结构也比较简单；② 二是由于地方衙门不敢僭越，只得建于东北方位，但其要旨并无不同。③

另据学者研究，与以往地方衙门的建筑格局相比，明朝发生了很明显的变化，也就是朱元璋颁布了地方衙门的营造标准；另外，他还特别要求官吏必须在衙署中居住。④ 之所以做出这样的规定，是出于"廉贪相察，勤怠相规"⑤ 之目的。说到底，就是为了控制官吏，使其难以与辖区的居民交通。与此同时，律例还规定："凡有司官吏不住公廨内官房，而住街市民房者，杖八十。"⑥ 清朝延续了这一规定。⑦ 就此而言，州县衙门的建筑，实际上象征了一级地方政府；这个地方政府的权力中心便是牧令。从将要讨论的衙署建筑布局来看，牧令以下的佐杂官员、胥吏、衙役以及师爷，均在牧令的"眼皮"底下和监控范围之内。这也表明牧令不只是"治事"的官员，也肩负着"治吏"的责任。事实上，牧令聘任的师爷，同样具有双重功能，既要襄助牧令处理公务，也要协助控制胥役（参见图1）。

---

① 李允鉌：《华夏意匠——中国古典建筑设计原理分析》，第91页。
② 一般来说，明清时期的州县衙门比较简朴，一则囿于财力，二则为道德所约束，三则为法律所限定，四则牧令任期偏短。因此，牧令不太热心修建衙门，使其堂皇壮丽，而仅仅以保持衙门的尊严为满足，诚所谓"官不修衙"者是也。所谓"县治有署，用以建表，肃观瞻而敷王政也。署以表位，位以建政。"（引据《康熙程乡县志》卷2"规制志"，收入《广东历代方志集成·潮州府部（三十五）》，岭南美术出版社，2009，第32页）又有所谓"崇墉浚隍，所以守国也；高堂远廉，所以养尊也。"（引据《万历滕县志》卷3"创设志序"，收入《日本藏中国罕见地方志丛刊》第32册，书目文献出版社，1991，第47页）甚至有人告诫："衙门不可过于修饰，但取门户牢固，墙壁坚完"足矣（引据（明）不著《新官轨范》，收入《官箴书集成》第1册，第746页）。关于清例限制官员修缮衙门或违规修缮衙门的规定，参见《大清律例》卷38，田涛、郑秦点校，第612～613页。
③ 参见郭建《帝国缩影——中国历史上的衙门》，第1页。当然，也有衙门建筑偏离正北朝南的情形。例如，刘鹏九说："内乡县衙位于县衙东街，面南偏东约20°（亥巳向）。"刘鹏九主编《内乡县衙与衙门文化》，第6页。
④ 李志荣：《元明清华北华中地方衙署个案研究》，第22页。
⑤ 参见（明）王祎《义乌县兴造记》，收入《景印文渊阁四库全书·集部·一六五·王忠文集》卷9，台湾商务印书馆1986年影印版，第192页。
⑥ 《大明律》，怀效锋点校，第228页。
⑦ 参见《大清律例》，田涛、郑秦点校，第612页。

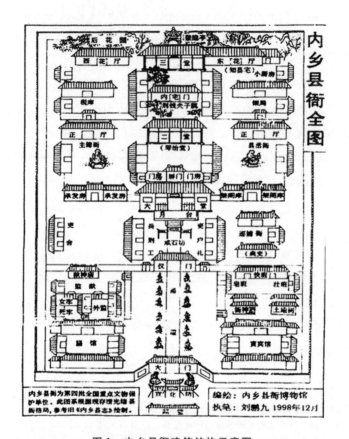

图1　内乡县衙建筑结构示意图

通常，州县衙门的南北分为三个区间。第一个区间，是"八字衙门"的外面，皆有一个小型广场，从南到北建造了照壁（俗称"影壁"）与牌坊。照壁起着遮蔽或屏障的功能，同时还有增强衙门气势的作用。照壁朝南的墙面绘有一幅被称为"海水朝日"或"指日高升"的雕刻，具有象征意义；空白之处用作张贴官府的布告、批词和判词等文书，以供百姓阅读抄录，具有交流信息的功能。在朝北的墙面上，雕有一只类似麒麟的动物——"獍"；它的周围，则是元宝、如意、玉杯、灵芝、摇钱树之类的宝物，前方还有太阳。据说，"獍"占有了四周的宝物之后，仍不餍足，还想吞噬太阳，最后坠入悬崖下面的大海，结局非常可悲。因而"獍"的图像，具有"戒贪"的象征意义和警示作用。① 墙面上还雕有鹿、猴、莲花和竹笙等物，具有"福禄双全""封侯"以及"连升三级"的象征意义。② 牌坊上面书有"宣化"或"忠廉"或其他文字，此乃"德治"的表述，教化意味非常明显。

牌坊的北面，即是著名的"八字"垣墙。中间是正门，亦称"南门"或"法门"。③ 在门楣悬挂的匾额上书有"某某县衙"，东梢间设有"鸣冤鼓"，以供告状者击鼓鸣冤，西梢间竖立"诬告加三等，越诉笞五十"的石碑，警示告状者必须遵守诉讼规矩。在明间楹柱上书有楹联，河南内乡县衙乃是"治菊潭，一柱擎天头势重；爱郦民，十年脚踏实地"。江西浮梁县衙则是"治浮梁，一柱擎天头势重；爱邑民，十年踏地脚跟牢"。明间背面的楹联，则是"地位清高，日月每从肩头过；门庭豁开，江山常在掌中看"。④ 通过门口的楹联，就把州县牧令"正身""亲民"与"勤政"

---

① 据学者考证，朱元璋为了惩治贪污，不仅采取了严刑峻法，而且还在衙署大门与二门之间东侧的空地上建造了土地祠，寓含"上天难欺"的意思。对于贪污60两以上的官员，施以剥皮之刑；剥皮的场所，就在土地祠，所以又被称为"皮场庙"。而在官府公座旁边，悬挂"剥皮实草"的口袋，以示触目警醒。但又觉得嗣后不便沿用，钦定改为在照壁上绘画"猿吃太阳"的图像 [参见完颜绍元《天下衙门——公门里的日常世界与隐秘生活》，第25～26页；姚柯楠《说不尽的府衙往事：南阳知府衙门考》，第28页；另见（清）赵翼《廿二史札记校正》卷33"重惩贪吏"，王树民校证，中华书局，1984，第764页；刘鹏九《内乡县衙与衙门文化》，第6页]。陶希圣先生认为："照壁的壁画似乎以'指日高升图'为常见。"（氏著《清代州县衙门刑事审判制度及程序》，第4页）。其实，这一壁画寓有"指日高升"与"戒贪"的双重意思。
② 参见郭建《帝国缩影——中国历史上的衙门》，第5～6页；姚柯楠《说不尽的府衙往事：南阳知府衙门考》，第27～28页。
③ 清代学者王念孙指出："僖二十年《谷梁传》：'南门者，法门也。''法门'即'正门'。"（参见氏著《读书杂志·汉书第九》"法而不谲"，江苏古籍出版社，1985，第309页）据此，"法"即是"正"，故而《说文解字·廌部》"灋"下面收有"金"。具体的解说，参见徐忠明《皋陶与"法"考论》，氏著《法学与文学之间》，中国政法大学出版社，2000，第209～217页。
④ 据说，这是朱熹在任职福建省漳州府知府时为白云岩书院所题写的对联。参见吴逢辰主编《千年县衙：浮梁县署及衙门文化趣谈》，第44页。在南阳知府衙门的同一位置的楹联如下：前面是"看阶前草绿苔青，无非生意；听墙外鹃啼鹊噪，恐有冤民"。笔者以为，上联"阶前草绿苔青"，既是"鸣琴卧治"或"无为而治"的象征，也是"人迹稀至"的结果。所谓"人迹稀至"，则意味着诉讼罕见，实乃百姓乐业和社会安宁的写照。下联"墙外鹃啼鹊噪"，与上联适成对照，以致官员担心民间或有冤抑不平之事。这让人联想到明初刘基所言："仆往尝观于牧民之以简讼名者，之其庭草生于阶，视其几尘积于牍。徐而访之其乡，察其田里之间，则强梁横行，怨声盈路。问其故，曰：'官不受词，无所诉，受之而已矣。'大吏至，则曰：'官能不生事，民哗，非官罪也。'则皆扶出之，诉者悉含诉去，则转以相告，无复来者。由是，卒获简讼之名。"[引据（明）刘

"责任"的政治意识和道德姿态彰显出来了。我们完全可以想象，如果百姓在衙前官场上流连瞻视，自然就会产生一种由衷的信任感和亲近感。然而说的往往比做得好，制度每每比实践好。俗语"八字衙门朝南开，有理无钱莫进来"，就揭示了在衙门理想与牧令实践之间，实际上存在着非常严重的"背离"现象。①

照壁与八字大门之间空地的东西两侧，建有两座对称的亭式建筑。西边的叫申明亭，用以张挂坏人坏事，包括"自今犯十恶、奸盗、伪诈、干名犯义、有伤风俗及犯赃至徒者，书于亭，以示惩戒。其余杂犯公私过误、非干风化者，一切除之，以开良民自新之路"。② 足见张挂在申明亭黑漆板榜上"示辱"的恶言恶行不少。据说，为了彰显"惩恶扬善"的教化意图，有些地方的申明亭还悬挂"试看真恶人留此现毕生之丑，能行大善事准他洗前日之愆"③ 的楹联。东边的叫旌善亭，用以表彰好人好事，所谓"天下孝子顺孙、义夫节妇，宜加旌表，以励风俗。勘合照会天下诸司，行移所属备榜晓谕：已经旌表者各具实迹，未举行者当该有司体审，监司察院覆实转达奏闻，旌表其家，一体开示。仍令常加点视，毋得视同泛常"。④ 可见，板榜"旌表"的好人好事项目不多。至于申明和旌善两亭

基：《书苏伯修御史断狱记后》，收入《景印文渊阁四库全书·集部·一六四·诚意伯文集》卷7，第189~190页] 后面是"春雨无私，进衙先拜清风二字；青筠有节，出府再留正气一身。"此乃宣示地方官员必须"廉洁无私"和"刚正不阿"的意思（参见姚柯楠《说不尽的府衙往事：南阳知府衙门考》，第200~201页）。

① 汪辉祖指出："谚云：'衙门六扇开，有理无钱莫进来。'非谓官之必贪，吏之必墨也。"但是"一词准理，差役到家，则有馈赠之资；探信入城，则有舟车之费；及示审有期，而讼师词证，以及关切之亲朋，相率而前，无不取给于具呈之人。或审期更换，则费将重出。其他差房陋规，名目不一。谚云：'在山靠山，在水靠水。'有官法之所不能禁者，索诈之赃，又无论已……谚云：'堂上一点朱，民间千点血。'下笔时多费一刻之心，涉讼者已受无穷之惠。"［（清）汪辉祖：《佐治药言》"省事"，收入《官箴书集成》第5册，第317页] 虽然这是汪辉祖针对县官"省事"发表的议论，但是揭示出来的问题足以说明"衙门六扇朝南开，有理无钱莫进来"的事实。也有学者认为，情况并非一如汪辉祖所说的那么简单（参见黄宗智《民事审判与民间调解：清代的表达与实践》，中国社会科学出版社，1998，第174~182页）。

② 引据《明太祖实录》卷147，收入《明实录》，中研院历史语言研究所校印，1984，第2302~2303页。

③ 参见完颜绍元《天下衙门——公门里的日常世界与隐秘生活》，第15页。

④ 引据嘉靖《兰阳县志》卷4，收入《天一阁藏明代方志选刊》第15册，台北新文丰出版公司，1985，第765~766页。

的取义，无疑来自《尚书·毕命》所谓"旌别淑慝，表厥宅里，彰善瘅恶，树之风声"。① 另外，相对于旌善亭而言，申明亭不但创设较早，而且功能亦多。申明亭创建于洪武五年，旌善亭要到十年之后的洪武十五年。② 然而，它们皆是明太祖推行全民教化的举措之一。明代中叶以后，乡里社会的申明亭和旌善亭已经逐步废弛。张佳指出："根据现有材料来看，这项制度从宣德时开始慢慢松动，到正德、嘉靖时基层乡都设置的二亭大都圮废，旨在维护乡里风俗与秩序的申明旌善亭制度基本瓦解。"③ 但作为衙门建筑的组成部分，它们一直延续到晚清。④ 事实上，明清官方对于申明亭和旌善亭之重视，我们从律典规定中亦能看出。例如《大明律》卷26"拆毁申明亭"规定："凡拆毁申明亭房屋及毁板榜者，杖一百，流三千里。"⑤ 清律不但沿袭了这条规定，并且做出了"仍各令修立"⑥ 的规定。不消说，正门两侧照例皆有一对"龇牙咧嘴"的石狮子，以"须弥"为底座；狮子是百山之王，须弥乃百山之王，合在一起，不仅象征着衙门的权力和威严，而且象征着衙门的高贵和尊崇。

牌坊向北，便是正门。正门的两侧呈30度伸展的墙壁，刚好构成了八字形。八字墙面的空间，同样可以用来张贴圣谕和公文。根据完颜绍元的研究，明初州县衙署的门口，也是宣讲《大诰》和"圣谕"的场所。例如明代正德十年（1519），在京师首县——大兴和宛平两县衙门的八字墙上，即能看到宣讲"圣谕"⑦ 的内容：

二月，说与百姓每：各务农业，不要游荡赌博。

---

① 引据王鸣盛《尚书后案》，第802页。
② 参见张佳《新天下之化——明初礼俗改革研究》，复旦大学出版社，2014，第266~293页。
③ 张佳：《新天下之化——明初礼俗改革研究》，第285页。
④ 参见完颜绍元《天下衙门——公门里的日常世界与隐秘生活》，第13页。
⑤ 《大明律》，怀效锋点校，第201页。
⑥ 参见《大清律例》，田涛、郑秦点校，第530页。
⑦ 洪武三十年（1397）九月，明太祖谕令户部尚书曰："每乡里各置木铎一，内选年老或瞽者，每月六次持铎徇于道路，曰孝顺父母，尊敬长上，和睦乡里，教训子孙，各安生理，毋作非为。"（参见《明太祖实录》卷255，第3677页）关于明代宣讲圣谕六条的情形，参见王四霞《明太祖"圣谕六言"演绎文本研究》，东北师范大学2011年硕士学位论文。

三月，说与百姓每：趁时耕种，不要懒惰农业。

四月，说与百姓每：都要种桑养蚕，不许闲了。

五月，说与百姓每：谨守法度，不要教唆词讼。

六月，说与百姓每：盗贼生发，务要协力擒捕。

七月，说与百姓每：相互觉察，不许窝藏盗贼。

八月，说与百姓每：田禾成熟，都要及时收敛。

九月，说与百姓每：收了田，都要撙节积蓄。

十月，说与百姓每：天气向寒，都着上紧种麦。

十一月，说与百姓每：遵守法度，不许为非。①

虽然这十句话与朱元璋亲自编写的"圣谕六言"颇有出入，但其精神则无不同，皆是希望百姓勤力农桑，成为安分守己的帝国良民，大致上反映了朱元璋"以农立国"②的理想。入清以后，张挂和宣讲圣谕之风仍然盛行。下面，即是康熙皇帝所做的圣谕共16条：

敦孝弟以重人伦，笃宗族以昭雍睦，和乡党以息争讼，重农桑以足衣食，

尚节俭以惜财用，隆学校以端士习，黜异端以崇正学，讲法律以儆愚顽，

明礼让以厚风俗，务本业以定民志，训子弟以禁非为，息诬告以全善良，

诚窝逃以免株连，完钱粮以省催科，联保甲以弭盗贼，解雠忿以重身命。③

---

① 引据（明）沈榜《宛署杂记》卷1，北京古籍出版社，1980，第1~2页。

② 美国学者范德教授指出：朱元璋理想中的帝国，乃是较小的中国。这个国家主要集中在中国农耕社会的历史中心区域，而不是西北边疆和东南沿海。如果我们想要搜索朱元璋关于城镇和商业的观点，恐怕不会发现太多。从帝国京城的高度来俯视帝国，朱元璋几乎能够看到最小的村庄，但是，对于京城与村庄两极之间的城镇，却视而不见，或者并不认真对待。足见，朱元璋充分关注的是作为社会组织的基本单位的村庄〔参见〔美〕范德《一国之家长统治：朱元璋的理想社会秩序观念》，秦方译，收入朱鸿林编《明太祖的治国理念及其实践》，香港中文大学出版社，2010，第4页，第12~13页〕。

③ 引据《圣祖实录》卷34，收入《清实录》，中华书局，1985，第461页。

这 16 条"圣谕"以及雍正的《圣谕广训》，也是各地衙门和基层社会宣讲的对象，成为国家移风易俗和乡村控制的措施。[①] 这是题外之言，在此不必详述。

经由上述扼要的考察可知，与西方城市中心广场的经济意义和政治意义有所不同，明清时期州县衙署门前这块空间不大的广场，既不是人们经济交往的空间，也不是政治活动的空间，而基本上是帝国官方表达政治理念、进行道德教化以及告示行政信息的场所。人们聚集在衙门前，不是为了接受帝国的道德规训，就是为了切身利益进行诉讼。另外，朴素的衙门建筑，虽然难以彰显帝国的赫赫权威，但其厚重的照壁、高崇的牌坊、敞开的八字衙门，却能体现衙门的道德风采和亲民姿态。可以说，这是一个官民沟通的场所。

明清时期州县衙门的第二个区间，则是"正门"与"内衙"之间的行政场所，也可以称之为政治剧场，四周则是高崇的围墙，具有防御功能。正门通常是两进或三进的门屋，设有门房，日夜皆由皂隶把守，以防闲杂人等出入。有些（如今看到的州县衙门建筑，似乎没有这种高崇的门楼建筑，是否重建或修复时改变了原来的样貌，不得而知）还把门屋升高，建成二层或三层的门楼，称为"谯楼"或"鼓楼"，兼具瞭望和报时的功能。倘若"瞭望"只是出于维护衙门安全的考量，那么"报时"便有象征衙门权威和建构秩序的意义。[②] 沿着八字围墙的东西两侧，各有几座建筑。东

---

① 参见完颜绍元《天下衙门——公门里的日常世界与隐秘生活》，第 3~7 页。关于康熙"圣谕"16 条以及雍正《圣谕广训》的撰写和宣讲活动的详尽研究，参见周振鹤《圣谕、〈圣谕广训〉及其相关的文化现象》，王尔敏《清廷〈圣谕广训〉之颁行及民间之宣讲拾遗》，收入周振鹤撰集《圣谕广训集解与研究》，顾美华点校，上海书店出版社，2006，第 581~649 页；董建辉《明清乡约：理论演进与实践发展》，厦门大学出版社，2008，第 227~232 页；萧公权《中国乡村——论 19 世纪的帝国控制》，联经出版事业股份有限公司，2014，第 217~229 页。

② 州县衙门阴阳学设"训术"一人，职掌"报时"。根据《居官格言》一卷"阴阳医生教读"记载："日守日晷时牌，夜守更漏。"［（明）不著：《居官格言》上篇，收入《官箴书集成》第 2 册，第 80 页］。明人汪天锡《官箴集要》卷下说得更为详尽："衙门内月台及门鼓楼上各置时刻日晷，开时辰牌小楼一座，令阴阳生按时撤换。凡发行文书，定限立期，食饭保辜等项，俱可视此为候。"（氏著《官箴集要》"日咎"，收入《官箴书集成》第 1 册，第 302 页）此乃明代史料的记载，清代亦然。关于帝制中国"计时"和"报时"的政治意义，艺术史家巫鸿先生指出：秦汉统一以降，通过计算时间的技术和通报时间的制度，皇帝得以将政治权力与宇宙秩序（时间和空间）勾连起来；因此，

边前部，是寅宾馆，中间是土地祠、衙神庙，后面是衙役（快班、皂班、壮班）办公场所；西边前部，是膳馆，中间是牢狱，包括外监、女牢、死牢，后面是狱神庙。中间，乃是连接正门与仪门的一条长长的甬道。大致上，这构成了第二个区间的第一单元建筑的布局和功能。

进入"正门"便是一片空地，中间则是铺着地砖的长长甬道。向北乃是仪门，门楣匾额写着"仪门"①两字，乃取"有仪可象"之意，蕴涵州县官吏必须"为民表率"的意思。浮梁县衙仪门正面的对联书有"工堪比官，斧斤利刃，随手携来，因材而用；医可喻政，硝磺猛剂，有时投下，看病如何"。将官员比作工匠和医生，是为了凸显为官施政的技艺。仪门背面的楹联书写"视民如伤，浮邑苍生皆我子；修己以敬，东林前辈是吾师"，则是旨在表达"民之父母"的为官心态，以及师法晚明东林党人政治批评和政治抗议的道德勇气。②具有礼仪功能的仪门，平时被关闭着，只有在新官到任之时，③或者迎接上司以及同级官员造访之时才会打开。换言之，平时进出的乃是仪门左右或东西两侧的角门，所谓"大凡衙门，有个东进西出的规矩。"④东边的角门，称为"生门"或"人门"，供一般人员通过；西边的角门，则叫"死门"或"鬼门"，供死囚

掌控时间也就成了皇权的象征。京城建造的钟楼和鼓楼，即是皇帝用来通报时间的装置，以便把臣民的日常生活秩序纳入国家的时间制度之中。它们在日间被看到，在晚间被听到，从而发挥了国家对于时间进行政治控制的作用。对于居民来讲，通过视觉和听觉也感受到了时间的统一化和标准化。我们可以进一步推演，作为皇帝"代理"的州县衙门，也承担着通报时间的责任。这样一来，帝国权力笼罩的地区空间，就被统一植入官方的报时系统。故而，作为州县衙门报时装置的鼓楼，同样具有政治意义和秩序意义。相关讨论，参见〔美〕巫鸿《时间的纪念碑：巨形计时器、鼓楼和自鸣钟楼》，收入氏著《时空中的美术：巫鸿中国美术史文编二集》，三联书店，2009，第109~132页。

① 郭建指出：仪门本来写作"謻"门，是指皇帝宫廷里的侧门，明代因官府衙署比宫殿降等的缘故，从而以宫殿侧门的名称来称呼办公区域的正门。嗣后，又被讹为"仪门"，还被追加解释，以为进入此门应该仪表堂堂，故曰"仪门"（参见郭建《帝国缩影——中国历史上的衙门》，第7页）。姚柯楠说：仪门原来称为桓门，汉代府县治所前面两旁各有一桓；二桓之间的架木为门，即桓门。后来，因避宋钦宗讳，改称"仪门"（参见姚柯楠《说不尽的府衙往事：南阳知府衙门》，第33页）。

② 关于晚明东林党人的讨论，参见〔日〕小野和子《明季党社考》，李庆、张荣楣译，上海古籍出版社，2006，第1~232页。

③ 参见申时行等修《明会典》（万历朝重修本），中华出版社，1989，第364页上栏；黄六鸿《福惠全书》卷二，收入《官箴书集成》第3册，第237页。

④ （明）冯梦龙：《醒世恒言》，丁如明标校，上海古籍出版社，1992，第194页。

出入。毫无疑问，这种方位和命名出自与中国古人"天道"相关的"时空"观念。①

由仪门至大堂，在甬道中央上树着石碑或牌坊，叫作"戒石碑"或"戒石坊"。② 南面镂刻着"公生明"，这是人们穿过仪门一眼就能看见的字样，显然是在向进入衙门诉讼的两造昭示，牧令在公堂听审时将会秉持"公正"的理念，做出"明断"的裁判。实际上，"公生明"的下面，尚有"廉生威"。③ 这将使我们能够领悟清官之所以令人敬畏，无疑是"廉洁"产生的效果，可以说是"德威"的效果。④ 北面雕刻着"尔俸尔禄，民膏民脂；下民易虐，上天难欺"的告诫之辞，坐在大堂问案的司法官员远远就能望见墙面上的铭文，起着鲜明的提示作用。⑤ 这意味着，州县牧令若要实现公正司法的理想，必须摆正官民之间的关系——不是官在养民，而是民在养官；同时也要知晓小民虽然羸弱"易虐"，但老天却能够洞灼幽微，难以欺瞒。也意味着约束官员行为的就不只是国家律例和道德规范，而且还有宗教信仰，诚所谓"举头三尺有神明"者是矣。反过来讲，正因为是"上天难欺"，从而使其获得了一种心理的约束，而不敢为

---

① 根据阴阳五行的"时空"观念，东与春相配，象征生；西与秋相配，象征死。对于这种"时空"观念的详细研究，参见叶舒宪《中国神话哲学》，中国社会科学出版社，1992，第 76~91 页。有关"阴阳五行"的思想来源与制度意义的讨论，非常之多，比较集中的研究，参见〔日〕井上聪《先秦阴阳五行》，湖北教育出版社，1997。

② 参见（清）赵翼《陔余丛考》，栾保群、吕宗力校点，河北人民出版社，1990，第 469~470 页；张希清《官箴与〈戒石铭〉》，收入陈苏镇主编《中国古代政治文化研究》，北京大学出版社，2009，第 303~329 页。

③ 据说，碑铭出自明人曹端之口。他说："其公廉乎！公则民不敢慢，廉则吏不敢欺。"清代道光四年陕西长安县令张聪贤制成碑铭。文曰："吏不畏吾严，而畏吾廉；民不服吾能，而服吾公。公则民不敢慢，廉则吏不敢欺。公生明，廉生威。"（刘鹏九：《内乡县衙与衙门文化》，第 141~142 页）

④ 当然，光是"清廉"尚且不够。这是因为，倘若官员仅仅满足于不要钱，或者以"不要钱"相标榜，难免产生刚愎自用的问题，所谓"清官难逃猾吏手"者是也。关于"清官"弊害的讨论，参见徐忠明《中国传统法律文化视野中的清官司法》，载《中山大学学报》（社会科学版）1998 年第 3 期。

⑤ 袁文在《瓮牖闲评》中记述了趣闻：有人在"戒石铭"的每句话下面添加了一句，成为颇具反讽意味的文辞，尖锐地挖苦了这种完全与政治现实背离的高调说辞或自我标榜。文曰："尔俸尔禄，只是不足。民膏民脂，转吃转肥。下民易虐，来的便著。上天难欺，他又怎知？"参见（宋）袁文《瓮牖闲评》卷 8，李伟国点校，中华书局，2007，第 118 页。

所欲为。偶尔亦有不同的表达，例如"天有昭鉴，国有明法。尔畏尔谨，以中刑罚"①的告诫之辞。这就是说，牧令在上天监视和国法约束下，唯有本着敬畏和审慎的态度，才能实现"中罚"②的司法理想。这也表明，帝制中国司法实践的终极目标，就是实现"中罚"的理想，即"罪罚相当"之谓也。

戒石坊两侧的空地上，建有六房胥吏的公廨、住宿以及其他公用建筑。通常，吏户礼三房建在东边，兵刑工三房建在西边。六房门柱皆悬挂了楹联，并揭示了各自职能：

> 吏房：选官擢吏贤而举，考政核绩廉以衡。
> 户房：编户方田勤并慎，片赋敛财公亦平。
> 礼房：倡礼肖学崇孔孟，制章定典尚萧何。
> 兵房：厉兵秣马备不懈，枕戈待旦防未然。
> 刑房：按律量刑昭天理，依法治罪摒私情。
> 工房：鸠工庀材精营造，通路开渠细耕耘。

这些楹联精要地概括了六房的基本职能和操作原则。其中，刑房悬挂的楹联很好地揭示了明清中国司法实践具有"法治主义"的价值取向——通过"按律量刑"和"依法治罪"，冀以实现"昭天理"和"摒私情"的司法理想。

戒石坊朝北，便是壮观的大堂，这是州县衙门最为重要的办公场所，也是整个衙署的中心所在。不过，寻常活动和普通案件一般不在大堂举行，只有重要活动和大案要案才在这里举行。门楣悬挂的是"亲民堂"或"牧爱堂"或"节爱堂"等字样的匾额，意在表达牧令以"爱"治民的理念。门口楹联书写"欺人如欺天，毋自欺也；负民即负国，何忍负之"。

---

① 引据（明）郎瑛《七修类稿》卷31"诗文类"，上海书店，2009，第340页。另据明人徐勃《徐氏笔精》卷六记载，这条官箴是元代徐琰的改作。其中的"国有明法"四字，在元人徐琰文本中，又作"国有公法"（参见张希清《官箴与〈戒石铭〉》，收入陈苏镇主编《中国古代政治文化研究》，第324页）。

② 在传统中国的司法理念中，"中罚"无疑居有核心的地位（参见徐忠明《读律与哀矜：清代中国听审的核心概念》，载《吉林大学社会科学学报》2012年第1期）。

这意味着，天意和人心、国家和百姓，皆是州县牧令在为政听审时必须予以认真考量和持正平衡的东西，无疑也是儒家倡导的"德治"思想。① 大堂里面的对联，则是"理冤狱，关节不通，自是阎罗气象；赈灾黎，慈悲无量，依然菩萨心肠"。对牧令来说，听审之时必须刚正不阿，秉公断狱；为政之时则要本着爱民精神，慈惠百姓。还有一副对联："法合理和情，倘能三字兼收，广无冤狱；清须勤且慎，莫谓一钱不要，便是好官。"意思是说，倘若帝国官员能够兼顾国法、天理和人情，即可避免冤狱；如果能够做到清廉、勤政和审慎，即是好官。中央的公案上方和梁架下面，悬挂的乃是"明镜高悬"或"秦镜高悬"的匾额。这面虚拟的"镜子"，具有"自鉴"与"鉴人"的双重功能。也就是说，它不但具有使两造吐露案情真相的功能，而且还具有使官员不做亏心之事的功能。② 下面的墙壁，绘有一幅"海水朝日"的图画，寓有"清似海水，明如日月"的意思，给人一种"青天白日，朗朗乾坤"的印象，如果与"明镜高悬"合观，则意味着大堂之上不可能有"覆盆沉冤"之事。公案两侧的楹联书写"铁面无私丹心忠，做官最怕叨念功；操劳本事分内事，拒礼为开廉洁风"，其所表达的不外乎是，铁面无私、廉洁奉公、实心实政之类的司法理念和为政精神。

大堂外侧，东边建有"架阁库"，西边建有"承发房"。大堂前面卷棚之下的台基，建有"月台"，也叫"丹墀"。如果天气晴朗，通常在"月台"上审理案件。这时，公案也会移至卷棚下面。③ 大堂中央建有暖阁，前面设有公案，上面置放文房四宝和红头签、绿头签、惊堂木之类的听审用具。在公案前方的地坪上，镶嵌两块"跪石"，东边正方形的是原告石，

---

① 按照郭沫若的意见：从"德"的字面看，就是从值从心，意思是指把心思放端正，便是《大学》所谓"正心修身"的意思（参见氏著《先秦天道观之进展》，收入《郭沫若全集·历史编·第一卷》，人民出版社，1982，第 336 页）。据此，欺心、欺人和欺天，就是没有把心思放端正，与"德治"恰好相反。

② 对于"明镜高悬"的详尽考释，参见徐忠明《凡俗与神圣：解读"明镜高悬"的司法意义》，载《中国法学》2010 年第 2 期。

③ 这种情形，在明清时期公堂听审的绘画中颇为常见［参见杜金、徐忠明《索象于图：明代听审插图的文化解读》，载《中山大学学报》（社会科学版）2012 年第 5 期］。

西边长方形的是被告石。① 大堂两边放置各种仪仗：青旗、蓝伞、青扇、桐棍、皮塑、肃静牌、官衔牌、放告牌和升堂鼓等等。这些仪仗物件，象征的是权力与威严。在听审时，两边站着成双成对的衙役，助威和执法。大堂的东梢间是简房，属于礼房分支，供收储仪仗物件之用；西梢间是招房，属于刑房分支，供书吏记录堂谕口供。②

　　绕过大堂，迎面可见的是屏门，上面悬挂"天理·国法·人情"的匾额；由此，中国传统的法律思想与司法实践的"灵魂"得以彰显。这是因为在中国古人眼里，国法源出天理和人情；反之，倘若国法出现漏洞和空白，那么，在法律解释上，天理和人情就会起到添补漏洞和空白的作用，两者具有法律"衡平"的价值。由此，它们就形成了一个开放的循环结构——国法来自天理和人情；在国法不足时，天理和人情又起到了补充的作用。如果天理为国法提供了形而上的凭借，那么人情则给国法奠定了人性的、情感的、社会的基础。屏门北面的楹联书有"为政不在多言，须息息从省身克己而出；当官务持大体，思事事皆民生国计所关"，它营造了一种"其身正，不令而行；其身不正，虽令不从"③ 的政治氛围；同时也勾勒了一种为政不以明察苛细为上，而以识大体、举大政为要的理念。

　　屏门与二堂之间的东西两侧，东边是县丞衙，西边是主簿衙，以及其他的附属建筑。而在二堂之后与内宅门房之间，尚有师爷居住的空间不大的院落。幕友的住宅之所以要建筑在介乎行政空间与牧令私宅之间，显然是因为他们是牧令聘任的私人顾问。可以说，由于幕友以私人顾问的身份参与州县衙门的公共事务，所以这个院落具有介乎公私之际的特殊性质。足见，这个位置是通过建筑来界定幕友的身份，具有特定的政治意味。与此同时，这个位置也方便牧令与师爷之间的信息沟通。在幕友院落的东西两侧，则是银库与税库。这个位置，既是出于安全的考虑，也是为了方便牧令的监控。

　　通常，二堂悬挂"琴治堂"的匾额，这是一幅寓意深长的匾额；它的

---

① 从"跪石"上面的印痕来看，正方形原告石上之所以有两个印痕，是因为原告通常只有一个；而长方形被告石上之所以有四个印痕，则是因为被告可能会有多名。
② 大堂格局，参见刘鹏九主编《内乡县衙与衙门文化》，第 7 ~ 8 页。
③ 杨伯峻：《论语译注》，第 136 页。

基本涵义，恐怕是指"清静无为"的理想境界。① 与前引"为政不在言多，须息息从省身克己而出；当官务持大体，思事事皆民生国计所关"正相呼应。不过二堂也是官员预审案件或大堂审案之后憩息之处，因此被冠以"退思堂"或"观省堂"之类的名称。堂前檐柱的对联："法行无亲，令行无故；赏疑唯重，罚疑唯轻。"这是儒法兼用的体现。公案两侧悬挂的楹联则是："民心即在吾心，信不易孚，敬尔公，先慎尔独；国事常如家事，力所能勉，持其平，还酌其通。"这意味着官员必须以"将心比心"的同情态度来施政听审，还必须以"慎独"的修身功夫来确保施政断狱的公正无私；唯有如此，才能获得民心。若能把国事视为家事，方能处事宽恕，执法平允，才能贯通国法与人情，有原则而不刻板。因为二堂也是听讼折狱的地方，故而板子夹棍之类的刑具，也是必不可少的东西。二堂的东梢间是茶房，西梢间是招房。② 总体而言，二堂空间较小，陈饰简朴，不如大堂那么壮观森严，但这并不表明二堂比大堂更不重要。实际上，就行政和司法而言，二堂可能更具有日常性。

以中轴线上纵向（南北）排列的大堂和二堂为中心，构成了第二个区间的第二单元和第三单元。按照"前堂后寝"的礼制传统，衙署与私邸具有连成一体的建筑特点。宅门以内包括附属花园，则构成了整个州县衙门建筑的第三个区间。

---

① 中国古代音乐的最高境界，一个"和"字可以概括。这是人所共知的常识，不烦细说。琴这种乐器，它所追求的境界当然也是"和"。但是，根据明末清初著名琴家徐上瀛《溪山琴况》所示，琴乐的审美意趣共有24况，除了"和"之外，即是"静"和"清"……琴乐的要旨，就是培养"澹泊宁静，心无尘翳"的心境。有关的讨论，参见修海林《古乐的沉浮》，山东文艺出版社，1989，第242～268页。作为一种治理的境界，当然是"无为而治"。孔圣人的学生宓不齐"鸣琴而治"鲁国单父的著名故事，堪称典范。见于《史记》和《吕氏春秋》诸书的记载，分别参见司马迁《史记·滑稽列传》卷126，第3213页，以及（战国）吕不韦《吕氏春秋译注·察贤》，张双棣译注，吉林文史出版社，1987，第763页。事实上，即以听讼折狱来说，也要"心平气和"的境界，才能探得案件的真情实况；反之，一味焦躁从事，板子夹棍，恐怕不免出现冤假错案的结果。对此，汪辉祖曾经作过很好的解释："明由静生，未有不静而能明者。长民者衣税食租，何事不取给于民，所以答民之劳者，惟平争息竞，导民于义耳。片言折狱，必尽其辞，而后折之，非不待其辞之毕也。尝见武健之吏，以矜躁临之，一语不当，辄慑以威，有细故而批颊百十者，有巨案而三木叠加者，谓所得之情皆其真也，吾未之敢信。"（汪辉祖：《学治臆说》卷上"听讼宜静"，《官箴书集成》第5册，第276页）

② 二堂布局，参见刘鹏九主编《内乡县衙与衙门文化》，第9页。

从内乡县衙的建筑布局来看，穿过"内宅"的大门，通称内衙或上房。这个院落，属于州县牧令及其家眷起居生活的场所；同时，也是县官商议机密政事和审理"隐私"案件的地方。内宅大门，不仅具有区隔"公私"的作用，而且还有区隔"男女"的功能。因此郭建认为，它是整个衙门建筑戒备最为森严的门户之一。通常，宅门总是锁闭，钥匙也由牧令亲自保管。胥吏、衙役伺候县官，及于宅门而止；宅门以内，则由县官的私人仆役伺候。胥吏衙役不得入内，而仆役人等亦不得私自外出，界限清楚，关防严密。至于沟通"内外"的方式，则是在门扇上设置的转桶，一般皆由牧令亲信的"门政大爷"把守。① 内宅的北面，通常皆有花园，并建筑了亭台楼阁，以供县官及其家眷憩息玩赏。

宅门以内，还有三堂。比起二堂，三堂要更宽敞雄伟一些。② 三堂东边的花厅，乃是牧令的住宅和厨房；西边也有花厅和书房。三堂门口的楹联如下：

> 得一官不荣，失一官不辱，勿说一官无用，地方全靠一官；
> 吃百姓之饭，穿百姓之衣，莫道百姓可欺，自己也是百姓。

① 参见郭建《帝国缩影——中国历史上的衙门》，第 8 页。值得一提的是，虽然仪门和大堂的前后左右属于行政、司法活动的核心区域，但是二堂和三堂的内外四周，则是文书和库房的出纳重地，因此把守更为森严。汪辉祖特别强调说："宅门内用事者，司阍曰门上，司印曰金押，司庖曰管厨，宅门外则仓有司仓，驿有办差，皆重任也。跟班一项，在署侍左右，出门供使令，介乎内外之间。惟此一役，须以少壮为之。司阍非老成亲信者不可，其任有稽察家人出入之责，不止传宣命令而已。心术不正，将内有所发而寝阁，外有所投而留难，揽权舞诈，无所不为，其后必至沟通司印，伺隙舞弊。此二处官之声名系之，身家亦系之。管厨、办差，则有浮冒扣克之弊，管仓则有盗卖虚收之弊，皆亏累所由基也。"（汪辉祖：《学治臆说》卷上"用长随之道"，《官箴书集成》第 5 册，第 270 页）足见，如果选择家人长随不当，必至贻害无穷。与此同时，假如县官本人赃污，那么"门政大爷"一类的亲信，就会起到内外勾结、沆瀣一气、狼狈为奸的作用。

② 三堂的布局，参见刘鹏九主编《内乡县衙与衙门文化》，第 10 页。汪辉祖说："宅门以外，官也，规模狭隘，则事上接下，无往非获咎之端。宅门以内，家也，规模阔大，则取多用宏，随在皆亏帑之渐。"（汪辉祖：《学治臆说》卷下"宅门内外不同"，《官箴书集成》第 5 册，第 288 页）虽有"官不修衙"之谚，但从汪辉祖的话中我们还是能够感到，对于私人生活的内衙，牧令仍然不惜财力予以修缮，而且还装修得比较堂皇舒适。

这一官民关系的理想定位，虽然不免高调，但也颇具警示作用，读来令人动容。所谓"当官常思民之苦，在任想到卸任时"，则显得更平实亲切。三堂里面的匾额，乃是著名的"清慎勤"三字；两旁对联书有"侧身天地更怀君，独立苍茫自忧民"。若要实现"怀君"和"忧民"的政治理想，必须恪守"清慎勤"三字箴言，否则便成了一句空话。

鉴于大堂问案庄严肃穆，民众观瞻，故而县官必须顶戴官服、正襟危坐，不像内衙听审那么随意，因此有些县官乐意选择内衙听讼。对此，汪辉祖持有不同意见。他说：

> 顾听讼者往往乐居内衙，而不乐升大堂。盖内衙简略，可以起止自如，大堂则终日危坐，非正衣冠、尊瞻视不可，且不可以中局而止，形劳势苦，诸多未便。不知内衙听讼，止能平两造之争，无以耸旁观之听，大堂则堂以下伫立而观者不下数百人，止判一事，而事之相类者，为是为非，皆可引伸而旁达焉，未讼者可戒，已讼者可息。①

尽管大堂听审不免"形劳势苦，诸多不便"，却有法律宣传的效果，更是"教化"和"息讼"的重要途径。另一方面，在民众观瞻、不可中局而止的情形下，大堂听讼对于县官的法律知识与断狱智慧也构成了严峻挑战。因此，那些司法经验不足的县官乐意选择内衙听审，可以随时与刑名师爷商议。而对有些案件来说，内衙听审则是出于"私密"的考虑。②

---

① 汪辉祖：《学治臆说》卷上"亲民在听讼"，《官箴书集成》第 5 册，第 275 页。

② 例如，李雨堂《五虎征西》第 49 回即有描写："董超、薛霸进内禀知，包爷吩咐两个丫鬟：'请杨小姐进内衙细谈，须要小心扶他进来。'丫鬟领命出外，扶了小姐进内。小姐一见包爷，低头含羞，只得上前拜见。包爷以客礼相待，起身还礼，叫声：'小姐，休得拘礼，请坐罢！'小姐低头说：'大人在上，凤姣焉敢坐？'包爷一想，他自己通出名来，是个老实人了。包爷说：'此处不是法堂，你又不曾犯法，不必害怕。你且坐下，好好细谈。'"［引据（清）李雨堂《狄青五虎将》（下），新疆人民出版社、新世纪出版社，2001，第 462 页］这个案件涉及亲王狄青杀人，也涉及国丈庞洪私通西夏，凤姣之父户部尚书杨滔参与其间。从案情来看，凤姣是重要证人，到庭听讯乃自然之事。只不过，一者本案事关重大，而且事涉机密；二者凤姣毕竟是尚书之女，必须留些体面。故而，包公以礼相待，在内衙询问案情。

通过上述考察，笔者大致上勾画了明清时期州县衙门建筑的结构与功能；同时，通过解读衙门悬挂的匾额和楹联，也基本上揭示了这一"权力空间"的政治理想与司法理念。① 概括地说：第一，州县乃是一个"全能"衙门，牧令居于核心地位，统率胥吏和衙役，统管行政和司法；作为皇帝的代理，他们既是基层政权的象征，亦是集权统治的体现。第二，牧令身边居于要害位置的亲随、师爷等人，则意味着州县衙门具有"公私混淆"的特点，可以说是韦伯所谓的"家产制"国家在州县政府的体现。第三，作为沟通平民百姓的州县衙门，作为帝制中国政治理想表达的州县衙门，它彰显了"爱民"和"清廉"的理念——既包括"修身·齐家·治国"的理念，亦包括"民之父母"和"为民表率"的理念。第四，中轴线上南北排列的重重叠叠的大门、仪门、屏门与大堂、二堂、三堂，则是州县衙门权威的象征，它意味着"八字衙门朝南开"这种亲民姿态的背后，实际上隐藏了"天下衙门深似海"这种令人遥不可及并且产生畏惧之感的意象。第五，尽管州县属于"全能"衙门，然而从衙门建筑的结构和功能来看，基本上是司法审判的场所。有人认为，州县衙门的基本职能乃是司法审判的看法，不无道理。第六，作为司法场域的大堂和二堂，从肃静牌、惊堂木以及签筒等道具中我们看到了官府的权威；从林林总总的板子、夹棍、跪链中我们看到了两造惊惧的神情和目光，听到了板子的噼啪声和两造的呻吟哀号声；与此同时，阵阵衙鼓和声声堂威又将县官的权威提升到了极点。这样一来，典雅清幽的"琴治堂"终于又变成了"赤裸裸"的暴力场所或生死之地，亲民慈爱的"父母官"也蜕变成高高在上的令人生威的大老爷。

---

① 必须指出两点：（1）虽然州县衙署将县丞衙、主簿衙、典史衙也围在了四合院式的建筑之内，以收监控之效；但实际上，它们仍然是相对独立的建筑空间，属于院中之院；有些州县属吏，甚至可以单独建造衙署，不在州县衙署的院落之中。（2）本文列举和解读的楹联，是以牧令为中心，没有涉及县丞衙、主簿衙和典史衙。这些衙署也有彰显道德意义的楹联，例如县丞衙门联："宽一分，民多受一分赐；取一文，官不值一文钱。"正厅："立定脚跟竖起肩，展开眼界放平心。"又如主簿衙门联："与百姓有缘，才来此地；期寸心无愧，不鄙斯民。"正厅："扪心自惭兴利少，极目只觉旷官多。"再如典史衙门联："法规有度天心顺，官吏无私民意安。"正厅："报国当存清正志，为民可效廉明臣。"如此等等，不一而足。

三 明清司法理念的仪式表达

如果明清时期州县衙门建筑刻意彰显其集权特征和道德政治的意蕴，那么，作为司法场域的州县衙门，其呈现出来的性格又是什么呢？对此，可以用"恩威"来概括，它们与"父母官"正相匹配。所谓"恩"，可以与"爱"联系起来考虑。比如，在司法实践中广泛推行的道德教化，就是"爱"的反映；又如，对于某些特殊案件或网开一面或减轻处罚，同样是"爱"的体现。① 至于"威"，既可以是"德威"，即道德之威，亦可以是"刑威"，即刑罚之威或暴力之威，家父长和父母官无疑是这两种"威"的化身，从"父，矩也，家长率教者，从又举杖"② 与"怒笞不可偃于家，刑罚不可偃于国"③ 中，我们即可看得非常清楚。实际上，传统中国的法律道德化或道德法律化，④ 说到底，恐怕就是法律情感化或情感法律化。这是因为，以孝为核心的道德体系，即植根于人的自然情感，并演化成人的道德情感。⑤ 以孝治天下之所以可能，是因为家是国的组织基础，家族道德也演化成为国家的政治道德。

由"情感"层面来考察，如若州县衙门（狭义来说，是指公堂）建筑更多地表达了勤政爱民、廉洁公正、明察秋毫之类的价值理念——可以说是一种基于"爱"的司法实践，那么司法仪式则呈现出"威"的特点，以使两造"屈服"或"畏服"。

作为比较，我们先来看看荷兰学者赫伊津哈关于西方"法庭"意涵的

---

① 参见徐忠明《情感、循吏与明清时期司法实践》，上海三联书店，2009，第 119 ~ 170 页。
② （汉）许慎：《说文解字》，中华书局，1985，第 89 页。
③ 吕不韦：《吕氏春秋译注·荡兵》，第 187 页。
④ 参见瞿同祖《中国法律与中国社会》，第 328 ~ 346 页；梁治平《寻求自然秩序中的和谐——中国传统法律文化研究》，中国政法大学出版社，1997，第 251 ~ 325 页。
⑤ 李泽厚先生指出：儒家"仁"的基础，乃是"孝悌"；而"仁学"结构则包含了以下要义：一是血缘基础，二是心理原则，三是人道主义，四是个体人格，五是实践理性。所谓血缘基础，是说"孝悌"来源于人的生物基础；所谓"心理基础"，是说"孝悌"来自人的自然情感，正是"仁道，亲亲也"这样一种自然情感。李泽厚接着说："'仁政王道'是'不忍人之政'。"说到底，即是"爱"的政治（参见李泽厚《孔子再评论》，收入氏著《中国古代思想史论》，人民出版社，1985，第 15 ~ 33 页，第 43 页）。关于情感与政治、法律问题的梳理，参见徐忠明《情感、循吏与明清时期司法实践》，第6 ~ 22 页。

解说。他说：正义的宣判发生在"法庭"里，而"法庭"一词的全部意涵，则是希腊文字 ιερος XυXλos，一个神圣的圆圈，它的意思是指在阿喀流斯之盾护卫下端坐其间的法官。换言之，宣判正义的场所都是一个真实的 temenos，一个与凡界隔绝的封闭的圣地。一旦踏进圆圈，世俗的等级差别就被暂时取消；那些法官只要戴上假发，披上法袍，他们就超越了"日常生活"而成为另外一种"存在形式"。在这样的"法庭"里，原被两造可以展开平等的竞争；竞争的结果，也就是正义的宣告。① 根据赫伊津哈的描述，我们可以得出以下结论：（1）法庭是一个人为建构的物理空间，具有"屏蔽"生活世界的功能；（2）神目注视下的法庭，也是一个神圣的场所；（3）法官穿戴的法袍和假发，作为法律的修辞，具有区隔日常生活的功能，使法官获得了超越生活世界的特性；（4）法庭不但提供了原被两造公平竞争的场所，并且剥离了他们的社会身份，使公平竞争成为可能；（5）两造的公平竞争，不仅是实现正义的方式，其所获得的结果，本身即是正义，可以说，程序正义保障了实体正义。② 随着司法文明的日益发展，逐步精巧严密的司法制度设计，说到底也都是为了实现这一目的。

上引赫伊津哈的描述，使笔者联想到中国远古时代的著名"法官"——皋陶。传说中的皋陶，同样是一个戴着面具，扮作"獬豸"模样，踏入"圣地"进行司法审判的具有神性的人物；或曰，他是一个人性与神性兼具的"法官"。据我看来，皋陶可能是兼任"巫师"与"法官"

---

① 参见〔荷兰〕赫伊津哈《游戏的人：关于文化的游戏成分的研究》，多人译，中国美术学院出版社，1996，第83~84页。

② 作为实现正义的司法剧场，必须经过一番与社会生活抽离的工作，才能建构一个旨在保障原被两造公平竞争的场域；与此同时，由于纠纷案件也有特殊的社会构成，所以同样必须经过一番抽离的工作。笔者以为，蒙眼的正义女神，就象征了这样一种抽离，即她不必用"肉眼"来打量两造，不必根据两造的身份做出裁判。所谓"同侪审判"，实际上隐含了同样的制度功能。换言之，如果不是由"同侪"来审判，那么男性看女性、富人看穷人、白人看黑人，必将产生不同程度的歧视，审判结果也就难说公正。所谓"平等武装"，无疑也是旨在克服因身份差异而导致的能力差异，从而实现公平竞争的司法理想。在一定程度上，我们甚至可以说，虽然公众注视下的审判已经取代了神目注视下的审判，但是两者的功能仍有相通之处；易言之，众目睽睽下的司法过程，将使两造及其代理律师和法官受到公众的监视，从而难以做出为所欲为的裁判。笔者以为，这既是对于司法场域的抽离，又是对于司法场域的重构。

的人物。① 这个"圣地"，或许就是祭祀"地母"的"社"。② 再者，中国古代真正可以称得上"法官"的人物，应该是御史；故而，汉代以后我们可以看见御史头戴"法冠"和身穿"法袍"的形象。③ 但事实上，御史又成了法官之上的法官；换句话说，他们成了专司法律监察的官僚，从而与普通的司法官员有所不同。如果"社"是听审的法庭，那么它同样是一个神圣的所在；如果皋陶是扮作獬豸听审的法官，那么他也具有超越"日常生活"的特殊功能。④ 就此而言，上古中国的司法实践与赫伊津哈描述的情形即有相似之处。

然而毕竟时移世易，作为"法庭"的州县衙门，它的"神圣"色彩已经退去；如果我们尚能寻出某些蛛丝马迹的话，那么"上天难欺"和"明镜高悬"之类的文字，可谓一星半点的遗迹。不过，它仍然是一个基于某种理念——诸如"天理·国法·人情"以及"公正廉明"和"法行无亲，令行无故；赏疑唯重，罚疑唯轻"等等——建构出来的司法场所。在这个

---

① 参见徐忠明《皋陶与"法"考论》，《法学与文学之间》，第 207 页。

② 关于"社"的考释，参见何新《诸神的起源：中国远古神话的历史》，三联书店，1986，第 124~141 页。另外《尚书·甘誓》记有："左不攻于左，汝不恭命。右不攻于右，汝不恭命，御非其马之正，汝不恭命。用命，赏于祖；不用命，戮于社，予则孥戮汝。"（王鸣盛：《尚书后案》，第 229~231 页）《墨子·明鬼篇》释曰："赏于祖者何也？言分命之均也。僇于社者何也？言听狱之事也。"（李小龙译注《墨子》，中华书局，2007，第 128 页）闻一多先生说："盖断狱必折中于神明，社木为神所凭依，故听狱必于社。"（闻一多：《诗经研究》，巴蜀书社，2002，第 174 页）

③ 关于中国古代"法官"称谓的考证，参见陈景良《法官小考》，打印稿。关于"獬豸"和"法冠"之源流的考证，参见武树臣《中国传统法律文化》，北京大学出版社，1994，第 124~138 页。武树臣的考证，止于唐朝。其实，后来御史服饰依然绘有"獬豸"这一法律图腾。程树德《说文稽古篇》指出："前清凡执法者，犹用獬豸为补服。"（程树德：《说文稽古篇》，商务印书馆，1957，第 5 页）。明代亦然，譬如《金瓶梅》第 49 回写道："宋御史与蔡御史都穿着大红獬豸绣服，乌纱皂履，鹤顶红带。"[（明）兰陵笑笑生《金瓶梅》，王汝梅校点，齐鲁书社，1991，第 718 页]。更有把御史府称为獬豸府的例证（参见冯梦龙：《警世恒言》第 11 回"苏知县罗衫再合"，上海古籍出版社，1992，第 99 页）。吴奎的《墓志铭》也说包公"之总风宪，法冠白（豸角）立，（峨）然有不可凌之势。"（杨国宜校注《包拯集校注》，黄山书社，1999，第 277 页）。下面两篇专题论文，也提供了若干资料，参见蔡鸿生《中国独角兽的神话功能和古体"法"的文化内涵》，收入黄瑶、赵晓雁编《明德集：端木正教授八十五华诞祝寿文集》，北京大学出版社，2005，第 99~112 页；陈灵海《中国古代獬豸神判的观念构造》，载《学术月刊》2013 年第 4~5 期。

④ 参见徐忠明《法与正义——早期中国"灋"观念起源》，收入氏著《明镜高悬：中国法律文化的多维观照》，广西师范大学出版社，2014，第 3~24 页。

意义上，州县衙门依然不失为是具有特殊意味的司法场域。由于中国古代的集权体制，踏进衙门的原被两造只能"跪伏"丹墀，处于端坐"公案"之上的州县长官集权的支配之下；要打要骂，一任县官"自由"处置，尽管帝国法律也有种种限制。如此一来，原本颇为中性超脱的"诉讼"活动，最终就蜕变成充满不祥之兆的"打"官司。不管有理还是无理，不管是非抑或错对，挨打成了参与诉讼的原被两造必须忍受的痛苦。① 所有这些，都是明清时期州县衙门的"修辞"告诉我们的司法意涵。当然，这仅仅是衙门符号显示出来的情景，如果不幸而遇到了贪官墨吏，那么两造的命运就更加不堪了。②

鉴于律令典章和正史极少记述司法仪式，本文拟以小说戏曲刻画的司法故事为例，来勾勒和解释司法仪式的文化意义。由于宋元以来的"公案文学"每每假托包公、海瑞一类的清官，故而下面集中分析这类文学作品描述的司法仪式。

这是一幅描绘"公堂听审"的插图（图2）。③ 从服饰来看，这显然是描述明代的听审场景。不过，除了服饰差异，明清时期的司法仪式本身并

---

① 尽管"爱民"的官吏对于"刑求"不以为然，譬如明幕汪辉祖就说："词讼细务，固可不必加刑矣。"汪辉祖：《学治臆说》卷上"要案更不宜刑求"（收入《官箴书集成》第5册，第276页）。同书同卷"非刑断不可用"也有相关的阐述，可以参考（汪辉祖：《学治臆说》卷上"要案更不宜刑求"，收入《官箴书集成》第5册，第277页）。然而，清代程世爵《笑林广记》"听讼异同"记有："两造各有曲直，不得已而质诸公庭，官则摄齐升堂，觍颜上座，无是非，无曲直，曰打而已矣；无天理，无人情，曰痛打而已矣。故民不曰审官司，而曰打官司，官司而名之曰打，真不成为官司也。然而彼更有说以自解，曰：听讼吾犹人也。必也使无讼乎。有情者不得尽其词，大畏民志，此谓知县。"这一"笑话"颇能见出中国古代诉讼的真谛［［清］程世爵：《笑林广记》，收入《笑林广记二种》，廖东辑校，齐鲁书社，1996，第144页］。

② 清代游戏主人《笑林广记》卷一"有理"记有一则笑话，说是："一官最贪。一日，拘两造对鞫，原告馈以五十金，被告闻知，加倍贿托。及审时，不问情由，抽签竟打原告。原告将手作五数势曰：'小的是有理的。'官亦以手覆曰：'奴才，你讲有理。'又以手一仰曰：'他比你更有理哩。'"［（清）游戏主人：《笑林广记》，收入《笑林广记二种》，第2页］作为笑话，我们可以不必当真；但是其中透显出来的深意，或许还是值得我们细细回味。它与元杂剧《神奴儿大闹开封府》中的李德义与令史宋赃皮之间"贿赂"手势哑语，可以参观。该戏收入吴白匋主编《古代包公戏选》，黄山书社，1994，第265～295页。与如今流传的"大盖帽，两头翘，吃了原告吃被告"的谣谚，可以对堪。

③ 在明代小说戏曲中，这类插图非常普遍。具体讨论，参见杜金、徐忠明《索象于图：明代听审插图的文化解读》，载《中山大学学报》（社会科学版）2012年第5期。

图 2 明清时期公堂听审插图

无根本不同，它们大致上勾勒了听审活动的基本元素。头戴乌纱帽坐在公案后面听审的州县牧令，站在左侧头戴吏巾的书吏，站在右侧形象娇小的门子，手持刑杖成双成对出现在公堂上的衙役，待审的被告以及地面上散落的刑具。下面，笔者抄录几则描写公堂听审的史料，作为分析的基础。文曰：

例一：且说汪知县在堂等候，堂前灯笼火把，照辉浑如白昼，四下绝不闻一些人声。众公差押卢柟等直至丹墀下，举目看那知县，满面杀气，分明坐下个阎罗天子。两行隶卒排列，也与牛头夜叉无二。

家人们见了这个威势，一个个胆战心惊。众公差跑上堂，禀道："卢柟一起拿到了。"将一干人带上月台，齐齐跪下。钮文、金氏另跪在一边。惟有卢柟挺然居中而立。①

例二：审讼必宜午堂，使犯证饱餐伺候，不可点灯夜审。入暮则城闭不能出，起更后则夜禁难行。且黑夜闲人潜入窥探，恐有奸诡之徒，堂上灯烛光明，彼看最真；堂下黑暗，及至赶拿，彼已遁身而去矣。倘起数多不能早散，宜令火夫堂下执火高照；仪门两角门，皂役严密把守，不许放闲杂一人擅入，违者重究……午时升堂，将公座移置卷棚。必照牌次序唤审，不可临时更改，恐听审人未作准备，传唤不到，反觉非体。开门之后放听审牌，该班皂隶将"原告跪此"牌安置仪门内，近东角门；"被告跪此"牌安置仪门内，近西角门；"干证跪此"牌安置仪门内，甬道下……原差按起数前后，进跪高声禀："某一起人犯到齐听审"，随喝令某起人犯进，照牌跪……堂上门子二人，供执簏磨墨，靠柱远立；堂左侧招书一人，听写口供。最要堂上下内外肃清，以便本官专心详讯，体测下情。②

例三：坐堂时，承印吏站立堂檐之左，门子站立堂檐之右，各房科俱依科伺候。把堂皂隶二名，站立堂下左右。该班皂隶，各于东西皂隶房伺候；该班快手，各于仪门外伺候。敢有换杂及非奉呼唤、擅自上堂者，定行重责，把堂皂隶责同。③

例一摘自晚明著名文人冯梦龙所编小说《醒世恒言》的描述，例二和例三录自康熙年间黄六鸿所著《福惠全书》做出的经验性、规范性的介绍，它们应该可以作为描述明清时期公堂听审的典型史料。另一方面，如果从"图文互证"角度来分析——将文字叙述与插图描绘对照阅读，那么，我们就可以把那个时期的公堂听审的情形看得更为清楚。

在通常情况下，出于维护听审秩序和传拘人证方便之考虑，一般安排

---

① （明）冯梦龙编《醒世恒言》第 29 卷，第 421 ~ 422 页。
② 黄六鸿：《福惠全书》卷 11，收入《官箴书集成》第 3 册，第 336 ~ 337 页。
③ 黄六鸿：《福惠全书》卷 2，收入《官箴书集成》第 3 册，第 238 页。

在白天听审；① 如果不得已而必须安排在晚堂听审——例如午堂听审不能完结，那就必须点燃火把灯烛，将公堂照耀得如白天一样明亮，同时还要做好安全防卫措施，以免发生不测事件。此外，上引文字对于公堂的"空间秩序"也做出了精要介绍。比如，原告跪在东侧，被告跪在西侧，证人跪在中间，表面看来只是一种物理空间的安排，但实际上似乎亦有"是非错对"方面的考量。如果东方象征着"生"，西方意味着"死"，那么原告似乎占据有利的诉讼位置，而被告则处于相对不利的诉讼地位；② 如果中间象征着"正"，那么证人就得保持"不偏不倚"的态度，所以也无所谓原告方证人与被告方证人的差异，他们皆是法庭获取案件真相的证人。

更可措意的是，冯梦龙之所谓"举目看那知县，满面杀气，分明坐下个阎罗天子。两行禁卒排列，也与牛头夜叉无二。家人们见了这个威势，一个个胆战心惊"。足见，公堂呈现出来的是"杀气"和"威势"。当然，读者不免要说，这仅仅是小说家言，并非历史事实。然而，若将小说"四下绝不闻一些人声"与黄六鸿官箴书所写"最要堂上下内外肃清"进行比较，那么牧令面部的"杀气"和衙役营造的"威势"，只是公堂"肃清"的另一说法。黄六鸿之刻意强调"皂役严密把守，不许放闲杂一人擅入，违者重究"，以及"敢有换杂及非奉呼唤、擅自上堂者，定行重责，把堂

---

① 明清时期州县衙门通常分为早堂、午堂和晚堂，早堂是卯时至辰时，即上午 6 点到 8 点；午堂是巳时至未时，即 10 点到 14 点；晚堂是申时至酉时，即 16 点到 18 点。其中，午堂主要用以"问理词讼，干办公务"［（明）吴遵：《初仕录》一卷"公座"，收入《官箴书集成》第 2 册，第 41 页］。原因在于，"听讼在午未时，则白昼了然"［引据（明）余自强《治谱十卷》卷 4"审讼勿夜"，收入《官箴书集成》第 2 册，第 112 页。参见何朝晖《明代县政研究》，第 79 ~ 80 页；瞿同祖《清代地方政府》，第 32 ~ 34 页］。

② 由此，也使笔者不免猜测，原告的跪石之所以是"正方形"的，是否意味着原告居于"理之方正"的有利位置？也可以说是"有理"位置？被告的跪石之所以是"长方形"的，是否隐含着被告处于"理之长短不一"的位置？与此同时，这还使笔者想起，在明清时期的诉讼实践中，人们为什么要争当原告，乃至于形成了"恶人先告状"的诉讼风气？恶人之所以要抢先告状，无非是想在诉讼开始时占居有利的位置。就此而言，争当原告也成为了一种诉讼策略。在日常生活中，人们更有一种"如果你是好人，怎么会被人告的呢？"的想法。这似乎是说，既然你被人告了，必定做了违犯乱纪和侵犯他人的事情；否则，不会平白无故被人告了。据此，跪石的不同形制，是否象征了原被两造的不同诉讼地位？当然，人们抢先告状，尚有使对方遭遇"牢狱之灾"的阴暗心理。因为一经被人告状，被告之人就会遭到拖累，乃至倾家荡产。不过，遍检史料，我们尚未找到关于原告石与被告石之不同寓意的解释。对此问题，唯有将来留心查证了。

皂隶责同",尽管是出于"以便本官专心详讯,体测下情"之目的,但跪在堂上听审的两造及其家人、干证举目瞧见这种阵势,恐怕也会产生小说所谓"一个个胆战心惊"的心理反应。就此而言,公堂的空间秩序以及维护公堂秩序的种种手段,无非是为了彰显牧令与其听审之时的"威势",以便让听审者感到"畏惧"。而在这一方面,小说戏曲与衙门听审制度之间并没有什么根本性的差异。这意味着小说戏曲关于公堂听审场景的描写甚或渲染可能会有夸张,但也绝非毫无事实根据。

那么,在明清时期的司法仪式中究竟是怎样演示"威"的呢?或曰以"威"司法如何在听审仪式中呈现出来?概括起来,有以下几个方面。

首先,司法过程中的刑讯逼供。虽然"刑讯"是为了获取两造的口供,似乎与司法仪式无关,但是公堂之上放置的刑具,以及手执刑具随时准备实施刑讯的皂隶,本身即是司法仪式的一个组成部分。这预示着只要两造狡赖翻供或拒不供认,承审官员随时可以下令皂隶实施刑讯,打掉两造的狡赖之气,既可以迫使他们如实吐供,亦能够营造公堂的威势。就此而言,刑讯逼供作为听审程序的一个环节,一种合法措施,具有令两造和旁听者感知公堂威势的作用。可以说,倘若没有刑具"修饰"和刑讯营造出来的"肃杀"氛围,公堂听审的威势自然会被削弱。故而,把刑讯作为一种司法仪式,并非毫无根据。

根据学者的考证,在我国历史上,"刑讯"之制的起源甚古,[①] 迟止西周,在礼法中已经有所规定。譬如《礼记·月令》记有:仲春之月"命有司,省囹圄,去桎梏,毋肆掠,止狱讼"。注云:"掠谓捶治人。"从《睡虎地秦墓竹简》来看,战国时代的"刑讯"制度已经相当完备;[②] 及至唐朝,有关"刑讯"的法律规定更趋严密;宋元明清,基本上承袭了唐朝的"刑讯"制度,变化不是很大。[③] 事实上,在帝制中国历史上,酷吏也好,

① 有的学者认为,"刑讯"源自远古时代的"神判"。参见陈俊强《刑讯制度》,收入高明士主编《唐律与国家社会研究》,台湾五南图书出版有限公司,1999,第405页。
② 参见《睡虎地秦墓竹简》,文物出版社,1978,第246页。
③ 关于刑讯简要的讨论,参见徐朝阳《中国诉讼法溯源》,台湾商务印书馆,1973,第31~33页;陈俊强《刑讯制度》,收入高明士主编《唐律与国家社会》,第403~435页;徐忠明、杜金《唐明律例刑讯规定之异同》,载《北京大学学报》(哲学社会科学版)2009年第4期。

俗吏也罢，乃至清官，无不嗜好"刑求"，此类记载为历代官方正史、稗官野史、笔记小说所不绝。① 这种"刑求"之风的盛行，固然不乏证据制度方面的原因。比如，中国古代法律明确规定，有关案件事实的认定，必须依据"众证"——包括书证物证与证人证言，不过最为重要的证据，还是原被两造的"口辞"。虽说没有两造的"口辞"，仍可依据"众证"定罪，实际上却必须有原被两造尤其是被告的"口辞"方能定罪。换言之，

① 对清代民事案件是否实施拷讯，学者尚有争议。黄宗智先生指出："在实践中，清代法制在处理民事案件时几乎从不用刑，并且经常对产权和契约加以保护。"（黄宗智：《民事审判与民间调解：清代的表达与实践》，中国社会科学出版社，1998，第8页）笔者觉得，黄宗智所谓"几乎从来不用刑"之"刑"，语意比较暧昧，究竟是指拷讯呢？抑或是指刑罚？或许是两者兼而有之？亦即对于民事案件的两造，司法官员既不用拷讯，也不用刑罚。另外，杨一凡和徐立志也持同样观点。他们指出："大量的判例判牍证明，对于单纯的民事案件，民间诉讼中有关户婚田土等民事案件，只要当事人没有触及刑律的行为，一般不使用刑讯，也不处刑，民事案件中受到笞、杖刑的，多是当事人或证人等存在着干名犯义、诬告、欺诈等触及刑律的行为。"（杨一凡、徐立志：《判例判牍·前言》，网址：http://www.falvwenxian.com/panduxu.html，访问日期：2009年7月21日）对此看法，于晓青博士予以驳正。他说：即使民事诉讼也会使用刑讯（参见于晓青《刑讯在古代民事案件中的适用——兼与杨一凡、徐立志先生商榷》，载《法学》2008年第5期）。对于"一般不用拷讯"的意见，我们大致表示赞同。但也必须指出，我们不能因为"判例判牍"没有拷讯的记录，就轻率地断定民事诉讼从不使用拷讯。事实上，是否实施刑讯与档案有无记录，这是两个完全不同的问题，不能混为一谈。对此问题，笔者在《虚构与真实：明清时期司法档案的修辞策略》中已经略作解说，读者可以自行看看（徐忠明：《案例、故事与明清时期的司法文化》，法律出版社，2006，第16页注释1）。另外，就笔者的司法经验和阅读清代司法官员日记获得的信息来看，其一，如若搁在今天，司法官员根本不会将拷讯之事记录在案。其理由是在现代法律中刑讯是非法的，故而不可能加以记录，因为司法官员不会傻到这种程度，而将拷讯记录在案。其二，尽管战国以来的法律明文规定刑讯属于合法的司法行为，并且规定拷讯必须记录在案；然而，拷讯毕竟也是沈家本所谓"不得已"之事，在司法价值上居于负面地位，因此我们完全可以想象，司法官员在档案中记录刑讯，同样是不明智的举动。关于沈家本所谓"考囚乃不得已之事"的记载［参见（清）沈家本《历代刑法考》，中华书局，1985，第502页］。在观念形态上，司法与刑讯就像是一对孪生兄弟，人们也总是把它们等同视之。前引程世爵《笑林广记》卷三"听讼异同"所言，在某种程度上就说明了这一点特点。如果考察明清时期的公案文学，刑讯所占的比例非常之高。笔者和杜金曾经统计过"三言两拍"的198篇小说，其中涉及司法（公案）故事的约92篇，共描述了132则司法故事，其中明确描写刑讯的有46例（参见徐忠明、杜金《明清刑讯的文学想象：一个新文化史的考察》，收入氏著《传播与阅读：明清法律知识史》，北京大学出版社，2012，第341页）。谭家齐统计《包公案》和《警世通言》得出比例更高，刑讯成功者分别占60.3%和63.6%，失败者占17.6%和18.2%，不吐供和情况不明者占22.1%和18.2%［参见谭家齐《晚明判牍与小说资料所示的刑讯原则及效用争议》，载《罪与罚：中欧法制史研究的对话》（法国汉学第16辑），中华书局，2014，第274～275页］。

在没有"口辞"的情况下，案件往往无法最终"定谳"。① 两造的"口辞"之所以如此重要，其间蕴含的一个深层的价值取向，即是原被两造对于审判结果的"服"。易言之，被告乃是"服罪"，原告则是对于判决结果表示满意。这种司法实践的人性基础，在于"性善"，被告一旦"服罪"，就为"弃恶从善"或"改过自新"奠定了思想基础。这与传统中国礼法文化中的所谓"诛心"与"诛迹"之说，亦有深刻的关联。它的哲学基础，在于宇宙秩序与社会秩序"和谐"的思想。这里，也蕴含着一个极为深刻的"悖论"。所谓"服"，首先就是要求被告心悦诚服;② 但实际上，这一理想目标往往难以实现。这样一来，为了迫使被告"认罪服法"，刑讯逼供也就成了必不可少的手段。如若被告不服招承，即可能意味着无罪，那就反拷原告。

由于帝制中国法律制度与法律思想当中并不存在"无罪推定"原则；换言之，在中国古代司法实践中，流行的是"蓄成见而预定案"，③ 因此，

---

① 与唐律相比，明清律例更强调了"口供"在定罪量刑中的作用。除了极少数例外情形可以"众证定罪"以外，其他嫌犯都必须有口供才能够定罪，而不能仅凭人证物证结案（参见徐忠明、杜金《唐明律例刑讯规定之异同》）。滋贺秀三教授指出：在中国古代法律看来，"口供与证据不是一回事，断罪原则上以口供为凭，仅仅例外地——承认不承认这个例外依时代而不同——才允许根据不是口供的证据来断罪"。又说："只要没有获得这样的罪行自供状，就不能认定犯罪事实和问罪。"（氏著《中国法文化的考察》，收入梁治平、王亚新编《明清时期的民事审判与民间契约》，法律出版社，1998，第10页）。谭家齐也有类似的看法："在中国的司法运作中既缺乏扎实的鬼神裁判（Trial by Ordeal）传统，最理想的判决唯有依据人犯有罪的供吐。因此，传统中国的司法制度便秉持一项铁则，就是法官宣判人犯有罪之前，必须先听得人犯口中承认罪行并道出案情的口供，再获取由他亲笔画押签字的供状；否则，即使客观证据确凿，法官仍不可审结案件。"〔谭家齐：《晚明判牍与小说资料所示的刑讯原则及效用争议》，载《罪与罚：中欧法制史研究的对话》（法国汉学第16辑），第259页〕。卜正明等人也说："在中国司法实践中，酷刑起了很大的作用，因为帝制时代和近代的法律程序，都是取决于罪犯的招供，招供是最终的证据，有了供词（confession），便可以做出判决，案子也可因此结束。"（〔加〕卜正民、〔法〕巩涛、〔加〕格力高利·布鲁：《杀千刀：中西视野下的凌迟处死》，张光润、乐凌、伍洁静译，商务印书馆，2013，第49页）

② 这种司法实践透显出来的深层理念，或许是埃罗特（Alrault）所谓："仅仅使犯罪者受到公正的惩罚是不够的。应该尽可能地使他们做到自我审判和自我谴责。"（引自福柯《规训与惩罚》，第41页）所谓"自我审判和自我谴责"，实际上蕴含了犯罪者的道德反省。倘若没有道德上的自我反省，仅仅依靠惩罚，恐怕难以产生改过自新的效果，那么道德教化同样不会产生任何积极的效果。就此而言，自证其罪具有特殊的道德内涵。

③ 钱锺书：《管锥编》第1册，中华书局，1986，第333页。

刑讯逼供根本无法避免。在听讼折狱的过程中，司法官员尽管可以借助种种方法——察情、据证、用谲①——来获取两造的口供，但刑讯逼供依然是不可或缺的办法。当然，中国古代法律允许刑讯逼供。由于"刑求"是合法的听审手段，所以结果必然导致：一是"不招就没命，只好招了再说"；② 二是"严刑之下，能忍痛者不吐实，而不能忍痛者吐不实"。③ 广为流传的所谓"三木之下，何求不得"之言，既道出了刑讯的效验，也鼓励了司法官员实施刑讯的热情。

　　总而言之，虽有监察之制，平冤之法，但结果还是冤狱泛滥。然而相反而适相成，辩证统一乃是事物的根本特质。因此，尽管刑讯逼供难免冤狱错案，但是如果没有刑讯逼供，那么由于中国古代的刑事侦查技术条件所限，似乎也会产生案件无法得到及时了结的不良后果，所谓"滞狱"就是情形之一。陈俊强指出："狱讼的'冤'与'滞'，与刑讯的长期存在有著莫大关连。"④ 确实，案狱之"滞"，其实也是"冤"的一种情形。如果因为"滞"而导致了案犯"瘐死狱中"的话，其中的"冤"就可想而知了。迟到的正义，是否仍然称得上是正义，恐怕还是值得深思的问题；即或还称得上是正义，似乎也是打了折扣的正义。这是因为，假如被告清白无辜，那么"淹滞"牢狱，这显然是一种"冤"；如若被告果真有罪，可是由于没有足够的证据予以证明，那么被伤害者的"冤"就久久得不到伸张，这同样是一种"冤"。更有甚者，作为负有保障民众生命财产安全、垄断司法权力的国家，如果听任案件久拖不决，它的存在理由何在，也是一个摆在皇帝和官僚面前的严峻问题。那么，如何才能摆脱这种"两害"的困局？通过刑讯逼供的手段，达到迫使囚犯"畏服"之目的，或许也是出于无奈的选择，这大概是沈家本所谓"考囚乃不得已之事"的意思吧！

---

①　参见梁治平《清官断案》，收入氏著《法意与人情》，海天出版社，1992，第 141～148 页。

②　李敖：《招了再说》，收入氏著《中国性命研究》，中国友谊出版公司，1993，第 369～372 页。

③　See, Quintilian, Institutio oratoria, V. x. 70, "Loeb", Ⅱ, 238. 引自钱锺书《管锥编》第一册，第 333 页注释 1。钱锺书先生认为，刑讯逼供之做法是基于"信'反是实'而逼囚吐实，知反非实而逼囚坐实，殊途同归；欲希上旨，必以判刑为终事，斯不究下情，亦必以非刑为始事矣"。此说非常深刻。

④　陈俊强：《刑讯制度》，收入高明士主编《唐律与国家社会》，第 428 页。

要之，虽然刑讯的弊害客观存在，但是亦非毫无价值之可言。① 必须说明的是：（1）笔者不是要为刑讯逼供辩护，而是在特殊历史语境中理解刑讯；（2）刑讯适度与酷吏滥用毕竟不可同日而语。

昏官与酷吏滥施拷讯的例子实在太多，不说也罢。② 在清官包公司法的故事里，同样也充满了浓重的血腥气味；可以说是几乎每次理讼折狱，包公无不借助"刑求"的手段。诚如学者所谓："不但酷吏用刑逼供，一般官吏乃至清官也常常要用棍棒去撬开犯人的嘴。"③

包公文学的以下描写颇为典型：第一，在《三侠五义》第 5 回中提及"赵大刑毙"的事情，所谓"刑毙"，就是刑讯逼供致死人命之谓也。④ 在第 19 回"狸猫换太子"的著名故事里，包公拷讯郭槐也是一个显例。小说这样写道：公孙策设计了惨毒刑具"仿佛大熨斗相似，却不是平面，上面皆是垂珠圆头钉儿，用铁打就；临用时将炭烧红，把犯人肉厚处烫炙，再也不能损伤筋骨，止于皮肉受伤而已"。师爷公孙策还给起了一个"杏花雨"的雅号。包公就是使用"杏花雨"的刑具，几乎将郭槐刑讯致死。⑤ 第二，在《清风闸》第 31 回中案犯强氏对小继说："你准备两条腿，我预备十个指头。"但是，案犯低估了清官包公的拷讯手段。第 32 回写道：

---

① 我们不知道，在明清时期的司法实践中，刑讯逼供究竟导致了多少冤假错案。但是，根据我们对"三言两拍"的初步统计，因刑讯而如实招供的案件，占了 47% 强，导致冤案的则占 18% 强。当然，这是小说故事而已，不足为训，聊备参考（参见徐忠明、杜金《明清刑讯的文学想象：一个新文化史的考察》，收入氏著《传播与阅读：明清法律知识史》，第 393 页）。

② 据《明史·刑法二》记载："凡内外问刑官，惟死罪并窃盗重犯，始用拷讯，余止鞭扑常刑。酷吏辄用梃棍、夹棍、脑箍、烙铁及一封书、鼠弹筝、拦马棍、燕儿飞，或灌鼻、钉指，用径寸嫩杆、不去棱节竹片，或鞭脊背、两踝致伤以上者，俱奏请，罪至充军。"（引据《历代刑法志》，第 539 页）以致不少官员对于这种现象表现出深切的忧虑。例如，名臣葛守礼曾经上疏请求皇帝禁止酷刑，同时还批评一些官员"不论罪犯轻重，动用夹棍等刑，剥皮碎骨，惨不忍言。有问一事未竟而已毙一二命，到任甫期年而拷死数十人者。"并举例说："如汾州知州齐宗尧，三年致死五十人；荣河知县吴朝，一年致死十七人。初闻甚骇，惜未有以重处也。"〔（明）葛守礼：《禁酷刑以全民命疏》，载（明）孙旬辑《皇明疏钞》卷 65·刑狱二，收入《续修四库全书·四六四·史部·诏令奏议类》，上海古籍出版社，1995，第 721 页〕。这两条史料足资证明，在明代司法实践中，酷吏滥施刑讯到了什么程度，危害又有多大。

③ 张国风：《公案小说漫话》，江苏古籍出版社、中华书局香港分局，1992，第 96 页。

④ 石玉昆：《三侠五义》，华夏出版社，1994，第 36 页。

⑤ 石玉昆：《三侠五义》，第 97 页。

"包公大怒，把惊堂一拍，吩咐：'拶起来！'可怜十指尖尖，拶得象胡萝卜一样。强氏仍然无供，又加四十点锤，亦是无供。"包公再次吩咐，取来"箍子，将他（强氏）头发一根根箍下来。可怜箍血淋淋的，他还不招；又叫拿盐卤滴下去，可怜疼到心里，满地乱滚，他还不招；又叫将十指摘去，他仍不招；又把脚指摘去，仍似咬住银牙，他不招……吩咐取猪鬃，将他两乳攥进去，可怜攥进，鲜血淋淋往外直冒，如此非刑，他仍然不招"。① 第三，在《万花楼》里，也有一段描写："包公吩咐将他（郭槐）上脑箍。若问脑箍这件东西，是极厉害之物，凭你铜将军，铁猛汉，总是当受不起。郭槐上了脑箍，略略一收，顷刻间冷汗如珠，眼睛突暴，叫一声：'痛杀我也！'登时晕了过去。有健汉四人左右扶定，冷水连喷，一刻方得渐渐复苏。"② 从描写包公听审故事的文学作品看，清官包公在听讼断狱时，不但离开不了非刑酷法，而且手段非常残酷；比之一般酷吏昏官，也无任何差异。诸如此类的描写不少，读来令人毛骨悚然，不便俱引。

有些描写比较抽象，但是，仍然令人恐怖。譬如，元代杂剧《蝴蝶梦》是这样描写包公审理王氏兄弟打死权豪势要葛彪一案的。包公尚未认真进行调查，开口便说："小县百姓，怎敢打死平人！……与我一步一棍，打上厅来。"问案未及三言两语，就讲："不打不招。张千，与我加力打者！"结果"拷打的浑身上怎生觑！打的来伤筋动骨，更疼似悬头刺股"。后来，发现不对路数，方才要求"我试看这来文（审转的法律文书）咱"。包公没有任何自省自责，反说"县官好生糊涂"。③ 于此，我们颇能看出包公的"刚愎自用"的性格特征。案件尚未开始审理，包公先要撒撒威风，打案犯一顿"杀威棒"。再如，杂剧《盆儿鬼》写道，包公吩咐："张千，你去拿将盆罐赵夫妻两个，一步一棍打将来者！"后来，包公问案："张千，选大棍子来，每人先打一百，取官绵纸一张，着司房责下口词……"④

另有一些故事，尽管没有直接描写包公动用刑讯，不过同样以拷打为

---

① 浦琳：《清风闸》，北京师范大学出版社，1992，第 133 页，第 136~137 页。
② 李雨堂：《万花楼》，华夏出版社，1995，第 243 页。
③ 这些引文，参见吴白匋《古代包公戏选》，第 14~16 页。
④ 吴白匋：《古代包公戏选》，第 326、328 页。

后盾，迫使案犯就范。例如，杂剧《后庭花》写道，听讼之前包公就已吩咐："准备下六问三推。"① 然后，开始审理案件。又如在《神奴儿》里，包公喝道："说的是万事都休，说的不是，将铜铡先切了你那驴头。"② 再如《留鞋记》写道，包公多次喊道："你还不实说，左右，选大棒子打着者。"结果就不难想象，弱女子王月英哀叹："没奈何，招了罢。我则索从头儿认下，禁不的这吊拷与绷扒。"③ 在一些故事中，尽管原被两造殷切希望清官包公能够为己做主，讨还公道或者平反冤狱；然而，他们对于包公南衙的看法却是："见放着开封府执法的老龙图，必有个目前见血，剑下遭诛。"④ 在《盆儿鬼》中，写得更为直截了当："开封府堂上除了杀则是打，料想把我烧灰捣骨，做盆儿不成，怕做甚的？杀了罢，杀了罢。"⑤ 他们心目中的包公，简直成了"一座杀人星"。⑥ 在这些描写中，我们可以看到，包公听讼断狱的时候，充满"雷霆之怒"与"虎狼之威"⑦ 的血腥。在听讼折狱时，包公自己也承认，具有"威名连地震，杀气和霜来"⑧ 的恐怖气氛。包公的那种得意神态，尤令人感到不安。

但也必须指出，如果我们将这些清官包公司法故事的描写，与帝制中国关于"刑讯"的法律制度作比较，那就可以发现，两者之间还是存在非常鲜明的差异或背离。也就是说，从法律制度层面看，关于"刑讯"的要件和程序、次数和总数、刑具之规格、受刑之部位、拷讯之对象、不得拷讯之情形、非刑之责任等等，均有非常明确而又具体的规定。⑨ 可是在包公司法的文学想象中，所有这些限制全都不存在了；我们所能看到的，无

---

① 吴白匋：《古代包公戏选》，第 226 页。
② 吴白匋：《古代包公戏选》，第 292 页。
③ （明）臧晋叔编《元曲选》第 3 册，中华书局，1958，第 1274 ~ 1275 页。
④ 见于《后庭花》，吴白匋：《古代包公戏选》，第 213 页。
⑤ 吴白匋：《古代包公戏选》，第 328 页。
⑥ 见于《生金阁》，吴白匋：《古代包公戏选》，第 102 页。
⑦ 见于《神奴儿》，吴白匋：《古代包公戏选》，第 290 页。
⑧ 见于《陈州粜米》，吴白匋：《古代包公戏选》，第 149 页。
⑨ 有关的讨论，参见陈俊强《刑讯制度》，收入高明士主编《唐律与国家社会》，第 409 ~ 418 页。虽然陈俊强教授的讨论限于唐律，但是也能说明宋元明清"刑讯"制度的基本情形。对于"受刑部位"与医学之关系的研究，参见〔日〕冈野诚《唐代法制史与医学史的交汇》，收入张国刚主编《中国社会历史评论》第三卷，中华书局，2001，第 206 ~ 218 页。

非是包公的随心所欲，说打就打，要怎么打就怎么打，可以说是毫无限制，甚至还要制造惨毒刑具，非刑拷讯致毙人命。据此，在这样的司法剧场里，上演的乃是一出出司法官员如何折磨和考验被告肉体承受能力的活剧，而非基于"哀矜"理念的听审程序。无处不闻的棍棒敲打之声，无处不闻的啼号哀鸣之声，随处可见的红签以及淋漓流淌的鲜血，已经告诉我们，对于听讼折狱来说，"刑讯"乃是非常必要的，也是不可或缺的手段。① 可以说，为了获取原被两造的口供，为了展现公堂听审的威势，刑讯的情景被戏剧化了。如果这样的话，这些关于清官包公司法活动的文学描写，简直成了关于"刑讯"的故事，亦即法律＝拷讯＋刑罚。在这些故事里，我们看不到关于"人的尊严"的叙述，也看不到"爱民"的温情。

值得我们深思的是，这些描写甚或塑造的中国历史上伟大清官包公的司法文学，在颂扬清官包公"为民请命"和"摧折豪强"之时，在赞美清官包公"平冤"和"雪恨"之时，在彰显清官包公"超凡"破案和听审能力之时，是否也蕴涵着对于"刑讯"的批评与讽刺？抑或体现出来的只是对于"酷刑"的膜拜和礼赞？乃至对于正当听审程序的无视和否弃？笔者觉得，似乎是三者兼而有之。这是否意味着，只要官员勇于摧折豪强，只要能够使案件真相大白，只要能够让冤狱平反昭雪，是否遵循司法程序，是否采取正当手段，全都无关宏旨了呢？答曰：是。至于批评和讽刺，似乎仅仅是针对因刑讯逼供而导致冤假错案的情形。如若这样，那么刑讯也就有了存在的理由——因为这是法律允许、实践需要、民众认可，甚至人们还必须容忍刑讯逼供可能导致的冤假错案。无疑，这是对于刑讯采取机会主义或后果主义的态度，必然带来的后果，也是人们必须承受的恶果。清官文学的广泛流传，人们对于它们的喜闻乐见，这可以说是一种传统中国法律文化的悲哀。

其次，公堂听审时的仪式演示。上面，笔者以清代内乡县衙的建筑布局为范本，结合其他史料，从静态角度解说了明清中国州县衙门建筑的政治文化意义。接着，本文又以刑讯为例，进一步考察了作为司法实践之一

---

① 这一方面的详尽分析，也可参见徐忠明、杜金《明清刑讯的文学想象：一个新文化史的考察》，收入氏著《传播与阅读：明清法律知识史》，第 355～398 页。

环的刑讯，它不但是司法官员获取两造口供的手段，而且蕴含着特殊的仪式内涵。《后庭花》所写升堂听审之前，先"准备下六问三推"的刑具，使刑具获得了作为司法仪式之道具的性质。《神奴儿》所谓"说的是万事都休，说的不是，将铜铡先切了你那驴头"的话语，使刑讯成为了威吓两造的工具。那些花样百出、酷烈无比的刑讯，使刑讯蜕变成"锻炼"两造肉体的机制。所有这些描述，已经足资证明，刑具具有彰显公堂之"威"的修饰功能，刑讯具有使公堂听审戏剧化的造势功能。可以说，如果没有刑讯的修辞和烘托，公堂之"威"的呈现必将大打折扣。另一方面，阅读这些文学作品描写并且渲染的刑具和刑讯，无疑可以转化成为一种对于公堂听审的记忆，从而深刻影响中国古人对于司法实践的认知和理解，进而形成"诉讼＝刑讯＋刑罚"的司法理念。现在，我们再从动态角度来考察一下包公文学描写的司法仪式所蕴涵的法律文化意义。

（1）威震人心的衙鼓。我们曾经提及，衙门外面置有"鸣冤鼓"，大堂里面置有"升堂鼓"。衙门设置"鼓"的作用，乃是传递信息。民众击鼓可以鸣冤，把信息传递给官府；衙门击鼓，则是告诉民众，官府将有重要活动。所谓"击鼓升堂"，就是为了告诉民众，官府将要"公开"审理案件。[1] 但是倘若仔细考究衙门"击鼓"的用意，似乎尚有"示威"之目的。对此，包公文学多有描写。譬如《清风闸》第27回写道："包公坐轿进城，至署，拜仪门，行堂事，击鼓排衙……"这是为了传递朝廷命官莅临的消息。[2] 又说，有一年老寡妇因为儿子被虎所食，来到衙门，"到了鼓架子面前，用手取了鼓槌子一击，击了半会，宅门上有人问：'外面何人击鼓？'看堂的说：'老妇人叫冤！'即刻发了三梆，包公升堂"。[3] 这是击鼓鸣冤、即刻升堂的描写。杂剧《鲁斋郎》写道："咚咚衙鼓响，公吏两

---

[1] 郭建指出：也有衙门不设"鸣冤鼓"而改设"铜锣"的，甚至连铜锣也不设，直接"喊禀"的（参见《帝国缩影——中国历史上的衙门》，第31页）。

[2] 前引申时行等撰修《明会典》卷59"官员礼"关于官员到任礼仪，也提到了"皂吏排衙"的仪式，但没有提到"击鼓排衙"（《明会典》，第364页上）。前引黄六鸿《福惠全书》卷2"莅任部"也只说了"皂吏排衙"礼仪，没有提到"击鼓排衙"（《官箴书集成》第3册，第237页）。毫无疑问，在行政实践中，排衙之礼，必有"击鼓"之环节，以致"击鼓排衙"成为各类资料反复描述之事。

[3] 浦琳：《清风闸》，第120～121页。

边排；阎王生死殿，东岳摄魂台。"① 所谓"咚咚衙鼓响"，应该是指击鼓升堂，以助威势。大堂木架上悬挂的堂鼓，也是升堂之用。值得一提的是，《清风闸》所谓"即刻发了三梆，包公升堂"。可见，从击鼓鸣冤，到"击梆"升堂，以至击鼓升堂，构成了升堂听审的三个环节。如果无人击鼓鸣冤，而是日常的升堂仪式，那就只有后面两个环节。

关于升堂的开场仪式，郭建教授作过简洁生动的描述，不妨抄录如下：

> ……这套信号就是表示长官要出内衙宅门，各部门书吏、衙役都要肃立。随着三梆声，长官走出宅门，前往签押房。如果是升堂，则三梆一传，诉讼当事人全体下跪。内衙击点一声，喻义"升"，大堂衙役擂响堂鼓，排列大堂两侧的皂隶拉长了调子齐声高喊"升——堂——哦——"，长官就在这气势的烘托下，慢慢踱进大堂，进暖阁，在公座上入座，堂鼓和喊叫声这才停止。②

笔者以为，值堂书吏和衙役的"肃立"，实际上是"敬畏"的另一表达。长官的"踱步"，则是一种迟缓、稳健、凝重的步态；这是慢慢步入公堂的节奏，伴随高扬的鼓声和喊声，必将在诉讼当事人的心里造成一种"紧张"和"胆怯"的感觉。公座之上的牧令与"下跪"的诉讼当事人，无疑还形成了"位势"上的落差。③ 所谓的"气势"，实际上也就是"威势"。可以说，正是这种升堂仪式，一上来就使原被两造产生一种心理上的"惊

---

① 吴白匋：《古代包公戏选》，第 61 页。在描写包公听审的故事里，这首"排衙击鼓"的诗，经常出现。诸如《蝴蝶梦》《合同文字》《留鞋记》也都提到。有的公案戏，则仅仅提到"喝撺厢"三字，比如《神奴儿》与《盆儿鬼》等；有的还写到过"退堂鼓"，例如《留鞋记》等等。

② 郭建：《帝国缩影——中国历史上的衙门》，第 33 页。

③ 我们知道，躯体下跪，这不仅是一种肢体上的下跪，也隐含了一种权力关系中的屈服，亦即他们用自己的肉体，宣示了对主审官员所代表的国家权力的屈服，从而彰显了传统中国司法权力的专断性格。对于"身体姿态"的政治学分析，参见〔德〕埃利亚斯·卡内提《群众与权力》，冯文光、刘敏、张毅译，中央编译出版社，2003，第 272～278 页；另见〔美〕约翰·奥尼尔《身体形态——现代社会的五种身体》，张旭春译，春风文艺出版社，1999，第 61～88 页。在中国历史上，就性别政治而言，如果男性是统治者，女性即是

惧"之感。

　　除了令人感到胆战心惊的"升堂鼓"之外，"喝堂威"亦有同样的心理效果。所谓"喝堂威"，也叫"喝撺厢"。这是官府升堂问案的时候，两厢衙役大声吆喝，以期达到威吓原被两造之目的。比如《万花楼》第57回写道：包公转回衙门，"立刻坐堂，公位排开，差役两行伺候，吆喝威严"。① 包公审理郭槐一案，小说也有类似的描写：包公"退朝回衙，用过早膳，即传令吏役往天牢吊出郭槐，顷刻间呼喝升堂，正门大开，书役左右分排，包公正中坐下，吊出郭槐"。② 再如《三侠五义》第5回写道："一闻传唤，（三班衙役）立刻一班班进来，分立两旁，喊了堂威。包公入座，标了禁牌，便吩咐：'带沈清。'不多时，将沈清从监内提出，带至公堂，打去刑具，朝上跪倒。"③ 这种"咚咚衙鼓"和"声声堂威"，对于两造颇能起到警醒的作用。晚清小说家刘鹗指出："凡官府坐堂，这些衙役就要大呼小叫的，名叫'喊堂威'，把那犯人吓昏了。"④ 这一解释非常正确。在包公的听审故事中也有佳例。譬如《蝴蝶梦》这样写道，王氏兄弟的母亲来到开封府衙门口，听到"喝堂威"升堂，伴随的是"咚咚衙鼓声"，不禁使她心惊肉跳。她唱道："扑咚咚阶下升衙鼓，唬的我手忙脚乱，使不得胆大心粗；惊的我魂飞魄丧，走的我力尽筋舒。"⑤ 真是先声夺人呵！

被统治者，甲骨文中的"女"字，即是一个敛手躯体下跪的形象。在政治领域，因为"君"是发号施令者，所以汉字也以此构形；而"臣"则是被支配者，甲骨文中的"臣"字，就像一只俯首侧目的眼睛；"臣"原本是奴隶，后来成为君王的官员。所谓"俯首称臣"，更是非常形象的概括。足见原被两造在公堂听审时的下跪，隐含了屈服于国家权力的政治意义。另据吴钩考证，在帝制中国的司法制度和实践史上，宋代以前，两造和干证人等无须下跪听审；下跪听审，乃是元明以来的传统（参见吴钩《宋朝人到衙门打官司，需要下跪吗?》，刊于《澎湃新闻》2015年5月12日）。明清时期的下跪听审，在一定程度上可以证明，那是一个皇权专制不断强化的时代。即便不太同意传统中国属于皇帝专制的钱穆先生，还是承认明清中国是皇帝专制的时代（参见钱穆《中国历代政治得失》，三联书店，2012，第104～105页）。就此而言，下跪听审具有烘托帝国权力和公堂威势的功能，是司法仪式的一种身体修辞。

① 李雨堂：《万花楼》，第239页。
② 李雨堂：《万花楼》，第242页。
③ 石玉昆：《三侠五义》，第28页。
④ 刘鹗：《老残游记》，齐鲁书社，1981，第221页。
⑤ 吴白匋：《古代包公戏选》，第14页。

综上所述，公案文学关于"升堂鼓"和"喝堂威"的描写和渲染，可以作为开庭仪式的佐证，也使常规史料对于开庭仪式的直白记述变得更为生动，更有震撼性和感染力，从而将其隐含的"示威"和"威慑"功能彰显出来，让读者产生一种更感官、更惊心动魄的感官认知。而对于两造"魂飞魄散"的刻画，同样使读者感受到开庭仪式可能产生的效果。

那么，这种做法究竟起于何时呢？颇难考定。刘鹗以为："不知道是那一朝代传下来的规矩，却是十八省都是一个传统。"① 本稿推猜，它的起源或许非常古老，并有可能与远古时代的祭祀和战争这类重要活动有关。在中国文化史上，"鼓"可以说是代表了天堂的声音。按照《山海经·海内东经》的说法，"鼓声"乃是模拟"天雷"的声音，所谓"雷，天之鼓也"。② 譬如《礼记·礼运》记有："夫礼之初，始诸饮食。其燔黍捭豚，污尊而抔饮，蒉桴而土鼓，犹若可以致其敬于鬼神。"再如《山海经·大荒东经》说是：黄帝觅得夔皮作鼓，从而打败蚩尤。③ 至于"鼓"与司法之关系，丁山先生在考释"皋陶"时曾经指出：刑神皋陶之名得自"鼖鼗"，因为"古代有罪过之忧者，人得鼓鼖鼗而攻之"。④ 在《论语·先进》中即有这类说法："季氏富于周公，而求也为之聚敛而附益之。子曰：'非吾徒也。小子鸣鼓而攻之，可也。'"⑤ 对于冉求悖德违礼（周公之典）和不遵孔子教诲、襄助季氏增加赋税的行为，孔子非常气愤，以致号召门人"鸣鼓而攻之"，颇有"清理门户"之意。⑥ 不消说，在现实政治层面上，冉求并没有违法犯罪，因为增加田赋实际上是季氏的意愿；但在孔

---

① 刘鹗：《老残游记》，第 221 页。
② 在远古时代人们的心目中，天堂的电闪雷鸣或神兽敲打肚皮发出的巨声，成为"鼓"的模拟对象。例如《山海经·海内东经》记有："雷泽中有雷神，龙身人头，鼓其腹，"还说："鼓其腹则雷。"关于"鼓"之来源的具体研究，参见严昌洪、蒲亨强《中国鼓文化研究》，广西教育出版社，1997，第 1~10 页。
③ 据此，学者认为，"鼓"起源于战争。严昌洪、蒲亨强：《中国鼓文化研究》，第 2 页。
④ 丁山：《中国古代宗教与神话考》，上海文艺出版社，1988，第 342 页。
⑤ 引据杨伯峻《论语译注》，第 115 页。
⑥ 对于《论语》这则故事的原委，《左传》哀公十一年有载。至于季氏实施增加田赋的史实，哀公十二年唯有"十二年春王正月，用田赋"的记载，具体内容不详［参见杨伯峻《春秋左传注》（修订本），中华书局，1990，第 1667~1668 页，第 1670 页］。

子看来，则可以说是"有罪过之忧者"，因此"鸣鼓而攻"就不足为
怪了。

综上可见，中国远古时代的著名法官皋陶在听审断狱时，就已使用
"擂鼓"之法。问题在于，为什么要在审判与惩罚罪犯之时"擂鼓"
呢？笔者以为，此乃出于"助威"之目的。丁山先生指出：在中国古
代传说中，"鼓"不但可以声讨罪恶之人，而且可以儆惕统治阶级免蹈
罪戾之中。① 而"鼓"之所以具有如此威力，是因为"鼓"是一种权威的
象征。诚如学者所谓："在上古文明中，鼓不仅是一种敬神之器，而且本
身就是一种神器。"② 总而言之，"鼓声"代表的是至高无上的权威，具
有神圣的性质。其与战争有关，实乃因为，两军在原野上对垒之时，
"擂鼓"可以起到"助威"之目的。对于本方来说，是"显威"；对于
敌方来讲，是"畏威"。基于"刑起于兵"的历史记忆，官府听讼折狱
之时，衙役擂鼓咚咚和大呼小叫，个中动机自然在于"显威"，以使原
被两造"畏威"，道理非常显豁。于此，我们又可以领略到早期中国法
律与战争之间的无处不在的特殊关系。③ 在一定程度上，我们甚至可以
说，正是法律与战争之间存在的渊源关系，才导致了法律和司法的暴力
色彩。

在明清中国公堂审案时，尚有一种道具，叫作"惊堂木"，又有"怒
棋"或"气拍"的雅号，同样是为了整肃公堂与威吓两造而设置的。晚清
谴责小说家李伯元在《活地狱》中写道："你看他把惊堂木一拍，好不惊
人！不要等到开口，人已被他吓昏了。"目的就是可以借此迫使两造"胡
乱招供"。④ 石玉昆《三侠五义》第5回也有简洁的描述："包公入座，将
惊堂木一拍，叫道：'吴良，你为何杀死僧人？从实招来！免得皮肉受

---

① 丁山：《中国古代宗教与神话考》，第342页。
② 何新：《龙：神话与真相》，上海人民出版社，1989，第84页。
③ 关于上古中国法律与战争之关系以及法律特性的讨论，参见梁治平《寻求自然秩序中的
　　和谐——中国传统法律文化研究》，第33～57页；张中秋《中西法律文化比较研究》，南
　　京大学出版社，1991，第1～18页；徐忠明、任强《中国法律精神》，广东人民出版社，
　　2007，第102～109页。
④ 李伯元：《活地狱》，上海书店，1994，第2页。

苦.'吴良听说，吃惊不小。"① 足见，惊堂木具有威吓两造，使其因"吃惊"或"吓昏"而"胡乱招供"的特殊功能，而非仅仅为了维持公堂的听审秩序。顺便一提，使两造在惊魂不定的心理状态中接受审判，乃是明清时期的司法官员特别依赖的一种听审技术。因此，他们也特别看重"初审"的口供。原因在于，初审之时，两造尚在惊魂不定之中，懵懵懂懂之际来到衙门、跪在公堂之上，比较容易吐露真相。② 相反，如果案件已经多次审理，两造就会慢慢适应公堂的威势和程序，也会变得神清气定；在这种情况下，招供什么，隐瞒什么，编织什么，就会渐渐理出头绪，从而增加听审的难度。倘若在牢房里受到狱囚的影响，甚或胥役的教唆，那么审得真情就更难了。这样一来，两造口供的真实性和可靠性势必会打折扣。

（2）恐怖的公堂仪仗。中国古代衙门的建筑和仪仗，不仅是权力的符号，而且是伦理的象征。透过前引州县衙门林林总总的匾额、楹联，我们可以看到帝制中国"民本政治"的伦理特质，体现出来的是官民之间的脉脉温情；然而大堂之中形形色色的棍棒、跪链、刀剑之类的刑具，却是"恐怖政治"对于暴力的刻意张扬。李伯元《活地狱》就把州县衙门比作一座"活地狱"，所要批判的就是这种"恐怖"和"暴力"的价值取向。他说：

> 大堂之中，公案之上，本官是阎罗天子；书吏是催命判官；衙役三班，好比牛头马面；板子夹棍，犹如剑树刀山。③

这条材料，显然是拿"地狱审判"来映照人间审判，冀以彰显和批判人间审判的残暴。如果从"神道设教"角度来讲，那么"地狱审判"对于酷刑的大肆渲染，正是为了凸显宗教对于维护社会秩序的积极功能，萧瑀所谓

---

① 石玉昆：《三侠五义》，第30页。
② 吕坤就说："狱贵初情，谓犯事之始，智巧未生，情实易得。数审之后，买免多方，机械杂出是矣。"［引据（明）吕坤《新吾吕先生实政录》卷6《风宪约》"人命十二款"，收入《官箴书集成》第1册，第544页］
③ 李伯元：《活地狱》，第2页。

"地狱之设，正为是人"，① 即是此意。这段文字与前引冯梦龙《醒世恒言》的描写差相类似，足见是一种常见的描述。

以地狱审判来比喻人间衙门的司法过程，无疑是想告诉我们，原被两造（实际上，还包括了其他相关人员，诸如干连证人）一旦进入公堂，便置身于一种极度威严、极度恐怖的氛围之中。个中用意，无非是为了警醒原被两造和干证人等，使其吐露案情真相。这种公堂的肃杀气氛，杂剧《灰阑记》就有非常生动描写："界牌外结绳为栏，屏墙边画地成狱。官僚整肃，戒石上镌御制一通；人从禁严，厅阶下书'低声'二字。绿槐阴里，列二十四面鹊尾长枷；慈政堂前，摆数百余根狼牙大棍。黄堂尽日无尘，难有槐阴侵甬道；外人谁敢擅喧哗，便是乌鹊过时不喧噪。"② 南戏《小孙屠》写道："公吏人排列两边，不由我心惊胆战。怎推这铁锁沉枷，麻槌撒子？受尽熬煎。假若使心似铁，这官法如炉烧炼。"③ 说唱《陈州粜米记》亦有"当时包公升厅坐了，便叫亲随：'将黄罗御书浑金牌面、御赐宝剑与我当厅挂了，松木枷棒、黑漆枷棒、黄木枷棒、桃木枷棒，将这八般法物摆在厅阶下面"。④ 这类描写，在包公文学中非常之多。面对这种森森严严的架势，我们完全可以想象，小民百姓尚未登堂先已吓得肝胆俱裂。请看《盆儿鬼》的叙述，老汉张撇古提着盆儿来到衙门帮助盆儿告状，只见"俺则见狠公吏把荆杖挝，恶曹司将文卷押，两边厢摆列着势剑铜铡，中间里端坐个象简乌纱"。便心里发虚，心慌胆乍，他对盆儿说："这所在不来也罢。"⑤ 足见，张老汉显然是被公堂的威势吓坏了，以致丧失了代枉死者鸣冤的勇气。这些描述，虽然文辞华丽铺张，极尽夸张之能事，但是，倘若细审其陈述的基本事实，则与明清时期州县衙门的公堂布

① （宋）司马光：《资治通鉴》卷191"唐纪"，世界书局，1980，第6002页。陈登武教授指出：阎罗天子"代表一个不讲人情、公正无私的酷吏形象。"（参见陈登武《从人间世到幽冥界——唐代的法制、社会与国家》，五南图书出版公司，2006，第338～339页）关于传统中国"地狱审判"的研究，参见陈登武《地狱·法律·人间秩序——中古中国宗教、社会与国家》，五南图书出版公司，2009，第117～169页；卜正民、巩涛、格力高利·布鲁《杀千刀：中西视野下的凌迟处死》，第135～166页。
② 吴白匋：《古代包公戏选》，第190页。
③ 吴白匋：《古代包公戏选》，第372页。
④ 《明成化说唱词话丛刊》，朱一玄校点，中州古籍出版社，1997，第137～138页。
⑤ 吴白匋：《古代包公戏选》，第322页。

局及其装饰与仪式，倒也并无二致。换言之，如果我们去掉那些华丽的夸张之辞，而单看其铺陈的司法道具与仪式，则与常规史料记载颇为一致。

（3）作为暴力展示的死刑。史书所谓"刑人于市，与众共弃"，[①] 说明这种死刑执行方式，具有两种相反相成的意图：①通过公开行刑的方式，即使罪犯"不齿于人"或"与众共弃"，又使民众得到教化，即"知耻"或"明耻"，这是一种以"羞耻"观念来实现教化的举措，具有深刻的道德意味。②通过展示暴力的方式，达到威吓观众之目的，使其敬畏惧怕，即"杀鸡儆猴"或"杀一儆百"者是也；可以说这也是国家"示威"与民众"畏惧"的辩证统一。[②] 此一刑罚，有着非常古老的渊源，但不知是否与"献祭"仪式有关？所谓"戮于社"，似乎蕴涵了这种传统。[③] 仔细琢磨起来，这种"杀鸡儆猴"或"杀一儆百"的深意，恐怕不仅仅是为了"儆猴"而已；更为重要的乃是以展示暴力的方式来张扬皇权的无上权威和神圣不可侵犯。由此，君王"生杀予夺"的权力就得到了演示。换言之，原本身在宫禁的皇帝和神秘莫测（看不见、摸不着）的皇权，通过在众人汇聚的集市上执行死刑的仪式，现在则变得可视了，从而产生对于皇权的敬畏和臣服。

作为比较，我们再来检视一下法国思想家米歇尔·福柯的评论。他说：犯罪侵害的不仅仅是直接的受害者，而且还是对于统治者（君主）本身的冒犯。这是因为法律体现的就是君主的意志；法律的效力就是君主的

---

① 参见《周礼·秋官》的有关记载，孙诒让《周礼正义》，第 2709 ~ 3100 页。关于中国古代"市场与刑场"的研究，参见侯旭东《北朝的"市"：制度、行为与观念》，收入张国刚主编《中国社会历史评论》第三卷，中华书局，2001，第 293 ~ 297 页。顺便指出，侯旭东博士认为："与中华帝国其他时期一样，北朝时审理囚犯在官府内部进行，并不公开，相形之下，行刑过程则是公开喧闹的仪式。"（第 294 页）在衙门里审理案件，固然是不错；但是我们不能就此否认，中国古代也有公开审案的事实。也就是说，审判过程也是一种公开的仪式。

② 仁井田陞认为"弃市"的功能有三：威慑、宣传和"预测"。通过公开行刑，来威慑潜在的罪犯，告知民众恶行应该受到何种评价和惩罚，并且给观众以确信，即所有的罪行最终都将受到惩罚［参见〔日〕仁井田陞《中国法制史研究》第一卷《刑法》，东京大学出版会，1959，第 50 ~ 54 页，第 137 ~ 139 页，第 392 ~ 393 页，转见〔法〕巩涛《晚清北京地区的死刑与监狱生活——有关比较史学、方法及材料的一点思考》，载周东平、朱腾主编《法律史译评》2013 年卷，中国政法大学出版社，2014，第 264 页］。

③ 参见徐忠明《古典中国的死刑：一个思想史与文化史的考察》，收入氏著《案例、故事与明清时期的司法文化》，第 382 ~ 383 页。

力量。因此，公开处决（与众共弃）具有一种"司法—政治"的功能，它是旨在重建一时受到伤害的君权的仪式。在这种惩罚仪式中，应该着重强调的是权力；换言之，它是用罪犯的肉体来宣告君权的无所不在与至高无上，它的要义决非重建正义，而是重振权力，张扬权力；或者说，它是一种用"恐怖"的活动来演示权力的庆典仪式。① 笔者以为，帝制中国的死刑执行，虽然与西方存在巨大的文化差异，不过通过死刑仪式重建皇权的功能，同样存在。② 例如，地方官员接到执行死刑的部文之后，从督抚那里请出"王命旗牌"，将死囚押赴刑场执行，无疑是以皇帝名义在执行死刑。③ 又如在公案文学中，作为享有皇帝敕赐"势剑金牌"的包公，他所代表的同样是皇权。不消说，通过死刑仪式所要彰显的当然是皇权，并且使皇权获得了在场性和可视性的特点。

巩涛先生在回顾了中国法律史上的死刑研究之后指出："史料乃史学家之生命，没有史料也就没有历史。我在本文所述的这个主题上研究了近十年，我越来越感到，缺乏对死刑及其相关事项的详细叙述和描绘，恰恰可能是中国文化的一个特征。"④ 故而，巩涛关于中国死刑执行的研究材料，基本上是晚清中外人士所做的笔记类史料和图像类资料。对此，我也深有同感。下面的考察，笔者仅仅依据文学作品，而不及其他材料。

《水浒传》第 26 回详尽地介绍了武松杀死西门庆和潘金莲命案的审断结果，姑且撇开对于武松的刺配之刑不谈，关于王婆的裁判理由和执行情况如下：

---

① 详尽的解说，参见福柯《规训与惩罚》，第 47 ~ 62 页。

② 如果阅读以下材料，我们即可大致看出中西死刑执行仪式之间的差异。参见张宁《考论死刑》，收入赵汀阳主编《年度学术·2004·社会格式》，中国人民大学出版社，2004，第 119 ~ 169 页；阿兰·科尔班《身体遭受的疼痛、痛苦和灾难》，收入〔法〕阿兰·科尔班主编《身体的历史》第 2 卷《从法国大革命到第一次世界大战》，杨剑译，华东师范大学出版社，2013，第 182 ~ 203 页；〔美〕乔尔·哈林顿《忠实的刽子手》，钟玉珏译，台北：大块文化出版股份有限公司，2013。

③ 参见（清）杜凤治《望凫行馆日记》，收入《清代稿钞本》第 18 册，广东人民出版社 2007 年影印版，第 177 页。

④ 巩涛：《晚清北京地区的死刑与监狱生活——有关比较史学、方法及材料的一点思考》，载周东平、朱腾主编《法律史译评》2013 年卷，第 262 页；另见卜正民、巩涛、格力高利·布鲁《杀千刀：中西视野下的凌迟处死》，第 71 页。

据王婆生情造意，哄诱通奸，唆使本妇下药，毒死亲夫，又令本妇赶逐武松，不容祭祀亲兄，以致杀伤人命。唆令男女，故失人伦，拟合凌迟处死。

大牢里取出王婆，当厅听命。读了朝廷明降，写了犯由牌，画了伏状，便把这王婆推上木驴，四道长钉，三条绑索，东平府尹判了一个字：剐。上坐，下抬，破鼓响，碎锣鸣，犯由前引，混棍后催，两把尖刀举，一朵纸花摇，带去东平府市心里，吃了一剐。

话里只说武松带上行枷，看剐了王婆。①

这段文字，对于死刑执行的前半部分，讲得有板有眼，也很生动；不过，关于死刑执行的后半部分，只说"剐了王婆"四字。至于"市心"法场的情景，更是未著一字。

所幸的是，第 39 回对于宋江"反诗"一案的死刑执行，值得抄录：

次日蔡九知府升厅，便唤当案孔目来分付道："快教叠了文案，把这宋江、戴宗的供状招款粘连了。一面写下犯由牌，教来日押赴市曹斩首施行。自古谋逆之人，决不待时，斩了宋江、戴宗，免致后患。"当案却是黄孔目，本人与戴宗颇好，却无缘便救他，只替他叫得苦。当日禀道："明日是个国家忌日，后日又是七月十五日中元之节，皆不可行刑。大后日亦是国家景命。直至五日后，方可施行。"……

蔡九知府听罢，依准黄孔目之言。直待第六日早晨，先差人去十字路口，打扫了法场，饭后点起土兵和刀仗刽子，约有五百余人，都在大牢门前伺候。巳牌时候，狱官禀了，知府亲自来做监斩官。黄孔目只得把犯由牌呈堂，当厅判了两个斩字，便将片芦席贴起来。江州府众多节级牢子虽然和戴宗、宋江过得好，却没做道理救得他，众人只替他两个叫苦。当时打扮已了，就大牢里把宋江、戴宗两个捆扎

---

① 陈曦钟、侯忠义、鲁玉川辑校《水浒传》（会评本），北京大学出版社，1981，第 513 ~ 514 页。

起，又将胶水刷了头发，绾个鹅梨角儿，各插上一朵红绫子纸花。驱至青面圣者神案前，各与了一碗长休饭、永别酒。吃罢，辞了神案，漏转身来，搭上利子。六七十个狱卒早把宋江在前，戴宗在后，推拥出牢门前来。宋江和戴宗两个面面厮觑，各做声不得。宋江只把脚来跌。戴宗低了头只叹气。江州府看的人，真乃压肩叠背，何止一二千人。

押到市曹十字路口，团团枪棒围住，把宋江面南背北，将戴宗面北背南，两个纳坐下，只等午时三刻，监斩官到来开刀。那众人仰面看那犯由牌上写道："江州府犯人一名宋江，故吟反诗，妄造妖言，结连梁山泊强寇，通同造反，律斩。犯人一名戴宗，与宋江暗递私书，勾结梁山泊强寇，通同谋叛，律斩。监斩官江州府知府蔡某。"那知府勒住马，只等报来……

没多时，法场中间人分开处，一个报，报道一声："午时三刻！"监斩官便道："斩讫报来。"两势下刀棒刽子，便去开枷，行刑之人，执定法刀在手……①

这就是著名的"劫法场"前半段描写，也是笔者所见关于帝制中国死刑执行最详尽、最生动的介绍。小说对于死刑执行情景的每个细节的描写，可谓历历如绘；阅读之下，也有一种身临其境的感觉。只是，由于梁山好汉"劫法场"的举动，打断了"斩刑"的具体执行。

在其他公案文学中，也有大同小异的描写，聊举三例：

(1)《清风闸》第32回　再言提牢吏将监牌一看，到了里面，一声恭喜，四名人犯都提到岳神堂内，绳索从捆。到了外面，将四名押到求雨坛，有破锣破鼓迎出来。再讲包公传了守备、游击、兵丁至校场，可怜强氏今日用木驴骑着，三名男犯身背刑具，实实可惨。包公吩咐："请皮五爷（笔者按：受害者之女婿）前来看斩！"五奶奶（笔者按：受害者之女儿）此刻亦要前来。再言包公身穿吉服，到了公

---

① 陈曦钟、侯忠义、鲁玉川辑校《水浒传》（会评本），第740～743页。

坐，坐下，叫刑房书吏上来，写了四个招子，写：一名男犯孙小继，谋夺家财，占婶杀父，灭伦丧耻。一名女犯孙强氏，因奸害死亲夫。一名男犯郎风，吞占木客财帛，谋害人命。一名男犯毛顺卿，强奸烈妇，谋害人命。包公坐在上面，有阴阳生报到：午时三刻。刽子手取了招子上来。包公用硃笔一勾，有爱便宜的，拾去治疟疾，不知可灵与不灵？再叫刽子手上来，磕过头，取了小刀子一把，先将强氏问了一百二十块，共计尸骸推倒，后将孙小继、郎风、毛顺卿三个枭首示众，掩埋荒郊。[①]

（2）《万花楼》第52回说道　　当日退朝，包爷奉旨正法两奸，一刻难留，回衙吩咐吊出二奸捆绑，来至法场。众军人押了犯人，排军扛抬铡刀，哄动多少百姓闲人，远远观看，纷纷言论。那沈、孙二奸，押至西郊，犹如呆子，魂魄飞扬，顷刻铡刀分段，鲜血淋淋。包公打道回衙，闲人散去。[②]

（3）《陈州粜米记》　　相公当时传钧旨，一齐推转市曹中。来到市曹如上面，摆列衙番祗候人。皂纛一旗街心内，路上行人也丧魂。一行罪囚都押到，一齐摆在市曹中。斩人刽子忙结束，一套衣装换上身。身披皂罗衫一领，鱼肚钢刀内擘。刽子法刀横在手，催魂狱子上边存……斩了皇亲人四个，坏了秦衙内一人。[③]

关于明清时期死刑执行的手法，史书和典籍可谓是讳莫如深，我们也不得而知。不过《清风闸》则提到了"刽子手上来，磕过头，取了小刀子一把，先将强氏问了一百二十块，共计尸骸推倒"。这算是比较少见的关于凌迟处死的具体描述，然而操作实践还是语意不详。卜正民等人指出："作为一条普世的原则，小说很难为历史学家弥补为官手册中的空白。或许有人会认为它们可以，因为明代的许多小说情节取决于一次审讯，但实际上小说中地方官通常是先逼出真相，然后惩恶扬善，故事结束。"[④] 衡诸

①　浦琳：《清风闸》，第 139 页。
②　李雨堂：《万花楼》，第 220 页。
③　《明成化说唱词话丛刊》，朱一玄校点，第 139 页。
④　卜正民、巩涛、格力高利·布鲁：《杀千刀：中西视野下的凌迟处死》，第 73 页。

我们读过的明清小说资料，这一评论不无道理，但这仅仅是指"这些小说并没有给拷问者和刽子手的角色太多的比重"。① 在这种情况下，他们假定《水浒传》的凌迟插图"源自现实的生活场景"。② 在具体研究时，他们只能转而以欧洲游访中国者的笔记和绘画为资料。③ 本稿以为，这并不意味着，笔者所引文学资料与史实不符；实际上，除了死刑操作（与本文旨趣无关）的细节不详以外，这些关于死刑仪式的生动描写，应该说是基本真实、大致可靠。

总结以上材料对于明清中国死刑执行的描述，我们可以得出以下基本看法：如若与血族复仇时代"惩罚权力"的个体化和分散化的特点比较，那么，透过这些合法化与组织化的死刑场景的描写：借助罪犯的肉体、鲜血以及痛苦，监斩官的号令和刽子手的刀剑，围观者的喧嚣之声，我们确实可以感受到皇帝"生杀予夺"权力的存在。另外，随着"杀气"渐盛的秋冬季节的来临，正当"阴气"逐步上升的午时三刻，在象征死亡空间的法场，而所谓"市曹"或"西郊"，更意味着法场是一个死亡的空间。也就是说，抽象的"天道"和"遥远"的皇权，不再那么神秘莫测，转而成为"可视"和"触摸"的具体存在。不仅如此，透过死刑仪式，我们还能体悟到皇权的至高无上的特质。试问：世间还有什么权力能比剥夺"人的生命"的权力更加强大吗？没有，绝对没有。伴随着"修饰"权力的阵阵锣鼓，前呼后拥的"军警"（诸如守备、游击、兵丁）的护卫，伴随着推推搡搡的围观看客的喧闹嘈杂，死刑仪式或许并非只是"杀鸡儆猴"的宣教，更是一种展现"合法暴力"的庆典。据我看来，它也不乏诱导犯罪与张扬暴力的消极因素。这是因为，这种展现"暴力"的仪式当中，罪犯完全可能转变成为正面的甚至令人羡慕的英雄。④ 譬如，在《水浒传》里梁山好汉绑赴法场的情形，就是一种对于英雄的讴歌；又如，鲁迅先生《阿Q正传》那句"二十年以后又是一条好汉"的口号，亦有类似的意味。事

---

① 参见卜正民、巩涛、格力高利·布鲁《杀千刀：中西视野下的凌迟处死》，第73页。
② 这幅插图，参见卜正民、巩涛、格力高利·布鲁《杀千刀：中西视野下的凌迟处死》，第75页。
③ 参见卜正民、巩涛、格力高利·布鲁《杀千刀：中西视野下的凌迟处死》，第77~78页。
④ 参见福柯《规训与惩罚》，第73页。

实上，一旦民众接受这种关于"暴力"的叙事，或许"暴力"就不再可怕和恐怖。甚至，在围观人群嘻嘻哈哈的喧闹鼓噪声中，死刑仪式就蜕变成了一种"狂欢"的仪式，合法的暴力反而成了人们茶余饭后津津乐道的谈资。如果到了这种时候，原本希望通过死刑的公开执行来达到"与众共弃"和"杀一儆百"的法律意图，也就变得十分可疑。现代社会取消公开执行死刑，恐怕就有这种考虑。也许，让罪犯秘密"蒸发"是一种更为明智的选择。当然，这并非是权力不再需要仪式，而是转换仪式。

经由上面的分析，笔者发现，明清时期州县衙门建筑到处悬挂的楹联，其所刻意彰显的"爱民"和"审慎"的道德意蕴，在司法仪式中却消失得无影无踪；我们读到的反而是关于"暴力"和"威势"的现实图像。个中原因究竟是什么呢？下面我们稍作检讨。

第一，中国古代乃是一个皇帝专制社会，所以"公权"特别发达，而"私权"却异常萎缩。在这样一个"泛政治"①的社会里，细民百姓原本应有的"私权"被国家"公权"淹没或吞噬，亦即以皇帝"大私"来吞噬个人"小私"。在政治理想上，虽然皇权的"合法性"基础在于"民意"，所谓"君舟民水"与"民贵君轻"，乃至"天视自我民视，天听自我民听"之类的说法。但是，事实并非如此。因为这个政权的建立，依靠的是武力；政权的传承，依靠的是宗法；政权的维持，依靠的是文官体制；政权的思想基础，在于"王霸治道"和"天意神权"；这个政权以"忠孝"为核心的礼教纲常，而小民百姓只有"纳粮当兵"的义务。这个政权的法律，只是一种政治工具。② 因此，立法定制并不是以"人权"为

---

① 王子今先生认为，中国传统文化具有"泛政治主义"的特色（参见王子今《权力的黑光——中国封建政治迷信批判》第一章标题，中共中央党校出版社，1994，第6页）。本稿以为，"泛政治"这是一个非常有用的分析概念，特此标示出来。梁漱溟先生认为：中国古代社会是一个伦理社会、习俗社会，政治的目的就是维护这样一个社会；因此，它的政治就是一种不要政治的政治（参见梁漱溟《乡村建设理论》，收入《梁漱溟全集》第二卷，山东人民出版社，1990，第179页）。实际上，所谓"泛政治"与"无政治"这两种说法并不矛盾，它们只是分析的视角不同所致。从国家视域来看，可谓无处不是政治，无事不关政治；但是，由社会层面观察，就会给人一种"天高皇帝远"的印象，那里无须法律和政治，只有道德和礼俗。正是在这个意义上，费孝通先生才说中国是一个乡土社会（参见费孝通《乡土中国》，三联书店，1985）。

② 参见黄仁宇《万历十五年》，中华书局，1982，第153页。

基础，而是以国家利益（归根结底，是皇家的私人利益）为归依，司法断狱自然也不能例外。为了维护"公权"之需要或皇权的稳固，那么，严刑峻法和刑讯逼供既是可以容忍的，也是必不可少的，甚至是合理的。汉代著名酷吏尹赏临死以前告诫诸子曰："丈夫为吏，正坐残贼免，追思其功效，则复进用矣。一坐软弱不胜任免，终身废弃无有赦时，其羞辱甚于贪污坐藏。慎毋然！"尹赏的"四子皆至郡守，长子立为京兆尹，皆尚威严，有治办名。"① 这一例子很能说明问题。既然政权的合法性与正当性的基础不在民意，又要人民心悦诚服地服从皇帝的统治，那么，应该依靠什么呢？首先，当然是说服教育。这就需要发挥"德治"和"礼教"的作用。其次，如果人民既不甘于悦服统治，皇帝也不想"禅让"政权，那么显而易见，唯一的办法就是依靠在立法方面强调严刑峻法，在司法领域突出刑讯逼供，以便迫使小民百姓"畏服"，此乃势所必然的结果，没有任何选择的余地。据此，法国思想家孟德斯鸠曾说：专制统治的原则是"恐怖"，② 即是指此；魏特夫教授所谓"东方专制主义"唯有依靠"严刑峻法才能维持世界秩序井然"③ 的说法，也是这个意思。思想家汉娜·阿伦特教授则说：极权主义统治者的工具，乃是拷打。④ 一言以蔽之，为了实现皇帝的集权统治，法律制度与司法实践中的拷讯和死刑，乃是必不可少的手段。

第二，从文化"基因"来看，刑讯逼供和严刑峻法与早期中国国家形成的特殊途径以及思想观念，也有密切的关系。关于早期中国国家形成的特殊途径可以析而为二：（1）家族成为国家形成的初始基础，侯外庐先生

---

① 班固：《汉书·酷吏传》卷90，第3675页。

② 参见〔法〕孟德斯鸠《论法的精神》（上册），张雁深译，商务印书馆，1961，第26页。

③ 参见〔美〕卡尔·A.魏特夫《东方专制主义——对于极权力量的比较研究》，徐式谷等译，中国社会科学出版社，1989，第136页。魏特夫把"治水专制主义"称为"仁慈的形式，暴虐的实质"（第134页）。虽然"治水的东方专制主义"一说已经不能令人信服，而且受到很多质疑；但是，本稿所引的文字尚有一定的道理。

④ 参见〔德〕汉那·阿伦特《权力与暴力》，载贺照田主编《学术·思想·评论》第六辑，吉林人民出版社，2002，第436页。她的完整说法是，极权主义的统治者除了"拷打"这个工具之外，仍然需要一种权力的基础——秘密警察及其情报网。明代特务政治与清代密折制度，可以说是绝佳例证（参见丁易《明代特务政治》，群众出版社，1983；杨启樵《雍正帝及其密折制度研究》，三联书店香港分店，1985）。

称之为"由家族到国家，国家混合在家族里面"的"改良"道路；① （2）部族战争成为国家形成的重要动力，梁治平教授视之为"战争在中国国家形成程序上"具有极为重要的作用。② 家族与战争，不仅在早期中国国家形成过程中具有极为重要的作用，而且也是皇权专制得以形成的发生学基础。③ 实际上，不唯国家形成以战争为助力，而且皇朝更替同样是"胜者为王，败者为寇"的战争所致。与此同时，家族与战争也是中国古代"礼法"文化得以形成的根本原因；战争对于中国古代法律及其特征的形成，有着极为明显的作用。值得注意的是，战争与法律的这一特殊关系，最终导致了中国古代法律深层理念的形成；其中之一就是一个"威"字。④

第三，对于"威"的语言学解说。现象学家胡塞尔曾经指出：意义先于语言；但是，意义只有通过语言这个中介才能获得表达。⑤ 现代语言学也认为语言或词汇，在很大程度上忠实地反映出了一个民族的全部历史和文化。⑥ 人们创造文字和语言，是为了使世界获得表达、获得意义；然而，人们又生活在自己创造的语言符号系统之中。无论如何，语言、意义都是以生活样式为基础。⑦ 以这样的视域来分析，那么"威"字意涵的形成，即有赖于中国古代特殊的生活样式，尤其是政治和法律的生活样式。

那么"威"的意涵又是什么呢？其与战争又有什么关系呢？许慎《说文解字》释"威"曰："威，姑也。从女从戌。汉律曰：妇告威姑。"⑧ 我

---

① 侯外庐：《关于亚细亚生产方式之研究与商榷》，收入氏著《侯外庐史学论文选集》，人民出版社，1987，第58页。
② 梁治平：《法辨》，贵州人民出版社，1992，第76页。
③ 简要的分析，参见刘泽华等《专制权力与中国社会》，吉林文史出版社，1988，第2~7页。
④ 由于中国古代法律与战争密切关联，因而治军打仗的其他一些含义也随之渗入法律观念，比如"威"即是一例。治军打仗"以刑戮为威"是古代社会的一个最为基本的方法；对此，钱锺书先生曾对大量的史料作过比较分析（参见钱锺书《管锥编》第一册，第192页）。
⑤ 参见徐友渔等《语言与哲学——当代英美与德法传统比较研究》，三联书店，1996，第121~122页。
⑥ 参见梁治平《法律的文化解释》，第19页。
⑦ 参见张志林、陈少明《反本质主义与知识问题》，广东人民出版社，1995，第22~42页。
⑧ 许慎：《说文解字》，第412页。

们可以解说如下：一是"威"与女性尊长的权威有关；二是"威"与法律密切相关；三是"威"的构形不仅与"女"有关，而且还与"戌"相连。而"戌"取像斧钺，乃是指"广刃兵器"的意象；至于"斧钺"，作为一种斩伐的工具，即是"权威"的象征，显然与战争有关。四是斧钺也与"士"相关，而"士"字的最初构形，则是斧钺，亦即兵器；"士"可以引申为武士，执掌兵刑之权显然与战争相关。五是斧钺又与"王"有关，而"王"字的初形，同样是斧钺；所谓"王权"就源于"军权"。六是"威"与"畏"乃是同源字，而"威"的含义是"威，畏也"。①

不消说，在权力场域，一方是掌握和操纵斩伐杀戮之权力的高高在上的统治者，通过"威"来治军和治狱；也就是所谓"大刑用甲兵，其次用斧钺；中刑用刀锯，其次用钻笮；薄刑用鞭扑，以威民也。"② 换言之，统治者可以通过手中的权力来显示"威"，通过斩伐杀戮之工具的斧钺来保证"威"的实现。而另一方却是处于孤立无援地位的被统治者，面对居高临下的权力，面对血血淋淋的斩伐杀戮之工具，只有感到"畏"，从而表示"服"。学者也许要问：传统中国法律文化不是特别强调"德治"和"礼教"吗？此言诚然不错。但是，所谓"德治"与"礼教"，实际上也是基于上下（统治者与被统治者）之间的不对等关系设计出来的政治话语；它们与"刑治"固然有所不同，但是并无结构方面的根本差别，或是目的方面的原则差别。可以说，"德治"和"礼教"的最终目的，也是要求在下位者（被统治者）表示"服"，这才是最为根本的目的。更何况"德治"和"礼教"，虽然一方面显示出在上位者（统治者）的表率作用

---

① 关于"威"字的文字训诂学和历史语言学讨论，本文主要参考了以下研究成果。分别参见臧克和《说文解字的文化说解》，湖北人民出版社，1994，第129~131页；刘翔《中国传统价值观诠释学》附录《论"士"与中国古代知识分子》，上海三联书店，1996，第281~290页；阎步克《"士"形义源流衍变说略》和《"士"字为斧形说补述》，收入《阎步克自选集》，广西师范大学出版社，1997，第178~201页；另外，参见叶舒宪《诗经的文化阐释》，湖北人民出版社，1994，其中，第九章对于"斧与王"的跨文化诠释很有启发性（第609~661页）。

② 引据徐元浩《国语集解·鲁语上》，王树民、沈长云点校，中华书局，2002，第152页。

和说服方法；① 然而另一方面，仍然是通过显示"威"来迫使小民百姓的"服"，诚如《西颢》一诗所说"既畏兹威，惟慕纯德"。这就是说："刑的存在是为了使人畏威，从而慕德。"② 有时，中国古人在谈论"德"的时候，会在"德"之前加上一个修饰的字"威"，称之为"威德"。包公杂剧《盆儿鬼》就有"威德"联用的例证。③ 真是这种可以称之为"威德"的东西，致使"刑"与"德"之间的界线变得模糊起来。杨向奎先生指出："宗周→春秋；周公→孔子，构成三千年来儒家思想之完整体系，而东方之齐，西方之晋乃法家思想之摇篮。儒家之礼，法家之法亦互相渗透，含义时相混淆。礼有礼仪及威仪，礼仪即礼，威仪即刑；而仪、刑古为同义字，在周书《吕刑》中，威仪遂与刑法为一体。"④ 据我看来，这个"威"的背后就是"刑"；或者说，"威"因有了"刑"而得以强化。

综上所述，我们可以将明清时期州县衙门的建筑布局及其相关装饰等，视为一套复杂的符号系统，具有丰富的政治内涵与文化意义。换言之，如果从"司法剧场"来考察，那么解读这套符号系统的能指和所指，也就必须将其置于帝制中国的政治权力构造、意识形态体系以及司法理念之中，才能做出恰如其分的解释。

首先，功能齐全的、封闭的四合院式结构，使州县政府与民间社会有

---

① 譬如《论语·颜渊》记有："季康子问政于孔子曰：'如杀无道，以就有道，何如？'孔子对曰：'子为政，焉用杀？子欲善而民善矣。君子之德风，小人之德草。草上之风，必偃。'"同篇又说："季康子问政于孔子。孔子对曰：'政者，正也。子帅以正，孰敢不正？'"杨伯峻：《论语译注》，第129页。但是，实际政治生活恐怕没有孔子说的那么简单。

② 叶舒宪：《中国神话哲学》，第86页。我们应该承认，在中国传统文化中，"威"的意识隐藏得非常深秘，而又极为弥散，在各个方面均有不同程度的反映。例如，宗教思想是任何一个民族文化最为基本的意识形态，值得注意的是，中国古代宗教思想中的"神道设教"，也是为了使"百众以畏，万民以服。"（见《礼记·祭义》）钱锺书先生认为，这是"古人政理之要言也。"（氏著《管锥编》第1册，第18～22页）另外，对于中外"神道设教"的旨趣，钱锺书先生也曾作过比较，可以参考。就这个"畏"字而言，透露出来的是中国古人"神道设教"的政治企图，亦即为了政治权力的合法性而立"威"。

③ 戏文写道："威德无加，神鬼皆惊吓。"吴白匋：《古代包公戏选》，第329页。

④ 杨向奎：《宗周社会与礼乐文明》，人民出版社，1992，第279页。

了明显的区隔，其所象征的则是统治与被统治的支配关系；与此同时，朝南敞开的八字正门，既象征着衙门的开放性特征，又彰显了衙门的表率性特征。若把两者结合起来看，便是民众申冤以及官府现实正义的场所。由衙门建筑的内部结构来看，以牧令进行重大政治活动与司法活动的大堂为中心，则建构了一种统率与被统率或控制与被控制的权力关系，以及"公"与"私"的政治关系。虽然公与私之间的关防严密，不过，这种连体的建筑仍然给"私"侵入"公"提供了便利。更何况，幕友和家人均以牧令的私人关系来办理官方的公共事务。

其次，如果州县衙门的建筑布局尚难彰显儒教国家的政治理念，那么衙署的门户、厅堂悬挂的匾额和楹联，则把儒教国家的道德政治清晰地表达了出来。例如"亲民堂"或"琴治堂"或"牧爱堂"等匾额，既是"民为邦本"和"民之父母"的庄严宣告，又是无为政治和榜样政治的无声提示。又如"清慎勤"和"公生明"等题铭，既在提示牧令，应当本着爱民的道德理念，以廉洁、审慎、勤敏、公正来规范自己的司法实践；又向民众宣告，牧令是可以信赖的民之父母，衙门是"按律量刑"和"依法治罪"的司法场所。在司法实践中，牧令将以"天理、人情、国法"为准据，给民众申冤以公正的答复。

再次，与衙门建筑布局及其装饰相比，在司法仪式中，我们似乎看到了一幅完全不同的图像。其所表达的乃是刻意彰显"威势"和"酷烈"的司法特征。公堂听审以"升堂鼓"和"喝堂威"为开端，以"惊堂木"为维持听审程序顺利运作的道具，用撒签打人来迫使两造屈服和招供，最后以"退堂鼓"来结束听审程序。其间，两造下跪的身体与牧令端坐公案的身体之间，构成了一种居高临下的支配与被支配的权力关系。可以说，在听审仪式中，我们全然看不到"仁爱"和"宽恕"的意味，而是"威势"与"暴力"的张扬。至于死刑执行仪式，彰显的是皇帝生杀予夺的权力与杀鸡儆猴的威慑，而殊少道德教化的意涵。

说到最后，我们不免要问：这样一幅"爱民教化"和"暴力威慑"的悖论性地组合起来的司法图像，是明清中国司法实践的真实图像吗？答曰：非也。事实上，所谓"爱民教化"的司法状况，无疑是运用图像、匾额以及楹联刻意表达的儒家式司法理念，而非真实的司法实践；至于"暴力威慑"的司法情形，显然是通过司法仪式演示出来的法家式司法理念，同样不是真实的司法实践。可以说，它们只是当时人想象和观念的产物，并非对于司法实践的记录。笔者之所以用"司法理念的另一种表达"来标题，原因就在于此。但也必须指出，这幅悖论式的司法图像，倒是真实地反映了儒法结合特别是"外儒内法"的文化特征。

《中国古代法律文献研究》第十一辑
2017 年，第 426～445 页

刑科题本的拟成：以宝坻县档案
与刑科题本的比较为依据*

〔法〕 梅凌寒**

摘　要： 刑科题本是清代司法程序中主要文书之一。由巡抚拟定，奏给皇帝和抄送给刑部复核，也是中央行政机关裁判案件的重要依据。同时，刑科题本连接地方和中央审判程序的关键环节。本文通过藏于顺天府全宗中的三起包含地方和中央相对应文件人命案件对刑科题本和州县司法文献比较。通过这些文献的阅读，我们可以观察刑科题本的拟定过程以及它们所包含的信息与地方档案描述的案情之间的区别。最后，本文论及移情就法策略出现的原因，以及当时管蔵书在官员拟定司法文书的过程中的参考作用。

关键词： 刑科题本　宝坻档案　供词　清代司法程序

有关清代中央司法的存世文献给现代学界提供了关于当时司法运作和

---

*　去年与王志强教授会晤时，与他分享了本文所用的史料并进行了讨论。此后，我们各自就郑庆年案件展开了独立研究。在本文完稿后，王志强教授无私地给予帮助，并提供了宝贵意见。特此表示谢意。
**　原名为 Frédéric Constant，巴黎第十大学法律系副教授。

法律推理的重要信息。其中，与其他相关史料相比，刑科题本的内容更详细，记述了案件细节和各种当事人关系，因此有时还被用作研究清代社会史和统计犯罪率的参考依据之一。这种内容上的详略不一与各种文牍的不同作用有直接关系。说帖、成案、条例等法律文献强调案件的法律结果及相关法律规定，很少提及案件的详细事实。在司法过程中，题本是刑案审转复核赖以为据的关键文件，由省级官员呈报中央。① 其中，刑科题本由刑科给事中抄给刑部，是当时刑部复核案件审判结果有无舛错的主要依据。在其复核案件的工作中，刑部要确定案情与罪名是否相符，因此题本里对案件事实的描述自然较其他文牍详细。

然而，题本不是将刑事案件提交给刑部的唯一渠道。根据1812年的规定，重要案件必须用奏折提交，而适用题本的范围仅限于普通命案。② 这里的"重要案件"，是指违背社会原则和家庭伦理而被判极刑的严重案件，如弑父或杀一家三人等。③ 与此相对，普通命案指一般暴力和不涉及尊卑关系的案件等。刑科题本所提及的罪名都应处徒以上的刑罚，大多数案件与平民之间的日常冲突所导致的当事人死亡相关。一般而言，刑科题本处理的案件大多数不涉及难以解决的法律问题。因此，它能否反映当时普通犯罪的状况，这是研究者的关注之一。

除了上述的史料价值外，刑科题本还可用于阐释帝制中国司法运作中犯罪事实与审判结果的关系。因为中国传统法律强调罪刑相适应原则，所以犯罪事实的确定在量刑的过程中具有关键作用。刑科题本所描述的案情都由州县官员做出初步审查，申报给上司各级官员，由总督和按察使最后确定。在形式上，它直接引用司法程序中详细陈述案情的各种文牍，因此其描述的事实在理论上能够如实反映地方官员的审判结果。然而，通过对刑科题本的大量阅读，我们也会发现，很多案情出奇地相似，叙述的方式

---

① Silas Hsiu-liang Wu，"The Memorial Systems of The Ch'ing Dynasty（1644 – 1911），" *Harvard Journal of Asiatic Studies*，27（1967），p. 12.

② 《钦定（光绪）大清会典事例》卷七五〇，版本信息待补，第16页；那思陆：《清代中央司法审判制度》，北京大学出版社，2004，第112～114页。

③ 薛允升：《读例存疑重刊本》第411～55条，黄静嘉校，成文出版社，1970，第1264～1265页。本文所引《大清律例》条文（不论律条还是例文）皆出自此书，下文省称《读例存疑》。

也一样，给人的感觉是，很多刑科题本是套用模本框架撰写出来的。

本文主要关注一起普通命案，属于刑部常规处理的杀人案件。同治三年（1864），因为债务纠纷，郑庆年与徐景云斗殴，徐景云当日身死。① 两年后，郑庆年被判绞监侯。从程序或者结果的角度来看，该案属于一桩典型的人命案件。除了藏于中国第一历史档案馆的刑科题本外，笔者还找到了保留在宝坻县档案中的基层案卷。

除此案外，本文还将利用另外两份宝坻县案卷。这两份案卷都包括了所谓的抄单，即叙述三法司所拟刑科题本（部本）的下行文书。通常，在复核人命案件的过程中，两件刑科题本先后由省级官员和三法司呈奏皇帝。像所有其他上奏皇帝的题本一样，在这两份案卷里，刑科题本的抄单虽然主要是总结总督对案件的意见，但省级官员的法律意见依然也出现在提交给皇帝的刑科题本中。因此，这两份案卷所存下行文书为比较刑科题本与州县档案提供了一个坚实的依据。

以上这三份案卷分别涉及嘉庆、道光、同治三朝，如果我们能够通过比勘其中的刑科题本与州县档案，从中析出决定量刑的事实情节，总结其规律，那么所得结论就并非一时、一地之个案，至少足可体现清代后期司法实践的部分特征。

近年来，这种研究方法已引起学者们的关注。徐忠明教授对比研究了记载同一案件的刑科题本和承审该案的基层官员、罗定州知州杜凤治的日记。他认为刑科题本里的一些信息是虚拟的，而且其他有些关键信息也被忽略了，这样可以减轻案犯的法律责任。② 通过日记，我们或许可以了解官员在审理案件过程中不想透露给上司的个人看法。相对而言，本文所使用的地方档案已属于官方文牍。我们也不能太轻易地认为地方档案是完全客观的史料。唐泽靖彦教授的近作揭示口供记录可能背离犯人的事实证言。③

---

① 在某些史料档案中，郑庆年也会写作郑馨年，本文遵从不同档案的具体记载。

② 徐忠明：《台前与幕后：一起清代命案的真相》，《法学家》2013 年第 1 期，第 159 ~ 175 页。

③ Karasawa Yasuhiko, "From Oral Testimony to Written Records in Qing Legal Cases", in *Thinking with cases: specialist knowledge in Chinese cultural history*, ed. Charlotte Furth, Judith T. Zeitlin and Ping-chen Hsiung, Honolulu, University of Hawai'i Press, 2007, pp. 102 – 122.

最后，还应注意到的是，地方档案的案卷很少保存一个案件的所有文牍。有的可能已经佚失，有的因为当时发送给其他机构而未保留在宝坻县档案中。尽管存在此类不足，本文所使用的这些地方案卷仍构成刑科题本的基本素材。

一 从刑科题本看郑庆年案件

为便于读者了解当时刑部所能获得的信息，本文不嫌冗赘，先引述刑科题本的全文，然后通过对刑科题本的结构分析，考证其所依据的主要地方文牍。在本案中，先后有两件刑科题本上奏。在直隶总督于同治四年十二月二十日呈奏第一件题本后，太后饬下三法司核覆，[①] 刑部尚书于次年九月二十二日认可总督的审判结果。[②] 因第二件题本未提供任何其他信息，本文仅关注第一份题本。

　　题为报明事。据按察使李鹤年呈称：据前任东路同知徐綖呈据宝坻县知县章灿详称：

　　[章灿（宝坻知县）通详]：

　　（一）[报呈]：同治四年正月初二日，据县属走线窝庄乡保赵守朋禀："据村民徐山投称：同治三年十二月二十八日晚，郑鏊年因向其子徐景云讨布钱，央缓不允，争吵，经伊劝散，二十九日早，伊子找向郑鏊年不依，致相争殴，被郑鏊年夺获木棍，殴伤身死，嘱身禀报"等语。往看属实。兹将郑鏊年拴住，起获凶器木棍，一并带案请验讯等情。同日，又据尸父徐山报同前由。

　　（二）[验尸]：据此，章灿随带领刑件，押犯携带凶器亲访尸所，饬令将尸移放平（2850）[③] 明地面，当众如法相验。据件作潘桂喝报：已死徐景云，问年三十岁。验得：仰面，致命左额角木器伤一处，斜长八分，宽三分，红色；合面，致命脑后木器伤一处，斜长九分，宽

---

①　中国第一历史档案馆，02 - 01 - 07 - 12488 - 023 档号。

②　中国第一历史档案馆，02 - 01 - 07 - 12532 - 021 档号。

③　此为档案照片号，下同。

三分，红色。验无别故。委系因伤身死。报毕，亲验无异。饬取凶器木棍比对，伤痕相符。当场填图取结，尸令棺殓。讯，据乡保赵守朋供：与禀词同。

（三）［供词］：据徐山供：小的是宝坻县走线窝庄人，已死徐景云是小的儿子，合郑馨年同村没嫌。同治三年四月里，儿子赊买郑馨年布疋，共欠制钱一千五百八十三文，屡讨没还。那年十二月二十八日晚，郑馨年找到小的家讨要前欠，儿子央缓，郑馨年不允，彼（2851）此争吵。小的向郑馨年解劝，郑馨年还骂回去。儿子说，郑馨年欠索不应骂人，就要赶去理论，小的拦阻，阖门睡宿。第二日早，小的睡醒，见儿子拿着木棍出去，小的料他是找郑馨年不依，恐怕闹事，连忙起身赶去吆喝。那知儿子已到郑馨年家门口辱骂，郑馨年出向回骂，打起架来，郑馨年夺过木棍，把儿子打伤倒地，经邻佑郑旭栋上前拉劝。小的也就赶到，问明情由，小的合郑旭栋想把儿子扶回调养，不想儿子伤重，到那日午后就因伤死了。小的随投保报验的，求究抵。是实。

据郑旭栋供：小的是已死徐景云家邻佑。同治三年十二月二十八日晚，徐景云（2852）怎样因郑馨年讨赊欠布钱不给，彼此争吵，第二日早后，徐景云找向郑馨年嚷骂争殴，小的因在邻村探亲，先不知道。随后回来，从郑馨年门口走过看见，连忙上前拉劝，徐景云的父亲徐山也就赶去。徐景云已被郑馨年夺棍打伤倒地。小的问明情由，当同徐山把徐景云扶回调养。不想徐景云伤重，到那日午后就因伤死了。小的并没劝阻不力的事。是实。

据郑馨年供：小的是宝坻县走线窝庄人，年三十七岁，父亲郑旭润，年七十八岁；母亲袁氏，年六十二岁；弟兄四人，小的居四。女人史氏，并没儿子。一向买布生理，合已死徐景云同村没嫌。同治三年四（2853）月里，徐景云赊欠小的布疋，共欠制钱一千五百八十三文，屡讨没还。那年十二月二十八日晚，小的又找向徐景云讨要前欠。徐景云央缓，小的不允，彼此争吵。徐景云的父亲徐山向小的解劝，小的原因徐景云欠钱不还，反向小的吵闹，把他嚷骂走回。第二日早，徐景云拿着木棍赶到小的家门口指名辱骂，小的听见生气，出向回骂。徐景云用木棍向小的扑打，小的闪避，乘势夺过木棍，回打一下，致伤他左额角。徐景云向小的撞头拼命，小的又用木棍把他脑后打伤，徐景云喊跌倒地。那时徐山并邻人郑旭栋先后走去劝阻。小的已经歇手。郑旭栋合（2854）徐山把徐景云扶回调养。不想徐景云伤重，到那日午后就因伤死了。并没起衅别故，也没有心致死、合在场帮打的人。是实。各等供。

[招解]

（一）据此，将郑馨年带回羁禁，凶器木棍存库，声明再行研审确情，拟议招解等情，报蒙批饬审解等因。

（二）遵复提传犯证覆鞫，除各供均与初讯无异不叙外，据郑馨年供……[与上同，不重叙]。

（三）据此，该宝坻县知县章灿审看得：民人郑馨年用木棍殴伤徐景云身死一案，缘郑馨年籍隶宝坻县，卖布营生，与已死徐景云同村无嫌。同治三年四月间，徐景云赊买郑馨年布疋，共欠制钱一千五百八十三文，屡索无偿。是年十二月二十八日晚，郑馨年又找向徐景云索讨前欠。徐景云央缓不允，彼此争吵，经徐景云之父徐山解劝，郑馨年嚷骂而回。徐景云声言郑馨年索欠不应詈骂，欲向理论，亦经徐山阻止。次早，徐景云睡起，带木棍，找至郑馨年家门首指名辱骂。郑馨年闻而气忿，出向回詈。徐景云用木（2857）棍扑殴，郑馨年闪避，乘势夺获木棍回殴，致伤其左额角。徐景云撞头拼命，郑馨年又用木棍将其脑后殴伤，徐景云喊跌倒地，邻佐郑旭栋趋至拉劝，徐山亦即赶至，询悉前情，将徐景云扶回调养。讵徐景云伤重，是日午后因伤殒命。报县验讯通详，奉批饬审。遵复提传犯证覆鞫，据供前情不讳，诘非有心致死，案无遁饰。查郑馨年因徐景云负欠寻衅，致相争殴，辄夺获木棍将徐景云殴伤身死。自应按律问拟。郑馨年合依"斗殴杀人者，不问手足、他物、金刃，并绞监候"律，拟绞监候，秋后处决。徐景云负欠不归，持棍寻殴，本干律拟，业已身死，应毋庸议。所欠（2858）钱文照律勿征。郑旭栋讯系赶劝不及，亦毋庸议。无干省释，尸棺饬属领埋，凶器木棍解验发回，存库备照。是否允协，拟合连犯解候审转等情，招解到厅。

（四）据此，该东路同知徐綖提犯审讯，核拟无异，拟合连犯解候审转等情，招解到司。据此，李鹤年因在防所，饬委保定府知府费学曾代审无异；该按察使李鹤年核拟相同。是否允协，拟合连犯解候审题。再，此案应以同治四年正月初二日报官之日起限，除去该县解犯由厅至省计程五百三十五里，应扣程限十一日，并除封印日期，连闰，统应扣至七月初一日限满。李鹤年先于三月十（2859）七日公出，除去公出日期，解审并未逾违，合并声明等情。

[直隶总督的法律意见]

招解到臣，提审无异。该臣看得：宝坻县民人郑馨年用木棍殴伤徐景云身死一案，缘郑馨年籍隶宝坻县，卖布营生，与已死徐景云同村无嫌。同治三年四月间，徐景云赊买郑馨年布疋，共欠制钱一千五百八十三文，屡索无偿。是年十二月二十八日晚，郑馨年又找向徐景云索讨前欠。徐景云央缓不允，彼此争吵，经徐景云之父徐山解劝，郑馨年嚷骂而回。徐景云声言，郑馨年索欠不应詈骂，欲向理论，亦经徐山阻止。次早，徐景云睡起，带木棍，找至郑馨年家门首指名辱骂。郑馨年闻而气忿，出（2860）向回詈。徐景云用木棍扑殴，郑馨年闪避，乘势夺获木棍回殴，致伤其左额角。徐景云撞头拼命，郑馨年又用木棍将其脑后，殴伤，徐景云喊跌倒地。经邻佐郑旭栋趋至拉劝，徐山亦即赶至，询悉前情，将徐景云扶回调养。讵徐景云伤重，是日午后因伤殒命。报验讯详，审供不讳，诘非有心致死，案无遁饰。查郑馨年因徐景云负欠寻衅，致相争殴，辄夺获木棍将徐景云殴伤身死，自应按律问拟。郑馨年合依"斗殴杀人者，不问手足、他物、金刃，并绞监候"律，拟绞监候，秋后处决。徐景云负欠不归，持棍寻殴，本干律拟，业已身死，应毋庸议。所欠钱文照律勿征。郑旭（2861）栋讯系赶劝不及，亦毋庸议。

理合具题。伏乞皇太后、皇上圣鉴，饬下三法司核覆施行。再，此案应以同治四年正月初二日报官之日起限，除去程限、封印各日期，连闰，统应扣至三月初一日限满，并扣李鹤年公出日期，并未逾限。合并陈明。谨题请旨（2862）。

皇太后饬下三法司核覆。同治五年四月十三日，三法司奉旨核拟，刑部尚书于同治五年九月二十二日向皇太后、皇帝又题奏案件。两天后，皇太后饬下判郑庆年绞监候。

十九世纪的刑科题本都展现出与该文件同样的结构。根据当时的规定，题本必须尽量简约。为了符合这些要求和避免题本被上司驳回，各级官员申上的文牍的内容和形式都根据通行的模本逐渐格式化了。刑科题本基本上可视为司法程序的总结，与拟判内容一起呈报给皇帝。因此，刑科题本由在司法程序中形成的主要文牍组成，包括在司法程序中有重要作用的通详（又称通报①）和招解。这两份文件被转写后构成刑科题本的前两个部分，而督抚根据知县等地方官对案件审理的呈报和其本人对该案件进行的复核而拟定的意见，则构成了第三部分。因为督抚会驳回那些他们觉得有疑问的呈报，同时通常会命令知县重新调查和审理，所以督抚在拟定题本时已基本上认可地方官员的审理工作，在刑科题本里不会出现任何分歧了。如果发生命案，知县在结束初步调查（包括检验尸体和讯问犯人、证人等程序）后，就需向各上级地方官员汇报相关情况，告知上司在其辖区内发生了命案，并且请求继续审理案件。

根据《招解说》的记载，通详必须符合初报的内容。② 初报包括三个部分：报呈、验尸和供词。③ 通常，初报根据约保所投禀词或者被害者的呈状描述案情。收到禀词后，知县要带同仵作和吏员亲自到犯罪现场。在勘验现场前，知县必须先讯问尸亲、证人和犯人。④ 此时，上司官员并不仔细审核案件，他们只是简单批示知县继续审理案件。

接下来，知县要召集当事人到衙门正式受审。在这次审讯后，知县提

---

① 那思陆：《清代中央司法审判制度》，第81页。
② 佚名：《招解说》，郭成伟、田涛编《明清公牍秘本五种》，中国政法大学出版社，1999，第565页。
③ 《招解说》，第561页。
④ 详细的程序，参见薛允升《读例存疑》第412-1条，第1268页；许槤、葛元煦《洗冤录详义》，清光绪九年贵州臬署重刊，1/1a；佚名《律例馆校正洗冤录》，清乾隆刻本，1/1b；《招解说》，第565页。

交给上司招解，即刑科题本的第二个部分。审理案件的第一阶段就此结束。在招解里，知县说明自己的意见，并且请求解送犯人以及递呈相关文牍。招解必须列述关于案件的必要信息，^① 通常由三四个部分组成。其中，犯人的供词和知县的法律意见为主要部分。^② 在本文研究的刑科题本里，供词前有介绍相关程序的一段文字，而在知县的法律意见之后，该部分内容则阐述犯人解送到按察使等上级衙门进行审理的经过。与相关的格式化的文牍一样，招解在结尾处需要例行声明：审理在法定时限内完成。

最后，刑科题本列述直隶总督的法律意见，其内容与知县的拟判完全相同。总督的意见是刑科题本中由刑部审核的最关键部分。

在审理案件时，地方官员考虑的是自己能否在法定时限内呈报拟判、不被上司驳回。为了履行该义务，官员与其幕友可参考官箴书所提供的指导原则和范本。明代有几种《招拟假如》出版，有时和法典的笺释编在一起。^③ 同样，一些清代官员从其个人的文案中选取了一些代表性案件，作为将来处理类似案件的范本。刚毅（1834～1900）先后在刑部和地方任职，撰写了数种收录文牍范本的著作。例如，《牧令须知》收集了官员在审理刑事案件过程中要呈报的所有文牍的范本。刚毅设计的范本还有留空之处，以便其他官员直接填入他们所审案件的特有信息。总的来说，刚毅的范本指令性强，留白空间小。本文所录刑科题本与刚毅的范本具有高度的相似性。^④ 刚毅还著有《审看拟式》，是根据真实案例制作的可供官员使用的标准化范本，其所收案件按《大清律例》条文的顺序排列。本文研究的刑科题本与该书所载有关斗殴杀人的模板（与《大清律例》第290条相应）也具有明显的相似性。

而且，相似之处不但表现在形式上，其内容也是如此。与上述《牧令须知》相比，《审看拟式》作为刑科题本的模板更能说明问题。在《审看拟式》所载《斗杀》案件中，李四向张三借钱届期，张三屡索未偿。某

① 《招解说》，第559页。
② 那思陆：《清代中央司法审判制度》，第128～129页。
③ 如贡举：《大明龙头便读傍训律法全书》，东京内阁文库所藏。
④ 尤其可参见《招详法》，刚毅：《牧令须知》，京都琉璃厂荣录堂藏板，6/6b；《命案定案招解》，《牧令须知》，6/19b～20a。

日，张三撞遇李四，向他催还欠账，李四不满于张三拦路逼索，所以出口叫骂，在张三回骂后，李四用随身携带的木棒扑殴，张三闪避，夺获木棒，殴击李四太阳穴，致他喊跌倒地。当有村人王五路经，上前劝阻，在询明情由后，通知李四之子将他扶回调治。但李四伤重，不久因伤殒命。张三拟绞监候。① 这与郑罄年案件所描述的事实基本相同，即郑罄年可替换成张三，徐景云则替换为李四，郑旭栋则是王五。根据《审看拟式》的序言可知，该书作于 1887 年，所以《斗杀》案件的范本可能在直隶总督提交郑罄年案件之前就已流行。从大量刑科题本中可以看出，清代官员们在撰写有关斗殴杀人案件的文牍时，通常都会求助此类范本，② 宝坻县档案所收另外一起类似案件发生于 1836 年，③ 因此可供该案参考的模板出现的时间更早。

二　从地方档案看郑庆年案件

通过上述分析可知，在刑科题本中，案情似乎都被重新表述，以便迎合律例的规定，所以我们有理由怀疑这一文本所载案情的真实性。以下将通过刑科题本与地方文牍的比较，来探究刑科题本所描述的案情能在多大程度上反映地方档案记录的事实。

首先，有必要强调的是，地方档案也未必能够完全反映一个案件的真实情况，因为知县提交的报告也要遵守一定的形式，而且目前能看到的文牍还只是当时地方官所写的一部分内容而已，④ 如郑庆年案件里缺少尸格。不过，与刑科题本相比，地方档案提供的信息确实更为全面。在审理案件的过程中，知县要从各种矛盾的信息中推断出案情的真相，出现在刑科题本中的所谓"司法真实"已是知县对案情的梳理和总结。通过对两种资料的比较，我们可以确定哪些是地方官为证明审判结果的准确性而选择性地

---

① 　刚毅：《审看拟式》，清光绪十五年刊於江苏书局，3/6a - b.
② 　可参见杜家骥编《清嘉庆朝刑科题本社会史辑刊》，天津古籍出版社，2008。
③ 　顺天府全宗，28 - 4 - 188 - 043 至 28 - 4 - 188 - 135。
④ 　寺田浩明根据巴县档案列出了在刑事案件里通常出现的各种文牍。参见寺田浩明著，陈宛妤译《清代州县档案中的命案处理实态——从《巴县档案（同治）》命案部分谈起》，《台湾东亚文明研究学刊》第 6 卷第 2 期，2009，第 247～269 页。

加以呈报的事实。其次，还需注意的是，本文所用的宝坻案卷的 66 份文件，其时间范围超过了刑科题本。郑庆年在被宣判之后（1866），还经历了漫长的秋审程序。1872 年，因数次缓决，他被减为流刑，发往秀水县。1877 年，因皇帝诏赦，他被允许回乡。

在郑庆年案卷中，第一份文件是禀状。知县首先通过乡保的禀状得知徐景云死亡的事情，这一文件简要叙述了案件缘由。

第二份文件为"计开"，时间是同治四年一月四日，距案发已过了四天，距约保呈禀则过了两天。它列出了犯罪现场中所有与案件有关的人员，以便组织当场验尸和获取供词。① 这一名单包括两名嫌犯（郑庆年和他的叔父郑辉远）、证人（尸亲、邻居）和提交禀状的约保赵守朋和牌头王逊公。

第三份文件为"勘得"，叙述了存放在郑庆年家里的徐景云尸体的大概状况。据此可知，在斗殴结束后，徐景云的尸体被王逊公移动到此，但刑科题本记载徐景云当时已被其父和郑旭栋一起扶回家。

第四份文件记载了供词。证人提供了相互矛盾的说法。据徐景云亲戚称，郑庆年的兄弟参加了斗殴，但想减轻罪责的郑庆年则声称，徐景云与其父先带着木棍去他家准备打自己的父亲。王逊公确认，他要求将徐景云移到郑庆年家，以便照料；同时他供称，有传言说郑瑞年（即郑庆年的二哥）也殴打了被害人。郑庆年的邻居王国才则否认郑庆年的兄弟参加了斗殴。最后，他们都以甘结的形式保证郑庆年确实打死了徐景云。②

正月十七日，宝坻知县报告上司，他正在审理这起命案。该一文书据称已超过了法定时限。③ 通禀只提到郑庆年的法律责任，未提及他的兄弟可能也参与其事。同日，徐景云的胞兄徐景瑞重新诉称郑庆年的兄弟殴打了徐景云。尽管这一主张没有确切依据，但宝坻知县还是同意再次审理案件。④ 二十三日，虽然证人都持相反说法，但徐景瑞仍坚持他的观点。此

---

① 顺天府全宗，28 - 4 - 191 - 037 档号。
② 顺天府全宗，28 - 4 - 191 - 040 至 28 - 4 - 191 - 044。
③ 文孚：《六部处分则例》，清光绪重修刊本，43/7a。
④ 顺天府全宗，28 - 4 - 191 - 048 档号。

时，郑旭栋首次以证人身份出现在本案中，这是刑科题本中的重要角色。①二月十二日，宝坻知县在收到上司批复要求继续审理该案的三天后，再次讯问当事人。②徐景瑞在此时撤回了以前的告诉，所有证人也都提供了同样的供词。③

　　和此前的情况不同，此次的所有供词都如出一辙，显示了官方在这一过程中的影响。对供词进行修饰，让上报的案情更为条理化，这是当时中国司法程序中常见的手段。④这些供词显示，同治三年十二月二十九日，郑瑞年去徐家调解两家关系，在郑家门前遇到徐景云和徐山。郑庆年听见他们争吵，拿木棍出门，打伤徐景云。同时，郑瑞年抓伤了意图夺取郑庆年木棍的徐山。然而，知县没有在他几天后呈报的通详内接受该说法。⑤事实上，知县在通详内描述的案情与郑庆年首次供词很相似。这显示知县并未重视之后取得的信息。由于缺乏其他证据，我们目前很难确定何种说法最接近案情的真相，既可以推断徐景云的亲戚夸张了郑瑞年的责任，也不能排除徐景云并没有带着木棍去郑庆年家的可能性。其中，木棍来源这一细节对确定刑事责任的重要性，将在后文论及。

　　二月二十三日，知县呈详，各级上司饬令确定犯人是否故意杀人，再拟议招解。各级上司批示的语句完全一致，证明这些都属于例行公事的回答。三月十日，宝坻知县咨文香河知县，⑥因为香河县位于宝坻解送犯人前往复核案件官署的路上。三月二十四日，郑庆年被解送到东路厅。⑦这次的详文没有记载拟判结果，但从其内容可知，知县认为命案的根源在于徐景云引起的斗殴，而且凶器木棍也是由被害者带到郑家。此后，直隶总督根据二月二十三日宝坻知县的通详，复审此案。根据东路厅于四月二十

① 顺天府全宗，28 - 4 - 191 - 050 档号。
② 顺天府全宗，28 - 4 - 191 - 053 档号。案卷里没有这份文件，我们只是依据道台的批文知道其存在。
③ 顺天府全宗，28 - 4 - 191 - 055 档号。
④ Karasawa Yasuhiko，"From Oral Testimony to Written Records in Qing Legal Cases"，pp. 101 - 104.
⑤ 顺天府全宗，28 - 4 - 191 - 063 档号。
⑥ 顺天府全宗，28 - 4 - 191 - 067 档号。
⑦ 顺天府全宗，28 - 4 - 191 - 072 档号。

五所下札文，可知直隶总督批复的内容。① 其中，总督和按察使要求知县确定几个关键问题。

其一，他们注意到验尸报告对同一个伤口的描述是既红又深至骨，根据中国传统法医学的知识，红色指轻伤，深至骨则不同。②

其二，徐景云的父亲和他一起持械去郑庆年家寻衅，这不合情理。

他们据此驳回详文，命令知县确定徐山是否曾阻止其子去郑庆年家。但由于郑庆年已解送上司，不便将他解返，上司责令宝坻知县在郑庆年缺席的情况下讯问徐山。此时，徐山则声称他确实有意阻止其子去郑庆年家。据其所称，他事后才到郑家，这时郑庆年和徐景云已经开始争吵。③

根据资料所提供的信息，按察使接受了这个版本的叙述，并且对案件进行复审。八月七日，郑庆年被解回宝坻县等候审判结果。④ 同治六年正月，东路厅将同治五年十一月十三日中央的决定发送到宝坻县，郑庆年于下一年接受秋审，并饬令该县办理相关手续。⑤ 同治十一年十一月二十九日，郑庆年因死刑缓决满四次，被准予减为流刑。⑥

表1 宝坻档案供词、详文与刑科题本的对照表

编号	文书	日期	内　容
39	供词		郑庆年供：小的向卖布生理。徐景云欠小的布钱十来吊，已四五年未还。同治三年十二月二十八日晚，小的找去要钱，徐景云合他老子徐山嗔怪，把小的撕打一顿，经人劝散。到二十九日早晨，徐山同儿子徐景云，手拿木棍找来堵门，大骂。小的老子郑旭润出来解劝，他们推小的老子，就要殴打。小的情急，连忙夺过木棍，就把他们打伤。小的叔郑辉远并没眼见，就是小的哥子郑卜年们也没帮殴。不想徐景云因伤身死，求恩典就是了。

---

① 顺天府全宗，28－4－191－073 档号。
② 程炎：《州县须知》，清乾隆五十九年刻本，3/12b－13a。
③ 顺天府全宗，28－4－191－075 档号。
④ 顺天府全宗，28－4－191－079 档号。
⑤ 顺天府全宗，28－4－191－085 档号。
⑥ 顺天府全宗，28－4－191－086 档号。根据1782年的规定，死刑缓决三次以上时，刑罚减为流刑。沈家本确认该规定对于斗殴杀人案件有效。参见沈家本《叙雪堂故事删剩》，徐世虹主编《沈家本全集》第二卷，中国政法大学出版社，2009，第410页；孙家红《清代的死刑监候》，社会科学文献出版社，2007，第115～116页。

编号	文书	日期	内　　容
39	供词		徐玉(徐景云兄)供:同治三年十二月二十八日,郑庆年向小的要布钱十来吊,小的说还过布一个没有下账,怎么又要这此钱文?他不说情理,要打小的,经人劝开。到二十九日,郑庆年、郑瑞年、郑卜年弟兄三人把小的老子徐山拉到他们家门口,用木棍打伤。彼时,小的正未在家,有小的二弟徐景云理问,又被他们打伤身死是实。
39	供词		王国才(对门)供:同治三年十二月二十八日,郑庆年合徐景云家要钱,彼此打架。到二十九日,郑庆年出去遇见徐景云们,他们又打起架来,是在郑家门口。徐景云们被郑庆年打伤时,并没郑卜们帮殴是实。
39	供词		赵守朋(乡保)供:小的距走线窝庄二十里,牌头王逊公给小的送信说郑庆年打死徐景云。小的连忙走来查询为何缘故。王逊公告说……
39	供词		王逊公(牌头)供:同治三年十二月二十八日,郑庆年找徐景云家要布钱打架。到二十九日,郑庆年又找徐景云家要钱,彼此打架。徐景云、徐山被郑庆年打伤时,听人传说有郑瑞年帮殴。小的因郑家打伤,故把徐景云们抬到郑家养伤。小的赶紧查传邻佑郑续招王氏并干证到案是实。
50	供词		赵守朋/郑旭栋(郑庆年右邻)/郑百兴(左邻)/王国才/郑辉远(郑庆年叔)供:去年十二月二十八日晚,郑庆年找到徐山家,向他儿子徐景云要布钱不给。彼此口角争执打架,被徐景云们将郑庆年打撕,经屯众人拉开走散。到二十九日早,徐山同徐景云又到郑庆年家恳说今年不能给钱,容俟明年再给。郑庆年不允,彼此口角争执,又打起架来。郑庆年用他家木棍先把徐景云打伤后,又打伤徐山。并没郑瑞年、郑卜年帮殴。徐景瑞说有郑庆年们,也不过为是牵连。小的都打听明白是实。
50	供词		徐玉供:去年十二月二十八日晚,郑瑞年找向小的要布钱。小的说没有,他要打小的,经人劝散。到二十九日早,郑瑞年、郑庆年、郑卜年各拿家伙到小的家来,把老子徐山叫出。小的老子徐山说给钱,他们说不要钱,这就是你葬身地方,向老子殴打。彼时,小的正又不在家,胞弟徐景云看见老子被打,即上前理问,他们不容分说,又把小的胞弟打伤身死。小的遂把老子、胞弟抬到郑家室内,就叫牌头们拿凶送案。郑辉远说跑不了凶手,有他作保是实。
50	供词		郑庆年供:去年十二月二十八日晚,郑庆年找到徐山家,向他儿子徐景云要布钱不给,彼此口角争执打架,被他们打撕一顿,并没人眼见,现有撕的马褂可验。到二十九日早,徐山、徐景云又找小的家来恳说明年再给钱文。小的想起他们头天打撕小的那恨,顺用家内木棍先打伤徐景云后,又打伤徐山,不想徐景云因伤身死,求恩典是实。
55	供词		郑庆年供:同治三年十二月二十八日,因徐景瑞们欠布钱九吊五百文找向讨要,徐景瑞说没有钱,小的不允,彼此吵起,经人劝散。到二十九日早,小的要找到徐山家理问,哥子郑瑞年怕小的找去打架,哥子先走出要到徐山家理问,正遇徐山同他儿子徐景云走到小的门口,彼此争吵,小的在屋听见疑系打小的哥子郑瑞年。小的情急,顺拿家内木棍出去,把徐景云头打受伤。徐山见他儿子徐景云被打受伤,上前获拉,哥子郑瑞年疑徐山打小的,以致小的拉劝,用手划伤徐山右眉。徐景云实是被小的打伤身死,并没叔子郑辉远帮殴,求恩典就是了。

续表

编号	文书	日期	内　　容
47	详文		徐景云同父徐山,因嗔郑庆年讨要布钱之非,找向理斥,致相挣殴,徐景云被郑庆年用夺获木棍,殴伤身死。
63	详文		民人徐景云身带木棍,同父徐山于去年十二月二十九日嗔郑庆年索讨布钱之非,找向评理,致相挣殴,郑庆年用夺获木棍,将徐景云殴伤身死。徐山亦被郑庆年用指甲划伤。
71	详文		民人徐景云同父徐山因嗔郑庆年欠讨布钱,找向寻殴,致相挣殴,被郑庆年用夺获木棍,殴伤身死。徐山亦被郑庆年用指甲划伤。
刑科题本			同治三年四月里,徐景云赊欠小的布定,共欠制钱一千五百八十三文,屡讨没还。那年十二月二十八日晚,小的又找向徐景云讨要前欠。徐景云央缓,小的不允,彼此争吵。徐景云的父亲徐山向小的解劝,小的原因徐景云欠钱不还,反向小的吵闹,把他嚷骂走回。第二日早,徐景云拿着木棍赶到小的家门口指名辱骂,小的听见生气,出向回骂。徐景云用木棍向小的扑打,小的闪避,乘势夺过木棍,回打壹下,致伤他左额角。徐景云向小的撞头拼命,小的又用木棍把他脑后打伤,徐景云喊跌倒地。那时徐山并邻人郑旭栋先后走去劝阻。小的已经歇手。

三　案件的事实描述迎合特定的法律概念

郑庆年案件属于很典型的由于民间冲突造成的斗殴杀人案件,也是官员平常要处理的案件。不难想象,对这些并非疑难的普通案件,地方官场自然而然会形成一种惯例的处理方式。虽然这些都不是重要案件,但要确定案情,地方官还是得用既有的法律概念重新描述案情。从这个角度看,此类案件有利于了解清代官员的法律推理。王志强主张,在审理案件时,中国官员进行一种类型分析,以便案情与法律概念相匹配。① 本文拟进一步阐述这种类型分析在清代司法中的作用。

就案件处理过程中产生的大量官方文牍和法规对刑科题本的简约要求这二者之间的反差来看,官员只是关注判定罪名和刑罚所需的关键事实。同时,中国司法程序的行政性质和其繁琐复审过程都影响了审查案件的方式和

---

① Wang Zhiqiang, *Judicial Reasoning and Political Legitimacy in Early Eighteenth-Century Criminal Justice: China, England and France*, JSD Dissertation, unpublished, 2014, pp. 46 – 52.

对处理结果的记载。① 官员被要求在很短的时间内侦破案件，并将意见呈报各级上司复核。身处这种特定的制度环境，又受到时间和人力的限制，官员们倾向于在详文中删除所有没有必要提及的事实，避免上司苛责案件某一细节的正确性。有时地方官员为了避免被驳回，甚至采取移情就法的策略。②

不过，就本文研究的案件而言，官员只是重新描述案情，以便符合案件范本所概括的法律概念。其实，我们也应注意到，整个审查过程都力图适应这些要求。如官员拟定的刑罚应完全符合供词所描述的案情，所以供词可以被视为审判结果的基础。③ 以下几种官箴书都列出了供词所应提供的信息。在《刑钱必览》里，王又槐列出了审理命案需要解决的各种问题，如除了犯人的身份和籍贯外，还需涉及犯罪行为的动机，④ 官员应关注参与者的人数、是否涉及谋财和奸情、是否属于暴力突发、是否曾经与被害人发生过冲突等等。这些事实应在详文里重新叙述，以便证明犯人是否故意杀人。例如，"无嫌"这一概念通常用于概括没有预谋的杀人，官箴书建议使用此词以解释犯人的心理状态。⑤ 供词的内容实际上已被这一法律概念限定。尽管中国传统法有"六杀"的说法，但在审理村民之间的杀人案件时，官员通常在故杀与斗杀之间做出选择。官箴书也展示了当时对各种杀人概念进行区分的共识。其中，犯人的意图是区别故杀和斗殴杀人的关键因素。王又槐《办案要略》解释说："必临时有争斗之事、互殴之形，方谓斗殴。"⑥ 相反，"若死者徒手未敌，而凶手即伤其致命处所，

---

① 关于中国程序法的本质，参见 Shiga Shuzo, "Criminal Procedure in the Ch'ing Dynasty; With Emphasis on its Administrative Character and Some Allusion to its Historical Antecedents," *Memoirs of the Research Department of the Toyo Bunko*, 32, 1974, pp. 1 - 45; *Memoirs of the Research Department of the Toyo Bunko*, 33, 1975, pp. 115 - 138.

② Wang Zhiqiang, *Judicial Reasoning and Political Legitimacy in Early Eighteenth-Century Criminal Justice: China, England and France*, pp. 101 - 104.

③ 黄六鸿：《福惠全书》，濂溪书室，12/10b。

④ 王又槐：《刑钱必览》，清嘉庆十九年刻本，2/1a - 4b。

⑤ 伊里布：《学案初模》，清光绪七年重镌本，1/2a。

⑥ 王又槐：《论命案》，氏著《办案要略》，清光绪十八年浙江书局刊本，1/1a - 1b。这些解释颇为通行，并且对当时的官场有所影响。比如，一百年后，它们再次出现在《律法须知》（清光绪十九年奥东刊板，1/24a）中。不过，要确定《论命案》的原创者很难。关于两者之间的关系，参见郭润涛《〈办案要略〉与〈刑名一得〉的关系及其相关问题》，《文史》2014 年第 1 期，第 257 ~ 274 页。

立时殒命，抑或连伤数次皆重，又狠殴致命而死，则为故杀"。① 在论及作案用凶器时，如郑庆年案件的情况，王又槐强调要确定凶器由谁带来。他还举例说明"有夺获死者器具反殴者"的情形，这与郑庆年案相似。与此相反，如果"预带凶器而行凶"，那么只能拟定谋杀罪名。② 因为故杀与斗殴杀人之间的界线在于难以确定的犯罪动机，所以官员只能通过供词和一些细节的描述来证明故意是否存在。如官员确定犯人本来没有意图杀人，他最好的选择就是从详文里删除所有会引起疑问的事实，并根据既有的范本描述案情，以避免详文被驳。通过郑庆年案，可以看出刑科题本和地方档案之间最明显的区别在于对斗殴发生之前的细节的描述，因此我们有理由怀疑郑庆年从徐景云手里夺获木棍的真实性。而在宝坻其他案卷中，我们也可以看到案情更改的类似例子。

如杨栋案的案情其实与郑庆年案很相似，两件刑科题本所描述的案情也基本相同。刑科题本记载，道光八年（1828）十一月，杨栋向周幅借钱，此后屡经周幅讨索，始终未能偿还。道光十六年六月十六日，周幅赴杨栋家索讨前欠，杨栋无钱央缓，周幅不依混骂，杨栋回詈，周幅即向扑殴，杨栋情急，顺取木扁担抵挡并回击，周幅想要夺取扁担，杨栋又接连殴打，周幅严重受伤。停手后，周幅之子周义先将周幅扶送回家，周幅于八日早上因伤殒命。③ 而根据地方档案的记载，案情如下：周幅将杨栋母亲推跌致伤，杨栋手持木扁担殴打周幅，周幅向杨栋扑夺扁担，以致被殴伤，周幅负痛倒地，继续辱骂，又被杨栋用扁担殴成重伤。④ 刑科题本对该案件情节的轻微修改，似乎主要为了强调周幅持续的对抗行为。而杨栋案与刚毅所撰案件范本稍有不同之处在于，犯人并未从受害人手中夺获凶器，而是从地上"快急顺取"。这大概是因为并非所有案件都根据同一模本写就吧。

在刑科题本的描述中，受害者先动手，犯人也未带凶器，这都符合斗殴杀人的定义。只不过，刑科题本不提及杨栋母亲被推跌受伤似乎令

---

① 王又槐：《办案要略》，1/1b.
② 王又槐：《办案要略》，1/2b.
③ 顺天府全宗，28 - 4 - 188 - 101 档号。
④ 顺天府全宗，28 - 4 - 188 - 049 档号。

人难以理解。虽然根据《大清律》"父祖被殴"条"凡祖父母、父母为人所殴，子孙即时救护……至死者，依常律"，① 杨栋依然会被判绞监候，但因为条例的不断增加，父祖等被殴的相关规定变得越来越繁琐。如人命案内，若是"父母被人殴打，实系事在危急，其子救护情切，因而殴死人者，于疏内声明，分别减等"，② 所以一旦提及杨栋母亲受伤，恐怕案件会更为复杂。地方官或许是考虑到结案的难易，而做出了略而不提的决定。

在另一件案卷里，根据叙述刑科题本的抄单记载，嘉庆十五年四月二十四日，倪文玉撞遇梁荣，用言戏骂，导致两人互殴，倪文玉出手过重，致梁荣颈部被抓伤。此时，梁宽路过，瞥见倪文玉欺凌其弟，即向扑殴，倪文玉闪过梁宽身后，用拳回殴，打伤梁宽右耳根，致其伤重死亡。③ 案卷里没有供词，第一次通详只记录梁宽和倪文玉互殴，④ 而刑科题本则提及梁宽先出手打人，或许旨在强调倪文玉只是回手，以便符合斗殴的定义。当然，因为倪文玉没有用武器，排除杀人意图更为容易。

以上三起案件都证明，官员会在不同程度上重新描述案情，以便符合相关的法律概念。当然，这并不说明当时审理案件不公正或者知县敷衍办理公事。我们也应注意到总督和按察使在有效地复核案件，正如郑庆年案所显示的那样。而且，通过比较刑科题本和呈报省级的详文，我们也可以确定，总督实际上了解一些不出现在刑科题本中的信息。郑庆年案的刑科题本囿于刚毅式的范本，但知县的详文却没有这一特征。这也说明，省级官员也在重新描述案情。

杨栋案还证明，官员对案件的仔细审查不会全部出现在刑科题本里。杨栋的母亲已超过七十五岁，而杨栋唯一的弟弟杨爽自幼出继给胞叔杨宗和为嗣。《大清律例》"犯罪存留养亲"条规定，凡犯死罪者，若父母年

① 薛允升：《读例存疑》第 323 － 0 条，第 962 页。
② 薛允升：《读例存疑》第 323 － 1 条，第 962 页。
③ 顺天府全宗，28 － 4 － 197 － 037 档号。
④ 顺天府全宗，28 － 4 － 197 － 010 档号。

老，家无以次成丁，就可以存留养亲，① 因此如果杨爽不能归宗，杨栋就有免死的机会。只不过，因为杨爽未能证明出继的明确证据，如"继单"，② 所以杨栋并未适用存留养亲之条。③ 官箴书都强调要确定犯人的身份和籍贯，以及是否有父母兄弟，④ 如果发现父母年老、家无以次成丁，官员就要确定犯人是否可以存留养亲。⑤ 虽然案卷显示，宝坻知县费了很多精力来确定这一点，但因为这些调查的结果与最终拟定杨栋的刑罚无关，所以刑科题本就未再提及这一点。

另外两桩案件也是如此。因为尸亲带着报仇的情绪，诬告犯人的亲戚殴打受害者，鉴于共殴和斗殴两个法律概念的区别，⑥ 所以官员有义务确定事实上参加斗殴的具体人数。⑦ 若经查证，确实只有一名肇事者的话，刑科题本也不会提及这些审查工作。

此外，在这两起案件里，知县根据证据和其他证词诘问原告，其中验尸报告发挥了很大的作用。如倪文玉案，因为仵作只记录了一处伤口，所以知县让尸亲撤回了控告。⑧ 尽管存在这些重要证据，但原告一开始仍然拒不承认，这就致使审查过程逾限。当时的法律有规定，知县必须遵守一些时限，⑨ 如在郑庆年案中，知县所呈详文就在时限之外。⑩ 因此，每次审理案件，知县都要催促乡保等人按时结束审查工作，同时也要劝服当事人接受审判结果，以避免他们以后拒不服从而再次申诉。这种情况在倪文玉案中表现得比较明显。死者梁宽的亲属几次连带控告倪文玉的亲戚，直到知县一再反驳他们的要求之后，他们才遵服审判结果。⑪ 他们拒不输服的

---

① 薛允升：《读例存疑》第 18－0 条，第 61 页。
② 关于继单或继书，可参见俞江《论清代的继子孙责任——以顺天府宝坻县刑房档为线索》，《现代法学》2007 年第 6 期，第 38 页。
③ 顺天府全宗，28－4－188－079 档号和 28－4－188－089 档号。
④ 王又槐：《刑钱必览》，2/4a。
⑤ 明善：《折狱便览》，清道光三十年版，14a－b。
⑥ 如王肯堂《大明律附例笺释》，顾鼎重编《王仪部先生笺释》，清康熙顾鼎刻本，19/20b－23a；沈之奇《大清律辑注》，清康熙五十四年刻本，19/22a－23a。
⑦ 王又槐：《刑钱必览》，2/4a。
⑧ 顺天府全宗，28－4－197－013 档号。
⑨ 《六部处分则例》，43/7a.
⑩ 顺天府全宗，28－4－191－047 档号。
⑪ 顺天府全宗，28－4－197－018 档号。

态度导致该案件逾限三个月。在古代中国，当事人需要正式表态遵从审判结果，这是司法程序的关键环节。① 因此官员需要考虑的事情存在互相矛盾之处：说服当事人需要时间，而法律上又有时限的规定。尽管上述这些诉讼活动会影响到整个司法程序的进展，但刑科题本却不一定会反映出某些诉讼参与人的关键作用。

四　结论

从刑科题本和宝坻县地方档案的比较中可知，官员在刑科题本里只描述能够支持审判结果的案情。而且，他们有时会对案情进行重述，以便符合相关范本的格式要求。在郑庆年案中，刑科题本显然是根据刚毅所著《审看拟式》等案件范本拟写的。当然，重述案情也可被视为一种避免拟判被驳回的策略，因此上行文书中删除了所有没有必要提及的事实。这些都发生在官员已经决定拟判罪名之后，实际上影响判案结果的可能性不大。

当然，这并不意味着这种审理案件的方式是曲法枉断。事实上，地方档案显示，官员谨慎地进行调查和审理，而且复核程序行之有效。虽然可依据的样本数量有限，我们不能做出综合性的结论，但通过这些例子仍可看出，官员受到客观因素的约束，如验尸或者供词，所以案情的重述并未导致审判不公正等现象的发生。本文所研究的案件文本都曾经过标准化的处理，但它们的案情显示出，当时的审判以符合验尸真相为目的。与此同时，官员也非常重视当事人对审判结果的态度，尽量避免发生申诉。

我们还可以通过这些文献了解当时的法律推理。在审理案件时，长官和书吏都遵从官箴书提供的指导原则。这些著作列出官员需要收集的所有信息，而这些信息的本质已被相应的法律概念所框定。在某种程度上，地方文牍也正是由这些法律概念所建构而成。

---

① Takamizawa Osamu, "Legal Troubles And Their Resolution In China: The Interaction Of *Shuolizhe* And *Xinfuzhe*," *International Journal of Asian Studies*, 3, 2 (2006), pp. 239 – 254.

《中国古代法律文献研究》第十一辑

2017 年，第 446～466 页

试析台湾碑志的公诉功能

耿慧玲*

　　摘　要：碑志的功能较之于纸本文献具有公开昭示、流传久远的特性，台湾地区自明清以来有三千余通碑志，其中示禁碑占有一定的比例，此或与台湾明清时犹处于开拓时期有关。然，台湾的碑志除了示禁，在昭示性上似乎具有更强烈的功能。根据光绪十八年（1892）出版的《恒春县志》记载，地方政府除了将律例明文勒石于城门以彰昭示之外，并允许"摹揭石示，赴地方官呈诉"，则台湾碑志不仅仅具有昭示的功能，还具有诉状的性质。这是存在于光绪时期的现象，还是自台湾开拓以来，即存在的特色？是特定的行政长官的特殊行为，还是台湾特殊的历史与社会现象，本文拟就此探讨台湾碑志公诉性质的缘由与范围。

　　关键词：台湾　碑志　禁示碑　公诉

---

　　* 台湾朝阳科技大学通识学院教授，香港大学饶宗颐学术馆名誉研究员，西安碑林博物馆客座研究员。

一 序言

碑志有着特殊的讯息传播机制，与易损毁的材质著录的目的并不相同，易损毁的材质"不想纪念，只想记录；无意于公开，而重在庋藏"（《阅读纸草，书写历史》）。而在姚莹、丁日昌等治台官员的公文中经常提到"官存案卷"不易为民人所见，若案卷遗失，"即官亦无凭稽核"，因此对于宜"垂久远"的定议，应该要"勒石永禁"；[①] 这说明了碑志这类不易毁损的材质，有"公开""永垂久远"的核心特色，因而刊刻成为碑志的事件、人物、风习都具有特殊的表征性与宣示性。正如每个社会都有英雄，但是会将之铸造成铜像树立在公开场合者，则绝对具有那个社会、那个时代的表征性。碑志的价值也正是如此，无论中外都有将欲"永垂久远"的事迹、人物甚至理念刊刻在不易损毁的载体之上。因此，数量虽然较纸本文献少，但是碑志的表征性意义却是切入历史研究时，最值得参考的资料。随着对于社会研究的加强，碑志资料也逐渐更为研究者重视，因而"地不爱宝"，[②] 碑志出现的数量也逐渐增多，量变所产生的质变，也使得碑志研究可以运用更系统化的方式进行研究，这也将碑志研究从史料的研究而进入史学的研究。

由于碑志具有"昭示""永垂久远"的特色，碑志的刊刻一直需要有政治、经济、社会等条件的支持。例如，台湾地区贞节牌坊数量与原乡福建相比，早期因为"宽于妇责"而数量不高；后来又因为许多地方家族的经济无法支撑立坊的费用，故而以立碑代替立坊；及至慈禧太后特加优奖，遂有积极立坊的现象，便是一个范例。[③] 台湾地区因为时空

---

① 姚莹：《东槎纪略》卷二《筹议噶玛兰定制》（道光九年，1829），台湾文献丛刊第七种，第49页。

② "地不爱宝"，语出《礼记·礼运》："故天不爱其道，地不爱其宝，人不爱其情。"宋代为重建礼制，而金石等古器物是研究古代礼制的一种凭借，故而，研究金石蔚为风气，古物的发掘与出现也随之蓬勃发展。黄伯思《东观余论》，卷上《宋罄钟说》："莖钟虽铸自宋公，而实帝颛之乐。今也，地不爱其宝，为时而出。"（文渊阁四库全书电子版）后多指称有文物出土。这种地不爱宝的现象，其实反应的是当时人对于古物研究与搜藏的爱好。

③ 耿慧玲：《台湾碑志中贞节现象研究》，《朝阳人文社会学刊》第6卷第2期，第127～130页；又，引《彰化节孝册·跋》。

环境的不同，碑志记事明显多于记人，而记事碑中示禁碑的内容又特别引人注意。示禁碑志的刊勒，主要是为了要将敕条禁令明示于众，以起到防范民众违反禁例的目的。换个角度来看，由示禁碑志的示禁内容，可以知道当时社会需要示禁的是一些什么样的行为，牵涉怎样的道德标准与社会规范，这些内容对于解释当时的社会现象有相当大的价值。

二　台湾碑志的基本状况

有关台湾碑志的搜整与出版并不十分的统一，如有关中部地区的碑文，就有刘枝万先生所编著的两个版本，其一为《台湾中部古碑文集成》，发表于1954年的《文献丛刊》（第5卷第3～4期），乃作者1954年实地调查台中县市、彰化县、南投县的碑志所做的集结，搜集之碑文自清初至日据初，计138件碑文，后收录于1986年新文丰图书公司出版之《石刻史料新编》第3辑地方类第18册中；另一版本为《台湾中部碑文集成》，收录于1962年台湾银行经济研究室编纂的台湾文献丛刊第151种，这部书就《台湾中部古碑文集成》整理改编而成，收录时间相同，然作者"汰芜存精"，仅收录107件碑文，故而也失录一些有关碑志的记载，若要求全，仍须参考《台湾中部古碑文集成》，而其所搜集的资料，又与黄耀东等根据台湾省文献会历年采集拓本精选摄印而成的《明清台湾碑碣选集》，及林文睿等监修，何培夫主编的《台湾地区现存碑碣图志》中所收录的内容互有参差。且，何培夫先生又协助台湾"国家图书馆"建立"台湾记忆"数据库，其数据库中之数据内容与《台湾地区现存碑碣图志》书籍所收录的碑志又互有参差；同时，因碑志本身不一定有碑题，或因碑志本身残泐、拓片版本不同，致使收录者根据自身的编辑标准进行命题，常使同碑题可能不是同碑，而同碑可能被赋予不同之名称，凡此种种皆造成研究者在使用上的困扰。且碑志本来便是因应所需要彰显的事件而刊刻，其树立的地方当然也与该事件发生的地点，及欲宣示的场所相当，故而历经清代两百年的统治，台湾碑志分布的原始地点十分分散，就研究者而言，对于碑志原石的研究，便不如拓片的使用来得方便。

台湾碑志拓片经由多个系统进行搜集，大要如下：（1）台湾文献馆：台湾文献馆即原台湾省文献会（原为台湾通志馆），自 1953 年起即开始调查全台各地碑碣，并进行采拓，截至 2011 年止，共揭拓台澎金马地区碑拓 2967 件（台湾本岛 2800 件、澎湖 150 件、金门 4 件、马祖 13 件），并出版《台湾明清碑碣选辑》《日据时期台湾碑文集成》及《碑碣拓本典藏目录》等书籍；（2）国家图书馆：1990 年 7 月开始，"中央图书馆"台湾分馆与成功大学历史学系合作执行"采拓整理台湾地区现存碑碣计划"，至1999 年 6 月完成台湾地区的采拓；共计采拓两千多件碑碣，并出版《台湾地区现存碑碣图志》16 册，2002 年开始数字化，建立"台湾记忆"系统开放给大众使用。① （3）"台湾大学图书馆于 1997 年 12 月自人类学系接收日据时期台北帝国大学搜集之台湾古拓本，内容含'台湾府城碑'、赤崁楼之'报恩阁碑'、台南'龙山寺碑记'、台南开元寺'郑成功之书'等（含琉球拓本）共 300 余幅"，② 并数字化，建立"台湾大学典藏数字化计划·台湾文献文物网站"③，可下载拓片及录文，并由计划主持人项洁等出版《国立台湾大学典藏古碑拓本——台湾篇》④ 纸本书籍可参考。其他地区性的碑志搜集与整理，也多有成果。

三　台禁碑与社会约束

随着大航海时代的来临，又值明清政权交替的时刻，台湾成为汉民族新兴的开拓区，对于初移民的汉人来说，台湾既是机会也充满了挑战。传统的中国家族势力是协助社会安定的重要力量，而台湾在特殊的时空环境中，无法快速地建立家族的系统，在传统消极政府的体制下，台湾社会所展现的便是一种变乱频仍的不稳定现象。根据陈孔立的统计，终清朝 212

---

① "台湾记忆" http：//memory. ncl. edu. tw/tm_ cgi/hypage. cgi。

② "国立台湾大学深化台湾研究核心典藏数字化计划"计划说明。http：//dtrap. lib. ntu. edu. tw/ DTRAP/browse？corpus = % E5 % 8F% B0% E7 % 81% A3 % E5 % 8F% A4 % E7 % A2 % 91 % E6 % 8B% 93 % E7 % 89 % 87（2016/08/01）

③ http：//www. darc. ntu. edu. tw/newdarc/index. jsp。

④ 台北：台湾大学，2005。

年的统治时间，共有 365 次的动乱，[1] 其中除 7 次为"起义"之外，其余均属游民骚乱（包括暴动、骚乱、竖旗、结会）、地方豪强的骚乱、其他抗官事件、民间械斗、土汉冲突，均为社会民众间之冲突，或与吏治有关，可见社会的矛盾与冲突状况。

曾经协助何培夫搜集并整理台湾碑志的曾国栋，在《清代台湾示禁碑之研究》一书中，将台湾现存 272 通示禁碑分为"官衙兵吏""恶习""冢地""拓垦""祠庙事业""杂项"六项，可作表 1 如下。

表 1　台湾地区示禁碑类型及年代统计表

类别/数量/年代(件)	官衙兵吏	恶习	冢地	拓垦	祠庙事业	杂项	总计	年件数
康熙/39[1]	0	0	0	0	0	1	1	0.03
雍正/13	0	0	1	0	1	0	2	0.15
乾隆/60	14	14	3	24	4	3	62	1.03
嘉庆/25	6	7	6	7	7	1	33	0.12
道光/30	14	17	6	9	9	6	61	2.03
咸丰/11	1	5	4	1	2	3	16	1.45
同治/14	2	6	5	5	4	4	25	1.79
光绪/21[2]	9	25	6	9	11	2	64	3.05
不详	1	1	1	0	1	4	8	
总计	47	75	32	55	39	24	272	

注：

[1] 数目字代表该年号的实际统治时间，康熙二十二年（1683）八月郑克塽投降清朝，次年（1684）台湾纳入清光绪二十一年（1895）甲午战争后签订马关条约，台湾成为日本殖民地。朝版图，至康熙六十一年（1722）。

[2] 光绪二十一年（1895）甲午战争后签订马关条约，台湾成为日本殖民地。

资料来源：本文作者根据曾国栋《清代台湾示禁碑之研究》增补。

---

① 陈孔立自宫中档、实录、笔记、方志等史书中搜罗出 365 次动乱，依据性质分成起义、游民骚乱（包括暴动、骚乱、竖旗、结会）、地方豪强的骚乱、其他抗官事件、民间械斗、土汉冲突等 6 类。又据不同的性质统计（见张炎《台湾反清事件的不同性质及其分类问题》，《台湾文献》第 26 卷 2 期，统计有 116 次；刘妮玲《台湾的社会动乱》，久大文化公司，1989），统计民变有 73 次；许雪姬：《清代台湾的绿营》，中研院近代史研究所，1987，统计有 154 次（见陈孔立《清代台湾社会动乱原因与性质的分析》，《台湾研究集刊》1996 年第 4 期，第 46～59 页）。

根据表1，可以看出不一样的时代所面临不同的社会问题。① 基本上，示禁碑的数量与性质与历史上的社会现象是一致的。正如《光绪朝东华续录》卷十二丁日昌的奏折所记：

> 台湾吏治，黯无天日；牧令能以"抚字教养"为心者，不过百分之一、二。其余非性耽安逸，即剥削膏脂。百姓怨毒已深，无可控诉，往往铤而走险，酿成大变；台湾所以相传"无十年不反"之说也。臣今年到任后查访各情，即将科派百姓捐输、津贴州县仓谷、自尽命案株连拖累，及牛捐诸弊政，严行裁革；仍恐该厅、县阳奉阴违，复饬将告示勒石摹搨、分贴各乡，俾百姓永远周知，不致再受讹索。

其中所提到欲裁革之"科派百姓捐输""州县仓谷""自尽命案株连""牛捐"等，均牵涉吏治的问题，也都是台湾清代统治时所公认的民害。② 然而昭示与反应社会现象是一件事，碑志的刊立究竟具不具有真正的约束力，则是另外一件事。

例如，借尸讹诈与自尽图赖的恶习，在所有75通恶习碑中有24通，

---

① 有关示禁碑分布状况之分析，请参考耿慧玲《台湾碑志与行政管理的自治规约》，策略评论第18期《大学商管教学策略与个案系列4：历史与管理》专刊（2012年12月），第17~18页。

② 台湾示禁碑中绝大多数均包含兵吏恶性苛索钱文、借尸讹诈或自杀图赖、勒索牛只买卖、恶丐强乞、私设斗量等百姓广受困扰的社会现象，以现存于台南市大南门碑林，由台湾府知府周懋琦据福建巡抚王凯泰行札所立之《严禁藉尸吓诈示告碑记》（光绪元年十月）为例：

> 特授台湾府正堂、在任候选道、加三级、随带加四级周，为严禁……查此案先奉抚宪王饬府严禁，当经撤县禁革在案。兹据前情，除批示外，合亟列款永远禁革。为此，示仰各属军民人等知悉：自示之后，尔等务将开列前项恶习革除净尽！倘敢故智复萌，许被累者指禀本府及地方官，立即严挙惩办，决不姑寛。各宜凛遵，毋违！特示。
> 计开：
> 一　严禁守城兵丁，不准抽取进城货物，以及牛车钱文。
> 一　严禁各牛墟，不准勒索在家买卖牛只之人索费，暨牛死藉端吵索，以及包揽看银、换银等项。
> 一　严禁各庄以及街衢，如有路傍死尸，不准胥役藉尸吵扰吓诈。
> 一　严禁奸民人等，不准在于各市设斗设粮，私抽规费。
> 一　严禁各庄以及街衢，如遇酬神、嫁娶、功德等事，不准乞丐分外多求，吵扰。
> 光绪元年十月（缺）日给。

占 32%， （见附表 1），其时间从乾隆三十二年（1767）至光绪二年（1876）近一百一十年，其立碑处则北自宜兰、新竹，南至高雄屏东，几乎都有立碑示禁，然而这样的恶习并没有因为碑志的刊立而有禁绝，只是不断重复的刊立、示禁。

又如禁止禁锢婢女的现象，是台湾地区所特有的一种恶习，在台湾计有四通碑志，分别刊立于道光二十年（1840）与光绪十五年（1889），其中，道光二十年的碑志，一立于宜兰，一置于台南，两则碑文都是依据分巡台湾道姚莹的示谕所刊刻的。在宜兰的是噶玛兰通判徐廷抡所立，在台南的是台湾知县阎炘所立；另一组碑志是光绪十五年安平县知县范克承所刊刻的碑石。其中除了宜兰之外，三通碑志均刊立于台南，显示出台湾地区从道光二十年至光绪十五年的五十年间，这种禁锢婢女的社会现象并未能禁绝，尤其是府城台南，故而必须重复再作宣示。① 由此观之，则碑志似乎仅仅具有示禁的效果。

然而，乾隆二十五年（1760）诸罗县知县李倓在诸罗县安定里西保沤汪庄文衡殿②竖立了一通告示，晓谕境内民众，不可以混占关圣帝君庙产。③ 这事件从乾隆十七年（1752）即已由沤汪庄耆老提出申诉，谓有詹晓亭妄开圳道，致使关圣帝君庙产内田园坟庐受灾，并由当时台湾府海防补盗同知兼知府王文昭谕批在案。然詹晓亭等又欲于东势大溪边横开圳路，复为耆老周（美）才等诉告于诸罗县府，上呈台湾府后再批遵照原判，必须停止修建圳道。乾隆十九年（1954）詹晓亭提出申诉，认为"地内原有水沟旧址，本是可挹彼注，兹而为灌溉"，本案遂又呈入台湾府，

---

① 详见耿慧玲《禁锢婢女碑与清代台湾妇女地位研究》，《朝阳学报》第 13 期，第 311 ~ 339 页。

② 根据文史工作者 2011 年 11 月的田野调查，沤汪文衡殿（关圣帝君庙）"原奉祀于福建泉州南安县深潭里十八都，于明朝永历十五年，李成追随郑成功渡海携奉来台。关圣帝君圣驾初时供于今将军乡嘉昌村北嘉李宅……清朝康熙四十八年（1709），奉圣驾择定现址'狮弄球'穴及地，建庙公奉至今"（http：//crgis. rchss. sinica. edu. tw/temples/TainanCity/jiangjiun/ 1116004 - WHD）。所谓现址即今台南市将军区忠兴村 196 号"文衡殿"。

③ 根据碑志文衡殿"垦置荒埔新所，址在庙西畔，名曰'公采埔'也。丈数计有三百二十甲，东至顶下口寮庄并顶下大潭蓁庄，西至青水墩，南至白花墓沟，北至阄萧圳，四至勒石明白，永远为界"[《台湾南部碑文集成》，台湾文献丛刊第 218 种（乙）《示谕·严禁沤汪庄开凿水圳示告碑记》，第 390 页]。

诸罗知县李倓乃将案件判覆上呈当时知府觉罗四明，最终，依据李倓的建议"饬限一个月内，着令詹晓亭等填塞旧圳；并准周（美）才等勒石示禁，以垂永远"。[①] 经历多年的土地开发纠纷，多次的呈述、示谕，似乎都没有能够有效地解决争端，最后却以"勒石示禁，以垂永远"总结了整个案件，也似乎解决了这个案件。如此，则碑志除了"昭示"之外，似乎还具有一定程度的约束效力，故而无论是地方民众还是政府官员都觉得"勒石示禁"还是可以比较长效解决冲突的一种方法。

四　台湾碑志与法治

由上述《严禁沤汪庄开凿水圳示告碑记》台湾府最后批文"仰饬将停工旧圳、立押詹晓亭等按限一月内填塞，勒石永禁，取具碑摹同填塞过缘由报查；余如详行此缴行府备录，立将沤汪庄停工旧圳，严押詹晓亭等，按限一月内填塞，勒石永禁，取具碑摹同填塞过缘由申报，以凭转报"。[②] 说明"勒石示禁"需要一些程序，在勒石之后还需要"取具碑摹"与其他说明文献一同呈报政府。如《台湾中部碑文集成》所收《东势角圳谕示碑》记载"仍将颁给示谕端楷照缮，镌勒上石；并印揭碑摹四本缴送，以凭分别申送发行备案"。[③] 故"勒石示禁"并不是仅仅"昭示"而已，这些碑志都需要归档备查，成为日后处理争端时候的依据。

台湾的示禁碑，大致可以分成"告示与晓谕""自律性公约""法制化公议"三种形式。"自律公约"其树碑立约者为地方民人，乃基于本身需要而制定的公议或规约，对于不属于这个特定的人或团体，公约并没有约束性，其约制的方法大多为道德性的约束，如"此系众公堂妥议，立约炳据，不准别姓牟夺糊混。如违，尔等共诛，决无虚言"，[④] 或是简单的"罚

---

① 《严禁沤汪庄开凿水圳示告碑记》，第391页。
② 《严禁沤汪庄开凿水圳示告碑记》，第391页。
③ 《台湾中部碑文集成》，台湾文献丛刊第151种（乙）《示谕·东势角圳谕示碑》，第82页。
④ 如《龙山寺公约碑记》，原碑现存台北县淡水镇中山路95巷22号龙山寺；拓本收录于《台湾北部碑文集成》，题名《龙山寺石牌》，第104页；又收录于《台湾地区现存碑碣图志：台北县》，题名《龙山寺公约碑记》，第257页。又可参考耿慧玲《台湾碑志与行政管理的自治规约》，第20页。

戏一台、灯彩一付，无稍私宥"。① 相较于公约的自治却无法律的效力，台湾更多的是将自治性的公议转化成法制化。亦即将原本一个特殊团体的内部章程，上呈政府官员，由政府官员给予示谕，并允许勒石立碑，"以备不虞，而垂久远"，如道光年间的《防火章程》② 与同治八年《武圣庙公议管理条款碑记》。③ 这两通碑志一为台南祀典武庙附近六条街商家共同约议的一个防火规约；另一通则为新庄地区重修武庙后，董事陈福助请求饬差拆除庙前任意搭盖的草房及弃置之柱篙，以维护庙宇之宁静庄严。两通碑志基本上都属于局限性的团体公约；但两通碑志却分别由台湾县知县阎炘（《防火章程》）及艋舺县丞林桂芬（《武圣庙公议管理条款碑记》）谕示刊勒，如此一来，原本属于地方共同约定的公约或章程，有了"上宪"的加持，遂有"务各遵照后开奉程，恪守遵行""毋违，特示"的官方约制效果。

至于"告示与晓谕"一类的禁示碑，则是地方行政长官对于推行当地政策所颁行的"有司之法"，本来就具有法律的效力。因为这些晓谕与告示不仅仅是"由地方长官或中央派出主管某一地区特定事务的长官颁行，而且要求所属机关、官吏及法律适用对象都需严格遵守"。④ 然而，如前所论，碑志之立固然具有警示效果，但究竟如何借由碑志达到真正的惩治或解决纠纷的功能？

搜检台湾碑志可以发现，除了如《严禁沤汪庄开凿水圳示告碑记》所记一般"勒石永禁，取具碑摹同填塞过缘由报查"之外，还有一种"准即摹搨石示，赴地方官呈诉"的方式，这种"摹搨石示，赴地方官呈诉"的方式，显然已将碑志拓本变成一种诉状，并不仅仅具有昭示、警戒的功

---

① 见《船户公约碑》，碑石原立于高雄市旗后天后宫，在何培夫先生编辑《台湾现存碑志》时已亡逸，唯有《明清台湾碑碣选集》收录碑石拓片，后出之《台湾南部碑文集成》及《台湾现存碑碣》依据该书之释文照录。

② 《防火章程》又作《火灾消防碑》《防火章程碑记》，收入《台湾南部碑文集成》第472页；《台湾地区现存碑碣图志·台南市下》，第381页。

③ 《武圣庙公议管理条款碑记》，收入《台湾北部碑文集成》第35页；《台湾地区现存碑碣图志·台北县篇》，第403页。

④ 杨一凡：《简论明代地方性条约的编纂》，中国法律史学会2012年学术年会论文集，中国海南海口，第771页；又，相关论述请参考耿慧玲《台湾碑志与行政管理的自治规约》，第19~22页。

能。这个记载的内容出自丁日昌所刊立的"严禁自尽图赖碑",下面即就"严禁自尽图赖碑"的状况略作分析。

五 丁日昌与"严禁自尽图赖碑"

光绪元年（1875）十一月十四日丁日昌受任为福建巡抚,[①] 至光绪二年（1876）正月乙亥犹未接篆,[②] 光绪二年十一月十八日才因生番滋事,"力疾赴台",[③] 光绪三年（1877）七月五日因病返闽,再无莅台。因此,丁日昌在台仅八个月的时间,却勤于理政,整饬吏治,努力改善风习。光绪二年丁日昌针对当时台湾最需要整饬的"牛墟管理""自尽图赖""买补仓粮"问题,[④] 分别在台湾各地刊立了多通碑志,如,"牛墟管理"现存有三通碑志资料:一立于光绪元年（1875）由福建巡抚王凯泰行札台湾府知府周懋琦所立;[⑤] 一为光绪二年十月二十七日台湾府知府孙寿铭重申前福建巡抚王凯泰、前台湾府知府周懋琦之禁令。[⑥] 这两通碑志都是将牛墟管理陋规合并置放于"严禁恶习"的碑志中,并未单独立碑。真正属于丁日昌所示谕之"牛墟管理"碑,是单独针对"禁革牛墟陋规"所竖立的碑志,据《凤山县采访册》的记载,立于光绪二年六月,在凤山县北门西

---

① 《清实录·德宗景皇帝实录》卷二一"光绪元年十一月":"（丁未）以前江苏巡抚丁日昌为福建巡抚。"中华书局,1986,第334页。

② 《清实录·德宗景皇帝实录》卷二五"光绪二年正月":"闽浙总督李鹤年奏福建巡抚丁日昌现未接篆,暂将关防封存。得旨'前已谕令丁日昌接印任事,毋许固辞矣'。"第371页。

③ 《清实录·德宗景皇帝实录》卷四三"光绪二年十一月":"文煜、丁日昌奏。台北生番滋事,现筹办理;并丁日昌奏力疾赴台各折片。台湾北路生番蠢动,屡次围扑营盘,杀伤兵勇。丁日昌以军事急迫。力疾渡台筹画布置。实属勇于任事。不避艰辛……丁日昌渡台后,着文煜宽筹粮饷。力顾后路,俾免缺乏之虞。并着吴赞诚应时应付轮船采购军火,以资接济丁日昌。"第610页。

④ 除《光绪朝东华续录》中丁日昌所提到的"牛墟管理""自尽图赖""买补仓粮"问题之外,丁日昌莅台还刊立的"严禁赌博"碑志,见卢尔德嘉《凤山县采访册》（光绪二十年,1894）,台湾文献丛刊第73种《壬部·艺文（一）·禁赌博碑》,第369~370页。

⑤ 碑又作《兵丁心得碑》《严禁恶习碑记》,收录于《台湾南部碑文集成》及《台湾地区现存碑碣图志:台南市（下）》。今存台南市大南门碑林。

⑥ 碑又作《藉尸吓诈等事示禁碑记》,收入《台湾南部碑文集成》,今在台南关庙。

壁。① "买补仓粮"碑志现存资料有九通碑志，根据刘雅惠之研究，丁日昌"买补仓粮"碑志皆竖立于重要仓厫附近。② 分别收藏新竹县新竹市图书馆、③ 台中市清水区自来水公司清水营运所、彰化县鹿港镇中山路谢宅、彰化县北斗镇奠安宫、台南市盐水区护庇宫、台南市后壁区泰安宫、台南市下营区观音寺、台南市赤嵌楼小碑林与高雄市凤山区曹公祠碑林；另，据何培夫台湾"国家图书馆"台湾记忆网站数据，台中市东势区巧圣仙师庙亦有一块"买补仓粮"碑志，然其所附拓片不能确认与"买补仓粮"有关。④ 由上碑志的竖立状况，可知丁日昌对于"牛墟管理"与"买补仓粮"陋规的重视。

"牛墟管理"与"买补仓粮"是台湾地区特有的问题，而"自尽图赖"与"藉尸讹诈"这种以亡者作为勒索的行为则为"闽省"共有的问题。⑤ "淡新档案" TH12514 即记载了福建省建阳县无赖张迂仔借尸讹诈的案件，并述说：

> 查闽省上游地区狱讼繁兴，其无赖棍徒遇有路毙多日乞丐，动辄出头控称为家属被人殴毙，择地方因窭为凶手，指尸身发变为伤痕，勾串流民作见证，冒认尸亲，藉命讹诈，近邻受其拖累，不可胜言。迨经地方官审窭，该棍徒不遂其欲，犹复砌词上控，辗转株连，殊堪痛恨。除将张迂仔依案批饬该县认真办理外，合行出示严禁。为此

① 卢尔德嘉：《凤山县采访册》，第 363 页。
② 见刘雅惠《清代台湾仓厫制度兴没之研究》，台湾中正大学硕士学位论文，2016，附录六。
③ 本碑志资料首见陈朝龙《新竹县采访册》（光绪十九年，1892），台湾文献丛刊第 145 种，卷五《碑碣（下）·竹堑堡碑碣（下）》，第 223～224 页，碑名作"禁勒派买补仓谷累民碑"；又见黄耀东《明清台湾碑碣选集》，台湾省文献委员会，1999，载其原立于新竹县西城门楼下，现存新竹县新竹市图书馆，迄今已亡佚，唯存拓片，第 50～51 页。
④ 有关丁日昌《买补仓粮》碑记之详细状况，请参考刘雅惠《清代台湾仓厫制度兴没之研究》，附录六。
⑤ 事实上，江苏地区在清乾隆年间也有"藉尸讹诈"的现象，亦曾立碑示禁，见李雪梅《法制"镂之金石"传统与明清碑禁体系》，中华书局，2015，第 189～191 页；但在《光绪朝东华续录》卷一二丁日昌的奏折中却特别强调这是福建省的恶习，这也使得一些台湾学者认为丁日昌所云台湾"特有"的恶习或陋规，或许是丁日昌夸张的铺叙，并非台湾真正的风习。

示，仰闽省诸色人等知悉…［批］告示抄禀多张实贴。刑总。①

在淡新档案中，有关"自尽图赖"的公文计有二十七件，除了一件光绪六年，一件光绪十一年外，其余二十五件都是光绪二年时的文件，也就是丁日昌颁布严禁自尽图赖的谕令。根据 TH12508.3 清折，光绪二年因应丁日昌的札发，张贴告示五十道，②分别张贴在下面四十九处：

本城四城门、厅署前、九芎林、咸菜瓮、大湖口、杨梅坜、北埔、石观音、波罗汶、香山、柑园、后垄、中港、芝兰街、沪尾街、鸡笼、新庄街、金包里、顶双溪、关渡妈祖宫、龙潭陂、大姑崁、中坜新街、大甲妈祖宫口、中坜旧街、桃仔园、艋舺街、艋舺仓前、大稻埕、锡口、暖暖、水返脚、枧尾、枋桥头、头份、吞霄、宛里、大甲巡司衙口、大安街、三角涌、大隆同、猫里街、铜锣湾、新埔、新店街、坊楼庄。（见图1）

又据丁日昌的札文与告示，要求除实贴告示外，并应"泐石城门"，如图2。

然目前可查之碑志仅有四处，分别为台南市开山神社内③、宜兰市④、屏东恒春西门城⑤、新竹县，⑥碑志的内容与上引告示内容一致，除了对于"自杀图赖"行为的批判外，并详细地说明与此恶习相应的律例，最重要

① 台湾大学图书馆《淡新档案》文件编号 ntul - od - th12514_ 001（TH12514 - 000/TH12514 -001/TH12514 -002）。

② 台湾大学图书馆《淡新档案》文件编号 ntul - od - th12508_ 003（TH12508.3），清折："遵将贴示处所开折呈送宪台察核。今开：光绪二年八月十六日，接奉宪台札发告示五十道，遵即饬役分贴……"

③ （台南市中区南门路大南门碑林）本拓本曾刊载于下列图书：《台湾南部碑文集成》，第507 页；《台湾地区现存碑碣图志》台南市编（下），第 394 页；台大藏 RT00074 拓本。

④ RT00183 本拓本曾刊载于下列图书：《台湾地区现存碑碣图志》"宜兰县·基隆市篇"，第276 页。

⑤ 屠继善：《恒春县志》，卷一三，（光绪二十一年，1895），台湾文献丛刊第七五种，第231～233 页；又，《台湾南部碑文集成·示谕·严禁自尽图赖示告碑记》第 507～509 同。又，卢尔德嘉：《凤山县采访册》，《壬部·艺文（一）·碑碣·丁抚宪禁碑》，第 364～365 页，云在外北门东壁。

⑥ 陈朝龙《新竹县采访册》卷五《碑碣（下）·竹堑堡碑碣（下）·示禁自尽图赖碑》云在县治西门城下左畔（第 226 页）。

TH 12508_003   TH 12508_002_00_00_3

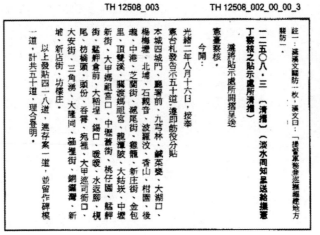

國立臺灣大學圖書館（淡新檔案）

註一：滿漢文關防一枚，漢文曰：「提督軍務兼巡撫福建地方」
關防一。

今開。

光緒二年八月十六日，接奉
憲台札發告示五十道，遵即飭役分貼
本城四城門、巷署前、九芎林、鹹菜甕、大湖口、
楊梅壢、北埔、石觀音、波羅汶、香山、柑園、後
龍、中港、芝蘭街、滬尾街、雞籠、新庄街、金包
里、頂雙溪、艋舺媽祖宮、龍潭陂、大姑崁、中壢
新街、艋舺媽祖宮、中壢舊街、桃仔園、
街、猛狎倉前、大稻埕、錫口、暖暖、水返腳、枧
尾、枋橋街、頭份、苑裡、大甲街、銅鑼灣、新
大安街、三角湧、大隆同、福遁街、銅鑼灣、新
埔、新店街、坊橋庄。
以上發貼四一八道，連存案一道，並留作碑模
一道，計共五十道，理合登明。

一二五〇八·三 （清摺） （淡水同知呈送給撫憲）
丁察核之貼示處所清摺
謹將貼示處所開摺呈送
憲臺察核。

图1　丁日昌札发

资料来源：台湾大学图书馆（淡新档案）TH 12508 - 003。

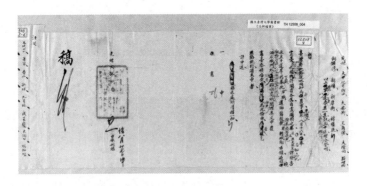

图2　渤石城门

资料来源：台湾大学典藏数字化计划网站 TH12508 - 004。

的是丁日昌加上了如下字句：

> 尔等安分良民，如有实被自尽命案牵连者，准即摹搨石示，赴地
> 方官呈诉，以免拖累，各宜凛遵，切切！特示。

亦即受牵连者，可以用摹搨碑石的拓片作为诉状之用。如此一来，碑志的
告示性质，被赋予了相当的法律功能。值得注意的是，同样是光绪二年针

对恶习所颁布的示谕与告示，如前所云"牛墟管理"与"买补仓粮""严禁赌博"，① 甚至"藉尸图赖"② 等碑志，却未被赋予碑志这样特殊的功能。其原因究竟为何？

六 "严禁自尽图赖碑"的公诉功能

丁日昌《清史稿》有传，赵尔巽等评论其生平曰"疆吏当承平时，民生吏治，要在因地制宜而已。（丁）日昌、（卞）宝第皆以尚严着绩效"。③ 对照丁日昌在官历上的各项措施，对于整饬吏治上一向特别用心，虽然在台湾仅有八个月左右的时间，但在整体福建巡抚的职任上，不管是否莅台都十分注意台湾的风习与官纪。④ 细审丁日昌在台湾所立的示禁碑志，"牛墟管理"与"买补仓粮"基本上都是属于官吏在管辖上陋规，而"自尽图赖"与"严禁赌博"则是地方恶习，且为闽省共有的恶习，但是赌博所造成的影响是当事人自己，或其家族，⑤ 因此，在台湾与原乡之一的厦门地

---

① 碑志见卢尔德嘉《凤山县采访册》，《壬部·艺文（一）·禁赌博碑》，第 369 ~ 370 页。

② 乾隆三十二年（1767）八月《严禁棍徒藉尸吓骗差查勒索碑记》，又作《无赖汉取缔碑》，原在台南市永乐町水仙宫庙内，今存台南市大南门碑林，收录于《台湾南部碑文集成》者作《恩县邹大老爷告示碑记》，第 398 页；《台湾地区现存碑碣图志》台南市编（下）作《严禁棍徒藉尸吓骗差查勒索碑记》，第 333 页；又，乾隆四十七年（1782）三月《严禁地保串棍藉尸吓索碑记》，现存台南市盐水区护庇宫三川殿左壁，收录于《台湾南部碑文集成》及《明清碑碣选集》；又，光绪元年（1875）十月《严禁藉尸吓诈示告碑记》，原在台南市大东门城壁内，今亦存大南门碑林，又作《兵丁心得碑》，收录于《台湾南部碑文集成》作《严禁恶习碑记》，第 501 页；《台湾地区现存碑碣图志》台南市编（下）作《严禁恶习碑记》，第 393 页。其内容皆无"摹搨石示，赴地方官呈诉"字句。

③ 赵尔巽等：《清史稿》卷四四八《丁日昌列传》，鼎文出版社，1981，第 12530 页。

④ 如光绪二年四月请革职追办知府凌定国建造台湾安平口三鲲身炮台浮冒款项（《清德宗实录》卷二九）；光绪二年九月请革职嘉义县知县杨宝吾候补知县何銮，因两人收受书吏税契（《清德宗实录》卷四〇）。此两项人事案均为丁日昌尚未赴台时所提报者。

⑤ 见《福建省例·刑政例》（上）"严禁赌博"："总由玩劣生监，串通游手无赖之徒，引诱良家殷实子弟开场聚赌，或在墟场古庙、街衢市镇，或在寺观尼庵、深堂密室，昼夜呼卢，斗牌宝局，不特废时失业，甚至荡产倾家。或因贫则流为匪类，或争角而酿成人命。以祖父辛勤血挣之业，供奸棍抽头胲削之资，妻子啼饥，亲朋厌恶。败露之后，国宪难逃。"（台湾文献丛刊第 199 种，第 848 ~ 849 页）。

区一样，被规范在乡规乡约之中。① 与上述三种陋规恶习相比，"自尽图赖"所造成的影响则不仅巨大而且"无奈"。诚然，"自杀图赖"与"藉尸讹诈"同样都是通过人的死亡对人进行勒索，在事件的经过中若有攀附与株连，也同样都有无辜的受害者；但"自尽图赖"事件中，尚有一些案件牵涉自杀前的冤屈、愤怨，不像"藉尸讹诈"可以较为简单的厘清事情的真相。如《福建省例》即记载了一则乾隆二十三年江观发妻罗氏被殴自杀的案件，其事件起因于"江观发因妻罗氏不肯为之烧水，以致拳殴左臂，伤甚轻微，罗氏有不可解之忿，而辄轻生自尽"，② 这种"不可解之忿"想来当有其更深沉的缘由，值得更深入的检讨。不过在福建地区却更多的是借由自杀，株连勒索，冀得厚利的状况。《福建省例·刑政例》记载乾隆六十年八月初二日一件案例，谓：

> 兹据闽县民人冯恒裕等以闽邑合北里、塘头墩地方风习俗蛮，或因口角微嫌，或有田亩典卖，不论业已断绝，强凑强尽，不遂其欲，即挟毒草图勒厚赀，皆由服毒之家属迫使老迈残疾或驱妇女无用之人，或厌游手懒惰之辈，明则哄其服毒恐吓，实则喜以图赖瓜分，乡邻族保随声附和，酿成命案，羁累公庭……一经报官验讯，胥役则乘机而婪索，讼棍每诪张而为幻，以致被害之家，小则废时失业，大则荡产倾家。其所关于风俗人心，诚非浅鲜。③

此种"自杀图赖"所造成的株连，先是以"乡邻族保随声附和""人人视为利薮"的方式进行，继则胥役、讼棍婪索，其株连之广、之深，对于整个社会均造成不良的后果，风俗民心在恶性循环之下，定然日渐浇薄。然而牵连既广，政府即便屡屡示禁，在一个共犯结构中，显然也极难申诉，

---

① 见厦门市集美区灌口镇铁山村忠惠宫所立光绪三十一年（1905）《灌口铁山村公约碑》，何丙仲：《厦门碑志汇编》，中国广播电视出版社，2004，第468～469页。台湾两通严禁赌博的碑志，迄今都亡佚了，而赌博的风气，即便是今日的台湾仍然是非常普遍的社会问题，无事不可赌，无地不可赌，因而求取"明牌"的阴庙香火一向鼎盛，绝对不输正神。

② 《福建省例·刑政例（上）》"夫殴妻妾轻伤，因而自尽，照律勿论"，第843～844页。

③ 《福建省例·刑政例（上）》"禁服毒草毙命图赖"，第973～974页。

政府欲传达其约制惩罚的坚决态度，定然是要晓谕各方，故而有纸质告示的张贴；但为了彰显坚决处理"自尽图赖"现象的意志，在群众聚集处竖立碑志便成为重要的措施；"摹搨石示，赴地方官呈诉"则成为鼓励申诉的渠道。

丁日昌为能臣，史称"办外交，事有钩棘，徐起应付，率皆就范。调两淮盐运使，淮盐故弊薮，至则禁私贩，纠贪吏，剅运道，岁入骤增。同治六年，擢布政使，授巡抚。江南戎烬后，庶政不绁，日昌集流亡，除豪猾，设月报词讼册，定钱漕科则，下其法各省"。[①] 观其在台湾碑志中所展现不同层次的处理技巧，可以知其一斑。

七　结论

碑志作为载体，与易损毁的载体不同，具有明显的昭示性，自明清以来碑志与地方行政有了相当密切的结合，然而昭示或警示作用，究竟在实际的环境中具有多少的约束力？其与易毁损的告示间又有怎样的关联性作用？本文试着借由台湾的示禁碑志探讨以上的问题。

根据台湾现存碑志资料，在示禁碑中恶习所占的数量甚高，其中"自尽图赖"与"藉尸讹诈"又占有最高的比例，这与丁日昌对于台湾社会现象的陈述基本相符，然而这么多的示禁碑志，究竟对于社会可以产生多少真正的约束力？碑志的刊立在明清时期已经有了非常规范的程序。然而，从碑志刊立的时空现象观察，屡次被刊立的示禁碑志，显示出碑志固然具有昭示性，然似乎并未能真正地达到积极约制的效能。但是在解决一些社会问题上，无论官方或者民间，仍然认为碑志具有一定的效能。

如把台湾的碑志分为"告示与晓谕""自律性公约""法制化公议"三种形式，丁日昌在履任福建巡抚在台湾的行政措施中，颁布了不少"告示与晓谕"，其中，严禁"自杀图赖"的碑志现知有四处，然而由《淡新档案》中，可以找到纸质的公文二十七件，其中有二十五件都是因应丁日昌对于"自杀图赖"札发所颁布的示谕。这些札发也有明确的注记，除了

---

① 赵尔巽等：《清史稿》卷四四八《丁日昌列传》，第 12513 页。

五十道（实际 48）实贴公文外，并应该要"勒石城门"，以彰警示的效能。这种勒石城门的程序，基本上已经非常规范，虽然立碑的数量比纸质告示少，但其欲表达之决心却更坚决。由丁日昌所观察、主张、宣示的施政基本方向来看，"自杀图赖"碑志虽然与"藉尸讹诈"同样是以亡者作为勒索的对象，但，两者仍有不一样的地方，"自杀图赖"由于还牵涉当事人可能有"不可解之忿"，而使得事件的发生更加复杂。更加上，在贫困之地会有"迫使老迈残疾或驱妇女无用之人，或厌游手懒惰之辈，明则哄其服毒恐吓，实则喜以图赖瓜分，乡邻族保随声附和"之恶习，一经株连，是官、民、乡里一并勾串，形成一种特殊的共犯结构，其无奈、冤屈更是求诉无门。由此，在丁日昌的诸多札发、示谕、立碑的行政作为中，遂唯有"自杀图赖"碑志被赋予了"摹搨石示，赴地方官呈诉"的公诉性地位。或许这是一个特例，但由此也可以了解一个地方首长如何透过碑志的特殊性质，作为处理地方风习的手段。

附表 1　台湾恶习碑

碑　名	时　间	地　点	出　处
严禁藉端科索大口船只碑记	乾隆十年	台南市大南门碑林，第二排第十二位	现存碑第 317~318 页
禁止养鸭奸徒搭寮窝匪扰民碑记	乾隆十三年十二月	台中市张宅，未立，置于院中	现存碑第 208~209 页
周知县德政暨严禁地棍吓诈樵采营葬碑记	乾隆十八年一月	台南县赤山龙湖岩后殿左外壁	现存碑碣第 64~65 页
◎严禁棍徒藉尸吓骗差查勒索碑记	乾隆三十二年八月	台南市大南门碑林，第二排第十五位	现存碑碣第 333 页
奉禁恶丐逆扰碑记	乾隆三十九年十月	高雄区神元宫左厢前内壁	现存碑碣第 95~96 页
严禁棍徒流匪侵扰碑记	乾隆四十三年五月	屏东县德兴宫右厢、正殿之间，置放未立	现存碑第 204~205 页
◎严禁地保串棍藉尸吓索碑记	乾隆四十七年三月	台南县护庇宫三川殿左壁	现存碑碣第 39~40 页
◎严禁地保串棍藉尸吓索碑记	乾隆四十七年三月	台南县护庇宫三川殿右壁	现存碑碣第 41~42 页
◎严禁奸保蠹差藉尸图诈碑记	乾隆四十七年四月	嘉义县市璇宿上天宫庙前广场左侧	现存碑碣第 68~69 页

碑　名	时　间	地　点	出　处
严禁开赌强乞剪绺碑记	乾隆四十七年六月	屏东县双慈宫正殿左外壁	现存碑碣第63~64页
◎严禁奸保蠹差藉尸图诈碑记	乾隆四十七年七月	云林县德兴宫庙埕右侧。	现存碑碣第62~63页
◎严禁玩保蠹差藉尸吓诈碑记	乾隆四十八年七月	屏东县慈凤宫正殿左外壁	现存碑碣第2~3页
严禁恶丐强索泼扰碑记（佚）	乾隆四十八年八月	高雄区	现存碑第321~322页
◎严禁玩保棍徒藉尸吓诈碑记（佚）	乾隆四十九年四月	高雄区	现存碑碣第313页
严禁恶丐强索泼扰碑记	嘉庆九年二月	高雄区城隍庙左厢右壁	现存碑碣第66~67页
浦子河义渡碑记	嘉庆十三年十二月	新竹县市新小区联合里办公处，置于骑楼，未立	现存碑碣第2~3页
二层行溪义渡碑记（佚）	嘉庆十九年十一月	台南县	现存碑碣第303页
公定糖量石驼碑记	嘉庆十九年十二月	屏东县双慈宫，正殿左外壁	现存碑碣第66~67页
◎严禁地棍移尸讹诈藉命罗织碑记	嘉庆二十年一月	嘉义县市大福兴宫庙埕前	现存碑第184~185页
严禁佛头港货物分界独挑碑记	嘉庆二十一年十一月	台南市大南门碑林，第二排第十八位	现存碑碣第357页
○奉宪严禁罗汉脚恶习碑记	嘉庆二十二年六月	高雄区天后宫左厢前外壁	现存碑第117~118页
严禁勒索竹排碑记	道光四年五月	南投县连兴宫正殿右外壁	现存碑第140~141页
公定斗量碑记	道光六年四月	屏东县万丹国民小学校门右侧	现存碑第104~105页
创设义渡严禁私索碑记	道光十四年一月	台中县巧圣仙师庙三川步口左壁	现存碑第113~114页
房里溪官义渡示禁碑记	道光十七年	苗栗县顺天宫庙前碑亭	现存碑碣第91~92页
大甲溪官义渡示禁碑	道光十七年	台中县王宅右外壁	现存碑碣第91~92页
大甲溪官义渡示禁碑记	道光十七年	台中县市王宅，民宅右外壁	现存碑碣第91~92页
严禁锢婢不嫁碑记	道光二十年六月	宜兰县立文化中心	现存碑碣第4~5页
锢婢积习示禁碑记	道光二十年	台南市大南门碑林，第二排第二十一位	现存碑碣第379页

续表

碑　名	时　间	地　点	出　处
严禁恶丐强乞吵扰碑记	道光二十一年五月	台南市大南门碑林，第三排第二十一位	现存碑碣第 380 页
王田新置义冢碑记	道光二十三年十月	台中县天和宫右庙室前壁	现存碑第 109～110 页
中垄泉漳和睦碑记	道光二十四年十月	苗栗县中港慈裕宫后院左侧碑亭	现存碑碣第 42～43 页
严禁恶丐聚党强索碑记	道光二十五年九月	高雄区内门紫竹寺，未立，放置于左厢	现存碑第 115～116 页
严禁藉差掳抢碑记	道光二十五年十月	云林县福德宫庙右外壁。	现存碑碣第 12～13 页
八奖溪义渡碑记	道光二十七年十月	嘉义县市弥陀禅寺左山坡上	现存碑第 160～161 页
严禁奸棍藉冒差役酷索碑记	道光二十七年十月	台南县盐水图书馆馆前空地，未立	现存碑碣第 36～37 页
严禁恶丐强索横行碑记	道光二十七年十一月	高雄区元帅庙左厢壁	现存碑第 244～245 页
严禁呆钱碑记（佚）	道光二十八年三月	高雄区	
漳泉械斗谕示碑（佚）	道光二十九年	苗栗县（新竹）	《台湾中部碑文集成》第 106～107 页
◎严禁藉尸索诈诬控碑记	咸丰二年二月	台中县巧圣仙师庙左厢房前	现存碑第 118～119 页
严禁藉差假公行劫碑记	咸丰六年五月	台北慈仁宫庙右碑亭	现存碑第 294～295 页
严禁筏夫勒索碑记	咸丰七年十月	彰化县	
严禁棍徒扰害良民碑记	咸丰八年六月	台南县山西宫旧庙正殿右外壁	现存碑第 200～201 页
漳泉无分气类示谕碑记	咸丰八年十月	台中县林氏贞孝坊	现存碑碣第 65～66 页
公议严禁恶习碑记	同治二年冬月	桃园福仁宫三川殿右壁	现存碑第 195～196 页
严禁赌博碑记（佚）	同治三年六月	新竹县县东二十二里新埔街广和宫	台湾文献丛刊 145《新竹县采访册》卷五
○示禁四害碑记（佚）	同治三年六月	新竹县市	
严禁轿夫抬勒轿价碑记（佚）	同治六年十一月	高雄区	
严禁轿店抬勒轿价碑记	同治十一年十月	屏东县	
○示禁四害碑记（佚）	同治十二年四月	苗栗县	台湾古碑拓片
严禁水沙连社丁首索诈碑记	光绪元年六月	南投县广盛宫三川步口前左侧	现存碑第 211～212 页

续表

碑　名	时　间	地　点	出　处
○严禁恶习碑记	光绪元年十月	台南市大南门碑林第三排第十八位	现存碑碣第 393 页
○严禁恶习碑记（佚）	光绪元年十二月	台南县	现存碑碣第 314 页
◎严禁自尽图赖碑记	光绪二年二月	台中县巧圣仙师庙左厢房前	现存碑第 120～121 页
○严禁恶习碑记（佚）	光绪二年二月	台南县	现存碑第 314～315 页
○严禁恶习碑记（佚）	光绪二年二月	台南县	现存碑第 315～316 页
○严禁恶习碑记	光绪二年二月	台南县北极殿,未立	现存碑碣第 188～189 页
严禁赌博碑记（佚）	光绪二年四月	凤山县双慈亭门外左壁	《凤山县采访册》第 369～370 页
禁革牛墟陋规碑记（佚）	光绪二年六月	台南县	现存碑第 316～317 页
禁革牛墟陋规碑记（佚）	光绪二年六月	高雄区	
◎严禁自尽图赖碑记（佚）	光绪二年七月	宜兰	现存碑第 276～277 页
◎严禁自尽图赖碑记	光绪二年七月	台南市大南门碑林第三排第十七位	现存碑碣第 394 页
◎严禁自尽图赖碑记（佚）	光绪二年七月	高雄区	
◎严禁自尽图赖碑记	光绪二年七月	屏东县南门城内绿地	现存碑第 227～229 页
○严禁恶习碑记	光绪二年十月	台南县山西宫旧庙正殿右外壁	现存碑第 202～203 页
永济义渡碑记	光绪五年	南投县紫南宫正殿左前碑亭	现存碑第 161～163 页
永济义渡碑记	光绪五年	南投县福兴宫庙左外侧。	现存碑第 205～207 页
严禁恶丐强索横行碑记	光绪五年闰三月	高雄区楠和宫右厢入口右壁	现存碑第 237～238 页
客路保生示告碑记	光绪十一年	台北台湾省立博物馆馆前碑亭	现存碑碣第 17～18 页
○端风正俗碑	光绪十一年七月	高雄区东门门楼外向左壁	现存碑第 151～153 页
严禁棍番勒索恶习碑记	光绪十二年十一月	台中县玉皇庙,普济寺正殿外右侧花圃	现存碑第 107～108 页
严禁锢婢不嫁碑记	光绪十五年六月	台南市大南门碑林第三排第十六位	现存碑碣第 397 页
严禁锢婢不嫁碑记	光绪十五年六月	台南市赤嵌楼小碑林	现存碑碣第 135 页

续表

碑　名	时　间	地　点	出　处
调处修筑车路纠纷示告碑记	光绪十八年九月	台南县,赤山龙湖岩,后殿左外壁	现存碑碣第 70~71 页
长济义桥田产示谕碑记	光绪十八年二月	南投县广盛宫三川步口前右侧。	现存碑第 213~214 页

注：◎为藉尸讹诈或自尽图赖碑计 14 通。○为恶习碑中提及藉尸图赖计 10 通。

资料来源：参考曾国栋《清代台湾示禁碑之研究》重制。

《中国古代法律文献研究》第十一辑

2017 年，第 467 ~ 487 页

高句丽碑刻中的法律条文

耿铁华[*]

摘　要：现存有关高句丽法律制度方面的碑刻有《集安高句丽碑》和《好太王碑》，两者均涉及高句丽守墓烟户制度及买卖烟户的惩治规定。《集安高句丽碑》自从 2012 年被发现，引起国内外学者关注，现有释文 16 种，碑文含有好太王十八年（408）制定的三条关于守墓烟户制度的法律条令。《好太王碑》中记载好太王墓守墓烟户的摊派、来源及守墓烟户制度的法律规定，并禁止守墓烟户买卖，对违背规定者进行惩罚、延及子孙。结合考古研究者对好太王墓的考察发现，可明确高句丽守墓烟户的来源、数量及"四时祭祀"制度。传世文献如《后汉书》《三国志》等对高句丽的守墓烟户制度均没有记载，《集安高句丽碑》和《好太王碑》可弥补历史文献在该方面的缺失。

关键词：高句丽　守墓烟户　四时祭祀　守墓法令

高句丽从公元前 37 年建国到公元 668 年灭亡，在中国东北和朝鲜半岛

＊ 耿铁华，通化师范学院高句丽研究院特聘院长，历史学教授；东北师范大学历史文化学院博士生导师。

北部地区生存活动了 705 年，传 28 王。现存的高句丽碑刻不多，涉及法律条文的有《集安高句丽碑》和《好太王碑》，记载的内容是关于守墓烟户制度及买卖烟户的处罚规定，补充了文献记载的不足，对于研究高句丽守墓制度及相关法律问题具有重要价值。

一 《集安高句丽碑》文中的法律条文

《集安高句丽碑》是 2012 年 7 月 29 日在麻线河边发现的。碑体呈扁长方形，下部稍厚。碑首与碑身连为一体，呈圭形。右上角稍有缺损，底部两角呈漫圆形，下部中间有榫头，立碑时应有碑座，现已缺失。碑身正反两面加工较精细，表面平整光滑，正面上部分刻文磨蚀严重，下部分磨蚀较轻，右上角缺损部分伤及 10 余字。碑残高 173 厘米，宽 60.6 ~ 66.5 厘米，厚 12.5 ~ 21 厘米，下部榫头高 15 ~ 19.5 厘米，宽 42 厘米，厚 21 厘米。石碑重量为 464.5 千克。

正面碑文 10 行，每行 22 字，最后一行 20 字，原有文字 218 字，可识读 156 字。[①] 大体内容可分为三段：第一段记载邹牟王开创基业，得到神灵祐护，开国辟土，继胤传承。先王去世后安排一定数量守墓烟户，令备洒扫，四时祭祀。第二段是国罡上好太王即位之后，不仅开拓疆土，还为先王追述功勋，颁布守墓条令。第三段是铭刻守墓烟户头廿人名，以示后世。并明令，从今以后，不得擅自买卖守墓烟户，即使富足者亦不得随意买卖。如有违背者，不仅自己受罚，还要祸及子孙，参照碑文记载来定其罪（参见图 1）。

《集安高句丽碑》一书公布的释文如下：

第 1 行　□□□□世必授天道自承元王始祖邹牟王之创基也
第 2 行　□□□子河伯之孙神灵祐护蔽荫开国辟土继胤相承
第 3 行　□□□□□□烟户以此河流四时祭祀然而□备长烟
第 4 行　□□□□烟户□□□□富足□转卖□□守墓者以铭

第 5 行　　□□□□□□□□罡□太王□□□□王神□□與东西
第 6 行　　□□□□□□□追述先圣功勋弥高悠烈继古人之慷慨
第 7 行　　□□□□□□□□自戍□定律教□發令其修復各於
第 8 行　　□□□□立碑铭其烟户頭廿人名以示後世自今以後
第 9 行　　守墓之民不得擅自更相轉賣雖富足之者亦不得其買
第 10 行　　賣如有違令者後世□嗣□□□看其碑文與其罪过①

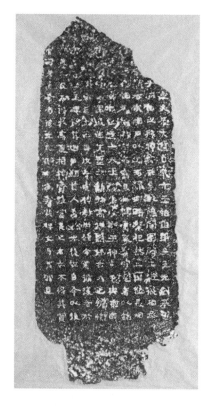

图 1（A）　周荣顺拓本

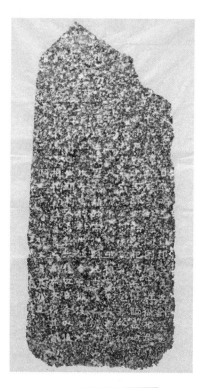

图 1（B）　江化国、李光夫拓本

　　《集安高句丽碑》发现以来，国内外学者非常重视，组织学术会议进
行讨论研究。迄今为止，中国、韩国、日本学者有 16 种释文。② 由于碑石

①　集安市博物馆：《集安高句丽碑》，第 11 页。
②　耿铁华：《集安高句丽碑集释》，中国朝鲜史研究会 2015 年学术年会。

部分磨损，拓本各有特点，诸家对于文字的隶定有所不同。具有代表性的释文有：

林沄先生的释文为：

1　□□□□世必授天道自承元王始祖邹牟王之创基也
2　□□□子河伯之孙神灵祐护蔽荫开国辟土继胤相承
3　□□□□各家烟户以此河流四时祭祀然万世悠长烟
4　□□□□烟户□□□□富□□转卖□□守墓者以铭
5　　　　□□唯国罡□太王□乎□太王神武车舆东西
6　　廿家巡故国追述先圣功勋弥高烈继古人之慷慨
7　□□□□好太王曰庚戌年定律教□发令其修复各於
8　祖先墓上立碑铭其烟户头廿人名以示后世自今以后
9　守墓之民不得擅自更相转卖虽富足之者亦不得共买
10 卖如有违令者后世□嗣□□看其碑文与其罪过①

徐德源先生的释文为：

1　□□□□世必授天道自承元王始祖邹牟王之创基也
2　天帝之子河伯之后神龟祐护蔽荫开国辟土继胤相承
3　□□□□□□烟户以此河流四时祭祀然而□循长烟
4　□□□□烟户□□□□富足□转卖□□守墓者以铭
5　□□□□□□□国罡上太王故国原王王神□□舆东西
6　□□□□□□追述先圣功勋弥高悠烈继古人之慷慨
7　□□□□好太王曰庚戌年定律教□发令其修复各於
8　祖先墓上立碑铭其烟户头廿人名以示后世自今以后
9　守墓之民不得擅自更相转卖虽富足之者亦不得共买
10 卖如有违令者后世□嗣□□看其碑文与其罪过②

① 林沄：《集安麻线高句丽碑小识》，《东北史地》2013 年第 3 期。
② 徐德源：《新发现集安高句丽碑碑铭文主人公及部分铭文释读之我见》，《高句丽与东北民族研究》，吉林大学出版社，2013，第 1～11 页。

韩国判读会的释文为：

1　□□□□世必授天道自承元王始祖邹牟王之创基也

2　□□□子河伯之孙神灵祐（祚、於）护（甄）蔽（葭）荫（熊、熊）开国辟土继胤相承

3　□□□□宏□烟户以此河流四时祭祀然而与俗长烟

4　□□□□烟户□□□□富足（露）□转卖□□守墓者以铭

5　□□□□□主□罡□太王□□□元（六）王神亡（七）丧（求、衣）兴东西

6　南（祠）□□□□□追述先圣功勋弥高悠烈继古人之慷慨

7　□□□□□□□因（四）自戊子（午）定神教□发令□修复各於

8　□□□□立碑铭其烟户头廿人名铭示后世自今以后

9　守墓之民不得擅自更相擅卖虽富足之者亦不得其买

10　卖若有违令者后立□嗣□□看其碑文与其罪过①

日本学者武田幸男的释文为：

1　□□□□□必授天道自承元王始祖邹牟王之创基也

2　□□□子河伯之孙神□□□假荫开国辟土继胤相承

3　□□□□□□□烟户以□河流四时祭祀然□世悠长烟

4　□□□□烟户□□□□富足□转卖□□守墓者以铭

5　□□□□□□□□太王□□□□王神□□舆东西

6　□□□□□□□□追述先圣功勋弥高悠烈继古人之慷慨

7　□□□□□□□□自戊子定律教内发令其修复各於

8　□□□□立碑铭其烟户头廿人名以示后世自今以后

---

①　韩国《成均馆大学600周年纪念文集》，2013年3月9日。

9　守墓之民不得□□更相转卖虽富足之者亦不得其买

10　买□有违令者后世继嗣之王看其碑文与其罪过①

笔者的释文为：

1　惟太王之世必授天道自承元王始祖邹牟王之创基也

2　日月之子河伯之孙神灵祐护蔽荫开国辟土继胤相承

3　□□□□□□烟户以此河流四时祭祀然而□备长烟

4　户□□□烟户□□□□富足者转卖韩秽守墓者以铭

5　□□□□□□唯国罡上太王□□□□王神□□舆东西

6　□□□□□□追述先圣功勋弥高悠烈继古人之慷慨

7　□□□□□□□□自戊□（申）定律教遣发令其修复各於

8　先王墓上立碑铭其烟户头廿人名以示后世自今以后

9　守墓之民不得擅自更相转卖虽富足之者亦不得其买

10　卖如有违令者后世继嗣并罚看其碑文与其罪过②

目前所见到的释文中，1～6行的文字隶定及考释分歧较大，对一些语句的历史内涵看法也有一些不同意见。但是，涉及守墓烟户制度和法令的第3、4行，第7、8、9、10行，文字隶定的分歧相对少些，不会妨碍我们对于碑文中关于高句丽王陵守墓烟户制度及买卖守墓烟户定罪、处罚等问题的讨论。这几行文字中，主要的分歧点在第7行"自戊□定律"一句。它直接涉及高句丽守墓"定律"发布时间，也涉及《集安高句丽碑》的立碑时间。

从碑面上看，"戊"字非常清楚，"定律"二字也较清楚，只是"戊"下面的字磨泐过甚，不好辨识（见图2）。因此学者们才有"庚戌""戊子""戊午""戊申"四种意见。其中：

---

①　武田幸男：《集安两座高句丽碑的比较研究》，《项目研究》第9号，2014年。

②　耿铁华：《集安高句丽碑考释》，《通化师范学院学报》2013第3期，第1～5页。

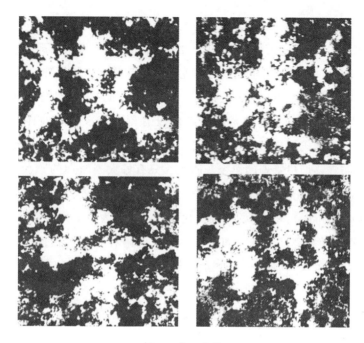

图 2　戊□定律

庚戌：好太王二十年——410 年

戊子：故国壤王五年——388 年

戊午：长寿王六年——418 年

戊申：好太王十八年——408 年

　　根据《好太王碑》文记载："自上祖先王以来，墓上不安石碑，致使守墓人烟户差错。唯国罡上广开土境好太王，尽为祖先王墓上立碑，铭其烟户，不令差错。"很明显，在好太王继位之前，高句丽诸王的陵墓上不立石碑。从好太王开始，尽为祖先王墓上立碑。刚刚发现的守墓烟户碑，应该是《好太王碑》为先王墓上立的石碑之一。碑上刻的"定律"，应该是约束守墓烟户的法律条文。此法律条文涉及守墓烟户的摊派、数量、职责和对买卖守墓烟户的责罚，不可能早于好太王时期。如果某位先王时期就有类似的法律条文，就不会造成"守墓人烟户差错"和买卖守墓烟户的情况了。法律条文已刻在了碑石上，证明此条文不能晚于立碑之年。很显然"长寿王六年（418）"颁布律令有点晚了。这个"戊午"已是好太王去世 6 年以后了，《好太王碑》也建立 4 年。因此，"戊午"年可以否定。而"故国壤王五年——公元 388 年"的"戊子"早于好太王即位三年，也是不可能的。"定律"与立碑紧密相连，也与守墓烟户的管理、约束相关。《好太王碑》载有"自上祖先王以来，墓上不安石碑，致使守墓人烟户差错"之文，其实，若有法律规定，即使没有刻在碑上，也同样具有约束力，也不至于造成"守墓人烟户差错"的现象。也就是说，只有好太王时期，才发布守墓烟户管理的律令。因此，只有好太王时期的"戊申""庚戌"两个纪年较为合适。从碑面上看，"戊申"更为近似些，即好太王十八年（408）制定守墓烟户的相关法律条令，之后为祖王先王墓上立碑。

《集安高句丽碑》上守墓烟户法律条文的内容大致包括：不许买卖守墓烟户；买卖者及其后嗣一并处罚；处罚要依据碑文记载定罪。

二 《好太王碑》文中的法律条文

《好太王碑》是东晋安帝义熙十年（414）长寿王为其父亲立的墓碑，也称作广开土王碑。《好太王碑》自光绪三年（1877）发现以来，中国、日本、朝鲜、韩国的学者不断考释研究，发表了一批研究成果。

《好太王碑》位于吉林省集安市东偏北 4 公里的大碑村。迄今一直矗立在原地。碑高 6.39 米，呈方柱形，宽 1.34 ~ 2.00 米。四面环刻碑文，汉字隶书 44 行，每行 41 字，除去空刻、抬头，原文 1775 字，目前可识读 1600 字左右。碑文第一部分记载了高句丽起源建国的传说，前三王的传承，好太王的统治。第二部分记载好太王在位期间参与的战争和军事行动，包括讨碑丽、伐百济、救新罗、驱倭寇、征东夫余等。其中几次与倭寇的战争为重点，其原因在"辛末年"句，已成为国内外学者关注与讨论研究的焦点。第三部分是关于好太王守墓烟户的摊派、来源与守墓烟户制度。这里面也有不许买卖守墓烟户及其违背者惩罚的规定（见图 3）。[①]

《好太王碑》第四面第 5 ~ 9 行记载：

---

① 日本水谷悌二郎：《好太王碑考》，《书品》100 号，1959 年。

5 家为看烟国罡上广开土境好太王存时教言祖王先王但教取远近旧民守墓洒扫吾虑旧民转当嬴劣

6 若吾万年之后安守墓者但取吾躬巡所略来韩秽令备洒扫言教如此是以如教令取韩秽二百卅家虑

7 其不知法则复取旧民一百十家合新旧守墓户国烟卅看烟三百都合三百卅家自上祖先王以来墓上

8 不安石碑致使守墓人烟户差错唯国罡上广开土境好太王尽为祖先王墓上立碑铭其烟户不令差错

9 又制守墓人自今以后不得更相转卖虽有富足之者亦不得擅买其有违令卖者刑之买人制令守墓之

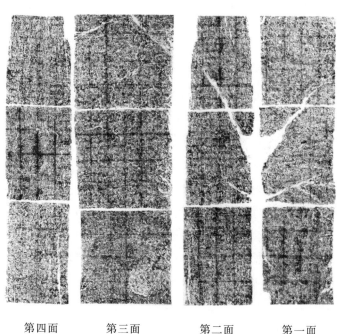

第四面　　　　第三面　　　　第二面　　　　第一面

图3　水谷悌二郎藏《好太王碑》拓本

这里记录了好太王生前的教言，他死后取韩秽 220 家、旧民 110 家，共计 330 家为其守墓。这 330 家守墓烟户中，还分为国烟和看烟，说明他们的来源、居住环境、所操之业有所不同，和可能与商周以来的国人、野人一样。从城市来的烟户为国烟，从农村来的则为看烟，前者身份略高些。国烟为 30 家,看烟为 300 家,正好是 1 : 10 的关系。国烟就是《集安高句丽碑》中记载的烟户头。至于守墓烟户的身份地位,有的学者认为"略与奴隶相同","守墓烟户的身份是奴隶,无论国烟、看烟都不例外"。① 其实,只凭买卖还不足以证明守墓烟户为奴隶,再从他们的来源,官吏和富足的"买人制令守墓"等规定看,烟户都是以家为基础,至少也应该是农奴。②

为了保证守墓烟户的数量和职责,《好太王碑》还规定:自今以后不得更相转卖,虽有富足之者,亦不得擅买。其有违令,卖者刑之,买人制令守墓之。虽然文字比较简略,确是高句丽关于守墓烟户制度最为明确的法律条文。

三　关于高句丽的法律

关于高句丽法律方面的文献记载不多,有的记载较为笼统。《三国志》记载:"无牢狱,有罪诸加评议,便杀之,没入妻子为奴婢。"《后汉书》也是"无牢狱,有罪诸加评议,便杀之,没入妻子为奴婢"。③ 据《三国史记》:小兽林王"二年,夏六月,秦王苻坚遣使及浮屠顺道,送佛像经文。王遣使回谢,以贡方物。立大学,教育子弟。三年,始颁律令"。④《三国志》记载了三国时期魏、蜀、吴三国的政治、军事、经济、文化的历史,纪事时间为东汉末到晋初(180 ~ 280),成书时间当在公元 290 年前后。⑤《三国史记》小兽林王三年为公元 373 年。如果说陈寿作《高句丽传》时,高句丽的法律还不很健全,那么到了小兽林王时期则有了明确的法律条文。然而"始颁律令"的具体内容,并没有记载。

---

① 王健群:《好太王碑研究》,吉林人民出版社,1984,第 192、224 页。
② 耿铁华:《好太王碑国烟看烟及其身份问题》,《求是学刊》1988 年第 4 期,84 ~ 85 页。
③ 《三国志·高句丽传》《后汉书·高句丽传》。
④ 《三国史记·小兽林王本纪》。
⑤ 《三国志》作者陈寿(233 ~ 297),字承祚。巴西郡安汉县(今四川南充)人。三国时蜀汉及西晋时著名史学家。师事谯周,蜀汉时曾任卫将军主簿、东观秘书郎、观阁令史、散骑黄门侍郎等职。当时,宦官黄皓专权,陈寿因为不肯屈从黄皓,屡遭遣黜。蜀降晋后,历任著作郎、长广太守、治书侍御史、太子中庶子等职。太康元年(280),晋统一了魏蜀吴三国,陈寿历经十年编写《三国志》。

《三国史记》中，涉及高句丽法律的零散记载如下。

史料 A. 大武神王二年（公元 19 年），"春正月，京都震。大赦。百济民一千余户来投"。

史料 B. 大武神王十五年（公元 32 年），"春三月，黜大臣仇都逸苟焚求等三人为庶人。此三人为沸流部长，资贪鄙，夺人妻妾、牛马、财货，恣其所欲，有不与者，即鞭之，人皆忿怨。王闻之欲杀之，以东明旧臣，不忍致极法，黜退而已。遂使南部使者邹毂素代为部长。毂素既上任，别作大室以处，以仇都等罪人，不令升堂。仇都等诣前，告曰：'吾侪小人，故犯王法，不胜愧悔。愿公赦过，以令自新，则死无恨矣。'毂素引上之，共坐曰：'人不能无过，过而能改，则善莫大焉。'乃与之为友。仇都等感愧，不复为恶"。

史料 C. 新大王二年（166），"春正月，下令曰：'寡人生忝王亲，本非君德，向属友于之政，颇乖贻厥之谟……宜推恩而及远，遂与众而自新，可大赦国内。'国人既闻赦令，无不欢呼庆，曰：'大哉，新大王之德泽也！'初明临笞夫之难，次大王太子邹安逃窜，及闻嗣王赦令，即诣王门，告曰：'向国有灾祸，臣不能死，遁于山谷，今闻新政，敢以罪告。若大王据法定罪，弃之市朝，惟命是听。若赐以不死，放之远方，则生死肉骨之惠也，臣所愿也，非敢望也。'"

史料 D. 山上王二年（198），"春二月，筑丸都城。夏四月，赦国内二罪已下"。

史料 E. 东川王二年（228），"春二月，王如卒本，祀始祖庙。大赦。十七年春正月，立王子然弗为王太子，赦国内"。

史料 F. 中川王八年（255），"立王子药卢为王太子，赦国内"。

从以上记载看，小兽林王以前，高句丽处罚罪人的刑法有：

死刑　《三国志》《后汉书》"有罪诸加评议，便杀之"。史料 B "王闻之欲杀之，以东明旧臣，不忍致极法，黜退而已"。

弃市　史料 C "若大王据法定罪，弃之市朝，惟命是听"。

鞭刑　史料 B "有不与者，即鞭之"。

流放　史料 C "若赐以不死，放之远方"。

贬黜　史料 B "黜大臣仇都逸苟焚求等三人为庶人"，"以东明旧臣，不忍致极法，黜退而已"。

罚为奴婢　《三国志》《后汉书》"没入妻子为奴婢"。

大赦　史料 B、C、D、E、F "赦过""大赦""赦令""赦国内"。

引文中也有"依法定罪"，"升堂"问罪，"以令自新"等字样，说明高句丽相关的法律条文已经很具体。同时，并不像《三国志》《后汉书》记载的"无牢狱"。史料 B "稗素既上任，别作大室以处，以仇都等罪人，不令升堂"。这里的"大室"就是关押罪人的牢狱。如果没有关押，也不可能有"大赦""赦国内二罪已下"。

黄甲元、秦升阳曾撰写过《高句丽法律与司法》，认为，高句丽有"惩治谋反谋叛法"。《旧唐书》所记"有谋反叛者"，"守城降敌，临阵败北"，《周书》则称"谋反及叛者"，都要处以极刑。还有"王位继承法"，其原则是父死子继，兄终弟及加以补充。"保护王有和私有财产的反盗窃法"，《周书》记载，高句丽刑法"盗者，十余倍征赃"。《旧唐书》"盗物者，十二倍酬赃"。若贫穷不能偿还，则"皆听凭其子女为奴婢以尝之"。此外还有涉及婚姻的法律规定等。①

在高句丽的文献史料中，还没有发现《集安高句丽碑》和《好太王碑》中记载的关于守墓烟户制度及其法律条文，因此，碑石铭刻的守墓烟户法律条文可补充历史文献记载的不足，使已知的高句丽法律条文中又增加了新的内容。《集安高句丽碑》和《好太王碑》中守墓烟户的定律及相关法律条文，在东亚碑刻文献中也是不多见的。

四　高句丽守墓制度及法律条文

我们初步确定了《集安高句丽碑》的刻立时间是在公元 408 年至 410 年期间，也就是好太王统治的后期，为其父亲的陵墓——千秋墓立的碑。无论是碑石的形制、碑文的内容，还是《好太王碑》的记载，都是很吻合的。《集安高句丽碑》上记载的守墓烟户头 20 家，如果一个烟户头带领十家烟户，那么，为好太王的父亲故国壤王守墓的烟户应该有 220 家。《好

① 耿铁华、倪军民：《高句丽历史与文化》，吉林文史出版社，2000，第 47～53 页。

太王碑》立于东晋安帝义熙十年（414），晚于《集安高句丽碑》。碑文记载为好太王陵守墓的烟户是国烟 30 家，看烟 300 家，共计 330 家。国烟与看烟的比例也是 1∶10。这也符合高句丽的守墓烟户制度。

高句丽守墓烟户制度，是在汉代以来中原陵墓守护制度的影响下产生的。先秦时期，中原墓葬一般都是深葬不起坟垅，秦汉以后逐渐有巨大封堆，建立陵园，迁徙富足之家守护陵园。为王公大臣设立陵邑，形成守墓制度。进一步规定为帝王、贵族守墓洒扫的人家数量，文献中称为"守冢"、"园邑"、"园户"或"陵户"。汉高祖在砀"为陈涉置守冢三十家"。① 汉元帝"先后为其父母置邑守冢，以奉祭祀"。② 汉宣帝"益奉明园户为奉明县"。③ 魏晋时期，北方诸国也沿用汉代惯例设置守墓户。魏明帝青龙二年（234）三月庚寅，山阳公薨，追谥为汉孝献皇帝，以汉礼"葬于山阳国，陵曰禅陵，置园邑"。④ 十六国时期北燕冯跋"遣其太常丞刘轩徙北部人五百户于长谷，为祖父园邑"。⑤ 义熙六年（410），又以礼葬高云，"立云庙于韭町，置园邑二十家，四时供荐"。⑥ 由于守墓户数量增多，有时一次迁徙几百家、上千家，后来竟因此而设县。为了对守墓户加强管理，汉初以来就曾设陵园职官。目前，散见于汉印中的陵园职官印就有："孝景园令""孝景园令印""霸陵园丞""顺陵园丞""汉氏文园宰""汉氏成园丞印"等，⑦ 这些官印是研究古代陵寝制度珍贵的文物资料。

中原及北方诸国政治、经济、文化不断影响高句丽国家的时候，陵寝制度、守墓制度传入的可能性是显而易见的。文献记载和考古资料都充分地证实了这一点。

高句丽"新大王十五年（179）秋九月，相国答夫卒，年百十三岁。王自临恸，罢朝七日。乃以礼葬于质山，置守墓二十家"。⑧ 这是文献中关

---

① 《史记·陈涉世家》。
② 《汉书·元帝纪》注引应劭语。
③ 《汉书·宣帝纪》。
④ 《三国志·明帝纪》注引《献帝纪》。
⑤ 《晋书·冯跋载记》。
⑥ 《晋书·冯跋载记》。
⑦ 耿铁华：《好太王碑的国烟看烟及其身份问题》，《求是学刊》1988 年第 4 期，第 82～84 页。
⑧ 《三国史记·新大王本纪》。

于高句丽守墓制度较早的记载，约当东汉灵帝光和二年。甚至文献记载的语序、修辞都很相似。这一方面是由于史家受中原影响较深，另一方面则是守墓制度完全相同的缘故。

东晋安帝义熙六年（410），北燕主冯跋以礼葬，并"置园邑二十家，四时供荐"之慕容云，字子雨，慕容宝之养子。慕容云之祖父高和，本是"高句丽之支庶，自云高阳氏之苗裔，故以高为氏"。[①] 慕容云亦称高云。冯跋与高云"义则君臣，恩逾兄弟"，因此"以礼葬云及其妻子"。[②] 高句丽支庶不但可以成为北方诸国的大臣、养子，还接受了他们的"礼葬"，乃至连守墓制度也完全相同。

北燕以礼葬高云并置守墓后两年——东晋安帝义熙八年（412），高句丽第十九代王国罡上广开土境平安好太王薨。其子长寿王按照中原帝王陵园的样式，为其父建起一座规模浩大的好太王陵园，其中包括陵墓、墓上建筑和《好太王碑》。

好太王陵是洞沟古墓群禹山墓区东南部一座大型方坛阶梯石室墓（见图4），位于禹山南麓稍高起的山坡上，中心地理坐标为东经126°12′35.5″，北纬41°8′30.76″。早年曾经被盗。清光绪三年（1877）《好太王碑》发现后，人们便注意到附近的一座高大的积石墓。光绪六年（1880）奉天军粮署同知王志修来通沟考察《好太王碑》，在碑西大墓上发现文字砖，模印阳文"愿太王陵安如山固如岳"，著书《高句丽永乐太王古碑歌考》，1895年刊行。后来的学者根据《好太王碑》和文字砖将此墓称为太王陵。1984年以来，墓上出土了多件较为完整的文字砖和莲花文瓦当。2003年墓南出土了一批珍贵文物，其中一件铜铃上镌刻铭文"辛卯年好太王□造铃九十六"（见图5），[③]更进一步证明此墓主人为高句丽第19代王广开土境平安好太王。

2003年春，吉林省考古研究所对太王陵进行复查与测绘。对墓下落石、墓上阶坛、盗坑及墓域做了局部清理和解剖，并在较大范围内做了陵园遗迹的探查。太王陵建在高坡上，墓边海拔198米。四面为漫缓斜坡，

---

① 《晋书·慕容云载记》。
② 《晋书·冯跋载记》。
③ 吉林省文物考古研究所、集安市博物馆：《集安高句丽王陵》（图版81），文物出版社，2004，第272页。

图 4　好太王陵（由北向南）

图 5　好太王陵出土铜铃及拓片

视野开阔。墓葬现高 14 米，东边长 62.5 米，西边长 66 米，南边长 63 米，北边长 68 米，方向 256°，以花岗岩、石灰岩、砾石及河卵石等多种石材砌筑。以较大石条埋入土中作为基础，上面垒筑阶坛，东、南两面的中部尚可见到八级，自下而上逐层内收。八级以上还有若干级到达墓顶平台，平台上建筑墓室。墓边外有巨大的自然石块倚护，每面 5 块，原有 20 块，现仅存 15 块。南面 100 米处发现一段陵墙，可以推知，陵外原有围墙保护（见图 6）。墓室平面呈长方形，长 3.24 米，宽 2.96 米，举高 3 米。

　　1990 年在墓内碎石淤土中清理出破碎的石椁和棺床。复原后为一榫卯结构组装两坡水式屋宇。陵南阶坛外 3 米处还发现一座陪葬墓，由 4 块立石和底石、盖石共 6 块石板构成，类似石棚墓。清理出较多碎骨、陶片、残砖、残瓦和一件金饰。墓葬东侧 50~68 米处有两条间距 1.5 米的平行石台，可能是祭祀建筑。调查清理中，发现和收集金器、鎏金器、铜器、铁

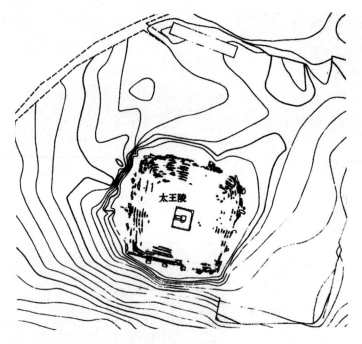

图 6 好太王陵平面图

器、砖瓦、瓦当等文物千余件。①

好太王陵东北 360 米即为《好太王碑》。1877 年发现以来，曾受到集（辑）安各界和文物部门的重点保护。1927 年建立木质碑亭，1982 年建立钢筋混凝土碑亭。

好太王陵是高句丽王陵中最为典型的墓葬。其特点是建在地势较高的坡地上，有围墙围成的陵园。陵墓在中央或偏向西南，独立为陵，规模高大，有陪葬墓和祭祀建筑。墓上陵寝建筑完备，有文字砖和莲花纹瓦当，出土大量珍贵文物，包括金器、鎏金器、银器、铜器、铁器、陶器等，与高句丽王身份地位相符合。陵园附近有守墓烟户居住，并且立碑铭记勋绩，明确守墓烟户来源、数量及相关法令制度。

从好太王陵及其陵园的规模，结合《好太王碑》文记载，可以知道好太王统治时期进一步完善了高句丽王陵园制度，同时更加明确了守墓烟户

① 吉林省文物考古研究所、集安市博物馆:《集安高句丽王陵》，文物出版社，2004，第 216 ~ 238 页。

制度和相关法令。

首先，为先王墓上立碑，铭其烟户，不令差错。《好太王碑》记载："自上祖先王以来，墓上不安石碑，致使守墓人烟户差错。唯国罡上广开土境好太王，尽为祖先王墓上立碑，铭其烟户不令差错。"通过这段记载可知，高句丽好太王之前的各位先王陵墓上是不立石碑的。但是，都有数量不等的守墓烟户。正是由于没有石碑铭刻烟户数量来源，出现差错也不知道，也难以追究责任和进行处罚。这里的差错应该包括私自潜逃、买卖，甚至极个别的杀戮而造成的守墓烟户数量减少，对王陵保护不利。只有在好太王即位以后，他才下令"尽为祖先王墓上立碑"。尽，繁体字写作"盡"，作动词，有完、完毕、全部、极致等含义。若做副词，相当于"都"，统括某种范围的全部。"尽为"就是"都为""全为""全都为""尽力为"的意思。那么，好太王为先王全都立了碑，包括在纥升骨城为王的邹牟王、儒留王，迁都到国内城后的大朱留王、闵中王、慕本王、太祖大王、次大王、新大王、故国川王、山上王、东川王、中川王、西川王、烽上王、美川王、故国原王、小獣林王、故国壤王，共计十八位先王。1990 年前后，我和林至德、孙仁杰、迟勇曾先后与王健群、方起东先生谈论《好太王碑》的这段记载，大家都觉得集安还应该有多块高句丽时期的文字碑。方起东先生还带着我们在洞沟古墓群找了几次，发现了几块清代的乡望碑，就是没发现高句丽碑。《集安高句丽碑》的出现，证实了《好太王碑》的记载，也证实了我们的推断。而且，《集安高句丽碑》确实铭刻了守墓烟户的数量和相关法律条文。根据碑文判断，应该是好太王为其父故国壤王立的墓碑。这里所说的墓上，是指陵墓附近，守墓烟户居住之地。《好太王碑》距离太王陵 350 米，《集安高句丽碑》距离千秋墓（故国壤王墓）456 米。铭记了守墓烟户头 20 人的名。[①]

其次，明确守墓烟户的来源和数量。《好太王碑》第三面第八行至第四面第五行记载了为好太王守墓的烟户来源及摊派数量：

守墓人烟户：卖句馀民国烟二、看烟三，东海贾国烟三、看烟

[①] 集安市博物馆：《集安高句丽碑》，第 7、11 页。耿铁华：《集安高句丽碑墓主人推断》（未刊稿）。

五，敦城民四家尽为看烟，于城一家为看烟，碑利城二家为国烟，平壤城民国烟一、看烟十，訾连二家为看烟，俳娄人国烟一、看烟卅三，梁谷二家为看烟，梁城二家为看烟，安夫连廿二家为看烟，改谷三家为看烟，新城三家为看烟，南苏城一家为国烟，新来韩秽沙水城国烟一、看烟一，牟娄城二家为看烟，豆比鸭岑韩五家为看烟，句牟客头二家为看烟，求底韩一家为看烟，舍蔿城韩秽国烟三、看烟廿一，古模耶罗城一家为看烟，炅古城国烟一、看烟三，客贤韩一家为看烟，阿旦城、杂珍城合十家为看烟，巴奴城韩九家为看烟，臼模卢城四家为看烟，各模卢城二家为看烟，牟水城三家为看烟，斡氏利城国烟一、看烟三，弥邹城国烟一、看烟七，也利城三家为看烟，豆奴城国烟一、看烟二，奥利城国烟二、看烟八，须邹城国烟二、看烟五，百残南居韩国烟一、看烟五，大山韩城六家为看烟，农卖城国烟一、看烟七，闰奴城国烟二、看烟廿二，古牟娄城国烟二、看烟八，琢城国烟一、看烟八，味城六家为看烟，就咨城五家为看烟，彡穰城廿四家为看烟，散那城一家为国烟，那旦城一家为看烟，句牟城一家为看烟，於利城八家为看烟，比利城三家为看烟，细城三家为看烟。①

以上为好太王守墓的烟户来自其生前攻城略地占领的城市村庄的韩秽人，考虑他们不懂法则，又从原有居民中选派了部分，将这些烟户分为国烟 30 家，看烟 300 家，总计 330 家。

《集安高句丽碑》则记"铭其烟户头廿人名以示后世"。铭刻 20 个烟户头的名字，告诉后人记住，说明此时还没称为国烟、看烟以示区别，这也是《集安高句丽碑》早于《好太王碑》的一条证据。这 20 个烟户头，应该是 20 家的户主，每家带领 10 户，初步推测为其父王故国壤王守墓的烟户应该有 220 家。符合好太王父子关系的守墓烟户数量。

其三，明确守墓烟户的职责为守墓洒扫，四时祭祀。《好太王碑》记载：国罡上广开土境好太王存时教言："祖王先王，但教取远近旧民守墓洒扫。吾虑旧民转当羸劣，若吾万年之后，安守墓者，但取吾躬巡所略来

---

① 此段释文根据耿铁华《好太王碑新考》，吉林人民出版社，1994，第 86～89 页。

韩秽，令备洒扫。"于是，其子长寿王就遵从了他生前的嘱托，"令取韩秽二百廿家，虑其不知法则，复取旧民一百十家，合新旧守墓户国烟卅看烟三百，都合三百卅家"。好太王有守墓烟户330家，其父有220家，这些人的职责主要是"守墓洒扫"。守墓就是看护、保护高句丽王陵，避免受到人为的和自然的破坏，同时要及时洒扫，保持王陵周围环境整洁。

《集安高句丽碑》还铭刻了"以此河流，四时祭祀"。使我们了解到，守墓烟户还要进行祭祀，而且是四时祭祀。文献记载表明，高句丽人祭祀崇拜活动繁多。在国内兴建神庙、大屋之类建筑，经常祭祀天帝、鬼神、灵星、社稷、祖先、山川、洞穴等。如"其俗节食，好治宫室，于所居之左右立大屋，祭鬼神，又祀灵星、社稷"。① "好祠鬼神、社稷、零星，以十月祭天大会，名曰'东盟'。其国东有大穴，号隧神，亦以十月迎而祭之。"② "好治宫室，于所居之左立大屋，祭鬼神，又祠灵星、社稷。"③ "俗多淫祠，祀灵星及日、箕子、可汗等神。国左有大穴曰神隧，每十月，王皆自祭。"④ 现存的高句丽壁画，还可以看到对这些自然物象的崇拜场景。高句丽古墓壁画中有对于日月神的崇拜、祖先崇拜以及神仙、力士、伎乐仙人的崇拜，还有对本民族、本家族和墓主人的崇拜。

文献中还记载了高句丽始祖庙的建立和祭祀。《三国志·高句丽传》记载："涓奴部本国主，今虽不为王，适统大人，得称古雏加，亦得立宗庙，祠灵星、社稷。"说明高句丽在王族本部可以建立宗庙。《周书·高丽传》记载："敬信佛法，尤好淫祀。又有神庙二所：一曰夫余神，刻木作妇人之像；一曰高登神，云是其始祖夫余神之子。并置官司，遣人守护，盖河伯女与朱蒙云。"大武神王六十九年（121）"冬十月，王幸夫余，祀太后庙。存问百姓穷困者，赐物有差……十一月，王至自夫余"。此太后庙若是河伯女庙，那么，应该建在夫余。而大武神王三年（公元20年）"春二月，立东明王庙"。建立的应当是祭祀始祖朱蒙的宗庙。自此，高句丽王即位后，多次到卒本祭祀始祖庙。⑤ 至

① 《三国志·高句丽传》。
② 《后汉书·高句丽传》。
③ 《梁书·高句丽传》。
④ 《新唐书·高句丽传》。
⑤ 《三国史记·大武神王本纪》。此外，《新大王本纪》《故国川王本纪》《东川王本纪》《中川王本纪》《故国原王本纪》《安藏王本纪》《平原王本纪》《荣留王本纪》也有记载。

于祭祀的具体规模、方式和内容，则缺少记录。

《集安高句丽碑》"以此河流，四时祭祀"提供了王陵祭祀的新内容。从字面看，祭祀活动是定点的，也是定时的。祭祀地点十分明确：以此河流——在这条河边。《集安高句丽碑》恰好出土于麻线河右岸的水边，这里的河流，无疑是指麻线河。《集安高句丽碑调查》记载："《集安高句丽碑》出土于集安市区西南 3.5 千米的麻线乡麻线河右岸的河滩边上。中心地理坐标为东经 126°08′28″，北纬 41°05′46″，海拔 184 米。"① 祭祀时间也很明确：四时祭祀。一般说来，祭祀都是有时间的，古代要通过占卜进行择日。在金富轼的《三国史记》中亦记载了古墓祭祀的时间：大武神王五年（公元 20 年）"冬十月，怪由卒……王善其言，又以有大功劳，葬于北冥山阳，命有司以时祀之"。② 这里的"以时祀之"，与碑文的"四时祭祀"行文方式是基本相同的。金富轼为后人留下了高句丽人按时节祭祀有功劳于国的人的重要资料。

《集安高句丽碑》的"四时祭祀"表面上看，似乎就是指春夏秋冬四季。实际上在宗庙祭祀方面，四时祭祀的内容还是颇多内涵的。根据甲骨卜辞记载，殷商时代已经出现了祭祀制度，到了周代"四时祭"的名称就成了春祠、夏礿、秋尝、冬烝。③ 随着时代的变化，祭祀礼仪也在不断地改革和完善。经过两汉时期的改革与实践，四季孟月及腊月的一岁五祭和祫、禘等宗庙正祭之礼也逐渐稳定与确立起来。据《东汉会要·宗庙》记载，东汉时期已经确定了四时祭和祫、禘等宗庙祭祀的礼仪，每三年一度于十月举行祫祭，五年一度于四月举行禘祭。高句丽自西汉元帝建昭二年（前 37 年）立国，两汉的政治、经济、思想、文化影响不断加深。两汉宗庙祭祀礼仪也会从官方和民间的不同渠道家传来，从而对高句丽宗庙祭祀产生影响。《集安高句丽碑》文的"四时祭祀"证实了这一点。同时也说明，每年的春夏秋冬的孟月，高句丽王公贵族都会带领守墓烟户在此河边举行祭祀活动，包括斋戒、敬献、奉供、牺牲、玉帛、赐胙等等。由于祭祀地点已经确定在"以此河流"，又是在关于王陵守墓烟户制度的碑文中确定的。那么，肯定不会

① 集安博物馆：《集安高句丽碑》，第 6~7 页。
② 《三国史记·大武神王本纪》。
③ 《礼记·王制》。

是宗庙祭祀，也不应该是祭祀天地，而只能是祭祀高句丽王陵。

其四，明令禁止买卖守墓烟户。好太王即位以后，已经意识到买卖守墓烟户问题的严重性。因此，在为其父立的《集安高句丽碑》中提到"富足者转卖□□守墓者以铭"，"自今以后，守墓之民，不得擅自更相转卖，虽富足之者，亦不得其买卖"。前一句中的"□□"，看字形很像"韩秽"，是战争中掠夺来的人口，作为守墓烟户，身份地位都很低下。好太王以前，常常发生买卖这种烟户的情况。好太王下令禁止。碑文中"戊□（申）定律"，也与买卖守墓烟户相关。既然小兽林王"三年（公元373 年），始颁律令"，好太王戊申年（408）制定并发布有关禁止买卖守墓烟户的律令，就是顺理成章了。

《好太王碑》文也记载："又制守墓人，自今以后，不得更相转卖。虽有富足之者，亦不得擅买。"好太王生前一再强调，并制定禁令，其子长寿王坚决执行，并将其铭刻在碑石上。

其五，定罪惩罚措施。《集安高句丽碑》已经下令禁止买卖守墓烟户，而且明确指出："如有违令者，后世□嗣□□。看其碑文，与其罪过。""后世□嗣□□"，韩国释读会作"后世继嗣之王"，我认为应是"后世继嗣并罚"较为合适。也就是连后代子孙也要一并定罪处罚。有买卖守墓烟户的案例，则根据情节，对照碑文定罪处罚。

《好太王碑》文最后明确："又制守墓人，自今以后，不得更相转卖。虽有富足之者，亦不得擅买。其有违令，卖者刑之，买人制令守墓之。"卖者，应该是守墓烟户的直接管理者，或者是守墓烟户头、国烟之类的人。对他们的处罚是鞭刑或者肉刑。而买者大都是富足者，或是大小官吏，对于他们则罚为守墓烟户。

对于"看其碑文，与其罪过"，似乎碑上应该刻有买卖烟户的数量，罪过的程度，责罚的具体规定等。但是，无论是《集安高句丽碑》，还是《好太王碑》，都没有类似的刻辞。也许将来集安还会有这样的碑刻出现。

2016 年 9 月 10 日

《中国古代法律文献研究》第十一辑

2017 年，第 488～509 页

京观——古代中国的怨叹之尸

〔日〕吉川绘梨 著[*]　范一楠 译

摘　要：战争中，堆积敌人尸体而做成的纪念碑被称作京观。一般认为，堆积京观是为了作为战功的证据。据《旧五代史·梁书·王景仁传》《晋书·赫连勃勃载记》等记载，京观的种类分为溺死尸骸、烧死尸骸、骸骨、骷髅台四种。此外，据《南史·宋宗室及诸王传》等记载，长时间放置的京观经历风雨侵蚀，从下端开始逐渐溃烂并发出声音，这种声音被认为是堆积的人们发出的怨叹之声。从《资治通鉴·魏纪六》关于司马懿堆积京观的记载可知，堆积京观的战争具有以下特点：在镇压叛军的战争中，为了避免第二次叛乱而筑造京观，以达到威慑的目的。对古代中国人心目中非常重视的尸体进行残虐、侮辱，将难以忍受的屈辱与恐怖施加给存活下来的士兵和同民族的人们，作为避免二次叛乱而采用的精神压迫手段，正是筑造京观的目的。通过楚庄王和檀道济主张将犯罪首领的尸体堆积起来，以威慑和制止其他犯罪者来看，京观作为"精神攻击手段"的原本目的，有可能是对犯罪及犯罪者的惩戒。在此意义上，京观也可以说是

---

* 神户学院大学大学院人间文化学研究科博士课程前期。

不成文的犯罪惩治方式。

关键词： 京观　尸体　战功　精神攻击

一　序言

在以古代中国为原型的代表性作品《王者天下》①中，多次描绘了尸骸堆积成山丘的情景。从这些由尸骸堆积成的山丘中，可以看到从不同方向露出的死者的脚、死者痛苦的面部表情、试图保护孩子的母亲、从口中插入贯通头部的枪、被砍掉手脚成为人棍的死者等等。这样的尸骸集合体，被称为京观。

京多指京都、京华、京师等天子居住的都城，观多指观察、观光、观赏、观览等乐见之事，为何会以这样的词代指由尸骸所堆积成的山丘呢？

东汉许慎《说文解字·京部》释"京"："人所为绝高丘也。"②即指人工筑成的山丘。《说文解字·见部》释"观"："谛视也。"③即仔细地看，"凝视"的意思。将"京"和"观"联系起来，则为"非常高的人工的山丘在仔细地看"。这里仅提到山丘是人工堆成的，并没有提及尸骸。

《春秋左传注疏·宣公十二年》将"京"和"观"两字组合起来，代指由尸骸堆积成的山丘。

> 丙辰，楚重至于邲，遂次于衡雍。潘党曰："君盍筑武军，而收晋尸以为京观。臣闻克敌必示子孙，以无忘武功。"④

后面还会详细解释这个事迹的背景。这里讲的是楚国和晋国在郑国邲

---

①　〔日〕原泰久：《王者天下》，集英社。从 2006 年起，在《週刊 YOUNG JUMP》连载。截止到 2016 年 10 月 19 日，已发售 44 卷，描绘了春秋战国时期以秦为中心的古代中国场景。

②　(汉) 许慎撰著，臧克和、王平校订《说文解字新订》，中华书局，2002，第 347 页。

③　(汉) 许慎撰著，臧克和、王平校订《说文解字新订》，第 570 页。

④　(晋) 杜预注，(唐) 孔颖达疏《春秋左传注疏》卷二三"宣公十二年"，艺文印书馆，1955，第 397 页。

展开战斗。楚国潘党向庄王建议，用晋兵的尸骸搭筑京观。杜预对此进行了注释："积尸封土其上，谓之京观。"① 从文中可以看出，京观是在堆积起来的尸骸上盖土而成。

在白川静所著《字通》中，"京"的第一种解释为"拱门、京观、高丘"；第二种解释为"都城"；第三种解释为"高、大、繁华"。② 在《字通》中，"观"的第一种解释为"看、看穿"等主动看之意；第二种解释为"显示、展示"等给其他人看之意以及外观；第三种和第四种解释为"观望以及为观望而筑的建筑"；第五种解释为"京观、嵌入尸骨的门状建筑、以宫观为原型的拱门"。③ "观"这一行为中，包含了"以诅咒支配对方"的意思。④

白川静将"京"解释为拱门，将"观"解释为嵌入尸骨的建筑，以此来解释京观之义。从这一点上，可以推测白川静是因为知晓京观这一令人恐惧的纪念碑的存在，才将《说文解字》的"非常高的人工的山丘"解释为"堆积尸体而筑成的建筑"的。之所以将"观"这一行为附加上"以诅咒支配对方"的意思，可能是将《说文解字》中的"仔细看"与京观这一用尸骸堆积而成的令人恐惧的纪念碑结合起来，从凝视由尸骸所堆积成的山丘而产生的恐惧心理中得到的联想。综上所述，京观的解释可以从"非常高的人工的山丘在仔细地看"发展为"由众多尸骸组成的像高耸的山丘一样的建筑从高处俯视人们"。通过白川静的解释，人们更容易理解京观。因此，本文沿用白川的解释。

近年来京观的研究成果有古濑奈津子《从京观到佛寺——隋唐时期战场遗体的处理与救济》，⑤ 将京观自古以来证明战功的作用进行了详细分析，同时提到了太宗禁止筑造京观并修建寺院。在第 236 页写到河北省易县的燕下都遗址，记载了"在战国七雄的燕国遗址，传为春秋战国时代后期的"的京观。周建江《"京观"及其历史轨迹》，⑥ 从京观的构筑分析了

---

① （晋）杜预注，（唐）孔颖达疏《春秋左传注疏》卷二三"宣公十二年"，第397页。
② 〔日〕白川静：《字通》，平凡社，1996，第319页。
③ 〔日〕白川静：《字通》，第215页。
④ 〔日〕白川静：《字统》，平凡社，1994，第133页。
⑤ 〔日〕古濑奈津子：《东亚的礼、仪式与统治构造》，吉川弘文馆，2016，第234~268页。
⑥ 《古籍整理研究学刊》2005年第1期，东方书店，第83~86页。

民族特征，其结论是京观是为了证明战功而建。朱兴和在《中国古代的京观现象及其文化解析》[①] 中指出，京观并非是为了证明战功而建，而是为了表现筑造方的政治权力处于上位而建。在日本先行研究还较少，故本文拟对京观进行基础性考察。

二　京观的定义

明朝彭大翼《山堂肆考·京观》载：

> 积战死之尸，封土其上，以彰克敌之功，曰"京观"，京观言大观视也。[②]

由此可见，京观不仅仅是尸骸的堆积物，还因在其上覆盖土壤，所以才会形成从远处看似高耸山丘的效果。可以想象，就当时的建筑技术、条件而言，因为难以完全掩埋固定，故而能够从土的缝隙中看到尸骸。

在 16 ~ 17 世纪的《山堂肆考》中，京观被视为战功的象征。与此观点相同的资料还有许多。如诸桥辙次在《大汉和辞典》中写道，京观是为了留下战功的证据而将敌人的尸骸堆积并封于土里形成的坟冢。[③] 可见，在当时人看来，筑造京观的目的在于证明战功。这个意见被延续至今。

接下来，举几个将京观作为战功从而飞黄腾达的例子。

首先，以北齐时期，以京观为契机升为太尉的斛律光为例。《北齐书·斛律光传》载：

> 河清二年（563）……是年冬，周武帝遣其柱国大司马尉迟迥、齐国公宇文宪、柱国庸国公可叱雄等，众称十万，寇洛阳。光率骑五万驰往赴击，战于邙山，迥等大败。光亲射雄，杀之，斩捕首虏三千余级，迥、宪仅而获免，尽收其甲兵辎重，仍以死者积为京观。世祖

①　《社会科学家》2011 年第 9 期，第 57 ~ 61 页。
②　（明）彭大翼：《山堂肆考》卷二三三《京观》，上海古籍出版社，1987，第 616 页。
③　〔日〕诸桥辙次：《大汉和辞典》卷一《京观》，大修馆书店，1955，第 546 页。

幸洛阳，策勋班赏，迁太尉，又封冠军县公。①

这里明确提到了京观的证明战功作用。与空口无凭或夸大其词不同，京观作为眼见为实的物证，证明了杀人的数量。可以说筑造京观这一行为是斛律光被升为太尉这一武官中的最高职，并被封为冠军县公的一个重要原因。

其次，以《册府元龟·立功第三》为例。唐末，伊慎受德宗（779～804年在位）之令出征，将所率七千人的军队列三队，延四里（约2公里），令中队持太鼓和角笛。据记载：

> 贼乱，（杜）少诚败走，斩首万级，封尸为京观。以功加银青光禄大夫，进封五百户。②

伊慎斩万人之首级赢得战争，筑造京观。此功绩被传颂，伊慎得以升为银青光禄大夫。

从斛律光与伊慎的例子可看出，筑造京观的目的，一如《山堂肆考》与《大汉和辞典》所言，是"证明战功"。

京观是以何为源？白川静在《字统》中写道，京观是筑在军营及都城入口处的门，上设望楼等小楼。③ 换言之，京观原指类似观望台的建筑。

除京观之外，也有堆积尸骸的例子。秦相国吕不韦所编《吕氏春秋·四日禁塞》载：

> 壮佼、老幼、胎膪之死者，大实平原，广堙深谿大谷，赴巨水，积灰填沟洫险阻。犯流矢，蹈白刃，加之以冻饿饥寒之患，以至于今之世，为之愈甚。故暴骸骨无量数，为京丘若山陵。④

---

① （唐）李百药：《北齐书》卷一九《斛律光传》，中华书局，1972，第223页。
② （宋）王钦若等：《册府元龟》卷二九一《宗室部三十·立功第三》，凤凰出版社，2006，第3291页。
③ 〔日〕白川静：《字统》，第190页。
④ （战国）吕不韦：《吕氏春秋》卷七《孟秋纪第七·四曰禁塞》，王云五主编《四部丛刊正编》（二二），台湾商务印书馆，1979，第43页。在"山陵"上注有"战斗杀人合土筑之以为京观，故谓之京丘，若山陵高大也"。

"故暴骸骨无量数，为京丘若山陵"一句，日本楠山春树译为"暴尸荒野的骸骨不尽其数，尸骸堆积形成坟冢"。① 何为京丘？白川静在《字通》中将"京丘"解释为将敌人的尸骸堆积并覆盖土壤形成的山丘。② 同样，白川静在《字统》中将"京丘"解释为将战死者嵌入土中建造京观，称为京丘。③ 那么，京丘和京观有何不同？

京丘一词，在《吕氏春秋》之外的史料中也可以看到。《诗经·定之方中》中，出现了"楚丘"一词。在注释"楚丘"的疏中，可以看到京丘。《毛诗注疏·国风·鄘风·定之方中》载其正文：

> 定之方中，作于楚宫。揆之以日，作于楚室。树之榛栗，椅桐梓漆，爰伐琴瑟。升彼虚矣，以望楚矣。望楚与堂，景山与京。降观于桑，卜云其吉，终然允臧。灵雨既零，命彼倌人，星言夙驾，说于桑田。匪直也人，秉心塞渊，騋牝三千。④

此诗是卫国被狄人攻陷，卫人失去都城，渡河向东，转移到曹县东南的楚丘时传唱的。⑤ 其下引用"楚丘"的疏"望其傍堂邑及景山与京丘"。其后解释了京丘：

> 《释丘》云："绝高为之京。"郭璞曰："人力所作也。"又云："非人为之丘。"郭璞曰："地自然生。"则丘者，自然而有；京者，人力所为，形则相类，故云"京，高丘也"。⑥

这里将"丘"定义为自然的产物，将"京"定义为人工的产物。郭璞虽未

---

① 《吕氏春秋》卷七《孟秋纪·四禁塞》，〔日〕楠山春树译，明治书院，1996，第187页。

② 〔日〕白川静：《字通》，第319页。

③ 〔日〕白川静：《字统》，第190页。

④ 《毛诗注疏》卷三三《国风·鄘风·定之方中》，十三经注疏，艺文印书馆，1955，第116~117页。

⑤ 〔日〕白川静：《农事诗研究》，收入《白川静著作集》第10卷《诗经Ⅱ》，平凡社，2000，第333页。

⑥ 《毛诗注疏》卷三三《国风·鄘风·定之方中》，第116~117页。

明确说"京"是堆积起来的尸骸，但指出"京"是"丘"的一种，① 因此京丘可以认为是从京派生出的词汇。

第一部分提到，《说文解字》只说"京"是人工筑造的非常高的山丘，而没有说是用尸骸筑造的。但在《吕氏春秋》中，京丘被译为像山陵般高大的由尸骸堆积而成的坟冢。由此可以推测，京观与京丘一样，也是由尸骸筑造而成的纪念碑。还可进一步推测，《尔雅》② 与《说文解字》中的"京"这一人工的山丘，其材料也主要是尸骸。

京观有丘状与门状两种。无论京观还是京丘，即便形状有所不同，其材料都是尸骸。除《吕氏春秋》与《诗经》外，多数史料都将高耸如山丘的、由尸骸堆积而成的观望台称作"京观"。本文也沿用"京观"一词。

京观和京丘为何都带有"京"字？"京"字的意思中，除了门、京观、高耸的山丘、都城、高、大、繁华之外，是否还包含了其他的意思？

关于《字统》的"京"，第一部分已有所介绍。《春秋左氏传·宣公十二年》被认为是"京"的最初来源。"积尸封土而成的京，是军社的起源。"③ 换言之，若将军营和都城入口处所筑的拱门看作军社，其很可能是堆积尸骸的起源。这或许是京一词的由来。

关于"京观"一词的意思，可以认为如同第一部分所介绍的，由"非常高的人工的山丘在仔细看"的意思，发展为"由众多尸骸组成的像高耸的山丘一样从高处俯视人们的观望台"。

三　京观的种类

为了方便起见，这里将溺死、烧死的尸骸与骸骨作为一项来论述，将只有头颅的髑髅另作一项来论述。

---

① 《定之方中》的疏中，引用了《尔雅》关于京与丘的记载："绝高为之京。人力所作。非人为之丘。地自然生。"（东晋）郭璞：《尔雅》卷中《释丘第十》，王云五主编《四部丛刊正编》（二），台湾商务印书馆，1979，第 16 页。
② 参照前文关于"《册府元龟》卷二九一《宗室部三十·立功第三》"的注。
③ 〔日〕白川静：《字统》，第 191 页。

（一）溺死、烧死的尸骸与骸骨

首先，介绍由溺死尸骸筑造的京观。下面是五代十国之一后晋的例子。《宋史·侯益传》载：

> 次虎牢。从宾军万余人，挟氾水而阵。益亲鼓，士乘之，大败其众，击杀殆尽，氾水为之不流，从宾乘马入水溺死。筑京观，刻石纪功。①

这里虽未明确记载"收集溺死的尸骸筑造京观"，但在战斗中士兵的尸骸将氾水断流，张从宾本人也溺死了，而没有尸骸便无法筑造京观，因此可以断定是将包含张从宾在内、令氾水断流的溺死尸骸收集起来筑造京观。

除了后晋，还有其他以溺死尸骸筑造京观的例子。后梁末帝（913～923 年在位）时，为了讨伐寿州，王茂章率万余梁军奔赴霍州，与守卫霍丘的朱景开战。《旧五代史·梁书·王景仁传》载：

> 案《九国志·朱景传》：王茂章来寇，度淮水可涉处立表识之，景易置于深潭水中，立表浮木之上。茂章军败，望表而涉，溺死者大半，积其尸为京观。②

《九国志》卷六〇《朱景传》因失传而无法参照，上文的记载亦有不明之处。王茂章渡淮水时所设置的"表"，可能是为了回程方便而设的类似"此处水浅"的表识。朱景将此表识移至水深之处，目的是让王茂章的军队误入水深之处而溺死。此策略奏效，王茂章的军队被诱入水深之处，溺死大半。他们的尸骸被用来筑造京观。

以溺死尸骸筑造京观的例子还有一个，与前述二例有别。《旧五代史·梁书·太祖本纪一》载：

---

① （元）脱脱等：《宋史》卷二五四《侯益传》，中华书局，1985，第 8880 页。
② （宋）薛居正等：《旧五代史》卷二三《梁书二十三·王景仁传》，中华书局，1976，第 319 页。

乾宁元年（894）二月，帝亲领大军由郓州东路北次于鱼山。朱瑄觇知，即以兵径至，且图速战。帝整军出寨，时瑄、瑾已阵于前。须史，东南风大起，我军旌旗失次，甚有惧色，即令骑士扬鞭呼啸。俄而西北风骤发，时两军皆在草莽中，帝因令纵火。既而烟焰亘天，乘势以攻贼阵，瑄、瑾大败。杀万余人，余众拥入清河，因筑京观于鱼山之下，驻军数日而还。①

这是后梁太祖朱温与节度使朱瑄、朱瑾兄弟所率贼军战斗的场景。因风向转变，隐藏在草丛中的朱瑄、朱瑾兄弟的军队被发现。朱温下令放火，趁其混乱，杀死万余人，并将生还者赶入清河。

这段事迹中筑造京观的材料可能为两种。一种是由在清河中溺死的尸骸筑造而成，与前述两例相同；另一种是以烧死和溺死的尸骸共同筑造而成。因为已凭火攻和奇袭将敌兵近乎全灭，而仅以剩下的少数溺死敌兵的尸骸不足以筑成山丘般高的京观，故可以断定此京观是由溺死、烧死以及其他尸骸共同组成。

其次，介绍由烧死尸骸筑造的京观。下文是唐高宗在位时的例子。《册府元龟·交侵》载：

十月，高丽遣其将安固率高句丽、靺鞨侵契丹，松漠都督李窟哥发骑御之，战于新城。适会大风，高丽放箭，风吹并回，因而陈乱。契丹乘之斩首五百级，获马七百余匹。高丽败走，草干风劲，契丹又纵火迫之。飙焰飞起，烧杀人马甚众。契丹聚其尸，筑为京观。遣使来告捷，帝使宣其露布于朝，以示百僚。②

这里的京观，与前文三个例子中的京观有三点不同。第一，明确提及用烧死尸骸筑造京观。文中写到通过放火烧死大量的人与马匹，收集其尸骸，筑造京观。第二，不止是人，动物也成为筑造京观的材料。以烧死的人和

① （宋）薛居正等：《旧五代史》卷一《梁书一·太祖本纪一》，第319页。
② （宋）王钦若等：《册府元龟》卷九九五《外臣部四十·交侵》，第11521页。

马的尸骸筑造京观这一点，在其他关于京观的材料中没有出现过。第三，京观不是由汉族而是由契丹族筑造。

下面的两个例子同样是用火攻杀敌，但筑京观的材料与上述两例不同。

南宋（1127～1279），李耕军被派遣镇压贼兵并筑造京观，此功绩被记载于宋代纪念碑《章贡纪功碑》上。《江西通志·章贡纪功碑》载：

> 绍兴二十有二年……寨士麈击，一贼不得纵，耕披灰烬瓦砾立治所，敛贼骨筑京观。[1]

这里的京观与之前介绍的由烧死尸骸所筑造的京观不同，是由完全燃尽的骨头堆积筑造的骸骨京观。《章贡纪功碑》专为记录功勋而刻，通过碑文颂扬功绩，因此可以认为此京观是为了证明战功之物。

（二）髑髅台

顾名思义，这类京观的材料只有头颅。将头颅从尸骸上斩下，堆积而成京观。也称髑髅堆。《太平寰宇记·土产》载：

> 髑髅堆，在县东北四十三里。后魏讨仇池于此，大破其军，筑为京观，俗号髑髅堆。[2]

这是北魏与仇池交战时的场景。只凭上文的内容，无法查证髑髅堆为何物，也无从知晓髑髅堆与髑髅台是否相同，但可以推知其形状。台指台型。推测是将头颅有意地堆成了台型，故称之为髑髅台。而髑髅堆的"堆"是堆积的堆，可以推测是堆积起来、没有特定形状的髑髅山。

关于髑髅台最重要的例子，当举五胡十六国时赫连勃勃的事例。《魏

---

[1] （清）高其倬、谢旻监修《江西通志》卷一二〇《宋·章贡纪功碑》，上海古籍出版社，1987，第192页。《宋史·高宗本纪七》："二十二年……十一月戊申……李耕入虔州，尽诛叛兵，虔州平。"（第575页）其中记载着同样的事迹，但没有涉及以骸骨筑造京观。《资治通鉴》不仅没有记载用骸骨筑京观，更是连此事迹都未曾提及。

[2] （宋）乐史：《太平寰宇记》卷一三四《山南西道二·土产》，中华书局，2007，第2630页。四库全书将"四十三里"记为"四十二里"，"其军"记为"吴军"。

书·铁弗刘虎传》载：

> 屈孑，本名勃勃，太宗改其名曰屈孑……刘裕攻长安，屈孑闻而喜曰："姚泓岂能拒裕，裕必灭之，待裕去后，吾取之如拾遗耳。"于是秣马厉兵，休养士卒。及裕擒泓，留孑义真守长安，屈孑伐之，大破义真，积人头为京观，号曰髑髅台。①

这是赫连勃勃建立夏，登基为开国皇帝之后的事迹。赫连勃勃期待东晋刘裕攻击长安，讨伐姚泓，准备待刘裕大功告成之后，洗劫长安。事态果真如此发展，赫连勃勃讨伐留守长安的刘裕之子义真，并筑造了髑髅台。这一事迹与北魏事例相同。这一行为有什么意义呢？

赫连勃勃所筑髑髅台其实不止一座，《晋书·赫连勃勃载记》也有记载。这里要介绍的，是被《太平御览》②等诸多文献引用的、赫连勃勃与秃髪傉檀对战时筑造的髑髅台。

> 傉檀遣善射者射之，中勃勃左臂。勃勃乃勒众逆击，大败之，追奔八十余里，杀伤万计，斩其大将十余人，以为京观，号髑髅台，还于岭北。③

秃髪傉檀欲追击赫连勃勃，却反被夹击，被阻断了退路。④赫连勃勃斩秃髪傉檀的大将十余人，以其头颅筑造京观，宣称为髑髅台。因为若非只收集其头颅，就不能称作髑髅台。

为什么只有在用头颅筑造成京观时，才宣称其为髑髅台呢？

当人们看到大量人头被堆积起来时，会感到非常恐惧，而这种恐惧，正是筑造髑髅台者的目的。据白川静的解释，京观的"观"字里，也带有

---

① （北齐）魏收：《魏书》卷九五《铁弗刘虎传》，中华书局，1974，第 2056~2057 页。
② （宋）李昉等：《太平御览》卷三一二《兵部四十三·决战中》，国泰文化事业有限公司，1980，第 1436 页。
③ （唐）房玄龄等：《晋书》卷一三〇《赫连勃勃载记》，中华书局，1974，第 3204 页。
④ （唐）房玄龄等：《晋书》卷一三〇《赫连勃勃载记》，第 3240 页。

以诅咒支配对方的意思。因此，仅以头颅筑造京观并特意宣称其为髑髅台时，不仅是通过髑髅台给予对方屈辱感，还是为了通过对被堆积成特定形状的头颅的凝视所感到的恐惧，诅咒支配对方。这是一种精神攻击的方式。

这里进一步分析髑髅"堆"和髑髅"台"的区别。髑髅"堆"是单纯地将头颅堆积起来筑造而成，而髑髅"台"是故意将头颅摆成平整的台状。赫连勃勃不筑"髑髅堆"，而造"髑髅台"，乃是极其期望能给予对方以恐惧的心理。

溺死尸骸、烧死尸骸、骸骨、髑髅台这四种京观，都是故意损毁人体而成的产物。在战争中，人体不可能完好无损。因此京观都是通过收集用水攻或火攻等作战方式而产生的溺死尸骸、烧死尸骸、骸骨以及从尸骸上斩下的头颅筑造而成。那么，为何要刻意将溺死尸骸、烧死尸骸、骸骨以及头颅进一步堆积成骇人的样子？

古代汉族敬重死者，认为其魂魄不灭，会变成鬼在各处徘徊。如果肉体不腐烂，总有一天会回到身体里。因此，必须慎重对待死者，[①] 为其度往冥界做好准备。同时也为其将来能顺利回到现世铺路。

《荀子·礼论篇》认为，出生是人生的开始，而死亡是人生的终结。需慎重对待尸体，保持其生前的状态。[②] 因此刻意破坏原本应慎重对待的尸体，甚至将其堆积起来，不使其入土为安，是对死者的亵渎及侮辱。在这种情况下，死者只能以凄惨、羞耻的姿态前往冥界，并且随着尸体因被搁置不管而日渐腐烂，死者将永远无法回到现世。这才是京观的恐怖之处。筑造京观的目的，是使人陷入这种恐惧之中。那么，筑造京观是展示给谁看，使谁感到恐怖呢？

---

① 刘振东：《冥界的秩序：中国古代墓葬式制度概论》，文物出版社，2015，第418～427页。此论文为刘振东的博士学位论文。其概要在以下主页链接中公开：file：///C：/Users/ohara/Downloads/o_ 521. pdf。2016 年 10 月 20 日阅览。《中日古代坟墓的比较研究》，立命馆大学大学院研究科，2014。

② 《荀子·礼论篇》："生，人之始也。死，人之终也……如死如生，如亡如存，终始一也。（中略）三月之殡何也，曰大之也，重之也，所致隆也，所致亲也。"（《荀子》卷一三《礼论篇》，王云五主编《四部丛刊初编》缩印本，台北：商务印书馆，1975，第139、143、146 页）。

（三）魂魄的徘徊

上一部分介绍了用溺死尸骸、烧死尸骸、骸骨、髑髅所筑造的四种京观。本部分中，将进一步了解这种恐怖纪念碑的内涵。

首先是南朝宋（420～479）文帝第六子竟陵王刘诞为车骑大将军沈庆之战败，其城中百姓被筑为京观的事迹。《南史·宋宗室及诸王传下》载：

> 七月二日，庆之进军，克其外城，乘胜又克小城。诞闻军入，走趣后园坠水，引出杀之，传首建邺，因葬广陵，贬姓留氏。帝命城中无大小悉斩，庆之执谏，自五尺以下全之，于是同党悉伏诛。城内女口为军赏，男丁杀为京观，死者尚数千人，每风晨雨夜有号哭之声。①

每当清晨起风、夜雨降临之时，都会从"京观"中传出哭号之声。那声音并非真的来自亡灵或丧尸，而是日复一日地被搁置的京观，在经历风雨的摧残后，由下部开始溃烂崩塌的结果，是风雨通过变为空洞的眼窝、张开的口鼻时发出的声音。

虽然没有死者的悲叹，但有许多魂魄徘徊于现世的记载。下面介绍其中的两例。

第一个例子是《太平广记·五原将校》中记载的，从京观中生还的五原将校的实际体验。

> 昔岁巡边，其众五六百，深犯榆塞。遭虏骑掩袭，众数千，悉是骑兵。此五百短兵，全军陷殁，积尸为京观。其身首已异矣，至日入，但魂魄觉有呵喝，状若官府一点巡者。②

这里的京观非汉族所筑造。此例描写了身首异处后被筑成京观的死者的亡魂徘徊于现世，仿佛在官府巡回这一骇人听闻的场景。在古代中国，

---

① （唐）李延寿等：《南史》卷一四《宋宗室及诸王传下》，中华书局，1975，第399页。
② 张国风：《太平广记会校》卷三七六《五原将校》，北京燕山出版社，2011，第6443页。

寄宿于人身上的魂和魄，被认为是构成人的两个要素。魂主意识，魄主肉体；宿主死后，魂升天，魄归地。因为秉持着这样的观念，人们才会将从京观中听到声音认为是魂魄宿主因被筑成京观而发出的怨叹之声。

《太平广记》是北宋时编纂的小说集。其中出现以京观为题材的小说，说明京观在当时已被众所周知。此外，从上文将其写成恐怖故事这一点来看，当时人们对京观是存有恐惧心理的。

立于陕西省咸阳市昭仁寺内的《昭仁寺碑》，是寺内现存的唐碑之一。《昭仁寺碑》记载了隋末（义宁元年，617）金城校尉薛举叛乱的事迹。以《昭仁寺碑》及其上记载的叛乱为题，一个叫郑真的人留有一首诗，诗中出现了京观一词。《荥阳外史集·题昭仁寺碑》载：

> 昭仁寺碑在今豳州（中略）两军一战胜负决，倒戈弃甲愁疮痍。阵前骈首就诛戮，百里僵尸京观筑。惊燐明灭艳青红，长夜冥冥听鬼哭。①

文中的"鬼哭"指的是鬼魂哭泣的声音。正如前文所推测的，这种声音其实是风雨通过变为空洞的眼窝、张开的口鼻时发出的。既然如此，为什么会留有这样灵异现象的记录呢？

究其原因，可能是出自对京观的恐惧心理。成为京观材料的死者的同族之人，认为同胞未做好准备就奔赴死亡，无法去往另一个世界，定会永远地悲哀叹息，并因此而战栗。另一方面，对于筑造京观的一方来说，鬼哭是叛乱者在赎罪时因痛苦而发出的喘息之声，听到鬼哭方可感知叛乱者正在赎罪。

四 京观的意义

前文介绍了用溺死、烧死尸骸，骸骨与髑髅筑造的四种京观，并分析

① （明）郑真：《荥阳外史集》卷九六《题昭仁寺碑》，上海古籍出版社，1987，第596~597页。

了其中的内涵。当然，筑造京观的材料并非仅此四种，还有很多未明确记载其材料状态的京观。如黄巾起义时的京观、司马懿筑造的京观。

（一）黄巾起义

黄巾起义是东汉（公元 25 年~220）末期，由宗教集团太平道领导的农民起义。以黄巾起义为转折点，东汉迈向了灭亡。

在黄巾起义的过程中，也曾出现过京观。《后汉书·皇甫嵩传》载：

> （皇甫）嵩复与钜鹿太守冯翊郭典攻（张）角弟宝于下曲阳，又斩之。首获十余万人，筑京观于城南。①

张角是太平道的领导者，也是叛军黄巾军的指挥者之一。对于东汉来说，张角弟弟的首级非常具有价值。"首获十余万人"这一句可以有两种解释：一种为斩下十万余人的首级；另一种为收集十万余人的首级筑造京观。两者皆有可能。

黄巾起义平息后，进入魏、吴、蜀三国鼎立时代，魏司马懿讨伐公孙渊时曾筑造京观。

（二）司马懿筑京观

在辽东形成势力的公孙渊于景初二年（238）举兵反魏。司马懿领明帝之令讨伐，并以其敏锐的洞察力、巧妙的战术大败公孙渊，平定了辽东与朝鲜半岛的带方、乐浪、玄菟一带。② 被司马懿拒绝交换人质的提议后，公孙渊与其子脩、数百名将军试图突破司马懿的包围网，但被立即活捉。随后，司马懿斩公孙渊父子于梁水之畔，进军其城池，并筑造了京观。《资治通鉴·魏纪六》载：

---

① （南朝）范晔：《后汉书》卷七一《皇甫嵩传》，中华书局，1965，第2302页。
② （宋）司马光：《资治通鉴》卷七四《魏纪六》，王云五主编《四部丛刊正编》，台北：商务印书馆，1979，第680页。

（司马）懿既入城，诛其公卿以下及兵民七千余人，筑为京观。①

为何用与战争毫无关系的百姓筑造京观？可能是为了防止辽东出现第二个公孙渊这样的反魏势力。因为一旦再次出现叛乱，此次平定的地区有可能被再次夺走。为了避免这一结果而以民众筑造京观，以儆效尤。

司马懿的例子与黄巾起义的例子的相通之处在于，不是国家对国家，而是国家对叛军的关系。本文中所谓的叛军，指的是与国家相对立的势力。包括汉族之外的侵略，以及如公孙氏一样的半独立势力在内。换言之，筑造京观的战争与不筑造京观的战争的区别，在于战争是国家针对叛军，即京观是为了避免再次发生叛乱而进行彻底的威慑。

（三）筑造京观的意义

第二部分提到，一般认为京观是武功的证据，但仅凭这点还不足以说明京观的意义。第三部分介绍过，在虎牢关汜水以溺死尸骸筑造京观后，特地刻其功绩于石上。倘若京观仅是证明战功的证据，那么应该没有必要再将其刻于石上。那么，究竟为何要特地筑造京观？赫连勃勃为何拘泥于"台"状并名言其为"髑髅台"？司马懿为何连民众也变成京观？事实上，无论聚集多少民众，也无法成为其战功。这些问题的答案在于，筑造京观的目的、意义并不仅仅是为了证明战功。就像竹内照夫氏在翻译《春秋左氏传》时写下的"公开惩治"一样，京观是具有作为"精神攻击的道具"的目的和意义的恐怖纪念碑。为了支持这一说法，这里再追加两例，与上文提到的三例一同解开这个谜团。

隋代（580~618）时，中国四次向高句丽出兵，四次都以不得其果而退，或者大败而归。不仅如此，隋军还被高句丽筑造了京观，此一京观到唐代才得以处理。《旧唐书·太宗本纪下》载："秋八月甲辰，遣使毁高丽所立京观，收隋人骸骨，祭而葬之。"② 为了消除先祖于异国他乡被以骇人的姿态暴露至今所产生的恐怖，也为了消除尸体未被慎重对待、处于最差

---

① （宋）司马光：《资治通鉴》卷七四《魏纪六》，第680页。
② （后晋）刘昫等：《旧唐书》卷三《太宗本纪下》，中华书局，1975，第41页。

保存状态从而导致无法祭祀的屈辱，太宗派使节收回遗骨并加以吊唁。从中可以看出京观带给人的精神攻击的效果。也可以说，高句丽给予隋的精神攻击，甚至影响到唐代。

关于精神攻击这一点，只能说是从文中以及赫连勃勃的事例中进行推测。但是，唐太宗为何要特意派人去高句丽毁掉不包括自己士兵的京观？赫连勃勃又为何貌似得意地强调筑造了髑髅台？北周陆腾以信州外族之人筑造京观的例子可以回答这一问题。

天和元年（566），在北周信州的非汉族人们以冉令贤为中心，对北周掀起了反旗，攻陷四川省白帝城，并与其他非汉族人们联手，继续推进。意识到事态严重的武帝召开会议，火速派遣陆腾前去讨伐。《资治通鉴·陈记三》载：

> 水逻之旁有石胜城，令贤使其兄子龙真据之。腾密诱龙真，龙真遂以城降。水逻众溃，斩首万余级，捕虏万余口。令贤走，追获，斩之。腾积骸于水逻城侧为京观，是后群蛮望之，辄大哭，不敢复叛。[①]

从上文可以明确地看到，筑造京观达到了精神攻击的效果。非汉族的人们看到京观后，因为怯于战友的恐怖姿态，大哭并放弃抵抗。通过筑造京观展现给敌人、传达给敌人"我们是能做出这样的事来的，所以别再来第二次。要是再来的话，下次变成这样的就是你们"的信息。

这个事迹在《册府元龟》、[②]《通典》、[③]《太平寰宇记》、[④]《文献通考》、[⑤]《蜀中广记》[⑥] 等诸多文献中也有介绍，可以说是足以流传后世的具有冲击性的事迹。

[①] （宋）司马光：《资治通鉴》卷一六九《陈纪三》，第 1611 页。

[②] （宋）王钦若等：《册府元龟》卷九八四《外臣部二十九·征讨》，第 11394 页。

[③] （唐）杜佑：《通典》卷一八七《边防三·廪君种》，中华书局，1988，第 5418 页。

[④] （宋）乐史：《太平寰宇记》卷一七八《四夷·南蛮三·板楯蛮》，第 3401 页。

[⑤] （南宋）马端临：《文献通考》卷三二八《四裔考五·板楯蛮》，中华书局，2010，第 9030 页。

[⑥] （明）曹学佺：《蜀中广记》卷三九《石砫宣抚司》，上海古籍出版社，1987，第 496 页。《册府元龟》《通典》《文献通考》《蜀中广记》记载陆腾军筑京观的材料是骸骨。

第三部分中侯益将包含张从宾在内、令汜水断流的溺死尸骸筑造京观的例子，与其说是为了证明武功，不如说是为了给敌方以精神打击，使其放弃反击从而投降。因为功绩一般以石碑传达。

值得注意的是，京观所拥有的精神攻击威力，大到使敌方的子孙也萌生恐惧的感情。唐太宗毁掉埋葬前朝士兵的京观，信州的非汉族人们没有进行二次反击即为明证。建造京观的目的并非为了使同胞子孙世代记住自己的战功与胜利，而是为了给敌方子孙以持续性的精神攻击，使其无法忘记这份屈辱。

收集敌方尸骸并堆积成山这一行为，不只是出于"证明战功"这样一般的理由，还有精神攻击这一刻意的目的，甚至精神攻击这一目的影响力更大。可以说用以警示他人、警示与战争毫无关系的众多民众，这才是筑造京观真正目的。

五 结语

京观指以尸骸搭筑成的军营阵地的门，将尸骸堆积成山丘状的称为京丘。京观与京丘的区别在于，其形状是门状还是丘状。因两者大同小异，故多数史料写作"京观"，本文也统称为"京观"。

京观的素材多种多样，有溺死尸骸、烧死尸骸、骸骨以及骷髅。古代汉族将死者如生前同样地慎重对待。因为当时的人们相信：冥界是能像现世一样生活的另一个世界。如若遗体保存完好，死者可以再回到现世。因为尸体被故意损毁后，凄惨的身体无法前往冥界，更无法再回到现世。故此，京观才会不停地发出怨叹之声。

关于筑造京观的目的，一般认为是为了"证明战功"，确实有因筑造京观而飞黄腾达的例子。但也有如后晋在虎牢关一战中，特地在京观之外以石碑歌颂功绩的例子，说明"证明战功"不足以解释筑造京观的目的。筑造京观真正的目的在于通过侮辱死者的尸骸，让敌方体验到尸体被玩弄的屈辱与恐惧，从而使其丧失战意，达到"精神攻击"的目的。从北周陆腾等人以冉令贤等的尸骸筑造京观并展示给敌方，从而使其号啕大哭而放弃反击的例子中，可以了解到京观的"精神攻击"要素更为重要。赫连勃勃筑造了只使用头颅的京观后，还特意强调其名为"髑髅台"。这是利用敌人的头颅给敌方施加诅咒并支配敌方，使其恐惧胆怯的"精神攻击"。司马懿以一般民众为材料，即便不足以称之为战功也要筑造京观。综上所述，京观是在与叛军开战之时，通过将敌方士兵和民众的尸骸毁为无法回生之身，并筑为京观，使敌方感到恐惧和屈辱，以儆效尤，从而达到"精神攻击"的目的。

但另一方面，也有人反对为了警示而将战死者和民众筑为京观的做法。代表人物是从周代到春秋战国、以现今湖北省为中心的楚国的庄王，以及南朝宋的武将檀道济。

公元前 597 年，位于楚、晋（现山西省与河南省）两国交界处的郑国（现河南省）屡遭楚、晋的侵犯。每当楚或晋中的某一方入侵，郑国即向其妥协。楚庄王对郑国的态度很气愤，发兵包围了其都城郑（现河南省新郑市）。晋为了替郑国解围而出兵，双方在黄河南岸的邲（现河南省郑州市）开战。①

当时，一个叫潘党的士兵向庄王进言。《春秋左传注疏·宣公十二年》载："君盍筑武军而收晋尸以为京观？臣闻克敌必示子孙，以无忘武功。"②第二部分介绍了京观指用尸骸筑造的军营阵地的门。潘党提议在军营阵地前筑造一个以尸骸做成的门。试想，若敌人的营地前有一座以尸骸筑成的门，任谁都会觉得恐惧而不敢接近吧？更何况还是自己同胞的尸骸。潘党所言为"证明战功"，但实际上难道不是为了实行"精神攻击"吗？在此后撰写的《山堂肆考》《江西通志》等史料中，也说京观是"证明战功"。但正如竹内照夫将京观译为"公开惩治"一样，京观最根本的意义在于"精神攻击"。这是根据第二部分白川静的《字统》所述得出的结论。此后，随着时代的推进，加入了证明战功和象征胜利③的意思并延传至今。

对于潘党的提议，庄王作了如下回答。《春秋左传注疏·宣公十二

---

① （晋）杜预注，（唐）孔颖达疏《春秋左传注疏》卷二二《宣公五年至十一年》，《春秋左传注疏》卷二三《宣公十二年》，第 384 页、第 388~389 页。

② （晋）杜预注，（唐）孔颖达疏《春秋左传注疏》卷二三《宣公十二年》，第 397 页。

③ 虽然本文没有提及，但京观也被认为是胜利的象征，但也有像黄巾起义等最终战败的一方筑京观的例子，所以不能断定京观象征着胜利。

年》载：

> "非尔所知也。夫文，止戈为武……夫武，禁暴、戢兵、保大、
> 定功、安民、和众、丰财者也。故使子孙无忘其章。今我使二国暴
> 骨，暴矣；观兵以威诸侯，兵不戢矣。暴而不戢，安能保大？犹有晋
> 在，焉得定功？所违民欲犹多，民何安焉？无德而强争诸侯，何以和
> 众？利人之几，而安人之乱，以为己荣，何以丰财？武有七德，我无
> 一焉，何以示子孙？其为先君宫，告成事而已。武非吾功也。古者明
> 王伐不敬，取其鲸鲵而封之，以为大戮，于是乎有京观，以惩淫慝。
> 今罪无所，而民皆尽忠以死君命，又可以为京观乎？"祀于河，作先
> 君宫，告成事而还。①

庄王说"武"字由"戈"和"止"组成。其中"戈"指用武器征服，
有"戈"才能称之为"武"，对自己将"武"用于暴力表示后悔。此外，
他还说京观不应以为国尽忠者的尸骸构筑，而应以犯罪首领的尸骸构成，
以儆效尤，抑制犯罪。此后，庄王出于对为晋尽忠者的敬意，不允许侵犯
其尸骸。楚军祭祀了河神，建造祖庙，向先君报告这次战争的胜利后，即
班师回国了。

时代推进，南朝宋（429～479）时，有个叫檀道济的武将甚为活
跃。他北伐时给予当地的不是京观，而是爱与温情。

檀道济祖籍高平金乡（现山东省），世代住于京口（现江苏省）。檀道
济少年丧父，幸遇南朝宋开国皇帝武帝刘裕，待其若亲人。檀道济与兄长
们一同平定建康（南朝宋的都城，现南京）后，得以出人头地，成为太
尉。后因文帝（刘义隆）忌其武功才略，将其部下处死，檀道济不战而
死。② 檀道济为何反对京观？此事发生在其领武帝北伐之命，赴往洛阳时。
《南史·檀道济传》载：

---

① （晋）杜预注，（唐）孔颖达疏《春秋左传注疏》卷二三《宣公十二年》，第397～
398页。

② （唐）李延寿等：《南史》卷一五《檀道济传》，第444～445页。

　　义熙十二年，武帝北伐，道济为前锋，所至望风降服。径进洛阳，议者谓所获俘囚，应悉戮以为京观。道济曰："伐罪吊人，正在今日。"皆释而遣之。于是中原感悦，归者甚众。①

这与《春秋左氏传》中的例子同样温暖人心。檀道济出于对与战争无关的中原人民的同情，反对并阻止了将其筑为京观的建议。以此为契机，檀道济平定长安，成为琅邪内史。庄王和檀道济的共通点是，都注重人和人情，都认为筑京观的目的不应是讨伐"人"，而是讨伐"罪"。

　　京观的"精神攻击"本来是针对罪责的制裁，通过将罪犯首领的尸骸堆积起来，以惩戒、震慑其他犯罪者。同时，也是让犯罪首领以死赎罪。总而言之，京观是对死者的不成文的惩治方式。

　　宇宙中有一个星团叫积尸气，也叫作舆鬼，是天之眼，能洞察邪气与阴谋，位于五星的中心，由朦胧暗淡的数颗星构成（鬼宿星团）。② 从积尸这个名字可知，这个星团所代表的是堆积起来的尸骸，与京观具有相同的意义。关于积尸气，《晋书·天文志上》载：

　　　　中央星为积尸，主死丧祠祀。一曰铁锧，主诛斩。③

在天界，这个中央恒星担任着死刑执行者的作用。一般认为，古代中国的天界映照着地上，每颗星都有着与地上相同的官职。④ 天界中的京观"积尸气"是死刑执行者，堆积起来的尸骸即使在天界也不得入葬，需一直背负着罪孽。天界映射着的是地上世界，地上的京观，也可认为是对罪犯的尸骸所执行的、不得入葬的、永无止境的刑罚。甚至不止罪犯，对叛军、

---

① （唐）李延寿等：《南史》卷一五《檀道济传》，第 445 页。
② （唐）房玄龄：《晋书》卷一一《天文志上》，第 303 页。〔日〕薮内清：《晋书天文志南方》，《世界名著续一中国的科学》，中央公论社，1975，第 260 页。〔日〕大崎正次：《中国星座名义考》，《中国的星座历史》，雄山阁出版株式会社，1987，第 165 页。
③ （唐）房玄龄等：《晋书》卷一一《天文志上》，第 303 页。
④ 《史记·天官书》："《索隐》案：天文有五官。官者，星官也。星座有尊卑，若人之官曹列位，故曰天官。"（中华书局，1959，第 1289 页）一般认为，西汉时，人们相信天界也有着与地上同样的世界，每颗星都有自己的工作。

叛军所在地区的居民、叛军的子孙也施与果报。

在战争中筑造京观的行为，包含了抑制叛乱，使其放弃抵抗的政治意义。而不对叛乱、抵抗者的尸骸进行吊唁，是不是也包含着让其偿还自己罪责的意思呢？

《中国古代法律文献研究》第十一辑
2017 年，第 510～531 页

生存与守法之间

——读苏成捷著 *Polyandry and Wife-Selling in Qing Dynasty China*：*Survival Strategies and Judicial Intervention*

黄艺卉[*]

摘　要：在《清代中国的一妻多夫婚姻与卖妻行为：生存策略与司法介入》（*Polyandry and Wife-Selling in Qing Dynasty China*：*Survival Strategies and Judicial Intervention*）一书中，苏成捷先生以清代刑科题本和地方司法档案为主要材料，对清代底层社会的一妻多夫婚姻与卖妻交易进行了深入研究。一方面，沿着社会史的研究路径，细描了一妻多夫婚姻和卖妻交易的类型及具体实践，一展边缘社会的众生相，尤其丰富了底层女性的形象；另一方面，以卖妻案件为中心，分析了明清交替带来的相关法律变革，并考察了卖妻交易在中央和地方的司法实践中分别得到怎样的处理。在实证分析的基础上，推进了有关中国古代自理案件判决依据的长久争论。

关键词：清代中国　一妻多夫　卖妻　审判模式

文人墨客笔下从来不乏凄苦的古代中国女性。她们的故事大多相似：

---

[*]　中山大学法学院博士研究生。

在遭受旧礼教束缚的同时，又轻易被牺牲在生活的重压之下；为了生存，她们被迫出卖身体，甚至来不及挣扎。文人通过塑造这样的女性形象，严厉控诉了传统社会的黑暗。然而，此类描写不能被理所当然地视为对过去生活的真实记录。

高彦颐先生指出，这种"旧中国的受害女性"式的笔触，实质是一种非历史的政治和意识形态建构，它得以流行很大程度是政治运动宣扬的结果，然而真正的中国古代女性可能"利用有限然而具体的资源，在日常生活当中苦心经营自在的生存空间"，获得特定意义上的"既得利益"。① 这并非要为过去的礼教和社会辩护，而是重在强调女性视角的意义。研究她们眼中的社会和生活，有助于补足传统社会的动态权力结构和生活实像。这一方法论引起了苏成捷先生（Matthew H. Sommer）的共鸣，并吸引他投身其中，写成《清代中国的一妻多夫婚姻与卖妻行为：生存策略与司法介入》（*Polyandry and Wife-Selling in Qing Dynasty China：Survival Strategies and Judicial Intervention*）② 一书，为这一论题的学术空白补上了一块重要拼图。同时，该书的贡献远不限于此。

一　材料、视角与路径

作者有关一妻多夫婚姻和卖妻交易的思考见端于其前作《清代中国的性、法律、社会》（*Sex，Law and Society in Late Imperial China*），③ 而后又有《性工作：作为生存策略的清代一妻多夫现象》、④《清代县衙的卖妻案件审判：以 272 件巴县、南部与宝坻县案子为例证》⑤ 等文进行了专门讨

---

① 参见〔美〕高彦颐《闺塾师：明末清初江南的才女文化》，李志生译，凤凰出版传媒集团、江苏人民出版社，2005，第 1～11 页。

② Matthew H. Sommer, *Polyandry and Wife-Selling in Qing Dynasty China：Survival Strategies and Judicial Intervention*, University of California Press, 2015.

③ Matthew H. Sommer, *Sex，Law and Society in Late Imperial China*, Stanford University Press, 2000.

④ 〔美〕苏成捷：《性工作：作为生存策略的清代一妻多夫现象》，李霞译，载黄宗智、尤陈俊主编《从诉讼档案出发：中国的法律、社会与文化》，法律出版社，2009，第 111～137 页。

⑤ 〔美〕苏成捷：《清代县衙的卖妻案件审判：以 272 件巴县、南部与宝坻县案子为例证》，林文凯译，载邱澎生、陈熙远编《明清法律运作中的权力与文化》，台北：中研院、联经出版事业股份有限公司，2009，第 345～391 页。

论。从前期研究到最终形成该书，作者补充了大量史料，细化了对许多问题的思考，但其关注点始终未变："相对于特权精英阶层，我更关心的是历史中的普通人和小人物，去了解他们的生活、境遇和想法，以及他们对历史的推动力。"① 正是对底层人物的偏好决定了作者在研究路径和材料上的选择。首先，该研究受传统社会史学的影响颇深，作者通过底层百姓的眼睛来看待一妻多夫婚姻和卖妻实践，并重新做出评价。其次，该书对底层实践的关注和以故事为主的叙事方式，都凸显了社会人类学的影响。再次，作者还采用了法律史的研究路径，分别从立法和司法两个角度，考察官方如何一边修改律例以严厉规制纵奸和卖妻行为，而又一边在司法实践中灵活裁判。

全书共 11 章，可分为三个部分。第一部分以一妻多夫婚姻为题，在第1、2 章中讨论了其发生的大背景，包括滋生这类现象的社会条件、周围之人以及男女双方对一妻多夫婚姻的态度。第 3 章细致讨论了一妻多夫婚姻的类型。从标准的"招夫养夫"到"典妻"，夫妻之间"渐行渐远"；当丈夫决定将妻子嫁卖时，夫妻间的疏远达到最大值，讨论因此过渡到了以卖妻交易为重心的第二部分。

第二部分包括第 4～8 章，探讨了直接的卖妻交易及其几种变形。这两个部分均属社会史研究的范畴，作者沿着社会史的研究路径，仔细描摹了清代一妻多夫婚姻和卖妻交易的场景，呈现了底层百姓在这些故事中的众生相。他们在正统话语之外有自己的一套生存法则，但这套法则以违法为代价，这揭露出法律制度与社会现实的冲突。例如，雍正改革之后，买休卖休行为一律遭到禁止，然而底层百姓仍将卖妻视作重要的生存策略。不过在实践中，律例的变化还是给卖妻交易带来了影响，会引起各方谈判筹码的微妙变动。从这一点来看，该书的前两部分不仅仅是社会史研究，同时也具备了法律史层面的意义。这与白凯（Kathryn Bernhardt）有关妇女财产权利的研究相似。若非立足女性的立场，就难以察觉中国古代财产制度的变化一面。②

---

① 邱顾：《汉学家眼里的底层人物——美国斯坦福大学历史系教授苏成捷访谈》，http://news.ifeng.com/a/20150327/43430653_0.shtml，访问时间：2016 年 10 月 7 日。

② 参见〔美〕白凯《中国的妇女与财产：960～1949 年》，刘昶译，上海书店出版社，2003。

对该研究来说，若非作者立足底层百姓的视角，则难以了解法律变更对百姓生活的真正意味。

该书的第三部分由第9～11章构成。这一部分将"卖妻"作为主要考察对象，贯彻了法律史研究路径。第9章阐述了"买休卖休"律在明清时期经历的变化，并借此观察官方态度如何随社会发展而波动。第10、11章则以中央题本和地方档案为主要样本来源，统计并总结了官员在司法实践中的真实态度和判决模式。依明清律例规定，买休案件本属地方官的自理案件，所以一般在地方官府就了结了。但是此类案件不乏升级为命案的例子，牵涉在内的卖妻交易会随着命案进入审转程序，最终交由中央定夺。我们因此可以看到同种行为在不同层级的审判程序中分别得到怎样的对待。大致来说，无论是审转中的买休卖休案，还是自理范围内的卖妻案件，其判决结果都不同程度地表露了官方向现实妥协的态度，特别是自理案件的裁决表现出极大灵活性。作者趁此重提了有关"中国传统自理案件的裁决依据"的经典探讨。

为了同时服务两种不同的研究路径，作者选择了清代司法案例作为主要的研究材料。案例作为法律史的研究材料毋庸置疑，但同时用于社会史研究，则显现了作者不同前人的关注和兴趣点。他认为司法案件，特别是保留了原始状纸、证词、契约等材料的地方司法档案，是目前所存最能揭示底层百姓生活的材料，也是研究者所能聆听到的当事人最为原始的声音（第5页）。故此，作者收集与分析了大量司法档案，试图弥补既往研究的不足。其中，中央案件主要取材自乾隆和嘉庆年间的刑科题本。同时，作者还运用了四百多件地方司法档案。这些档案大多来自巴县和南部县，也有少量取自宝坻、新竹等地。此外，《刑案汇览》等已出版的案例汇编也是重要的材料来源。

虽然其研究大体上依赖司法档案，但作者十分警惕司法档案作为史料的不足之处。为了引起官府注意，并为自己的主张增添合理性，百姓总少不了要夸大事实，此所谓"小事闹大"的策略。① 加之，案件本就是因为起了纠

① 参见徐忠明《明清时期民间诉讼的态度与策略》，载徐忠明《众声喧哗：明清法律文化的复调叙事》，清华大学出版社，2007，第216～218页；徐忠明《小事闹大与大事化小：解读一份清代民事调解的法庭记录》，《法制与社会发展》2004年第6期，第12～13页。

纷才被提交官府，因此，我们难免总在司法档案中看到一妻多夫婚姻和卖妻交易的不和谐一面。为了避免"偏听偏信"，作者努力从史料中发掘百姓内心深处的"潜意识"，例如百姓很少明确提起土地与妻子间的类比逻辑，但这不意味着不存在，而恰是因为他们认为这是理所当然之事，才无须特地明说。此类深层次的文化认识，只有在产生和解决纠纷的过程中才会显露。

另一处不足则是样本的代表性问题。针对这一点，作者通过以下四个方面予以回应：其一，尽管书中收集的样本主要来自巴县，但在对比了各地司法档案所存书契后，就发现这些契约只有个别形式上的差异，其本质都是相同的（第15页）；第二，中国古代官员的轮换更调制度加强了社会实践一致化的趋势；其三，若将巴县作为一个商业中心和移民城市的地位考虑在内，巴县档案的代表性更是不言而喻；其四，通过考察编撰于清末民初的《民事习惯调查报告录》以及1895年后日本殖民者编撰的《台湾私法》，也可确认这些实践广泛存在的事实。当然，即便如此，样本的偶然性也不能完全消除。正是考虑到这一点，作者在引言的最后再次强调，囿于史料的天然缺陷，书中的结论只能说是暂时性的（provisional），从中可见作者严谨的治学态度。

该书的章节是沿着两个不同的研究路径来安排的，以下我也将分别依照社会史路径和法律史路径，综述《清代中国的一妻多夫婚姻与卖妻行为》一书呈现的底层生活的图景和司法实践的全貌，并随文就自认为意犹未尽的话题略陈管见，请教作者和学界各位前辈、学友。

二　大环境与小人物：底层百姓眼中的故事

《大清律例》规定："凡纵容妻妾与人通奸，本夫、奸夫、奸妇，各杖九十。"① 然而，"招夫养夫"的现象广泛出现在古代中国的底层社会，卖妻交易亦然。特定的社会背景是这类实践的重要催化剂（第25～26页）。首先，至18世纪中期，愈发失衡的性别比例②使婚姻成为杠杆，富贵之家

---

① 《大清律例》，田涛、郑秦点校，法律出版社，1999，第523页。
② 有学者以花名册稿为样本，计算了道光和光绪年间的巴县性别比，从中可见男女比例已严重失衡。参见张晓霞《清代巴县孀妇的再嫁问题探讨》，《成都大学学报》2013年第2期，第44页。

因此能够收获大量劳役，[1] 而普通百姓家也能轻易招徕愿意同居共财的单身男子或是寻得买主。其次，以妇女生育和性为交易客体的普遍市场在当时已经形成，所以对古代底层的百姓来说，靠妻子换取生存机会的选项不是不可想象的。再次，令人绝望的贫困是压死骆驼的最后一根稻草，"为了生存，他们不得不调动未被充分利用的劳动力，从事副业、种植有风险的经济作物。而在这里，一种'未被充分利用'的劳动力形式，就是女人的性能力和生殖力，一个可能的副业就是从事性工作"。[2] 前两个因素提供了一妻多夫婚姻和卖妻交易作为生存策略的可能，最后一项因素则解释了百姓选择此类生存策略的必要性。

（一）一妻多夫婚姻

一个家庭通过向婚外男性提供家庭生活或性服务来换取生活资料，是一妻多夫婚姻的本质，但具体做法有很多种。作者为此归纳了三组变量（第 26 ~ 27 页）：（1）"性伴侣"的数量及关系持续的时长；（2）外来男子融入原住家的程度，以及原配夫妇如何向外称呼这段关系；（3）外来男子因此换得了哪些利益，是包括性服务、家务在内的"批发销售"（wholesale transaction），还是以单场性爱为结算单位的"零售"（retail transaction）。不同的变量构成区分了不同的形态。一个外来的单身男性"加入"一对夫妇，并长期维持共同生活的状态，是标准的一妻多夫婚姻（formal polyandry）的表征。随着婚外性伴侣数量的增加及性关系维持时长的变化，一妻多夫婚姻可能表现为交易式一妻多夫婚姻（transactional polyandry）、婚内卖淫（retail proposition）或典妻（conditional wife sale）[3] 等各种形态。这些不同形态又共同构成了一妻多夫婚姻的完整外延。

除了通过书契建立一妻多夫婚姻以外，也有不少人以"拜把兄弟"或

---

[1] 明清时期，许多穷苦百姓为了获得结婚和繁衍的机会，甘愿卖身给富贵人家。参见胡中生《卖身婚书与明清徽州下层社会的婚配和人口问题》，载本书编撰组《明清人口婚姻家族史论》，天津古籍出版社，2002，第 1 ~ 14 页。

[2] 苏成捷：《性工作：作为生存策略的清代一妻多夫现象》，李霞译，第 116 页。

[3] 有些地方也称为"寄胎"，意为"男子租妻子生孩子，生后任务完成，便解除关系"，这一词形象地概括了典妻的核心。郭松义：《伦理与生活——清代的婚姻关系》，商务印书馆，2000，第 493 页。

"干亲"之名，行"一妻多夫"之实。对于没有自然亲属关系的男子而言，拜把兄弟是彼此结成亲密联盟的一种形式。维系这种结盟关系的是"义气"。在传统话语中，"义气"主要包括两个面向，即慷慨分享钱财和面对女色无动于衷（第38页）。出于"义气"，男人们常常把"拜把之情"置于金钱和女色之上，鄙夷女色的共同观念反过来又加强了男人间的羁绊。究其根源，或许是弥漫在社会上的厌女情绪。① 可是底层百姓对"义气"有不一样的理解。他们仍旧希望自己的"拜把兄弟"在金钱上能慷慨解囊，却将"轻视女色"解释成"主动分享妻子"，因为"一家人"就应当"不分内外"（第39~40页）。② 之所以有此差别，作者认为是视角的不同。"拜把兄弟"是兄弟关系的拟制，更应坚持"朋友之妻不可欺"的规训，但这只是精英阶层的想象。对底层百姓来说，"拜把兄弟"是拴住外来支援的手段之一（第39页）。为了正当化这种手段，"漠视女色"可以解释为对妻子独占权的不在乎，那么与"不分内外"的兄弟共享妻子自是顺理成章。这种看似自相矛盾的现象在民间社会不止此一例。田汝康先生曾讨论道，推崇守寡的论调和顺从尊长的要求之间存在矛盾，明朝以后愈发高涨的贞洁之风是不想改嫁的寡妇用以抵抗再嫁安排的武器，而想要改嫁的寡妇则会主张唯尊长是从，避免自己因为再嫁而被贴上"不忠贞"的标签。这显然也是一个例子。至于这些现象的实质，"仅仅是当事人或者目击者为了自己不道德而又不可逃避的行为、思想，进行辩护、论证使之合理化的结果"。③ 实用主义的逻辑已经渗透到他们的生存法则中。何况，底层百姓的生存条件本来也不足以支撑他们依照礼教标准来生活。④ 作者说，

---

① 女性的悲惨命运似乎总能从社会普遍的厌女情绪中找到原因，参见田汝康《男性阴影与女性贞洁：明清时期伦理观的比较研究》，刘平、冯贤亮校译，复旦大学出版社，2017，第100页。

② 这关涉中国人有关"家"的传统定义，即以同居共财为重要标准，如"杀一家三人"律规定有"一家，谓同居"等语。基于同样的道理，亲属关系越近，财产犯罪的处罚就越轻。所以，将同居共食的"拜把兄弟"视为家中一员，似乎很顺理成章。但是司法实践中，承审官员并不予以认可，见本书第1章注释72（第422页）。

③ 参见田汝康《男性阴影与女性贞洁：明清时期伦理观的比较研究》，刘平、冯贤亮校译，第22~24页。

④ 例如，由于屋内空间狭小或是资源匮乏，一家人同住一屋、同睡一炕对庶民家庭而言都是寻常事。参见赖慧敏《法律与社会：论清代的犯奸案》，载邱澎生、陈熙远编《明清法律运作中的权力与文化》，第197~199页。

在乎面子对底层百姓来说是一件奢侈的事情（第 57 页），那么，遵从礼教和遵守法律也是如此。

其他认"干亲"的手段同"拜把兄弟"并无区别，它们都是为了加强第二任丈夫和原来家庭的纽带，并以"一家人"的幌子为一妻多夫婚姻遮羞。唯独作者将中国传统的认"干亲"翻译为"Adoption"，始终让我觉着有些不妥。这一单词意为"收养"，意味着被收养人从此归属收养人的家庭，并继承其血脉，但是中国传统的认"干亲"不完全如此。Margery Wolf 教授曾提出子宫家庭（uterine family）和父系家庭（patriarchal family）之分，即在一个一夫一妻家庭中，同时存在以父亲为中心的父系家庭，以及一个由母亲和孩子组成、排除父亲的子宫家庭。[1] 若是套用这一区分，那么一妻多夫婚姻中至少存在两个父系家庭。收养则指被收养人归入了第二任丈夫的父系家庭中，但"干女儿""干儿子"却可能被保留在本夫的父系家庭中。也就是说，"干亲"关系包含但不限于收养关系，所以将"认干亲"译作"Adoption"恐怕是有缺陷的。

作者将"拜把兄弟"及其他"干亲"都称作"选择性亲属"（chosen kinship）。他认为比起人类学家常称的"拟制亲属"（fictive kinship），"选择性亲属"一词既能继续强调这是人为缔结的关系，还体现了当事人的感情倾向和意愿。作者在用语上的推敲颇有说服力。从书中案例可以看到，选择性亲属关系确实具有亲密性和工具性两重属性（第 40～44 页）。百姓显然也在有意识地区分这两个属性（第 44 页）。不过我仍想追问，当事人坚持宣称己方行为出于情感或对方行为出于利益，对审判具有怎样的影响？一个可能的解释是，当事人可以通过这种主张占据道德制高点，从而正当化自己的诉求。毕竟，"为了私人利益而争讼不息，也就没有道德上的正当性可言"。[2] 但又有问题随之而来：这种企图取得了怎样的实质效果？这种效果是普遍能够实现的，抑或只是个案？若是个案，那么其取得

---

① Margery Wolf, *Women and the Family in Rural Taiwan*, Stanford University Press, 1972, Chap. 3, pp. 32 - 41; Margery Wolf, "Uterine Families and the Woman's Community," in *Talking about People: Readings in Contemporary Cultural Anthropology*, Mayfield Publishing, 1993, pp. 166 - 169.

② 徐忠明：《小事闹大与大事化小：解读一份清代民事调解的法庭记录》，第 9 页。

实效的关键在哪里？如能深入探究，或许对我们理解中国传统司法中的道德话语有所助益。

可惜，当事人拉起遮羞布的努力不过是自欺而已，身边人对此都是"门儿清"。律例要求亲邻举告纵奸行为，但在大多数情况下，周围人都表现出高度容忍（第62~64页）。他们承认自己为此感到羞愧和尴尬，但因为自己阻止无效，或无力提供替代的帮助，所以最终都选择了容忍。不过也有学者持不同观点。王跃生先生就通过两个例子指出，民间舆论不是一味地容忍，而是能起到抑制作用的。① 但在我看来，两者的观点其实没有太大差异。苏成捷先生虽然主张社区多持高度容忍的态度，但是他也指出，如果一妻多夫婚姻的当事人是外地人或曾有作奸犯科的记录，社区的容忍度会明显降低（第63~64页）。另外，出于捍卫宗族的荣誉，族人也可能插手一妻多夫婚姻（第65~67页）。再看王先生列举的两个案例，第二个案例与苏成捷先生的论点一拍即合，都说明了宗族对纵奸的制裁。至于第一个案件，死者崔自业与凶手董相连的弟媳通奸，本有间隙，前者又仗着自己身居牌头，引导乡民排挤董家，这显然是出于私人恩怨，不能真正反映社区的普遍态度。

当然，我们仍应充分注意邻人态度的复杂性。社区对待一妻多夫婚姻多是消极容忍，但在卖妻案中，邻人常常积极参与"找价"纠纷的调解，并忙于斥责无赖的前夫和劝说新任丈夫支付"找价"。此外，作者还提供了一个更有意思的案例：一人以极低价格买得他人之妻，这种趁火打劫的行径激怒了他的邻居，邻居前去找买休者理论，最终引发命案。周围人既冷漠又"好管闲事"的复杂形象当然可以解释为个体性格的差异，但也不妨做一些普遍意义上的猜想。首先，邻人截然不同的态度，都来源于对贫穷的同情，换言之，受贫穷所迫而采取的不同行为从社区获得了同等的"正当性"。因此，周围人在面对因贫纵奸时选择消极忍受，而又积极支持卖休丈夫的"找价"索求，这些都符合他们对正义的想象。其次，周围人的复杂态度或许也和他们对亲邻责任的理解有关。已知当一妻多夫婚姻的当事人是异乡人时，社区的容忍度就会降低。作者猜想这是因为社区不为

---

① 王跃生：《清代中期婚姻冲突透析》，社会科学文献出版社，2003，第283页。

异乡人承担责任（第64页）。我们很容易能想到，此处所言"责任"是指隐瞒纵奸可能招致的官方处罚，邻人显然不甘为异乡人冒险。但若是本地熟人所为，情况则不同。书中所引数份证词都表明中国传统社区不只是一个地缘或血缘组织，更是一个生存共同体。人们似乎认为，只要插手了别人谋生存的事情，哪怕对方赖以生存的方式是违法的，也要肩负起资助对方生活的责任；如若负担不起，他们一般要为对方的生存留下余地，不会贸然出头劝阻。这种逻辑不为一般百姓所独有，地方官也是如此，如有人因为干涉了他人纵奸行为，被县官勒令买下第二任丈夫在原配家庭"投资的份额"，当作给这户人家的资助（第68页）。当然，这个处理可能和他作为当事人的亲属有关。

处在一妻多夫婚姻中的当事人同样也怀有复杂的情绪。在本书考察的所有样本中，由女性主动开始一妻多夫婚姻的案件超过1/3（第69页）。就妇女在其中占据的话语权和主动性来说，很难让人不假思考地支持"五四"以来一直流行的"受害者模式"（victimization paradigm）。恶劣的生存环境比丈夫更能左右妇女的决定。为了保护并延续家庭，不少妇女依仗性别比例失衡带来的优势，用自己的身体换取生活资料，若性伴侣无法继续资助其家庭，她们会毫不犹豫地离开（第72~77页）。同样的实用主义逻辑在卖妻交易中也不少见。作者更指出，耻辱感和情感因素给男主角们带来的影响较妻子更甚。我们可以从中窥见传统中国女性对自身价值的认可和重视。长久以来，女性的价值普遍被贬低，"妇女被排除出严肃的事情、公共事务尤其是经济事务的空间，她们长期以来被局限于家庭空间以及与子嗣的生物和社会在生产相关的活动中"，"这种家务劳动……被向精神性、道德和非感情区域内的转移非实现化了，女人的家务劳动与金钱不等值这个事实实际上导致家务劳动被贬低，即使在女人自己的眼中也是如此，仿佛这段没有商业价值的时间不重要，可以不计回报且无限地付出"。[1] 传统中国妇女正是处在这样的境遇中。依作者所说，在礼教的宣扬下，人们将女性所创造的经济价值都视为其应尽义务的一部分，对于能够

---

[1] 〔法〕皮埃尔·布尔迪厄：《男性统治》，刘晖译，中国人民大学出版社，2017，第137~139页。

很好履行这些义务的妻子，家里只会称赞她们"听话"，而非"勤劳"（第217～218页）。然而，对妇女自身来说，她们非但不认为自己的付出毫无价值，而是相当重视自己以身体换取家庭补贴这一做法的经济价值（第77页），而且，她们视婚姻为互利关系，若丈夫不能养活家庭，她们也不需要扮演好妻子的角色（第219页）。

（二）卖妻交易

从标准的一妻多夫婚姻到"典妻"，妻子和本夫的联系渐渐疏远，卖妻交易标志着原配夫妇间的疏远达到最大值。卖妻交易以财礼银和妻子的交换为核心，依照这个标准，广义的卖妻交易还包括补偿式休妻（compensated divorce）、寡妇再婚（widow remarriage）和本夫缺席的嫁卖（sale of wife in husband's absence）。"补偿式休妻"是将妻子娘家作为"中转站"，由娘家安排再嫁，并收取新的财礼银和补偿前任丈夫，如此一来便可以给卖妻交易披上合法的外衣（第244页）。孀妇再嫁和本夫缺席的嫁卖则分别是在本夫已逝或失去音讯的情况下，由婆家代行本夫的角色，将妻子嫁卖（第250～251、258页）。卖妻交易中常有欺诈的情况出现，如为了卖得高价而将活人妻谎称为寡妇（第265～269页）；又如本夫先假装嫁卖，而后又将妻子从买主家偷偷带走，即所谓"放鹰"（第272～274页）。

作者对样本中的当事人信息进行统计后发现，各地卖妻交易的买方、卖方及被卖之妻有着相对一致的形象，唯独巴县是特例（第125～126页）。在五方杂处的巴县，买休者的身份各异，这进而造成了卖妻市场的价格多样化。畸高和畸低的价格分别从卖妻市场中划出高端市场（the high end of the market）和低端市场（the low end of the market），前者价格之高和后者价格之低都令人瞠目，这取决于卖家的谈判余地和买家的身份、财力、买妻目的和极端的环境因素等（第159～164页）。在普通情况下，卖休本夫迫于生活贫困的紧急性，很少有时间和余地同买家周旋；又由于买休卖休是违法行为，卖家为了打消买家的顾虑，也会主动降价，因此，买休确实会是较为廉价的结婚方式（第151～159页）。此外，是否将待抚养的孩子随妻转移以及如何约定转移方式都会影响最终价格（第165～169页）。

卖休本夫一般会雇请至少一名媒人。待媒人寻得买家后，则由双方约定"看一看"（take a look）卖休之妻的日程。依据不同的买妻目的，买休者对被卖妇女的要求各有侧重。如果这个环节不顺利，交易可能就此告吹（第133～135页）。由于双方及作为中介的第三人都知晓卖妻是违法交易，所以他们会采取各种手段来降低自己承担的风险，比如媒人要求卖家出具证明"授权"的"请字"（第182～184页）；还有卖家冒着被责罚的危险，向官府请求将该笔交易存案（第185～186页）。不过在所有这些手段中，最紧要的还是订立嫁妇书契。

嫁妇书契多以陈述卖妻情由为开端，多番强调卖妻是无可奈何之举。剩余内容以记述商讨过程、约定价格及支付情况为主。书契末尾载有买卖双方和全部第三人的签章，卖家还要印上手脚印。作者指出，包括手脚印在内的个人印记是契约的要件，承载着契约的效力（第141页）。并不少见的"空契"是这一观点的重要论据，它不记载任何条款，纸上只留着卖家的手印和脚印，由此可证手脚印确是契约的要件。但是，被浓墨模糊了细节的手脚印根本无法鉴伪，有一些人甚至用手绘来替代真实手印。人们重视印记的态度和鉴伪难易程度显然不成比。作者对此解释为：人们真正注重的是由本人印上手脚印这个过程的仪式感，以此表明本人是自愿进行卖妻交易的（第142页）。可是，这并没有阐释实践中如何避免无法鉴伪的手脚印所招致的纠纷和混乱，特别是当签订的书契为"空契"时，光凭契约本身难以起到减少纠纷、保护买家免受卖家讹诈的作用。这类书契存在的事实与作者刻画的谨慎的买家形象恰相矛盾。所以，我认为包括"空契"在内的书契本身不足以承载交易的有效性，它们与现代合同是不一样的。对现代书面合同来说，签订行为就具有标志合同生效的法律效果；但是如果将同样的法律意义赋予古代书契上的签章和手脚印，那么不以具体条款为必要内容和不注重鉴伪可能性的书契根本无法承载这种作用。人们坚持签订书契实际上是为了将这笔交易公开，而公开是旨在使交易被他人所知，即在交易中引入第三方的见证角色。在讨论华北地区的非法土地买卖时，艾仁民先生曾指出，"民人肯定会对社区确保其权利的能力和意愿有着足够的信心"，通过其他村民的参与，使私人之间的交易成为公开事件，"这一过程的公开性，进而成为将这些规范加以仪式化的手段，以帮助在乡村建立一个为人们共享的规范行为基础"。① 这一观点在此也可以得到适用。只有借助社区的参与，中国古代书契才能完成其证明的角色。不过，这似乎还无法解释在缺乏第三人的情况下签订的"空契"，承审官员如何根据这类书契来认定案件事实更是一个值得探究的课题，从中必然能窥探中国传统司法的某些倾向。②

不管怎么说，古代百姓确实十分看重书契，只有消灭了书契才能真正终止交易（第 143 ~ 144 页）。在一妻多夫婚姻中也是如此（第 35 页）。但人们重视书契的态度没有杜绝频频发生的"找价"现象。嫁妇书契与卖地契约的高度相似性给作者解释"找价"现象带来灵感。卖家的言辞普遍表明他们自觉能够永久保留回赎的权利，"绝卖"和"典卖"的界限在他们看来并不分明。我们在土地交易中也能见到此等观念（第 194 页）。交易逻辑之所以能够互通，是因为"土地"和"妻子"具有可比拟之处，尤其对丈夫来说，两者都承担着延续一家存在的重要责任，关乎其地位和自我认同（第 195 页）。③ 正是因为土地和妻子对卖家来说如此贵重，再高的价格也无法完全阻止卖家抱怨交易的不公平。不止一人认为买家趁其落难而"夺走"了他的生存资本，就应该肩负起资助他的责任（第 196 页）。换言之，嫁妇书契和土地契约没有割断卖家和妻子或土地的联系，反而在买家和卖家之间建立了"寄生式"的关系。这不只是卖家一厢情愿，买家也有同样的理解，所以后者通常会支付至少一次"找价"（第 205 页）。不过除此之外，买家还有息事宁人的目的。在交易完成后，交易双方的博弈地位发生了对调。倘若买休为官府所知，地方官可能依法没收嫁妇书契和财礼银，并将买休之妻遣回娘家，导致买家落得"人财尽失"的结局。因此，告官成了卖家威胁"找价"的筹码（第 206 页）。由此可见，即使是基本

---

① 〔美〕艾仁民：《清代东北地区的非法土地买卖：民间习俗与司法实践》，傅强译，载黄宗智、尤陈俊主编《从诉讼档案出发：中国的法律、社会与文化》，第 150 ~ 152 页。

② 事实上，苏成捷先生在本书第一部分也指出，一妻多夫婚姻刻意模仿正式婚姻的缔结程序，并订立关系契约，实则赋予了这段关系公开性及正式的意味（第 28 页）。不过，他主要以此说明底层百姓对一妻多夫婚姻的宽容和默认，以及当事人缺乏羞耻感。

③ 女人和土地间具有共通之处，似乎是一项跨文化的认知。布尔迪厄就曾指出，"自然的和被动的隆起过程，女人或土地是这个过程的地点、机遇和物质基础，而不是行动者"，两者都要承受男性的介入。参见皮埃尔·布尔迪厄《男性统治》，刘晖译，第 54 页。

只在社会层面运作的卖妻交易也无法完全隔绝法律的影响。

不过，土地和妻子的类比逻辑的解释力恐怕有限。指出这一文化观念虽然可以解释前夫不断索求"找价"的动机，但这不足以解释司法实践对"找价"的认可和容忍。如果古代书契确与现代书面合约同质，那么无论"找价"在卖休本夫眼里多么有正当性，承审官员也应该完全依照书契约定进行裁判。然而，我们可以从本书所列案例看到，地方官员不仅不会因此严惩卖休本夫，甚至可能主动要求买休丈夫支付"找价"（第351～355页）。卖妻交易从来不会因为被写在纸上就得到固定，这一点应该归咎于中国古代书契的一个共性。巩涛先生提出，现代契约与中国古代的"契约"具有本质区别，前者约定权利，后者只是书证。"在中国州县官的观念里，契据呈现当事人之间的关系"，它们只能证明一方当事人对另一方有所要求，主张的具体内容却属于官方自由裁量的范畴，因此，州县官能够通过调整主张的内容来达到行政管理的目的，他们"将契约仅仅看作控制工具"。① 以借贷契约为例，契约本身只能证明债权人有所主张，州县官可以自由定夺债务人要偿还的具体数额。通过调整"债权"的具体内容，州县官可以实现秩序控制和行政管理的目标。再回到我们当下的论题，则无论是土地契约还是嫁妇书契，都只能证明买家对卖家的土地或妻子、卖家对买家的价款，各有主张，但是具体的交易价格或形式都没有真正的定数，州县官可以随时根据其管理需要进行裁量和调整。我们不妨将之称为古代"契约权利"的可调整性或可妥协性，其在不同的交易中有不同的表现，但它是所有中国古代契约的共性。也就是说，"找价"现象更应该被视为是这一共性所致。

三　中央与地方：上位者眼中的故事

该书第三部分集中讨论了有关买休卖休的立法和司法实践，展现了官方态度如何随明清年间的社会变化而发展。这一部分其实延续了作者前作

---

① 〔法〕巩涛：《地毯上的图案：试论清代法律文化中的"习惯"与"契约"》，黄世杰译，载邱澎生、陈熙远编《明清法律运作中的权力与文化》，第226～237、240～244页。

《中华帝国晚期的性、法律与社会》第 6、7 章的讨论。尽管前作以讨论卖淫为主，但阐述的仍然是 1723 年前后的变化故事。

（一）"买休卖休"律的革新

明朝法律规定："凡纵容妻、妾与人通奸，本人、奸夫、奸妇，各杖九十。抑勒妻、妾及乞养女与人通奸者，本夫、义父各杖一百，奸夫杖八十，妇女不坐；并离异归宗……若用材买休、卖休、和娶人妻者，本夫、本妇及买休人，各杖一百；妇人离异归宗，财礼入官。"① 这种安排表明"买休卖休"是"纵奸"的延伸，以现代的话来说，即"买休卖休"是"纵奸"罪的加重情节，法律没有禁止所有的卖妻交易（第 279 页）。不仅如此，卖休之罪和纵奸之责均只针对良民，若是贱民卖休或纵奸，官方并不加以处置（第 280 页）。② 由此可见，官方立法意不在规制纵奸或卖休行为本身，而是为了维持阶级秩序及界限：良民必须遵守伦理教条，贱民则不必，这是两者的关键区别。

清律将"买休卖休"罪单独开列，并添注"其因奸不陈告，而嫁卖与奸夫者，本夫杖一百，奸夫奸妇各尽本法"③ 等语，这一改动扩大了"买休卖休"罪名的适用范围。一方面，"买休卖休"律不再以通奸情节作为适用法律的前置要件；另一方面，新添小注特地列举了本夫将奸妇卖予奸夫的情形，表明这不是"买休卖休"律规制的唯一情况（第 286 ~ 287页）。但实际上，"买休卖休"律经历的最大变动不是来自法律内部，而是因皇帝谕令而起。清廷自雍正元年（1723）开始大幅除豁贱民。这一举措在精英阶层看来是一项功德，所以，率先提议废除山陕乐户的年羹尧才会被人以抢功为由，向皇帝行参劾。但对底层百姓来说，这却未必是好事。且换一个角度来看，此举突然将广大贱民阶层升为良民，使其从此也要受制于礼教伦理和法律，这意味着原本以卖娼等手段为生的贱民必须放弃自己的生存方式。综上，至少从正式法律来看，清朝一改容忍的态度，扩大

---

① 《大明律》，怀效锋点校法律出版社，1999，第 198 页。
② 官府高度容忍贱户以娼为业，可参见 Matthew H. Sommer, *Sex, Law and Society in Late Imperial China*, pp. 247 - 255。
③ 《大清律例》，田涛、郑秦点校，第 524 页。

了卖妻、卖淫等行为的罪化范围，大大压缩了这些行为的存在空间，婚姻和性交易之间的区格得到强调。①

除豁贱民的举措不只出现在雍正年间，但雍正帝改革的规模是空前的。冯尔康先生将这种大刀阔斧的态度归功于雍正的政治气魄，② 但这一点与雍正帝自始都备受质疑的继承权恐怕也不无关系。雍正帝在位期间，颇青睐有关各地祥瑞的奏报，③ 这说明了他迷信的性格，但其实也暴露出他急于为其继位寻找正当性支撑的企图，更别提他为了论证自己的政权还刊布了《大义觉迷录》。除豁贱民是"厘革前朝弊政的一项内容"，而且"作为一种仁政，可以提高皇帝的威望"，④ 也难怪雍正对这一举措如此热衷。若考虑到女性贞洁与男性忠诚之间的对应关系，就更能理解雍正除贱籍、广风化、抬高女性贞洁之意图。所谓"忠臣不事二主，烈女不事二夫"，"整个中国历史中都有这样一种传统……或是在统治阶级的利益受到外来侵略者威胁时……节操和忠贞的旗帜就会被高举起来"。⑤ 但这不是雍正改革的全部意义。若置身更长的历史维度以观之，会发现这次改革不过是延续了收紧对性秩序的管制、扩大相关法律的适用的趋势。这一趋势自明有之，明朝纵奸律不再以盈利的目的为要件，客观上已经扩大了管制范围。直至雍正时期，这一趋势达到高潮。

在当时，官方坚持区分不同阶层的努力没能阻止良民向贱民的生活靠拢，不少社会底层的良民打破礼教规矩，开始采用一妻多夫婚姻、卖淫、卖妻等生存策略。⑥ 这模糊了礼教和法律适用的边界，并对官方致力维护的秩序提出挑战。在无法清晰划分良民和贱民的情况下，除豁贱民的举措直接抹去了这不现实的区分，将良民和贱民收归在同一张网下，实现了最

---

① Matthew H. Sommer, *Sex, Law and Society in Late Imperial China*, pp. 273 - 276.

② 参见冯尔康《雍正传》，人民出版社，2004，第 386 页。

③ 参见陈捷先《雍正写真》，商务印书馆，2011，第 207~210 页。

④ 冯尔康：《雍正传》，第 282~283 页。

⑤ 田汝康：《男性阴影与女性贞洁：明清时期伦理观的比较研究》，刘平、冯贤亮校译，第 19 页。苏成捷先生也在其作提到，男子忠诚的义务反映在女子身上，则是对贞洁的要求。前朝将政敌、战俘的妻女没入官中为乐户，从业娼与妓，实则就是在惩戒其男性家属对当政皇权的不忠。参见 Matthew H. Sommer, *Sex, Law and Society in Late Imperial China*, p. 213。

⑥ Matthew H. Sommer, *Sex, Law and Society in Late Imperial China*, pp. 235 - 241.

大限度地控制。这与作者有关鸡奸的讨论相似:鸡奸行为本身不是法律禁止的原因,只有当它威胁了上位者相对下位者的优势地位时,才会逐渐受到官方的严厉禁止。① 所以说,立法的变化其实反映了统治者对社会现实的忧虑和回应。"良"与"贱"也不再是阶级标签,而分别成了遵守或是破坏礼教秩序的道德评价。②

(二) 卖妻案件的司法审判

不同于立法的坚决态度,司法官员对于严格执行"买休卖休"律都尚有犹豫。该书第 10 章以中央刑科题本和《刑案汇览》为主要材料,从三个角度展现了中央官员如何在绝对主义 (absolutism) 和实践主义 (pragmatism) 之间徘徊。首先,司法官员主张买休之妻一旦同意被卖,则视为失节 (第 310 页),但是对于因拒绝被卖而自杀的妇女,官方没有坚持予以旌表,这似乎表明一概将卖妻交易视作侵害女性贞洁的行为并不现实 (第 316 页)。其次,在司法实践中,承审官员都不得不对买休之妻与买休者之间的"事实婚姻"予以考虑,虽然其效力不及正式婚姻,但是若一律禁止买休婚姻、对买休之妻和买休者一概"以凡论",显然又不甚合理 (第 322~324 页)。再次,尽管律例没有明确将贫穷定为减轻情节,但参与审转程序的各级官员仍可能"睁一只眼闭一只眼",默认买休婚姻的成立,并放弃没收本夫的财礼银 (第 335 页)。我们在部分地方省例、官箴书中也可以看到类似的妥协态度 (第 336~338 页)。

地方官员在处理自理范围内的卖妻案件时则显得更加灵活。作者对收集到的所有地方档案进行定量分析,分别统计了各案买休之妻和财礼银的最终去向,以及身体罚的实施情况。统计结果显示,若纠纷在正式庭审以前便达成和解,那么即使和解结果有违法律规定,地方官员一般也不会反对 (第 343~346 页);若案件正式进入庭审,地方官则必须做出正式判决,但是判决结果未必就与法律规定完全吻合,诉因及当事人的动机比律例规定更能影响判决结果 (第 348~356 页)。③ 为了排除官员个人差异对观察结果的影响,作者还对

---

① Matthew H. Sommer, *Sex, Law and Society in Late Imperial China*, pp. 306 – 309.

② Matthew H. Sommer, *Sex, Law and Society in Late Imperial China*, pp. 309 – 316.

③ 作者的分析有遗漏之处,他未讨论诉因如何影响身体罚的实施情况,期待之后有所补充。

觉罗祥庆经手的 34 个案件进行了专门统计，分析结果进一步巩固了上述观点：即使是同一人做出的判决也不一定完全一致，觉罗祥庆同样更关注是何人因何事将纠纷带进法庭（第 356 ~ 360 页）。在后续几节，作者对一妻多夫案件也做了同样的统计和分析，结论都不出于此（第 360 ~ 369 页）。

行文至此，作者再次提起了有关"中国古代自理案件的审判依据"的长久争论。作者的观点显然更接近以岸本美绪先生为代表的一派，即认为地方官员在处理细故案件时，往往带有极大的灵活性，判决结果包含了对社会现实的考量和平衡（第 371 ~ 372 页）。不过，诚如作者指出的那样，岸本先生的观点主要以官箴书等官员自述的材料为支撑，故而带有一定的理想色彩。该书对案件的统计表明，当事人依法受罚和买休婚姻被勾销的情况，在样本案例中仍占据较大的比重。官员的自由裁量权并不能真正与律例规定相抗衡，更别提触动立法的变革（第 372 页）。

在全书的结论部分，作者指出细故案件的审判模式实则暴露了中央权力的孱弱。囿于有限的中央权力，州县官对地方社会的控制力量不足以彻底执行法律规定。确实，中央权力不够强大是造就地方官无力严格依法裁判的客观原因之一，其后是财政①等因素对政治建制的限制。但问题是政治建制不仅仅受限于客观因素，它必然是围绕特定的政治理念而构筑的，所以同时也必须受到这些政治理念的主动约束。中华帝国的传统政治体制推行"省俭治理"的政治思想、追求和推崇循吏的精神，这些都已经内化在政治建制之中。② 那么，官员不完全依法裁决自理案件，除了是因为中央权力不够强大，还应当是为了回应政治理念主动对他们提出的要求。因此，要完善当前这一结论，则有必要全面了解和考察中国古代的政治建制。

四 结语：突破"受害者模式"

苏成捷先生以丰富的案例为我们勾勒了清代百姓组建一妻多夫婚姻和

---

① 财政对清代司法模式的制约，可参见尤陈俊《清代简约型司法体制下的"健讼"问题研究——从财政制约的角度切入》，《法商研究》2012 年第 2 期，第 154 ~ 160 页。

② 参见徐忠明《明清司法的构造、理念与机制：一个论纲》，载何勤华主编《外国法制史研究：〈大宪章〉800 年》第 18 卷，法律出版社，2016，第 446 ~ 449、454 ~ 456 页。

进行卖妻交易的实景,女性在其中的角色尤为突出。在此之前,一妻多夫婚姻和卖妻交易常常被视为古时女性地位低下乃至被物化的证明。有学者还进一步指出,妇女被视为家中的财物之一,是因为她们本身不具有家庭财产的所有权,她们"不是家庭存在的必要条件","妇女被娶进和嫁出对家庭的存在并不产生实质性的影响"。① 诚然,这些生存策略之所以可行,是因为存在以女性的生育力和性为对象的交易市场。但在女性出卖性与生育力的同时,也不乏男性出卖劳力以换取生活资料,何以唯独将前者视为物化的表现? 这一观点至少隐含了两个推论:第一,女性贞洁是妇女人格成立的关键,具有劳力不可比拟的价值和意义,因此,以女性的性和生育力为对象的交易否定了妇女的人格;第二,在采取何种生存策略的问题上,妻子没有话语权,全凭丈夫意愿,而男性出卖劳力不被视为物化的表现,也是因为男性始终保有对自身劳力的"处分权",哪怕是迫于生活,他也有决定卖或不卖的权利。这两点都未脱出"受害者模式"的窠臼。

但是,我们已经从该书的讨论中看到了不一样的事实。虽说传统中国的正统话语推崇女性贞洁,可即使是女性自己也将生育力和性看作可支配的资源,与男性出卖的劳力并无二致,而且在很多时候,女性才是主动采取此类生存策略的一方。如前文所引,同一家庭内部有子宫家庭和父系家庭之分,前者常常被后者掩盖,但这不意味着两者的利益是完全统一的。为了维护子宫家庭的最大利益,妇女会借助自力的反抗或他力的帮持(包括婆家人、娘家人和地方官府),逼迫丈夫依其意愿采取或是放弃特定的生存策略(第214~227页)。这表明妇女在决定是否出卖自身生育力和性的问题上拥有自主意识和"处分权",且不容忽视。另外,并非所有妻子都是可以出卖的。当事人普遍认为,对于携嫁妆出嫁之妻,本夫无权再行嫁卖(第171页)。这可以说是构成了"物化观念"的例外,但我更倾向将此理解为本夫未买得妻子的婚配的"支配权",只有这样才能更好地统合所有情况。这种"支配权"并非天然就是夫权的一部分,也不必然是"物化女性"的表现,它是原生家庭的家长权派生而得。财礼银应被视为购买这一"支配权"所支付的价钱;在财礼银和嫁妆相互抵消的情况下,

---

① 王跃生:《清代中期婚姻冲突透析》,第38页。

"支配权"没有发生转移。此类现象不仅仅发生在女性身上，清代中国不乏单身男性为了生存和获得结婚机会而卖身大户人家，后者借此取得对前者的支配地位，其中包括对婚娶的"支配权"，但同时，为卖身者择婚配也是其义务，正如"替代家长"一般。① 所以，取得婚配的"支配权"是支配地位的表现，但不一定是"物化"被支配者的结果。当前论据仅仅能够证明，丈夫可通过单方支付财礼银从女方原生家庭手上取得妻子的婚嫁"支配权"，而且即便如此，丈夫在缔结卖妻交易时也不得完全忽略妻子娘家的意见。由此得出"女性被普遍物化"的结论显然为时尚早。苏成捷先生的研究为打破"受害者模式"的一贯思路提供了一个突破口。

妇女的自主性在本书中得到了强调，作者更进一步提出，妻子的意愿对一家之生存策略具有决定性作用（decisive say），这就是为什么同处在极端贫困中的百姓却有不一样的生存策略选择。这一观点有力地指出了"贫穷论"在解释力上的不足，但仍有待商榷。首先，以妇女为中心的子宫家庭虽说有独立于父系家庭的自我意识和利益，但是在传统中国的环境中，她们必须依靠一个特定的父系家庭为生，才能获得安全感。一妻多夫婚姻和卖妻交易仅仅是为她们提供了一个备选的父系家庭，但有限的选择权改变不了子宫家庭天然脆弱和易受伤害的事实。作者也承认社会普遍的厌女情绪和男性暴力对女性来说都是巨大的威胁，我们对于任何夸大妇女自主权的观点都要持谨慎态度（第231~233页）。其次，即使我们承认妻子的意愿在其中的作用，但是就策略选择倾向来说，这一解释也不够充分。当然，作者还提及了原配夫妇间的感情、娘家的后盾力量强弱等因素。可书中所举案例显示，感情同样好的夫妇也不一定都选择一妻多夫婚姻来最大限度地保全家庭。我们或许可以进一步对情境相近的样本加以分组，排除上述情境因素的影响，再对各户人家的选择进行考察，从而发掘一妻多夫婚姻和卖妻作为生存策略各自尚未被发现的"优势"。另外，本研究还应当将地域差异性考虑在内。特定地域内的生存策略选择是否有明显偏好，以及这种偏好的形成原因都是值得一探的课题。

总之，无论对男性还是女性来说，卖休与一妻多夫婚姻都是在特定环

---

① 参见胡中生《卖身婚书与明清徽州下层社会的婚配和人口问题》，第1~14页。

境下不得已而为之的生存手段。在日益恶化的社会环境的催化下，一妻多夫婚姻和卖妻交易得到越来越广泛的应用，性交易与婚姻之间的界限也越来越模糊。就连底层百姓的婚姻在本质上也具有交易的一面。嫁妆原为抵消交易性而设，维持着夫妻双方在家中地位的平衡。① 然而，婚姻论财之风气在明清时期甚嚣尘上，"一次婚嫁，所需费用，少则几十两，多至百余两、几百两，乃至上千两，这不但一般百姓难以承受，就是中等或某些上等家庭也是十分艰难的"。② 失去嫁妆的平衡作用会导致婚姻的性质一面向"交易属性"倒去，这直接揭开了被传统婚姻程序掩盖的狼狈现实。从明朝到清朝中期的这段时间，人身买卖契约多以"婚书"为名，有些媒人也兼任人身买卖的中人，这些都佐证了传统婚姻与其他人身买卖之间的亲近关系。③ "典妻"、婚内卖淫等以家庭为单位而展开的性交易更是证明了性交易和婚姻可以共存，个别婚姻和家庭甚至要依靠性交易来保存自身的完整。

　　然而，由于一妻多夫婚姻始终被排除在古代中国的正统话语之外，④ 人们甚少在明面上提起它，以至于它一直没有得到学界的足够重视和讨论。作者为此而"抱不平"（第 51 ~ 52 页）。他指出，一妻多夫婚姻也是一种重要的婚姻形式，⑤ 只有完全认识了上层社会的一夫一妻多妾婚姻、普通百姓的一夫一妻婚姻和底层社会的一妻多夫婚姻，才能真正获得清代

---

① 嫁妆能够提高女性在婚姻中的地位，参见田汝康《男性阴影与女性贞洁：明清时期伦理观的比较研究》，刘平、冯贤亮校译，第 84 页；王跃生《清代中期婚姻冲突透析》，第 82 ~ 84 页。

② 详细统计可参见郭松义《伦理与生活——清代的婚姻关系》，第 103 ~ 110 页。

③ 参见阿风《卖身"婚书"考》，载《明史研究论丛》第 7 辑，紫禁城出版社，2007，第 167 ~ 177 页；胡中生《卖身婚书与明清徽州下层社会的婚配和人口问题》，第 1 ~ 14 页。

④ 依照作者的说法，是排除在"风俗习惯"（custom）之外（第 52 页），因为他认为"风俗习惯"一词本带有价值判断，是统治者话语权的体现。根据上下文可知，他认为可被称作"风俗习惯"的实践必须：（1）为法律所承认；（2）不为社会所耻。但是，若依照这一定义，诸如"赘婚"这样已得到法律承认，却遭到社会贬低的实践该如何归类？要解决这一分歧，可以将这个定义理解为"或言命题"，那么一项实践只要为法律或社会接纳了，就可称作一种"风俗习惯"。不过，这是否真的符合中国人对"风俗习惯"的理解则值得商榷。主流话语中常常可见一妻多夫婚姻和买休卖休被称为"陋习"，这意味着它们还是"习"的一种，只不过因为它们与礼教不符而要被取缔或纠正。另外，地方志的风俗篇对"不良之风"也多有记载。所以，中文的"风俗习惯"未必像作者所说的那样带有肯定之意。

⑤ 我只能将之称为一种"形式"而非"制度"，就是因为被称为"制度"本来就带有对合法性的预判，而一妻多夫婚姻始终是不合法的。

中国婚姻生活的全貌。哪怕一妻多夫婚姻最终没有得到律例的认可，百姓也没有完全摆脱它带来的羞耻感，可它作为一种生存策略获得了存在的意义。能否将这种"存在意义"进一步当作对"正当性"的证成是作者没有深入讨论的问题。不过作者提到，因为官方认为一妻多夫婚姻扰乱了性别秩序且具有政治颠覆意味，才会将之"误认"（misrecognize）为犯罪，这似乎暗示了他对这一问题的肯定回答。但这种证成逻辑显然是功利主义的，我们要谨慎对待。因此，仅将这种"存在意义"的作用限定在引导我们去发现它能被获得的特殊背景、进而了解作为根源的社会危机，才不会显得太急促。这一点对于"买休卖休"来说也是一样的。

苏成捷先生的《清代中国的一妻多夫婚姻与卖妻行为：生存策略与司法介入》一书着实给我的思考带来了许多刺激和启发，这些都归功于他有趣的视角和细致的分析。他很好地将两种不同的研究路径结合在一起，领着读者从不同角色的视角来重新认识清代中国的一妻多夫婚姻和卖妻交易。无论是在推进对中国古代婚姻的认识上，还是在交叉学科的研究方法论上，该书都具有相当的意义。至于本文所提出的思考和疑惑，或有不当和稚嫩之处，还请作者包涵和指教。

《中国古代法律文献研究》第十一辑
2017 年，第 532～544 页

2016 年度台湾地区中国法律史
研究论著目录

刘欣宁[*]

　　编辑部按：本刊自 2017 年起，每辑将刊载上一年度台湾地区出版的有关中国法律史研究的论著目录。目录首先依序划分为通代、先秦、秦汉魏晋南北朝、隋唐五代、辽宋金元、明清、近代七个门类，每一门类之下再设置"专著""论文""书评""座谈会纪要"等项。需要特别说明的是，为了向学界提供更多的有益信息，本目录对"法律史"采用了广义的理解。

一　通代（具有概论性质，跨域不同断代）

（一）专著

1. 倪延年：《中国古代报刊法制发展史》，花木兰文化出版社，2016 年。
2. 黄源盛：《中国法史导论》，犁斋社，2016 年 2 月修订三版。

---

　* 本目录由杨晓宜、陈品伶协助编制。

3. 柳立言主编《史料与法史学》，中研院历史语言研究所，2016 年 8 月。

（二）论文

1. 黄源盛：《人性、情理、法意——亲亲相隐制的传统与现代》，《法制史研究》29，2016 年 6 月。

2. 赵晶：《正史〈刑法志〉"文本"研究路径举要》，《法制史研究》29，2016 年 6 月。

3. 宫宅洁：《中国古代"罪"的概念——罪秽、净化、分界》，柳立言主编《史料与法史学》，中研院历史语言研究所，2016 年 8 月。

4. 王立民：《中国古代的道德建设立法及其启示》，《中国法学文档》第 13 辑，元照出版社，2016 年 8 月。

5. 柴荣：《中西历史情境中"民法"之共同核心研究》，《中国法学文档》第 13 辑，元照出版社，2016 年 8 月。

6. 范忠信：《律令关系、礼刑关系与律令制法律体系演进——中华法系特征的法律渊源角度考察》，《中国法学文档》第 13 辑，元照出版社，2016 年 8 月。

7. 杨永良：《台湾大学典藏桃木文库〈律〉版本及其头注之探究》，《大学图书馆》20：2，2016 年 9 月。

8. 吴景杰：《传统中国"拾得遗失物"行为法律规范诸问题》，《法制史研究》30，2016 年 12 月。

二　先秦

（一）专著

1. 区永圻：《战国秦汉法家诸问题研究》，花木兰文化出版社，2016 年 9 月。

2. 萧旭：《〈荀子〉校补》（上、中、下），花木兰文化出版社，2016 年 9 月。

（二）论文

1. 黄震云：《〈论语〉"刑罚不中"和西周"法以济礼"原则》，《孔孟月刊》54：7，2016 年 4 月。

2. 林育瑾：《以韩非思想反思审议式民主的困境与可能》，《国家发展研究》15：2，2016 年 6 月。

三　秦汉魏晋南北朝

（一）专著

1. 简牍整理小组编《居延汉简（参）》，中研院历史语言研究所，2016 年 9 月。

2. 罗仕杰：《汉代居延、肩水出土简牍研究》，上扬国际开发，2016 年 5 月。

（二）论文

1. 徐卫民：《从考古文献资料看秦之管理水平》，《东海大学图书馆馆刊》2，2016 年 2 月。

2. 吴昌哲：《睡虎地秦简〈为吏之道〉"戒之戒之"章（三三贰至四九贰）释读》，《思辨集》19，2016 年 3 月。

3. 吕映静：《〈岳麓书院藏秦简（壹）·为吏治官及黔首〉札记二则》，《思辨集》19，2016 年 3 月。

4. 陈连祯、周美华、周敏华：《秦、汉时期的警察派出所——"亭"之厅舍建筑规模及其职责》，《警察行政管理学报》12，2016 年 5 月。

5. 陈中龙：《从古籍中的"杂篇"看秦汉〈杂律〉的篇目问题》，《止善》20，2016 年 6 月。

6. 陈炫玮：《秦汉时代的鞫狱措施及其相关问题探究》，《清华学报》46：2，2016 年 6 月。

7. 阎鸿中：《〈史记·循吏列传〉析疑》，《台大历史学报》57，2016 年 6 月。

8. 白品键：《秦汉吏道之源流与实践》，《淡江中文学报》34，2016 年 6 月。

9. 徐世虹：《文献解读与秦汉律本体认识》，柳立言主编《史料与法史学》，中研院历史语言研究所，2016 年 8 月。

10. 籾山明：《简牍文书学与法制史——以里耶秦简为例》，柳立言主编《史料与法史学》，中研院历史语言研究所，2016 年 8 月。

11. 李均明：《长沙五一广场东汉简牍考证八则》，柳立言主编《史料与法史学》，中研院历史语言研究所，2016 年 8 月。

12. 韩树峰：《汉晋法律的清约化之路》，柳立言主编《史料与法史学》，中研院历史语言研究所，2016 年 8 月。

13. 周美华：《秦法"苛"乎？试论刘邦"约法三章"可赢得关中民心之关键》，《警察通识丛刊》6，2016 年 8 月。

14. 游逸飞：《三府分立——从新出秦简论秦代郡制》，《中研院历史语言研究所集刊》87：3，2016 年 9 月。

15. 刘欣宁：《汉代"传"中的父老与里正》，《早期中国史研究》8：2，2016 年 12 月。

16. 詹今慧：《出土秦汉法律文献中的"庶人"》，《法制史研究》30，2016 年 12 月。

17. 李万晋：《从董仲舒行谊看〈春秋折狱〉之事例来源》，《法制史研究》30，2016 年 12 月。

18. 邹濬智：《古与今：秦汉杂家双璧〈吕览〉、〈淮南子〉管理思想要义与警察组织管理学说比观合证》，《警专论坛》21，2016 年 12 月。

19. 邹濬智：《周秦两汉基层治案单位"亭"论介》，《警专论坛》21，2016 年 12 月。

四　隋唐五代

（一）专著

1. 霍志军：《唐御史台职官编年汇考（初盛唐卷）》，花木兰文化出版社，2016 年 3 月。

（二）论文

1. 桂齐逊：《唐律关于"故意犯"、"过失犯"、"错误犯"相关规范研究》，《史学汇刊》35，2016年。

2. 段知状：《唐代〈道僧格〉若干问题辨析》，《玄奘法律学报》25，2016年6月。

3. 高明士：《唐代的身分制社会》，《兴大历史学报》30，2016年6月。

4. 邵祖威：《〈唐律·名例律〉中人权精神的展现——生存权为例》，《通识教育与多元文化学报》6，2016年7月。

5. 赵晶：《唐令复原所据史料检证——以令式分辨为线索》，柳立言主编《史料与法史学》，中研院历史语言研究所，2016年8月。

6. 洪艺芳：《敦煌收养文书的内容及其文化内涵》，《敦煌学》32，2016年8月。

7. 严茹蕙：《礼俗法制的交融——日本〈服忌令〉探源兼论与唐令关系》，《法制史研究》30，2016年12月。

8. 毛汉光：《中国中古皇权之极限——以唐代诏书封驳为中心》，《止善》21，2016年12月。

五　辽宋金元

（一）专著

1. 洪金富：《校订本元典章》，中研院历史语言研究所，2016年3月。

2. 周峰：《西夏文〈亥年新法·第三〉译释与研究》，花木兰文化出版社，2016年3月。

3. 邹濬智、蔡佳宪：《是谁让尸体说话？——看现代医学如何解读〈洗冤集录〉》，独立作家，2016年6月。

4. 石璠：《宋代老年人法律保护研究》，花木兰文化出版社，2016年9月。

5. 王信杰：《元代刑罚制度研究：以五刑体系为中心》，花木兰文化出版社，2016 年 9 月。

6. 李云龙：《宋例研究》，花木兰文化出版社，2016 年 9 月。

7. 李如钧：《学校、法律、地方社会：宋元的学产纠纷与争讼》，台湾大学出版中心，2016 年 12 月。

（二）论文

1. 邹濬智、蔡佳宪：《试从现代医学分析〈洗冤集录〉几段难解之处》，《警专论坛》18，2016 年 3 月。

2. 柳立言：《从立法的角度重新考察宋代曾否禁巫》，柳立言主编《史料与法史学》，中研院历史语言研究所，2016 年 8 月。

3. 徐永辉，"The Sentencing of Tang Zhongyou：A Legal Case Study of Song Dynasty"，《龙阳学术研究集刊》17，2016 年 9 月。

4. 李承龙、李智平：《从折狱龟鉴文选，对物证科学的启发》，《警专论坛》21，2016 年 12 月。

（三）书评

1. 韩承桦：《书评：李隆献〈复仇观的省察与诠释：宋元明清编〉》，《明代研究》26，2016 年 6 月。

六　明清

（一）专著

1. 胡坚：《清代顺康雍三朝文字狱个案研究》，花木兰文化出版社，2016 年 9 月。

（二）论文

1. 曾美芳：《"那移出纳"律与明代财政管理制度》，《台大历史学报》57，2016 年。

2. 连启元：《明代文人狱中经验的书写：以政治案件为考察核心》，《成大历史学报》50，2016 年。

3. 梁弘孟：《尊长权与贞节的冲突——以刑案汇览中"子妇拒奸杀伤伊翁"类案件为例》，《中正大学法学集刊》50：2016 年 1 月。

4. 陈诗玮：《从族规、家训试论明清徽州社会的"成人之道"》，《政大史粹》29，2016 年 3 月。

5. 张雁乔：《羁人与畸人：论徐文长的狱中书写》，《思辨集》19，2016 年 3 月。

6. 张仁善：《论清代宗族的纠纷化解功能》，《法制史研究》29，2016 年 6 月。

7. 陈煜：《论〈大清律例〉与各部院则例的衔接》，《法制史研究》29，2016 年 6 月。

8. 陈重方：《乾隆八年〈大清律例〉的颁行》，《法制史研究》29，2016 年 6 月。

9. 李明：《为爱鬼头银，命比鸿毛轻——清代命案中的贿买顶凶》，《法制史研究》29，2016 年 6 月。

10. 余俊锋：《法律条文与社会心态：内阁大库档案所见清前期有关"鸡奸犯罪"的两个面向（1644～1740)》，《史辙》12，2016 年 7 月。

11. 王泰升、曾文亮、吴俊莹：《论清朝地方衙门审案机制的运作——以〈淡新档案〉为中心》，柳立言主编《史料与法史学》，中研院历史语言研究所，2016 年 8 月。

12. 林文凯：《清代法律史研究的方法论检讨——"地方法律社会史"研究提出的对话》，柳立言主编《史料与法史学》，中研院历史语言研究所，2016 年 8 月。

13. 谷井阳子：《明清律学与士人社会》，《法制史研究》30，2016 年 12 月。

14. 陈延涛：《冕宁档案所见清代妇女抱告制度——兼论清代妇女的诉讼地位》，《法制史研究》30，2016 年 12 月。

15. 郑智：《巫术何以致罪？——试论清代巫术犯罪中的因果关系及其法律适用》，《法制史研究》30，2016 年 12 月。

（三）书评

1. 杜金：《清代中国法秩序的原理与结构——〈权力与冤抑：寺田浩明中国法史论集〉述评》，《法制史研究》29，2016 年 6 月。

2. 林文凯：《书评：阿风〈明清徽州诉讼文书研究〉》，《明代研究》27，2016 年 12 月。

七　近现代（1840 ~1949）

（一）专著

1. 殷莉：《中国近现代新闻出版法制研究》，花木兰文化出版社，2016 年 3 月。

2. 周震欧：《民国以来犯罪矫治制度评述》，文史哲，2016 年 5 月。

3. 周惠民主编《全球视野下的中国外交史论》，政大出版社，2016 年 1 月。

4. 詹评仁编著《南瀛古契集锦》，台南市政府文化局，2016 年 5 月。

5. 吴豪人主编《大正十三年治安警察法违反事件豫审记录（台湾史料丛刊 20）》，中研院台湾史研究所，2016 年 6 月。

6. 徐国章编著《台湾总督府律令史料选编（明治 38 年）》，"国史馆台湾文献馆"，2016 年 6 月。

7. 中研院近代史研究所编《中法越南交涉档：光绪元年到宣统三年》（共七册），中研院近代史研究所，2016 年 7 月。

8. 中研院近代史研究所编《教务教案档：同治十年到光绪四年》第三辑（共三册），中研院近代史研究所，2016 年 7 月。

9. 中研院近代史研究所编《教务教案档：光绪二十二年到二十五年》第六辑（共三册），中研院近代史研究所，2016 年 7 月。

10. 中研院近代史研究所编《中俄关系史料：中东铁路与俄政变民国十年（1921）》，中研院近代史研究所，2016 年 7 月。

11. 中研院近代史研究所编《中日关系史料：通商与税务（附禁运）

民国元年至五年（1912～1916）》，中研院近代史研究所，2016 年 7 月。

12. 中研院近代史研究所编《中日关系史料：路矿交涉民国元年至五年（1912～1916）》，中研院近代史研究所，2016 年 7 月。

13. 中研院近代史研究所编《中日关系史料：邮电航渔盐林交涉民国元年至五年（1912～1916）》，中研院近代史研究所，2016 年 7 月。

14. 中研院近代史研究所编《中俄关系史料：俄政变与一般交涉（一）民国六年至八年（1917～1919）》，中研院近代史研究所，2016 年 7 月。

15. 中研院近代史研究所编《中俄关系史料：俄政变与一般交涉（二）民国六年至八年（1917～1919）》，中研院近代史研究所，2016 年 7 月。

16. 中研院近代史研究所编《中俄关系史料：一般交涉民国九年（1920）》，中研院近代史研究所，2016 年 7 月。

17. 中研院近代史研究所编《中俄关系史料：一般交涉民国十年（1921）》，中研院近代史研究所，2016 年 7 月。

18. 中研院近代史研究所编《中俄关系史料：中东铁路（一）民国六年至八年（1917～1919）》，中研院近代史研究所，2016 年 7 月。

19. 中研院近代史研究所编《中俄关系史料：中东铁路（二）民国六年至八年（1917～1919）》，中研院近代史研究所，2016 年 7 月。

20. 中研院近代史研究所编《中俄关系史料：东北边防（一）民国六年至八年（1917～1919）》，中研院近代史研究所，2016 年 7 月。

21. 中研院近代史研究所编《中俄关系史料：东北边防（二）民国六年至八年（1917～1919）》，中研院近代史研究所，2016 年 7 月。

22. 李恩涵：《晚清的收回矿权运动》，中研院近代史研究所，2016 年 7 月。

23. 台湾法律史学会主编《台湾法律史的探究及其运用》，元照出版社，2016 年 8 月。

24. 辅仁大学校史室编《辅仁大学校史室收藏南京教区契约文书选辑》，辅大书房，2016 年 8 月。

25. 苏洁：《民国时期西康司法审判制度改革与实践研究》，花木兰文化出版社，2016 年 9 月。

26. 朱文原编《国民政府禁烟史料：第一册组织法令（一）》，"国史馆"，2016 年 9 月。

27. 朱文原编《国民政府禁烟史料：第二册组织法令（二）》，"国史馆"，2016 年 9 月。

28. 朱文原编《国民政府禁烟史料：第三册组织法令（三）》，"国史馆"，2016 年 9 月。

29. 朱文原编《国民政府禁烟史料：第四册组织法令（四）》，"国史馆"，2016 年 9 月。

30. 张存武、叶泉宏：《清入关前与朝鲜往来国书汇编：一六一九～一六四三》，"国史馆"，2016 年 9 月。

31. "最高法院"编《最高法院判例全文汇编：中华民国二十年至三十八年》，"最高法院"出版，2016 年 10 月。

32. "最高法院"编《最高法院判例全文汇编：民事（民国 20 年～38 年）》，"最高法院"出版，2016 年 10 月。

33. "最高法院"编《最高法院判例全文汇编：刑事（民国 20 年～38 年）》，"最高法院"出版，2016 年 10 月。

34. 徐国章编著《台湾总督府律令史料选编（明治 39 年）》，"国史馆台湾文献馆"，2016 年 12 月。

35. 何凤娇、林正慧、吴俊莹编辑《雾峰林家文书集：闽台相关信函》，"国史馆"，2016 年 12 月。

（二）论文

1. 孙森焱：《台湾司法之过去与现在》，《静宜法学》5，2016 年。

2. 江玉林：《明治国家与臣民的制作——从反思殖民台湾的新国民认同谈起》，政大法学院基础法学中心主编《法文化研究（二）：历史与创新》，元照出版社，2016 年。

3. 吕慎华：《庚辛之际赫德的业余外交——以海关总税务司署土地产权之争为中心》，周惠民主编《全球视野下的中国外交史论》，政大出版社，2016 年 1 月。

4. 鲍牧松：《袁世凯对日本"二十一条"要求的态度、反应及对策》，

《传记文学》108：1，2016 年 1 月。

5. 应俊豪：《通州轮劫案与中英关系：从海军合作、外交交涉到法权争议》，周惠民主编《全球视野下的中国外交史论》，政大出版社，2016年 1 月。

6. 李铠扬：《1920 年后台湾地方行政中街庄议会的运作》，《台湾学研究》19，2016 年 1 月。

7. 王泰升：《概述台湾法的历史》，《台湾法学杂志》290，2016 年2 月。

8. 吉辰：《"自出机杼"的创举：论清末民初外交中的"国电"》，《政大史粹》29，2016 年 3 月。

9. 张雪舫：《南京教区契约文书初探》，《辅仁历史学报》36，2016 年3 月。

10. 玉置充子：《"台北州档案"：日治时期莺歌庄行政文书之概要与史料价值》，《台湾史研究》23：1，2016 年 3 月。

11. 张安琪：《日治时期台湾土地调查事业前的官有财产接收与地方公共事业整理》，《台湾史学杂志》20，2016 年 6 月。

12. 曾雅真：《国际规范的不完全扩散：以清日岛屿主权争议中有效控制概念的学习成效为例》，《政治学报》61，2016 年 6 月。

13. 陈惠芬：《知识转型与国家改造——张君劢对战后欧洲各国代议制改造的考察（1919~1921）》，《法制史研究》29，2016 年 6 月。

14. 刘猛：《作为法学家的王世杰——学术与思想》，《法制史研究》29，2016 年 6 月。

15. 黄源盛：《法律继受与法律语言的转换——以晚清〈大清新刑律〉的立法为例》，《政大法学评论》145，2016 年 6 月。

16. 陈维新：《清末新疆塔尔巴哈台段界图及界务交涉（1864~1893）》，《故宫学术季刊》33：4，2016 年 6 月。

17. 沈明昌：《宪政主义思想演变之中西融和的可能——法制史的研究途径》，《警专论坛》19，2016 年 6 月。

18. 陈惠馨：《从清朝宫中档与军机处档案分析布政使与按察使之法律角色与功能》，政大法学院基础法学中心主编《法文化研究（二）：历史与创新》，元照出版社，2016 年 6 月。

19. 陈惠馨：《传统中国成文法与判例交互运用——以汉朝及清朝为例》，政大法学院基础法学中心主编《法文化研究（二）：历史与创新》，元照出版社，2016 年 6 月。

20. 田口正树：《冈松参太郎与日本统治下之台湾旧惯调查》，政大法学院基础法学中心主编《法文化研究（二）：历史与创新》，元照出版社，2016 年 6 月。

21. 黄文颢：《公积制度的引进——"公积"现代涵义的认识与确立》，《史辙》12，2016 年 7 月。

22. 吴欣阳：《台湾语言规划之典范移转》，台湾法律史学会主编《台湾法律史的探究及其运用》，元照出版社，2016 年 8 月。

23. 陈怡君：《自诉制度之法律史考察》，台湾法律史学会主编《台湾法律史的探究及其运用》，元照出版社，2016 年 8 月。

24. 王泰升：《台湾日治前期民事法制的变革——以法院制度及习惯法为中心》，台湾法律史学会主编《台湾法律史的探究及其运用》，元照出版社，2016 年 8 月。

25. 刘晏齐：《日治时期台湾法律中的儿童/未成年人——概念的形成及其意义》，台湾法律史学会主编《台湾法律史的探究及其运用》，元照出版社，2016 年 8 月。

26. 陈宛妤：《台湾日治时期的担保制度与近代金融机构》，台湾法律史学会主编《台湾法律史的探究及其运用》，元照出版社，2016 年 8 月。

27. 曾文亮：《日治时期台湾人家族旧惯——由宗法之家朝向户主之家的多重构造》，台湾法律史学会主编《台湾法律史的探究及其运用》，元照出版社，2016 年 8 月。

28. 王祥豪：《日治时期治安警察法与台湾人政治反对运动》，台湾法律史学会主编《台湾法律史的探究及其运用》，元照出版社，2016 年 8 月。

29. 吴俊莹：《从日治代书业务看台湾人的法律生活》，台湾法律史学会主编《台湾法律史的探究及其运用》，元照出版社，2016 年 8 月。

30. 梁弘孟：《从"父母之命"到"两情相悦"——论民初法制发展中男女结婚意思对婚姻缔结之影响》，《政大法学评论》146，2016 年 9 月。

31. 刘泽民：《北港镇刘厝庄吴家古文书概述》，《台湾文献》67：3，2016 年 9 月。

32. 戴东雄：《子女称姓之现代化》，《法制史研究》30，2016 年 12 月。

33. 赵晶：《论广池千九郎的东洋法制史研究》，《法制史研究》30，2016 年 12 月。

34. 陈立樵：《一次战后中国与伊朗之权益争取及条约缔结（1918～1921）》，《近代中国外交的大历史与小历史》，政大出版社，2016 年 12 月。

35. 应俊豪：《爱仁轮事件与国民政府外交部的处置对策》，《近代中国外交的大历史与小历史》，政大出版社，2016 年 12 月。

36. 张安琪：《日治初期台湾土地调查事业阶段的"公业"概念演变》，《国史馆馆刊》50，2016 年 12 月。

37. 陈瑛珣：《台中东势客家拓垦特色的社会资本建构：以刘启成古文书为讨论对象》，《人文与应用科学期刊》10，2016 年 12 月。

（三）书评

1. 林政佑：《评山田美香〈日本植民地、占領下の少年犯罪——台湾を中心に〉》，《新史學》27：2，2016 年。

（四）座谈会纪要

1. 曾文亮、陈昭如、黄诗淳、陈立夫：《从法律史观点论祭祀公业条例的制定及施行》，《台湾法律史的探究及其运用》，元照出版社，2016 年 8 月。

《中国古代法律文献研究》 第十一辑

2017 年，第 545～565 页

2016 年度国外中国法律史
研究论著目录

〔日〕吉永匡史　　〔韩〕金　珍
〔法〕梅凌寒　　〔德〕施可婷

　　编辑部按： 本刊自 2017 年起，每辑将刊载上一年度国外出版的有关中国法律史研究的论著目录。目录首先依序划分为通代、先秦、秦汉魏晋南北朝、隋唐五代、辽宋金元、明清、近代七个门类，每一门类之下再区分日文、韩文、英文、法文、德文等语种，每个语种之下又设置"专著""论文""书评""学位论文""期刊专号"等项。目录所载信息均由本刊所聘海外通讯联络员提供，每一位联络员负责搜集以任何语言在本国发表或以本国语言在任何国家与地区发表的相关论著，由本刊编辑部汇为一编。需要特别说明的是，因意外原因，本篇目录所收英文成果的信息仅由德、法两国联络员提供，无法完整反映英语学界的年度研究状况。此外，每位联络员对于"法律史"的内涵与外延的理解或有不同，因此不同语种项下所收成果的范围未尽一致，本刊秉持尊重各自学术传统的开放态度，不作统一要求。

一　通代（具有概论性质，跨域不同断代）

（一）日文

【专著】

1. 石見清裕編著，『ソグド人墓誌研究』，汲古書院，2016 年。

2. 岡田英弘，『世界的ユーラシア研究の六十年』，藤原書店，2016 年。

3. 土肥義和編，『八世紀末期～十一世紀初期　燉煌氏族人名集成：索引篇』，汲古書院，2016 年。

【论文】

1. 飯尾秀幸，「戦後日本における中国古代国家史研究をめぐって」，『専修史学』60，2016 年。

2. 小口雅史，「在サンクトペテルブルク・ロシア科学アカデミー東洋写本研究所蔵世俗文書補訂：關尾史郎氏紹介の戸籍様文書・水利文書を中心に」，『法政史学』85，2016 年。

3. 川本芳昭，「東アジア古代における『中華』と『周縁』についての試論」，『古代東ユーラシア研究センター年報』2，2016 年。

4. 藤田勝久，「中国古代の情報技術と資料学」，『資料学の方法を語る』15，2016 年。

5. 森部豊，「唐代奚・契丹史研究と石刻史料」，『関西大学東西学術研究所紀要』49，2016 年。

6. 山内敏輝，「封建制国家と貴族制研究の新視角：封爵制と食封制をめぐって」，『東洋史苑』88，2016 年。

【书评】

1. 小川快之，「三木聰著『伝統中国と福建社会』」，『中国研究月報』70 - 7，2016 年。

2. 速水大，「土肥義和編『八世紀末期～十一世紀初期敦煌氏族人名集成：氏族人名篇　人名篇』，同編『八世紀末期～十一世紀初期敦煌氏族人名集成：索引篇』」，『唐代史研究』19，2016 年。

（二）韩文

【论文】

1. 소준섭（苏俊燮），《중국 법의 이해 — 이론과 실제 그리고 역사（中国法理解——理论、实际与历史）》，서해문집（西海文集），2016 年。

2. 쑹차오중（宋朝忠），《中国阴阳五行法律思想源流》，《中國史研究》103，2016 年。

3. 천위（陈煜），《从传统"内乱"涵义的变化看法律秩序观的演进》，《中國史研究》102，2016 年。

（三）法文

【期刊专号】

1. Jérôme Bourgon（巩涛编），"Les lieux de la loi dans la Chine impériale"（《中华帝国法律的所在研究》），*Extrême-Orient*，*Extrême-Occident* 40（2016），Presses Universitaires de Vincennes.

（四）德文

【学位论文】

1. Peter Ertl，Rechtskultur und Rechtswirklichkeit im modernen China. Historische und kulturelle Grundlagen（现代中国的法律文化与法律现实：历史及文化方面的基础），Dissertation，Friedrich-Schiller-Universität Jena（耶拿大学），2015。

二 先秦

（一）日文

【专著】

1. 佐藤信弥，『周：理想化された古代王朝』，中公新书，2016 年。

【论文】

1. 海老根量介，「春秋中～後期の申の復国問題について」，『史学雑誌』125－1，2016 年。

2. 岡本真則，「出土資料より見た西周王朝と諸侯の関係」，早稲田大学長江流域文化研究所編『中国古代史論集：政治・民族・術数』，雄山閣，2016 年。

3. 落合淳思，「甲骨文字について」，『歴史と地理』699，2016 年。

4. 末次信行，「卜辞出現の歴史的経緯について」，『千里金蘭大学紀要』13，2016 年。

5. 谷秀樹，「西周代伯仲叔季孟考」，『立命館文学』647，2016 年。

6. 平林美理，「春秋時代の『烝』・『報』・『通』事例から見た諸侯の婚姻習慣の変化について」，『早稲田大学大学院文学研究科紀要』61－4，2016 年。

【书评】

1. 齋藤道子，「小林伸二著『春秋時代の軍事と外交』」，『史学雑誌』125－6，2016 年。

2. 戸内俊介，「高澤浩一編『近出殷周金文考釈』」，『二松学舎大学人文論叢』96，2016 年。

3. 松井嘉徳，「豊田久『周代史の研究：東アジア世界における多様性の統合』（汲古叢書 123）」，『史学雑誌』125－9，2016 年。

（二）英文

【专著】

1. Chang Wejen, *In Search of the Way*：*Legal Philosophy of the Classic Chinese Thinkers*, Edinburgh University Press, 2016.

三　秦汉魏晋南北朝

（一）日文

【专著】

1. 佐川英治，『中国古代都城の設計と思想：円丘祭祀の歴史的展開』，勉誠出版，2016 年。

2. 楯身智志，『前漢国家構造の研究』，早稲田大学出版部，2016 年。

3. 谷口建速，『長沙走馬楼呉簡の研究』，早稲田大学出版部，2016 年。

4. 冨谷至，『漢唐法制史研究』，創文社，2016 年。

5. 福島大我，『秦漢時代における皇帝と社会』，専修大学出版局，2016 年。

6. 藤田勝久，『中国古代国家と情報伝達』，汲古書院，2016 年。

7. 村元健一，『漢魏晋南北朝時代の都城と陵墓の研究』，汲古書院，2016 年。

【论文】

1. 会田大輔，「北周天元皇帝考」，『東方学』131，2016 年。

2. 池田敦志，「前漢文帝期における顧租公鋳法に関する一考察」，早稲田大学長江流域文化研究所編『中国古代史論集：政治・民族・術数』，雄山閣，2016 年。

3. 石井仁，「魏晋南朝の従事中郎について」，『東北大学東洋史論集』12，2016 年。

4. 石井仁，「南朝国官考」，『駒沢史学』87，2016 年。

5. 石井仁，「漢魏における公府・幕府の発達」，三国志学会編『狩野直禎先生米寿記念　三国志論集』，汲古書院、2016 年。

6. 板橋暁子，「西晋愍帝政権再攷：長安からの『中興』と秩序形成」，『東方学』132，2016 年。

7. 井上了，「漢代における『士大夫』呼称の受容」，『中国研究集刊』62，2016 年。

8. 榎本あゆち，「南朝貴族と軍事：南斉の雍州刺史王奐を中心として」，『名古屋大学東洋史研究報告』40，2016 年。

9. 小野響，「前秦苻堅政権論序説」，『集刊東洋学』114，2016 年。

10. 何俊，「元帝期と王莽期における儒家思想と国家の改革」，『九州中国学会報』54，2016 年。

11. 柿沼陽平，「漢末群雄の経済基盤と財政補填策」，『三国志研究』

11，2016 年。

　　12. 川合安，「南朝の士庶区別」，『東北大学東洋史論集』12，2016 年。

　　13. 川手翔生，「南越の統治体制と漢代の珠崖郡放棄」，『史観』174，2016 年。

　　14. 小林文治，「里耶秦簡よりみた秦辺境における軍事組織の構造と運用」，早稲田大学長江流域文化研究所編『中国古代史論集：政治・民族・術数』，雄山閣，2016 年。

　　15. 齋藤幸子，「前漢の太子家官制と太子官属」，『日本秦漢史研究』17，2016 年。

　　16 酒井駿多，「後漢の羌支配体制の成立と崩壊：護羌校尉を中心に」，『紀尾井論叢』4，2016 年。

　　17. 佐々木仁志，「漢初諸侯王国の軍制に関する一考察」『集刊東洋学』114，2016 年。

　　18. 佐々木仁志，「高祖劉邦による異姓諸王封建をめぐって」，『歴史』127，2016 年。

　　19. 椎名一雄，「『嶽麓書院蔵秦簡（参）』案例一にみる秦代文書行政と裁判」，小此木輝之先生古稀記念論文集刊行会編『歴史と文化　小此木輝之先生古稀記念論文集』，青史出版，2016 年。

　　20. 下倉渉，「ある女性の告発をめぐって」，『史林』99 - 1，2016 年。

　　21. 朱鳳瀚，「関於中国簡牘的弁偽」，『出土文献と秦楚文化』9，2016 年。

　　22. 陶安あんど，「嶽麓秦簡司法文書集成『為獄等状等四種』訳注稿一事三案」，『法史学研究会会報』19，2016 年。

　　23. 菅沼愛語，「北魏における『子貴母死』制度の歴史的背景：皇太子生母殺害の慣習とその理由」，『古代文化』68 - 3，2016 年。

　　24. 杉村伸二，「漢代列侯の起源」，『東洋史研究』75 - 1，2016 年。

　　25. 鷹取祐司，「漢代における『守』と『行某事』」，『日本秦漢史研究』17，2016 年。

　　26. 楯身智志，「前漢における『諸侯』の復活：復封・紹封の政治的背景」，『中央大学アジア史研究』40，2016 年。

27. 谷口房男，「秦漢時代の官印制度と民族官印の印紐について：特に南蛮・西南夷の鈕型を中心として」，高橋継男教授古稀記念東洋大学東洋史論集刊行会編『高橋継男教授古稀記念東洋大学東洋史論集』，汲古書院，2016 年。

28. 玉野卓也，「北魏における州刺史の出自についての一考察」，高橋継男教授古稀記念東洋大学東洋史論集刊行会編『高橋継男教授古稀記念東洋大学東洋史論集』，汲古書院，2016 年。

29. 西川利文，「漢代の『史書』」，『歴史学部論集』（佛教大学）6，2016 年。

30. 丹羽崇史，「考古学研究から見た非発掘簡」，『出土文献と秦楚文化』9，2016 年。

31. 福井重雅，「再考・荀子と法家思想」，『東洋研究』201，2016 年。

32. 堀内淳一，『北魏孝文帝の『漢化政策』とその支持者について」，『皇学館史学』31，2016 年。

33. 松下憲一，「北魏の後宮制度」，『北大史学』56，2016 年。

34. 水間大輔，「秦漢『県官』考」，早稲田大学長江流域文化研究所編『中国古代史論集：政治・民族・術数』，雄山閣，2016 年。

35. 宮宅潔，「秦代遷陵縣志初稿：里耶秦簡より見た秦の占領支配と駐屯軍」，『東洋史研究』75 – 1，2016 年。

36. 森和，「告地書と葬送習俗」，早稲田大学長江流域文化研究所編『中国古代史論集：政治・民族・術数』，雄山閣，2016 年。

37. 横山裕，「憤歎からみた法家思想の展開について：『韓非子』孤憤篇と『潜夫論』潜歎篇を中心にして」，『九州中国学会報』54，2016 年。

38. 渡邉将智，「後漢安帝の親政とその統治の構造」，早稲田大学長江流域文化研究所編『中国古代史論集：政治・民族・術数』，雄山閣，2016 年。

【书评】

1. 小林聡，「川合安著『南朝貴族制研究』」，『唐代史研究』19，2016 年。

2. 陶安あんど，「高村武幸著『秦漢簡牘史料研究』（汲古叢書128）」，『史学雑誌』125－11，2016 年。

3. 高村武幸，「簡牘整理小組編『居延漢簡（壱）』」，『明大アジア史論集』20，2016 年。

4. 水間大輔，「若江賢三著『秦漢律と文帝の刑法改革の研究』（汲古叢書118）」，『史学雑誌』125－8，2016 年。

（二）韩文

【论文】

1. 김경호（金慶浩），《秦漢法律簡牘의 内容과 그 성격——『嶽麓書院藏秦簡』（參）・（肆）의 内容 분석을 겸하여（秦汉法律简牍的内容与性质——兼论《岳麓书院藏秦简（參）・（肆）》的内容）》，《中國古中世史研究》42，2016 年。

2. 김동오（金垌吾），《秦帝國 縣의 徒隷운용——『里耶秦簡』作徒簿를 중심으로（秦代县的徒隶运用及其特点——以《里耶秦简》"作徒簿"为中心的探讨）》，《中國古中世史研究》40，2016 年。

3. 무부파（武夫波），《春秋决狱新探：一种法哲学视角的解读》，《中國學報》78，2016 年。

4. 임병덕（林炳德），《秦에서漢으로의罰金刑과贖刑의變化와 그性格（从秦到汉罚金刑和赎刑的变化及其性格）》，《東洋史學研究》134，2016 年。

5. 임병덕（林炳德），《『嶽麓秦簡』과中國古代法制史의諸問題（《岳麓秦简》与中国古代法制史的诸问题）》，《法史學研究》54，2016 年。

6. 임병덕（林炳德），《진대의 벌금형과 속형（秦代的罚金刑与赎刑）》，《中國史研究》100，2016 年。

7. 임중혁（任仲爀），《秦漢시기詔書의律令化（秦汉时期诏书的律令化）》，《中國古中世史研究》42，2016 年。

8. 최재영（崔宰榮），《張家山漢簡〈二年律令〉置後律의 구성과 내용－置後律 註解를 중심으로（张家山汉简〈二年律令・置后律〉的构成与内容－置后律注解）》，《中國古中世史研究》41，2016 年。

（三） 英文

【专著】

1. Ulrich Lau，Thies Staack，*Legal Practice in the Formative Stages of the Chinese Empire*：*An Annotated Translation of the Exemplary Qin Criminal Cases from the Yuelu Academy Collection*，Brill，2016.

四　隋唐五代

（一） 日文

【专著】

1. 礪波護，『隋唐佛教文物史論考』，法藏館，2016 年。
2. 礪波護，『隋唐都城財政史論考』，法藏館，2016 年。
3. 吉永匡史，『律令国家の軍事構造』，同成社，2016 年。

【论文】

1. 荒川正晴，「中国律令制下の交通制度と道路」，舘野和己・出田和久編『日本古代の交通・交流・情報 1 制度と実態』，吉川弘文館，2016 年。

2. 石野智大，「『通典』郷官条の唐代村落制度記事について：法制史料との関わりを中心に」，『法史学研究会会報』19，2016 年。

3. 海野洋平，「九世紀末葉敦煌諸郷『納草暦』の復原：学郎課本三巻（P. 4019・P. 3349・P. 3368）の一体的架蔵の証跡たる piece（付属細片）をめぐって」，『東洋学報』98－2，2016 年。

4. 栄新江（西村陽子翻訳），「『補史』から『再構築』へ」，『敦煌写本研究年報』10－2，2016 年。

5. 榎本淳一，「『唐六典』編纂の一断面」，小此木輝之先生古稀記念論文集刊行会編『歴史と文化　小此木輝之先生古稀記念論文集』，青史出版，2016 年。

6. 岡野誠，「唐代の平闕式についての一考察（下）：敦煌写本「唐天宝職官表」の検討を通して」,『法律論叢』89 - 1, 2016 年。

7. 小野木聰,「唐後半期の地方監察：出使郎官・御史と巡院,憲衙保持者」,『東洋史研究』75 - 2, 2016 年。

8. 川村康,「『唐律疏議』捕亡律現代語訳稿（上）」,『法と政治』67 - 2, 2016 年。

9. 小林栄輝,「安史の乱勃発直後から代宗期の江南統治政策：とくに浙西を中心に」,高橋継男教授古稀記念東洋大学東洋史論集刊行会編『高橋継男教授古稀記念東洋大学東洋史論集』,汲古書院, 2016 年。

10. 聶順新（吉田愛翻訳）,「中唐長安における国忌行香制度の復原」,『学習院大学国際研究教育機構研究年報』2, 2016 年。

11. 高瀬奈津子,「唐代の墓誌」,『歴史と地理』696, 2016 年。

12. 趙晶（佐々木満美・矢越葉子翻訳）,「唐令復原再考：「令式の弁別」を手掛かりとして」,古瀬奈津子編『東アジアの礼・儀式と支配構造』,吉川弘文館、2016 年。

13. 鳥居一康,「唐代都督軍管区制と貞観「十道」制：唐宋時代の軍制と行政（Ⅰ）」,『唐宋変革研究通訊』7, 2016 年。

14. 速水大,「P. 3899v 馬社文書に関する諸問題」,『敦煌写本研究年報』10 - 2, 2016 年。

15. 丸橋充拓,「唐代後半の北辺経済再考」,『アジア史学論集』10, 2016 年。

16. 孟憲実（王鼎翻訳）,「名岸戦役より西州府兵を覗く」,荒川正晴・柴田幹夫編『シルクロードと近代日本の邂逅：西域古代資料と日本近代仏教』,勉誠出版, 2016 年。

17. 矢越葉子,「天一閣蔵明鈔本天聖令の書誌学的検討：唐令復原の一方法として」,『お茶の水女子大学人文科学研究』12, 2016 年。

18. 山崎覚士,「加耗・省耗・雀鼠耗：両税法の附加税」,『唐宋変革研究通訊』7, 2016 年。

19. 李方,「唐代水利法律與西域水利法律條文的運用」,『敦煌写本研究年報』10 - 2, 2016 年。

20. 劉安志（楽洵翻訳）,「吐魯番出土唐代解文についての雑考」,

荒川正晴・柴田幹夫編『シルクロードと近代日本の邂逅：西域古代資料と日本近代仏教』，勉誠出版，2016 年。

21. 渡辺信一郎，「唐代両税法の成立：両税銭を中心に」，『唐宋変革研究通訊』7，2016 年。

22. 辻正博，「唐代寫本における避諱と則天文字の使用：P. 5523 rectoの書寫年代 について」，《敦煌寫本研究年報》10，2016 年。

【书评】

1. 会田大輔，「大渕貴之著『唐代勅撰類書初探』」，『唐代史研究』19，2016 年。

2. 岡部毅史，「速水大著『唐代勲官制度の研究』」，『唐代史研究』19，2016 年。

3. 小島浩之，「速水大著『唐代勲官制度の研究』」，『史学雑誌』125－10，2016 年。

4. 坂上康俊，「岡野誠著「唐玄宗期の県令誡励二碑と公文書書式について」（『明大アジア史論集』18）」，『法制史研究』65，2016 年。

（二）韩文

【论文】

1. 풍립군（冯立君），《唐朝陇右监牧设置考——以〈天圣令・医疾令〉唐 15 条“其陇右监牧”句为中心》，《中國學報》75，2016 年。

五 辽宋金元

（一）日文

【专著】

1. 高井康典行，『渤海と藩鎮』，汲古書院，2016 年。

2. 張東翼，『モンゴル帝国期の北東アジア』，汲古書院，2016 年。

【论文】

1. 大西啓司，「『天盛旧改新定禁令』に見られる『一族の父』」，『東洋史苑』88，2016 年。

2. 大室智人，「北宋における三人結隊法について」，高橋継男教授古稀記念東洋大学東洋史論集刊行会編『高橋継男教授古稀記念東洋大学東洋史論集』，汲古書院，2016 年。

3. 川村康，「宋代比附箚記」，『宋代史から考える』編集委員会編『宋代史から考える』，汲古書院，2016 年。

4. 金成奎（洪性珉翻訳），「誓書：10～13 世紀東アジアの安全保障策」，『史滴』37，2016 年。

5. 金成奎（洪性珉翻訳），「宋代東アジア帝王生日小考」，『宋代史から考える』編集委員会編『宋代史から考える』，汲古書院，2016 年。

6. 小島浩之，「南宋告身二種管見」，漢字文献情報処理研究会編著『論集：中国学と情報化』，好文出版，2016 年。

7. 齋藤忠和，「北宋時代の兵器管理について：『守城禄』が記す北宋南宋交替期の状況を手がかりとして」，日本比較文化学会関東支部編『交錯する比較文化学』，開文社出版，2016 年。

8. 高井康典行，「士と吏の間：五代・遼・金の中央吏職」，『宋代史から考える』編集委員会編『宋代史から考える』，汲古書院，2016 年。

9. 高橋弘臣，「南宋臨安への上供米制度の成立」，『愛媛大学法文学部論集』（人文学科 40），2016 年。

10. 中島楽章，「南宋衆分資産考」，『宋代史から考える』編集委員会編『宋代史から考える』，汲古書院，2016 年。

11. 毛利英介，「『関南誓書』初探」，『関西大学東西学術研究所紀要』49，2016 年。

12. 毛利英介，「大定和議期における金・南宋間の国書について」，『東洋史研究』75 - 3，2016 年。

13. 與座良一，「宋代の保甲法と都保制に関する一試論」，『歴史学部論集』（佛教大学）6，2016 年。

【书评】

1. 大島立子，「青木敦著『宋代民事法の世界』（慶應義塾大学出版会，2014 年）」，『法制史研究』65，2016 年。

2. 小川快之,「青木敦『宋代民事法の世界』」,『歴史学研究』952, 2016
年。

3. 寺田浩明,「山本英史編『中国近世の規範と秩序』（研文出版,
2014 年)」,『法制史研究』65, 2016 年。

4. 平田茂樹,「青木敦『宋代民事法の世界』」,『史学雑誌』125 - 7,
2016 年。

（二） 韩文

【论文】

1. 김준현（金俊贤）,《〈至正條格〉鹽法연구（〈至正条格〉盐研
究》,《法史學研究》54, 2016 年。

2. 장징카이（张京凯）,《宋代户绝田法制问题研究的回顾与展望》,
《中國史研究》100, 2016 年。

3. 최해별（崔碧茹）,《南宋시기 '檢驗' 官員이 알아야 할 구급의
학 처방 －『洗冤集錄』「救死方」을 중심으로（宋代 "检验" 官须知的
"救死" 知识: 以〈洗冤集录〉卷五〈救死方〉为中心)》,《東洋史學研
究》134, 2016 年。

4. 판핑（潘萍）,《宋代 "违制" 初探》,《中國史研究》104, 2016 年。

六 明清

（一） 日文

【专著】

1. 磯部淳史,『清初皇帝政治の研究』,風間書房, 2016 年。

2. 加藤直人,『清代文書資料の研究』,汲古書院、2016 年。

3. 川越泰博,『永楽政権成立史の研究』,汲古書院, 2016 年。

4. 庄声,『帝国を創った言語政策』,京都大学学術出版会, 2016 年。

5. 荷見守義,『永楽帝』,山川出版社, 2016 年。

【论文】

1. 赤城美恵子，「清朝前期における熱審について」，『帝京法学』30 - 1, 2016 年。

2. 荒武達朗,「嘉慶年間中国本土の郷村役：南満洲地域との比較」，『徳島大学総合科学部人間社会文化研究』24, 2016 年。

3. アラムス・馬麗・野波寛,「清代における帰化城トゥメト旗の行政機構について」,『関西学院大学社会学部紀要』124, 2016 年。

4. 岩田啓介,「雍正年間における清朝の青海モンゴル支配の実態：統属関係への介入と盟旗制の運用を中心として」,『東洋学報』98 - 1, 2016 年。

5. 上田裕之,「清代雍正年間における銅禁政策と京局辦銅」,『史学』85 - 4, 2016 年。

6. 上田裕之,「清代雍正年間における銅禁政策と各省の対応」,『社会文化史学』59, 2016 年。

7. 上田裕之,「清代雍正初頭における西北・西南諸省の開鋳論議」,『歴史人類』44, 2016 年。

8. 王長青,「清代初期のモンゴル法のあり方とその適用：バーリン旗の事例を手がかりに」,『言語・地域文化研究』22, 2016 年。

9. 大川沙織,「明代市舶太監の創設とその変遷：嘉靖期の裁革と税監の設置をめぐって」,『史窓』73, 2016 年。

10. 大野晃嗣,「明代の会試執事官体制の変遷について：外簾四所の人事とその変革を中心に」,『東北大学東洋史論集』12, 2016 年。

11. 神谷秀二,「清初における品級・昇転の変化」,『早稲田大学大学院文学研究科紀要』61 - 4, 2016 年。

12. 川越泰博,「土木の変と地方軍：班軍番上の視点から」,『中央大学文学部紀要』史学 61, 2016 年。

13. 黒田有誌,「一八世紀後半チベットの裁判における清朝の関与について：人命案件に関する満文檔案から」,『東洋史苑』88, 2016 年。

14. 五味知子,「清代における殺人事件の裁判と女性：楊乃武案を手掛かりに」,『歴史学研究』946, 2016 年。

15. 坂口舞，「題補制と外補制：清代雍正期における地方官の任用改革」，『洛北史学』18，2016 年。

16. 貞本安彦，「明初における行人司の創設」，『立正史学』120，2016 年。

17. 佐藤淳平，「20 世紀初頭清朝における財政集権化」，『中国研究月報』70－6，2016 年。

18. 時堅，「明末の財政管理について：戸部清吏司の職掌を中心として」，『集刊東洋学』114，2016 年。

19. 謝祺，「清代咸豊以前の滇黔辺岸における川塩の運銷制度について」，『名古屋大学東洋史研究報告』40，2016 年。

20. 銭晟，「明末「牙税」考：その性質と財政上の役割を中心に」，『集刊東洋学』115，2016 年。

21. 谷井陽子，「清朝と「中央ユーラシア的」国家：杉山清彦著『大清帝国の形成と八旗制』に寄せて」，『新しい歴史学のために』289，2016 年。

22. 谷口規矩雄，「乾隆朝末期の胥吏の不法行為について」，『愛大史学（日本史学・世界史学・地理学）』25，2016 年。

23. 土居智典，「光緒新政時期の清朝中央による地方統治と省財政機関の再編についての一考察」，『九州大学東洋史論集』44，2016 年。

24. 豊岡康史，「嘉慶維新（一七九九年）の再検討」，『信大史学』40，2016 年。

25. 中村正人，「清代初期過失殺補論」，『金沢法学』58－2，2016 年。

26. 荷見守義，「明代都司掌印官の基礎的考察：遼東都司の場合」，『人文研紀要』（中央大学）85，2016 年。

27. 堀地明，「嘉慶六（一八〇一）年北京の水害と嘉慶帝の救荒政策」，村上衛編『近現代中国における社会経済制度の再編』，京都大学人文科学研究所，2016 年。

28. 望月直人，「崗銀の没落：清末，雲南辺境における土司通行税の変容」，『東洋文化研究』18，2016 年。

29. 渡昌弘，「明代国子監入学者の一検討」，『東北大学東洋史論集』

12，2016 年。

【书评】

1. 岡洋樹，「谷井陽子著『八旗制度の研究』」，『東洋史研究』74 - 4，2016 年。

2. 喜多三佳，「赤城美恵子著「清代における秋審判断の構造：犯罪評価体系の再構成」（『法制史研究』63）」，『法制史研究』65，2016 年。

3. 木村拓，「荷見守義著『明代遼東と朝鮮』」，『東洋史研究』74 - 4，2016 年。

4. 久保茉莉子，「太田出『中国近世の罪と罰：犯罪・警察・監獄の社会史』」，『史学研究』292，2016 年。

5. 鈴木秀光，「佐藤淳平著「宣統年間の預算編成と各省の財政負担」（『史学雑誌』123 - 2），同「袁世凱政権期の預算編成と各省の財政負担」（『東洋学報』96 - 2）」，『法制史研究』65，2016 年。

6. 中村正人，「鈴木秀光著「清代嘉慶・道光期における盗案の裁判」（『專修法学論集』121）」，『法制史研究』65，2016 年。

（二）韩文

【论文】

1. 김경록（金暻绿），《明初 洪武帝의國家統治구상과『大明律』（明初洪武帝的国家统治计划与〈大明律〉）》，《法史學研究》53，2016 年。

2. 김한밝（Kim, Hanbark），《18 세기淸朝의軍流犯 관리와新疆으로의 發遣（十八世纪清朝的军流犯管理与发遣至新疆）》，《明清史研究》45，2016 年。

3. 마홍웨이（马洪伟），《从存留养亲制度看清代司法中的情理表达》，《中國史研究》102，2016 年。

4. 박소현（朴昭贤），《동아시아 범죄소설의 사회사（东亚犯罪小说的社会史）》，《明清史研究》46，2016 年。

5. 배항섭（裵亢燮），《'근세' 동아시아의 정치문화와 직소（"近世" 东亚的政治文化与直诉）》，《역사비평（歷史批評）》117，2016 年。

6. 쑨빈（孙斌），《阐发律意：从〈驳案汇编〉看清代刑部的法律解释）》，《中國史研究》104，2016 年。

7. 쑨쉬（孙旭），《明代官、民对司法官职业素质的不同理解：以官箴书、小说对司法官人际交往能力的表现为中心》，《中國史研究》102，2016 年。

8. 심희기（沈羲基），《律解辯疑·律學解頤·大明律講解의 상호관계에 관한 실증적 연구（关于〈律解辩疑〉、〈律学解颐〉、〈大明律讲解〉相互关系的实证研究）》，《法史學研究》53，2016 年。

9. 이선애（李善爱），《청대 몽골법 제정과 적용 양상 － 건륭 연간재판사례 분석을 중심으로（清代对蒙古的立法与其运用情况 ——以乾隆年间的审判案例分析为中心）》，《明清史研究》46，2016 年。

10. 장경준（张景俊），《조선에서 간행된 대명률 '향본(鄕本)'에대하여（有关朝鲜王朝刊行的大明律 "乡本"）》，《法史學研究》53，2016 年。

11. 조지만（赵志晚），《〈大明律〉與同罪에 관한 연구（关于〈大明律〉与同罪的研究）》，《明清史研究》46，2016 年。

12. 조지만（赵志晚），《《大明律》상 범죄와 형벌의 비례（〈大明律〉中犯罪与刑罚的比例）》，《法史學研究》53，2016 年。

13. 조지만（赵志晚），김영석（Kim，Young-Suck），《〈大明律〉상 皆에 관한 연구（有关〈大明律〉中 "皆" 的研究）》，《法學論攷》54，2016 年。

14. 홍성화（洪成和），《清末 官箴書속에서의 재판행정과 지역사회（清末官箴书中的审判行政与地域社会）》，《明清史研究》46，2016 年。

15. 홍성화（洪成和），《청대 법제사 연구를 위한 몇 가지 개념 이해（对清代法制史研究中几个概念的理解）》，《역사와 세계（历史与世界）》50，2016 年。

（三）英文

【论文】

1. Pierre-Étienne Will（魏丕信），"The 1744 annual audits of magistrate activity and their fate"，in Juan Carlos Garavaglia，Christian Lamouroux and Michael J. Braddick eds. ，*Serve the Power（s），Serve the State：America and Eurasia*，Cambridge Scholars Publishing，2016，pp. 317 – 368.

2. Jérôme Bourgon（巩涛），Pierre-Emmanuel Roux（胡白石），"The Chosŏn（朝鲜）Law Codes in an East Asian Perspective"，Marie Kim Seong-

Hak（金成鹤编）, *The Spirit of Korean Law* Korean Legal History in Context, Brill, 2016 pp. 19 – 51.

3. Frédéric Constant（梅凌寒）, "Circulation of Law and Jurisprudence in Korea and China：Homicide and the Notion of Requital for Life", in Marie Kim, *The Spirit of Korean Law*：*Korean Legal History in Context*, Brill, 2016, pp. 52 – 82.

（四）法文

【论文】

1. Zhang Ning（张宁）, 《Entre "loi des Miao" et loi sur les Miao：Le cas du trafic d'êtres humains dans le Guizhou au 18ème siècle》（清代苗疆控制中的苗例研究：以整饬跨省人口交易为例）, *Extrême Orient-Extrême Occident*, 40（2016）, pp. 79 – 106.

2. Jérôme Bourgon（巩涛）, 《Des châtiments bien tempérés. La devise shenxing 慎刑 dans les manuels pour fonctionnaires》（温和的刑罚：官箴里的慎刑座右铭）, *Études chinoises* 35 – 1（2016）, pp. 41 – 72.

3. Frédéric Constant（梅凌寒）, 《Le territoire comme espace pénal：la peine d'exil sous les Qing》（清代流放地与法律空间）, *Extrême Orient-Extrême Occident*, 40（2016）, pp. 13 – 38.

4. Frédéric Constant（梅凌寒）, 《L'interprétation du droit par le juge en Chine》（中国法官的法律解释方法）, Pravnik 133（2016）, pp. 263 – 273.

5. Xie Xin-zhe（谢新哲）, 《Lieux de la loi, lieux du savoir：maîtriser le temps et l'espace des autopsies sous les Qing》（法律之所在、知识之所在：清代验尸活动中的时间与空间管理）, *Extrême Orient-Extrême Occident*, 40（2016）, pp. 13 – 38.

七　近现代（1840 ~1949）

（一）日文

【专著】

1. 陳來幸,『近代中国の総商会制度』, 京都大学学術出版会, 2016 年。

【论文】

1. 荻恵里子，「北洋大臣の設立：1860 年代の総理衙門と地方大官」，村上衛編『近現代中国における社会経済制度の再編』，京都大学人文科学研究所，2016 年。

2. 小野美里，「アジア太平洋戦争期華北占領地における顧問制度の変容：日本人教員の動向を中心に」，『日本植民地研究』28，2016 年。

3. 何志輝，「認識，接納与引進：欧陸法制対晚清政府法律改革的影響（1906～1911）」，『東アジア文化交渉研究』9，2016 年。

4. 何娟娟，「清末広東省における日本製紙幣の導入」，『東アジア文化交渉研究』9，2016 年。

5. 何娟娟，「清末湖南省における日本製紙幣の導入」，『文化交渉』6，2016 年。

6. 久保茉莉子，「1930 年代前半の中国における検察制度」，『歴史学研究』944，2016 年。

7. 小西豊治，「清末・民国初期憲法：「明治憲法」の受容」，『アジア文化研究』23，2016 年。

8. □文嫺，「20 世紀初頭の中国通貨システムの変容：銀元鋳造および銀元流通の検討を中心に」，『社会経済史学』81 - 4，2016 年。

9. 世良正浩，「中華民国北京政府後期における教育立法の研究」，『人間の発達と教育』12，2016 年。

10. 千葉正史，「中華民国元年 5 月における川漢鉄路公司株主会の国有化決議：保路運動後の四川鉄道国有化問題に関する新史料の紹介と分析」，『東洋大学文学部紀要（史学科）』41，2016 年。

11. 中西竜也，「近代中国ムスリムのイスラーム法解釈：非ムスリムとの共生をめぐって」，『東洋史研究』74 - 4，2016 年。

12. 西英昭，「大正期日本における中華民国法学の展開について」，『法政研究』82 - 4，2016 年。

13. 西英昭，「北洋政府期法典編纂機関の変遷について：法典編纂会・法律編査会・修訂法律館」，『法政研究』83 - 3，2016 年。

14. 本野英一，「辛亥革命前夜上海周辺地域の通貨信用制度、1900 -

12」，斯波義信編『近代アジアとモリソンコレクション』，東洋文庫、2016 年。

15. 山田勝芳，「満洲国統治機構・官僚制度と執政府の形成」，『東北大学東洋史論集』12，2016 年。

16. 吉澤誠一郎，「中華民国顧問グッドナウによる国制の模索」，斯波義信編『近代アジアとモリソンコレクション』，東洋文庫、2016 年。

【书评】

1. 加藤雄三，「郭まいか著『民国期の上海会審公廨における手続と慣例について：民事訴訟事件を例に』（『東洋史研究』73 – 2）」，『法制史研究』65，2016 年。

2. 高見澤磨，「高橋和之編『日中における西欧立憲主義の継受と変容』（岩波書店，2014 年）」，『法制史研究』65，2016 年。

3. 森田成満，「夏井春喜著『中華民国期江南地主制研究』（汲古書院、2014 年）」，『法制史研究』65，2016 年。

4. 松田恵美子，「西田真之著『近代中国における妾の法的諸問題をめぐる考察』（『東洋文化研究所紀要』166）」，『法制史研究』65，2016 年。

5. 山村睦夫，「藤田拓之著『居留民の上海：共同租界行政をめぐる日英の協力と対立』」，『歴史と経済』232，2016 年。

（二）韩文

【论文】

1. 김택경（金泽璟），《淸末 奉天 警察權의二元分立 – 警察權을 둘러싼 淸日의 교섭과 대립（清末奉天警察权的二元分立 – 清日围绕警察权的交涉与对立）》，《中國近現代史研究》71，2016 年。

（三）英文

【论文】

1. Jérôme Bourgon（巩涛），"Death penalty and prison life in Late Qing Beijing. Some reflections in comparative historiography, methods and resources", Luca Gabbiani（陆康编），*Urban Life in China*, 15th – 20th centuries. *Communities*,

Institutions, *Representations*, École Française d'Etrême Orient, pp. 202 – 226.

2. Luca Gabbiani（陆康）, "The 'Municipal Turn' in Xinzheng China: Revolution or Continuity? The Evidence from Beijing", Luca Gabbiani（陆康编）, *Urban Life in China*, 15th – 20th *centuries. Communities*, *Institutions*, Representations, École Française d'Etrême Orient, pp. 229 – 248.

3. Yin Zhiguang, "Heavenly Principles? The Translation of International Law in 19th Century China and the Constitution of Universality", *European Journal of International Law*, Vol. 27, No. 4, 2016, pp. 1005 – 1023.

（四） 德文

【论文】

1. Wu Congzhou, "Historische Entwicklung und aktueller Stand der Zivilrechtsmethodik in Taiwan"（台湾民法方法的历史发展与当前状态）, Bu Yuanshi（ed.）, *Juristische Methodenlehre in China und Ostasien*（中国与东亚的法律方法论）, Mohr Siebeck, 2016, pp. 311 – 324.

《中国古代法律文献研究》稿约

　　《中国古代法律文献研究》为中国政法大学法律古籍整理研究所所刊，于 1999 年创刊，自 2010 年始改版为年刊，欢迎海内外同仁不吝赐稿。

　　《中国古代法律文献研究》以中国古代法律文献为主要研究对象，刊发原创性的学术论文、书评和研究综述。本刊以中文简体出版，来稿以 2 万字以下为宜，同时请附 300 字以内的中文摘要、关键词与英文标题；如是外文稿件，请作者授予本刊中文版的首发权利。已经公开发表（包括网络发表）过的中文稿件，请勿投稿。本刊采取同行专家匿名评审制度，将在收到稿件后两个月内回复作者有关采用与否的信息。

　　有关投稿中的版权问题，请作者自行妥善解决。

　　本刊投稿截止时间为 6 月 30 日。

　　来稿一经刊发，本刊将向作者寄赠该辑图书 1 册。

　　来稿请附作者简历、详细通讯地址、邮编、电子邮件等联系方式，以纸版或电子版形式，分别寄至：

　　（100088）北京海淀区西土城路 25 号中国政法大学法律古籍整理研究所　赵晶　收

　　电子邮箱：zhaojing0628@gmail.com

《中国古代法律文献研究》编辑部

Journal of Chinese Ancient Legal Literature Studies

Journal of Chinese Ancient Legal Literature Studies is edited by the Institute for Chinese Ancient Legal Documents, China University of Political Science and Law. It was published for four times during the period of 1999 – 2007. The Institute starts to publish it annually from 2010. Submission of papers both from domestic and overseas is welcomed.

The Journal mainly focuses on the research of the legal literature in ancient China, publishing original academic papers and book reviews, each of which should be no more than 20, 000 words. The journal will be published in simplified Chinese, please submit your paper with a Chinese abstract no more than 300 words, keywords and an English title. If it is a paper in other language, the authorization for publication of its Chinese version in this journal for the very first time will be appreciated. If the paper in Chinese was published in any form including on Internet, please don't submit again. All the papers submitted will be reviewed and examined by the scholars in an anonymous manner. Whether it is accepted or not, the author will be informed within two months upon the receipt of the paper.

For copyright related matters, please properly address on your own in advance.

The deadline of submission is June, 30th annually.

Once the paper is published, the contributors will receive one copy of the Journal.

The paper for contribution, prepared in soft or hard copy, and supplied with a brief resume of the author and his/her detailed information for contact, such as the address, post code, and email etc, shall be sent to the following address:

Dr. Zhao Jing, Institute for the Research of Legal Literature in Ancient China, China University of Political Science and Law, Beijing (100088), China.

E – mail: zhaojing 0628@ gmail. com.

Institute for the Research of Legal Literature in Ancient China

China University of Political Science and Law

《中国古代法律文献研究》撰稿凡例

一　论文缮打格式

字体：中文请使用宋体简体字，英文请使用 Times New Roman。字号：正文五号字，注解小五号字。

二　标题层级

请依次使用一、（一）1.（1）A. a.

三　标点

请使用新式标点，除破折号、省略号各占两格外，其他标点均占一格。书刊及论文名均请使用《》。

四　数字表示

公元纪年使用阿拉伯数字，中国年号、古籍卷数使用中文数字（年号例如建武二十五年、贞观八年、乾隆三十五年，卷数例如卷一〇、卷二三、卷一五四）。第一次涉及年号者，请用（）配加公元纪年。

五　注释体例

请采取当页脚注、每页连续编码的方式。

注释号码采用阿拉伯数字表示，作①、②、③……每页重新编号。

再次征引，不需出现来源书刊或论文的全部信息，采用"作者，书名/论文名，页码"的形式。

引用古籍，应依次标明作者、书名、版本、卷数，如（清）顾炎武著，黄汝成集释：《日知录集释》卷一五，清道光十四年嘉定黄氏刻本。

引用专著（包括译者）或新印古籍或古籍之点校整理本，应依次标明作者（包括译者）/整理者、书名、章/卷数、出版者、出版年代、版次（初版无需标明）、页码，如瞿同祖：《瞿同祖法学论著集》，中国政法大学出版社，1998，第50页；（清）黄宗羲著，全祖望补修《宋元学案》第1册，陈金生、梁运华点校，中华书局，1986，第150页。

引用论文，应依次标明作者、论文名称、来源期刊/论文集名称、年代、卷次、页码，如徐世虹：《对两件简牍法律文书的补考》，载中国政法大学法律古籍整理研究所编《中国古代法律文献研究》第2辑，中国政法大学出版社，2004，第90页；张小也：《明清时期区域社会中的民事法秩序——以湖北汉川汈汉黄氏的〈湖案〉为心》，《中国社会科学》2005年第6期，第190页。

引用外文文献，依常规体例，如 Brian E. McKnight, *Law and Order in Sung China*, Cambridge University Press, 1992, pp. 50 – 52.

图书在版编目（CIP）数据

中国古代法律文献研究. 第十一辑 / 徐世虹主编
. -- 北京：社会科学文献出版社，2017.12
ISBN 978 - 7 - 5201 - 2068 - 5

Ⅰ. ①中… Ⅱ. ①徐… Ⅲ. ①法律 - 古籍研究 - 中国
- 文集 Ⅳ. ①D929 - 53

中国版本图书馆 CIP 数据核字（2017）第 325582 号

中国古代法律文献研究【第十一辑】

主　　编／徐世虹
执行编辑／赵　晶

出 版 人／谢寿光
项目统筹／宋荣欣
责任编辑／宋　超

出　　版／社会科学文献出版社 · 近代史编辑室（010）59367256
　　　　　地址：北京市北三环中路甲 29 号院华龙大厦　邮编：100029
　　　　　网址：www.ssap.com.cn
发　　行／市场营销中心（010）59367081　59367018
印　　装／三河市东方印刷有限公司

规　　格／开　本：787mm × 1092mm　1/16
　　　　　印　张：36.25　字　数：572 千字
版　　次／2017 年 12 月第 1 版　2017 年 12 月第 1 次印刷
书　　号／ISBN 978 - 7 - 5201 - 2068 - 5
定　　价／98.00 元

本书如有印装质量问题，请与读者服务中心（010 - 59367028）联系